COURS

D'ÉCONOMIE POLITIQUE

I

IMPRIMERIE
CONTANT-LAGUERRE

LVX VITAM
CTL

BAR LE-DUC

COURS

D'ÉCONOMIE POLITIQUE

CONTENANT

AVEC L'EXPOSÉ DES PRINCIPES

L'ANALYSE DES QUESTIONS DE LÉGISLATION ÉCONOMIQUE

PAR

PAUL CAUWÈS

PROFESSEUR A LA FACULTE DE DROIT DE PARIS

—

TROISIÈME ÉDITION

TOME PREMIER

.

PARIS

LIBRAIRIE

DU RECUEIL GÉNÉRAL DES LOIS ET DES ARRÊTS

ET DU JOURNAL DU PALAIS

L. LAROSE & FORCEL, ÉDITEURS

22, RUE SOUFFLOT, 22

1893

PRÉFACE DE LA TROISIÈME ÉDITION.

Sorti de l'enseignement et d'abord composé pour les étudiants, cet ouvrage sous un titre nouveau et dans son cadre élargi [1] est devenu plutôt un cours approfondi qu'un manuel élémentaire ; aussi s'adresse-t-il à un public moins restreint. Je tiens cependant à honneur de rappeler son origine : elle en explique le caractère. C'est une œuvre de critique scientifique, d'analyse impartiale des doctrines et des faits.

Un maître regretté, Baudrillart, dans une étude sur les tendances de l'enseignement de l'Économie politique dans les Facultés de droit [2], a censuré « cet éclectisme. » Il lui semblait que la mission essentielle de l'enseignement était d'agir avec une pleine puissance d'affirmation au profit de ce qu'il appelait « *les vérités acquises.* » La réponse a été excellemment faite par le doyen Beudant, à l'occasion même de l'es-

---

[1] La première et la deuxième édition ont paru en deux volumes sous le titre : *Précis du Cours d'Économie politique professé à la Faculté de droit de Paris.*

[2] Baudrillart, *Revue des Deux-Mondes*, 1885, t. III, p. 163 et suiv.

prit novateur des économistes juristes, dont les économistes classiques s'étaient ému : « Enseigner n'est pas endoctriner; le professeur n'est pas un apôtre, mais un initiateur[1]. »

Ce qui est vrai de l'enseignement oral, l'est également de l'enseignement par le livre. A la polémique, les affirmations tranchantes, l'élimination de ce qui contrarie la thèse. A l'enseignement scientifique, sous quelque forme que ce soit, la méthode de rigoureuse critique, d'examen comparatif des principes contraires sans parti-pris, sans rien déguiser, sans rien exalter. L'homme de science a le droit mais non le devoir de conclure et si, par besoin de sincérité, il fait connaître ses convictions et met quelque chaleur à les soutenir, il doit s'affranchir du souci de la propagande. Il laisse aux sectaires l'enseignement par suggestion, œuvre malsaine, qui fausse et le caractère de celui qui le donne et le jugement de celui qui le reçoit.

Placer le non à côté du oui c'est, dit-on, ébranler les vérités acquises, les rendre suspectes. Quelles sont donc ces vérités qui ont à craindre d'être mises au creuset? Ce qu'on appelle « vérités acquises » c'est en réalité le pavillon qui couvre une marchandise singulièrement discréditée. Ce n'est pourtant pas à force de dogmatisme qu'on réussira à lui rendre son ancien prix. La critique a fait son œuvre et la continuera tenant compte des transformations qui s'opèrent dans la société, dans les idées et dans les faits.

A nulle autre époque peut-être de plus graves problèmes n'ont été agités et en partie résolus. Qui pouvait, il y a dix

---

[1] Discours prononcé à la Faculté de droit le 2 août 1887, p. 9.

ans encore, soupçonner les applications nouvelles de l'intervention de l'État, notamment dans les questions ouvrières ou prédire l'infiltration dans les lois, de réformes économiques et fiscales qui ne figuraient alors que sur les programmes socialistes? Et à côté de ce mouvement extérieur, une activité scientifique hardiment novatrice a renouvelé par l'histoire et l'étude attentive des différents milieux sociaux la physionomie de l'Économie politique; des méthodes toutes différentes de celle de l'École classique ont été inaugurées, de nouvelles théories sont écloses. Au cœur de la science même, la notion subtile de la valeur qui semble déjouer les efforts des économistes pour la saisir et la fixer, a suscité de nouvelles recherches. Peut-être bien ne sont-elles pas définitives, mais serait-il possible d'en négliger l'examen?

L'édifice scientifique ancien a paru trop étroit et d'une solidité douteuse. Sa reconstruction sur un sol plus ferme et une base plus large est tentée, non sans quelque succès. Pourtant un groupe de fidèles, dont quelques-uns naguère ont contribué à en renverser les assises les plus compromises, méconnaissent l'imminence d'autres effondrements et s'y renferment comme en une forteresse qui défie toutes les attaques. A leur aise, mais vouloir qu'on s'y renferme avec eux sans chercher un plus sûr refuge serait une prétention aussi orgueilleuse que vaine. C'est cependant à cette prétention que l'inspiration libre de mon *Précis* s'est heurtée, il y a tantôt quinze ans. Depuis, dans la presse scientifique spéciale, la coalition du silence a succédé à la violente explosion de la première heure. J'aurais mauvaise grâce à m'en

plaindre n'étant aucunement désireux de bruit autour de
mon nom. Le public m'a prouvé par son bienveillant accueil
à l'étranger comme en France que ma tentative ne lui avait
paru ni tout à fait inopportune ni entièrement stérile, et cela
malgré des imperfections que cette fois encore je me suis
appliqué à corriger de mon mieux.

Versailles, octobre 1892[1].

[1] Date de la publication des deux premiers volumes. Les deux derniers
paraîtront dans le premier semestre de 1893.

PRÉFACE DE LA DEUXIÈME ÉDITION.

———••———

Pour savoir dans quel esprit cet ouvrage a été conçu, le lecteur n'a qu'à se référer à la Préface de la 1re édition : je n'ai rien à accentuer ni à atténuer dans la profession de foi scientifique que j'ai faite alors. Il ne me paraît pas nécessaire de revendiquer, au profit du livre ou de l'enseignement dont il est issu, la liberté des doctrines. Ce n'est pas qu'à l'occasion même de la publication de ce livre, elle n'ait été quelque peu contestée, mais, sur les sujets d'Économie politique et sociale, il ne faut pas trop s'étonner des écarts où entraînent l'esprit de secte et les polémiques ardentes. Heureusement l'opinion ne se laisse pas dominer, et, malgré l'obscurité de ceux qui luttent pour le libre examen, elle demeure avec eux fidèle à cette grande cause.

Me reprocherait-on aujourd'hui encore de ne pas accepter docilement les théories de l'École anglaise ? C'est au moins douteux. L'un des maîtres de la science contemporaine,

M. Leroy-Beaulieu, a pu écrire ce qui suit dans son dernier ouvrage, sans soulever de tempêtes : « Au point de vue théorique, nous sommes arrivé à la conclusion que presque toutes les doctrines acceptées en Économie politique sur la distribution des richesses sont à refaire ou du moins à rectifier[1]. »

La théorie de la répartition serait-elle seule sujette à révision et les autres parties de la science, véritables domaines réservés, resteraient-elles interdites à la critique? Mais qui voudra admettre cette distinction arbitraire? Qui voudra croire que l'Économie politique contemporaine, en matière de monnaie, de crédit et surtout de commerce international soit parvenue à un tel degré de certitude que toute dissidence impliquerait désormais la méconnaissance d'une vérité acquise? On a dit que remettre en question les principes économiques ce serait une aberration aussi grande que de reprendre de nos jours la chimie d'avant Lavoisier. Il y a cette seule différence que, à mon avis, l'Économie politique n'est pas une science dont les lois puissent jamais avoir la rigueur des lois physiques et que, sans contredit, elle n'a pas eu encore son Lavoisier.

Paris, 30 juin 1881.

---

[1] M. Leroy-Beaulieu, *Essai sur la répartition des richesses*, 1 in-8°, 1881, p. VI. — A la page 117 de ce remarquable *Essai* on lit encore : « On peut s'étonner des lacunes de l'intelligence de Malthus et de Ricardo, esprits profonds mais étroits..... » — La supériorité du talent donne de grandes et légitimes franchises de langage, mais, au fond, le droit de critique scientifique doit être égal pour tous.

PRÉFACE DE LA PREMIÈRE ÉDITION.

L'Économie politique est enfin sortie des positions isolées où, dans l'enseignement supérieur en France, elle était cantonnée jusqu'ici, n'ayant auprès de la jeunesse universitaire qu'un insuffisant accès. L'enseignement économique s'adresse désormais à tous ceux qui se destinent à la magistrature ou au barreau, aux carrières administratives et à la vie politique. Les Facultés de droit lui ont en effet été ouvertes, et il y est admis *optimo jure* avec la sanction de l'examen.

Les économistes n'ont pas été les seuls à approuver cette réforme nécessaire. On aura même quelque peine à comprendre plus tard qu'un ensemble de connaissances, indispensables à tant de titres, ait été si longtemps tenu en dehors des programmes officiels, abandonné au hasard d'études bénévoles, bien souvent superficielles ou mal dirigées.

I. La Science économique est appelée à combler un grand vide dans les Facultés de droit; toutefois, quelques personnes se demandent avec une sorte d'inquiétude quelles idées elle va y introduire. Il ne m'appartient pas de chercher à les rassurer ni de lutter contre les préventions dont le temps aura plus facilement raison que toute discussion; mais, s'il en est qui soient motivées par une opposition fort légitime aux doctrines de l'École qui fait autorité en Angleterre et en France (celle de Malthus, Ricardo et Stuart Mill), il est utile de constater que, dès à présent, ces doctrines ne sont pas indiscutées dans le nouvel enseignement où pénètrent les traditions de libre examen si fort en honneur parmi les jurisconsultes.

Par une œuvre admirable, malheureusement inachevée, *les Harmonies,* Bastiat a donné en France le signal de l'émancipation contre la croyance des antagonismes sociaux. Mais alors l'Économie politique était engagée aux premiers rangs dans la lutte contre le socialisme militant; ce n'était pas l'heure des libres recherches. Les économistes ont serré les rangs, maintenu parmi eux une rigoureuse discipline; aussi les efforts isolés des dissidents sont-ils restés impuissants. On ne voyait pas que la doctrine, dite orthodoxe, prêtait le flanc aux attaques des socialistes : c'est dans l'arsenal des économistes que Proudhon et Karl Marx ramassèrent les armes qu'ils ont tournées contre le capital avec les ressources d'une dialectique si subtile.

Sur le fondement de la propriété et, par suite, de tout l'ordre social, il m'a paru qu'un jurisconsulte devait avoir une doctrine qui ne risquât pas d'être ainsi sans défense contre les objections d'ordre économique. Bien que le sujet fût abstrait, je n'ai pas hésité à lui donner les développements qu'il comporte. Au contraire, sur les questions doctrinales d'intérêt secondaire, j'ai fait assez bon marché des discussions scolastiques sans objet précis.

En tout ceci, j'ai poursuivi la vérité sans m'inquiéter outre mesure de savoir si je m'avançais avec l'armée régulière ou avec un corps franc. Aussi bien, dans la résistance aux théories de l'École anglaise, le mouvement a été si général en Europe et en Amérique, surtout depuis quelques années, que je n'ai pas eu a frayer la route où plusieurs, même parmi les plus illustres, m'avaient devancé. Carey est, entre tous, celui dont je me plais à reconnaître l'inspiration scientifique.

II. La science pure n'est pas toute l'Économie politique; elle n'en est même pas, à beaucoup près, l'objet principal. On pourrait en appeler sur ce point aux économistes eux-mêmes qui, selon la fine remarqne de M. de Laveleye[1], ont bien garde, lorsqu'ils se réunissent, de s'entretenir de sujets purement spéculatifs; ils discutent alors plus volontiers les questions de législation économique (réglementation industrielle, système de douanes, régime des banques, etc.), questions en effet bien dignes d'attention, puisqu'elles concernent des milliers d'existences humaines et des intérêts matériels qui se chiffrent par millions et par milliards.

Je devais aussi leur donner la préférence, car elles appartiennent à titre égal à l'économiste et au jurisconsulte. L'alliance intime du juste et de l'utile se manifeste dans toutes les lois, mais avec plus d'évidence parmi celles qui régissent spécialement l'industrie et les richesses. La loi influe sur les phénomènes sociaux; elle est elle-même un fait social dont

---

[1] *L'Économie politique et le Droit, Revue des Deux-Mondes*, 15 février 1878.

l'économiste doit étudier l'action. Par contre, la législation reflète les besoins des sociétés; vainement chercherait-on à pénétrer le sens des lois et à en suivre les vicissitudes, si l'on négligeait systématiquement l'étude des faits économiques.

L'examen raisonné de la législation économique conduit à se convaincre de la nature contingente de la plupart des principes qui la composent. Sur ce point encore, il m'a fallu remonter un courant d'opinion des plus puissants. La formule favorite des économistes anglo-français, *laissez faire, laissez passer*, — legs d'une époque qui luttait contre l'autorité absolue, a inspiré un programme selon lequel l'abstention de l'État et la liberté complète de l'industrie et des échanges sont érigées en axiomes cosmopolites. Une réaction salutaire s'est produite contre ce doctrinarisme sans limites; elle est aujourd'hui assez forte pour suspendre le mouvement libre-échangiste dans plusieurs pays de l'Europe. List et Carey ont formulé la théorie de la protection des industries nationales; je n'ai fait que m'y rallier, en y apportant quelques tempéraments, mais c'est peut-être encore, vu l'état des esprits en France, une assez grande témérité.

III. Les éléments de la législation économique, en matière de production agricole et manufacturière, de crédit, de finances, etc., sont disséminés parmi les travaux préparatoires des lois, les enquêtes, les monographies; j'ai d'abord essayé, pour ma propre instruction, de les réunir et de les coordonner, en y joignant les principales indications statistiques, puis je me suis aperçu, par l'expérience d'un enseignement de cinq années, que ce que j'en faisais passer dans mes leçons était accueilli avec empressement. Rien n'est, en effet, à la fois plus intéressant, ni plus difficile que l'initiation à ce que l'on appelle les *questions d'affaires* sur lesquelles cependant il n'est guère possible de ne pas avoir un avis. De temps à autre elles sont agitées dans la presse et dans le Parlement, puis le silence se fait sur elles sans que les opinions préconçues cessent d'avoir cours. En présenter l'analyse méthodique était, je crois, une tâche utile, mais d'une réalisation dont je ne me suis pas dissimulé les difficultés : je ne puis donc me flatter, dans un si vaste ensemble, d'avoir su toujours, soit donner les meilleures solutions, soit éviter les inexactitudes de détail.

Malgré les imperfections de ce travail, mon but serait atteint si, arrivé au terme de la carrière que j'ai encore à parcourir, il m'était prouvé qu'il a pu faciliter aux jeunes gens l'étude d'une science que le professorat m'a fait aimer.

Paris, mars 1878.

INTRODUCTION.

§ I.

Objet et but de l'économie politique.

1. L'économie politique est la science de l'*Utile,* comme le droit est la science du *Juste,* et la morale la science du *Bien.*

Avec la morale et le droit elle fait partie du groupe des sciences sociales, plus communément appelées sciences morales et politiques : *morales,* à cause de la nature de l'homme, être intelligent et libre; *politiques,* au sens étymologique du mot : πόλις, c'est en effet la cité, l'antique foyer de la vie collective.

Les sciences sociales ont pour sujet l'homme; la société est le milieu où elles le placent; les relations sociales, considérées sous divers aspects, sont la matière de leurs observations. C'est qu'en effet la vie en société est le seul mode d'existence possible pour l'être humain; l'isolement est antipathique à son instinct de sociabilité.

L'utile dans les sociétés humaines, dans les relations d'individu à individu ou de peuple à peuple, voilà donc l'objet général de l'économie politique. C'est par conséquent une science sociale ou, pour mieux dire, l'une des branches de la science sociale, car il est permis d'appeler ainsi la vaste synthèse des connaissances dont le sujet est l'homme et la société[1].

---

[1] *Économie politique* et *économie sociale* sont, par suite, des expressions synonymes. La première cependant est préférable : consacrée par un usage plus ancien et plus ordinaire, elle n'a pas, comme la seconde, l'inconvénient de prêter à une confusion avec le *socialisme,* qui n'est pas la science écono-

Mais y a-t-il une science sociale? Et si la réponse est affirmative, quelle en est la nature? Quelle place lui donner dans la classification des sciences? La science sociale et spécialement l'économie politique est-elle, comme nous venons de le dire, une science morale; n'est-ce pas plutôt une science naturelle? Autant de questions fondamentales à examiner aussitôt que le champ d'observation de l'économie politique et son objet précis seront déterminés; il faut en effet connaître avant de comparer et de juger.

2. Dire que l'économie politique est la science de l'utile ne saurait évidemment suffire à donner de cette science une idée complète : la morale, en promettant à l'homme la paix de la conscience par la pratique du bien, est elle-même une loi d'utilité. La loi morale et la loi économique, bien qu'on puisse en soutenir l'harmonie fondamentale, ne se confondent cependant pas. L'utilité en économie politique est considérée au point de vue spécial du bien-être des individus et de la prospérité des différentes sociétés.

L'utilité économique de chacune d'elles est soumise à un ensemble de règles, à un ordre général. C'est bien ce qu'exprime, au sens originaire, ce mot économie : οἰκονομία signifie la règle qui établit l'ordre dans la maison[1]; la maison a été agrandie, est devenue la cité, puis l'État. Il n'est pas moins vrai que la prospérité des nations a pour condition première la bonne entente des intérêts privés. Il y a une *économie privée* et une *économie publique* étroitement unies.

D'après l'étymologie même — s'il était permis d'exhumer une locution vieillie — l'économie politique pourrait donc être définie : la science ménagère des particuliers et des États[2].

mique, mais un système d'organisation ou de réforme sociale. La plupart des publicistes modernes l'ont d'ailleurs adoptée. Montchrestien (1615) et Dupont de Nemours en France 1768 ; James Steuart (1767) en Angleterre; Verri (1763 en Italie, ont été les premiers à l'employer. — Quelques-uns disent *l'économique* ou les *économiques*, en souvenir peut-être des traités d'Aristote et de Xénophon qui portent ce titre. — Nous signalerons encore d'autres appellations qui n'ont aussi aucune chance de prévaloir. Il faudrait des raisons sérieuses pour débaptiser l'économie politique; il n'en existe pas.

[1] Le mot *économie* éveille d'une manière générale l'idée d'*ordre;* c'est l'idée rudimentaire de toute connaissance scientifique. — Dans le langage usuel, il s'applique à l'esprit d'épargne, c'est-à-dire à la vertu principale de l'ordre domestique.

[2] Le mot *Volkswirthschaft* signifie littéralement le *ménage* de la nation et

3. Premier aperçu des phénomènes économiques. — Tous les phénomènes économiques sont contenus dans ces trois termes : besoins, travail, jouissances.

Les besoins sont de plusieurs sortes : physiques, intellectuels ou moraux. Ils se manifestent par des sensations de gêne, de privation. Il faut ou bien les souffrir, ou lutter au contraire afin de conquérir les moyens de les apaiser; l'étendue et l'intensité en sont d'ailleurs variables selon les individus ou l'état social.

Un désir accompli ou une privation qui cesse constitue une jouissance. La vie est une réaction continuelle contre les besoins, et il en est qui sont d'une telle exigence que la mort arriverait bientôt s'ils n'obtenaient satisfaction.

La réaction contre les besoins s'opère par le travail, autrement dit par l'activité économique ou l'industrie humaine.

Le travail est un effort voulu, tendant à une fin déterminée, entrepris sous la pression du besoin : besoin et travail sont des nécessités absolues de la vie de l'homme.

Le travail consiste dans une action réfléchie sur la nature extérieure, afin de faire servir au bien-être les choses qui s'y trouvent.

Cette action n'est pas individuelle, mais concertée, combinée à plusieurs, en vue d'en augmenter l'effet utile. Elle implique des services mutuels, contraints ou libres, privés ou publics, sans lesquels il n'y aurait pas de civilisation. C'est cette *coopération sociale* aux combinaisons multiples, ce sont les résultats qu'elle donne ou peut donner progressivement qui forment le thème des enseignements économiques.

4. A l'aide de la notion du travail, il est aisé de comprendre pourquoi la science économique est une science politique. Tout d'abord on n'aperçoit que des phénomènes individuels : les besoins et les jouissances sont en effet des sensations personnelles essentiellement incommunicables : parler de jouissances chez autrui, à propos de mes propres besoins ou réciproquement, est un non-sens. On conçoit, au contraire, fort bien que le travail qui sert d'intermédiaire entre les besoins et les jouissances soit l'œuvre d'une autre personne que de celle qui les éprouve ; en d'autres termes, mes besoins peuvent être satisfaits au moyen de la peine

l'expression *Staatshaushaltung*, renferme les mêmes éléments qu'en français *économie politique*. Cf. Banfield, *Organis. de l'industrie*, trad. Em. Thomas, p. 30.

que prend un autre que moi et réciproquement. S'il n'en était pas ainsi, il n'y aurait pas à proprement parler de société, mais — selon la judicieuse remarque de Bastiat[1] — de simples juxtapositions de personnes, entièrement étrangères les unes aux autres. On pourrait parler d'*économie individuelle,* mais on ne saurait comprendre une *économie politique,* c'est-à-dire collective ou sociale. En réalité, les hommes s'entr'aident et se procurent ce qui leur manque au moyen d'une coopération générale.

De ce que la science économique s'occupe de la vie collective, il ne faudrait pas en tirer cette conséquence qu'elle néglige les règles de la conduite individuelle. Ces règles ont la plus grande importance sociale : car tant vaut l'individu, tant vaut la société, et l'on peut dire, à condition de ne voir là qu'une métaphore, que si la société est comme un tissu organique, l'individu est en quelque sorte la cellule vivante de ce tissu. Il y a donc une économie privée de même qu'il y a une morale individuelle, mais aussi bien que les devoirs de l'homme envers lui-même s'enchaînent aux devoirs qui le lient envers ses semblables, les préceptes économiques individuels sont faits pour se placer dans le cadre de la vie commune. La solidarité humaine existe dans toutes les sphères d'activité : la vie physique, l'éducation, l'instruction et le travail seraient impossibles en dehors du corps social.

5. C'est en société seulement que l'homme peut efficacement travailler et produire : alors l'activité de chacun prenant une direction exclusive est plus féconde; il est clair que si chacun produit par son industrie plus et mieux, la société considérée dans son ensemble jouira d'un bien-être supérieur. Voilà la raison d'être de la spécialité des professions ou des fonctions dans les sociétés civilisées. Sous ce régime de travail, c'est véritablement aux besoins d'autrui que chacun fournit, devant, par contre, à l'activité de milliers de ses semblables tout ce qui lui est nécessaire ou utile. Les institutions économiques des peuples moins avancés renferment des combinaisons de coopération moins complexes mais aussi réelles; c'est ce qui a lieu dans la vie de la tribu ou dans l'organisation de la famille patriarcale.

La dénomination générique de *services* comprend l'ensemble de ce que les membres d'une même société font les uns pour les

---

[1] Bastiat, *Harmonies,* p. 108, édit. in-12.

autres ou se donnent les uns aux autres. Divers mobiles agissent sur la volonté de l'homme et le déterminent à rendre des *services :* l'esprit de sacrifice et de dévouement, l'intérêt public, l'obéissance à un commandement, l'intérêt personnel. La charité, le patriotisme et les affections naturelles inspirent une infinité d'actions désintéressées. Ces mobiles supérieurs peuvent revendiquer une part notable dans l'activité humaine : qu'on songe seulement à ce que le dévouement produit au sein de la famille! Une économie politique qui passerait sous silence des faits d'une telle importance et ne ferait entrer en ligne de compte que l'intérêt personnel serait nécessairement étroite et fausse : elle ne connaîtrait qu'une partie, et à coup sûr la moins élevée, des rapports sociaux. Néanmoins, le stimulant le plus universel et, de fait le plus ordinaire, est le désir des richesses, l'aspiration au bien-être, c'està-dire l'*intérêt personnel*. C'est la force motrice dont l'économie politique de l'École anglaise a analysé l'action d'une manière trop exclusive et en lui attribuant une pleine efficacité pour le bien social. Elle a ainsi imprudemment permis aux adversaires de l'ordre social actuel, aux socialistes, d'opposer à l'intérêt — ils disent à l'égoïsme économique — la puissance des instincts altruistes, les lois supérieures de solidarité ou de fraternité.

6. Les services entre personnes libres et agissant spontanément, ne sont pas le plus communément rendus par sentiment de bienveillance ou de libéralité, sans rien attendre en retour. Ils sont, au contraire, *intéressés* et découlent de conventions en nombre infini, auxquelles la langue du droit a donné la dénomination précise de *contrats intéressés de part et d'autre*. Il y a un équivalent au service que chacune des parties contractantes obtient dans le service qu'elle rend. Quelle qu'en soit la nature juridique, les économistes appellent *échanges* les divers contrats dans lesquels se rencontre la réciprocité des services[1].

Les services doivent être considérés par rapport aux choses ou par rapport aux actions humaines elles-mêmes.

Les choses qui peuvent être la matière des services sont les *richesses*. Le mot *richesse* en économie politique a un sens très détourné de ses significations usuelles. Dans le langage courant,

---

[1] La vente, le louage de choses, le louage d'industrie, le prêt à intérêt, la constitution de rente, etc., sont des échanges au point de vue économique. — Cf. la définition juridique de l'échange, art. 1702 Code civil.

la richesse, c'est l'abondance des biens, soit d'une façon absolue, soit d'une façon relative. D'une façon absolue c'est le bien-être, l'ensemble des jouissances dues à la possession des biens; d'une façon relative la richesse indique la supériorité que certains hommes doivent à cette possession et dans toutes les langues indo-européennes, la richesse, signifiant puissance, autorité, implique l'inégalité des conditions. Pour l'économiste, une richesse est un produit, commun ou précieux, isolément possédé ou faisant partie d'un ensemble, abstraction faite du nombre ou de la qualité des possesseurs. Une richesse ou produit — les deux termes sont synonymes — c'est tout objet matériel[1] que le travail a rendu propre à la satisfaction d'un besoin. Par l'effet du travail, les choses acquièrent en effet une qualité dont elles sont dépourvues à l'état natif, à savoir l'*utilité*, c'est-à-dire la qualité abstraite de pouvoir répondre à un besoin[2].

Toute production ajoute donc aux choses une qualité immatérielle, l'*utilité*, c'est-à-dire la qualité qui facilite l'adaptation des richesses aux besoins.

Produire des richesses, c'est produire des *utilités*. Les richesses qui forment un objet de propriété et qui, par conséquent, peuvent intervenir dans les échanges sont des *biens;* cette expression empruntée à la langue du droit convient parfaitement pour désigner les richesses au point de vue économique.

L'industrie sociale ne consiste pas tout entière dans une production de richesses. Tous ceux qui travaillent ne produisent pas des objets matériels, ni ne les mettent en mouvement : magistrats, soldats, instituteurs, avocats, médecins, s'emploient pour leurs semblables : leur travail ne s'incorpore dans aucune chose tangible. Leur œuvre se résume en des actes utiles qui pourvoient à des besoins de justice, de sécurité, d'instruction, de défense ou de conservation physique. Ce sont donc des services consistant en actions humaines non incorporées à la matière. Parmi ces services, les uns dépendent de l'initiative privée; les autres, sous le nom de services publics, résultent d'une action collective, spécialement de celle de l'État que l'économie politique clas-

---

[1] Nous ne croyons pas, en effet, qu'il faille admettre la notion de richesses immaterielles. V. pour l'examen critique de cette notion, n°s 150, 151.

[2] On verra comment et en quel sens il est vrai de dire qu'aucune matière n'a d'utilité tant qu'elle n'a pas été l'objet du travail, n° 156.

sique a voulu renfermer dans une sphère beaucoup trop étroite.

En résumé, il y a des services incorporés dans les choses. On les désigne en nommant les choses elles-mêmes, c'est-à-dire les richesses. Les échanges où ils entrent sont des *échanges de richesses*[1]. Il y a par contre des services non incorporés dans les choses, qu'on désigne sous le nom de services, *stricto sensu*[2]. Les échanges où ils figurent sont des *échanges de services*.

Dans l'échange, l'un des deux termes peut être une richesse et l'autre un service (*stricto sensu*). Les richesses s'échangent contre des richesses, les services contre des services, ou enfin les richesses contre des services et *vice versa*. Aucune de ces combinaisons qui ne rentre dans le cadre de la classification romaine : *do ut des ; facio ut facias ; do ut facias ; facio ut des.*

7. Définition de l'économie politique. — On est maintenant en possession des éléments essentiels à la définition de l'économie politique, si tant est qu'une brève formule puisse résumer les traits distinctifs d'une science aussi complexe.

L'économie politique est, selon nous, la science qui a *pour objet* les lois d'utilité applicables au travail de la société, et *pour but* le bien-être individuel ainsi que la prospérité collective au moyen d'une équitable répartition des services et des richesses.

On remarquera que cette définition place l'homme au premier plan et les richesses au second, et qu'elle assigne à l'économie politique un but pratique. Par là elle diffère profondément de la définition la plus usuelle, de celle que J.-B. Say a rendu populaire et dans laquelle l'idée dominante est celle des richesses.

---

[1] Ainsi, dans l'échange d'un hectolitre de blé contre deux stères de bois, ce sont les produits échangés qui sont énoncés, parce qu'alors le service, le fait de l'homme, s'identifie avec la chose matérielle, objet du contrat, de même, dans le langage des jurisconsultes, quand une personne est propriétaire, au lieu de dire qu'elle a un droit de propriété, sur telle chose, on a coutume de dire qu'elle a cette chose dans son patrimoine, que cette chose est à elle. Cf. Gide, *Principes d'Econ. polit.*, 3ᵉ éd., p. 44 et 45.

[2] Il en est des services (*stricto sensu*) comme des droits de créance dont on ne peut donner une idée qu'en mentionnant une relation déterminée entre deux personnes. Un avocat plaide pour un médecin à condition que celui-ci lui donnera des soins : il nous faut énoncer le service réciproquement stipulé, l'action même en laquelle il consiste. Pour éviter toute équivoque, il vaut mieux ne pas parler de services à propos des échanges de richesses, puisqu'il est possible de faire autrement, et réserver cette expression aux échanges qui renferment pour l'un des termes ou pour les deux à la fois un *facere*.

L'économie politique est pour J.-B. Say (tel est le sous-titre de son *Cours*), la simple exposition de la manière dont se forment, se distribuent et se consomment les richesses. Rossi a dit en moins de mots : « l'économie politique est la science des richesses. » C'est surtout dans l'École anglaise, parmi les disciples de Ricardo et de Stuart Mill, que s'est manifestée cette tendance à réduire l'Économie politique à n'être qu'une science de choses, simplement descriptive ou mathématique. Quelques-uns, pour accentuer la *pure réalité* de la science économique, ont imaginé de l'appeler *chrématistique*[1]. A la *chrématistique* ou science des richesses nous opposons l'économie politique ou sociale, science morale et politique[2]. Ce n'est pas, comme on va le voir, une simple distinction de mots.

8. Opposition de l'économie politique et de la chrématistique. — C'est l'homme par qui et pour qui les richesses sont faites ; les richesses sont un moyen et non un but. Au-dessus de toute question relative aux choses matérielles et à l'accumulation des richesses planent des intérêts humains. Multiplier les produits n'est pas la fin dernière de la société. On pourrait croire cependant, à considérer la doctrine anglaise, que la prospérité sociale dépend exclusivement de l'accumulation des produits. Il semble que, selon la spirituelle saillie de l'économiste Droz, les hommes soient faits pour les produits et non les produits pour les hommes !

Voilà pour la divergence de principe. Voyons-en les conséquences : on dit que la science a pour objet la production, la consommation et la distribution des richesses ; attachons-nous aussi à cette division et cherchons ce que chacune de ses parties représente pour la chrématistique :

1° Tout le système de la chrématistique se résume en deux préceptes : produire beaucoup, produire à peu de frais. Produire beaucoup c'est bien, sans contredit, mais à la condition de ne pas sacrifier l'homme pour faire de la richesse, de ne pas le prendre pour un instrument ou un simple agent de production au

---

[1] Ce n'est point tout à fait un néologisme, car Aristote s'est servi de l'expression Χρηματιστική.

[2] Baudrillart, dans la critique qu'il fait de ce passage n'a certainement pas tenu compte des développements qui suivent (n°ˢ 8 et 10) : « M. Cauwès fait de la richesse une science spéciale qu'il nomme *chrématistique*. » — Ceci c'est la doctrine anglaise et non la nôtre (Baudrillart, *Revue des Deux-Mondes*, 1885, t. III, p. 160 et 161).

même titre en quelque sorte que les machines. Par conséquent l'économie politique, ayant souci de l'homme et non seulement du résultat matériel, rejette toute organisation du travail inconciliable avec la liberté humaine, et en particulier l'esclavage, fût-il prouvé que ce mode de travail est, en certaines circonstances, plus productif que le travail libre. Et, sous le régime du travail libre, elle a moins égard à l'amas de richesses créé qu'au sort de l'ouvrier. Il faut, dit-on, produire à moindre frais, mais la logique rigoureuse tirerait de cette maxime l'abaissement du prix du travail au minimum nécessaire pour l'entretien de l'ouvrier, d'où il suit que l'accumulation s'opérerait au détriment du producteur. La question véritable, si on se place au point de vue du bien-être individuel, est de savoir si, dans une unité de temps, pour une certaine dépense de forces, un homme peut satisfaire peu ou beaucoup de besoins. Or, cette puissance productive du travail, n'est pas la conséquence de qualités inhérentes aux choses; elle varie non seulement d'après l'état de l'art industriel, l'avancement des procédés mécaniques, mais aussi d'après l'énergie individuelle, les mœurs de famille, les traditions nationales, enfin d'après les combinaisons sociales — division du travail, association — tout ce qui peut resserrer ou renforcer les rapports industriels.

2° La consommation des richesses pour la chrématistique est une destruction, un accident nécessaire mais fâcheux; il faut la réduire au minimum en vue d'augmenter l'accumulation : produire beaucoup, consommer peu[1]. Combien les choses se présentent autrement lorsqu'on maintient aux richesses leur destination véritable qui est la satisfaction des besoins, la prospérité matérielle des individus et des sociétés! Il y a faux calcul, selon la très heureuse expression de de Sismondi, à épargner sur les hommes pour accroître la richesse; il ne faut pas hésiter à dépenser largement la richesse pour avoir des hommes et pour assurer leur bien-être.

[1] Aussi est-ce à peine si la chrématistique accorde à la consommation quelque importance doctrinale. Rossi la considère même comme un fait étranger à la science. L'un des premiers économistes modernes de l'Angleterre, St. Jevons, reconnaît que ses compatriotes, à un petit nombre d'exceptions près, semblent ignorer l'une des branches les plus importantes de la science économique (V. *Le passé et l'avenir de l'écon. polit.*, dans le *Journ. des Écon.*, mars, 1877).

3° Quant à la répartition des richesses, la chrématistique donne la préférence au système qui semble favoriser le mieux le développement de la production et elle croit le trouver dans la grande concentration des biens; la répartition doit être utile plutôt qu'équitable. L'économie politique en juge tout autrement : « le bonheur des États, proteste Droz, dépend moins de la quantité des produits que de la manière dont ils sont répartis. » Or, des volontés humaines, des contrats président aux divers arrangements sociaux et, en conséquence, un élément moral intervient dans ces règlements; ils sont soumis à la loi de l'équité. Le dernier terme de la science n'est pas de dire ce qui est ou de constater de simples déplacements de quantités ou de fortune; la science doit en outre contrôler, au point de vue du juste, les résultats observés et faire intervenir la sanction de la loi positive, afin d'empêcher le fort d'opprimer le faible, même en se couvrant du prétexte de la liberté.

Ne voit-on pas enfin que la science des richesses — s'il est vrai que par richesses on doive entendre les choses matérielles qui se produisent, circulent et se consomment (v. n° 151) — ne ferait aucune place aux *services*, bien qu'ils soient aussi indispensables à l'ordre social que les richesses proprement dites?

9. Il est une autre définition de la science économique qui jouit d'un certain crédit. Plusieurs économistes qui suivent les doctrines de l'École anglaise, disent que l'économie politique est la science des échanges et que son vrai nom serait la *catallactique* (καταλλαγὴ, échange). C'est une autre manière de dire que l'économie politique est une science de choses. Les richesses figurent en effet dans les échanges en quantités déterminées et dans un rapport d'équation. L'objet propre de l'économie politique devrait être l'équation des richesses dans les échanges, en d'autres termes, la valeur d'échange. On ferait ainsi de l'économie politique une sorte de mathématique ou d'algèbre sociale.

Cette notion doit être écartée en même temps que la précédente, pour la même raison : elle porte l'attention sur les choses considérées comme quantités, au lieu de la fixer sur les hommes. D'ailleurs, la formule proposée est vague. On peut dire du droit, autant que de l'économie politique, qu'il est, à un autre point de vue toutefois, la science des échanges, c'est-à-dire des contrats intéressés. Seulement le droit et l'économie politique ont un cadre beaucoup plus étendu. Dans l'activité économique on trouve autre chose que des échanges ; il y a, on le sait déjà, une foule d'actions désintéressées ayant un effet utile et appartenant par cela même à l'ordre économique. La définition dont il s'agit est donc beaucoup trop étroite. Enfin elle considère les richesses sous le rapport juridique de l'appropriation, tandis qu'il est plus rationnel de les envisager à un point de vue purement économique (n° 160).

10. La chrématistique ou science des richesses est purement spéculative, elle observe et explique les faits, constate entre eux des rapports généraux ou des lois abstraites, mais sans rien conseiller ni prescrire. « Elle existerait encore et ne changerait pas d'objet si les richesses, au lieu de contribuer au bien-être, n'y entraient pour rien du tout, pourvu qu'elles continuassent d'être produites, de circuler et de se distribuer[1]. » L'économie politique ou sociale ne se retranche pas dans cette insouciante indifférence. La définition que nous en avons donnée lui reconnaît un *but* en même temps qu'un *objet*. Grave erreur, s'il fallait en croire les adeptes de la science spéculative : c'est à leur avis confondre la *science* avec l'*art*. Disons tout de suite que s'il y avait confusion, elle aurait été commise tout d'abord, chose assurément singulière, par celui qu'on reconnaît généralement pour le fondateur de l'économie politique moderne. Adam Smith s'exprime effectivement ainsi : « l'économie politique regardée comme une *science* de l'homme d'État et du législateur a deux objets propres : rendre les citoyens habiles à se procurer des moyens abondants de subsistance et fournir au Gouvernement un revenu proportionné au service public ; en somme, enrichir le peuple et le souverain[2]. » Rossi a peut-être mieux dit encore, et l'aveu est précieux à recueillir, car l'éminent publiciste se rattache par ailleurs à l'école chrématistique : « l'économie politique est une science d'humanité et non d'algèbre, une science enfin qui doit servir au bien-être des sociétés civiles. »

On ne saurait, à notre avis, penser plus juste ; mais il y a sur ce point une si forte contradiction qu'il ne suffirait pas de se re-

---

[1] Cette profession de foi *chrématistique*, la plus nette que nous connaissions, est de Cherbuliez (v. *Précis de la science écon.*, t. I, p. 7).

[2] Droz dit de même de l'économie politique qu'elle a pour but de rendre l'aisance aussi générale que possible.

trancher derrière ces autorités, si grandes qu'elles soient ; une démonstration en règle s'impose. Seulement avant de savoir si la science économique comprend un enseignement d'application ou si, au contraire, elle se borne à constater les faits et les lois de l'ordre économique, la logique veut qu'on détermine si, comme nous l'avons présupposé, il existe un ordre économique, si l'économie politique est vraiment une science. Alors reparaîtra ensuite plus utilement la question soulevée des éléments constitutifs de cette science et de la prétendue séparation de la doctrine pure et de la doctrine d'application (n° 14).

§ II.

Existence et nature de la science économique. — Examen de la doctrine de l'évolution biologique. — Économie politique positive ou nationale, et économie politique générale.

11. L'économie politique est une fraction de la science sociale, mais y a-t-il une science sociale et l'économie politique elle-même est-elle une science ? On trouve dans Herbert Spencer une réfutation très fine et très vigoureuse à la fois de plusieurs des doutes qui se sont élevés à ce sujet[1].

A. — Il est une première objection qu'on pourrait presque laisser de côté : les actions humaines sont libres ; or, s'il est loisible à l'homme de décider ce qu'il fera ou ce qu'il ne fera pas, ses actions ne peuvent être la matière d'une science. Les lois auxquelles on prétendrait les soumettre n'auraient pas un caractère nécessaire. Gardons-nous de répondre en niant le libre arbitre. Sans doute s'il n'existait pas, les faits d'ordre économique suivraient une loi d'évolution fatale ; mais l'économie politique ne serait pas ce que nous avons dit qu'elle est : une science morale. Au surplus, sans prétendre démontrer ici le libre arbitre — ce qui est du domaine de la philosophie — rien, mieux que le développement économique des peuples, n'en prouve l'existence : l'activité humaine, consciente, orientée vers le progrès n'est-elle pas une force intelligente et libre ?

Nos volontés d'ailleurs ne sont pas des caprices d'enfants, des

---

[1] V. H. Spencer, *Introd. à la science sociale*, ch. 2.

impulsions déréglées comme celles de la folie. Elles s'inspirent bien ou mal de la raison, de la tradition, de l'exemple[1]. Aussi la plupart des actions humaines sont-elles susceptibles de prévision, et cela souvent avec une extrême probabilité, parce que la conduite contraire serait tout à fait déraisonnable ; il n'y a pas, par exemple, grande témérité à affirmer que si une personne veut vendre une chose, elle préférera, en principe, traiter avec celui qui lui fait l'offre la plus élevée. Si l'on ne s'arrête pas aux apparences, on voit ensuite que les règles sociales ou économiques existent, malgré le libre arbitre individuel, avec le caractère de l'évidence ou de la probabilité. Ainsi, il est de règle qu'une entreprise doit être proportionnée aux débouchés dont elle dispose. Qu'un manufacturier produise surabondamment, cela est possible mais ne prouve rien contre la règle dont il s'agit. Il est maître de ses actes, mais non des conséquences qu'ils auront : il ne dépend pas de lui que sa spéculation soit avantageuse : dira-t-on qu'il peut résulter d'un événement postérieur qu'elle le devienne ? Sans doute, parce que la part de l'imprévu est très grande dans les choses humaines. De même, ayant méconnu un précepte d'hygiène, nous pouvons nous mieux porter que celui qui l'aura suivi. Qu'en conclure ? simplement qu'on ne doit pas juger de la convenance des actes d'après le succès. Il en est sous ce rapport des lois économiques comme des lois physiques ; nous agissons à nos risques et périls lorsque nous nous en écartons, et, ce faisant, nous mettons les probabilités contre nous. Les lois économiques existent parce qu'elles sont l'expression d'un ordre latent, et non parce que les faits de l'homme et leurs conséquences sont dans une concordance nécessaire et inviolable avec elles. Au surplus, l'intérêt personnel nous détermine à les observer, et, en considérant l'ensemble des hommes, il est vrai de dire que l'ordre économique, lorsqu'il est connu, est généralement respecté.

B. — Une seconde objection tout à fait fondamentale et beaucoup plus spécieuse est fondée sur l'impossibilité très réelle où l'on est de formuler des lois économiques, universelles et permanentes, en ce qui concerne la plupart des intérêts collectifs des sociétés. Or, il est, prétend-on, de l'essence des vérités scien-

---

[1] V. Tarde, *Les lois de l'imitation*, in-8°, 1890.

tifiques de s'imposer partout et toujours. Remarquons que si l'objection était fondée, elle tendrait à refuser non seulement à l'économie politique, mais à la législation, le caractère scientifique. En effet, les législations positives sont profondément dissemblables, et si l'on peut nourrir l'espoir d'une certaine unification finale des lois civiles régissant les nations appartenant à la même civilisation générale, tout au moins reconnaîtra-t-on que le même travail ne peut s'opérer avec succès sur toutes les branches de la législation : ainsi le droit constitutionnel est bien certainement une partie de la science du droit et en soi-même un objet de culture scientifique, quoique l'utopie d'une constitution idéale applicable à tous les pays de la terre soit depuis longtemps unanimement délaissée.

C'est que, dans l'ordre des sciences morales, le nom de science convient à toute doctrine établie sur des faits méthodiquement étudiés, ces faits n'eussent-ils, et, par conséquent, la doctrine n'eût-elle aussi, qu'une valeur de transition. Demanderions-nous trop peu pour la dignité de la science? Écoutons sur ce sujet H. Spencer, que l'on ne pourra sans doute accuser de ne pas savoir quels sont les éléments constitutifs de la connaissance scientifique : « si l'on doute seulement de la possibilité de faire de la science sociale une science exacte, nous disons que c'est là nier une chose que personne n'a soutenue. » — L'auteur ne pensait sans doute pas en écrivant ceci aux économistes de l'école spéculative — « La science exacte n'est qu'une moitié de la science. Les phénomènes de certains ordres ont seuls des relations quantitatives aussi bien que qualitatives. Dans les autres ordres, les facteurs qui produisent les phénomènes sont si nombreux et si complexes qu'il devient très difficile sinon impossible de développer, sous la forme quantitative, la connaissance que nous en avons. Ces ordres de phénomènes ne sont pas exclus pour cela du domaine de la science. En géologie, en biologie, en psychologie, la plupart des prévisions ne sont que qualitatives... néanmoins, nous n'hésitons pas à les considérer comme scientifiques. *Il en est de même dans la science sociale. Les phénomènes qu'elle présente, plus complexes que tous les autres, sont moins que tous les autres susceptibles d'être traités avec précision; CEUX D'ENTRE EUX QUI SONT SUSCEPTIBLES D'ÊTRE GÉNÉRALISÉS NE PEUVENT L'ÊTRE QUE DANS DES LIMITES ASSEZ VAGUES DE TEMPS ET D'IMPOR-*

TANCE, et il en est beaucoup qui ne peuvent pas l'être du tout.
Mais, dès qu'il peut y avoir généralisation, et que sur cette
généralisation on peut baser une interprétation, il y a une
science[1]. » Ainsi l'économie politique serait une science lors
même qu'aucun des faits économiques ne se présenterait comme
fait universel et permanent, mais, l'ordre économique des diverses sociétés, ainsi qu'un examen ultérieur le rendra évident,
est comme ces composés similaires dans lesquels l'analyse chimique découvre plusieurs corps simples qui leur sont communs.
L'ordre économique est partout et en tout temps une manifestation de la sociabilité humaine de même que le droit, la morale.
La diversité des constitutions économiques n'est pas plus en
contradiction avec la conception de certaines lois fondamentales
d'utilité que la multiplicité et les contradictions même des lois
positives ne démentent la notion d'un Code humain proscrivant
le meurtre, la violence, la violation de la foi jurée, etc.

12. Quelle est la nature de la science sociale et en particulier de la science économique? Dès le début, nous avons affirmé
que l'économie politique ayant pour sujet l'homme est une
science morale et politique; il existe cependant à cet égard une
redoutable contradiction. Une théorie moderne qui se rattache
d'un côté à la doctrine utilitaire de Bentham et de J. St.-Mill, de
l'autre à la thèse darwinienne de l'évolution, assimile la science
sociale à la biologie; ce serait une science naturelle régie par
les lois de la matière. H. Spencer, Huxley, Bagehot[2], sont en
Angleterre les chefs de cette nouvelle école dont les précurseurs
furent Cabanis et Gall. En France M. Espinas[3], et en Allemagne
M. Schaeffle[4], bien que partant d'un point de vue différent em-
pruntent à la science biologique sa terminologie, ses classifications et établissent un constant parallèle entre la structure du
corps humain et celle de la société[5]. D'après Spencer la nature

---

[1] H. Spencer, *op. cit.*, p. 47 et 48.

[2] En France, M. Fouillée enseigne une doctrine évolutionniste combinée
avec la thèse du *Contrat social*. V. son livre de *La science sociale contemporaine*, 1880, in-12.

[3] Espinas, *Les sociétés animales* et *Revue philosophique*, 1882.

[4] Schaeffle, *Bau und leben des socialen körpers*, 4 in-8°, 1878.

[5] Surtout Schaeffle : il n'admet pas la vie en quelque sorte physiologique
du corps social, ni même l'idée de M. Espinas qui voit dans la société un

morale et intellectuelle de l'homme est soumise, comme la nature physique, à des lois de développement soustraites au libre arbitre. Le progrès résulte de la substitution successive, d'après la loi lente de l'hérédité, des volontés *altruistes* aux volontés *égoïstes* et de la liberté individuelle à l'autorité. Dans cette évolution générale de la société, l'homme est par rapport à la collectivité comme la molécule d'un agrégat ou d'une masse. Il peut sans doute réagir sur l'ensemble, le modifier insensiblement, mais il en reçoit principalement l'impression quant à ses sentiments et à ses idées, bien que, par une série de transformations, il doive arriver à jouir d'une autonomie de plus en plus complète.

Il s'en faut de beaucoup que de l'assimilation hardie entre la science sociale et la biologie, les autres écrivains de cette École aient tiré les mêmes conséquences que Spencer, ainsi, selon Huxley, et aussi selon Schaeffle, l'évolution sociale doit conduire de l'anarchie à une forte concentration d'autorité; opinion qui se fonde sur ce que, dans les organismes supérieurs, la concentration du système nerveux est plus complète qu'aux degrés inférieurs de l'animalité[1].

On pourrait donc, à raison de ces divergences profondes, se croire autorisé à laisser de côté la théorie de l'évolution puisque ses conséquences, quant aux doctrines sociales, sont si indéterminées; mais cette conception hardie tient de trop près à la notion du progrès social pour qu'on ne lui consacre pas dès maintenant une sérieuse attention.

La société est un organisme vivant, c'est un ensemble de forces et de fonctions agissantes. Les analogies établies entre elle et la vie physiologique sont sans contredit des plus spécieuses, autorisées même par le langage usuel; ne disons-nous pas que les sociétés naissent, grandissent, puis déclinent et

---

organisme d'idées, mais, dans l'analyse de la constitution sociale, Schaeffle s'inspire toujours d'analogies biologiques : après la famille cellule sociale, il découvre une *histologie* économique : les liens sociaux sont des *tissus*, les voies de communication des *fibres nerveuses*, les centres d'habitation rappellent le système osseux. Il y a encore des *organes* formés par les tissus, ainsi les associations, les États... V. l'analyse donnée par Durckheim. *Revue philosophique*, janvier, 1885.

[1] M. Fouillée croit de son côté que la forme supérieure de l'organisme social est une synthèse de la centralisation et de la décentralisation (*Op. cit.*, p. 179).

meurent? On pose en doctrine que les plus fortement constituées triomphent dans la lutte pour l'existence et parviennent à la civilisation par une série d'étapes réglées. Mais justement la question est de savoir si la vie sociale, comme la vie des êtres animés, est soumise à un ordre de succession nécessaire. Spencer le suppose à titre d'axiome; la preuve ne serait pas superflue, car il paraît bien supprimer un facteur essentiel, la liberté humaine; or, l'histoire atteste que c'est un levier puissant de progrès et parfois aussi un germe funeste de dissolution. Sous des influences diverses, les nations précipitent leur marche vers le progrès ou vers la ruine, franchissant plusieurs étapes intermédiaires; par une force en quelque sorte spontanée, elles entrent dans une ère nouvelle d'existence. Qui peut nier que l'apparition du Christianisme dans le monde ou bien la Révolution française n'aient opéré dans les institutions et dans les idées une véritable rénovation? Il y a donc, agissant sur la vie sociale, un autre ferment que l'évolution héréditaire[1]. Et en supposant que sur les êtres physiques son action soit aussi considérable que le prétend l'opinion darwinienne, on ne serait pas fondé à étendre les mêmes conclusions aux sociétés humaines.

Voilà pour les organismes collectifs. La théorie de Spencer, ou, comme il est permis de l'appeler, la *sociologie-biologique* est encore plus manifestement inexacte en ce qui concerne l'individu. Dans le corps social, l'individu ne serait pas autre chose que l'élément simple, la cellule vivante; mais M. Carrau objecte très judicieusement que les cellules d'un tissu sont homogènes, tandis que les unités sociales sont hétérogènes physiquement,

---

[1] M. Fouillée a bien aperçu l'objection de fatalisme qu'on est en droit d'adresser au système naturaliste de Spencer. D'après lui, l'évolution n'a pas pour conséquence ni l'immobilisme ni le fatalisme. Prenons acte de la déclaration : mais que reste-t-il de la doctrine biologique après le passage qui suit? « Compter sur le destin ou sur la providence, c'est compter sur des mots; compter sur la nature c'est sans doute compter sur des choses, mais c'est oublier que la force de nos idées et de notre volonté fait elle-même partie des forces de la nature, qu'elle entre pour facteur dans la destinée des peuples, que parfois une volonté isolée comme celle d'un homme de génie, d'un Jésus, d'un Gutenberg, d'un Christophe Colomb, peut produire une tran formation dans le monde » (V. Fouillée, *Op. cit.*, p. 398). Sur la réfutation des doctrines spenceriennes V. deux études du recteur Van der Rest La *Sociologie*, 1888, Bruxelles; l'*Enseignement des sciences sociales, ibid.*, 1889); Beudant, *le Droit individuel et l'État*, p. 214 et suiv.

intellectuellement et moralement, et cela surtout dans les sociétés primitives où l'action des héros et des individualités puissantes a sur le développement social une influence si marquée. Or, qu'est l'homme primitif dans la théorie de l'évolution? un être chétif, fermé aux sentiments *altruistes,* impuissant pour les œuvres collectives. Et c'est cet être inférieur qui aurait dû vaincre les obstacles opposés par une nature encore indomptée, qui se serait montré le plus fort dans la lutte pour la vie, malgré la prédominance des intérêts égoïstes et la faiblesse des liens sociaux! « La concurrence pour la vie, conclut très finement M. Carrau, avait à décider, ce semble, si l'on s'attache au tableau que retrace Spencer, non pas qui survivrait mais qui mourrait le dernier [1]. »

Le tort de la sociologie biologique est de n'avoir fait aucune part au libre-arbitre, à l'action morale de l'homme dans la formation historique des sociétés. Si l'on comble cette lacune, il y aura quelque profit peut-être à tirer des ingénieuses analogies que la nouvelle doctrine croit découvrir entre les fonctions sociales et les fonctions organiques [2]. Mais on ne pourra pas dire que la science sociale soit une branche de l'histoire naturelle [3]; si on

---

[1] V. Carrau. *Revue des Deux-Mondes*, 1er avril 1880.

[2] Le parallélisme entre les fonctions sociales et les fonctions organiques n'a-t-il pas été cependant poussé trop loin sous l'influence des idées biologiques? Que l'on compare la production industrielle au système nutritif et les voies de communication à l'appareil circulatoire, cela se conçoit. Mais est-ce autre chose qu'un jeu d'esprit que de faire correspondre les institutions gouvernementales au système nervo-moteur? Ce n'est pas tout : poussant encore plus loin les distinctions, les institutions parlementaires sont comparées au système cérébro-spinal, les institutions commerciales au grand sympathique, les banques et les institutions de crédit à l'appareil vaso-moteur. Disons avec M. Carrau (*op. cit.*) : « ce n'est pas de la science, ce sont des analogies plus ou moins exactes, ce n'est pas la raison des faits. » Disons encore que l'idée de ces analogies n'est pas une nouveauté de la doctrine naturaliste, elle se trouve déjà dans un remarquable article de l'économiste Coquelin (*Dict. de l'écon. polit.*, vº *Écon. polit.*).

[3] La science du travail, l'économie politique, a été présentée bien à tort comme formant simplement un chapitre de l'histoire naturelle de l'homme. On a ainsi en quelque sorte confondu le travail avec l'instinct des animaux. L'histoire naturelle décrit le jeu des muscles, les habitudes, l'instinct de sociabilité des espèces animales. L'économie politique n'est pas l'étude de la mécanique musculaire, ni celle d'un instinct. Le travail est progressif; ses procédés se transforment. L'animal qui agit par instinct se répète indéfiniment. Ici encore le trait distinctif est la nature morale de l'homme, son intelligence et sa volonté libre.

appelle l'économie politique la physiologie des sociétés, ce ne sera pas autre chose qu'une métaphore[1]; enfin on reconnaîtra que la véritable nature de la science sociale et de la science économique est morale et politique. Les doctrines biologiques n'auront cependant pas eu sur la science économique une influence trop fâcheuse si, ce qui n'est aucunement douteux, elles ont contribué à discréditer la théorie des lois économiques universelles et à tourner les esprits vers l'observation aussi bien historique que psychologique[2].

13. Aug. Comte a parfaitement discerné la nature de la science sociale. C'est au sommet des connaissances humaines qu'il place ce qu'il appelle la physique sociale ou la sociologie, non assurément pour lui donner une vaine prééminence, mais parce que c'est en elle que s'opère la convergence de toutes les sciences. A cause, en effet, de la nature physique de l'homme et du monde matériel où s'exerce l'activité humaine, la science sociale, économie politique et législation, est en contact avec les sciences naturelles et leur emprunte divers enseignements. Nul doute que, dans une mesure qui sera à déterminer par la suite, la constitution physiologique du corps humain, les qualités du climat et du sol n'aient de l'influence sur les phénomènes de la vie sociale. Les sciences physiques fournissent d'ailleurs à l'homme les moyens d'étendre son règne sur la nature. Mais, si la science sociale s'appuie sur les autres sciences, Aug. Comte a très bien compris qu'elle en est distincte, que le progrès social a des lois propres, qu'enfin les phénomènes sociaux ne s'expliquent pas uniquement par des causes physiologiques, parce qu'ils sont ou peuvent être l'effet de la volonté humaine, c'est-à-dire d'une cause purement morale[3].

[1] Admettant l'analogie entre l'économie politique et la physiologie, encore conviendrait-il de suivre la comparaison et d'ajouter que l'économie politique, à raison du but pratique qu'elle doit avoir, est aussi une hygiène sociale et une thérapeutique.

[2] M. Durckheim, par exemple, quoiqu'il cherche un appui à ses doctrines sociologiques chez Spencer et chez Schaeffle ne dédaigne pas les enseignements des historiens du droit de Ihering, de Post, sans doute aussi de Sumner-Maine qu'il oublie de citer. (V. Durckheim, *Cours de science sociale*, leçon d'ouverture, br. 1888.)

[3] Aug. Comte, *Cours de philosophie positive*, t. I, p. 57 et suiv., et IV, p. 225 et suiv. Dans le même sens et contre l'évolutionnisme de Spencer, de Roberty, la *Sociologie*, 1886.

N'acceptant pas la subordination de la science sociale à la biologie, Aug. Comte veut qu'on étudie la société dans son développement effectif au moyen de la méthode d'observation et de la critique historique. Ce sont en effet les vraies méthodes scientifiques, et c'est un point essentiel sur lequel il y aura lieu de revenir. On doit, d'après Aug. Comte, tirer de ces recherches deux ordres de conclusions : 1° les règles des conditions d'existence et de la stabilité des sociétés qui forment la théorie de la statistique sociale; 2° les règles de l'essor et du développement de l'organisme collectif qui donnent lieu à la dynamique sociale. La dynamique sociale n'est pas l'évolution naturaliste, mais une évolution historique dont les annales de l'humanité peuvent seules faire connaître les principes.

Malheureusement Aug. Comte, dans la partie historique de sa philosophie sociale, ne s'est pas lui-même affranchi complètement des conceptions doctrinaires et fatalistes. Selon lui, l'humanité passe par trois états ou âges successifs : l'âge théologique, l'âge métaphysique et l'âge critique [1]. Si cela était vrai, le progrès social serait, aussi bien qu'avec la théorie biologique, régi par une loi d'évolution nécessaire. Aug. Comte parle de trois états successifs, mais rien ne démontre l'impossibilité de la combinaison simultanée de ces trois états. Au surplus, il ne s'agit pas ici de se prononcer sur le système général du fondateur de la philosophie positive. Il n'en doit être question que dans la mesure où cela est utile pour l'intelligence de la science sociale. D'ailleurs, ce qui serait fort contestable, s'il s'agissait de l'histoire de la conscience humaine, est certainement exact de l'histoire des sciences et spécialement des sciences morales. A cet égard, Aug. Comte a fait une analyse profonde qui restera, quel que puisse être le sort que l'avenir réserve à sa doctrine philosophique.

La science a longtemps porté le joug de la métaphysique; l'esprit humain a vécu sous l'empire de conceptions absolues qui lui masquaient la voie de la vérité scientifique. Les premières, les sciences naturelles ont chassé l'illusion primitive de ces conceptions artificielles et, grâce à de sévères méthodes

---

[1] Aug. Comte, *op. cit.*, t. V, p. 1 et suiv., p. 115 et suiv., et VI, p. 344 et suiv.

qui les excluent, sont parvenues à se constituer. Mais la spéculation métaphysique conserve encore, en grande partie, son prestige dans la science sociale qui a été édifiée avec des données de convention sur l'homme, la société, les institutions politiques et économiques. Le doctrinarisme métaphysique, repoussé déjà de la science politique proprement dite, a pour principal retranchement l'économie politique. Ici l'âge de la critique commence à peine et cependant le progrès qui s'est fait en physique, en chimie, en physiologie, doit être imité; il faut mettre la métaphysique hors de la science sans prétendre la chasser du domaine de la conscience.

Telle est la conclusion fort sage d'une remarquable étude dans laquelle M. Vacherot réfute la célèbre doctrine des trois états de l'esprit humain, mais où il reconnaît que le progrès scientifique s'est accompli et doit s'accomplir encore au détriment de la spéculation métaphysique [1]. En Angleterre, où la philosophie de Comte jouit d'une très considérable autorité; en Allemagne, où la plupart des économistes contemporains appartiennent à l'École historique, la spéculation métaphysique ne compte plus que quelques adeptes [2]; en France, plus d'un penseur même très novateur (comme M. Fouillée, M. Guyau) y reste attaché.

On va juger qu'il n'était pas inutile d'établir, malgré l'aridité du sujet, le véritable caractère de la science sociale et de la science économique; des conséquences fort importantes dérivent, en effet, des développements qui précèdent.

14. A. — Économie politique nationale ou générale, Inséparabilité de la science et de l'art. L'Économie politique est une science; les faits économiques sont donc susceptibles d'une généralisation, d'une condensation en doctrines, si l'on peut dire ainsi. Reste à voir dans quelle mesure cette généralisation est admissible; peut-elle se faire pour une nation ou un groupe

---

[1] V. Vacherot, *Revue des Deux-Mondes*, 15 août 1880, et, à un point de vue tout différent, de Roberty, la *Philosophie du siècle*, 1892, p. 205 et suiv.

[2] Lorenz von Stein, dont la mort est récente, 1890, et Wundt *Ethik*) sont les deux représentants principaux de la spéculation hégélienne en Allemagne. Lorenz von Stein a écrit une théorie fort abstraite de l'Économie politique et de la Science de l'Etat. Wundt cherche à concilier l'individualisme et les droits de la solidarité humaine. V. sur les idées de Wundt, Rauh, *Revue d'écon. polit.*, 1891, p. 240.

de nations à un moment donné seulement, ou même pour tous les âges de la civilisation et pour l'humanité entière? Suivant que l'on fait l'une ou l'autre réponse, le caractère des études économiques change tout à fait. Et cependant combien peu ont abordé ce problème fondamental sans idées préconçues! La notion d'un type uniforme de la société, d'après un idéal convenu et de règles abstraites sans adaptation au milieu social particulier, est celle de l'ancienne économie politique classique, elle compte encore de nombreux partisans en Angleterre et surtout en France. Ils affirment que les lois qu'ils se croient en mesure de formuler ont une valeur universelle. Ainsi l'un deux M. Lowe déclare que l'économie politique spéculative, reposant sur les attributs de la nature humaine, n'est limitée à aucun temps ni à aucun pays en particulier [1].

En sens inverse, un assez grand nombre d'économistes contemporains suivent la tradition de List, l'auteur du *Das nationale System der politischen Oekonomie* et repoussent l'idée rationaliste d'une économie politique universelle : ils se sont engagés dans l'étude historique ou descriptive des phénomènes particuliers à une époque, à un peuple, à un âge spécial de la civilisation; l'organisation économique actuelle est l'objet préféré de leurs minutieuses analyses. M. Schmoller est le chef de cette école réaliste. Nous ne lui objecterons pas de ne pas être scientifique, car la description et la classification méthodiques sont œuvre de science; c'est la voie rationnelle de toute connaissance scientifique dans les sciences sociales. Toutefois, il nous semble légitime de ne pas nous renfermer étroitement dans l'observation et la description des faits extérieurs. Jamais nous n'avons nié l'existence de quelques lois primordiales, universelles, dont on ne doit pas découronner la science [2]. Pourquoi renoncer, sous prétexte de l'abus qui en a été fait au siècle dernier, à toute généralisation?

Il n'est que trop vrai que la généralisation spéculative a été faite d'après des données superficielles sur l'homme et la nature; elle est dans l'histoire de l'Économie politique le fruit de cet

---

[1] *Political economy belongs to no nation; it is of no country. It is founded on the attributes of the human mind and no power can change it* (Discours prononcé au centenaire d'Adam Smith).

[2] V. notre *Précis*, 2e édition, n° 14, p. 19. Cf. nos 3 à 6.

esprit classique, dont M. Taine a fait une si impitoyable justice. L'homme n'est pas partout le même ; il ne se comporte pas toujours de la même manière dans la poursuite et l'usage de la richesse ; l'être humain n'est pas une donnée *constante* comme les données quantitatives ou les propriétés de la matière. C'est un sujet *ondoyant* et *divers.* Les règles qui le concernent ont une valeur *subjective* et non une valeur *objective.* S'il est vrai que les phénomènes du monde physique sont reliés par des rapports nécessaires, indépendants de toute circonstance de temps et de lieu, il n'en saurait être de même de tous les phénomènes sociaux si dissemblables suivant le climat, l'âge de la civilisation et les institutions sociales. Voilà ce qu'ont oublié les partisans de l'économie politique spéculative, et c'est ce qui faisait dire à Wolowski : « les déductions abstraites de la science pure ne nous laissent pas sans inquiétude ; car elles traitent l'homme beaucoup plus comme une force matérielle que comme une force morale. En contact avec les procédés rigoureux de la spéculation mathématique, l'homme devient une *constante* pour tous les temps et pour tous les pays, tandis qu'en réalité il est une *variable* [1]. » Et de fait, conçoit-on une science comme l'économie politique faisant abstraction du milieu social et ne cherchant pas à y adapter ses préceptes ?

Les généralisations de la science économique pure sont fausses lorsqu'elles se trouvent en discordance avec les conditions de la vie sociale dans un milieu déterminé. L'observation prouve alors que les généralisations ont été menées trop loin ; que des distinctions nécessaires ont échappé à l'analyse. Est-ce une raison pour abandonner la recherche des tendances naturelles de l'esprit humain ? non, mais il faut renouveler l'analyse psychologique, la faire plus rigoureuse et moins exclusive, donner une part considérable à l'influence du milieu naturel et social, au développement historique. De nos jours, certains économistes dont Menger est le chef, trop soumis d'ailleurs à la tradition de l'École anglaise, ont revendiqué les droits de la philosophie. Beaucoup d'autres à côté d'eux, en Autriche et en Allemagne, professent une doctrine éclectique.

---

[1] Wolowski, *Introduction aux principes d'Économie politique de Roscher.* p. LV.

Comme eux nous admettons la coexistence et la combinaison de principes d'économie nationale et d'économie générale. Ce qui est vrai partout et toujours, c'est que l'activité humaine, grossière ou savante, se propose la satisfaction de nos besoins au moyen du travail; qu'elle se manifeste non par des efforts isolés, mais par une coopération d'autant plus efficace qu'elle aura lieu avec plus d'entente, avec plus d'union intelligente : le bien-être est le but de cette coopération qui a pour fondement direct notre sociabilité instinctive et un intérêt instinctif aussi, celui de l'économie des forces dans le travail. Le bien-être augmente lorsqu'elle se perfectionne, diminue lorsqu'elle est entravée ou qu'elle laisse s'altérer ses traditions. La coopération est la loi économique universelle; ses principaux corollaires : spécialisation des tâches et des fonctions, production combinée des richesses, rémunération directe et indirecte, échanges de richesses et de services ont déjà été énoncés (nᵒˢ 3 à 6). C'est sur cette base immuable qu'est fondé l'ordre économique commun à toutes les sociétés. Ce n'est pas là une conception *à priori;* c'est ce que l'histoire de l'humanité ne permet pas de révoquer en doute. Chez les peuplades les plus barbares qui vivent des produits de la chasse et de la pêche se produit, spontanément, une certaine coordination d'efforts.

Est-ce à dire que l'activité économique de toutes les sociétés soit la même; que, si elle est formée de quelques éléments simples et irréductibles, on doive y reconnaître les mêmes règles d'action, les mêmes tendances, les mêmes institutions économiques? Évidemment non. Entre l'état des peuples nomades ou pasteurs, fractionnés en petites sociétés familiales ou en tribus non fixées encore au sol qu'elles n'occupent que d'une façon temporaire, dont elles ne tirent guère que ce qu'il donne spontanément, et l'état des peuples sédentaires, ne voit-on pas plutôt des contrastes que des analogies? Chez ceux-ci l'idée du travail, de la poursuite de la richesse; les moyens d'action : l'agriculture, l'industrie, le commerce; les institutions économiques; la notion du bien-être, de la dignité, de l'indépendance de l'individu, tout est différent. La liberté humaine, les droits de l'individu au point de vue économique comme au point de vue de la conscience et de la loi humaine, sont-ce donc des choses antérieures à la civilisation des peuples sédentaires? Et parmi ces peuples que de différences encore : d'une part, les sociétés à demi civilisées, pratiquant la vie agricole exclusive avec un horizon étroit, qui ne s'élargit que quand les industries, les arts, le commerce prennent naissance, et, d'autre part, les sociétés à civilisation économique complexe comme celle des États modernes de l'Europe et de l'Amérique du Nord. En présence de types sociaux aussi distincts, comment imaginer l'universalité de la science économique? On s'est fait illusion en s'attachant à des principes qui, dans les sociétés de culture supérieure, sont tenus pour conformes à la nature et à la destinée de l'homme, ou bien en analysant les propriétés intrinsèques des richesses et de leur circulation : utilité, valeur, échanges, parce qu'elles sont susceptibles de généralisation rationnelle et qu'elles se prêtent à l'emploi de la méthode déductive. Admettons qu'on soit parvenu à construire une théorie générale de la valeur, des lois qui la régissent dans les échanges, cette théorie sera-t-elle adaptée à toutes les constitutions économiques?

Les échanges, dans un pays où le commerce est très développé, comme la Grande-Bretagne, se font sous le régime de la concurrence libre, et la valeur des choses y dépend, à en croire l'économiste anglais Ricardo, de la quantité de travail dépensée à les produire. En admettant que cela soit vrai pour une société commerçante, n'est-il pas arbitraire de supposer, comme le fait le célèbre économiste, qu'il en est de même chez les peuplades à demi sauvages, pour l'échange des produits de la chasse et de la pêche? Les prétendus hommes primitifs que Ricardo met en scène, il ne faut pas s'y tromper, sont des marchands de la cité. L'échange régulier avec un marché libre n'est pas une institution familière aux vieilles civilisations, et nous aurons à dire comment il y était suppléé sous l'empire des institutions patriarcales.

Au surplus les lois mathématiques de la valeur, de l'échange, des richesses considérées comme quantités ne peuvent être que la partie accessoire de l'économie politique, science morale. La science économique s'étend plus loin et s'élève plus haut que la chrématistique (n°s 10 et 13).

Les vues de l'économie politique spéculative sur la direction des sociétés humaines ne sont pas moins témérairement généralisées. On érige le libre jeu des forces individuelles en règle

absolue. Habitués au spectacle de la libre action des forces individuelles, les économistes de l'école anglaise supposent que les
phénomènes sociaux de la production et de la distribution des
richesses sont toujours le produit spontané de ces mêmes forces,
tandis que, au contraire, l'évolution historique de l'état pastoral
à l'état agricole ou de la communauté patriarcale à la propriété
privée a été en grande partie l'effet de causes collectives ou
sociales, et spécialement des institutions politiques et civiles.

Les mêmes théoriciens prescrivent à l'État de s'effacer, et ils
exaltent l'action individuelle qu'ils prétendent infaillible et toute-
puissante. Mais assurément ces préceptes, d'ailleurs trop absolus, s'expliquent en Angleterre par de longues habitudes de *self
government* et, en d'autres pays, ainsi en France, par une sorte
de réaction contre les excès d'autorité de la monarchie absolue.
Des sociétés où l'initiative privée serait languissante se trouveraient très mal de les suivre. En dépit de ses allures doctrinaires,
l'économie politique anglaise est, selon l'heureuse expression
de Cournot, fortement imprégnée d'un goût de terroir.

Bien clairement encore le désir des richesses et la façon d'en
faire usage sont au plus haut point variables selon les civilisations,
car l'idéal moral ou l'instinct du luxe, du bien-être dépendent
d'un ensemble de traditions ou de circonstances contingentes [1].

L'un des publicistes de l'école spéculative, Bagehot, n'a pu
se dissimuler que les enseignements de cette école reposent
sur un état social déterminé, celui de nos sociétés civilisées et
spécialement l'état industriel de l'Angleterre [2].

Bagehot reconnaît de la manière la plus formelle que la
science économique telle qu'il la conçoit n'est pas faite pour les
sociétés primitives. « Nous pouvons remonter, si je ne me
trompe, écrit-il, à un âge en quelque sorte *pré-économique*,
où les données de l'économie politique n'existaient pas, *où ses
préceptes auraient été funestes, où les préceptes exactement
opposés étaient sages et nécessaires* [3]. » Le disciple de Darwin,
évidemment en lutte ici avec sa foi métaphysique en l'universalité

---

[1] Cf. sur tous ces points, Cliffe Leslie, *On the philosophical method of
political economy* (Hermathena, Dublin, 1876).

[2] *For a single kind of society of competitive commerce such as we have in
England.*

[3] V. Bagehot, *Les lois scientifiques du développement des nations*, p. 13.

des lois économiques, plutôt que d'assouplir la notion rigoureuse qu'il s'est faite de la science économique croit se tirer d'affaire en parlant d'un âge *pré-économique*. — Mais que devient l'universalité de lois dont l'application serait inopportune et même funeste à un moment quelconque de la vie des peuples?

La conception d'un type uniforme de la société d'après un idéal convenu et de règles abstraites non appropriées au milieu social doit être écartée. Si l'on fait abstraction de quelques principes primordiaux, il existe, en réalité, plusieurs économies spéciales correspondant aux différents âges de la civilisation, à la nature du climat et du sol, à l'étendue et à l'énergie des forces productives.

Affirmer la valeur indistincte des préceptes économiques, c'est commettre une erreur aussi évidente que si l'on prescrivait la même hygiène alimentaire à des Esquimaux et à des Africains. L'économie politique prise dans son ensemble n'est pas universelle. Elle distingue dans la vie des peuples différents états : chacun a un régime économique qui lui est propre. Celui des peuples pasteurs n'est pas le même que celui des peuples agriculteurs et sédentaires, et ce dernier est différent de celui des peuples industriels et commerçants; la civilisation européenne ou occidentale a d'autres lois que la civilisation orientale. En interrogeant l'histoire, on constate de nombreuses diversités sociales et on y trouve une raison d'être; les doctrines scientifiques ont, comme les sociétés elles-mêmes, subi des vicissitudes dont il n'est pas impossible de démêler les causes [1].

B. — L'étude de l'évolution historique des sociétés conduit à plusieurs degrés successifs de généralisation. Au premier degré figurent les règles des économies positives ou nationales; règles

[1] A notre avis, l'histoire détaillée d'une science est sa conclusion et non sa préface. Une seule observation devait être immédiatement faite ; la plupart des erreurs doctrinales du passé ont une explication dans les circonstances du lieu et du temps où elles se sont produites; nous en commettons sans doute aujourd'hui encore qui n'ont pas d'autre cause. Personne ne soutient plus que le numéraire soit la seule richesse; mais, au seizième siècle, après la découverte de l'Amérique, l'invasion d'une masse inouïe de métaux précieux faisant la brusque fortune de l'Espagne rendait cette erreur excusable. Au dix huitième siècle, le repos d'une longue paix avait permis à l'agriculture de se relever; c'est alors qu'on vit surgir en France, pays

en harmonie avec le génie spécial de la nation, ses aptitudes industrielles, sa situation géographique, ses ressources naturelles, ses antécédents en matière politique, en matière fiscale, ses rapports avec les nations voisines, etc., etc... Ces règles économiques sont à la science pure ce que les législations positives sont au droit philosophique idéal. De même que les lois positives prises dans leur ensemble reflètent fidèlement la société qu'elles régissent, bien que certaines puissent émaner de la volonté arbitraire du législateur, les règles économiques nationales sont le fruit d'une formation toute spontanée. Il y aurait une grave erreur à ne voir en elles que des accidents, des bizarreries contraires aux indications de la raison; elles répondent à des besoins sociaux, et sont par cela même naturelles et légitimes, beaucoup plus légitimes et naturelles que maintes conceptions doctrinaires qualifiées bien mal à propos de lois naturelles depuis le siècle dernier.

Mais la science économique n'est pas définitivement constituée par la juxtaposition des économies positives. Tout d'abord, l'observation comparative des économies nationales fait découvrir entre elles des analogies; certains intérêts de même ordre sont réglés de la même manière; les mêmes causes produisent des effets semblables. Voilà un premier degré de généralisation qu'on ne risquera pas de confondre avec la spéculation *à priori* puisque ce n'est autre chose que l'observation à vue plus longue, et portée en quelque sorte à la seconde puissance. On a commencé par la généralisation spéculative; c'était une marche plus simple, mais absolument anti-scientifique. Les études d'économie nationale ont été trop négligées, trop contestées même, pour que l'économie politique comparative soit encore en possession d'éléments suffisants; cependant, il est possible d'en

---

agricole, cette fausse doctrine des *physiocrates,* selon laquelle toute richesse est due à la terre. En Angleterre, pays manufacturier par excellence, où le sol ne paraissait plus suffire à produire la quantité d'aliments nécessaires à une population compacte, Malthus, en ce siècle même, émit cette loi tristement célèbre : les moyens de subsistance s'accroissent plus lentement que la population! Ricardo se joint à lui et affirme la fertilité décroissante des terres mises en culture!

Le lecteur qui voudrait relier aux notions préliminaires l'histoire de la science économique peut se reporter à l'exposé général qui en est fait à la fin de l'ouvrage, en appendice.

esquisser les principaux traits et c'est à quoi nous devrons nous attacher. L'état industriel des nations modernes a eu, partout, pour origine, les progrès des arts mécaniques, et il est signalé par des symptômes sociaux et économiques qui présentent dans les différents pays des caractères pour ainsi dire identiques. Déjà, malgré leur apparente diversité, les institutions économiques du Moyen-âge étaient unies par une étroite affinité. La comparaison permet donc de discerner, dans les économies positives, des règles, les unes plus générales, d'autres plus spéciales. C'est une première application légitime de la critique scientifique.

Il en est une seconde non moins importante au point de vue philosophique. L'économie politique comparée montre le progrès qui a conduit d'un état économique à un autre, de la même manière que la critique législative reconnaît à une législation positive une supériorité certaine sur une autre.

Puis les économies nationales se pénètrent; on voit surgir des intérêts communs qui donnent naissance à une économie internationale, de la même façon que, dans l'ordre du droit, à côté des législations nationales, se constitue un corps de droit des gens.

Enfin la comparaison de l'économie politique avec la science de la législation ouvre un autre horizon. L'examen critique des institutions conduit à déterminer celles qui répondent le mieux à l'état social le plus parfait : elles forment un système de lois naturelles ou rationnelles, lequel se compose de deux éléments : 1° un élément immuable, formé de principes qui s'imposent à la conscience humaine dans toutes les sociétés : tels sont ceux qui défendent de se faire justice à soi-même, qui commandent l'obéissance aux lois, le respect de la foi jurée, etc...; 2° un élément progressif, qui résulte de la comparaison entre les institutions similaires des diverses législations positives. On détermine ainsi un type idéal de droit naturel ou rationnel, lequel ne pourrait assurément pas convenir indistinctement à toutes les législations, mais qui est en quelque sorte offert comme un modèle aux sociétés les plus avancées. C'est ce qui a lieu notamment pour les formes d'appropriation. Si la propriété privée est la plus parfaite d'entre elles, ce n'est pas dire qu'elle seule soit légitime; on démontre seulement qu'elle donne à l'idée de droit une satisfaction supérieure dans l'état de civilisation le plus avancé.

Dans la science économique, trouve-t-on à la fois l'élément progressif et l'élément immuable? Le premier y existe bien certainement. La supériorité économique de la liberté des conventions sur un régime de réglementation oppressive, celle de la propriété privée sur la communauté sont des exemples de ces lois économiques progressives, mais, aussi bien, s'agit-il d'une supériorité toute relative. La loi de l'état économique supérieur ne doit être considérée que comme une *loi limite* dont il faut tendre à se rapprocher. Il n'y a pas en pareille matière de principe absolu : ainsi, pour une population clair-semée ou nomade, il n'y aurait pas d'autre régime d'appropriation praticable que la communauté; de même, entre individus ou nations de force économique trop inégale, la pratique de la liberté des échanges dégénérerait en spoliation ou en duperie. Quant à l'élément immuable, son existence dans la théorie économique, comme on l'a vu, n'est pas non plus douteuse (n° 14 A). Nous apprendrons à discerner les conditions d'une société économique normale dans l'état de civilisation le plus avancé : elles consistent essentiellement dans le développement simultané de toutes les forces productives et dans un système de répartition qui assure à chacun une rémunération équitable.

C. — « La science, dit Littré[1], ne s'occupe que de ce qui est vrai sans souci de ce qui peut être utile. L'art s'occupe seulement de ce qui peut être utile et appliqué. » Cette distinction faite au point de vue philosophique entre la science et l'art convient-elle à l'économie politique? Oui, selon la plupart des économistes de l'école anglo-française : la science s'en tient à la détermination des rapports nécessaires des choses; elle formule des lois naturelles; la science économique est une science pure faisant abstraction des temps et des milieux différents, comme des résultats possibles. Elle observe les faits, dégage les lois sans en apprécier les conséquences. L'art seul aurait d'après eux un but utile, pratiquement réalisable[2]. Quant au rôle respectif de l'art et de la science il est diversement compris. Les uns (ce

---

[1] *Dictionnaire historique*, v° *Science*.
[2] V. Rossi, *Cours d'Écon. polit.*, t. I, p. 28; Courcelle-Seneuil, *op. cit.*, t. I, p. 2 et suiv.

sont les intransigeants de l'économie politique pure) n'admettent pas que rien puisse contrôler, limiter, tempérer, encore moins contredire les lois scientifiques; elles sont inéluctables[1]. L'art, c'est la pratique qui doit se conformer strictement à ce qui est la vérité; si elle n'en tient pas compte, celle-ci se venge par les souffrances que cause inévitablement la méconnaissance de l'ordre naturel. Ainsi donc, la science au savant, l'art à l'homme d'État et au praticien dûment avertis qu'en dehors de la science il n'y a que fautes à commettre, calamités à attendre.

En supposant qu'il faille admettre en économie politique le dualisme de l'art et de la science, ce n'est pas ainsi qu'il faudrait le comprendre. L'art est théorique comme la science; il est fondé sur une généralisation rationnelle de faits observés. Si l'économie rurale donne les règles de l'exploitation rationnelle du sol, de l'adaptation des cultures au milieu économique et social; si l'économie financière s'attache à déterminer à quel moment, en quelles mains et de quelle manière il est préférable d'imposer la richesse... l'une et l'autre ne forment ni l'agronome, ni le financier, pas plus que les connaissances médicales sans le diagnostic ne font le médecin ou la connaissance des lois de la mécanique ne fait l'ingénieur. Autre chose est le précepte, autre chose en est l'application.

Maints économistes, sans tomber dans cette confusion de l'art et de la pratique, estiment que l'art diffère de la science en ce qu'il donne une règle de conduite à suivre, et, comme il est assez évident, que la règle de conduite ne peut toujours être la même; que, par exemple, un même système fiscal ou un même système agricole ne répondrait pas aux besoins de toute société, ou bien encore que l'abstention de l'État, qui serait ici un bien, pourrait ailleurs laisser en souffrance des intérêts sociaux de premier ordre, ils avouent que seules les lois de la science pure sont universelles, mais que les enseignements de l'art écono- mique doivent être appropriés à l'état de civilisation et au mi- lieu naturel des sociétés; qu'ainsi, tandis que la science est cosmopolite, l'art peut être national; qu'en passant de la science à l'art, il est permis de tenir compte des tempéraments que né-

---

[1] V. Yves Guyot, *La Science économique*, 1887, v. surtout l'Introduction et le chap. I du livre I. — Cf. J.-B. Say, Discours préliminaire du *Cours d'Économie politique*.

cessitent la diversité des circonstances de temps ou de lieux[1]. Assurément ce point de vue n'asservit pas l'art à la science; il lui laisse même une assez grande latitude; mais que l'art puisse ainsi contredire la vérité scientifique, vérité cependant immuable, universelle, c'est ce qu'on a dit souvent sans qu'on en ait paru éprouver aucun trouble! On désirerait plus de consistance dans la doctrine. Néanmoins, le sens pratique n'est pas lésé par là de la même manière que par la conception des doctrinaires. Cette façon de comprendre l'art se rapproche même beaucoup de ce que nous avons dit des économies politiques nationales, à cela près qu'elle place sous l'étiquette d'art ou d'économie politique appliquée, ce que nous allons revendiquer pour la science elle-même[2].

C'est qu'en effet la séparation de la science et de l'art nous semble répugner à la nature des sciences morales et particulièrement à celle de l'économie politique. C'est seulement en ce qui concerne les lois du monde physique qu'une étude purement spéculative est concevable. Ces lois existent; on pourrait se proposer de les connaître, lors même qu'il n'en devrait jamais résulter d'applications utilisables. Les mathématiques, la cosmographie sont susceptibles d'une étude toute désintéressée. Toutefois, même pour les sciences mathématiques ou physiques, l'application des lois abstraites, (dans l'usage commun, sinon dans la notion philosophique rigoureuse) n'est pas regardée comme étrangère à la science : la langue usuelle autorise l'emploi du mot *science* relativement aux connaissances d'ordre pratique qui sont comme des déductions des lois scientifiques proprement dites : elle oppose aux *sciences pures* les *sciences d'application,* comme la mécanique, la géodésie, la météorologie, l'arpentage, etc., etc... Avant d'arriver aux sciences morales, combien de difficultés déjà pour tracer les limites de l'art et de la science dans la sphère des sciences naturelles proprement dites? La physiologie

---

[1] Rossi, *Cours d'Économie politique,* t. I, p. 33 et suiv., Turgeon, *La Science économique et la Politique nationale,* p. 27 et suiv., 1888, in-8°. Dameth, *Introd. à l'étude de l'Écon. politique,* XXᵉ séance (1878).

[2] Cette équivalence, entre les théories d'art selon la méthode historique réaliste allemande et la science économique nationale nous semble évidente après la lecture de l'étude si instructive de notre collègue Saint-Marc que vient de publier la *Revue d'Écon. politique,* 1892, p. 219 et suiv. V. notamment p. 220 et 239.

est une science; l'anatomie également, sans conteste. Quant à la médecine, à l'hygiène, s'il plaît à dire qu'elles sont un art parce qu'elles poursuivent un but : la conservation de la santé ou la guérison des maladies (Littré), niera-t-on que la pathologie, branche de la médecine, ne soit une science[1]? Cela est d'abord incontestable quant aux théories étiologiques; cela le serait-il moins de la thérapeutique? Est-ce que la loi des semblables ou la loi des contraires n'est pas en corrélation avec les lois physiologiques elles-mêmes? La médecine rationnelle est donc une science. Seul l'empirisme est un art.

Dans la sphère des sciences morales, il est rigoureusement vrai de dire que toute connaissance humaine a un but : le bien ou la direction morale; le juste, c'est-à-dire une règle d'action ou d'abstention en vue de rendre à chacun, individu ou société, ce qui lui est dû; l'utile ou le précepte économique. — « Quelle est, se demande Hyp. Passy, la *mission* des sciences sociales et politiques? rechercher, découvrir et signaler les *conditions du meilleur emploi* de la part d'action réservée à l'humanité sur ses propres destinées[2]. » Voilà bien la recherche du vrai et le but pratique, l'un et l'autre parties intégrantes de l'étude scientifique[3]. Quant à l'économie politique, il est vraiment inouï qu'on ait pu songer à en faire une science de pure spéculation, puisque, par définition, c'est la science de l'utile. L'utile sans un but? c'est un non sens.

Répétons donc avec certitude que l'économie politique a non seulement un objet : la recherche des lois qui président à l'activité sociale, mais qu'elle a un but : le bien-être individuel et la prospérité collective (n° 7). Il y a grand intérêt à préciser cette

[1] Littré lui-même définit la pathologie une science. Au mot *médecine*, il ne parle que d'art; au mot *pathologie in fine*), la médecine est élevée à la dignité de science (*Dictionnaire de la langue française*).

[2] H. Passy, *De l'histoire dans ses rapports avec les sciences sociales et politiques* (Vergé, *Acad. sc. mor. et polit.*, t. 110, p. 397, 398).

[3] Par suite d'un raisonnement assez différent d'ailleurs du nôtre M. Cohn (*System der Nationalökonomie*) aboutit aussi à l'inséparabilité de l'art et de la science. Une doctrine absolument contraire a été fort savamment exposée par M Menger (*Untersuchungen über die Methode der Socialwissenschaften*, 1883); il distingue la science exacte des sciences pratiques ou théories d'art. En lire un résumé dans M. Block, *Les progrès de la Sc. écon. depuis Ad. Smith*, t. I, p. 10 et suiv., mais surtout l'analyse plus détaillée qu'en donne M. Schwiedland, *Revue philosophique*, 1884, p. 215 et suiv.

notion : des lois d'utilité sans rapport avec un milieu connu se conçoivent mal ; il faut qu'elles soient appropriées aussi exactement que possible à chaque société, à chaque type de civilisation ; on ne doit les généraliser, les étendre qu'avec prudence, car l'utilité réalisable est presque toujours chose contingente. Voilà un principe qui est en parfaite conformité avec ce qui précède sur la nature de la science économique (n° 14 B).

L'économie politique est positive : nationale dans un grand nombre de ses éléments particuliers ; générale, au moins pour les nations de même civilisation, quant à certains de ses éléments simples. Aussi bien dans les recherches critiques, comme dans l'examen des questions d'application, elle doit se mouler sur la réalité. Ainsi qu'en mécanique il faut, en économie politique, s'occuper du milieu social ou naturel dans lequel se produit le jeu des forces, bien observer, soit les déperditions d'énergie résultant des résistances passives, soit les impulsions instinctives qui en secondent l'action ; c'est que, en effet, dans les deux termes de cette comparaison, il ne s'agit pas de calculs abstraits mais de combinaisons utiles en vue d'une hypothèse déterminée.

Une autre conclusion de l'inséparabilité de l'art et de la science est qu'il est arbitraire et même dangereux d'isoler l'étude des lois et celle des applications. L'exemple de plusieurs des plus grands maîtres de la science économique d'Adam Smith, de J.-B. Say, est contraire : ils ont réuni dans un même exposé la théorie scientifique et ses applications. Certains l'ont fait cependant dans l'intention déclarée « de donner à la science plus de clarté et partant plus d'autorité ; à l'art plus de sûreté dans sa marche et plus de liberté[1]. » Mais qu'est-il arrivé ? La science a dégénéré en créations dogmatiques artificielles, sans support dans la réalité et, comme il a été dit déjà, les esprits doctrinaires ont transporté dans les questions d'art leurs conceptions systématiques, compromettant la science par leur intransigeance contraire au bon sens ; ou bien d'autres esprits plus souples, plus soucieux des intérêts de la pratique, en passant de la spéculation pure à l'application, n'ont pas aperçu que, par une série d'infidélités à la première, ils en laissaient apercevoir la décevante stérilité, en même temps qu'ils accusaient leur foi chancelante.

---

[1] V. Courcelle Seneuil, *Traité d'économie politique, théorique et pratique*, t. I, p. 4 et suiv., 9 ; t. II, p. 2 et suiv.

§ III.

Unité de la science sociale. — Rapport de l'économie politique avec la morale, le droit et la science politique proprement dite.

15. Jusque vers la fin du siècle dernier, les sciences morales et politiques étaient souvent comprises dans un même ensemble d'études. Locke à la fin du XVIIᵉ siècle, les physiocrates au siècle suivant fondaient leurs doctrines économiques sur une philosophie générale de l'ordre social; Adam Smith, lui-même, professait à Glascow, sous le titre de philosophie morale, un cours de théologie, d'éthique, de législation économique, de finances et de commerce. Depuis, la division du travail s'est faite dans l'étude des sciences; la recherche a été concentrée sur une surface moindre afin sans doute de la rendre plus féconde, mais il est arrivé qu'on a trop oublié les affinités indestructibles qui relient les différentes branches de la science sociale[1] : le bien, le juste, l'utile sont des aspects variés des mêmes phénomènes, des mêmes problèmes, par conséquent l'économie politique, bien qu'elle soit devenue un champ d'études distinct, ne doit pas être isolée de la morale, de la législation et de la science politique.

On peut, par un exemple, se rendre compte de l'impossibilité qu'il y a de porter un jugement solide sur une question économique sans examiner en même temps la question de justice. Considérons l'échange de certains produits; il y a d'abord là un fait qui relève en lui-même du droit et de la morale autant que de l'économie politique, car ces sciences prescrivent l'une et l'autre la bonne foi dans le contrat, et le droit en sanctionne l'exécution. De son côté, l'économie politique découvre, par l'analyse des intérêts, que l'échange est à l'avantage commun des parties.

---

[1] Aug. Comte a vivement protesté contre cette tendance à *dépecer les études sociales*, et, dans ses *Principes de la science sociale*, l'illustre économiste américain, Carey, s'est efforcé de rétablir l'unité. Nous reviendrons, à maintes reprises, sur cette œuvre considérable. — V. aussi sur la science sociale d'après l'École de le Play, de Tourville, dans la *Science sociale* de Demolins, 1886, t. I, p. 1 et suiv.; 96 et suiv.; 289 et suiv.

Mais si l'on veut pousser plus loin l'examen, il serait impossible
de répondre à une seule de ces questions : à quelles conditions
l'échange est-il juste, ou est-il avantageux? la justice de l'é-
change (justice commutative) consiste en ce que l'une des parties reçoit l'équivalent de ce qu'elle donne; l'échange est injuste
si l'une des parties a subi la loi de l'autre, s'est trouvée à sa
discrétion. Or, nous dirons aussi que l'échange n'est utile aux
deux parties que s'il a été équitable. Quelques économistes prétendent, il est vrai, que l'échange est toujours utile et qu'ainsi
il vaut mieux vendre son droit d'aînesse pour un plat de lentilles
que de mourir de faim. On voit par là qu'entre deux maux il
faut choisir le moindre, mais ce n'est pas dire que le moindre
mal soit un bien. L'échange n'en est pas un lorsqu'il sanctionne
la violence matérielle ou morale; au point de vue social, il ne
peut être admis, comme un procédé convenable de répartition
de la richesse créée, qu'à la condition de ne pas enrichir les
uns au détriment des autres (justice distributive). En résumé,
l'échange n'est respectivement utile aux parties contractantes et
à la société que s'il est juste. Par conséquent, si l'économiste
fait de l'échange au point de vue de l'utile un objet d'observation, ce doit être à la condition de revenir sans cesse à la notion
du juste pour s'assurer qu'il ne fait pas fausse route[1].

Puisque l'économie politique n'a pas une autonomie à beaucoup près complète, que la morale et le droit touchent aux racines mêmes de la science économique[2], il est essentiel d'examiner les rapports généraux qui l'unissent aux autres branches
de la science sociale[3].

16. Économie politique et morale. — Pour l'école utilitaire,
la question des rapports entre la loi morale et la loi économique

---

[1] Cherbuliez veut au contraire qu'en étudiant les phénomènes économiques
on fasse abstraction de leur valeur morale (V. *Op. cit.*, t. I, p. 7 et 8).

[2] C'est de Laveleye qui parle ainsi (V. *Revue des Deux-Mondes*, 15 février
1878). Baudrillart dit, non moins heureusement, dans sa judicieuse étude
sur Renouard, qu'il faut placer le droit et la morale dans les entrailles mêmes
de l'économie politique (V. *Revue des Deux-Mondes*, 15 août 1880).

[3] Cf. sur ce sujet les ouvrages de Baudrillart et Minghetti.

Selon M. Courcelle-Seneuil la morale, le droit, la politique sont simplement des branches de l'art social. L'économie politique, d'après cet auteur
partage avec la philosophie et l'histoire la prérogative de constituer la trinité
scientifique de la sociologie ou science sociale (Courcelle-Seneuil, *la Société
moderne*, 1892).

ne se pose même pas : selon Bentham et J. Stuart Mill[1], l'utilité générale ou le bien commun est le seul élément de la recherche scientifique. Les idées de droit naturel, de bien moral, n'exprimeraient qu'un instinct individuel de sympathie ou d'antipathie. Une réfutation de cette doctrine ne serait pas ici à sa place. Nous supposons admise l'existence d'une loi absolue et immuable de justice et de bien moral, que l'homme ne connaîtra peutêtre jamais dans sa plénitude, mais à l'intelligence de laquelle il s'élève progressivement par le travail de la conscience[2].

Y a-t-il harmonie entre la morale et la science de l'utile? On a souvent prétendu qu'elles donnent des enseignements discordants et cela sous plusieurs formes : 1° l'économie politique est la science de l'intérêt; c'est donc le contraire de l'obligation morale de dévouement et de sacrifice; 2° la lutte des intérêts divise les hommes que le sentiment de la fraternité devrait rapprocher; 3° l'économie politique a pour but les jouissances matérielles; elle développe la sensualité que la saine morale réprouve.

Il importe de ne rien laisser subsister de ces préventions contre la science économique.

17. L'économie politique et la morale parlent un langage différent, mais elles ne sont ni l'une ni l'autre aussi exclusives qu'on se l'imagine.

1° L'économie politique ne doit pas connaître seulement l'intérêt personnel; elle s'en occupe, parce que c'est un grand mobile d'activité sociale, mais il convient aussi qu'elle fasse la part aux mobiles d'action moralement supérieurs. A cet égard, il faut résolûment réagir contre l'ancienne école qui a trop exclusivement pris pour guide des actions humaines l'intérêt (n° 5). La vie économique a d'autres sources d'action[3].

---

[1] Cf. sur l'école utilitaire anglaise, un intéressant chapitre du livre de M. Fouillée, l'*Idée moderne du droit* et Clément, *La science sociale*, t. I, p. 16 et suiv.

[2] V sur le fondement du droit M. Beudant, *Le droit individuel et l'Etat*, notamment p. 6, 17 et 18. Après les développements qui ont été donnés ci-dessus, n°s 12 et 13, il nous semble inutile de réfuter spécialement la théorie de la morale évolutionniste. C'est surtout dans le domaine de la conscience que le fatalisme naturaliste est inadmissible. Cf. Spencer, *La morale évolutionniste*.

[3] V. sur l'importance des mobiles désintéressés, Clark, *Philosophy of Wealth* (Boston, 1887).

On s'est bien souvent servi de cette comparaison : la morale
et la législation sont comme deux cercles concentriques de
rayons inégaux : la morale décrit la circonférence la plus vaste.
La même comparaison convient à l'économie politique et à la
morale : dans la sphère la moins étendue, le devoir et l'intérêt
se rencontrent et se pénètrent; au delà s'étend comme une
atmosphère supérieure, où la loi morale règne sans partage,
mais les actes qu'elle inspire, outre leur valeur morale, ont des
effets positifs dont l'économie politique ne saurait faire abstraction. Si, d'ailleurs, la morale assigne le premier rang à l'abnégation, au dévouement, elle ne condamne pas l'intérêt personnel;
il est légitime de songer à soi pourvu que l'on ne songe pas qu'à
soi. C'est même une condition du développement des forces
individuelles et il est évident que ce ne sont pas des êtres
faibles, insoucieux d'eux-mêmes, imprévoyants, qui peuvent
faire efficacement le bien. Enfin, en démontrant le pouvoir qui
résulte de la richesse, l'économie politique est l'auxiliaire de la
morale, car elle dit aussi les charges sociales qu'elle impose et
comment il doit en être fait usage à l'avantage commun. Envisagé à ce point de vue élevé, l'intérêt général et les intérêts
individuels ne sauraient être en antagonisme sinon d'une manière accidentelle.

2° Quant à l'opposition des intérêts individuels, il faut s'entendre. Parle-t-on de la doctrine économique, ou bien de la
croyance instinctive dont Montaigne s'est fait l'interprète, en
disant : « *le mal de l'un est le profit de l'autre.* » En ce qui
concerne la doctrine, il n'y aurait qu'à passer condamnation
s'il fallait admettre avec Malthus et Ricardo l'existence d'un
ensemble d'antagonismes sociaux résultant du jeu naturel des
lois économiques [1]. Mais ces désolantes doctrines sont fort
contestables.

Faut-il croire qu'une autre doctrine, la doctrine darwinienne
de la lutte pour la vie, implique une opposition radicale entre
les intérêts humains : le succès n'est-il pas promis aux forts; les

---

[1] Tendance de la population à s'accroître plus vite que les subsistances
(loi de Malthus); enrichissement progressif des propriétaires fonciers au détriment des autres classes de la société (loi de la Rente de Ricardo); opposition entre les profits et les salaires, etc.

plus faibles ne sont-ils pas voués à la misère, à la mort[1]? Oui sans doute, dans la lutte économique, l'avantage est aux mieux doués, aux plus forts; trop souvent aussi cette lutte est impitoyable. — Est-ce l'effet d'une loi naturelle ou de causes accidentelles? Quelque parti que l'on prenne sur ce point, l'ordre social est mal assuré, l'ordre économique lui-même est faussé quand la protection des faibles est oubliée, quand la charité ne tempère pas la loi de la force. Un mouvement généreux en vue d'améliorer le sort des classes ouvrières marque la seconde moitié du XIXe siècle; non seulement les mœurs et les lois deviennent plus justes, plus équitables, mais l'assistance des pauvres est pratiquée avec largesse et dévouement. Sont-ce peines et richesses perdues? quelques économistes le prétendent. Nous montrerons, à propos de l'assistance, que leurs déductions trop logiques du principe de Darwin sont inconciliables avec la notion et avec l'histoire de la civilisation[2].

A l'autre pôle de ces doctrines d'antagonisme et de pessimisme nous trouvons l'optimisme économique : Bastiat a arboré le drapeau des harmonies sociales, et si l'on peut reprocher à sa protestation généreuse d'être systématique et spéculative, si d'autres conceptions de l'optimisme économique, depuis celle des physiocrates jusqu'à celles de nos économistes contemporains méritent la même critique[3], rien, du moins d'après la science positive, n'autorise à voir, dans les dissensions économiques, autre chose qu'un mal transitoire accidentel, c'est-à-dire plutôt une anomalie que l'effet nécessaire d'un principe scientifique.

Que prouve maintenant l'aphorisme de Montaigne? C'est qu'une observation superficielle ou bien l'entraînement de la passion fausse trop souvent la notion de l'utile. L'intérêt, plus peut-être que nos autres inspirations instinctives, a besoin d'éducation. L'imperfection de notre nature morale nous donne la tentation de couvrir du nom d'intérêt personnel ce qui n'en est que la perversion, c'est-à-dire l'égoïsme. L'égoïsme isole,

[1] Spencer, *The man versus the state (Contemporary review, 1884)*; H. Milet, *Revue d'Économie politique*, 1889, p. 413 et suiv.

[2] En ce sens Laveleye, l'*État et l'individu ou Darwinisme social et Christianisme* (Florence, 1885).

[3] V. notamment les doctrines de M. Leroy-Beaulieu dans son livre sur la *Répartition des richesses*.

affaiblit; l'intérêt personnel, éclairé par l'éducation et guidé par le sens moral, resserre les liens entre les hommes, fortifie leur action. Tel est l'enseignement de l'économie politique, puisqu'elle nous montre les hommes, unis par les liens de la coopération sociale, mettant en œuvre toutes les forces expansives de l'activité collective. C'est ainsi que dans un pays la production industrielle est liée à la production agricole; que l'une est intéressée à la prospérité de l'autre. Est-ce à dire qu'il ne se produise aucun antagonisme transitoire apparent ou même réel? Le prétendre serait vouloir trop prouver : à certains moments telle industrie, celle de la soie, par exemple, sera en conflit d'intérêts avec une autre industrie, celle du coton; la filature et le tissage seront aux prises. Rarement ces conflits sont durables; ils proviennent d'une organisation industrielle imparfaite ou de la méconnaissance de certains des intérêts engagés.

Quand il s'agit de notre propre intérêt, il arrive que l'étroitesse d'esprit nous empêche de voir où il se trouve; nous le cherchons trop près de nous et c'est une maladresse. Déjà nous jugeons par rapport à autrui, mieux que par rapport à nous-mêmes, que certains calculs inspirés par l'intérêt sont en réalité contraires à ce but.

C'est surtout dans l'observation scientifique des phénomènes économiques généraux qu'il n'est guère possible de prendre en défaut la doctrine philosophique de l'identité du juste et de l'utile. C'est assurément chose bien remarquable, qu'on ne soit pas arrivé à citer un seul exemple de désaccord doctrinalement établi entre la morale et l'économie politique. Rossi se trompait évidemment, lorsqu'il croyait que l'économie politique conseille le travail prématuré des enfants dans les manufactures, et qu'il voyait là un dissentiment avec la morale. Si produire un peu moins chèrement était le but suprême, au prix de l'épuisement des forces de l'homme et de l'atrophie de ses facultés morales et intellectuelles, ce pourrait être vrai. Mais il nous semble que l'*utile,* non moins que le devoir moral de tutelle envers les faibles, réclame la protection de l'enfance puisqu'elle est la promesse de l'avenir industriel.

L'harmonie du juste et de l'utile serait probablement moins contestée si notre savoir était moins faillible, la loi morale mieux définie et plus respectée, l'observation de l'utile moins sujette à erreur; mais, malgré ces imperfections, les rapports de l'économie politique et de la morale tels que nous pouvons les connaître ne démentent pas d'une façon certaine cette belle pensée de Bordas-Demoulin reproduite par Proudhon : « l'utile est l'aspect pratique du juste, le juste est l'aspect moral de l'utile. »

18. Nous passons au reproche de matérialisme dirigé contre l'économie politique : elle exciterait la soif des richesses et offrirait à l'homme un idéal de jouissances matérielles. Peut-être, avant de faire la réponse directe à l'objection, n'est-il pas inutile de se demander d'où elle vient. Il est une morale rigoriste qui prêche le renoncement, l'amour de la pauvreté : « S'abstenir « et s'endurcir, voilà les sources de la santé et pour l'individu « et pour la société. — Plus l'homme sera détaché des choses « exterieures, plus aussi il sera détaché de lui-même et attaché « à Dieu[1]. »

Entre cette doctrine et l'économie politique, l'opposition est flagrante, car l'économie politique voit dans le bien-être un but légitime et désirable de l'activité sociale. Heureusement, il est une autre morale, plus large, plus humaine, avec laquelle la doctrine économique se concilie aisément. La chrématistique mérite peut-être bien le reproche de matérialisme, nous n'avons pas à l'en défendre[2]. Mais l'économie politique ne conseille pas à l'homme de s'absorber dans la poursuite ou la possession des

---

[1] Périn, *De la richesse des nations chrétiennes*, liv. I, p. 17 et 75. — Cf. dans le même sens de Metz-Noblat, *Les lois économiques*, 2e éd., p. 555 à 557. — Ces doctrines que le Christianisme a développées ne sont pas étrangères à la philosophie ancienne, non seulement à la philosophie socratique et stoïcienne, mais même à celle d'Epicure. V. Espinas, *Histoire des doctrines économiques*, p. 25, 53 et suiv.

[2] On lit dans la *Logique* de J. St. Mill une profession de foi qui donne raison au reproche de matérialisme fait à l'économie politique ; mais cette profession de foi est celle du disciple de Bentham, et nous la repoussons formellement : « L'économie politique ne s'occupe que des phénomènes de « l'état social auxquels donne naissance la poursuite de la richesse ; elle fait « abstraction entière des passions et des mobiles humains autres que ceux « qu'on peut regarder comme engagés dans un conflit perpétuel avec cette « poursuite, savoir : l'aversion pour le travail et le désir d'une jouissance « immédiate de plaisirs coûteux. L'économie politique considère le genre « humain comme tendant seulement à créer et à consommer les richesses » (St. Mill, *Logique*, p. 536). — M. Menger (*op. cit.*), veut aussi qu'on écarte toute considération éthique, même de cette partie de la science qui repose sur l'observation des faits, comme si la moralité n'avait aucune influence sur les actions humaines !

richesses. Elle ne nie pas que l'une des conditions de la vie morale est que l'homme conserve l'empire de soi-même; si elle a pour but le bien-être, c'est que le bien-être est un élément nécessaire au développement des facultés de l'individu et de la puissance sociale. Mais les richesses matérielles ne sont pas tout; au-dessus, il faut placer le développement intellectuel et moral.

L'économie politique a-t-elle commis l'erreur de croire que les civilisations les plus hautes sont celles où il y a le plus de richesses? Non, elle en juge d'après la force des liens de sociabilité et l'énergie des forces individuelles et sociales. De fait, loin de combattre les leçons morales de modération dans les désirs, l'économie politique les a confirmées soit en combattant l'intempérance, soit en signalant les maux qui provenaient du mauvais usage de la richesse. Les économistes ont entrepris une véritable croisade en faveur de l'épargne, et peut-être même dans leur réaction contre le luxe ont-ils dépassé la mesure. Le reproche de matérialisme tombe donc à faux.

Au surplus, serait-il bien moral de considérer les richesses comme condamnables en elles-mêmes, de les regarder comme une cause fatale de dissolution? C'est l'esprit de la doctrine du renoncement. Mais, tel qu'il a été créé, l'homme ne peut se passer des richesses : elles sont un don de Dieu et le fruit béni du travail. Est-ce donc se montrer respectueux de l'ordre divin que de les proscrire? Il y a un heureux enchaînement entre la civilisation et le bien-être. Channing est dans la vérité des faits lorsqu'il dit : « l'accroissement de la production est un levier d'éducation morale. » C'est qu'en effet, une nation pauvre a une infériorité qui réagit sur la valeur intellectuelle et morale des individus; la pauvreté est un obstacle au progrès industriel. Aucun loisir pour la recherche scientifique, pour la culture des arts et des lettres; la disette de capitaux contraint d'employer la force musculaire de l'homme; les agents mécaniques n'y sont pas substitués pour les travaux les plus fatigants. La production demeure-t-elle lente et insuffisante? La misère est alors la condition commune. Or la misère est *mauvaise conseillère*. Le sens de la responsabilité et de la dignité personnelle ne se développe communément qu'au sein du bien-être. Le travailleur, qui jouit de ce bien-être, connaît par expérience la bienfaisante puissance de la société; comment n'accueillerait-il pas l'obligation morale de subvenir par son travail à ses besoins et à ceux de sa famille? S'il entrevoit la possibilité d'améliorer son sort, n'aura-t-il pas plus de goût pour l'étude·et pour l'épargne? L'amour de la pauvreté retranche le stimulant de l'activité et resserre les horizons de l'industrie. Si les besoins devaient être systématiquement comprimés, il suffirait à l'homme, pour se procurer les éléments d'une vie misérable, de se répéter indéfiniment, comme le castor ou l'abeille, mais il se distingue des autres êtres par sa capacité pour le progrès, et c'est pourquoi la pauvreté et la privation doivent être rayées de son programme économique. L'histoire de la civilisation ne permet pas de douter que le développement de la richesse ne soit une condition du progrès social.

19. Économie politique et droit. — L'économie politique est, on le sait, la science de l'utile et le droit est la science du juste; mais, au point de vue social, la loi de justice est aussi une loi d'utilité, et la loi d'utilité doit être également une loi de justice.

L'idée de droit est celle d'une règle d'équité qui nous oblige à respecter la liberté d'autrui et nous garantit le respect de notre propre liberté. La règle de conduite que trace le droit n'est pas facultative; c'est un précepte social, muni d'une sanction. Force est à la loi : cela veut dire qu'une autorité sociale réprime, au moyen d'une contrainte matérielle, les infractions dont la loi est l'objet; elle fait régner l'ordre, assure la sécurité. Le principe du droit est dans la justice, mais la règle d'action et la sanction sont d'utilité sociale; par conséquent, l'utilité est inhérente au droit. Réciproquement la loi économique est une loi d'utilité, et cependant la justice y est inhérente. Le but de l'économie politique est en effet le bien-être, mais au moyen d'une équitable répartition de richesses et de services; nous avons cru devoir, dans la définition même (V. n° 7), indiquer ainsi la subordination du résultat de l'activité économique à la notion du juste, et cette subordination a été encore confirmée par l'analyse de l'échange (V. n° 15)[1].

---

[1] « Un idéal de justice doit briller dans les transactions économiques comme l'étoile que le pilote prend pour guide, sans avoir dans la pensée qu'il pourra jamais l'atteindre ni même jamais s'en rapprocher Mais il sait pourtant que, s'il la perd de vue un seul instant, il est en péril de mort; il en est de même pour une société qui perd de vue son idéal moral » (Clark, cité par Gide, *Revue d'Écon. politique,* 1889, p. 664).

Nous parlons de subordination, il serait peut-être plus exact de parler de concordance, car s'il est vrai que pour une conscience éclairée le bien et l'utile soient harmoniques, il en doit être de même de l'utile et du juste, en sorte que l'économie politique et le droit naturel rationnellement ne sauraient se contredire. C'est la présomption qui, jusqu'à preuve contraire, serait admise si, entre économistes et jurisconsultes, l'entente était plus complète. Malheureusement certains économistes, qui professent pour leur science un culte tant soit peu intolérant, s'arrogent, pour les dogmes qu'ils formulent, un brevet d'infaillibilité et, par contre, faisant cause commune avec les adversaires de la loi morale, contestent l'existence d'une loi immuable de justice. A leurs yeux, le droit naturel, c'est-à-dire conforme à ce que nous concevons de la nature de l'homme, de sa raison, n'est qu'une superstition des légistes[1]. Nous persistons à penser que le droit naturel ou rationnel est une conquête de la raison humaine, conquête lente, progressive, qui dépose dans la conscience des générations successives un type idéal de plus en plus pur[2] (n° 14 B). C'est ce droit naturel qui nous montre l'illégitimité d'institutions telles que l'esclavage, que les plus grands esprits de l'antiquité acceptaient comme un fait légitime et nécessaire, ou telles encore que la propriété fondée sur la conquête ou sur des privilèges exorbitants. Il est bien vrai que dans les sociétés anciennes l'esclavage ou les anciennes formes de la propriété, quoique contraires au droit rationnel, ont pu avoir une réelle valeur économique parce qu'elles répondaient à certaines exigences sociales. Mais aujourd'hui nous disons que ce sont des institutions contre nature : la liberté humaine, la propriété reposant sur sa base rationnelle, le travail, sont pour nous de

---

[1] Le droit naturel est une superstition de légiste? Mais qu'on lise donc la réfutation que fait Spencer de la théorie de Bentham suivant laquelle tout droit est une création de la loi; nul mieux que lui ne montre que cette théorie de quelque façon qu'on l'interprète « nous laisse dans un tissu d'absurdités » (L'*Individu contre l'Etat*, p. 130 à 141). Spencer est-il un légiste?

[2] Le droit naturel ou rationnel, c'est-à-dire cet état de conscience relativement à la justice, qui a pour fondement la vie sociale et se transforme progressivement avec elle loin d'être inconciliable avec l'idée d'une loi de justice supérieure et immuable en implique l'existence. Mais cette loi qui ne sera peut-être jamais parfaitement connue de l'homme est un idéal dont le droit naturel progressif n'est qu'une imparfaite expression. V. Beudant, *op.* et *loc. cit.*

droit naturel[1]. Et pour la conscience des peuples civilisés contre un principe considéré comme étant de droit naturel, aucune considération d'ordre économique ne saurait prévaloir : on a très-témérairement soutenu que les grandes cultures des colonies ne pouvaient se passer du travail esclave. Les faits n'ont pas confirmé cette hypothèse; eût-elle été vraie, le vice d'illégitimité de l'esclavage n'aurait pas été couvert par cette considération d'utilité. Le mouvement d'opinion contre l'esclavage a été plus fort que les calculs de l'intérêt.

20. Au premier examen, on s'aperçoit que le domaine de l'économie politique est beaucoup plus étendu que celui du droit : toute action susceptible de produire un résultat utile relève de l'économie politique; au contraire, le droit ne commande pas tout ce qui est utile pas plus qu'il ne commande tout ce qui est bien ou juste. En effet, pour imposer une contrainte, il faut, en principe, que l'action ordonnée ou défendue importe à un assez haut degré à la liberté d'autrui ou à l'ordre social général[2]. Au contraire, l'économie politique s'occupe des actions facultatives ou libres aussi bien que des actions réglées par la loi; c'est seulement quant à ces dernières que le droit et l'économie politique sont placés sur le même terrain.

21. Il suffit d'un peu d'attention pour comprendre que le règlement des rapports sociaux par les lois produit un effet considé-

---

[1] Il est heureusement difficile d'être toujours logique dans la négation de la vérité. Voici ce qu'écrit au sujet de la propriété — or, ce n'est pas l'institution dont le caractère de droit naturel soit le plus incontestable, car si elle en fait partie elle n'appartient qu'au droit naturel progressif — l'un des auteurs qui nient l'existence de ce droit : « Qui pourrait assimiler, *au point* « *de vue du droit*, une fortune acquise par autorité, aux frais du trésor « public, ou sous la pression de la force publique, avec une fortune acquise « dans une branche quelconque de l'industrie, par le *travail* et l'*échange* « *libre?* Qui ne sent que la première est simplement fille des *lois positives* « et de la force, tandis que la seconde est toujours et nécessairement le prix « de services rendus à la société. — En France, où la propriété est fondée, « en théorie, sur sa *base légitime,* la liberté de la personne et du travail, « etc... » M. Courcelle-Seneuil, *Tr. d'écon. polit.*, 3ᵉ éd., 1891, t. II, p. 360 et 10). — De fait, en matière d'impôts ou de répartition des richesses, le respect que commande la propriété sera bien différent suivant qu'on la considérera comme une création artificielle de la loi, ou comme simplement reconnue et sanctionnée par elle.

[2] Un certain nombre de lois sont édictées, il est vrai, dans un but de protection pour l'individu même à qui l'injonction légale s'adresse, mais on peut pour l'instant en faire abstraction.

rable sur l'ordre économique. L'économie politique spéculative se borne à faire intervenir ce qu'elle appelle les lois naturelles et nécessaires. Il faudrait songer aussi à l'influence des lois politiques et sociales : les phénomènes économiques ne sont pas exclusivement l'effet de tendances instinctives ou spontanées, ils sont pour le moins autant la conséquence du régime légal des sociétés. Les lois qui régissent la liberté et la propriété ont un contre-coup immédiat sur l'économie sociale; parler du rôle économique des lois successorales est par exemple un lieu commun. Les économistes doctrinaires sont trop portés à ne voir dans les rapports sociaux que des relations contractuelles et à ne faire intervenir dans ces relations que la célèbre loi de l'offre et de la demande. Ils ne songent pas à la part que peuvent revendiquer les mesures législatives sur la formation de l'état social et ils éliminent un facteur d'une puissance incalculable dans le passé, à savoir la coutume. On invoque les lois de l'échange et de la valeur, mais la valeur dans les civilisations stationnaires de l'Orient est bien plutôt encore réglée par la coutume que par la loi de l'offre et de la demande, l'alpha et l'oméga de la spéculation économique.

Pas plus que l'économie politique, le droit positif n'est une libre conception de l'esprit : il doit se modeler sur le milieu naturel, sur le climat, l'étendue du pays, ses ressources, etc. Ce n'est pas davantage, plus que l'économie politique, une science naturelle, mais encore moins une science spéculative. M. Baudrillart a raison : le droit est dans les entrailles mêmes de l'économie politique; aussi bien, vaine est la présomption de ces prétendus savants qui, absolument étrangers aux réalités de la loi et à ses effets sur le milieu social, voudraient qu'on ajoutât foi à leurs stériles conceptions dogmatiques. On est donc fondé à conclure que l'économiste doit être versé dans la science des lois, sinon son savoir manque de solidité, de précision et de rectitude.

22. La réciproque est vraie : l'étude des phénomènes économiques ne doit être négligée ni par ceux qui ont mission d'élaborer les lois, ni par ceux qui doivent les interpréter. C'est qu'en effet le législateur ne poursuit pas exclusivement un idéal de justice; il s'attache à opérer le meilleur règlement dans l'intérêt social. Prenons l'exemple du droit des inventeurs : on propose de leur accorder un privilège exclusif d'exploitation de leur découverte pendant un certain temps, c'est-à-dire un brevet. Sans parler de la légitimité de la récompense, ni des doutes que la création d'un privilège peut faire concevoir, le législateur est obligé de peser des considérations d'utilité : d'une part le privilège paraît nuisible, car l'intérêt social serait que l'invention tombât immédiatement dans le domaine public, afin qu'elle fût plus largement exploitée; d'autre part, il est socialement utile que la rémunération des inventeurs soit sérieuse, parce qu'il faut stimuler l'esprit d'invention qui, autrement, serait découragé. Or, à cet égard, le brevet peut paraître la solution la plus favorable comme elle est la plus simple (V. ci-dessous, n°° 375 à 378).

Le législateur doit être familier avec les questions de science économique, par cette autre raison qu'il dispose d'une force dont l'action mal calculée pourrait être funeste, ou encore parce qu'il lui faut démêler, parmi les intérêts qu'il s'agit de régler, ceux qui ont la plus grande importance sociale.

La loi étant faite, s'agit-il de l'interpréter, de rechercher la pensée du législateur? Ce sont les mêmes arguments de justice ou d'utilité qui reparaissent; s'agit-il de juger la loi, d'en apprécier les effets bons ou mauvais? Comment se prononcer sans examiner le côté économique de la question? Par conséquent, si l'économiste doit être jurisconsulte, nous pouvons conclure aussi bien qu'un bon jurisconsulte doit être économiste. Nous ne croyons avoir rien à dire de plus quant à l'utilité en quelque sorte technique ou professionnelle de l'adjonction de la science économique à l'étude du droit [1].

23. Mises en présence l'une de l'autre, l'économie politique spéculative et la législation positive devaient inévitablement s'entrechoquer. Que l'on voie bien, en effet, que si les sociétés livrées à elles-mêmes obéissent à des lois constantes, les lois

---

[1] On répète souvent que les jurisconsultes sont sceptiques en fait d'économie politique. C'est peut-être un jugement téméraire. Quoi qu'il en soit, ce scepticisme serait une inconséquence : les jurisconsultes ne sont pas ordinairement sceptiques quant à l'efficacité de la législation. Or, s'ils reconnaissent que la loi peut quelque chose sur l'ordre social, en bien ou en mal, c'est qu'implicitement ils supposent que les choses laissées à leur libre cours auraient des effets différents susceptibles de prévision; or, cette prévision des conséquences dans l'ordre de l'utile ne s'expliquerait pas s'il n'existait aucune science économique.

positives, en tant qu'elles s'écarteront de ces lois naturelles, ne pourront paraître autre chose que des restrictions arbitraires et maladroites à la liberté. De fait, l'économie politique spéculative est hostile à toute loi qui n'est pas dirigée contre la violence ou contre la fraude, et dont le but ou l'effet serait de modifier les conséquences économiques dites rationnelles. Il ne doit y avoir aucune équivoque sur ce point : ce ne sont pas seulement les attributions de l'État qu'on veut restreindre, c'est le domaine de la loi.

Étendre l'horizon des actions libres, exclusivement soumises à la science économique, au détriment des actions réglées par la loi, est l'une des tendances de la science économique spéculative. Son enseignement est essentiellement individualiste. Spencer, en ce qui concerne l'action gouvernementale, professe cette doctrine jusqu'à ses dernières conséquences. Toutefois, sa théorie naturaliste de l'organisme social le conduit parfois à reconnaître l'opportunité de la réglementation légale. D'après lui, aux différentes phases du développement social, une certaine réglementation collective (lois, statuts, etc.) est l'auxiliaire des forces naturelles et la condition essentielle de leur développement[1]. Elle facilite le progrès social, la croissance de l'organisme, jusqu'au moment où, ne répondant plus aux besoins pour lesquels elle a été créée, elle devient un obstacle, et doit être adaptée au nouvel état social. Par elle-même la réglementation a un effet direct avantageux; au législateur d'apprécier si son effet indirect, c'est-à-dire la gêne qui en résulte, ne dépasse pas l'effet utile.

Spencer compare ingénieusement l'œuvre transitoire d'une certaine réglementation légale au travail physiologique de l'ossification pendant la croissance. Ce travail continue en même temps que les progrès de l'organisme; s'il s'arrêtait ce serait un obstacle au développement; si au contraire la croissance était trop rapide, les os peu consistants encore seraient pour le corps allongé un support trop faible. Le rapprochement avec la biologie a ici heureusement inspiré l'éminent publiciste : « Non moins que l'individu, dit-il, la société a besoin pour grandir d'une

---

[1] Chose assurément curieuse, Spencer se rencontre ici avec Dupont White malgré l'opposition fondamentale de leurs doctrines (V. Dupont White, l'*Individu et l'État*, p. 285 et suiv.).

organisation ; au delà d'un certain degré de développement, il n'y a plus de croissance sans modifications dans l'organisation. On est cependant fondé à croire que, passé ce degré, l'organisation est un obstacle indirect. Elle gêne l'opération de réajustement qu'exigent une augmentation de taille et un perfectionnement dans la structure [1]. » S'il en est ainsi, il ne faut pas attendre que l'organisation existante devienne une entrave, mais transformer la loi, afin de favoriser le développement des forces productives et de stimuler le progrès. Malheureusement la législation positive a une tendance à survivre aux causes qui l'ont produite ; elle ne s'assouplit pas toujours assez vite pour donner satisfaction aux nouveaux besoins économiques. Il est vrai de dire, d'ailleurs, que l'imperfection des lois positives a été maintes fois exagérée par les économistes qui ne les connaissent pas toujours assez bien pour les juger sainement.

24. L'élément de justice et l'élément d'utilité n'ont pas dans toutes les lois la même importance relative. Bon nombre d'oppositions entre la doctrine économique et la science de la législation s'expliquent par la raison que celle-là exige plus au nom de l'utilité que celle-ci n'y veut consentir. Au moyen de quelques distinctions, la solution de plusieurs de ces conflits serait peut-être facilitée.

On peut dire de la justice qu'elle est la *dominante* de certaines lois, tandis que l'utilité est la dominante de certaines autres. Comme exemples des premières, on citera tout d'abord les lois concernant l'ordre social, les rapports de famille et les bonnes mœurs. Ce n'est pas que l'importance économique de ces lois puisse être surfaite : un mauvais système répressif, une justice mal réglée, des institutions de famille en opposition avec les principes rationnels, peuvent être cause d'immenses désordres matériels. Il serait d'un grand intérêt de montrer les conséquences économiques de lois semblables. Mais ce ne sont pas en pareille matière les considérations d'utilité qui dominent l'esprit du législateur ; il a souci de respecter les mœurs, les traditions, ou, s'il innove, il aspire à atteindre un certain idéal de justice et de beau moral. Aussi, n'est-ce pas alors aux économistes d'apporter des solutions doctrinaires. On est en droit de

[1] V. Spencer, *op. cit.*, p. 68 et suiv.

reprocher à quelques-uns, parmi les plus illustres, la témérité assez naïve avec laquelle ils tranchent dans le vif sur les plus hautes questions législatives[1].

Appartiennent encore au même groupe les lois sur la liberté et l'exécution des conventions. A notre avis, des motifs de protection et de tutelle justifient pleinement la prohibition de certaines conventions, ou bien des modifications à la capacité normale; des formes, des délais, des précautions particulières, dans les lois relatives à la procédure et aux voies d'exécution s'expliquent par les mêmes motifs. Ces règles sont le point de mire des économistes : par amour de la liberté des conventions, l'un d'eux voudrait même qu'il fût permis d'engager ses services pour un temps indéfini, en d'autres termes de vendre sa liberté[2]! On oublie que la foi due aux engagements n'est sacrée qu'autant qu'ils sont la manifestation libre des volontés. Il faut protéger l'individu dont la volonté ne peut être éclairée ou indépendante.

Les lois dont la dominante et l'utilité composent un ensemble que nous désignons sous le nom de *législation économique*[3]. Ce

---

[1] Ce jugement paraîtrait d'une sévérité excessive si nous ne citions quelques faits qui nous l'ont inspiré : J.-B. Say et St. Mill nous serviront d'exemple, mais le reproche s'adresse et davantage à d'autres encore parmi les économistes contemporains. Dans son cours complet (VIIe part., chap. IV), Say se préoccupe de faire pénétrer le principe de la concurrence dans l'administration de la justice! Il mêle à un projet mal défini de substitution de l'arbitrage à la justice publique, le rêve de la suppression presque complète des lois civiles, de la décision des procès par l'équité. Y a-t-il utopie moins soutenable ? Voir aussi la note de la page 276, *loc. cit.*, où l'auteur impute au code civil une décision absurde pour arriver à prouver que l'équité est un guide plus sûr que la loi écrite. — Qui ne sait à l'aide de quels sophismes J. St. Mill a revendiqué l'emancipation politique des femmes? Dans ses *Principes d'économie politique*, on le voit osciller entre l'idée d'un droit de propriété, conséquence de la liberté humaine et celle d'un droit instable fondé sur l'utilité générale. De fausses idées sur la propriété foncière le mènent à demander la suppression de l'hérédité *ab intestat*. Par de prétendues raisons utilitaires, il en arrive à l'idée étrange de faire intervenir l'État dans la limitation du nombre des enfants au sein des familles.

[2] Voir M. de Molinari, *Cours d'écon. polit*, t. I, p. 276.

[3] Entre la législation économique et les lois du premier groupe, comme dans la plupart des classifications, la ligne de séparation est délicate à tracer, peut-être le plus sage est-il de la laisser flottante. Voici par exemple les lois sur la propriété ou les lois d'impôts. Sous un certain rapport, la dominante de ces lois est la justice : l'inviolabilité de la propriété, la proportionnalité des taxes sont des principes essentiels qu'il ne faut faire plier devant aucune raison d'utilité. Néanmoins, dans le règlement de la propriété

n'est pas dire assurément que les lois qui ne font pas partie de cet ensemble n'ont aucune importance économique ; on vient de voir le contraire. Cela signifie seulement que, dans la législation dite économique, l'utilité est principalement en vue. C'est dans ce domaine que le législateur doit surtout avoir égard aux enseignements de l'économie politique : l'idée de justice y est présente comme dans toutes les lois ; mais tantôt elle se réalise sous une forme simple, tantôt elle ne donne pas de direction précise pour la réglementation. Telles sont les mesures législatives ayant pour objet l'économie rurale, le système monétaire, le crédit, les banques, les chemins de fer, les canaux, la marine marchande, etc... On conçoit, par exemple, qu'il n'y ait pas, au point de vue du juste, de préférence à accorder au système de construction des voies ferrées par des Compagnies ou par l'État, tandis qu'il est évident que l'intérêt social en jeu est considérable. L'économie politique comparée indique quelles sont d'une manière générale les règles d'organisation qui offrent les plus grands avantages. Toutefois, il ne faut jamais oublier que la législation économique doit être adaptée aux besoins et aux tendances de chaque nation. Les théoriciens de l'économie politique dans les questions de liberté des banques, de liberté du taux de l'intérêt ou de liberté du commerce international ont, au contraire, proclamé des principes inflexibles et conclu à une application immédiate et radicale. Ces allures doctrinaires n'ont pas peu contribué à faire naître les préventions si tenaces qui existent à l'encontre de la science économique.

25. Économie politique et science politique proprement dite. Le laissez-faire et le socialisme. — La science politique ou la science du gouvernement est beaucoup plus vaste que l'économie politique. Plusieurs branches de cette science n'ont pas pour objet immédiat l'intérêt industriel ou le bien-être : telle est la théorie constitutionnelle. Il est évident que l'économie politique n'a pas de préférences à indiquer entre les différents systèmes d'organisation politique. Toutefois elle ne peut être indif-

ou le choix des taxes, l'autorité des enseignements économiques devient l'élément dominant : s'agit-il des restrictions à la propriété dans un intérêt collectif, il faut comparer au sacrifice de l'intérêt privé l'avantage social qui doit en résulter ; s'agit il de l'option entre plusieurs impôts, il importe d'examiner l'effet que chacun doit avoir sur le développement de la richesse générale, d'apprécier l'élasticité du rendement et la facilité de la perception.

férente ni à la stabilité politique, ni à la liberté en elle-même, car les régimes de compression tuent dans son germe l'initiative individuelle et étouffent peut-être plus encore l'esprit d'association; or ce sont là deux forces vives de l'ordre économique[1]. Même pour les services publics relatifs aux richesses, l'économie politique est loin de fournir à l'homme d'État les connaissances si multiples qui lui sont nécessaires[2].

Mais, la distinction faite, les rapports entre la science gouvernementale et l'économie politique se présentent à chaque pas. Le problème qu'on rencontre à tout propos dans l'une et dans l'autre est de savoir jusqu'à quelles limites il convient d'étendre les attributions de l'État et ce qui doit être abandonné à l'initiative privée. Cette délimitation entre l'autorité et la liberté est l'une des questions fondamentales de la science sociale. Deux solutions extrêmes doivent être écartées : l'une, le *laissez-faire,* repousse systématiquement l'action gouvernementale; l'autre, le socialisme, y fait un constant appel, ne comptant pour rien l'action libre des forces individuelles. L'organisation économique socialiste est une utopie; le *laissez-faire,* une exagération doctrinale fort en faveur auprès des économistes classiques, partisans déclarés de l'individualisme. La vérité se trouve dans une doctrine éclectique qui tient compte des habitudes nationales, de l'état

---

[1] Dans le même ordre d'idées, il ne faudrait pas omettre les rapports entre la liberté politique et l'impôt. Le vote des taxes publiques est l'un des premiers principes des gouvernements libres. On a aussi justement signalé l'influence des régimes politiques sur l'usage des richesses : le luxe se présente sous des formes très distinctes dans les monarchies, les sociétés aristocratiques ou les démocraties. V. dans Baudrillart, *Hist. du luxe,* les chapitres consacrés à ce sujet.

[2] En Allemagne, l'économie politique a gardé plus d'un trait de son ancienne subordination aux *sciences camérales,* ainsi dénommées à cause des *chambres* chargées autrefois de l'administration des biens domaniaux dans plusieurs États. L'enseignement *caméraliste* se composait (cette organisation est modifiée aujourd'hui), des finances, de l'administration des domaines et des forêts, d'agronomie et de sylviculture aussi bien que de législation économique. C'est peut-être pour cette raison que l'économie politique n'a jamais été en Allemagne et en Autriche une science aussi abstraite qu'en d'autres pays. — Baudrillart (*J. Off.,* 21 novembre 1876) a fait une fine remarque au sujet du contraste qui existe entre la philosophie allemande, si riche en abstractions, et la *Staatshaushaltung* ou *Staatswirthschaft.* En Angleterre, c'est tout l'inverse; la philosophie y est pratique, et l'économie politique très spéculative, c'est qu'en Angleterre l'économie politique a d'abord été une branche de la philosophie morale.

économique et de l'aptitude au progrès. Pénétrée des bienfaits de l'ordre social établi, cette doctrine n'accueille pas volontiers les plans de rénovation radicale, mais elle se tient aussi à distance des économistes enrôlés sous la bannière du *laissez-faire*[1]. Le *laissez-faire* est le plus commode principe de gouvernement. On comprend cependant que ceux qui ont la responsabilité du pouvoir, s'ils sont soucieux de ne pas laisser péricliter entre leurs mains les grands intérêts nationaux, n'acceptent pas volontiers les conseils d'abdication qu'ils reçoivent des doctrinaires. S'il est vrai que l'économie politique ait eu à lutter, comme souvent on s'en est plaint, contre le mauvais vouloir des hommes d'État, ceux-ci n'avaient-ils pas quelque excuse dans l'intransigeance des théoriciens du *laissez-faire?*

C'est un examen plus approfondi qui pourra faire comprendre sur quels points cette doctrine risquerait de compromettre les intérêts collectifs de la société; mais, au point de vue purement scientifique, il importe de constater dès maintenant qu'elle réduit à néant le rôle social de la science économique. Voici à cet égard le témoignage d'Aug. Comte : « Cette vaine et irrationnelle disposition à n'admettre que ce degré d'ordre qui s'établit de lui-même, équivaut évidemment, dans la pratique sociale, à une

---

[1] L'école du *laissez-faire* ou du dogme de la libre concurrence est aujourd'hui fortement battue en brèche. Un mouvement fort curieux s'est produit en Allemagne, en Angleterre, en Italie, en Amérique, et presque partout ailleurs, en faveur d'une action plus directe de l'État. La polémique a pris des allures violentes qui seront sans doute passagères : les économistes orthodoxes ont appelé leurs adversaires *socialistes de la chaire Katheder Socialisten);* ceux-ci ont accepté ce nom de guerre, mais en y ripostant par celui de *Manchester Égoisten* qu'ils donnent aux partisans du *laissez-faire*. V. sur cette évolution scientifique l'Appendice historique à la fin de cet ouvrage. — Disons seulement ici que la nouvelle École se distingue par deux traits principaux : l'un l'usage de la méthode historique réaliste (V. ci-dessous, n° 28 et surtout l'Appendice); l'autre la tendance dont il vient d'être question de donner à l'action de l'État une part plus grande en vue d'obtenir une plus équitable répartition et d'améliorer le sort des classes laborieuses. Disons encore que parmi les socialistes de la chaire, il en est qui n'ont pas complètement répudié le dogmatisme de l'économie politique. Puisque d'après eux les grandes lois économiques font apparaître des antagonismes sociaux, il y faut remédier par une intervention plus directe de l'État dans les questions de répartition. Mais les économistes allemands n'ont pas été les premiers à faire ce raisonnement : c'est celui de Karl Marx et du collectivisme contemporain. — Enfin, l'une des branches du socialisme de la chaire se rattache aux théories sociologiques; tel est le socialisme de Schaeffle. V. sur cet auteur, ci-dessous, n° 89.

sorte de démission solennelle donnée par cette prétendue science
à l'égard de chaque difficulté un peu grave que le développement industriel vient à faire surgir[1]. »

§ IV.

Méthodes en économie politique. — Sciences auxiliaires. — Terminologie. — Utilité de l'étude de l'économie politique.

26. Méthodes. — Les divergences qui existent sur la nature de
la science économique déterminent une scission relativement aux
méthodes qui lui sont applicables. Le point de depart commun
est une certaine observation des faits sociaux, mais on n'est pas
d'accord sur la nature des observations et l'usage qu'il convient
d'en faire. Au fond, bien que les diversités paraissent être plus
nombreuses, il y a deux méthodes opposées en économie politique : la méthode métaphysique ou déductive, et la méthode
d'observation ou historique.

27. Les anciens économistes, ceux-là surtout qui appartiennent à l'École anglaise ont fait presque exclusivement usage de
la première de ces méthodes. Ils limitent l'observation à ce qui,
dans les phénomènes sociaux, leur paraît offrir un caractère
général et pour ainsi dire nécessaire, ainsi le mobile de l'intérêt
personnel, le désir de la richesse, l'ordre économique assuré par
le jeu seul des volontés libres : c'est sur ces fondements qu'ils
édifient une économie politique pure ou abstraite. Le procédé le
plus habituellement suivi est celui de la déduction logique. Les
chefs de l'École anglaise, de Ricardo à J. St. Mill, n'en ont pas
connu d'autres. Après des vues générales *à priori* sur la nature
et sur l'homme que l'on prend pour *axiomes,* sans mettre en
doute qu'elles soient également vraies pour tous les temps et
pour tous les peuples, ils déploient toutes les ressources d'une
dialectique savante pour dire quel doit être l'ordre rationnel des
sociétés au lieu d'observer ce qui est réellement ou ce qui a été
dans le passé. De là le caractère dogmatique de l'économie politique classique c'est, comme on l'a dit récemment à la tribune

---

[1] Aug. Comte, *op. cit*, t. IV, p. 202.

française avec beaucoup d'esprit, une sorte de *théologie laïque*[1].
— Le caractère distinctif de l'école déductive est un cosmopolitisme doctrinaire qui dédaigne les nécessités pratiques et fait abstraction des différences de race et de civilisation. — Ces conceptions *à priori* n'ont, malgré l'autorité dont elles jouissent auprès des économistes *orthodoxes,* qu'une faible valeur scientifique : en Angleterre elles ont conduit Malthus, Ricardo et J. St. Mill à la doctrine des antagonismes sociaux; en France, la méthode métaphysique a été mise au service d'une doctrine toute contraire : Bastiat enseigne les harmonies sociales, mais en se fondant bien plus sur le raisonnement philosophique que sur l'observation. La déduction logique ou méthode abstraite d'après des faits généraux regardés comme typiques, bien que tombée assez en discrédit aujourd'hui un peu partout, a encore cependant quelques représentants, spécialement en Autriche. Les conclusions de l'économie classique sont révisées, mais la méthode conservée ou plutôt rajeunie grâce aux données plus scientifiques de la psychologie moderne[2].

Le second procédé de la méthode métaphysique est l'analyse quantitative ou mathématique : non seulement les équations de l'échange, mais le travail, les besoins, les degrés d'utilité sont soumis à un calcul de probabilités, exprimés par des figures géométriques, réduits à des formules algébriques. Il a été fait, en ces derniers temps, un grand usage de ces procédés mathématiques[3].

Pourquoi n'a-t-on pas compris dès l'abord que la vraie méthode scientifique de l'économie politique est l'observation? Cela

---

[1] M. Jules Roche, Sénat, débats, session 1891, *J. off.*, p. 851.

[2] Les plus considérables d'entre eux sont M. Menger (*op. cit.*), de Vienne *Grundsätze der Volkswirthschaftslehre* et M. Böhm Bawerk, *Jahrbücher* de Conrad, 1890.

[3] Sans vouloir absolument les exclure, on peut regretter qu'au lieu de ne s'en servir que comme d'un moyen de vérification ou de contrôle on ait tenté de leur demander la découverte de prétendus principes et la solution des questions sociales. Jamais des notations en x et y ne nous feront croire à des choses que l'expérience n'aura pas établies préalablement ou simplement confirmées. V. les ouvrages de Cournot (*Recherches sur les principes mathématiques des richesses*, un in-8°, 1838), Wolkoff, Walras, en France et en Suisse, de Lardner et St. Jevons, en Angleterre. Le savant agronome, de Thünen, avait auparavant employé les formules algébriques, mais seulement pour donner aux résultats de ses expériences si précises une forme plus rigoureusement exacte, et non comme moyen d'investigation (V. De Thünen, *Du salaire naturel et recherches sur le prix des grains*).

tient à deux causes : 1° On a appliqué le raisonnement mathématique aux sociétés, parce que l'économie politique a dégénéré
en chrématistique, en une science de choses. 2° C'est ce que M.
Taine a très justement appelé l'*esprit classique* du xviii° siècle,
qui a imprimé à l'économie politique une fausse direction. Depuis lors, l'histoire et les sciences physiques ont fait d'énormes
progrès. La philosophie de l'histoire est une science moderne :
Montesquieu a bien eu des vues profondes au sujet de la diversité des civilisations, mais son action sur les économistes français du xviii° siècle, *les physiocrates,* a été pour ainsi dire nulle.
Le sens historique leur a fait défaut et malheureusement on ne
le rencontre pas davantage chez la plupart des économistes de
l'École anglaise. L'erreur de cette École a été plus grave encore
par rapport à la nature : on est parti de notions convenues sur
la fertilité des terres, comme si, du pôle à l'équateur, la puissance productive du sol était la même, comme si l'homme, en
présence du monde physique, se trouvait partout dans des conditions identiques.

28. La méthode d'observation en économie politique se présente sous trois formes : 1° l'observation directe; 2° la critique
historique ; 3° l'expérimentation. Cette dernière forme ne peut
être que subsidiaire, par la raison toute simple qu'il vaut mieux
appliquer des procédés éprouvés par la pratique que de tenter
les aventures : on n'expérimente que *in animâ vili.* Toutefois,
les innovations dans la constitution des entreprises industrielles,
les applications nouvelles de l'idée d'assurance ou de prévoyance
appartiennent bien à l'expérimentation. L'expérimentation par
voie législative, que St. Jevons nommait très exactement la
baconian législation, occupe une place déjà considérable dans
l'histoire des législations contemporaines. Même en France, on
peut en signaler diverses applications. L'essai des bureaux de
poste comme bureaux d'épargne, celui de l'exploitation provisoire d'une partie du réseau des chemins de fer par l'État,
l'immatriculation des immeubles, selon le procédé de l'*act
Torrens,* sous les auspices de la France en Tunisie [1], etc., autant

---

[1] Dans notre ancienne France, l'expérimentation a été pratiquée : au xviii°
siècle la liberté intermittente de l'exportation des grains, la suppression de
la corvée des routes, les réformes des intendants, notamment de Turgot
dans le Limousin, ne permettent pas de révoquer ceci en doute.

d'expériences économiques par voie législative. C'est surtout dans les fédérations d'États, en Suisse, aux États-Unis, et dans la Grande-Bretagne, où l'unification législative n'existe ni dans le Royaume-uni, ni dans les colonies, que l'expérimentation législative s'est naturellement développée : d'abord par la comparaison des lois distinctes en vigueur dans chacun des États, cantons, etc..., puis d'une façon plus directe par le vote de lois, les unes temporaires (ainsi en Angleterre la loi de 1873 instituant une commission des chemins de fer), converties en lois définitives lorsque le résultat a été bon (c'est ce qui a eu lieu pour l'exemple cité par la loi de 1888, *railway traffic act*); les autres facultatives (ainsi l'*act Torrens* en Australie) organisant un service d'application des mesures nouvelles en laissant la liberté de n'y pas recourir [1].

L'observation directe et la critique historique diffèrent plutôt par les procédés de la recherche scientifique que par la nature des constatations. La critique historique fait apercevoir les transformations successives d'un même peuple; l'observation directe découvre les mêmes diversités économiques, dans le présent, chez plusieurs peuples différents inégalement civilisés : par exemple, les Slaves méridionaux avec leurs communautés de famille, la Roumanie, la Hongrie avec ce qu'elles retiennent du régime féodal [2], ressemblent plus à la France du Moyen-âge qu'aux États industriels de l'Europe Occidentale. Parmi les nomades des steppes de la Russie méridionale et de l'Asie, on constate un état social fort analogue à celui des anciens Germains.

L'observation directe ou réaliste a un grand avantage, c'est de pouvoir ne s'arrêter qu'au terme des constatations utiles, tandis que les documents historiques ne contiennent pas toujours sur les faits économiques des données d'une suffisante précision. Le Play a poursuivi avec un zèle admirable et une remarquable méthode scientifique ce qu'il appelle ses *monographies* de familles. Elles font voir la vie saisie sur le fait, dans ses éléments moraux comme dans ses éléments économiques. On peut être en dissen-

[1] V. la théorie de l'expérimentation législative et les nombreux exemples donnés par M. Léon Donnat, *La politique expérimentale*, 2e édit., 1891.

[2] En Hongrie, la loi de 1873 a non pas aboli mais transformé les droits de seigneurie et permis aux colons d'acquérir la propriété par un rachat.

timent avec lui sur la valeur probante de certaines constatations ou sur les conclusions sociales à en tirer, mais la méthode qu'il a inaugurée est originale et féconde; elle fait un heureux contraste avec la spéculation métaphysique des écrivains de l'École anglaise [1]. Les autres éléments de l'observation directe sont donnés par la statistique (voir n° 34).

Mais la critique historique l'emporte à un autre point de vue sur l'observation directe: elle apprend l'ordre de développement des institutions sociales et, par conséquent, elle met en garde contre le danger, auquel n'a pas toujours échappé Le Play et son École, de prendre pour un progrès ce qui serait un retour en arrière. Elle permet de constater ce qui dans le système économique actuel est un reste de l'organisation antérieure; elle donne occasion d'examiner si le maintien qui en est fait répond à de véritables nécessités pratiques. Par contre, la persistance des institutions même arriérées, dont l'histoire offre tant d'exemples, prouve la force des traditions et des mœurs; par là, la recherche historique est de nature à prémunir contre les innovations téméraires; elle enseigne l'importance qu'il faut donner aux formes particulières d'organisation sociale: les institutions de la civilisation occidentale sont de l'avis général supérieures à celles des peuples asiatiques et, cependant, les y transporter serait la plus folle des entreprises [2].

29. Deux objections principales sont faites à la méthode qui vient d'être esquissée: 1° la science ainsi comprise ne serait qu'une encyclopédie de faits; 2° constater ce qui a été et ce qui

---

[1] V. Le Play, *Les ouvriers Européens*, le 1er volume sur la méthode d'observation, et Delaire, *Revue des Deux-Mondes*, 1er juillet 1877.

[2] La méthode historique a eu pour initiateurs en Allemagne, Roscher (*Principes d'écon. polit.*, trad. par Wolowzki); Knies (*Die politische Okonomie von Standpunckt der histor. Methode*) et Hildebrand (*Die National Oekonomie der gegenwart und zukunft*). Ses principaux chefs actuels sont: MM. G. Schmoller et Brentano. V. sur l'école historique contemporaine en Allemagne, E. Schwiedland, l'historisme allemand (*J. des Econ.*, juill. 1885) et Saint-Marc (*Revue d'Economie politique*, 1892, p. 224 et suiv). Ses plus illustres représentants en Angleterre après Cliffe Leslie (*Essays in political philosophy*) sont M. Ingram (1° *The present position of political economy*; 2° v° *Economie* dans l'*Encyclopedia britannica*; 3° *A history of political economy*), et M. Thorold Rogers (*Interprétation économique de l'histoire*, trad. Castelot, 1892) V. Saint-Marc (*Revue d'Econ. politique*, 1890, p. 442 et suiv.) Pour plus de détails sur la méthode historique ou réaliste, Appendice à la fin de l'ouvrage.

est, n'est-ce pas s'habituer à y voir le résultat nécessaire d'un développement organique et, par suite, accepter le joug du fatalisme?

La réponse à la première objection est que l'observation ne doit pas porter indistinctement sur tous les faits, mais seulement sur ceux qui sont caractéristiques. L'économie politique, comme l'a si bien dit Leslie, est *matter of facts* mais ce n'est pas l'enregistrement *of all cases*. Dans la vie réelle, les phénomènes économiques sont enchevêtrés de mille manières : vouloir les recueillir tels qu'ils se présentent, sans en dégager les éléments simples, ce serait faire une œuvre stérile et se condamner à l'impuissance. L'observation opère donc une sélection des faits et des éléments des faits; elle ne les livre pas à l'*état brut,* en quelque sorte, mais, par un groupement rationnel des phénomènes similaires, elle forme les cadres d'une classification et d'une généralisation scientifiques.

L'école historique n'enseigne pas le fatalisme, comme on le prétend : elle doit, il est vrai, sous peine d'être inconséquente, se montrer prudente dans les plans de réforme, car elle apprend à connaître la force des habitudes et des mœurs; il y a plus : le spectacle de tant de formes et d'institutions diverses, et les leçons qui se dégagent des transformations historiques, sont de nature à donner à tout esprit réfléchi : la souplesse qui permet d'accueillir les idées nouvelles, le sentiment du progrès et des réformes nécessaires[1].

30. Nous avons blâmé l'abus de la méthode métaphysique et montré que la méthode d'observation est la méthode fondamentale de l'économie politique.

Terminons sur ce point en disant que cette méthode ne doit pas être exclusive. Selon les vues très judicieuses de l'école éclectique, la méthode déductive doit pouvoir se combiner avec l'observation. — Le raisonnement logique est d'abord sans incon-

---

[1] L'économie politique, fondée sur l'observation et la critique historique, est certainement une science à peine ébauchée. Serait-ce là une fin de non recevoir contre l'usage de cette méthode dans l'enseignement? Non, selon nous. L'histoire de France, celle dont les éléments sont encore enfouis dans nos archives, cette histoire définitive n'est pas faite non plus; cela dispense-t-il ceux qui composent des histoires abrégées, du devoir d'écarter les systèmes arbitraires, les légendes, et d'apprécier sainement les faits qu'ils relatent?

vénient, lorsqu'il est employé *a posteriori*. Puis, lorsque par induction on est parvenu à formuler un principe, on est autorisé à en déduire certaines conséquences qui doivent être présentées comme des probabilités, sinon comme des nécessités absolues. On est enfin autorisé à procéder par *hypothèses*, à supposer des faits différents de ceux qui ont été constatés en vue de rechercher quelles suites probables ils pourraient avoir. Ces déductions ont évidemment une force probante d'autant moindre qu'elles sont plus éloignées de l'observation directe ; mais on ne voit pas pourquoi il faudrait absolument renoncer à la lumière qu'elles peuvent fournir. En résumé, l'observation est le point de départ ; elle conduit par induction à un principe ; la déduction en montre les conséquences, mais l'observation les contrôle et termine le cycle de l'examen scientifique.

31. Sciences auxiliaires. — L'économie politique emprunte ses moyens d'observation à plusieurs sciences auxiliaires qui sont (en dehors de l'histoire dont il vient d'être question[1]), les sciences physiques ou naturelles, la démographie, la statistique, les sciences industrielles ou technologiques.

L'économie politique met à contribution les sciences physiques et naturelles, parce qu'elle est, au point de vue de la vie sociale, comme la résultante des applications les plus diverses de la connaissance scientifique (V. n° 13). Beaucoup trop longtemps elle a été tenue en dehors des grandes découvertes de la science moderne. L'économie politique a jusqu'ici vécu sur des données étroites, toutes de fantaisie, tandis que la vérité est à sa portée.

L'*agronomie*, par exemple, apprend à l'économiste quelles sont les lois physiques qui président à la production animale et

---

[1] Ce que l'économie politique emprunte à l'histoire, nous le savons déjà par ce qui précède ; ajoutons qu'en matière de colonisation, de réforme financière, les enseignements du passé ont une autorité considérable ; qu'enfin, les plans d'organisation artificielle de la société que les réformateurs modernes s'imaginent avoir inventés sont, pour la plupart, la reproduction d'utopies déjà condamnées par l'expérience.

Mais, en revanche, dans les progrès et la décadence des sociétés, les causes économiques ont une grande part ; aussi l'historien trouve-t-il dans l'économie politique la clef de faits considérables relatifs aux finances, au commerce extérieur, aux travaux publics, etc. Certaines grandes révolutions politiques ou sociales ne s'expliquent bien que par l'état économique au milieu duquel elles ont éclaté.

végétale; elle fait connaître les ressources que, au moyen d'une culture perfectionnée, le sol fournit à la production alimentaire. Or, le premier problème pour les sociétés humaines est celui des subsistances : les questions de population et de propriété foncière sont dominées par des questions agronomiques. Il est à peine croyable que les doctrines économiques, généralement reçues en fait de puissance productive du sol, soient en contradiction avec les enseignements de la science, en retard de près d'un siècle!

La *géologie* enseigne non seulement les causes des diversités dans l'art de bâtir ou dans l'industrie actuelle des peuples, mais elle fait pressentir les grandes évolutions de la production économique des siècles à venir, en découvrant d'immenses richesses souterraines encore inexplorées, par exemple, les énormes gisements houillers du Nouveau-Monde et de la Chine.

La *géographie* s'adjoint à la géologie; c'est la connaissance du théâtre où les hommes ont vécu et où ils vivent encore; c'est la connaissance des causes de la répartition des hommes sur le globe ou de l'emplacement des cités, la description des grandes routes du commerce..., etc.

32. Placée sur les confins des sciences physiques et des sciences sociales, la *démographie* détermine les caractères distinctifs des races, leurs aptitudes, les mouvements de la population, leurs causes, enfin les courants d'émigration ou d'immigration des peuples.

La *statistique* est aussi une science sociale complémentaire de l'économie politique; elle a pour objet le groupement méthodique des faits sociaux qui se prêtent à une évaluation certaine, spécialement à une évaluation numérique : ainsi le mouvement du commerce extérieur; le personnel, la production et la distribution des principales industries; le relevé des dépôts des caisses d'épargne ou des opérations d'assurances, du rendement des impôts, du trafic sur les voies ferrées ou navigables, etc., etc.

La statistique est à l'économie politique ce que la micrographie est à la physiologie; au fond c'est bien plutôt une méthode d'observation qu'une science distincte : elle fournit des indications sans en tirer des conséquences. Ce rôle est laissé à l'économiste, mais celui-ci doit s'enquérir constamment des éléments que lui donne la statistique sur l'état social. C'est l'une des applications principales de la méthode d'observation[1]. La statistique a fait de nos jours de grands progrès non seulement par la précision, la variété et l'étendue de ses recherches comparatives[2], mais encore par les procédés qu'elle emploie de plus en plus pour rendre en quelque sorte visibles les phénomènes sociaux. Telles sont les représentations graphiques, doublement précieuses et comme instruments de vulgarisation (c'est d'abord à ce titre qu'elles ont été appréciées) et comme instruments de travail. Les graphiques rendent l'analyse des faits économiques et leur comparaison plus nettes et plus saisissantes[3].

33. Les sciences technologiques viennent en aide à l'économie politique, mais sans se confondre avec elle. Cette dernière n'a pas à se prononcer entre les procédés du travail industriel, par exemple, entre telle machine et telle autre. Mais elle doit connaître l'influence de l'art industriel sur la production des richesses. Prenons, pour mieux nous faire comprendre, la métallurgie. Les meilleurs procédés pour l'extraction et le traitement du minerai, la construction des hauts-fourneaux, l'emploi et l'économie du combustible, sont enseignés par la technologie. Les questions d'économie industrielle sont distinctes : elles concernent les débouchés, les prix de revient, l'effet des taxes établies sur les matières premières ou sur les produits fabriqués. Mais l'économiste ne peut pas rester étranger, dans l'étude de ces questions elles-mêmes, au renouvellement des procédés industriels, car ils peuvent agir sur la production en modifiant le prix de revient et les débouchés. De nos jours surtout, les progrès de la technologie exercent un contre-coup évident sur l'économie industrielle :

---

[1] V. sur les statistiques officielles et les enquêtes parlementaires à la fin de l'ouvrage, l'Appendice bibliographique.

[2] Les statistiques doivent cependant être consultées avec beaucoup de prudence, surtout celles où le rôle de l'autorité ou du savant qui les dresse se borne à colliger des renseignements souvent donnés à la légère (ainsi les statistiques de la production agricole ou industrielle, les recensements de population); nous aurons même a constater d'inexplicables défauts de concordance entre des statistiques officielles où cependant l'administration intervient elle-même dans les actes dont il s'agit de faire le relevé; c'est ce qui se produit spécialement pour les statistiques douanières.

[3] V. sur les graphiques appliqués à l'économie sociale, Saint-Marc (*Revue d'Econ politique*, 1889, p. 380 et suiv.). — Cons. *Album de statistique graphique du Ministère des finances;* celui du Ministère des travaux publics, etc.

on ne pourrait comprendre le développement de l'industrie du fer et de l'acier si l'on ne possédait quelques indications sur les transformations du matériel et des procédés métallurgiques.

34. Terminologie. — Les questions de terminologie ont dans toutes les sciences une grande importance ; elles en ont une toute spéciale en économie politique, parce que le langage technique y manque de précision. Il n'est peut-être pas inutile d'en indiquer succinctement la cause.

Les sciences telles que la chimie et les mathématiques ont l'avantage de posséder une nomenclature dont les termes ne sont pas tirés de la langue usuelle. Il n'en est malheureusement pas de même de l'économie politique. Avant qu'il fût question d'en faire une science spéciale, on parlait de valeur, de capital, de richesses, de crédit. Lors des premiers écrits scientifiques, on ne put songer à créer des mots nouveaux pour ce qui était déjà dans le domaine commun ; de là une fàcheuse indétermination de langage. Il arriva, en effet, que certaines expressions conservèrent, dans la langue scientifique, la multiplicité et l'é-lasticité d'acceptions qu'elles avaient auparavant dans la langue usuelle ; quelques-unes même prirent des significations nouvelles, lesquelles choquent les habitudes instinctives et ne sont pas toujours bien retenues même des savants. Ce sont des causes d'équivoque et d'erreur qu'il faut éviter par une attention toute spéciale donnée aux définitions et à l'emploi des termes. Il y a maintes controverses entre économistes au fond desquelles on serait en peine de trouver autre chose qu'un simple malentendu.

35. Utilité générale de l'étude de l'économie politique. — La science de l'utile doit-elle être étudiée ? La question paraîtra sans doute bien oiseuse. Pourquoi négligerait-on d'analyser le mécanisme social, l'activité industrielle ? N'y a-t-il aucun intérêt à connaître les principes qui les régissent, l'effet des mesures qui sont prises en vue de les régler ? On a objecté qu'en ces matières l'expérience pratique était la plus sûre conseillère. Assurément, l'économie politique ferait fausse route si elle abandonnait la méthode d'observation. Mais il y a une différence essentielle entre l'empirisme ou la routine et le précepte qui est le fruit de l'examen méthodique des faits. Une opinion éclairée est un meilleur guide qu'une pratique instinctive.

L'étude scientifique des phénomènes sociaux passe encore pour superflue auprès de ceux qui se font une espèce de loi de ne pas s'écarter de l'opinion commune ou de se tenir à égale distance des systèmes opposés. A quoi bon apprendre, s'il suffit de suivre le courant, de se déplacer avec lui ou de déterminer une moyenne proportionnelle entre les doctrines des autres? On appelle parfois sagesse pratique ce *juste milieu* de parti pris, cette absence de virilité. Aucune tendance n'est assurément plus incompatible avec l'esprit scientifique.

Une autre objection consiste à dire que l'économie politique n'est pas une science assez avancée. Il existe, il est vrai, entre les économistes des oppositions considérables de doctrines et de méthodes, mais on en peut constater d'aussi graves sur le fondement de la morale et du droit. Aucun juge impartial ne contestera que depuis moins d'un siècle l'économie politique ne se soit enrichie d'un grand nombre d'observations fécondes en applications pratiques : le développement des institutions de prévoyance et de crédit; la voie nouvelle dans laquelle est entrée l'association, tout cela est dû, en grande partie, à l'attention que l'économie politique avait donnée à ces matières.

Ce qui a été dit des rapports de l'économie politique et de la législation dispense de revenir sur l'utilité spéciale ou professionnelle qu'elle a pour le jurisconsulte, l'homme d'État et l'administrateur [1]. L'agriculteur ou le manufacturier n'a pas un moindre profit à en tirer, puisqu'elle détermine les conditions générales du développement et du succès des entreprises. A tous elle fait connaître la nécessité et les effets de la loi du travail; aux ouvriers, elle apprend à apprécier l'ordre établi dans la société, et elle signale une voie d'améliorations lentes mais assurées par la prévoyance et la solidarité; aux riches, elle rappelle

---

[1] Des chaires d'économie politique existent depuis longtemps au Collège de France, à l'École des ponts et chaussées, au Conservatoire des arts et métiers, etc... Depuis une dizaine d'années toutes les Facultés de droit en sont pourvues. Les programmes d'examen pour l'auditorat au Conseil d'État et à la Cour des comptes, l'inspection des finances, la direction commerciale au ministère des affaires étrangères et les consulats, l'administration de l'enregistrement, etc..., comprennent des notions d'économie politique.— L'enseignement dans les Facultés de droit avait commencé par être complémentaire et facultatif (à Paris 1864 à 1877); un décret du 26 mars 1877 a placé l'économie politique au nombre des enseignements obligatoires de la licence.

que la fortune ne leur est pas confiée afin de vivre dans l'oisiveté et dans la mollesse, mais qu'elle leur impose des devoirs et les investit d'une grande puissance pour le bien. Au-dessus des applications directes et personnelles, il se détache de l'économie politique une grande leçon de concorde et d'union pour la solution des *questions sociales,* une forte conviction de la loi de progrès. Ce doit être le meilleur titre de cette science auprès des hommes de bonne volonté.

PLAN DE L'OUVRAGE.

Le Cours est divisé en trois parties :

PREMIÈRE PARTIE :

ÉCONOMIE POLITIQUE GÉNÉRALE. — Livre I : La société économique. — Livre II : La Nature ou le milieu physique. — Livre III : Les résultats de l'activité économique (notions fondamentales sur les richesses, la propriété, le capital, la valeur et les inégalités de la répartition).

DEUXIÈME PARTIE :

ÉCONOMIE INDUSTRIELLE ET SOCIALE. — Livre I : Production et Consommation. — Livre II : Population; Émigration; Colonisation. — Livre III : Échanges; Monnaie; Crédit. — Livre IV : Commerce international. — Livre V : Répartition : régime de l'entreprise ou coopération; Questions ouvrières; Propriété et Inégalités sociales; Prévoyance; Assistance.

TROISIÈME PARTIE :

ÉCONOMIE PUBLIQUE ET FINANCIÈRE. — Livre I : Outillage national : Travaux publics et Voies de communication. — Livre II : Économie financière.

EXPLICATION SOMMAIRE DE CE PLAN.

Première partie. — La Société économique est formée par l'union de forces, les unes privées les autres publiques. Sous le titre ÉCONOMIE POLITIQUE GÉNÉRALE, la constitution économique de la Société, le jeu de ses forces organiques et les résultats de leur action sont successivement étudiés. Il est, en effet, naturel de commencer l'exploration du monde économique par l'analyse : 1° de la société elle-même ; de ses différents groupements ; de ses principaux types ; 2° du milieu naturel où elle se développe ; 3° des résultats généraux de l'activité économique.

Seconde partie : ÉCONOMIE INDUSTRIELLE ET SOCIALE. — Il y est question de l'action des forces privées, auxquelles, dans la constitution économique des sociétés civilisées, appartient le rôle principal, mais aussi du concours que la puissance publique apporte à l'ordre industriel et social.

Cette seconde partie, de beaucoup la plus étendue, correspond au cadre habituel, trop exclusif, à notre avis, des traités d'économie politique : Production, Circulation, Répartition et Consommation des richesses. Toutefois, il nous a paru rationnel d'y apporter plusieurs modifications : 1° Nous avons réuni les deux théories de la *Production* et de la *Consommation* en un même livre (livre I). 2° Les questions relatives à la *Population,* à l'*émigration* et à la *colonisation* viennent immédiatement après (livre II). Au titre ordinaire : *Circulation des richesses,* nous avons préféré, pour le livre III, celui d'*Échanges; Monnaie; Crédit.* 3° A cause de l'importance des questions doctrinales et des questions pratiques qui s'y rattachent, le *Commerce international* forme un livre à part (livre IV). 4° Enfin, à la *Répartition des richesses* sous le régime de l'entreprise ou sous celui de l'association (livre V), ont été adjointes les *questions ouvrières,* puis à la théorie et au régime légal de la *Propriété,* sous la rubrique générique, *Inégalités sociales,* ont été réunies l'*Assistance* et la *Prévoyance,* qui forment le complément de l'ensemble des questions sociales. Le titre de cette seconde partie :

ÉCONOMIE INDUSTRIELLE ET SOCIALE, répond aux deux objets principaux de la science économique : la production industrielle d'une part, la répartition de l'autre.

Troisième partie : ÉCONOMIE PUBLIQUE ET FINANCIÈRE, ou action de l'État, organe de la puissance nationale, étudiée spécialement dans ses applications aux Travaux publics, aux Voies de communication et aux Finances. Les divisions de cette troisième partie n'ont besoin d'aucun commentaire particulier.

PREMIÈRE PARTIE.

―――――

ÉCONOMIE POLITIQUE GÉNÉRALE.

LIVRE I.

LA SOCIÉTÉ ÉCONOMIQUE.

CHAPITRE I.

COOPÉRATION SOCIALE : DIVISION DU TRAVAIL ET DES FONCTIONS.
ORGANISME ET ORGANISATION ÉCONOMIQUE. — FORMATION DES SOCIÉTÉS.
DIFFÉRENTS TYPES DE CIVILISATION. — PROGRÈS SOCIAL.

---

36. Coopération sociale. — La coopération pour le travail, entre les membres d'une même société, est un phénomène social universel. Pas plus que l'homme ne peut vivre seul, il ne peut travailler seul (v. n°ˢ 4, 5 et 14 B). On affirme cependant qu'à la Nouvelle-Hollande, certains indigènes ne s'aident jamais dans leurs travaux. L'absence de coopération serait même, a-t-on dit, le signe distinctif de la première forme d'agrégation humaine, la horde ; la coopération ne commencerait qu'avec la constitution sociale de la tribu[1].

Mais il serait à peine concevable qu'il y eût un groupement quelconque sans que, pour faire la guerre, la chasse ou partager le butin, il n'y eût en même temps une certaine entente ; dès qu'il existe des habitudes de vie en commun, il se produit une certaine répartition de travaux, rudimentaire et même intermittente aux époques de barbarie, très complexe et permanente dans les pays civilisés, où elle se manifeste par la distinction de plusieurs milliers de professions ou de fonctions sociales.

[1] M. le Dʳ Delaunay, Société d'Ethnographie, v. *J. off.*, 13 novembre 1882.

Il semblerait rationnel de déterminer les différents types de sociétés et de civilisation avant de parler des effets de la coopération sociale; en réalité, l'ordre inverse est préférable. Les formes de la constitution sociale et économique sont très variables, tandis que, au fait universel de la division des professions et des fonctions, correspondent quelques effets constants qui ne diffèrent, suivant les cas, que par le degré d'intensité.

37. Effets de la Coopération sociale. — 1° La spécialisation des tâches et des attributions a une conséquence directe sur laquelle il est à peine nécessaire d'appeler l'attention tant elle est évidente; c'est la dépendance mutuelle dans laquelle se trouvent, au point de vue économique, les membres d'une même société, et, par conséquent, la nécessité de continuelles relations sociales. Si, à raison de la nature spéciale de mon travail, je ne fais que des choses d'une seule espèce, tandis que j'ai besoin d'une infinité d'autres choses, en réalité, l'exercice de mon industrie n'est pas principalement pour moi une source de jouissances immédiates, c'est plutôt un moyen d'acquisition de mes jouissances. Ayant produit 1,000 hectolitres de blé, si je n'ai besoin d'en conserver que 50 pour l'ensemencement et ma consommation, il m'en reste 950 au moyen desquels je me procurerai les choses si diverses qui me manquent; le producteur de chaussures, de vêtements, etc., obtiendra de même le blé, les aliments. Les richesses circulent ainsi jusqu'à ce qu'elles soient parvenues du producteur au consommateur.

En bonne théorie, on ne doit pas considérer la division du travail comme subordonnée au régime des échanges. Supposons que le mobile qui fait travailler soit le sentiment de la fraternité et non celui de l'intérêt personnel, il y aura lieu à la même division du travail; la seule différence est qu'elle sera suivie d'une circulation désintéressée des produits.

Ce que nous avons dit du travail de production des richesses est également vrai des services. Ils sont spécialisés : il y a des fonctions, les unes privées, les autres publiques, et la raison d'être de cette partie de la coopération sociale ne se rattache pas non plus nécessairement au régime des échanges : ainsi les services publics n'y sont pas nécessairement soumis, et les services privés rendus au sein de la famille sont déterminés par un mobile désintéressé, l'affection, le dévouement. Un autre mobile sera l'obéissance, obéissance voulue ou contrainte à une autorité familiale ou politique distribuant le travail, assignant à chacun une rémunération : ici encore la division du travail existera sans avoir l'échange pour but.

2° La coopération est une condition de la puissance du travail. C'est un fait d'expérience que tous les hommes n'ont pas des aptitudes identiques. Il y a donc un grand avantage à ce que le travail de chacun soit approprié à ses aptitudes. D'ailleurs, l'expérience prouve encore que le travail limité à une œuvre spéciale, dont on a pris l'habitude, a une force productive incomparablement plus grande que celui qui reçoit une direction changeante. Il n'y a aucune exagération à dire que le plus habile ne saurait, par ses propres efforts, au prix de toute une vie de labeur, arriver à la même diversité de jouissances, au même degré de bienêtre qu'un humble artisan, sous un régime de division du travail. Or, il est bien évident que si chacun produit plus et avec moins de peine, il y aura dans la société davantage de moyens de jouissance, et par suite une augmentation de bien-être.

Pour juger combien est grande la puissance du travail divisé, on n'a qu'à comparer, au travail d'un modeste producteur, l'ensemble des avantages qu'il trouve dans la société. L'objet de son travail est bien peu de chose, c'est, pour prendre le même exemple que Bastiat, un menuisier de village qui débite des planches et fabrique quelques meubles grossiers; son gain est aussi une valeur bien modique; et cependant, avec ce travail et avec ce gain, sans qu'il soit l'obligé de personne en particulier, il peut se procurer une quantité de produits ou de services; le prix du vêtement qu'il porte, si faible qu'il soit, rémunère intégralement le travail du cultivateur qui a récolté en Amérique le coton, ou en Australie la laine dont il est tissé, puis les frais de transport en Europe, enfin la filière des opérations manufacturières : le peignage, la filature, la teinturerie, le tissage et la dernière transformation chez le confectionneur. Ainsi de toutes choses : si l'on remonte la série des travaux qui ont précédé l'achèvement du produit, une foule d'industries se succèdent les unes aux autres, comme les anneaux d'une même chaîne. Dans l'exemple précédent, que d'intermédiaires ont été omis : il eût fallu citer le matériel agricole, le vaisseau qui a transporté la matière textile, les machines qui ont servi à la fabrication du tissu, et tout

ceci nous eût conduit jusqu'à l'extraction du minerai de fer et
de la houille, à ces gigantesques travaux de l'industrie métallurgique, à la construction des machines et des navires. Et
encore les objets matériels ne sont-ils qu'une faible partie des
avantages sociaux payés avec le prix du travail : moyennant le
prélèvement de l'impôt, notre artisan concourt à l'entretien des
services publics de sécurité, de justice, d'instruction. Il a sa
part de tous ces avantages, parce qu'il en donne l'équivalent,
mais il aurait mauvaise grâce à maudire la société, car, ainsi
que le dit Bastiat avec infiniment de justesse : « Il existe une
« disproportion apparente véritablement incommensurable entre
« les satisfactions que cet homme puise dans la société et celles
« qu'il pourrait se donner s'il était réduit à ses propres forces. »
S'il était réduit à ses propres forces, le travail de sa profession
même serait beaucoup plus rude et plus ingrat : il ne trouverait
pas ces planches toutes préparées pour la mise en œuvre par des
agents mécaniques d'une si grande puissance, ni ces outils qui
font l'office de ses muscles. S'il était réduit à ses seules forces,
que deviendrait-il lorsqu'elles le trahiraient! La société est la
sauvegarde des faibles; elle est nécessaire à tous.

3° La supériorité du travail en société, lorsqu'il est convenablement divisé, ne s'explique pas seulement par l'habileté professionnelle que donne l'habitude, mais plus encore peut-être
par une autre raison : le travail de la profession c'est le travail
quotidien, autrement dit, le mode normal de l'existence; ce n'est
plus, en quelque sorte, pour l'homme courageux un effort pénible.

4° Par la raison même qui vient d'être déduite, la coopération
sociale est favorable à la continuité du travail et à la prévoyance.
A la continuité du travail, parce que le travail professionnel
étant devenu une habitude, nous n'attendons pas, pour l'entreprendre si nous sommes libres, d'y être contraints par la pression des besoins. On sait qu'on travaille pour vivre, mais on n'é-
tablit qu'une relation abstraite entre le labeur de chaque jour et
l'ensemble des besoins éprouvés. Un travail mal divisé serait au
contraire intermittent, souvent différé jusqu'à ce qu'il fût imposé
par la nécessité. Étant continu, le travail, sous le régime d'une
coopération rationnelle, est favorable à la prévoyance, prévoyance individuelle ou prévoyance sociale : les besoins s'en-

chaînent les uns aux autres ; ils sont soumis à une renaissance ininterrompue. Au lieu de se limiter à la satisfaction des besoins immédiats, le travail professionnel de chacun donne un excédent qui permet de regarder au delà. Une partie du fruit du travail peut donc servir à former une réserve en vue de l'avenir ou être employée, suivant les cas, à une œuvre de production ultérieure. On appelle *capital* la partie des richesses qui est affectée à ce dernier usage. La fécondité du travail divisé facilite donc la formation du capital sans lequel aucun progrès économique ne serait possible.

5° L'un des problèmes les plus complexes est celui de l'équilibre de la production et de la consommation. Le seul fait de la coopération sociale ne résout pas, il est vrai, le problème, mais, sous plusieurs rapports, il prévient ou corrige les écarts qui, autrement, seraient inévitables ou irréparables. Supprimant par la pensée toutes les impossibilités du travail non divisé, supposons que chacun prenne soin par son travail de pourvoir à tous ses besoins : il n'est pas douteux que sur bien des points les prévisions individuelles seront trompées, nul n'étant infaillible. On aura produit de certaines choses en excès et d'autres choses en insuffisante quantité. Il y aura privation pour celles-ci, perte faute d'emploi en temps utile pour celles-là. Avec le travail divisé, il peut arriver aussi qu'il y ait encombrement ou approvisionnement insuffisant, mais il faudra supposer pour cela, non plus seulement de la part d'un seul producteur, mais de la part de tous ceux qui produisent la même nature de choses, une erreur de jugement commise dans le même sens, soit de l'insuffisante prévision, soit de l'exagération des besoins. Cette erreur n'est pas impossible, ni même improbable, si l'on veut ; surtout si la consommation doit se produire dans un rayon un peu étendu : cependant, elle se réalisera bien moins fréquemment que la première parce qu'il y aura quelque chance que tous ne s'étant pas trompés de la même manière, l'équilibre de la production et de la consommation ne soit pas trop compromis. Il y a plus : avec la spécialité des professions, certains écarts de la production ne sont possibles que s'ils se réalisent dans tout un ensemble d'industries qui forment entre elles une véritable filière : ainsi, qu'il y ait eu excès de production dans la filature, il n'y aura encombrement de produits fabriqués avec les filés que si le tissage a participé à la surproduction; il est même à remarquer que le développement des industries qui n'occupent pas le premier degré de la série est contenu par celles qui précèdent : ainsi évidemment l'industrie du tissage est limitée par l'industrie de la filature. Ce sont là des garanties sans doute insuffisantes, mais réelles cependant, contre les chances d'une production mal réglée (v. ci-dessous, n° 64).

38. Influence de l'étendue de la société. Spécialisation et dispersion. — Il existe une relation évidente entre la coopération sociale et l'étendue de la société : une société peu nombreuse ne doit pas ordinairement présenter un assemblage de professions et de fonctions aussi varié qu'une puissante société où l'on rencontre toutes les diversités individuelles et toutes les aptitudes pour le travail matériel et intellectuel. Une société trop restreinte a nécessairement une constitution économique imparfaite. Mais il faut constater dès maintenant, sauf à revenir sur ce point essentiel, que la coopération sociale doit s'apprécier autant d'après la densité de la population que d'après l'étendue de son assiette territoriale. Lorsque la population est clair-semée, la coopération est nécessairement incomplète. Les combinaisons de travail et d'association peuvent être beaucoup plus multipliées dans les pays à population compacte. M. Schmoller constate très judicieusement qu'avant d'être ce qu'elle est dans nos sociétés modernes la coopération a passé par plusieurs phases : 1° celle de la demi-division du travail ou du cumul alternatif de plusieurs occupations comme la pêche et les travaux d'hivernage, la culture et la filature à la main ou le tissage à bras, etc.; 2° celle de la division du travail dans les groupes naturels limités comme la famille patriarcale; 3° celle de la production spécialisée en vue de l'échange [1]. Pourtant, il existe pour les sociétés les plus complexes un écueil très grave : la séparation des fonctions et des travaux favorise bien le développement des aptitudes spéciales, mais, à mesure que la sphère où chacun se meut devient plus distincte des autres sphères d'activité, les liens sociaux s'affaiblissent en se fractionnant.

La spécialisation qui est le fruit de la sociabilité n'aurait-elle pas pour dernier résultat la dispersion des intérêts et des

---

[1] Schmoller, *La division du travail étudiée au point de vue historique* (*Revue d'Écon. politique*, 1890, p. 227 et suiv.).

idées[1]? Plusieurs symptômes confirment cet aperçu en ce qui concerne le système industriel des nations modernes. De fait, il semble bien que la conscience de la solidarité industrielle soit en raison inverse de l'état d'avancement de la coopération. Au sein des agglomérations peu nombreuses, chacun se rend facilement compte des services qu'il rend à autrui et de ceux qu'il en reçoit. Dans nos grandes sociétés civilisées, beaucoup d'hommes ne se doutent pas du rapport harmonique qui existe entre leur activité et celle de l'état social où ils vivent. Absorbée dans l'exécution d'une tâche spéciale, l'intelligence du travailleur reste fermée à la notion de l'ordre social général. L'envie et la discorde naissent trop souvent de cet état d'ignorance.

39. Organisme social (Individu, Famille, État). — La coopération sociale est primordiale, spontanée; aussi peut-on affirmer qu'il n'est besoin d'aucune institution positive, d'aucune contrainte pour l'établir. Une division du travail instinctive a peut-être existé dès le premier âge de la vie économique régulière; quoi qu'il en soit, les nations les plus avancées en civilisation l'ont adoptée sous le nom de régime de la liberté du travail. Il est loisible à chacun, à ses risques et périls, de se livrer à tel genre d'occupation ou à tel autre, selon les aptitudes qu'il se croit. Un ensemble de fonctions s'accomplit ainsi par les forces individuelles qui convergent, pour ainsi dire, inconsciemment vers un but commun.

40. L'organisme social est formé d'autres éléments, moins simples, de forces collectives qui, tout d'abord, ne semblent pas appartenir à l'ordre économique : la famille et la société politique sont des groupements sociaux qui n'ont pas, en effet, pour principale ou pour unique cause des intérêts. Malgré cela, il serait impossible de faire un pas plus avant dans l'examen de la société économique sans les faire intervenir au premier plan. C'est qu'il est évident que la coopération serait une pure fiction si on ne la plaçait dans un milieu social réel : or, la famille patriarcale a été l'un des premiers, sinon le premier atelier de travail, et la société politique (l'État ou la nation) est le cadre dans lequel se renferme encore, sinon la totalité, du moins la part la plus considérable de l'activité économique.

---

[1] V. Aug. Comte, *op. cit.*, t. IV, p. 475 et suiv.

A ce premier motif s'en joint un autre : la famille et l'État ne servent pas seulement de théâtre aux phénomènes économiques ; ce sont des forces collectives qui agissent de deux manières : 1° elles mettent au cœur de l'homme des sentiments propres à susciter des actions désintéressées et à unir plus fortement les membres appartenant au même groupe ; 2° elles sont des foyers d'autorité. Il y a une puissance publique à qui obéissance est due ; il y a aussi dans la famille des rapports de subordination et d'autorité.

Ces forces collectives sont destinées à créer et à maintenir la cohésion sociale. Ce n'est pas tout : les volontés libres elles-mêmes s'unissent pour former des liens d'intérêt commun, professionnels ou autres, mettre un frein aux rivalités économiques et combattre la tendance à la dispersion qui est l'écueil des sociétés où la division du travail est devenue extrême (n° 38), C'est une coopération consciente qui complète harmonieusement ou corrige, s'il y a lieu, les effets de la coopération instinctive ou de l'individualisme réfléchi.

41. Organisation économique. Réaction sur l'organisme. — Les mesures d'autorité prises par le pouvoir politique ou familial, en vue de régler l'emploi des forces productives ou la répartition des produits du travail, constituent l'organisation économique. L'organisation est donc la constitution d'un État ou d'une famille en tant qu'elle dépend des institutions et de la coutume. C'est pourquoi nous distinguons l'organisation de l'organisme.

L'organisation économique est susceptible de réagir sur l'organisme et de le modifier : ainsi la coopération pour le travail, au lieu d'être instinctive ou libre, peut être réglée par autorité ; il en est ainsi sous le système des castes ou sous celui de l'esclavage. Dans les civilisations anciennes, l'organisation économique est une force sans frein. Toutefois, bien qu'elle ait été trop longtemps injuste et oppressive, il y aurait grande exagération à ne la considérer que comme un règlement purement arbitraire : l'organisation économique est ordinairement en rapport avec certains besoins transitoires de l'état social (v. n° 23).

Le rôle normal de l'organisation économique n'est pas d'altérer l'organisme social, mais d'en faciliter le développement. C'est aussi de donner satisfaction à plusieurs intérêts généraux que les forces individuelles, soit par faiblesse, soit par indifférence, ne réussiraient pas à servir efficacement.

42. Formation des sociétés politiques. Différents types de civilisation. Progrès social. — La société politique n'est pas une combinaison imaginée sous la pression des besoins, encore moins procède-t-elle d'un véritable contrat selon l'hypothèse de Rousseau. Les hommes ne se sont pas groupés en considération des avantages de la coopération sociale, car il est bien vraisemblable que ces avantages ne purent être appréciés qu'après une longue expérience, lorsque le progrès social les rendit manifestes. L'idée d'un contrat social est une fiction; tout ce qu'il serait peut-être vrai de dire, c'est que dans les sociétés civilisées les forces individuelles s'unissent davantage par des conventions libres[1].

Quelle a été l'origine des sociétés politiques? Deux théories sont en présence dans la science moderne : d'après l'une, la société politique a précédé la famille; d'après l'autre, au contraire, la famille a été le berceau de la société politique. Quoique pour l'âge préhistorique, la première théorie soit en ces derniers temps plus généralement admise, la seconde doit être adoptée sans difficulté en ce qui concerne les sociétés de l'âge économique, c'est-à-dire les sociétés non exclusivement batailleuses, ayant quelque souci de vivre des produits de leur travail : car, aussi loin qu'on puisse remonter dans le passé, on voit que les premières communautés, les tribus où fonctionne un ordre régulier, sont formées entre personnes ayant, comme le dit Aristote, « sucé le lait de la famille » ou tout au moins n'ayant pas perdu le souvenir d'une origine commune. Dans la cité antique, où vivent unies les familles patriarcales groupées en *gentes* ou tribus, le culte conserve un caractère en quelque sorte domestique[2]. Mais, issue de la famille patriarcale, la société politique est pour l'homme aussi bien que la famille un état de nature.

---

[1] C'est seulement ainsi que M. Fouillée parle d'un contrat social. Ce n'est pas pour lui une réalité primitive, mais plutôt un idéal vers lequel s'avance l'évolution progressive. Même ainsi entendue, nous n'acceptons l'idée de contrat social que sous bénéfice d'inventaire. Il y a dans toute société des conditions d'existence que le contrat quel qu'il soit sanctionne mais ne crée pas. — V. Fouillée, *op. cit.*, p. 111 et suiv.; 208 et suiv.

[2] Telle est la doctrine de M. Sumner-Maine qui ne diffère que par un degré de précision de plus de celle d'Aristote (V. *Politique*, Loi 1, ch. I, n°ˢ

Les liens sociaux s'y sont développés, grâce à une forte concentration d'autorité dont le type était fourni par le pouvoir du chef de la famille patriarcale. Cette concentration d'autorité dut avoir deux résultats principaux : 1° constituer des cadres réguliers pour la production et établir les premières traditions de l'art industriel, grâce au respect de la coutume; 2° organiser de puissantes forces militaires offensives et défensives. On a pu dire en effet que les sociétés anciennes étaient fondées sur le type militaire, tandis que les sociétés modernes sont des sociétés industrielles. Ce qui domine dans les premières, c'est le guerrier : le travail est œuvre servile. L'organisation économique est calquée sur l'organisation patriarcale et militaire. Dans les sociétés fondées sur le type industriel, l'activité individuelle est principalement dirigée vers les intérêts économiques, et ces intérêts deviennent aussi la préoccupation dominante de l'État politique.

43. La constitution de l'ordre social subit l'influence des modes d'existence industrielle qui peuvent être pratiqués. Les mœurs traditionnelles du régime patriarcal se concilient avec les exigences de la vie pastorale : les travaux qu'elle impose s'exécutent en commun au sein de familles fortement agglomérées; les migrations périodiques, après l'épuisement des pâturages, s'opèrent sous la direction du chef de famille; d'ailleurs, la simplicité de la vie et l'abondance pour ainsi dire inépuisable des ressources spontanées permettent de conserver indéfiniment des coutumes de travail peu compatibles avec le progrès. Les Arabes nomades, les tribus des steppes de l'Asie centrale mènent la même existence que les peuples pasteurs des temps bibliques.

---

4 à 9). Bachofen, *Mutterrecht*, Lubbock, *Origines de la civilisation*, Bagehot enseignent la première doctrine : d'après eux, à l'âge préhistorique, les hommes sont des sauvages de moralité très imparfaite qui vivent groupés autour de chefs (ce sont les premières sociétés politiques) en vue de luttes dont le but principal est la conquête des femmes; aucun ordre régulier dans l'union des sexes n'est encore établi (V. Bagehot, *op. cit.*, p. 122 et suiv.). La parenté individuelle est inconnue : l'enfant est à la tribu. Quand la notion de famille se fait jour, c'est la filiation maternelle (Bachofen, *Mutterrecht*) qui en est le nœud. Beaucoup plus tard seulement le lien civil a été constitué par la paternité et alors commence l'âge de la famille patriarcale. Cf. en ce sens, Morgan, *Ancient society*, 1877, Giraud-Teulon, *Les origines du mariage et de la famille*, 1884; Spencer, *Principes de sociologie*, t. II, § 272 et suiv.; Post, *Anfänge des Staats-und Rechtsleben*. Starcke, *La famille primitive*, 1892, p. 266 à 268. Cf. Bebel, *La femme*, trad. Ravé, 1891, p. 13 et suiv.

On conçoit, au contraire, l'incompatibilité qui existe entre la fixité des institutions patriarcales et l'état économique des nations commerçantes et industrielles : ici l'influence régulatrice de la coutume comprimerait tout essor vers le progrès ; la subordination à une autorité domestique paralyserait les efforts individuels. La liberté est en quelque sorte l'atmosphère indispensable à la vie de ces sociétés.

Entre les deux types opposés du régime pastoral et du régime industriel se place le régime agricole; les populations sédentaires qui pratiquent l'agriculture ont plus de stabilité que les populations industrielles et des moyens d'existence plus assurés ; cependant la stabilité des traditions rurales n'est pas l'immutabilité : la nécessité de mettre les terres en valeur, pour en tirer l'alimentation d'une population plus nombreuse, y stimule le progrès ; aussi, peu à peu, la subordination au sein des familles patriarcales s'y affaiblit. Tenues plus longtemps que les populations des villes dans un état de demi-servitude, sous le joug des institutions militaires et féodales, les populations agricoles ont enfin réussi à s'en dégager; elles ont conquis, après de longs siècles, de lents progrès, la liberté du travail et l'égalité civile.

On vient de distinguer trois types principaux d'existence économique. Ce ne sont pas les seuls qui contribuent à donner à la civilisation d'un peuple une physionomie particulière. A côté ou plutôt au-dessous de la vie pastorale, il faudrait citer encore les tribus qui vivent des produits de la chasse et de la pêche[1]. L'agriculture, l'industrie et le commerce, au lieu de se présenter sous forme de régimes économiques exclusifs, se combi-

---

[1] La plupart des économistes n'ont d'ailleurs réussi à dire rien de bien précis sur la division du travail dans la famille pour ces états inférieurs de la civilisation ; — Demolins a fait une fine analyse des conditions économiques différentes des peuples pêcheurs et des peuples chasseurs. Il rattache les premiers au type patriarcal à cause de la propriété de la barque et du foyer qui suppose une certaine concentration d'autorité; il y a division du travail des hommes et des femmes. Chez les peuples chasseurs, l'individualisme domine ainsi que le type de la famille instable (Demolins, la *Science sociale*, 1886, t. I, p. 110 à 138; 212 et suiv.; cf. Schmoller, *Revue d'Écon. polit.*, 1889, p. 570 et Schönberg (*Handbuch*, t. I, p. 27 et 28). La vie pastorale, outre qu'elle soustrait l'homme à l'aléa des moyens d'existence tirés de la chasse et de la pêche, permet les premières concentrations de capitaux, les premières éclosions des arts domestiques (tissage, et même métallurgie rudimentaire). — Cf. Schönberg, *op. cit.*, t. I, p. 32 à 35.

nent de différentes façons : sous le régime agricole se constituent des métiers distincts, la population commence à se séparer en population rurale et urbaine. En se subdivisant, le travail industriel se transforme, en même temps la technologie progresse ; les débouchés s'étendent ; les industries du commerce et des transports se constituent comme industries distinctes[1]. On arrive ainsi au régime économique complexe qui est celui des nations les mieux équilibrées[2]. Le Play signale enfin des combinaisons plus spéciales notamment celles du type pastoral et du type agricole ; les Baschkirs du mont Oural vivent des produits des troupeaux et cultivent sur les terres qu'ils ont défrichées les produits du sol, exigeant le moins de temps et de travail, fourrages, plantes potagères ou textiles, directement utilisables pour les besoins de la famille[3].

44. On a souvent établi une gradation entre les différentes formes de la civilisation économique : le degré inférieur de l'échelle est occupé par les tribus à demi sauvages qui vivent des produits de la pêche, de la chasse ou de la cueillette, puis viennent les peuples pasteurs, les peuples agricoles, les peuples industriels, enfin les peuples commerçants. Ainsi un État commerçant comme Carthage ou la ligue Hanséatique serait à un degré de civilisation supérieur ; il l'emporterait sur un peuple manufacturier et agricole. On verra par la suite combien cette proposition est erronée. Il ne faudrait donc pas, entre les différentes formes de l'activité économique, vouloir établir un ordre progressif rigoureux : dans la réalité, les régimes économiques, sauf les deux premiers qui sont bien certainement inférieurs, ne se présentent ni dans une gradation hiérarchique, ni non plus sous une forme exclusive, mais ils se fondent et se combinent entre eux.

---

[1] V. Schönberg (*op. cit.*, t. I, p. 35 et suiv.), sur ce développement historique et l'analyse plus détaillée du caractère propre à chaque état économique. Il distingue ce qui a rapport à la production, au régime des échanges et du crédit, au rôle de l'État. Nous ne faisons ici qu'une esquisse qui sera complétée par la suite. Pour le rôle de l'État, V. ci-dessous, nᵒˢ 97 et suiv.

[2] Ce régime économique, outre les trois branches principales, agriculture, industrie, commerce, en comprend d'autres accessoires formées par le travail des mines et l'exploitation des forêts V. Le Play, t. I des *Ouvriers Européens*, p. 100 et 106).

[3] Demolins, *op. cit.*, t. II, p. 405 et suiv.

A plus forte raison, se ferait-on une idée artificielle du progrès social si l'on supposait, avec un certain nombre de publicistes, que les différents états qui ont été énumérés sont autant d'étapes successives par lesquelles les sociétés humaines doivent évoluer pour s'élever graduellement à la civilisation (V. n° 12).

Cette théorie impliquerait l'existence d'une loi d'évolution nécessaire que l'histoire ne confirme pas : à côté de sociétés dont le régime économique s'est modifié, comme par exemple l'Angleterre qui, de pays agricole, est devenu un pays principalement manufacturier et commerçant, on peut citer de nombreux exemples de peuples qui sont restés engagés dans les liens de leurs traditions primitives, tels sont les peuples nomades. Est-ce de leur part inaptitude au progrès ? non certes, car mis en contact avec d'autres civilisations et sous d'autres cieux, l'Arabe nomade « répandu à travers le monde romain ou barbare, n'est pas moins que l'émule des Ptolémées, le disciple ingénieux d'Aristote, l'inventeur de l'algèbre et de la chimie, l'instituteur de l'Europe en fait d'arts utiles et de connaissances abstraites[1]. » « Nombre de peuples sont arrivés à l'agriculture par la cueillette. Il n'y a jamais eu de bergers nomades dans les deux Amériques[2]. » D'autres peuples ont quitté la vie pastorale, et sur le littoral où leurs migrations les avaient conduits, se sont adonnés à la pêche, à la navigation. L'hypothèse des états économiques se succédant dans un ordre invariable n'est donc pas conforme à la réalité. Ce n'est pas que nous contestions la loi de progrès. Mais elle ne nous paraît pas imposer aux sociétés une filière déterminée comme la condition d'une espèce d'avancement en grade.

45. Le développement social peut exiger des conditions extrinsèques, par exemple le mélange des races, l'influence d'un nouveau climat; une simple transformation de la vie économique pourrait ne pas suffire à le réaliser. Il faudrait encore mettre en ligne, comme agents de civilisation, des facteurs intellectuels et moraux dont l'influence sur la destinée des peuples est souvent décisive.

Ces réserves faites, on peut alors admettre que, si la force

---

[1] Dupont-White, *L'individu et l'État*, p. 321.
[2] El. Reclus, *la Terre*, t. II, p. 657.

des traditions et de la coutume n'étouffe pas toute velléité de progrès, ainsi qu'il est arrivé aux Arabes nomades en leur pays et à plusieurs autres peuples de l'Orient, le travail qui se poursuit entre les générations successives est de nature à mener progressivement la société vers un état de civilisation supérieur au premier. S'il y a des phases pendant lesquelles il y a recul, c'est que malheureusement l'activité economique est souvent entravée par l'activité belliqueuse ou énervée au sein de l'opulence aux époques de démoralisation et de décadence. Mais, dans la marche de la civilisation, ce sont là des accidents : le fait normal est la marche en avant, parce que chaque génération est héritière du passé. Si entre les membres d'une même société le travail est divisé, il l'est aussi entre les générations successives considérées, dans l'unité d'un peuple, comme formant une chaîne continue. La loi du progrès ne peut donc être mise en doute, si l'on admet que le travail de l'homme ne saurait être sterile ; car la génération actuelle commence son travail au point où la génération à laquelle elle succède avait mené le sien. La continuité du travail, à travers les siècles, n'est pas une fiction : il y a transmission, d'un âge à l'autre, du capital amassé et de l'art industriel, c'est-à-dire du fonds de connaissances qui donne au travail sa puissance productive et aux produits un cachet particulier.

CHAPITRE II.

FORCES ÉCONOMIQUES PRIVÉES : 1° FAMILLE ; 2° INDIVIDU : SERVITUDE ;
RÉGLEMENTATION ET LIBERTÉ DU TRAVAIL ; 3° ASSOCIATION.

————

46. Forces économiques privées. — Les forces économiques privées sont les unes individuelles, les autres collectives. Celles-ci consistent soit dans le groupement naturel de la famille, soit dans des groupements volontaires ou associations ayant une grande diversité d'applications. Si les forces individuelles deviennent libres au sein de la société par l'abandon du système d'autorité, il importe qu'une force de cohésion nouvelle rapproche les individus, prévienne les effets de la dispersion : cette force nouvelle est l'association.

§ I.

La Famille.

47. La constitution de la famille est au point de vue économique, comme au point de vue moral, la clef de voûte de l'édifice social[1]. Ce jugement convient à tous les temps, aussi bien à la famille moderne qu'à la famille patriarcale. Toutefois, on apprécierait d'une manière trop vague le rôle économique de la famille si l'on ne prenait soin, tout d'abord, de l'examiner historiquement. Deux points doivent, dans cet examen, fixer spécialement l'attention :

1° Le degré de force des liens d'autorité et de subordination selon le sexe ou les âges.

---

[1] Aussi peut-on s'étonner de ce que la plupart des économistes négligent de s'occuper de la famille. Ceux qui en ont le plus dignement parlé en France sont Rossi (*Cours d'écon. polit.*, t. IV. p. 104 et suiv.), et surtout Le Play, lequel demande à la reconstitution de la famille la réforme sociale. — On verra que, tout en rendant hommage à Le Play, nous nous séparons complètement de sa doctrine. V. n° 50.

2° L'étendue de l'union familiale, c'est-à-dire le cercle des personnes auxquelles s'étend soit la communauté d'existence, soit l'influence des rapports affectifs et des liens civils.

48. Famille patriarcale. — La famille patriarcale est une communauté fortement constituée sous l'autorité suprême du chef de famille : la subordination des fils au père ou à un autre ascendant paternel, en donnant la prépondérance à la vieillesse, favorise l'influence des instincts conservateurs. Les femmes sont tenues dans une dépendance quasi-servile par l'effet de la dureté des mœurs et d'une organisation toute militaire[1]. L'homme s'adonne à la chasse ou à la guerre ; avant qu'il soit servi par des esclaves il laisse à la femme, outre les travaux domestiques, la culture du sol. Les seuls liens civils sont fondés sur la parenté par les mâles[2] ou sur l'adoption civile. On ne tient aucun compte de la parenté par les femmes, membres passifs de l'organisation familiale. On a remarqué que dans les premiers temps de la vie sédentaire la condition des femmes vouées au travail de la terre est plus dure qu'elle ne l'est chez les peuples chasseurs et pêcheurs, où l'activité de la femme est confinée dans les soins domestiques[3].

La famille patriarcale groupe dans une communauté d'existence un nombre souvent considérable de personnes : les enfants et descendants même mariés, de nombreux esclaves, parfois aussi des affranchis. Telle était à Rome la *familia*. La famille patriarcale chez les peuples pasteurs de l'Asie et de l'Europe orientale forme même de nos jours une puissante association. Les communautés de serfs du Moyen-âge (sociétés taisibles), et aujourd'hui encore certaines communautés croates, serbes ou russes, celles des villages de l'Inde sont parmi les peuples sé-

---

[1] Si nous n'ajoutons pas à l'énonciation de ces causes la polygamie, c'est qu'en réalité elle n'est pas inhérente à la famille patriarcale.

[2] Sumner-Maine signale la *consanguinité* comme l'une des principales causes de la supériorité des races. On ne trouve le système de la parenté utérine que chez les races inférieures (V. Sumner Maine, *Hist. des Instit. primitives*, ch. III. Bachofen, *Mutterrecht;* Conrad, *Handwörterbuch*, t. 3, p. 349 et suiv.; Bebel, *op. cit.*, p. 13 et suiv.). Nous croyons pour notre compte inutile de remonter à ces types primitifs de l'union des sexes; nous en avons déjà donné les raisons n° 42 en note.

[3] Sur ce point et en général sur la division du travail dans la famille, comparer à cet exposé celui de Schmoller et de Demolins, *op.* et *loc. cit.*, n° 43 en note.

dentaires de curieux exemples d'une organisation familiale très complexe.

Au sein des familles patriarcales, le travail est réparti par voie d'autorité et, dans les anciennes civilisations, le nombre des membres de la famille ou des esclaves est assez grand pour que la production et les services s'accomplissent, en règle ordinaire, au moyen de la coopération intérieure[1]. La rémunération de chacun dépendant de l'arbitraire du chef de famille, il n'y a place ni pour la propriété individuelle, ni pour les échanges. C'est seulement entre familles indépendantes que des conventions de ce genre peuvent avoir une certaine importance.

49. Famille moderne. — Par une série de transformations successives, la famille s'est désagrégée : la communauté d'existence finit par se restreindre entre le mari, la femme et ceux des enfants qui n'ont pas encore atteint l'âge de la capacité civile[2]. Les enfants mariés, les parents adultes quittent le foyer familial ; la clientèle des esclaves, des domestiques se réduit. La perte de ces forces auxiliaires rétrécit l'horizon économique de la famille ; elle ne se suffit plus à elle-même ; les industries, sauf la production agricole, cessent d'être domestiques. Primitivement, il n'y avait de droits que pour la communauté ; ces droits étaient exercés souverainement par le chef de famille investi d'une juridiction domestique allant jusqu'au droit d'exclusion (émancipation, exhérédation). Cette autorité despotique a été peu à peu affaiblie puis supprimée. Dans les sociétés modernes, tout être humain est sujet de droit, activement ou passivement. Même au sein de la communauté irréductible d'existence entre les père et mère et les enfants mineurs, il y a des droits et des obligations distincts pour chacun. Sous ce rapport, l'unité économique moderne est l'individu[3].

---

[1] V. Schmoller, *op.* et *loc. cit.*

[2] Une quantité considérable de forces et de richesses acquises est absorbée par l'éducation des enfants jusqu'à l'âge où ils peuvent subvenir eux-mêmes à leurs besoins. C'est le travail nécessaire au renouvellement de la génération présente. Il faudra en tenir compte dans l'étude des questions de population. Ici nous envisageons cette tâche des père et mère, non pour nous demander s'ils ont les qualités et les ressources qu'elle exige, mais pour déterminer la nature de leurs devoirs et les conséquences qui doivent en suivre l'accomplissement.

[3] Sur la désagrégation de la famille et l'idée moderne des droits de l'individu, il importe de lire l'ouvrage si remarquable de Sumner-Maine, *Ancient law.*

Sous d'autres rapports cependant, non moins essentiels, la véritable unité économique est la famille : si la loi moderne a fait la femme l'égale de l'homme[1], si elle a admis pour l'enfant l'existence de droits distincts, tandis qu'elle refuse au père une autorité absolue (*patria potestas*), il n'en faudrait pas conclure qu'elle ait méconnu la nécessité d'une hiérarchie familiale. Cette hiérarchie existe, mais adoucie, mise en harmonie avec le progrès des mœurs et les exigences de l'expansion économique du monde moderne.

La puissance paternelle n'est plus perpétuelle : vient un âge où l'enfant étant appelé à l'activité extérieure, ses aptitudes peuvent se faire jour. Il n'est donc plus à craindre que l'esprit d'innovation soit étouffé par l'autorité trop forte de la coutume. Mais la subordination naturelle des enfants aux parents est conservée avec le caractère d'un pouvoir de tutelle, imposant des devoirs légaux quant à l'éducation intellectuelle et morale[2], pou-

---

[1] Par loi moderne, nous faisons allusion ici à celles qui, comme le Code civil, consacrent le principe d'égalité. Au point de vue économique l'*imbecillitas sexus* est une véritable erreur. Combien de femmes dirigent avec une vive intelligence des affaires de commerce et d'industrie! Jusqu'à ces dernières années, les lois scandinaves plaçaient les femmes en tutelle perpétuelle (loi du 5 juillet 1884). La tutelle perpétuelle des femmes a aussi été abolie en Finlande (1864) et dans le canton de Bâle-Campagne (1879). En Espagne par souvenir du S. C. Velléien, les femmes ne pouvaient s'obliger pour autrui. Cette incapacité ne se trouve plus dans le nouveau Code civil du 24 juillet 1889.

[2] Ce n'est pas seulement l'entretien matériel et les soins physiques que les parents sont obligés de donner aux enfants, mais aussi l'éducation morale et l'instruction. On pouvait soutenir que l'art. 203 du Code civil contient le principe de l'instruction civilement obligatoire (V. Laurent, *Principes de droit civil*; Glasson, *Éléments de droit franç.*, t. I, p. 189). Aujourd'hui l'obligation est formellement consacrée par la loi (loi du 28 mars 1882). La gratuité avait préparé l'adoption de l'obligation (loi du 16 juin 1881). Cette réforme ne s'est pas faite chez nous sans soulever de vives protestations et de tenaces résistances (voir sur les travaux préparatoires de la loi de 1882, *Annuaire de législation française*, p. 67 et suiv., 1883). La France a cependant été devancée par la plupart des nations civilisées; l'obligation est de droit commun depuis plus d'un siècle en Prusse; les autres pays de l'Allemagne, le Danemark, l'Angleterre (depuis 1870), la Russie, l'Italie, le Portugal, les Etats Unis, le Canada, le Brésil nous ont aussi donné l'exemple. L'éducation morale et l'instruction sont des mesures préventives contre le paupérisme et les charges d'assistance qu'il impose à la société. Partout l'intérêt social et la plus élémentaire morale veulent que l'exorbitante prétention de laisser sans culture les facultés morales et intellectuelles de l'enfant soit énergiquement combattue; mais cette prétention est particu-

voir d'ailleurs limité à raison de l'intérêt social[1].

La femme mariée est sortie de la condition inférieure où elle était tenue dans la famille patriarcale, mais l'autorité maritale maintient l'unité morale de la famille et, sans paralyser l'action légitime de la femme, s'oppose à une émancipation contraire à l'esprit de l'association conjugale, soit quant aux rapports personnels, soit quant aux biens [2].

Comme unité industrielle, la famille moderne est loin d'avoir l'importance de la famille patriarcale; toutefois, autour du foyer domestique existe encore une coopération économique rationnelle : α) sous un régime normal le mari crée la richesse, pro-

lièrement inadmissible dans les pays où l'égalité politique se trouve consacrée. Personne ne peut y avoir de droit acquis à élever des citoyens ignorants et par suite incapables ou dangereux.

[1] La puissance dont les père et mère sont investis ne peut être illimitée ni sur le corps ni sur l'intelligence, car à côté de la famille existe la société politique qui a sa part de droit et d'intérêt. Néanmoins, jusqu'en ces derniers temps, les restrictions nécessaires au pouvoir paternel, spécialement en cas d'indignité ou d'abus, étaient mal définies. La loi du 24 juillet 1889 a mis un terme à cet état de choses. Le chapitre Ier du titre I de cette loi s'occupe de la déchéance de la puissance paternelle qui, art. 1, a lieu de plein droit à raison des condamnations comme auteur, co-auteurs ou complices dans les cas énumérés par le texte; aux termes de l'art. 2, les tribunaux peuvent déclarer déchus de la puissance paternelle les parents condamnés aux travaux forcés, à la réclusion ou pour un certain nombre de crimes ou délits spécifiés. La déchéance du pouvoir paternel emporte aussi l'incapacité d'être tuteur, subrogé-tuteur ou membre d'un conseil de famille. Les droits ainsi enlevés aux parents peuvent leur être restitués dans les conditions déterminées par le chapitre III de la nouvelle loi. De la loi française on peut rapprocher une loi anglaise qui l'a suivie presque aussitôt, du 26 août 1889 (*Ann. législ. étrang*, 1890, p. 28). Ces réformes sont pleinement justifiées par l'intérêt de la conservation de la race. La protection de la loi doit aussi s'étendre sur tous ceux qui ne sauraient résister aux fatigues des travaux industriels les plus rudes. A cause du service militaire — en dehors même de toute considération d'humanité — la loi doit prohiber l'emploi prématuré des forces physiques de l'enfant.

[2] Malgré les bruyantes protestations des avocats de la cause de l'émancipation des femmes, il faut bien avouer que la femme mariée ne doit pas pouvoir, sans l'autorisation de son mari, contracter un engagement théâtral, se produire librement en public, disposer de sa personne; qu'il serait peu convenable qu'elle pût recevoir des donations sans contrôle aucun; qu'enfin s'il y a des biens communs, puisque à toute société il faut un chef, il est naturel que ce chef soit le mari. Pour d'autres actes qui intéressent exclusivement la fortune personnelle de la femme, convenons qu'il y aurait quelque avantage à lui accorder une pleine indépendance, à l'associer plus réellement à l'exercice du pouvoir paternel, à ne pas la déshabituer du soin des affaires, dont elle peut avoir un jour la charge, tant pour le compte de ses

cure à la famille les ressources qui lui sont nécessaires [1] ; β) la femme, également sous un régime normal, veille à l'ordre domestique, concourt à la prospérité commune par l'épargne et accomplit les devoirs de maternité ; γ) dans la petite industrie, la famille est un atelier de travail où la tâche de chacun est mieux appropriée à ses forces et à ses aptitudes que dans le groupe plus large de la famille patriarcale gouvernée par autorité [2].

L'affaiblissement du principe d'autorité a laissé subsister seul un mobile d'action d'une grande puissance qui a sa source dans

---

enfants mineurs que pour le sien propre (V. sur les droits civils des femmes une proposition de loi de M. G. Martin, Sénat, 1890, *Annexes, J. off.*, p. 40). C'est ce qu'on paraît avoir compris en Angleterre : depuis 1870 la femme mariée avait une condition moins dépendante que d'après le Code civil (V. *Ann. de législ. étr.*, 1872, p. 55); et, depuis, une loi du 18 août 1882 a singulièrement élargi la sphère de son indépendance. Chez nous, il importerait spécialement d'émanciper les femmes mariées pour les salaires (comme on l'a fait en Danemark et en plusieurs autres pays) ; de lui laisser la libre disposition du produit de son travail. C'est déjà quelque chose qu'on lui ait donné le gouvernement de ses épargnes : depuis la loi du 9 avril 1881 la femme mariée peut sans autorisation opérer des dépôts et des retraits.

Souvent il a été question d'émancipation pour la femme en général et non pas seulement pour la femme mariée : St. Mill, dans son livre de l'*Assujettissement des femmes* et d'autres publicistes, n'ont pas pris soin de distinguer entre l'incapacité *propter sexum*, et l'incapacité de la femme mariée. Celle-ci existe seule dans nos lois ; c'est ce dont ne paraît pas se douter M. Legouvé et d'autres encore. On ne tient pas non plus compte de ce que, par l'effet des conventions matrimoniales (art. 1536 et 1576, C. civ.), l'incapacité de la femme mariée peut être en partie supprimée. On a donc fait beaucoup de bruit pour peu de chose au fond (V. sur ce sujet Duverger, *Etudes sur la condition des femmes*, et Glasson, *op. cit.*, t. I, p. 135. V. sur l'infériorité de la condition civile des femmes en Allemagne, Bebel, *op. cit.*, p. 195 et suiv.).

[1] L'unité économique dans les sociétés modernes est l'individu en tant qu'il est sujet de droit; mais sous le rapport des revenus, la véritable unité économique devrait être la famille (*stricto sensu*) représentée au point de vue productif par son chef : malheureusement, il est loin d'en être ainsi et, de fait, dans une large mesure, les femmes mariées et les enfants doivent trop souvent contribuer à la formation du revenu. Cette question si grave du travail industriel des femmes et de la désorganisation du foyer domestique qui en est la conséquence sous le régime de la grande industrie ne peut être traitée ici incidemment, car elle se rattache à la constitution de l'industrie contemporaine. C'est en étudiant cette constitution qu'il en sera parlé (nᵒˢ 256 et suiv.; 831, 837 et suiv.). V. sur ce point, Bebel, *op. cit.*, p. 81 et suiv.

[2] V. sur la production domestique de la plupart des choses nécessaires à l'existence en Galicie et en Bukovine, Schwiedland, *Zeitschrift* de Böhm-Bawerk, t. I, 1ᵉʳ fasc., p. 5.

les sentiments affectifs de la famille. Ce mobile d'action n'est pas concentré au foyer de la vie domestique ; son influence s'exerce, avec une énergie variable, même entre ceux que ne rapproche pas la communauté d'existence, mais qui sont unis par les liens du sang. Le stimulant des affections familiales provoque une foule de services, de soins, de conseils purement désintéressés, même d'actes de dévouement, d'abnégation sans limites. Dire *soins mercenaires,* c'est suffisamment exprimer ce que valent en comparaison de ces services ceux qui résultent d'un marché ! Les affections familiales sont encore un excitant incomparable pour la production et pour l'épargne : combien d'hommes cesseraient de travailler ou dépenseraient plus largement s'ils ne désiraient acquérir ou conserver la fortune pour ceux qui les entourent !

Les rapports civils établis entre les parents, c'est-à-dire entre les personnes qui descendent l'une de l'autre ou d'un auteur commun, ont une conséquence économique de premier ordre, à savoir la succession *ab intestat.* Cette institution est vivement attaquée dans son principe et dans ses effets; nous aurons à la défendre plus tard lorsque nous serons en possession des éléments du problème. Disons seulement qu'elle se justifie par la loi générale d'hérédité qui règne sur l'ordre physique et intellectuel et dont on reconnaît l'action jusqu'à un degré de parenté variable selon la cohésion des liens de famille [1]. Ce ne sont pas seulement les sentiments présumés d'affection qui expliquent la dévolution héréditaire, mais une certaine communauté de traditions. La famille rattache l'avenir au passé; c'est en quelque sorte la perpétuité sociale : or, les individus passent, les générations se succèdent, mais en se transmettant pour ainsi dire un patrimoine moral et intellectuel. Le patrimoine matériel est dévolu avec ce premier fonds à ceux qui sont les vrais continuateurs de la personne du défunt, de ses idées, de ses entreprises. A la condition que les traditions familiales ne soient pas ébranlées au point de cesser d'être une réalité, la dévolution héréditaire fait donc, en général, passer les biens aux mains les plus aptes à les faire fructifier. Cela étant, il serait au point de vue

---

[1] Cf. sur l'hérédité physique et morale, Caro (*Revue des Deux-Mondes,* 15 avril 1883) et Tarde, *op. cit.*

économique impossible d'imaginer un mode de dévolution préférable. Sous le rapport des biens, les institutions de la famille peuvent être envisagées sous deux autres aspects encore : 1° les conventions matrimoniales, suite accessoire du mariage, créent des sociétés d'acquêts, des communautés, c'est-à-dire des concentrations de capitaux favorables à la production et au crédit. Ces associations d'intérêt, qui répondent si bien aux conditions générales de l'union conjugale, sont surtout appropriées aux besoins des classes moyennes commerçantes ou industrielles dans lesquelles la femme prend si fréquemment une part active aux affaires du mari. C'est d'ailleurs dans ce milieu qu'il importe d'élargir la base du crédit personnel des époux. Et il est à noter que c'est, selon une opinion très vraisemblable, au XIIᵉ siècle (Chartes de Laon, de Fribourg) au sein des populations urbaines émancipées par le commerce et l'industrie que se produisit l'apparition du régime de communauté. S'il a eu dans le droit germanique son premier germe, ce germe n'a éclos que beaucoup plus tard grâce à une évolution sociale qui lui était propice[1]; 2° les alliances se forment le plus souvent entre personnes qui ne recueilleraient pas les biens l'une de l'autre, car des raisons de morale ou de prudence interdisent le mariage entre proches parents : les unions déterminent, par suite, un déplacement de fortune avantageux en principe au point de vue du développement de la richesse. Ce déplacement corrige les effets de la dévolution héréditaire exclusive.

50. Famille instable et famille souche; système de Le Play. — Les liens de la famille moderne, tels qu'ils viennent d'être décrits (n° 49), ont-ils une cohésion suffisante : une part assez large y est-elle laissée au principe d'autorité? Selon Le Play, la famille moderne est une *famille instable :* en effet, à la mort du père, l'union est rompue, la communauté d'existence est brisée : le Code civil partage également les biens entre les enfants : c'est, avec le morcellement matériel, la dispersion morale.

---

[1] Le droit de la femme à la *tertia pars collaborationis* à l'époque franque, n'est pas un véritable droit de communauté. V. en ce sens, Glasson, *Hist. des Institutions de la France*, t. III, p. 213 et suiv. Quant aux exemples de communauté entre époux que l'on trouve dans plusieurs chartes de Cluny au milieu du Xᵉ siècle, ils n'autorisent pas à conclure à un usage général et rien ne vient les appuyer jusqu'au temps de l'émancipation communale.

L'idéal de la famille est, pour l'éminent publiciste, *la famille souche*, c'est-à-dire une famille dont l'union se perpétue après la mort du père, où la communauté d'existence continue sous la direction d'un des enfants, seul héritier, groupant autour de lui ses frères ou sœurs que le père de famille, de son vivant, n'a pas établi dans une condition indépendante. Pour les enfants non héritiers, l'alternative est entre un établissement dépendant du bon vouloir de l'héritier institué ou bien le célibat, car l'auteur de la *Réforme sociale* n'hésite pas à le déclarer : le célibat est le complément nécessaire de la famille. C'est l'héritier, ordinairement l'aîné[1], qui devrait perpétuer au foyer paternel « les habitudes de travail, les moyens d'influence et l'ensemble des traditions utiles créées par les aïeux[2]. » La famille souche est un type intermédiaire entre la famille patriarcale et la famille moderne[3].

Que la mobilité des existences, dans les civilisations avancées, soit une cause fâcheuse de la dispersion de la famille et d'affaiblissement des traditions, nous l'accordons sans peine; que le maintien de l'indivision entre les héritiers du chef de famille, en vue de poursuivre son œuvre, soit souvent très désirable, nous l'admettons aussi; mais c'est affaire de mœurs et non de réforme législative[4]. L'utilité en fût-elle mieux démontrée, nous repousserions les conclusions de Le Play, parce

---

[1] V. Le Play, *Réforme sociale*, t. I, p. 320.

[2] La Révolution a aboli les privilèges d'aînesse et de masculinité. Elle a également prohibé les renonciations anticipées à succession que les filles dotées, fût-ce d'un *chapel de roses*, consentaient autrefois par contrat de mariage.

[3] Le Play a précisé la constitution de la famille souche modèle : c'est un groupe de dix-huit personnes dont cinq hommes et cinq femmes adultes entre vingt et soixante ans, qui, en vingt-cinq ans, doit pouvoir livrer six de ses membres aux services publics et à la colonisation. Elle cultive un domaine de 20 à 60 hectares selon la nature du sol (V. *Ouvriers Européens*, t. I, Introd. Ch. sur les mœurs familiales et sur les sociétés où ce type est réalisé Nord de l'Europe : Scandinavie, Hollande, une partie de l'Allemagne), Demolins, *op. cit.*, t. I, p. 26 et suiv.).

[4] La famille patriarcale, malgré sa forte constitution, ne peut résister à l'action des mœurs qui pousse vers l'émancipation de l'individu. Il en est ainsi en Russie et M. Anat. Leroy-Beaulieu relève dans les enquêtes officielles des faits qui prouvent qu'en bien des cas la morale n'a rien à perdre à la cessation de la communauté de vie de l'*Izba* qui dégénère trop souvent en une déplorable promiscuité (An. Leroy-Beaulieu, *L'Empire des tzars*, t. I, p. 505).

qu'elles reposent sur une injustice, sur la méconnaissance de l'affection égale des parents pour leurs enfants. Au reste, la question de l'égalité des partages a un côté économique qu'il serait prématuré d'aborder dès maintenant, mais sous lequel le Code civil nous paraît devoir être défendu contre les critiques dont il a été l'objet (V. ci-dessous, nᵒˢ 1034 et suiv.).

51. Famille et Communisme. — Si Le Play songe, non sans motif peut-être, aux moyens de reconstituer plus fortement les liens de la famille, le communisme tend à les détruire : Platon et après lui la plupart des adversaires de l'ordre social actuel veulent le mariage libre, la communauté des femmes et des enfants[1]. Cette hostilité contre la famille tient à deux causes : 1° par l'effet des lois successorales, les richesses peuvent rester indéfiniment concentrées dans les mêmes familles; on verra cependant qu'il n'en est pas nécessairement ainsi; 2° la famille est un foyer d'affections, une sorte de coalition d'intérêts privés qui détourne du souci de l'intérêt public. Cette seconde cause d'hostilité est la plus profonde. Sans doute, il ne faudrait pas que l'intérêt familial dégénérât en égoïsme étroit et obtînt un ascendant exagéré sur l'intérêt public, mais on se tromperait gravement si l'on pensait que, en détruisant les forces affectives qui se portent vers la famille, on parviendrait à les diriger vers l'objet beaucoup plus vague de l'utilité générale. En réalité ces forces affectives ne sont pas, pour la société considérée dans son ensemble, des forces rivales. Il existerait une trop grande dissociation entre les intérêts individuels si la famille ne servait de ciment. L'union durable qui s'y maintient, grâce à des règles

---

[1] Aristote (*Politique*, liv. II, ch. I) réfute l'utopie de Platon. Cf. Sudre, *Hist. du Communisme*. — Fourier ne supprime pas la famille, mais s'il la laisse subsister dans le *phalanstère*, c'est comme régime de transition; il faut avouer qu'avec le principe de liberté qu'il veut laisser à la passion, — son système des corporations amoureuses est-il autre chose que l'amour libre? — il ouvre le chemin à la promiscuité. Les Saint-Simoniens, ceux du moins qui ont suivi l'impulsion donnée à la *Secte* par Enfantin, professent, en même temps que l'émancipation de la femme, un sensualisme et une réhabilitation de la chair difficilement conciliable avec la stabilité du mariage. Ce sont plus encore les idées de Bebel qui associant la condition de la femme dans le mariage au système de la propriété individuelle, y voit en conséquence une servitude pour la femme et conclut en faveur de l'union libre. — Bebel, *op. cit.*, p. 324 et suiv. — Le libre amour est pratiqué en Amérique dans plusieurs communautés. — V. à ce sujet Nordhorff, *Communities societies*.

de subordination nécessaires et à la fusion des intérêts, est en quelque sorte une initiation naturelle aux rapports de hiérarchie et de solidarité sans lesquels aucun ordre social ne peut subsister. La conclusion à tirer de ce que les sentiments et les intérêts de la famille sont renfermés dans une sphère trop étroite, ce n'est pas que ces intérêts et ces sentiments soient nuisibles, mais qu'à côté d'eux il doit s'en former d'autres ayant un caractère plus général; en d'autres termes, la famille est la première et la plus élémentaire des forces sociales collectives; ce ne peut être la seule.

§ II.

L'individu : Servitude; Réglementation et liberté.

52. Évolution générale de la servitude à la liberté. — Dans nos sociétés modernes l'individu est une force économique libre, parce que la loi lui reconnaît deux droits essentiels : l'égalité civile et la liberté du travail. En sa seule qualité d'homme, l'individu a la pleine jouissance du droit, et, en cette seule qualité aussi, il lui est loisible de faire de ses mains et de son intelligence tel emploi industriel qu'il juge bon. Le travail est le droit comme le devoir de tous. Aucune idée de déchéance civile ou politique ne s'y attache quelle qu'en soit l'espèce : agricole, industriel, commercial, intellectuel. Il n'en était pas de même dans le monde antique : la société organisée sur le type militaire subordonnait le travail industriel à la guerre. Seule la vie pastorale ou la vie des champs n'était pas jugée indigne du citoyen; mais déjà du temps du vieux Caton les progrès de la grande propriété obligeaient de recourir aux esclaves dans une large mesure pour la culture des terres. On abandonnait l'industrie et le commerce aux esclaves ou bien aux plus misérables des hommes libres. L'esclave est un instrument de travail au pouvoir d'autrui; c'est une chose qu'on achète ou qu'on vend et qui fait partie des biens. Le travail de l'esclave dépend de l'arbitraire du maître; les produits de ce travail lui sont attribués.

Cette mise hors de l'humanité d'une partie de l'espèce humaine, selon la très belle expression de Renouard, remplit l'histoire : l'esclavage extirpé du sein des nations civilisées est infligé par elles aux races conquises dans les colonies de l'Ancien et du Nouveau Monde, et là, il se perpétue jusqu'à l'époque contemporaine.

Le Moyen-âge n'est pas encore l'ère de la liberté du travail. De bonne heure, il est vrai, (à partir de la fin du xiᵉ siècle), les populations industrielles des villes mettant à profit les facilités qu'elles ont pour s'unir, l'indépendance relative que suppose l'exercice des métiers, secouent le joug de la féodalité, mais le travail n'est pas pour cela remis en honneur. Les arts et métiers, l'industrie ou le négoce sont pour la noblesse des causes de dérogeance. Le travail n'est d'ailleurs libre ni dans les campagnes, ni même dans les villes : les populations rurales restent, jusqu'à la Révolution française, soumises à la seigneurie ou même dans les liens du servage; quant aux gens de métiers groupés en corporations, ils subissent la tutelle oppressive de la monarchie absolue.

Le décret des 2-17 mars 1791, en proclamant pour la première fois la liberté du travail, ouvre une ère industrielle nouvelle : la réglementation disparaît comme l'esclavage et le servage pour faire place à la liberté.

53. Esclavage dans l'antiquité. — Issu de la guerre et de la force, l'esclavage est un fait pour ainsi dire universel dans les sociétés antiques; en vain les jurisconsultes romains déclarent-ils que c'est une institution contre nature. D'ailleurs, cette vérité n'apparaissait pas même à de puissants esprits. Aristote défend l'esclavage par deux raisons : l'une qu'il suffit d'énoncer, car elle ne soutient pas l'examen, c'est que l'esclavage est juste, parce que l'esclave est inférieur à l'homme libre autant que la brute l'est à l'homme; l'autre plus spécieuse, qui a été reproduite de nos jours, est une raison économique[1] : les instruments de travail ne peuvent agir seuls, et l'esclave, propriété vivante, est un complément indispensable de l'outillage[2]. C'est bien dire que, par raison d'utilité, les esclaves seuls doivent travailler, et pourquoi cela? Parce que, dit-on, il faut aux sociétés naissantes

---

[1] V. Aug. Comte, *op. cit.*, t. V, p. 315 et suiv. Bagehot, *op. cit.* p. 78 et suiv.

[2] Aristote, *Politique*, liv. I, ch. II, § v, « Si les navettes tissaient toutes seules, si l'archet jouait tout seul de la cithare, les maîtres se passeraient d'esclaves. »

du *loisir* et que les esclaves peuvent seuls en donner aux hommes libres. L'esclavage, dit Bagehot, crée une classe de personnes qui travaillent, afin que les autres puissent penser et devenir habiles dans les choses de la politique et de la guerre.

La réponse à cet essai de justification a été victorieusement faite : dans les premiers siècles de la république, Rome vit en grande partie du travail libre; néanmoins c'est pour elle l'époque de la croissance, celle de la constitution intérieure et du premier rayonnement de sa puissance sur l'Italie. Et pourtant c'est pendant cette période de l'histoire de Rome que l'esclavage s'explique le mieux; l'activité de la majeure partie des citoyens se dépensant à la guerre, il fallait des esclaves pour les travaux de la paix. Mais lorsque les guerres cessent d'être continuelles et que les classes libres sont séparées du travail elles dépérissent comme la plante détachée du sol[1]. Le loisir et le luxe ne tardent pas à propager la corruption dans l'aristocratie romaine qui se joue de la vie des esclaves avec la plus insouciante prodigalité.

54. Esclavage dans les colonies modernes. — L'esclavage antique procédait surtout de la conquête : l'esclavage moderne a eu pour principal aliment l'horrible trafic de la traite. Dans l'antiquité, tout captif était esclave, dans les sociétés modernes, le fondement principal de l'esclavage est la différence des races.

L'infériorité de nature alléguée par Aristote, à l'appui de l'esclavage, ne trouve-t-elle pas une confirmation dans les inégalités que les différences de races produisent parmi les hommes, non seulement sous le rapport des forces physiques[2], mais aussi sous le rapport intellectuel et moral : en Afrique, qu'est-ce qui a empêché le nègre de s'élever au niveau de l'Arabe? Le Nouveau-Zélandais, naguère antropophage, l'emporte certainement en intelligence, malgré l'esclavage, sur le naturel Australien qui ignore de l'esclavage jusqu'au nom[3]. Les partisans de l'esclavage vont cependant trop loin en prétendant que l'infériorité de certaines races, notamment celle de la race nègre, est irrémé-

---

[1] V. Wallon, *Hist de l'esclavage*, t. I, p. 29. Cf. H. Passy, *L'histoire et les Sciences sociales*, Acad. Sc. mor. et polit., t. CX, p. 836.

[2] Au dynamomètre, la force rénale d'un naturel de la Nouvelle-Hollande est dans la proportion de 50 à 69 ou 71 pour un matelot français ou un colon anglais australien (Péron, *Voy. aux terres Australes*, t. I, p. 472).

[3] James Spencer, *De l'Union américaine*, p. 152, cité par de Molinari, t. I, p. 325.

diable! La race nègre en particulier a des aptitudes pour la civilisation, lesquelles se développent dans un milieu favorable. Barth atteste l'état social avancé des nègres d'Arda et de Juida, et M. Palgrave signale le bon état des cultures des noirs émancipés dans la Guyane Hollandaise [1].

Lorsqu'une race supérieure soumet à ses lois une population indigène moins avancée qu'elle en civilisation, un grave problème de politique coloniale se trouve posé. L'application immédiate du régime de la liberté industrielle serait imprévoyante : elle n'aurait d'autre effet que d'augmenter la dépendance de la race inférieure et de diminuer la puissance productive de son travail. Il s'agit, au triple point de vue de la morale, de la politique et de l'économie sociale d'acheminer celle-ci lentement vers la civilisation. Les Européens dans leurs colonies ont-ils compris ce devoir qui, au fond, était conforme à leurs intérêts? Malheureusement non. Les deux procédés employés ont été la guerre d'extermination, comme dans la Virginie et le Maryland [2], ou bien l'esclavage. Seule, parmi les administrations européennes, la compagnie hollandaise des Indes-Orientales ne pratiqua pas l'esclavage. Partout ailleurs il fut organisé, dans les colonies anglaises, françaises, espagnoles, etc. — Dans les possessions espagnoles, la première période de la colonisation fut marquée par des excès monstrueux; la race indienne disparut des Antilles; mais aussi ce fut dans ces colonies que le régime oppressif fit place en premier lieu à un régime plus humain.

On pourrait penser que l'esclavage moderne, sous l'influence du Christianisme et de l'adoucissement des mœurs, serait devenu pour l'esclave un joug moins dur : il n'en a rien été. L'esclave antique vivait dans la famille patriarcale; l'autorité à laquelle il était soumis s'étendait, à quelques nuances près la même, sur les personnes libres; l'intelligence de l'esclave n'était pas systématiquement comprimée; c'étaient des esclaves qui exerçaient les arts libéraux, la médecine, les sciences, les belles-lettres, etc. Au contraire, dans les plantations coloniales, l'esclave est pour ainsi dire le bétail humain d'un domaine agricole. Dans plusieurs États de l'Union américaine, apprendre à lire à un esclave était

---

[1] V. Le Roy sur l'esclavage des Africains, *Correspondant*, nov. 1889.

[2] En 1883, la population indienne des États-Unis était réduite à 265,000 individus.

un délit puni de peines sévères! C'est que, dès que l'homme est une propriété, le traitement qui lui est appliqué, de même que pour les biens en général, dépend presque toujours de l'intérêt des maîtres. Que si, par conquête ou trafic, le recrutement de la population asservie se fait facilement et à bas prix, les esclaves, n'ayant qu'une faible valeur, sont peu ménagés. Par contre, dans les pays où l'esclavage ne se maintient que par la reproduction, l'intérêt du maître est de soigner les esclaves dont le prix devient fort élevé. C'est ce qu'on a pu observer lorsque l'ère des conquêtes eut été fermée pour l'empire romain : l'intérêt de la conservation des esclaves fut alors surtout en vue. Aux Indes et dans les colonies hispano-américaines, la condition des esclaves fut plus rigoureuse encore que dans l'antiquité[1] : lorsque, au moyen de la traite, les marchés étaient largement pourvus, les maîtres se servaient de leurs esclaves comme de machines peu coûteuses : qu'importait qu'on les surmenât si la plus-value des profits, due au surcroît de travail, permettait de les remplacer sans diminuer le capital? La durée moyenne de la vie de travail ne dépassait pas sept années, paraît-il, dans les plantations à sucre! Ces faits et bien d'autres confirment l'inconciliabilité absolue de l'esclavage et des sentiments d'humanité.

55. Comparaison économique du travail esclave et du travail libre. — Sous le rapport de la puissance productive, y a-t-il quelque argument à faire valoir en faveur du travail esclave? Disons que cela fût-il, l'esclavage ne devrait pas être maintenu pour de simples raisons d'utilité, mais il n'en est rien. L'infériorité du travail servile est d'abord manifeste à un double point de vue : 1° les maîtres, traitant l'esclave comme une machine de peu de prix, ne s'inquiètent guère de remplacer le travail corporel par des agents mécaniques plus puissants. Il suit de là que la production est peu abondante et que l'art industriel reste stationnaire[2]; 2° de son côté, l'esclave n'ayant ni intérêt personnel,

---

[1] Aussi n'est-il pas exact d'attribuer au droit romain une fâcheuse influence sur le sort des esclaves dans les colonies. Les lois de la Louisiane qui s'étaient inspirées du droit romain étaient plus humaines que celles des États de l'Union édictées par des maîtres jaloux de conserver leur propriété et dans lesquelles les esclaves étaient traités comme une espèce de cheptel. — V. Sumner Maine, *Ancien droit*, p. 155 et suiv.

[2] Quelquefois même il rétrograde : « la charrue que les émigrants français avaient introduite à l'origine (aux Indes), disparut dès que Colbert

ni intérêts de famille, n'est poussé au travail que par la crainte des châtiments. Un tel travail ne saurait être aussi suivi ni aussi intelligent que celui qui est entrepris librement. Au surplus, les partisans de l'esclavage en tombaient d'accord ; mais, d'après eux, l'esclavage seul permettait d'obtenir, dans les pays peu peuplés, la concentration de bras qui est indispensable aux grandes cultures des colonies de plantations. La crise économique que traversèrent les colonies européennes à la suite de l'abolition de l'esclavage parut d'abord confirmer cette thèse. Mais, après une transition difficile, la question du travail a été résolue et les grandes cultures se sont relevées sous le régime de la liberté (V. n° 58).

56. Servage. — A la différence de l'esclave, le serf (*adscriptus glebæ*) a une famille, un foyer, la possession d'une terre : les corvées n'absorbent qu'une partie de son temps, ou les redevances en argent qu'une partie des fruits de son travail. C'est une condition qui succède à l'esclavage (comme dans les colonies espagnoles) ou qui est le résultat coutumier de grandes inégalités sociales, par exemple, en France au Moyen-âge et jusqu'en 1789 [1], en Prusse avant 1807, en Russie jusqu'en 1861 [2]. Le servage a, quoique à un moindre degré, les inconvénients de l'esclavage : il affaiblit le mobile de l'intérêt personnel et diminue l'énergie de la volonté.

Le travail par corvées est peu productif : malgré le bon marché de la vie en Russie, la main-d'œuvre des serfs y coûtait deux fois plus que celle d'ouvriers anglais. Quant à la somme de travail, au dire de juges compétents, deux faucheurs du Middlesex faisaient autant d'ouvrage en un jour que six serfs russes. — Enfin, le servage a un inconvénient que l'esclavage lui-même n'a pas, celui d'immobiliser l'homme au sol, et, par

« eut autorisé la traite des nègres et procuré aux planteurs une main-
« d'œuvre à vil prix... Le dédain de tout autre instrument que la houe de
« l'esclave devint à la mode pendant deux cents ans, et ce ne fut que vers
« la fin du dernier siècle, lorsque le régime de la servitude avait été ébranlé,
« que reparurent quelques charrues » (Jules Duval, *Les colonies de la France,*
p. 154).

[1] La mainmorte personnelle et réelle a été abolie par les décrets des 4-11 août, 3 novembre 1789 et du 15 mars 1790, t. II, art. 1.

[2] Le *Moujik* (paysan russe), était anciennement libre, il avait la faculté de *migration*. C'est seulement à la fin du seizième siècle que, par l'effet de simples mesures de police, il la perdit et devint ainsi serf de la glèbe.

conséquent, de mettre obstacle à toute industrie autre que la culture, spécialement au commerce [1].

57. Émancipation et patronage. — La servitude personnelle et le servage de la glèbe font place de plus en plus au travail libre. Cette révolution est la conséquence des progrès de l'industrie ; les agents mécaniques remplaçant chaque jour la force musculaire, le travail de l'homme vaut surtout par l'intelligence. Dans ces conditions nouvelles de la production, l'homme libre a seul les qualités nécessaires. On a reconnu que les capitaux employés à l'acquisition des esclaves pouvaient recevoir une destination plus fructueuse : « Si l'on avait appliqué à la construction « des machines, dit Banfield, les mêmes sommes qui ont été « consacrées à l'importation des coolies, les rendements se se- « raient traduits en profits au lieu de pertes d'existences hu- « maines et d'argent [2]. »

A ces causes économiques de l'émancipation, il en faut ajouter d'autres, les unes purement politiques, les autres morales ; dès le commencement du XVIᵉ siècle le régime du servage fut substitué, dans les Antilles espagnoles, à la servitude personnelle par raison d'État [3] ; et, en 1542, la franchise fut reconnue aux Indiens qui désormais furent placés dans un état de minorité légale et perpétuelle, ne pouvant vendre ou s'obliger au delà d'une certaine somme. Ce régime de *patronage* eût été excellent comme régime transitoire : par des extensions graduelles de capacité, on fût arrivé à l'égalité civile. Mais il était plutôt imposé par défiance de la population indienne que pour sa protection, et, en se perpétuant, il devint l'un des grands obstacles au développement industriel des colonies espagnoles [4]. La tutelle légale était d'ailleurs combinée avec un système d'isolement imaginé par les Jésuites et réalisé dans les *Missions*. La plupart furent fondées au XVIIᵉ siècle, quelques-unes au XVIIIᵉ (celles de

[1] Storch (*La Russie sous Alexandre*, I, p. 255) cite l'opinion d'industriels russes : selon eux, il était préférable d'affranchir les serfs employés dans les fabriques ou les maisons de commerce.

[2] V. Banfield, *Org. de l'industrie*, p. 340.

[3] C'est qu'en effet l'esclavage est souvent une cause de complications gouvernementales : la domination espagnole a souvent été troublée par des guerres serviles.

[4] Leroy-Beaulieu, *de la Colonisation chez les peuples modernes*, 4ᵉ édit., 1891, p. 13, 270 et suiv.

Californie). En dehors des possessions espagnoles, il en fut établi au Canada. Les Missions du Paraguay furent la fondation de ce genre la plus importante : des districts étaient réservés à la population indienne; les Européens ne pouvaient y résider en vertu de lois de police. Les missionnaires étaient les seuls intermédiaires pour toutes les affaires, notamment pour le commerce entre la mission et le monde extérieur. C'étaient eux qui réglaient la vie des Indiens jusque dans les plus infimes détails; ils dirigeaient le travail, distribuaient chaque jour les aliments et pliaient les intelligences à une vie automatique par une éducation spéciale. Ce fut un communisme absolu. Bougainville atteste les déplorables effets de cette domination abrutissante [1] : elle avait sans doute jeté un certain éclat, augmenté la production, mais en même temps anéanti toute énergie individuelle; aussi cette fausse civilisation ne put-elle se soutenir par elle-même.

La cause morale de l'émancipation est la croisade abolitionniste : les deux grands apôtres de la liberté humaine, Wilberforce, à la fin du siècle dernier, et de nos jours, Channing, ont réussi à susciter un mouvement d'opinion irrésistible.

L'esclavage a d'abord été aboli dans les colonies anglaises (1833 à 1839) : la traite y était prohibée dès 1812; la France suivit cet exemple : préparée par la loi du 18 juillet 1845, l'émancipation fut consommée par un décret du Gouvernement provisoire et la loi du 30 avril 1849[2]. En Amérique, la sanglante guerre de sécession eut pour fruit la suppression de l'esclavage aux États-Unis; les lois du 28 septembre 1871 et du 28 septembre 1885 posèrent pour le Brésil les bases d'un affranchissement progressif transformé en affranchissement immédiat par le décret du 13 mars 1888.

La disparition de l'esclavage s'accomplit dans tous les pays où a pénétré la civilisation européenne; l'Espagne, par la loi du 22 mars 1873, abolit l'esclavage à Porto-Rico; et dans la province de Saint-Thomas (côte de Guinée), par la loi du 3 février 1876. Le Portugal a généralisé l'abolition décrétée en 1858 (loi du 29

---

[1] V. Bougainville, *Voy. autour du monde*, ch. vii. Cf. les détails donnés par Sudre, *Hist. du comm.*, p. 64.

[2] V. sur l'histoire de l'abolition de l'esclavage dans les colonies françaises, Dislère, *Traité de législ. coloniale*, 1886, t. I, p. 116 et suiv.

avril 1875). L'esclavage exclu désormais de tous les pays civilisés n'existe plus que dans les pays Musulmans, en Asie et en Afrique [1] où subsiste malheureusement, malgré les efforts des pays civilisés, l'affreux trafic de la traite [2].

58. Deux questions générales se présentent au sujet de ces mesures : l'émancipation a-t-elle cause gagnée par les résultats qui se sont produits? Le passage de la servitude à la liberté civile peut-il se faire sans transition? Nous ne faisons qu'indiquer en passant une opinion paradoxale, d'après laquelle, au lieu de prononcer l'abolition de l'esclavage et de la traite, les législateurs auraient dû, tout au contraire, laisser libre le commerce des noirs; l'esclavage aurait fini par disparaître, grâce à l'effet du progrès industriel et d'une division plus grande du travail [3]. Que la transformation de l'industrie ait secondé la cause abolitionniste, nous l'avons nous-même reconnu; mais on sait avec quelle énergie les États du Sud ont lutté pour le maintien de l'esclavage. La force des habitudes et des préjugés est immense, et c'est en de telles circonstances qu'un gouvernement éclairé doit savoir prendre l'initiative d'une réforme utile et juste.

Ainsi qu'il a été dit déjà (v. n° 55), la question était de savoir comment, dans les plantations de coton et de sucre, on remplacerait le travail esclave; car on n'avait pas les mêmes préoccupations pour les autres cultures ou les métiers manuels. Mais en ce qui concerne les grandes plantations, les craintes étaient vives. Les premiers effets de l'émancipation dans les colonies anglaises et françaises semblèrent les justifier : les affranchis s'empressèrent d'abandonner les grandes cultures; un quart à peine resta dans les plantations; les importations et les exportations fléchirent brusquement, tandis que Cuba et Porto-Rico,

---

[1] Depuis l'établissement du protectorat français l'esclavage a été aboli à Madagascar par le gouvernement Hovas le 8 mars 1889. Il a été également aboli aux Comores par le sultan Abdallah dans ses États soumis au protectorat français janvier 1889).

[2] Conférence internationale de Bruxelles du 2 juillet 1890. Aux lieux d'origine chaque puissance s'engage à prévenir et à réprimer la traite dans les pays soumis à sa souveraineté ou à son protectorat, et celles qui conservent l'esclavage domestique s'engagent à prohiber l'importation de nègres africains dans leurs possessions. La France n'a pas complètement adhéré aux dispositions de la Conférence relatives à la répression de la traite sur mer. V. décret de promulgation du 12 février 1892.

[3] V. de Molinari, t. I, p. 246.

colonies d'esclavage, étaient plus florissantes que jamais. Cette crise aiguë fut exploitée par les partisans de l'esclavage; on soutint fortement que les grandes cultures des tropiques ne pouvaient vivre avec le travail libre[1]. Ce n'était cependant pas la vérité : il n'y eut même pas de décroissance momentanée dans la puissance productive des colonies. Le travail qui ne se faisait plus sur les terres des planteurs avait pris une autre direction : le goût de l'indépendance avait porté les affranchis à se disséminer sur tout le territoire, notamment à la Guyane, à la Jamaïque, à la Guadeloupe; ils se mirent à cultiver pour leur propre compte. Les cultures alimentaires furent préférées par les affranchis, et la consommation fut approvisionnée par la production indigène au lieu de l'être par les importations; la diminution dans le mouvement du commerce extérieur ne signifiait pas diminution de production. Dès 1848, lord Russell pouvait attester solennellement l'éclatant succès de l'émancipation et, l'année suivante, l'amiral Bruat rendait semblable témoignage pour la Martinique. Les grandes cultures se relevèrent et par suite les exportations; le matériel d'exploitation fut renouvelé par les planteurs dès qu'ils eurent traversé le plus fort de la crise; les machines remplacèrent le travail humain pour une certaine part; quant au surplus, on eut recours à l'immigration. Tel fut le succès de la première grande expérience d'émancipation. Aux États-Unis et au Brésil la transition paraît même s'être accomplie sans secousse[2].

L'abolition du servage en Russie (19 février 1861), a d'abord donné des résultats peu concluants ou du moins très différents selon les provinces (enquête de 1872). Il n'en pouvait guère être autrement à la suite d'une révolution économique et sociale qui s'est appliquée à 22,500,000 *moujiks*[3]. Sur bien des points,

---

[1] V. dans le sens de cette opinion, Mac-Culloch, *Princ. d'écon. polit.*, t. II, p. 74 et suiv.

[2] Depuis 1870, la culture du coton aux États-Unis est remontée au niveau qu'elle avait atteint avant la guerre de sécession : la production de 1871 a été la plus forte du siècle après celle de 1860. — Au Brésil, l'exportation des cafés (les deux tiers environ de la production totale) est montée de 120,000,000 de kilog. en 1863-64, à 400 millions de kilog. avant 1884. Réduite à la suite de grandes sécheresses, la production s'est ensuite relevée de 350 à 500 millions de kilog.

[3] L'émancipation ne concerne cependant que les serfs des seigneurs; les

l'ignorance et surtout le vice d'ivrognerie paralysèrent les bons effets de l'émancipation. L'acte de 1861 ne s'est pas borné à affranchir les serfs, il les a pourvus de terres moyennant indemnité aux seigneurs; c'est donc aussi une loi agraire. Or le taux de rachat a été tantôt fort onéreux pour les affranchis, tantôt peu rémunérateur pour les seigneurs. Enfin on avait fondé des espérances, excessives peut-être, sur l'émancipation; elles ont été partiellement déçues. Toutefois, le rapport de la commission d'enquête de 1872 constatait un progrès très notable dans la condition des paysans des provinces du Nord-Ouest. On avait annoncé qu'à cause de la dissémination de la population (15 hab. par kilom. carré en moyenne), l'abolition du servage serait une catastrophe; l'événement n'a pas donné raison à ces sombres prédictions. Autre fait digne de remarque, les rapports de protection et de respect entre les seigneurs et les *moujiks* n'ont pas été altérés. Enfin, d'après une enquête plus récente du ministère de l'agriculture (1890), l'économie rurale a fait de grands progrès, notamment grâce à l'introduction des cultures de betteraves, et la valeur des terres s'est accrue en moyenne de 143 p. 0/0 de 1860 à 1883 [1].

59. La transition de la servitude à la liberté n'est pas sans difficultés : il faut d'abord lutter contre l'atonie ou même la perversion des facultés intellectuelles et morales que produisent plusieurs siècles d'esclavage; on a vu par exemple en Livonie des serfs refuser l'affranchissement. Il y a aussi à songer que l'autorité du maître sur l'esclave est ou peut être un patronage. Livrer à eux-mêmes les affranchis au sortir de l'esclavage, ce pourrait être non les relever mais les perdre. Utiles à ce point de vue, les mesures de transition laissent s'accomplir, sans trouble industriel trop grave, l'évolution économique résultant

serfs de la couronne, tout aussi nombreux, étaient antérieurement libres sauf certaines restrictions.

Il y avait avant 1861 deux classes distinctes de serfs : les serfs de la glèbe ou corvéables; d'autres de condition meilleure qui ne devaient aux seigneurs qu'une redevance en argent ou *obrok*, assez variable. L'émancipation a été subordonnée au rachat de la terre moyennant la capitalisation de l'*obrok*. L'État a fait l'avance du capital de rachat aux paysans affranchis V. Anat. Leroy-Beaulieu, *L'empire des Tzars*, t. 1, p. 431 et suiv.; Cf. de Molinari, *Journ. des Econ.*, juin 1874.

[1] Depuis 1883 le prix de la terre a quelque peu baissé dans le Nord, l'Est et le Sud-Est de la Russie.

de l'émancipation. C'est bien ce que comprirent les législateurs anglais et français de 1823 et de 1845 [1]. D'après nos lois de 1845, l'esclave pouvait posséder et obtenir sa liberté malgré son maître moyennant rançon ; la famille serve ne pouvait être dispersée. Le gouvernement était autorisé à concourir par des avances au rachat des esclaves.

L'affranchissement devait s'opérer plus graduellement encore au Brésil : y demeuraient esclaves d'après la loi de 1871, les individus enregistrés par leurs maîtres ; tous les enfants d'esclaves naissaient libres, mais étaient obligés de servir jusqu'à leur majorité. Sur 1 1/2 million d'esclaves enregistrés en 1871, il n'en restait plus que de 600 à 700.000 lorsqu'eut lieu (loi du 31 mai 1888) l'abolition définitive de l'esclavage. D'autres procédés d'abolition graduelle méritent d'être signalés : 1° l'execution du décret d'émancipation portugaise de 1858 était différée pendant vingt ans ; 2° l'Espagne (loi du 22 mars 1873 pour Porto-Rico) et le Portugal (loi du 29 avril 1875) ont organisé un système de transition fort remarquable : les affranchis sont soumis à une tutelle publique temporaire exercée par des fonctionnaires publics spéciaux ; ils doivent s'engager par contrat pour deux ou trois ans, de préférence envers leur ancien patron. Un salaire minimum, les conditions d'entretien, et, s'il y a une concession de terre, la durée du travail fait par corvée, tout cela est fixé sous le contrôle du curateur public. En même temps des mesures répressives sévères sont prises contre le vagabondage. Sur les affranchis mineurs, la loi espagnole du 4 juillet 1870 maintient des droits de patronage fort étendus.

Une dernière considération doit être signalée à propos de l'abolition de la servitude : dans certaines circonstances au moins, l'émancipation personnelle sans des moyens de travail serait un leurre ; le gouvernement russe a donc été bien inspiré en concédant aux serfs affranchis, moyennant indemnité, la possession des terres.

60. Système réglementaire. — Le système réglementaire implique la liberté civile, mais une liberté restreinte par un ensemble de règles coutumières ou législatives : à l'ordre d'un

---

[1] A la Réunion, les esclaves, avant l'affranchissement, contractaient un engagement de deux années moyennant salaire.

maître succède un ordre artificiel, créé par la société politique, ayant pour but de maintenir l'individu dans les liens d'une dépendance plus ou moins étroite. Dans l'histoire des sociétés, le système réglementaire apparaît sous deux formes : 1° l'institution des castes héréditaires; 2° celle des corporations. La première convient aux sociétés politiques qui passent de la vie nomade à la vie sédentaire; la seconde est appropriée aux époques de transition entre le travail servile et le travail libre sous le régime de l'égalité civile. Ce sont des modes d'organisation économique qui appartiennent au passé, du moins si l'on en juge par rapport à la civilisation occidentale. De ces deux institutions, celle des castes est absolument incompatible avec le progrès industriel et avec la liberté du travail. L'Inde moderne elle-même ne conserve son système de castes que comme un mal héréditaire.

Le régime des corporations a été d'abord abandonné parce que, avec l'organisation ancienne, l'industrie nouvelle n'aurait pu prendre un libre essor. C'est cependant à l'abri de nos vieilles corporations que s'est formé le *Tiers-État* et que les forces industrielles se sont organisées. La reconstitution intégrale des liens corporatifs avec les privilèges qui en étaient l'accompagnement, serait un véritable anachronisme, mais il y aura lieu de se demander par la suite s'il n'y a pas à regretter la dispersion des intérêts que l'association professionnelle du Moyen-âge groupait si fortement et de quelles façons diverses a pu se faire, ou même se concevoir la reconstitution des liens corporatifs (n°° 67, 863 et suiv.).

61. Les castes. — Si l'on remonte à l'origine, on constate que la distinction héréditaire des castes provient soit de la superposition successive de plusieurs races conquérantes dans le même pays, soit encore d'un système politique consacrant de considérables inégalités politiques et sociales. Plusieurs des pays qui furent soumis à ce système (la Perse, le Pérou sous les Incas, et surtout les Indes), y virent une création divine. Les castes de l'Égypte, celles qu'on trouve en Corée, chez les Hottentots, sont surtout professionnelles. Dans l'Inde, les castes sont essentiellement religieuses et ethniques, mais elles ont en même temps une signification économique. Chaque classe de fonctions est confiée à une caste dont elle devient, en quelque sorte, le devoir et le droit, le patrimoine héréditaire. La caste se subdivise en races et en familles, d'après des spécialités nombreuses, dans chaque catégorie de fonctions [1]. L'idée première est celle-ci : les fonctions sociales sont exercées par des familles, selon une prédestination invariable, au lieu d'être exercées par des individus en vertu de leur choix libre. Selon les lois de Manou, les premières castes, celles des Brahmanes et des guerriers (*kchatrya*) réunissent les fonctions qui sont, dans nos sociétés, dévolues à ce qu'on est convenu d'appeler les *classes dirigeantes*. La troisième caste (*vaisya*) est celle des travaux agricoles et industriels, et la quatrième celle des *soudras,* sortes d'esclaves, auxiliaires des travaux des autres castes.

Au point de vue économique grâce à l'institution des castes, une société sédentaire de fondation récente, parvient à diviser et à subdiviser le travail industriel, à instituer une hiérarchie durable dans laquelle le premier rang est laissé au travail de la pensée et à la force publique, à faire naître de fortes traditions d'instruction professionnelle dans les familles vouées indéfiniment au même genre de travaux. Tout y est calculé en vue du maintien d'un ordre immuable; mais, par cela même, le germe du progrès y est étouffé : il n'y a aucune place pour de nouvelles spécialités industrielles; elles ne peuvent entrer dans le cadre primitif. Il devait fatalement arriver aussi que la caste industrielle, en s'enrichissant, s'élevât au-dessus du niveau où elle était placée et qu'elle secouât le joug [2]. — On serait tenté de regarder la plèbe et l'esclavage des républiques de l'antiquité comme une forme nouvelle du système des castes; mais il n'y a qu'une trompeuse analogie, car aucune barrière infranchissable n'existe, soit entre les différentes couches sociales d'hommes libres, soit même entre l'esclave et le citoyen. L'hérédité des professions, lorsqu'elle se rencontre, est exclusivement l'effet des mœurs sous le régime de l'esclavage. En revanche, le système des castes est moins oppressif, car, tout en imposant l'hérédité professionnelle, il laisse les individus des dernières castes

---

[1] Les mariages mixtes entre individus de castes différentes donnent naissance à de nouvelles castes, avec chacun une profession assignée par la loi. Jacolliot donne de curieux détails sur l'organisation actuelle des castes dans l'Inde (Jacolliot, *Voy. au pays des Bayadères*, p. 195 et suiv.).

[2] Bluntschli, *Théorie de l'État*, p. 98.

eux-mêmes libres dans le cercle où leur activité est renfermée. Malgré cela, le régime des castes paraît avoir entravé les progrès vers la civilisation bien plus que l'esclavage.

62. Les corporations. — Les corporations groupant les artisans libres ont existé à Rome dès la République ; au temps d'Alexandre Sévère, elles reçurent de l'État une organisation assez oppressive qui se développa au Bas-Empire lorsque l'esclavage, ne se recrutant plus facilement, laissa une part plus large au travail libre. Qu'il soit resté debout quelques débris de ce système dans le Midi de la France, après l'invasion, cela est probable. Mais ce n'est qu'après l'émancipation communale que ces institutions prennent une place importante dans notre histoire et dans celle de l'Europe du Moyen-âge.

La corporation fut dans le principe une association défensive des artisans d'une même profession contre les exactions des seigneurs et les désordres d'une époque troublée. Les corporations s'unirent entre elles pour la garantie des intérêts communs. Leur influence dans l'ordre industriel, comme dans l'ordre politique, fut d'abord très utile : les règlements sur le travail et les modes de fabrication, aux XIIe et XIIIe siècles, ont prévenu beaucoup d'abus et de fraudes. C'est sous la protection de la corporation que se sont développés les arts et les métiers à l'âge de la petite industrie.

Malheureusement, dès lors, la corporation prit des mesures restrictives : sous prétexte de faire la police du métier, elle exclut les artisans étrangers ; pour empêcher une concurrence trop grande, on limita souvent le nombre des apprentis et celui des maîtres. Ainsi se trouva constituée une petite féodalité industrielle. Au XIIIe siècle le *Livre des Métiers* d'Étienne Boileau constate de nombreux privilèges[1].

En France, l'histoire des corporations se divise en deux phases : pendant la première, elles jouissent d'une sorte d'autonomie ; dans la seconde, elles subissent l'action du pouvoir royal. Pendant la première phase, au XIVe et au XVe siècles, le caractère d'association religieuse, que la corporation avait eu dès l'origine, s'accentue ; elle porte le nom de *confrérie,* mais ce titre est menteur ; les gens de métier se succèdent de père en fils ;

[1] V. l'édition de Lespinasse et Bonnardot, 1879 (*Histoire générale de Paris.* Documents).

l'exclusion de tous autres est une règle absolue, du moins pour un assez grand nombre de professions. Ailleurs, le travail du *chef-d'œuvre*, long et difficile, ne donne accès, le plus souvent, qu'aux fils de maîtres. Les ouvriers ne trouvant plus, dans la *confrérie fermée*, la protection et la force collective, cherchent à s'organiser en dehors du corps de métier dans le *compagnonnage*. Apprentis et compagnons, sont d'ailleurs en nombre limité ; le maître travaille avec eux. Si la maîtrise ne s'ouvrait pas facilement aux compagnons, leur condition n'était pas très différente de celle des maîtres, leur gagne-pain était assuré ; les uns et les autres vivaient du produit du travail manuel.

Bientôt la royauté prit ombrage et lutta contre l'esprit d'indépendance des confréries : les prétextes d'intervention ne manquèrent pas[1]. Grâce au principe que le travail et par suite la police du travail sont de droit régalien, la royauté mina le pouvoir des confréries. Dans ce but elle créa de nombreux officiers chargés de les surveiller et de les contrôler ; parfois aussi, elle les interdisait. Ce n'est pas que nos rois entendissent rendre dès lors chaque artisan libre et responsable de son travail : l'heure de la liberté industrielle n'était pas venue ; c'est qu'en effet l'industrie lorsqu'elle n'est pas encore très développée a besoin d'être guidée et soutenue. La substitution d'une autorité publique aux petites tyrannies locales des corporations était un progrès. Le progrès eût-il été plus grand encore si l'industrie n'avait pas été placée sous le joug du pouvoir ? C'est une grave question. Au sujet de la tutelle nécessaire au progrès pendant la période de transition de la petite à la grande industrie, deux méthodes se présentent : celle de la tutelle gouvernementale, qui a été suivie en France ; celle de la tutelle aristocratique qui a prévalu en Angleterre où l'évolution industrielle s'est opérée sous les auspices de l'aristocratie, fournissant les capitaux à l'industrie, y donnant une participation quotidienne, afin de montrer la voie aux autres classes[2]. Il serait hors de propos d'apprécier cette seconde mé-

---

[1] L'enchérissement des denrées, dû à la révolution économique du xvıᵉ siècle, était universellement attribué aux corps de métiers. Après un long temps de décadence, l'industrie fut ranimée par des besoins et des goûts nouveaux. Mais les monopoles de corporations opposaient une résistance opiniâtre aux nouveautés : le xvıᵉ siècle est rempli par les luttes entre les corps de métiers organisés et les compagnonnages ou les artisans libres.

[2] Les corporations ont disparu en Angleterre sans avoir jamais été abolies :

thode ; l'histoire des corporations en France et dans les autres pays du continent montre l'application de la première. Dans l'Europe centrale le système des corporations n'a guère cessé d'être le régime de l'industrie : maintenues avec monopole en Autriche jusqu'en 1859, en Prusse jusqu'en 1869, en Hongrie jusqu'en 1872, les corporations y ont été depuis restaurées mais avec des caractères tout différents[1]. Toutefois, ce n'est pas dans la législation actuelle des pays étrangers qu'on peut étudier le mieux le système réglementaire de l'industrie sous le régime des corporations. L'ancienne France est la terre classique des maîtrises et des jurandes par cela même que la royauté absolue a pu en développer et en maintenir toutes les conséquences. A l'étranger les corporations, qu'on a voulu faire revivre, y ont à lutter contre les nécessités d'indépendance et de libre essor de l'industrie moderne.

L'autorité royale, au xvie siècle, réforme les corps de métiers en vue de leur imposer une réglementation uniforme. Les ordonnances de décembre 1581, renouvelées par l'édit de 1597, ouvrent l'ère de la réglementation par l'État. L'esprit d'exclusion des corporations fut atténué, le chef-d'œuvre simplifié ; tout artisan reçu maître au chef-lieu d'un parlement put librement exercer son industrie dans toute l'étendue de la juridiction de ce parlement. En revanche le système des corporations anciennement limité à quelques villes est étendu à toutes. — A l'âge suivant, sous les gouvernements de Sully et de Richelieu, les dernières résistances sont brisées : il fut établi que le travail étant de droit régalien, est soumis au pouvoir de l'État et soustrait à la tyrannie des corporations. Alors aussi commence l'enfance de la grande industrie ; l'action de la royauté se manifeste par la concession de nombreux monopoles, malgré les protestations des maîtrises de la petite industrie. Ce fut le système favori de Colbert.

Malheureusement le grand ministre crut servir les intérêts de l'industrie française en édictant de nouveaux règlements plus

---

la création de nouveaux centres industriels s'est jointe aux autres causes indiquées au texte pour amener ce résultat.

[1] L'organisation des corporations en Autriche et en Allemagne sera exposée à l'occasion de la réglementation du travail dans l'industrie. V. ci-dessous, n° 863.

minutieux et plus oppressifs (Ordonnances de 1666 à 1676).
Les conditions de l'apprentissage, du *chef-d'œuvre*, le mode
d'élection des jurés, chacune des opérations industrielles, tout
fut soumis à une règle précise. Dans les provinces, les inspecteurs des manufactures durent veiller à l'observation des prescriptions nouvelles, marquer les étoffes, visiter les fours, exercer
en un mot une rigoureuse police de l'industrie. Des pénalités
excessives (le carcan contre le maître récidiviste!) complétèrent
le système [1]. Le but était d'assurer la bonne qualité des produits,
d'empêcher les fraudes. Pourquoi ne pas plutôt s'en remettre à
la vigilance des corporations intéressées elles-mêmes au bon
renom de leur fabrication? Autrefois cette garantie avait paru
suffisante; la corporation avait son règlement de fabrication et
son droit de contrôle. L'intervention du pouvoir était devenue
nécessaire à raison de la complexité plus grande des industries
et des rivalités entre les corporations jalouses de défendre leur
monopole. Avec les transformations industrielles l'ancien régime
de liberté corporative fût devenu lui-même une tyrannie.

Le système réglementaire stérilisa l'industrie : sa décadence,
après Colbert, s'accentua par suite de la révocation de l'Édit de
Nantes. Le XVIIIe siècle ajouta de nouvelles complications aux
anciennes : chaque velléité d'affranchissement obligeait la
royauté, engagée dans une fausse voie, à intervenir. On connaît
le sort de l'édit de février 1776, abolissant les maîtrises et jurandes : la coalition des intéressés contraignit le faible Louis XVI
à les rétablir, pour la plupart, après la retraite de Turgot (août
1776). Ils ne disparurent définitivement qu'en vertu du décret
des 2-17 mars 1791, proclamant la liberté du travail [2]. Les économistes de l'École française, Dupont de Nemours, Gournay,
Turgot surtout, l'auteur de l'édit de 1776, avaient préparé l'o-
pinion à cette réforme devenue depuis longtemps nécessaire [3].

---

[1] V. l'analyse des règlements de Colbert dans Picard, *Rapport général*
sur l'Exposition de 1889, t. I, p. 8 et suiv. Cons. aussi sur le régime des
métiers de l'alimentation à Paris du XIVe au XVIIIe siècle, de Lespinasse,
1886 *Histoire générale de Paris*, documents).

[2] Toutefois les règlements de fabrication, maintenus par Turgot, avaient
été rendus facultatifs, en principe, par des lettres patentes du 5 mai 1779,
dont il sera question à propos de l'industrie manufacturière. V. ci-dessous,
n° 371.

[3] V. sur l'histoire des corporations, Levasseur, *Hist. des classes ouvrières,*

L'industrie française avait en effet dépassé la période pendant laquelle cette organisation économique pouvait concourir utilement à la concentration des forces d'une industrie naissante et menacée de toutes parts.

63. La suppression des entraves du système réglementaire était indispensable au développement économique qu'elles comprimaient de diverses manières : 1° le nombre des corporations étant défini, la liste des industries qui avaient le droit d'exister se trouvait close en quelque sorte ; or, l'institution des corporations remontant à une époque où la vie industrielle était moins active ; la division du travail, par la spécialisation des métiers, ne pouvait répondre aux besoins économiques nouveaux, ni suivre les progrès des arts et des sciences. Comme toute industrie nouvelle eût été une usurpation commise sur le monopole de certaines des corporations existantes, il fallait créer de temps à autre de nouveaux privilèges ou constituer des monopoles. C'est ce qu'on fit pour la grande industrie : les manufactures n'étaient pas soumises au régime des corporations qui ne s'étendait que sur la petite industrie. 2° Les règlements royaux ne laissaient en quelque sorte aucune initiative dans la pratique des professions ; les procédés de fabrication, les matières à employer, tout, jusqu'au nombre des fils des divers tissus, à la largeur ou à l'aunage des étoffes, était minutieusement prescrit ; les contraventions rigoureusement punies. L'industrie était ainsi *fossilisée*. 3° Non seulement l'habileté des fabricants ne pouvait s'exercer librement, mais l'esprit d'invention était étouffé. Comment les inventeurs se seraient-ils enhardis à produire leurs découvertes, avec la menace d'être poursuivis par les corporations qui défendaient jalousement leurs privilèges ? Ils devaient donc tout attendre du bon plaisir de l'autorité ou aller chercher fortune ailleurs qu'en France [1]. 4° L'esprit d'exclusion des corporations, le diffi-

---

avant *1789;* cf. Renouard, *Droit indust.*, p. 41 et suiv. et *Tr. des Brevets d'inv.*, 1re part., ch. 2.

[1] « Le balancier pour frapper les médailles fut imaginé en 1615 par Nicolas « Briot qui, ne pouvant le faire adopter en France, le porta en Angleterre. « Le moulin à papier et à cylindre, inventé en France en 1630, fut accueilli « en Hollande et n'est revenu que depuis peu dans sa véritable patrie. Le « métier à bas fut d'abord inventé à Nîmes : l'inventeur, contrarié en France, « passa en Angleterre où il fut magnifiquement récompensé. Les Anglais « nous devaient de même une matrice pour la monnaie, un métier à gaze, « la teinture du coton en rouge et plusieurs autres découvertes dont les au-

cile accès de la maîtrise, les droits à acquitter, etc., décourageaient un grand nombre de vocations industrielles [1].

Ces inconvénients de la réglementation ancienne, au point de vue de l'essor de l'industrie, n'étaient pas les seuls : 1° la rivalité entre corps de métiers, l'âpreté qu'ils mettaient à la défense de leurs privilèges engendraient des procès interminables, infiniment coûteux et souvent ridicules [2] ; 2° la fiscalité royale pesait sur l'industrie : de 1691 à 1709, les besoins du tresor firent créer plus de 40,000 offices d'inspecteurs ou jurés, qui trouvaient acquéreur malgré la cherté de la *finance;* mais aussi les officiers royaux, dont l'intervention pour le pesage, le mesurage, l'essai des marchandises était indispensable dans chaque transaction prélevaient des droits onéreux pour l'application de règlements vexatoires [3]; 3° les maîtres des corporations fermées, n'ayant pas à craindre la concurrence, étaient investis d'une sorte de monopole dont ils abusaient en élevant le prix des produits. C'était d'ailleurs sur la consommation que retombait la charge accablante des droits d'office, de maîtrise, des frais de procès, etc.; 4° la petite industrie étant seule placée sous le régime des corporations, une véritable inégalite existait entre elle et les manufactures pour les produits similaires [4]; 5° enfin, les corporations n'existaient pas partout et l'on pouvait regarder comme privilegiés, au point de vue de l'industrie, les villes ou faubourgs où les métiers étaient libres [5].

« teurs n'ont pas été prophètes en leur pays. » (*Extrait du rapport sur la loi du 7 janvier 1791, relative aux inventeurs.*) — Argand, l'inventeur de la lampe à double courant, eut à lutter contre les lampistes, les potiers, les chaudronniers, les serruriers de fer ou de laiton sous le prétexte qu'il employait des matières ou des outils dont on se servait dan s ces différents métiers.

[1] L'appréciation du régime des corporations au point de vue de la réglementation du travail et des rapports entre les maîtres et les ouvriers est renvoyée à la partie de l'ouvrage où il est question de la police du travail, nᵒˢ 834 et suiv.

[2] Certains de ces procès sont célèbres; tel celui des tailleurs contre les fripiers sur la différence entre un habit neuf et un vieil habit; commencé en 1530, il n'était pas terminé en 1776! tel aussi celui des cordonniers contre les savetiers, qui ne devaient pas raccommoder plus du quart de la chaussure; celui des faïenciers faisant défense aux physiciens de fabriquer des baromètres!

[3] V. les détails donnés par Renouard, *op.* et *loc. cit.*

[4] Les lettres patentes du 5 mai 1779 aggravèrent cette inégalité, V. ci-dessous, n° 374.

[5] Ainsi, à Paris, le faubourg Saint-Antoine jouissait d'une liberté qui a contribué à son développement industriel.

64. Liberté du travail : anarchie industrielle ou ordre spontané. — L'égalité devant la loi et l'accès libre des professions, voilà les deux traits distinctifs du système de la liberté du travail. L'Assemblée Constituante les a formellement reconnus. L'intervention de l'État ne disparaît pas pour cela, mais elle se renferme dans une sphère plus limitée. Est-ce un progrès, ou bien, au contraire, eût-il convenu de maintenir et d'accentuer la suprématie de l'État sur l'industrie? La question sera examinée au chapitre IV (nᵒˢ 89 et suiv.). Ce qu'il est utile de préciser dès maintenant, c'est la signification économique et sociale du nouveau principe.

L'individu est libre. Il choisit sa voie industrielle, en vertu d'un pouvoir de décision propre. Chacun jouissant de la même liberté, la distribution du travail s'opère d'elle-même. Mais l'*anarchie industrielle* ne résulte-t-elle pas de ces préférences individuelles absolument souveraines? Le jeu des volontés libres n'engendre-t-il pas le désordre? La production, abandonnée au hasard ou, pour mieux dire, au caprice personnel, ne va pas être réglée sur les besoins, car les individus, livrés à eux-mêmes, ne peuvent avoir aucune donnée précise sur les faits économiques généraux dont la connaissance est cependant nécessaire pour diriger la production. Voilà l'objection; les socialistes la reproduisent avec insistance dans leurs attaques contre le système industriel moderne. Comment les économistes de l'École libérale y répondent-ils? En combinant les deux observations suivantes :

1° Les vocations industrielles, ou tout au moins les préférences pour tel genre de travail, sont en grande partie l'effet de l'éducation; elles se forment dans le milieu social où vit l'enfant et le reflètent fidèlement. Il serait en effet singulier qu'il pût manifester un goût réfléchi pour une profession qui lui serait en quelque sorte inconnue. Ce sont là des inductions rationnelles qui ont été confirmées de la manière la plus curieuse par l'enquête faite à Paris dans les écoles primaires. Dans leurs devoirs ou leurs réponses orales, des milliers d'enfants ont manifesté pour le choix d'une profession des préférences qui se trouvent être, très approximativement, en rapport avec la distribution industrielle de la population parisienne; ainsi pour les garçons, 6 p. 0/0 veulent se consacrer aux professions dites libérales,

23 p. 0/0 entrer dans le commerce, 14 p. 0/0 être employés, 54 p. 0/0, pratiquer des professions manuelles; pour les filles, 10 p. 0 0 choisissent l'enseignement, 4 p. 0 0 les arts, 13 p. 0/0 le commerce, 70 p. 0/0 les professions manuelles; sur ce dernier nombre 52 p. 0/0 veulent être couturières [1].

2° Les vocations industrielles, qu'on vient de voir calquées en quelque sorte sur la division du travail préétablie, sont également en relation générale avec les besoins économiques.

C'est par le raisonnement qu'on cherche à établir cette seconde proposition : si des choses que les consommateurs réclament étaient fabriquées en trop petite quantité, certains d'entre eux, plutôt que d'en rester privés, en donneraient un prix relativement élevé, et, au contraire, on achèterait à vil prix les produits qui seraient livrés en excès, eu égard aux besoins. Or, l'artisan ou le fabricant trouve son revenu dans le prix de vente de ses produits. N'est-il pas bien certain, puisqu'il lui faut vivre, qu'il ne continuerait pas à façonner des produits qui ne pourraient être avantageusement vendus? N'est-il pas au moins présumable qu'il préférera fabriquer les choses qui, étant le plus demandées, peuvent être vendues à un prix rémunérateur? Enfin, n'est-il pas évident que, peu à peu, les métiers qui ne font pas vivre le travailleur seront désertés au profit d'autres plus lucratifs [2]? S'il en est ainsi, on ne saurait croire que l'ensemble de la production ne répondît pas aux besoins, et cela d'une manière persistante. De fait, est-ce au moyen de réquisitions que se fait dans les grandes villes l'approvisionnement des halles? et cependant chaque jour des milliers de paysans y apportent leurs denrées. Cela a lieu spontanément, sans ordre apparent, et pourtant l'approvisionnement est mieux assuré par un marché libre qui attire les intérêts que par des mesures d'autorité qui pourraient les alarmer.

Malheureusement cette démonstration logique est moins pé-

---

[1] La nécessité du travail est donc universellement comprise dans un milieu social où la vie industrielle est exceptionnellement active et l'indifférence même est rare, puisqu'on ne compte que trois indécis sur cent enfants (V. *Rapp.* de M. Gréard *sur l'enseignement primaire* et les observations de M. Janet, *Revue des Deux-Mondes*, 1er janvier 1879).

[2] Cette dernière conséquence se produirait évidemment lors même, comme on le supposera au numéro suivant, que le prix des choses serait réglé par la coutume au lieu d'être variable selon l'offre et la demande.

remptoire qu'on ne le pourrait croire : il en résulte bien ceci que d'une façon durable la production ne peut faire abstraction de la somme des besoins à satisfaire; mais il n'en résulte pas du tout qu'à tout moment elle soit en relation exacte avec ces besoins. L'exemple de l'approvisionnement des villes n'est pas très probant : il s'agit de pourvoir à une consommation locale susceptible de calculs approximatifs; les industries, les marchés qui l'assurent sont établis également à proximité. L'*aléa* est ainsi réduit. Il n'en est pas de même des industries telles que les industries textiles qui sont outillées pour une consommation très large qui peut s'étendre au monde entier. Pour elles le règlement de la production sur la consommation est d'autant plus difficile qu'elles ne sont pas assurées de leurs débouchés à cause des concurrences nombreuses avec lesquelles elles doivent lutter. Les crises de surproduction sont trop fréquentes et trop graves pour que l'on puisse sans réserve adhérer à l'opinion de ceux qui croient que de la libre concurrence naît un ordre parfait. On verra plus tard quels sont les inconvénients ou les insuffisances de ce régime et à quels procédés il faut recourir pour en conjurer ou en corriger les vices.

65. Liberté du travail, responsabilité; coutume ou concurrence. — La liberté du travail a pour corollaire la *responsabilité* : chacun choisit sa profession à ses risques et périls. Avec le fruit de son travail, il doit pourvoir à son entretien et à celui des siens; mais à un travail libre correspond une rémunération libre aussi. De plus, ceux qui choisissent une même industrie sont en concours, en compétition; il est naturel qu'entre les mêmes produits ou les mêmes services la préférence soit accordée aux produits plus économiquement obtenus ou de meilleure qualité et aux services les plus effectifs ou les moins coûteux. La rémunération est donc aléatoire : les êtres les moins intelligents, les plus faibles ou les moins courageux ne sont pas assurés d'obtenir une rémunération équivalente à leurs besoins. Sous ce rapport, le travailleur libre court plus de risques que l'esclave lui-même dont l'entretien est, jusqu'à un certain point, garanti par l'intérêt du maître en qualité de propriétaire.

Si l'on considère les rapports entre ceux qui offrent les produits et ceux qui cherchent à se les procurer, rien de plus légitime; car si le travail est libre, chacun doit obtenir selon ses œuvres, et cette compétition entre producteurs placés dans des conditions semblables, appartenant au même milieu social, entretient une émulation féconde. Les socialistes s'égarent lorsqu'ils critiquent la concurrence entre producteurs comme principe équitable de rémunération en tant qu'elle assure l'avantage à la supériorité des services.

Mais sous le régime de la grande industrie ou de la grande propriété la concurrence se présente sous une autre face : entre ceux qui, d'une part, offrent leur travail, considérés collectivement et ceux qui le demandent. Sous ce régime, ouvriers et patrons diffèrent les uns des autres bien plus que sous le régime de la production restreinte. Si donc entre ces deux classes de personnes, existent de graves inégalités de force économique et de développement intellectuel, la rémunération du travail manuel pourra être très differente selon que le règlement de l'échange dépendra de la coutume ou de la concurrence.

S'il existe de considérables inégalités de force économique entre ceux qui offrent et ceux qui demandent le travail manuel ou les services personnels, le danger est que les conditions de l'échange soient injustes, l'une des parties étant à la discrétion de l'autre. La coutume ou les lois de protection tempèrent les conséquences des inégalités de force économique dont il serait fait abus ; sans ces tempéraments, le principe de la concurrence ne serait autre chose que la loi du plus fort (n° 15). Si, comme en Irlande, de malheureux paysans se disputent la possession d'un lopin de terre pour pouvoir vivre, et consentent à payer à de grands propriétaires des fermages exorbitants, ce n'est pas que la terre ait plus de productivité, mais que les classes rurales subissent la loi de l'aristocratie foncière. A Rome, les lois restrictives de l'usure ont été des lois de libération pour la plèbe, tout d'abord opprimée par les exactions patriciennes. La coutume fait le même office que des lois de protection : ainsi, en France et en Italie, dans plusieurs régions, l'usage général est que la jouissance de la terre soit concédée moyennant l'abandon au propriétaire d'une part déterminée de la récolte, par exemple de la moitié, c'est le métayage : les paysans n'affermeraient pas, à des conditions qui les mènent à la misère et à la ruine, s'ils étaient partout protégés par une coutume analogue. Mais sous le régime de la liberté du travail, les applications de rémunéra-

tion, d'après la coutume, sont de plus en plus exceptionnelles.

L'échange avec concurrence dont les conditions sont débattues
de gré à gré tend à prévaloir ; c'est en effet la forme de contrat
qui, d'une manière idéale, correspond le plus parfaitement à la
liberté du travail et au principe de la responsabilité. Chacun se
sent d'autant plus vivement excité à travailler davantage et
mieux, qu'il est engagé dans une lutte plus libre ; mais il importe
de ne pas perdre de vue les conditions équitables de cette lutte.
Si l'on ne peut faire que, sous le régime de la concurrence, il y
ait une protection pour les êtres les plus faibles ou les moins
intelligents considérés isolément, si, autrement dit, on ne peut
atténuer l'effet des inégalités individuelles, il ne faut pas au
moins qu'entre les classes sociales que la concurrence met aux
prises, il y ait des inégalités collectives trop grandes, des contrastes extrêmes d'ignorance et d'instruction, de misère et d'o-
pulence. La lutte n'agit comme stimulant qu'autant qu'on peut y
prendre part avec quelques chances ; elle décourage, au contraire, ceux qui doivent fatalement y succomber. Il fallait dès à
présent formuler ces réserves contre le principe de la libre
concurrence ; les conséquences à en tirer quant à la nécessité
des liens corporatifs et à l'intervention de lois protectrices
apparaîtront par la suite : elles ont une grande importance doctrinale et pratique, spécialement pour la grande industrie où
l'action modératrice de la coutume est à peu près inconnue.

§ III.

Association.

66. Principe de l'association. Variété de ses applications. —
La liberté du travail n'implique pas nécessairement la dissémination des forces : de ce que les volontés individuelles sont
libres, il ne s'ensuit pas que leur action doive être isolée. Tout
au contraire, les progrès accomplis dans la voie de la spécialisation des industries rendent nécessaires des concentrations de
forces. Plusieurs volontés individuelles qui tendent au même but
peuvent s'unir, former des associations volontaires. La société
économique doit sa cohésion à une double action : celle de ces

associations libres et celle de la puissance publique dont il est question dans le chapitre suivant.

Les associations libres sont des combinaisons sociales extrêmement variables, selon l'objet ou le but qu'elles poursuivent et les formes sous lesquelles elles se réalisent. Aucun réformateur n'a jamais imaginé des cadres aussi nombreux et aussi souples que ceux qu'elles revêtent dans la réalité; aucun législateur ne pourrait imposer ce que font spontanément des volontés libres en s'unissant.

L'aptitude à former des associations dans les différentes sphères d'activité est l'un des principaux signes d'une haute civilisation. Elle fait défaut aux sociétés primitives, et c'est l'une des raisons qui y font pratiquer le régime d'autorité ou de réglementation.

Les associations sont motivées les unes par des intérêts intellectuels et moraux, les autres par des intérêts économiques proprement dits. L'association ne se renferme pas toujours, en effet, dans le cercle des intérêts matériels : on forme des associations charitables ; on s'associe dans un but religieux, littéraire ou scientifique. Une autre classification des associations les divise selon qu'elles ont un objet d'intérêt privé ou un objet d'intérêt général. L'utilité de cette dernière classification se rencontrera au sujet du régime applicable aux associations.

67. Classification des associations ayant un but économique. — Les associations ayant un objet économique proprement dit, peuvent se distinguer en associations parfaites ou imparfaites. Les premières établissent une fusion d'intérêts plus intime que les secondes.

Un premier type d'associations imparfaites est celui des *institutions corporatives libres*. On conçoit que les personnes qui pratiquent la même profession aient avantage à s'entendre pour donner satisfaction à des intérêts communs; par exemple, pour organiser l'enseignement professionnel, surveiller l'exécution des contrats d'apprentissage, centraliser les renseignements utiles, instituer des caisses de secours, etc., etc... Ces liens corporatifs ne constituent qu'une association imparfaite, chacun continuant à travailler pour son propre compte : il y a plutôt une ligue d'intérêts similaires qu'une association véritable. Au surplus, les *institutions corporatives libres* dont il est ici question, et qui sont communément désignées sous le nom d'*associations* ou *chambres syndicales* ou *syndicats professionnels*, ont sous le régime industriel moderne un rôle considérable à prendre et ceci surtout en France[1], car l'abolition des anciennes corporations n'y a pas seulement brisé les entraves du travail, elle a du même coup rompu les liens professionnels. Désormais, rien ne réunit plus ceux qui vivent du même métier ; les seuls rapports existants sont ceux que font naître les contrats de prestation de travail entre des individualités séparées, souvent hostiles l'une à l'autre : d'un côté le patron, de l'autre l'ouvrier. L'association ne peut-elle pas reformer des liens naturels, masser pour la défense collective les intérêts du capital et du travail, et faire revivre les bonnes traditions industrielles? Le problème est grave, et c'est l'un des aspects les plus intéressants des questions relatives au personnel de l'industrie[2].

Un second type d'associations imparfaites est celui des *associations syndicales ;* celles-ci sont constituées entre un certain nombre de propriétaires, en vue de l'accomplissement de travaux d'intérêt collectif. On verra par l'étude de l'agriculture de quelle importance sont ces associations, en ce qui concerne les améliorations des propriétés rurales, les seules auxquelles d'après notre législation (loi de 1865) s'appliquait le système des associations syndicales. En 1888 (loi du 22 décembre) le cadre de ces associations a été agrandi et permet désormais d'entreprendre des travaux d'améliorations urbaines ou de constructions, mais avec des précautions spéciales propres à déjouer les manœuvres de spéculateurs organisés en syndicat.

Un troisième type d'associations imparfaites est celui de la production sous forme d'*entreprise :* une personne prend l'initiative d'une affaire, en dirige l'exécution et en assume les risques, mais elle se procure le concours d'ouvriers, d'employés

---

[1] V. ci-dessous, n⁰ˢ 851 et suiv., 868, ce qui est relatif à la liberté corporative et aux associations syndicales. Il importe de signaler immédiatement la différence essentielle entre les institutions corporatives modernes en France et les corporations anciennes : celles-ci constituaient des privilèges, étaient des groupes fermés ; au contraire, les associations syndicales nouvelles ne doivent porter aucune atteinte au libre accès de la profession.

[2] En plusieurs pays étrangers, Autriche-Hongrie, Allemagne, Russie, les corporations ont été maintenues ou réorganisées dans des conditions nouvelles. V. ci-dessous, n⁰ˢ 863 et suiv.

et autres auxiliaires, ou bien encore l'aide de capitalistes qui mettent à sa disposition les moyens d'action nécessaires. Entre ces divers individus existe, peut-on dire, une coopération voulue s'appliquant à la même œuvre. Ce n'est pourtant pas une association proprement dite, car les intérêts des divers coopérateurs ne se confondent pas. Enfin, des associations imparfaites se sont constituées depuis un certain nombre d'années dans le but de réagir contre les effets de la concurrence, soit entre producteurs pour limiter la production ou de maintenir les prix à un niveau rémunérateur (*cartels*), soit entre spéculateurs en vue d'accaparer un produit et de le vendre à un prix de monopole (*trusts*) (nᵒˢ 71 et 571).

L'association parfaite a lieu lorsque plusieurs personnes non seulement s'unissent dans la poursuite d'un même but, mais, de plus, s'exposent aux mêmes chances de réussite ou d'insuccès en mettant en commun leur industrie et des moyens d'action, c'est-à-dire des capitaux. Il y a alors bien réellement fusion complète d'intérêts, fût-ce pour un objet limité. Les associations de ce genre sont les unes industrielles, commerciales, financières; les autres ont pour but l'assurance, l'épargne, des travaux d'utilité commune, des entreprises de colonisation, etc. [1].

68. Causes de la puissance de l'association. — Lorsque l'association est convenablement appliquée, la puissance économique s'accroît dans une mesure inappréciable; il est certain que, par l'union, on obtient plus que par la simple addition des forces individuelles. L'association rend même possibles des entreprises qui seraient au-dessus du pouvoir de l'homme le plus riche ou le plus habile; enfin, elle permet d'oser sans témérité ce qui ferait reculer les plus hardis.

Quel est le secret de la puissance de l'association? On le cherchera d'abord dans un mode perfectionné de la division du travail. L'hypothèse d'une entreprise dont la gestion resterait indivise est peu pratique : l'entente y serait souvent troublée

---

[1] Cette notion de l'association relative à un objet économique est encore plus large que celle du contrat de Société, d'après l'art. 1832 du Code civil. Aux termes de cette disposition, pour qu'il y ait société, il faut que les parties se proposent de réaliser des *bénéfices au moyen d'opérations faites avec l'actif social*, ainsi une société de secours mutuels n'est pas dans la rigueur des termes une société, car on n'y poursuit pas un gain pécuniaire.

et l'unité compromise. En supposant donc une certaine division dans l'administration sociale, chacun des associés y jouera le rôle que son talent ou ses aptitudes particulières lui assignent naturellement. Une coopération rationnelle est ainsi réalisée au sein des associations d'une façon beaucoup plus durable qu'au moyen d'une série de conventions entre personnes restant indépendantes les unes des autres.

S'il s'agit de sociétés constituées d'après le type des sociétés par actions, les fonctions de direction et de contrôle sont divisées; les unes sont confiées à un gérant ou à un administrateur, les autres exercées par des conseils ou des commissaires de surveillance. On obtient ainsi une pondération de pouvoirs et des garanties contre les abus qu'on ne rencontrerait pas dans l'organisation arbitraire des entreprises individuelles, lors même que, à cause de leur étendue, il existerait aussi au sein de celles-ci une division assez complexe du travail et des fonctions[1]. Un autre avantage résultant de la constitution des grandes sociétés est que le gérant est choisi à raison de sa capacité présumée. Il peut ne posséder qu'une très faible partie du capital. Au contraire, dans les entreprises individuelles, la direction est *capitaliste*, c'est-à-dire qu'elle a pour cause première la possession en propre de la totalité ou d'une fraction considérable du capital[2].

La seconde cause de supériorité des associations sur les entreprises individuelles, réside dans le fractionnement des risques. Un homme prudent hésiterait à engager tout son avoir dans une seule affaire industrielle; il ne commettra pas une imprudence aussi grande, à beaucoup près, s'il le place dans plusieurs sociétés différentes.

Les sociétés par actions sont divisées en un très grand nombre de parts d'associés, de telle sorte que, malgré l'importance de l'entreprise et de l'actif social, l'apport individuel sous forme d'une action ne s'élève qu'à une somme assez faible[3]. Ce procédé

---

[1] Cet effet de l'association sur la division du travail suffit à réfuter le paradoxe de Proudhon selon lequel l'association, à la différence de la division du travail, n'aurait aucune vertu organique et productive. Il plaît à Proudhon, jouant sur les mots, de ne prêter cette vertu qu'à l'union des forces ou à la force collective; il la sépare arbitrairement de l'association qui cependant la suppose Proudhon, *Idée générale de la Révolution*, p. 80 et suiv.).

[2] De Molinari, *L'évolution écon. au xixᵉ siècle*, p. 38. V. ci-dessous, nᵒ 255.

[3] L'actionnaire n'est responsable que jusqu'à concurrence du montant no-

de fractionnement a fait le succès des sociétés par actions et a contribué à donner un élan inouï jusque-là, à l'activité économique. C'est l'association qui a donné l'essor à la grande industrie et, chose bien remarquable, elle le lui a donné grâce à ce qu'on a très ingénieusement appelé le *drainage* des petits capitaux. Aujourd'hui, les possesseurs de très modestes revenus peuvent être pour quelque chose dans les œuvres les plus gigantesques. Combien d'épargnes n'ont-elles pas été encouragées par ces perspectives nouvelles! Combien de capitaux, autrefois stériles, ont été mis en mouvement au moyen des sociétés par actions; combien se trouvent attirés dans l'engrenage du crédit! Qu'il y ait là un danger, à côté d'avantages incomparables, nul n'en doute; mais il est peut-être possible d'y obvier, d'endiguer le courant qui entraîne imprudemment les petites épargnes vers les placements aventureux, tandis que rien ne pourrait remplacer l'action fécondante de la concentration des capitaux par la voie de l'association. Le fractionnement des risques a eu pour effet aussi de rendre réalisables des entreprises dans lesquelles le succès ne peut s'obtenir qu'après une période assez prolongée de travaux ou de tâtonnements; en effet, si l'apport devait être d'une quote-part notable de la fortune, bien peu de personnes, dussent-elles entrevoir ensuite la perspective de gains considérables, seraient à même de se priver pour un long temps de leurs revenus. Au contraire, les parts d'associés étant divisées, on obtiendra aisément des souscriptions pour des entreprises qui n'ont chance de devenir lucratives qu'après un laps de temps indéfini : le percement de l'isthme de Suez peut être cité comme exemple.

La concentration des capitaux est la troisième des causes principales de la puissance de l'association. On verra, à propos de la comparaison entre la grande et la petite industrie, pourquoi cette concentration est un avantage. Mais, avant cette analyse, on comprend qu'il a fallu pouvoir recueillir des centaines de millions et même des milliards, par fractions minimes, sous le nom d'*actions* ou d'*obligations* (en ce moment nous n'avons pas lieu de distinguer entre ces deux sortes de titres) pour pou-

___

minal de l'action. Il est vrai que ce principe de responsabilité limitée n'a pas prévalu sans quelque difficulté surtout en Angleterre. V. ci-dessous, nᵒˢ 578 et 604.

voir songer à créer les réseaux de chemins de fer, ou à constituer les grandes institutions financières.

Une quatrième cause de la puissance des associations vient
de la loi : c'est la *personnalité civile* dont elles peuvent être
dotées. Pour une association, être une personne civile, c'est
avoir une aptitude juridique spéciale, distincte de celle des associés considérés individuellement. C'est pouvoir agir en justice,
y défendre ses droits conformément aux statuts, exiger des membres associés l'exécution de leurs engagements ; c'est en un mot
la sanction civile de la vie sociale.

Quel peut être au point de vue de la puissance de l'association
l'avantage de la personnalité civile ? La réponse est que la personnalité est une force pour les deux raisons suivantes :

1° C'est la société elle-même qui est propriétaire ; ses biens forment le gage exclusif des créanciers sociaux. Le crédit de la
société dépend en conséquence de la situation de l'actif social et
se trouve soustrait aux mille événements qui peuvent menacer
le crédit personnel de chaque associé. 2° L'actif social peut offrir
aux poursuites des créanciers une base beaucoup plus large que
les fortunes individuelles des associés. Or, comme c'est le crédit
qui anime les entreprises économiques, le fortifier et l'étendre,
c'est en réalité développer leur puissance. 3° Un autre fondement encore du crédit des sociétés commerciales spécialement
des sociétés par actions est la publicité à laquelle elles sont soumises. Le public ne peut apprécier, au contraire, que par induction les conditions constitutives des entreprises individuelles,
et spécialement l'importance de leur capital.

Aux causes générales de la puissance de l'association, on peut
en ajouter une qui est spéciale aux sociétés par actions et aux
personnes morales dites de *mainmorte,* à savoir : la perpétuité
pour ainsi dire de leur existence ; ces sociétés étant constituées
par une réunion de capitaux, la considération de la personne
des associés est indifférente ; par conséquent les événements, tels
que la mort, la faillite, etc., qui mettent fin aux entreprises individuelles ou aux sociétés ordinaires, n'ont aucune influence
sur la durée des sociétés par actions.

69. Limites rationnelles de l'association. — On a discuté longuement sur l'avenir de l'association dans l'industrie. Quelques
publicistes se sont sans doute fait illusion en croyant qu'elle est

destinée à remplacer à peu près complètement les entreprises individuelles[1]. Mais à quoi bon, en règle ordinaire, se mettre à plusieurs pour faire ce qui ne dépasse pas les forces d'un seul? Aussi l'association n'est-elle plus opportune dès que l'action individuelle a une assez grande puissance ou bien encore qu'il ne paraît pas nécessaire de diviser les risques. Si l'association devait se substituer entièrement aux entreprises individuelles, ce serait parce que l'évolution économique aurait pour terme l'abandon absolu de la production limitée, mais c'est là une thèse *à priori* contre laquelle s'élèvent, comme on le verra par la suite, de très fortes présomptions.

L'association frappe surtout par le déploiement de forces qu'elle permet de réaliser, mais il ne faut pas fermer les yeux sur la contre-partie de cet immense avantage :

1° L'action commune est toujours plus compliquée ; elle donne lieu à de fréquents conflits. Les grandes sociétés ont, il est vrai, une organisation savante, des statuts auxquels chacun doit obéissance ; la direction y jouit d'une grande (quoique parfois dangereuse) latitude de conduite ; les assemblées d'actionnaires reçoivent, à des intervalles fixes, communication des résultats de la gestion, l'approuvent ou la critiquent ; la délimitation des attributions prévient les difficultés. Mais il n'en peut être de même dans les sociétés plus restreintes ; rien n'amortit le choc de volontés opposées, armées de droits égaux. Si l'association n'est pas indispensable pour opérer la concentration des capitaux et des ressources de travail, elle donne lieu à des frottements, à des déperditions de forces[2]. 2° Le fractionnement des risques est un immense avantage lorsque le péril pourrait faire reculer des individus isolés : dans les grandes sociétés par actions, les souscriptions représentent des capitaux de placement, aventurés jusqu'à un certain point, mais par fractions peu considérables et attirés par la perspective de dividendes relativement élevés. Dans les associations restreintes on trouve du côté des mauvaises chances de plus grands dangers, puisque les risques

---

[1] C'est la thèse de M. de Molinari, *op. cit.*, p. 35 et suiv. et 321.

[2] Proudhon n'a voulu voir dans l'association que ce qui la stérilise, que l'entrave à la liberté ; malgré cela il demande la substitution de *Compagnies ouvrières* aux entreprises de la grande industrie (Proudhon, *Contrad. économiques*, p. 83).

ne sont répartis qu'entre un petit nombre de personnes, et du côté des bénéfices moins de séduction parce qu'il faut les partager. Ce sont des conditions peu favorables au déploiement de l'énergie individuelle et de la prévoyance. Dans l'entreprise appartenant à un seul, l'intérêt personnel est davantage tenu en éveil par l'importance des risques et la perspective de l'intégralité des profits. En deçà d'une certaine limite, l'entreprise individuelle aura donc chance d'être mieux dirigée que l'association.

Ce n'est pas à dire cependant que la grande industrie, où l'association a fait de véritables merveilles, soit le seul domaine sur lequel elle puisse s'étendre. La petite et la moyenne industrie peuvent aussi y chercher la concentration relative du capital et du travail dont elles ont besoin. La mesure est en effet variable quant à l'appréciation de l'étendue des entreprises. Il en est de peu considérables peut-être, mais qui exigeraient plus d'activité et de capitaux que n'en pourrait fournir isolément chacun de ceux qui se proposent d'agir. L'évolution qui se poursuit, vers la grande industrie dans plusieurs des branches du travail, tend à aggraver l'inégalité de la concurrence entre la production restreinte et la production sur une large échelle. Les petites entreprises lutteront avec moins de désavantage si elles apprennent à se fusionner, à mettre en commun tout au moins la force motrice et les instruments de travail perfectionnés.

70. On vient de voir qu'il existe un niveau au-dessous duquel l'association n'est plus une combinaison rationnelle ; peut-on de même indiquer un maximum à l'étendue des associations? La question est fort importante, car la force d'expansion de l'association est telle que les grandes compagnies étendent leur influence au delà des limites territoriales des États et que, souvent, des sociétés industrielles ou financières sont alimentées par des capitaux venus de tous les points du monde habité. En outre, le mouvement qui se fait de nos jours dans le sens de la concentration des entreprises amène souvent le fusionnement de plusieurs sociétés en une seule.

Au fond, la vraie difficulté est de savoir si les dimensions d'une entreprise peuvent indéfiniment s'étendre sans inconvénient. On voit, d'après cette formule même, que, sous ce rapport, il n'y a rien de spécial aux associations, bien que, en fait le plus souvent, ce soit sous forme d'associations que sont consti-

tuées les très grandes entreprises. Aussi n'est-ce pas le lieu
d'examiner cette difficulté : disons seulement que si, au point de
vue des capitaux, il n'y a pas de limites assignables à l'utilité de
la concentration, on ne saurait être aussi affirmatif en ce qui
concerne la direction et la division du travail. On a pu soutenir
qu'il est des limites naturelles au développement des grandes
sociétés. Elles seraient determinées par la difficulté de l'unité de
direction d'affaires trop vastes et par la complication extrême
de la division du travail entre un personnel trop nombreux. Peut-
être ces objections ne sont-elles pas insurmontables et peut-on
les écarter au moyen d'une certaine décentralisation et d'une
délégation convenable de pouvoirs. La question a été spécialement agitée au sujet des concessions de lignes nouvelles de chemin de fer à des compagnies en possession déjà d'un réseau très
considérable (n° 1162).

71. Une autre face de la question de la concentration des entreprises au moyen de puissantes associations est relative à la
concurrence et à la liberté effective du travail : en théorie pure,
l'association qui se forme entre un groupe de personnes, quelque considérable qu'il soit, ne porte pas préjudice à la faculté
pour d'autres personnes de se livrer au même genre d'industrie.
Toutefois, les grandes entreprises en se syndiquant peuvent
entrer en possession d'un monopole de fait; de telle façon que la
liberté du travail, en vertu d'une sorte de contradiction économique, signalée par Proudhon, engendrerait le privilège. Comme
l'observation en a déjà été faite (n° 67), la constitution de monopoles au moyen de syndicats d'accaparement est une manœuvre qui a été maintes fois tentée de nos jours (n° 571).

L'association risque-t-elle vraiment ainsi de détruire la concurrence? Le plus ordinairement, les tentatives faites en ce sens
avortent mais il ne faut pas vouloir trop prouver et, à l'exemple
de quelques économistes, écarter l'objection comme n'ayant
aucun fondement. Dans la plupart des industries, la constitution
d'un monopole est irréalisable parce que la concurrence est alimentée soit par de nombreuses entreprises individuelles, soit
par le commerce international. On peut cependant signaler certaines branches du travail où le monopole de fait, par suite de la
concentration, est au contraire facilement réalisable : telle est
l'exploitation des chemins de fer par les compagnies; en vain

existe-t-il plusieurs lignes dites *concurrentes*, les compagnies rivales ne tardent pas à se syndiquer en vue d'établir des tarifs de monopole.

72. Régime des associations. Sociétés ayant pour but un intérêt privé ou un intérêt général. — La loi civile ne fait que consacrer les droits inhérents à la personne de l'être humain. Les associations, au contraire, ne sont des personnes que par la création de la loi : elles n'ont d'existence et de droits que par sa puissance. Par conséquent, lors même que le droit d'association serait débarrassé des entraves auxquelles il est soumis par nos lois[1] et par celles de quelques autres pays (Prusse, Autriche), la naissance à la vie civile et par conséquent la question du régime économique des associations librement formées se poserait encore.

Les associations naissent à la vie civile d'une manière fort différente et elles obtiennent une capacité et une indépendance d'action variables suivant leur nature. La distinction à faire à cet égard est celle des associations motivées par un but d'intérêt privé ou par un but d'intérêt général (n° 66).

Sont des sociétés d'intérêt privé celles qui poursuivent un but de négoce ordinaire. Sont, au contraire, sociétés d'intérêt général toutes celles qui répondent à un besoin intellectuel ou moral ou à un besoin économique d'assurance, de prévoyance, de secours ou d'assistance[2]. La distinction n'est pas arbitraire : les sociétés d'intérêt privé sont des sociétés qui, ayant simplement pour objet la réalisation de bénéfices, se comportent dans leurs relations d'affaires avec les tiers, absolument comme les personnes réelles. Ce que la loi peut demander à de telles sociétés, c'est qu'elles se soumettent au régime de la publicité, afin qu'on puisse exactement connaître ce qu'elles sont et appré-

---

[1] V. art. 291 du Code pénal et la loi du 10 avril 1834. — La nécessité de l'autorisation administrative n'existe cependant plus en ce qui concerne les syndicats professionnels (loi de 1884 et les associations formées en vue de donner l'enseignement supérieur (loi de 1875)

[2] C'est à ces associations que se référaient plusieurs projets de lois sur les associations soumis depuis 1880 aux Chambres françaises, en particulier le projet Waldeck-Rousseau (Sénat, session 1883, annexes, *J. off.*, p. 1018). Il embrassait toutes les associations ayant pour objet la mise en commun ou des connaissances ou de l'activité des membres qui en font partie, dans un but autre que de partager des bénéfices (art. 1).

cier les garanties qu'elles présentent. Aussi naîtront-elles à la vie civile à la seule condition d'être constituées conformément à l'un des types reconnus par la loi et d'observer les conditions de publicité ou autres légalement prescrites[1].

Les sociétés d'intérêt général ont un rapport plus direct avec la puissance publique. Devrait-on leur accorder, comme aux sociétés de commerce, la personnalité morale, sous des conditions déterminées par la loi? On l'a prétendu[2] comme si la puissance publique pouvait accepter cette assimilation sans danger; comme si elle était suffisamment protégée au moyen de la répression des délits commis par des collectivités, certaines assez puissantes pour que rien que la menace de les poursuivre soit taxée d'imprudence et de faute politique. Aussi, d'après notre législation, les associations d'intérêt général ne peuvent-elles se constituer que moyennant l'accomplissement des conditions de police exigées par la loi (déclaration préalable, publicité, etc.) et ne parviennent-elles à la vie civile qu'en vertu d'une loi spéciale ou tout au moins d'une autorisation du gouvernement[3]. En laissant de côté, à dessein, comme ne rentrant pas dans le cadre de nos études, les associations relatives à un intérêt purement moral ou intellectuel, on comprend que, pour les associations qui répondent à un besoin économique collectif, la création de la personne

---

[1] Notre législation est peu nette en ce qui concerne la personnalité civile des associations d'intérêt privé : les sociétés commerciales sont pour la plupart des personnes morales; ce qui est dit au texte s'y applique. En principe, au contraire, selon l'opinion commune des auteurs, les sociétés civiles ne sont pas des personnes morales V. en sens contraire, Cass. req., 23 février 1891). Il faut excepter les sociétés civiles qui auraient revêtu la forme commerciale, les sociétés de mines et les sociétés dites coopératives. Le fondement de la distinction entre les sociétés civiles et les sociétés commerciales est d'ailleurs entouré d'obscurités.

[2] V. Pierre Dareste, *Revue des Deux-Mondes*, 1891, t. V, p. 832.

[3] En France (sauf en ce qui concerne les syndicats professionnels), le droit d'association est encore subordonné à l'autorisation préalable. Plusieurs projets (Projet Dufaure, 1880, *J. off.*, 8 juillet 1880 et 3 août 1882; projet Waldeck-Rousseau déjà signalé, note 2, p. 129, et Floquet Ferrouillat, Chambre, annexes, *J. off.*, 1888, p. 602 et 711; projet Constans, session 1892, Chambre, annexes, p. 98) ont opéré la distinction entre la constitution des associations littéraires, religieuses, politiques ou scientifiques qui devenait libre (sauf les déclarations exigées et la reconnaissance de la personnalité civile qui nécessitait un décret ou une loi. Les associations non encore autorisées n'avaient le droit d'acquérir par cotisations, droit d'entrée ou autrement que les valeurs ou les locaux nécessaires à leur fonctionnement.

morale exige l'intervention de la puissance publique. Ici, en effet, la société n'entreprend point une pure spéculation d'intérêt privé; le service de secours, d'instruction, de prévoyance ou d'assurance pour lequel elle s'entremet, exige l'examen de garanties morales et financières, afin que la bonne foi du public ne soit pas trompée.

73. Les sociétés d'intérêt privé ont, comme conséquence nécessaire de la personnalité civile, le droit de trafiquer, d'acheter, de vendre. Le droit d'avoir un patrimoine, d'acquérir ou de disposer est un attribut essentiel des sociétés ayant un but exclusivement pécuniaire[1].

Quant aux sociétés établies dans un but d'intérêt général ayant obtenu l'existence civile, leur capacité est, en principe, réglée par la loi de fondation, les statuts ou les règlements d'administration publique[2]. On conçoit que cette capacité soit mesurée d'après le cercle dans lequel doit se mouvoir l'association : il se pourrait donc qu'une association ne pût avoir d'autre patrimoine que les cotisations fournies par les membres qui en font partie. Mais c'est spécialement en ce qui concerne les acquisitions à titre gratuit, que le législateur devait se montrer vigilant : d'après le Code civil, les donations ou legs, faits en faveur d'établissements publics ou d'utilité publique, ne peuvent avoir d'effet qu'autant que l'acceptation en a été autorisée par le gouvernement (Art. 910, C. civ.)[3].

Les dispositions restrictives de la capacité des personnes morales d'intérêt général sont vivement contestées : d'après une théorie qui compte de nombreux défenseurs, la personnalité civile implique une complète assimilation, sous le rapport des droits pécuniaires, entre la personne morale et les individus. On a même, de nos jours, revendiqué pour les personnes morales,

---

[1] Indépendamment des conditions de publicité, la loi a dû soumettre les sociétés commerciales à un ensemble de règles préventives destinées à empêcher les fraudes et les abus de la spéculation. Ce sujet est traité plus loin, nos 376 et suiv.

[2] D'après le projet de 1892, la loi devait déterminer la quotité des biens meubles ou immeubles que la société reconnue d'utilité publique serait admise à posséder.

[3] Les projets de loi dont il vient d'être question maintenaient le système de l'art. 910, ou l'étendaient à tous les genres d'acquisition, même par échange, et à l'acquisition de tous les biens sans distinction (Projet Waldeck-Rousseau).

non seulement la plénitude de la vie civile, l'entière jouissance, mais encore le *plein exercice* des droits, la pleine capacité[1]. Ces critiques ne sont pas fondées et il y aurait de graves dangers, au point de vue de l'ordre social et au point de vue économique, à ce qu'elles fussent trop facilement accueillies. Il est rationnel que le législateur, qui donne la vie à la personne morale, puisse lui prescrire en même temps un mode d'existence limité, ne permettant que les actes nécessaires à la poursuite du but pour lequel cette personne morale est fondée. A plus forte raison le législateur, s'il accorde le droit de recueillir à titre gratuit, peut-il y mettre des conditions de contrôle, d'autorisation.

Les associations d'intérêt général doivent rester soumises à la puissance publique : la liberté illimitée de ces associations serait de nature à engendrer un véritable péril social; il ne faut pas en effet oublier que les personnes morales, dites de *mainmorte,* ont une existence en quelque sorte perpétuelle. Elles ont cela de commun, il est vrai, avec les sociétés commerciales par actions, mais celles-ci se dispersent dès que le but pour lequel elles se sont formées n'existe plus ; au contraire, beaucoup d'associations d'intérêt général ont un but permanent[2]. Si elles étaient émancipées, disposant d'une influence morale considérable et d'immenses richesses matérielles, elles formeraient autant d'États indépendants au sein de la nation ! Au surplus, quel que puisse être ce péril, les aspects économiques de la question doivent seuls fixer notre attention ; ils suffisent d'ailleurs à justifier les mesures restrictives. A propos de la théorie de la propriété, on verra quels sont les inconvénients généraux de la concentration excessive des fortunes. Or ces inconvénients seraient aggravés dans une proportion incalculable si la concentration se produisait sans entraves au profit des associations. Ces associations (c'est même de là que leur vient le nom de personnes de *mainmorte),*

---

[1] P. Dareste, *op. cit.*, p. 819 et 824. L'auteur fait le procès au Code civil qui ne concevrait la propriété que comme droit individuel. Qu'importe si au moyen de la personnalité civile l'association a l'accès de la propriété comme la personne physique. Est-ce que la conception du Code civil relative au droit de propriété s'est opposée au développement des sociétés de commerce ou d'industrie?

[2] Le projet Waldeck-Rousseau n'admettait que des associations temporaires; tout ce qui pouvait tendre à en perpétuer la durée, comme la convention de laisser les biens en commun pour un temps indéfini était prohibé.

n'aliènent jamais et ne meurent pas, tandis qu'elles acquièrent indéfiniment : de génération en génération, leurs richesses matérielles s'accroissent; il n'y a aucune règle à leurs envahissements successifs sur la propriété des particuliers. La *mainmorte* a été l'un des fléaux de l'ancien régime; en vain l'acquisition était-elle subordonnée au paiement de droits : droit d'indemnité au profit des seigneurs lésés; droit d'amortissement au profit du roi[1]; or, avec la liberté illimitée, elle ne tarderait pas à être reconstituée[2] : les biens seraient en fait retirés du commerce, immobilisés, soumis à des règles d'administration peu favorables au progrès industriel[3].

[1] La nécessité d'une réforme radicale avait été comprise au xviiie siècle. L'édit d'août 1749 établit en règle l'incapacité d'acquérir des personnes de mainmorte.

[2] Malgré le régime restrictif de nos lois les valeurs immobilières possédées par les congrégations religieuses s'élevaient en 1880 à près de 600 millions et voici, d'après la *Statistique annuelle* de la France, l'importance des libéralités faites aux établissements d'utilité publique en 1888. Plus de 2,000 donations ou legs aux établissements religieux, pour une valeur de 6,6 millions fr.; 1,600 aux établissements charitables, 16,6 millions; 110 aux établissements de prévoyance, 550,000 fr.; 60 aux établissements d'instruction ou aux Académies, 720,000 fr.; total, 31,5 millions. Il faudrait, aux premiers chiffres de cette statistique, ajouter les valeurs qui sont adressées, sous forme déguisée, aux établissements non autorisés. V. sur les biens de mainmorte, n° 1023.

[3] Convient-il de distinguer entre la mainmorte civile et la mainmorte ecclésiastique? Le projet Waldeck-Rousseau se bornait à maintenir les congrégations, par dérogation au principe général des associations, sous le régime de l'autorisation préalable. Les projets Dufaure et Floquet les plaçaient sous l'empire du droit commun. Comme symptôme d'opinion, il ne faut pas oublier une proposition extrême dirigée contre les congrégations ordonnant la liquidation des congrégations d'hommes et soumettant les congrégations de femmes a l'autorisation préalable Prop. Marmonnier, Chambre, annexes, 1888, *J. off.*, p. 597).

CHAPITRE III.

FORCES ÉCONOMIQUES PUBLIQUES. ÉTAT. COOPÉRATION INTERNATIONALE.
NATIONALITÉS ET COSMOPOLITISME.

74. Éléments qui constituent la Nation ou l'État. — Une Nation est une réunion d'hommes habitant un même territoire et formant par ses mœurs et ses intérêts une véritable unité sociale et économique. L'État est une nation ou un peuple jouissant de la souveraineté territoriale et en possession d'un système de gouvernement et de lois générales. Aussi dans son existence normale, l'État[1], résume-t-il une triple force : 1° force résultant de la souveraineté territoriale, de l'organisation de pouvoirs publics et d'un système de lois ; 2° force puisée dans les traditions intellectuelles et morales et dans la communauté d'origine, de langage, d'institutions et de mœurs ; 3° force consistant dans la convergence des intérêts économiques. De là une cohésion sociale qui fait de la nation un groupe compact ayant sa physionomie, son génie propre ; un être collectif se plaçant entre l'individu ou la famille et l'humanité prise dans son ensemble.

75. Entre les États qui existent à la surface du globe, on constate d'énormes différences de population, de puissance matérielle ou de civilisation générale. Nous supposons ici, laissant de côté les formes inférieures de la civilisation, une société parvenue à la vie sédentaire, n'ayant pas connu ou ayant quitté la vie pas-

---

[1] On supposera ici, c'est l'hypothèse ordinaire, que l'organisation de l'État n'est autre chose que la forme concrète de la nation. Il n'en est pas toujours ainsi ; sous une même souveraineté ou sur un même territoire, des populations différentes par les mœurs et les institutions peuvent se trouver en présence ; c'est ce qui a lieu en Autriche-Hongrie, en Turquie, etc... Il se peut aussi qu'une nation soit privée de la souveraineté. Enfin, où existe l'unité nationale, au point de vue moral, il peut y avoir divergence d'intérêts économiques, tandis qu'une ligne de frontières artificielles sépare parfois deux contrées baignées par les mêmes fleuves, ayant la même constitution économique et faites pour entretenir des relations commerciales continuelles.

torale (v. n° 43). En effet, entre les tribus de nomades, malgré
le lien résultant de la communauté d'origine et de mœurs, on ne
saurait concevoir ni la permanence des rapports politiques, ni
l'unité économique essentielles à la notion de l'État. Sous le
régime pastoral, les tribus vivent à peu près complètement isolées les unes des autres. La tribu errante change de pâturage :
sur le sol elle n'a qu'un droit de possession temporaire. L'autorité du chef est absolue; la vie économique concentrée dans
la famille patriarcale rayonne peu au dehors; elle ne franchit
qu'exceptionnellement le cercle de la tribu. Même lorsque commence la vie sédentaire on ne voit pas aussitôt apparaître la
nation ou l'État. Au milieu d'une population très clair-semée se
distinguent plusieurs groupes; chacun a son culte, ses institutions, son territoire (v. n° 42). Mais la nécessité de la défense
commune les rapproche, les relations d'échange se multiplient,
et, ainsi, par un travail insensible, l'unité politique se dégage.
L'action politique et la vie économique s'étendent peu à peu au
delà de l'enceinte de la cité et de son territoire rural; vient en
effet un moment où la consommation locale ne donne plus de
débouchés suffisants à l'agriculture et aux industries de fabrication. L'activité économique déborde, tantôt devançant, tantôt
suivant les progrès de l'association politique.

76. L'étendue territoriale des États, l'importance et l'homo-
généité de la population sont à signaler parmi les causes les plus
importantes de l'indépendance et de la puissance politique et économique. De hautes civilisations ont pu fleurir au sein de petits
États : Athènes, Florence, Venise sont les noms qui viennent à
l'esprit de chacun, mais en Grèce et en Italie l'indépendance respective des petits États a fait obstacle à la formation de l'unité nationale; or, de grandes nations ont seules une puissance effective
pour l'expansion politique et économique; « elles ont pour elles
« la variété des climats et des races, c'est-à-dire ce groupement
« des forces naturelles et humaines qui est nécessaire pour at-
« teindre dans sa complexité la civilisation tout entière. En outre,
« elles n'excellent pas moins à propager qu'à créer la civilisa-
« tion. C'est tout autre chose, soit pour une institution, soit pour
« une idée de naître à Genève, à Weimar ou de naître à Paris [1].

---

[1] Dupont-White, *L'individu et l'État,* p. LXII.

Aux yeux de List, l'économiste illustre, l'initiateur du *Zollverein,* la nation idéale ou *normale* est aussi une grande nation.
Voici le remarquable tableau qu'il en trace : « elle possède une
« langue et une littérature, un territoire étendu, pourvu de
« nombreuses ressources, une population considérable; l'agri-
« culture, l'industrie manufacturière, le commerce et la naviga-
« tion y sont harmoniquement développés ; les arts et les scien-
« ces, les moyens d'instruction et de culture générale y sont à
« la hauteur de la production matérielle. La constitution poli-
« tique, les lois et les institutions y garantissent aux citoyens un
« haut degré de sûreté et de liberté, y entretiennent le sentiment
« religieux, la moralité et l'aisance, ont pour but, en un mot, le
« bien de tous. Elle possède des forces de terre et de mer suffi-
« santes pour défendre son indépendance et pour protéger son
« commerce extérieur. Elle exerce de l'influence sur le dévelop-
« pement des nations moins avancées qu'elle; et, avec le trop
« plein de sa population et de ses capitaux, elle fonde des colo-
« nies et enfante des nations nouvelles. »

77. Constitution économique de l'État. — La convergence
des forces productives et l'unité industrielle proviennent d'un
ensemble de causes qu'on peut appeler les causes constitutives
de l'économie nationale. La France est l'un des pays dont la
constitution économique est la mieux affermie; en la prenant de
préférence pour exemple, l'analyse de ces causes constitutives
paraîtra peut-être plus claire que si l'on s'en tenait à un énoncé
abstrait.

α) Tout d'abord, à l'inspection des canaux qui relient nos
voies navigables naturelles à celles du réseau des routes de terre
ou des chemins de fer, dont les grandes artères rayonnent du
centre vers les extrémités, on reconnaît aussitôt que l'unité nationale a inspiré le système des voies de communication de la
France. Cette œuvre est d'ailleurs placée dans un cadre géographique favorable à la fois à la concentration intérieure et au
rayonnement extérieur. La France est une patrie naturelle : le
mur des Pyrénées, les barrières du Jura et des Alpes, l'Océan,
la Manche et la Méditerranée circonscrivent son territoire; sauf
vers le nord-est, les limites nationales sont nettement dessinées.

β) La vie économique circule dans toutes les parties de notre
territoire, mais non pas d'une manière uniforme. Il existe des

foyers de production agricole ou industrielle plus puissants que d'autres et des agglomérations de population les unes faibles les autres considérables. Une constitution économique dans laquelle toute la vie serait concentrée autour d'un seul foyer, attirée vers un centre unique de population, serait certainement vicieuse, puisque la vie affluerait au cœur et ne parviendrait pas aux extrémités. A l'inverse, en l'absence d'un foyer principal d'attraction, il n'y aurait pas d'unité économique véritable.

Le développement harmonique des forces économiques nationales implique l'existence d'un centre principal et d'un certain nombre de centres secondaires d'attraction qui retiennent autour d'eux une partie de l'activité économique. La France répond à cette condition : la force d'attraction de sa capitale n'est pas tenue en échec par celle des autres centres principaux, Lyon, Marseille, Bordeaux, etc... Le rayonnement du foyer central s'opère sur toutes les régions du territoire qui sont en même temps soumises à l'action plus directe du centre régional. De là une centralisation et une décentralisation éminemment favorables à la diffusion de l'activité économique. Carey a ingénieusement comparé cet équilibre des forces nationales à la loi de la gravitation des corps célestes. Dans le système planétaire, la Terre, Jupiter et Saturne sont des centres d'attraction secondaires qui gravitent autour du Soleil. Si l'attraction particulière des planètes venait à cesser, le Soleil s'accroîtrait sans doute de leur masse, mais l'espace traversé par les planètes ne serait plus animé.

γ) Une conséquence de l'unité économique est la communauté des charges publiques, la répartition de l'impôt national proportionnellement aux ressources de chaque région et, en outre, une solidarité étroite quant aux pertes résultant des révolutions politiques ou des guerres. La fusion des intérêts fait aussi que les crises industrielles ou financières se répercutent d'une manière beaucoup plus sensible au dedans qu'au dehors; il se peut que les autres États aient à en souffrir aussi, mais ce n'est seulement que par un contre-coup affaibli.

δ) Autant que la justice distributive, le maintien de l'équilibre des forces nationales exige que les travaux publics ou les autres mesures prises dans un intérêt économique régional ne soient dispensés qu'après examen scrupuleux des conséquences qui doivent en résulter pour les autres intérêts en présence. Il s'agit par exemple d'approfondir le lit de la Seine, de faire de Paris un port rival d'Anvers, de ressaisir ainsi une partie du trafic du Nord-Est et de l'Est qui est attiré par le grand port belge. Pour le pays en général on ne voit d'abord que les avantages de cette grande entreprise. L'industrie parisienne devrait grandement profiter de ces travaux de navigabilité, les importations directes des matériaux qu'elle transforme seraient pour elle un immense avantage; l'une des conséquences les plus heureuses serait de faire baisser le prix de la houille, grâce à l'accès plus facile qu'obtiendraient les houilles anglaises. Voilà bien une face de la question, mais il y en a une autre : les houillères du Nord ne pourraient plus soutenir la concurrence des houilles anglaises, dans ces nouvelles conditions, sur le marché parisien; aussi l'approfondissement du lit de la Seine devrait-il avoir, comme contre-partie équitable, l'amélioration des voies navigables du Nord et par conséquent l'allégement des frais de transport pour les houilles françaises. Ainsi seulement, l'industrie houillère du Nord ne serait pas sacrifiée aux intérêts de la fabrication parisienne.

78. Loi de développement parallèle et de solidarité des différentes branches de l'industrie nationale. — Cette loi qui nous offre un dernier aspect de la constitution normale de l'État civilisé au point de vue économique mérite, à cause de son importance capitale, un examen spécial. Elle suppose, comme état économique habituel, sinon constant, la séparation des métiers d'avec l'agriculture. C'est d'après cette constitution économique qu'Adam Smith et ses successeurs ont toujours raisonné. Tant que les industries de fabrication sont demeurées les annexes et l'accessoire du travail agricole, elles n'ont eu qu'une force d'expansion très faible et le développement agricole a été entravé[1] : « Le grand commerce de toute société civilisée, dit Adam Smith, est celui qui s'établit entre les habitants de la ville et ceux de la

---

[1] Jusqu'à une époque assez voisine de nous, c'est-à-dire jusqu'à la naissance de la grande industrie, les populations agricoles ont ajouté au travail de la terre un certain nombre d'industries domestiques, la filature, la broderie, le tissage, le travail du bois ou même des métaux. Les industries rurales n'ont pas entièrement disparu, mais les fabriques rurales les ont transformées et, par l'effet de l'agglomération croissante des populations ouvrières dans les grands centres, leur rôle est dans le présent bien moindre que dans le passé.

campagne. Il consiste dans l'échange du produit brut contre le produit manufacturé... La campagne fournit à la ville des moyens de subsistance et des matières pour ses manufactures. La ville rembourse ces avances en renvoyant aux habitants de la campagne une partie du produit manufacturé. » Adam Smith expose la loi du développement parallèle du travail agricole et du travail de fabrication, loi fondamentale de la constitution économique des nations chez lesquelles s'est opérée la spécialisation des deux branches principales du travail : « Suivant le cours naturel des choses, une partie de la population se livrant à la culture de la terre vit disséminée dans les campagnes; une autre partie de la population forme des centres de commerce et d'industrie. » Entre ces deux éléments s'établit un double et progressif courant d'échange, un mouvement continuel de va-et-vient entre les produits bruts et les produits fabriqués. Selon la constitution économique la plus rationnelle '« c'est ce commerce qui fournit aux habitants de la ville et les matières de leur travail et les moyens de leur subsistance. La quantité d'ouvrage fait, qu'ils vendent aux habitants de la campagne, détermine nécessairement la quantité de matières et de vivres qu'ils achètent. Ainsi, ni leur occupation, ni leur subsistance ne peuvent se multiplier en raison de la demande que fait la campagne d'ouvrages de fabrication, et cette demande ne peut elle-même multiplier qu'en raison de l'extension et de l'amélioration de la culture... Les progrès des villes en richesses et en population auraient donc dû, dans toute société politique, marcher à la suite et en proportion de la culture et de l'amélioration de la campagne et du territoire environnant [1]. »

L'illustre économiste écossais dont on vient de lire la doctrine reconnaît bien que toutes les sociétés ne répondent pas à cet idéal : « A la vérité il se peut, dit-il, que la ville ne tire pas toujours la totalité de ses subsistances de la campagne qui l'avoisine, ni même du territoire auquel elle appartient; » ce sont là des exceptions dont certaines tiennent à la nature même des choses : il est évident par exemple que la Suisse n'a pas assez

---

[1] V. Ad. Smith, *Recherches sur la richesse des nations*, liv. III, ch. I. — Il n'est pas inutile de remarquer que sur ce point le chef de l'École historique allemande, Schmoller, confirme la doctrine d'Adam Smith. V. *Revue d'Écon. politique*, 1890, p. 143 et 144.

de terres à blé pour pouvoir nourrir ses habitants. Mais la constitution normale des nations parvenues au plus haut degré de civilisation, lorsque le climat et l'étendue du territoire le comportent, est l'état industriel complexe, la corrélation entre la culture des terres et le travail manufacturier. Il n'est pas inutile de faire remonter à Adam Smith cette notion féconde du développement harmonique des industries, quoiqu'elle ait été depuis plus fortement et plus systématiquement enseignée par List et Carey. Parmi les économistes de l'École d'Adam Smith, la plupart, infidèles à sa doctrine, professent qu'un large développement économique est compatible avec un état industriel exclusif, agricole, manufacturier ou commerçant. Bientôt, nous aurons à indiquer l'origine de cette seconde théorie et ses conséquences pour la pratique du commerce général du monde; voyons, au préalable, les causes principales de la solidarité entre la culture des terres et les travaux industriels des villes.

Selon le cours naturel des choses, pour parler comme Adam Smith, les populations agglomérées tirent leurs principales subsistances de l'exploitation agricole du territoire qui les avoisine plutôt que de régions très éloignées; elles demandent aussi, autant que possible, les matières premières et le combustible à la région environnante : cela est si vrai, qu'un assez grand nombre d'usines doivent s'établir en dehors des villes, plus à proximité encore du lieu de la production agricole : ainsi les sucreries, les fabriques d'huile, etc... Nul doute que la proximité du lieu de production, par rapport au lieu de consommation ou de conversion, ne soit un avantage; elle équivaut, en effet, à une économie de forces, puisqu'elle épargne le travail destiné à opérer des changements de lieu. On peut ajouter immédiatement, qu'une production agricole dirigée principalement en vue de la consommation régionale dispose de débouchés mieux définis et assurés; que, par conséquent, l'équilibre entre la production et la consommation est relativement aisé à établir, sauf, bien entendu, l'action des causes naturelles sur les récoltes; qu'enfin, un pays qui suffit par son agriculture à sa consommation jouit d'une pleine indépendance en ce qu'il n'a pas à craindre l'interruption des arrivages pendant la durée d'un blocus ou d'une guerre continentale, ou bien encore par suite des changements dans la production agricole des autres pays.

Le développement des industries manufacturières profite à l'agriculture de plusieurs manières : 1° plus l'agriculture déverse de produits vers les villes industrielles, plus elle reçoit en échange d'éléments de bien-être et d'instruments pour une production perfectionnée : machines et instruments agricoles, procédés d'amélioration du sol (matériel de drainage, d'épuisement des eaux stagnantes, etc.); 2° le progrès industriel crée de nouveaux emplois pour le sol, par exemple la culture des plantes textiles, des plantes tinctoriales, de la betterave, etc...; 3° l'agriculture voisine des centres de population en reçoit des éléments fertilisants qui servent à la reconstitution du sol, tels que engrais industriels, résidus des usines, eaux vannes. etc., etc. Pour l'industrie la disposition de débouchés immédiats donne à sa production un appui ferme, une base qui peut ne pas être toujours assez large mais qui est beaucoup plus stable que celle des marchés extérieurs.

De tout ce qui précède résulte bien la preuve de la dépendance mutuelle des branches de production d'un même pays et de l'harmonie qui existe entre les deux branches principales du travail : l'agriculture est intéressée à la prospérité de l'industrie manufacturière, et *vice versa* [1]. Aucune nation, par la nature de son sol, par son climat et ses traditions, ne vérifie mieux la loi de développement harmonique que la France. Comme preuve complémentaire, on remarquera qu'en France, même les départements de la région du Nord-Est et du groupe normand, figurent parmi ceux dont l'industrie est la plus prospère; ce sont ceux aussi où l'agriculture a pris les formes les plus variées et les plus savantes. La Hollande, la Belgique, l'Angleterre ont des centres de population manufacturière qui ouvrent aux produits agricoles de larges débouchés. En Allemagne, la faible population des villes et l'insuffisance des moyens de transport ont été jusqu'au milieu du XIXe siècle de grands obstacles au développement agricole [2].

---

[1] Depuis que ceci a été écrit, a paru le livre de Spencer l'*Individu contre l'État*, dans lequel cette dépendance mutuelle des branches de la production est admirablement mise en relief pour l'Angleterre, p. 148-149

[2] De la loi de solidarité entre les industries se dégage un principe ayant une importance capitale en matière de colonisation. A côté des colons agricoles, qui se dispersent pour cultiver le sol, doivent se constituer dans les colonies de peuplement des centres de fabrication et de commerce reliés par

79. Coopération internationale. Nationalités et Cosmopolitisme. — Beaucoup de causes, plus puissantes de nos jours qu'aux siècles passés, établissent entre les nations, par delà les frontières politiques, un continuel courant d'idées et d'étroites relations pacifiques. La civilisation fortifie et multiplie les affinités morales et spirituelles [1]. Elle crée un fonds de connaissances qui est le patrimoine commun des nations civilisées. On peut dire qu'il existe un concours international pour l'avancement des sciences humaines et les progrès de l'industrie. On a justement fait observer qu'il n'est pas une grande invention industrielle dans laquelle chacune des principales nations ne puisse revendiquer une part : les Anglais sont les premiers qui ont employé l'éclairage au gaz, mais c'est un Français, Lebon, qui construisit le premier appareil et, en remontant davantage, c'est un Anglais, le docteur Clayton, qui découvrit ce qu'il appelait l'esprit de houille [2]. Dans les galeries du Conservatoire, où sont exposés les modèles de machines industrielles avec l'indication du nom et de la nationalité des ingénieurs, on peut suivre la marche de ce qu'on a fort ingénieusement appelé les *pérégrinations industrielles* et déterminer la part qui revient à chaque nation dans le progrès. Les expositions internationales établissent aussi des comparaisons directes entre les différents procédés du travail et en généralisent l'emploi ; c'est pour ainsi dire l'école mutuelle de l'industrie. D'autres conquêtes pacifiques obtiennent une approbation unanime : les unions télégraphiques et postales ont facilité les communications entre les peuples. La sphère des intérêts réglés diplomatiquement s'est élargie par les unions monétaires, les conventions relatives à la propriété industrielle, enfin par des unions douanières ou des conventions de commerce. En Allemagne, l'union douanière, le *Zollverein,* a même été la préface de l'unité politique.

80. On s'explique que, sous l'influence de faits aussi considérables, il se soit formé un courant d'opinion en faveur de tout ce qui tend à abaisser les frontières, à rapprocher les hommes pour

un réseau de voies de communication aux exploitations rurales. Ce principe de colonisation est connu sous le nom de loi de Wakefield (V. ci-dessous, nᵒ 497).

[1] V. Rauh, analyse de l'*Ethik* de Wundt, *Revue d'Économie politique,* 1891, p. 267, 269 et suiv.

[2] V. Michel Chevalier, *Cours,* t. I, p. 285 (xiiᵉ discours d'ouverture).

faire de l'humanité une seule famille. Cette réaction contre le patriotisme haineux, contre l'esprit d'antagonisme, de jalousie et de défiance, qui accentue et envenime les oppositions d'idées, de croyances et d'intérêt s'est appuyée sur l'enseignement économique d'Adam Smith et des physiocrates. Pour eux les marchands de tous pays forment une république universelle. Turgot écrit ceci : « Quiconque n'oublie pas qu'il y a des États politiques séparés les uns des autres et constitués diversement ne traitera jamais bien aucune question d'Économie politique. » Bien plus, certains publicistes modernes ont cru possible ou désirable le règne d'un empire universel, de l'État humain[1]. Cet entraînement vers le cosmopolitisme est une utopie dangereuse. Il y a des obstacles insurmontables à la pénétration intime et complète des diverses sociétés politiques : à savoir des différences de race et de langage, des contrastes ineffaçables dans les mœurs, les institutions et la conception idéale de la société, enfin l'étendue même de l'univers. En outre, le cosmopolitisme fait bon marché du sentiment instinctif de la nationalité, du patriotisme, dont on ne connaît la puissance qu'aux époques de grandes crises.

Le patriotisme est une immense force morale et une précieuse garantie d'indépendance. Affranchi des étroitesses qui le pervertissent, c'est une source féconde d'émulation pacifique. On peut le défendre, dire qu'il est un sentiment naturel au cœur de l'homme sans être complice des ambitions malsaines et de l'esprit de domination. Ce sentiment a pour raison d'être le génie propre de chaque nation, ce qui est dans l'histoire et dans l'humanité la justification de son existence. Jusqu'à la dure leçon de l'expérience, les économistes en France avaient eu le tort d'encourager l'illusion du cosmopolitisme : beaucoup, ne sachant pas pressentir les nécessités de la défense nationale, poussaient au licenciement des armées permanentes ; les milices nationales devaient suffire à tenir en respect les autres puissances[2]! Il semblait que la liberté commerciale fermait l'ère des défiances et des haines et ouvrait celle de la justice internationale. Peu d'années après, la maxime brutale « la force prime le droit »

---

[1] V. Bluntschli, *Théor. de l'État*, Trad. de Riedmatten, p. 26.

[2] Beaucoup de citations prouveraient l'existence de cette déplorable propagande. Sur un point aussi sensible, il est plus charitable de n'en faire aucune.

devait dissiper pour longtemps ces dangereuses illusions[1]. Dans l'état du droit public européen, il n'y a malheureusement d'autre régime possible que celui de la *paix armée*. Il ne faut ni ignorer ce qu'elle coûte, ni, jusqu'à ce qu'une ère nouvelle soit ouverte, marchander les sacrifices nécessaires au maintien de l'indépendance nationale. Au point de vue politique comme au point de vue moral, la distinction des nationalités est la loi inéluctable du présent et vraisemblablement aussi celle de l'avenir. Il s'ensuit, quant aux intérêts économiques, que les principes applicables aux rapports entre nations ne doivent pas être établis tout comme si les frontières étaient effacées et l'État universel définitivement constitué.

81. Le cosmopolitisme dans le domaine économique tend à la suppression totale des barrières douanières; d'importantes réformes ont été opérées; elles ont fait disparaître les prohibitions, les droits protecteurs excessifs, mais ont généralement laissé subsister des taxes dont sont frappés les produits étrangers similaires des produits de l'industrie nationale. Ce n'était qu'une demi-satisfaction pour une doctrine puissante, celle du libre-échange absolu, doctrine de l'École anglaise à laquelle se rallient encore le plus grand nombre des économistes français contemporains; et pourtant une réaction s'est produite : une politique plus défensive de la production nationale a prévalu depuis dans la plupart des pays.

Ce n'est pas le lieu de prendre parti dans ce grand débat, ni même de l'effleurer; toutefois, il est indispensable d'examiner en quoi le principe de l'unité industrielle de la nation y est engagé. On verra plus tard que, en réalité, le libre-échange absolu est issu directement de la science chrématistique, de l'Économie politique abstraite ou cosmopolite et que l'Économie politique nationale est conséquente avec elle-même en n'admettant la liberté du commerce international que sous bénéfice d'inventaire.

82. A côté de la coopération industrielle à l'intérieur de chaque nation existe incontestablement une coopération ou division internationale du travail. Les dons de nature sont inégalement répartis sur le globe : des substances minérales ou des productions naturelles, en grand nombre, ne se trouvent que sous

---

[1] Cf. Paul Deschanel, dans *Questions actuelles*, 1891, p. 93 et suiv.

certains climats. Les hommes agiraient bien follement si, n'ayant pas, au moyen de la production indigène, tous les éléments de bien-être, ils n'avisaient pas à se les communiquer par des relations de commerce international. C'est là une division du travail voulue par la nature; tout le monde en reconnaît la nécessité et l'influence civilisatrice. Le perfectionnement et le bon marché des moyens de transport ont ouvert des horizons tout nouveaux. La question n'est pas de savoir s'il doit y avoir des échanges entre nations, mais si tous les échanges doivent être vus absolument avec la même faveur et porter indistinctement sur toutes choses. Depuis le xvıᵉ siècle, les États européens ne se sont pas désintéressés de cette question : chacun d'eux s'est efforcé d'arriver à un développement complexe des forces productives. C'est seulement de nos jours, alors que certains ont cru ce développement assez avancé, qu'il a paru possible de laisser un libre jeu à la concurrence internationale sans tenir compte des distinctions de nationalités. De là une spécialisation toute nouvelle de la vie économique des différents États.

Ne doit-il pas résulter en effet de la division internationale du travail que certaines branches d'industries, par exemple les manufactures, le commerce maritime, deviennent le monopole d'une ou de plusieurs nations plus favorisées que d'autres? Selon le libre-échange absolu, ce serait l'idéal de la constitution économique des États : parmi les nations, les unes auraient un génie particulier pour l'agriculture, d'autres pour l'industrie manufacturière, d'autres encore pour le trafic international. La spécialisation est même poussée plus loin par certains théoriciens. Récemment, dans une discussion parlementaire, on raillait spirituellement le mythe libre-échangiste des quatre îles : une île qui ne produit que du fer, une seconde qui ne produit que de la houille, la troisième qui ne produit que du blé, la quatrième qui ne produit que de la viande; d'où la nécessité évidente pour ces quatre pays de s'ouvrir leurs frontières les uns aux autres afin de profiter des conditions toutes spéciales dans lesquelles la nature les a placées... toutes spéciales et si spéciales en effet que l'orateur ajoutait : « Je ne trouve nulle part ces quatre îles dans les descriptions des géographes[1]. » Cette sorte de prédestination

---

[1] V. discours de M. Jules Roche, Sénat, séance du 24 novembre 1891.

économique est démentie par l'histoire et nulle part mieux qu'en Angleterre : de l'état sauvage, elle a passé à l'état agricole, puis aux premiers essais dans la navigation et dans l'industrie de la fabrication. Il faut se garder de prendre la forme exclusive de l'industrie à une période de transition pour la forme définitive et providentielle. Le libre-échange absolu raisonne comme si les États devaient rester ce qu'ils sont; le système de la protection rationnelle de l'industrie ou de l'éducation industrielle s'inquiète de ce qu'ils peuvent devenir.

Le libre-échange élargit les horizons de la division du travail et les recule jusqu'aux limites du genre humain; mais, par contre, il sacrifie la division du travail dans chaque État. Nous avons vu quel équilibre de centralisation et de décentralisation industrielle elle implique; en d'autres termes, quel développement parallèle de l'agriculture, des manufactures et du commerce. La concurrence internationale est funeste lorsqu'elle s'oppose au développement harmonique des industries nationales dans toutes les directions où les ressources naturelles du pays le rendent possible. Deux forces sont ici en présence et en lutte, l'une de concentration intérieure, l'autre de rayonnement extérieur. Sans doute, il ne faut pas comprimer celle-ci, mais les attractions extérieures ne doivent pas être les plus puissantes, sinon la cohésion économique est rompue.

Selon la doctrine anglaise, la production agricole est le meilleur emploi des forces productives de tous les pays où les manufactures ne peuvent livrer les produits à aussi bon marché que l'Angleterre. Voyons cependant, selon Adam Smith, quel développement économique peuvent espérer les nations qui suivraient les voies du libre-échange absolu.

Voici l'aveu qui échappe à l'éminent économiste : « IL FAUT « OBSERVER QU'UN GRAND PAYS N'A JAMAIS SUBSISTÉ, NI PU SUB- « SISTER, SANS QU'IL Y AIT EU CHEZ LUI QUELQUE ESPÈCE DE « MANUFACTURE; quand on dit d'un pays qu'il n'a point de manu- « factures, cela doit toujours s'entendre des fabriques d'ouvrages ‹ finis et de ceux qui sont destinés à être vendus au loin[1]. » Ainsi, toute nation qui a l'ambition d'un grand avenir industriel doit s'appliquer à tirer pour ses industries tout le parti possible

[1] Ad. Smith, *op. cit.*, t. II, liv III, ch. III, p. 159.

des ressources que la nature lui donne, par conséquent à exporter les produits indigènes, non à l'état de matières premières, mais au sortir de ses manufactures. A cette condition, elle possède l'un des principaux éléments de la prospérité industrielle. Que si, au contraire, elle absorbait ses forces dans une branche exclusive d'industrie, par exemple, dans la production agricole, ce ne serait plus qu'une individualité économique incomplète.

On ne doit pas enfin s'abuser sur le danger que le cosmopolitisme industriel ferait courir à l'indépendance nationale : les libre-échangistes raisonnent comme si le rêve de la paix perpétuelle était réalisé; or, si les nations sont obligées, en temps de paix, d'organiser la guerre, il est logique aussi de favoriser un développement industriel harmonique, non pas seulement en prévision de l'interruption du commerce extérieur, au cas de conflit international, mais afin de ne pas être, par un état de dépendance économique, dans l'impossibilité de régler la politique extérieure d'après les grands intérêts nationaux (v. ci-dessous, nᵒˢ 696 et suiv.).

83. L'influence des relations internationales sur la constitution économique des États est surtout facile à constater lorsque les peuples qui entrent en rapport appartiennent à des civilisations bien différentes. La transformation rapide qu'on peut observer dans les mœurs et dans la production locale, lorsqu'une ligne de chemin de fer relie à un grand centre de population une contrée jusque-là peu fréquentée, cette transformation s'opère également chez un peuple resté longtemps isolé, à partir du moment où il se trouve en présence des civilisations étrangères.

L'un des exemples les plus curieux à cet égard est certainement celui du Japon; on sait avec quel empressement le gouvernement japonais a cherché à s'assimiler les œuvres de la civilisation européenne. En quelques années, sous l'influence du dehors, s'est accomplie une évolution économique qui, autrement, eût demandé des siècles et qui peut-être même ne se fût jamais réalisée. En général, le peuple le moins avancé est celui qui profite le plus des relations internationales, parce qu'il se trouve initié aux secrets d'un art industriel supérieur au sien. Mais, pour qu'il en soit ainsi, deux conditions sont essentielles : la première est que le peuple le plus civilisé ait conservé assez de valeur militaire pour faire respecter son indépendance; sinon la civilisation, au lieu de se propager, serait étouffée jusque dans son foyer primitif; c'est ce qui est arrivé en Occident après l'invasion des Barbares; la seconde condition, en sens inverse, est que l'État le plus faible, au point de vue économique sache, dans les relations commerciales, prendre les précautions nécessaires au développement harmonique de ses forces productives. L'évolution économique progressive de plusieurs États de l'Amérique du Sud a été entravée jusqu'en ces temps derniers par l'effet de la fausse direction donnée au commerce avec l'Europe : l'industrie pastorale y avait pris un très grand développement, mais la croissance des industries sédentaires, non seulement manufacturières mais agricoles, y avait été retardée. Un des plus grands faits économiques contemporains est l'émancipation agricole et industrielle des pays neufs. Aidés par les capitaux et l'art industriel du vieux monde, ils mettent en œuvre les immenses ressources d'un sol vierge et essaient d'échapper aux monopoles de fabrication des vieilles sociétés au moyen de leurs industries naissantes.

CHAPITRE IV.

RAPPORTS ENTRE LES FORCES ÉCONOMIQUES PRIVÉES ET LES FORCES
ÉCONOMIQUES PUBLIQUES. — L'INDIVIDU ET L'ÉTAT. SOCIALISME.
INDIVIDUALISME. — THÉORIE GÉNÉRALE DES ATTRIBUTIONS DE L'ÉTAT.

84. Après l'examen isolé des différents éléments de la société
économique, il convient de les combiner ensemble afin de préciser la part d'activité qui revient rationnellement à chacun. On
a pu voir déjà que c'était là matière à de graves divergences
doctrinales (n° 25).

D'après la formule communément employée, la délimitation
des compétences est à faire entre l'individu et l'État; il serait
plus exact de dire entre les forces privées et les forces publiques, entre l'initiative des particuliers et l'autorité, car d'un côté
l'individu n'est pas seul en cause : l'association, la famille y sont
également; et de l'autre, il ne s'agit pas exclusivement de l'État,
mais des personnes morales administratives, comme le département, la commune, etc.

Trois doctrines principales sont en présence; deux d'entre
elles simplifient le problème au moyen d'une solution absolue :
le socialisme sacrifie l'individu à l'État et ne laisse rien à l'initiative privée; l'individualisme, au contraire, fait tout dépendre
de l'initiative privée et réduit presque à néant le rôle de l'État.
La troisième doctrine est une doctrine éclectique, elle fait une
répartition d'attributions aussi convenable que possible entre les
deux forces rivales.

Lorsqu'on parle d'action gouvernementale, il importe de savoir dans quelle sphère et de quelle manière elle doit s'exercer :
il y a dans l'ordre social deux sphères d'activité à distinguer.
L'une comprend les services inhérents à la souveraineté ou qui,
à cause de leur nature, doivent être organisés par elle, c'est-à-
dire érigés en services publics. C'est la sphère des attributions
organiques de l'État, celle où l'initiative privée n'a aucun rôle

à jouer. L'individualisme veut que cette sphère soit aussi étroite que possible; s'il ne peut la supprimer tout à fait, il veut du moins que l'État s'y renferme absolument.

La seconde sphère est celle de l'activité économique, industrielle et sociale : la question est de savoir si l'initiative privée doit y être souveraine, comme le veulent les individualistes ou si, au contraire, l'État doit y régner de la même manière que sur la première, en sorte que la production et la répartition des richesses deviendraient une branche des fonctions publiques : c'est la conclusion du socialisme. Aussi bien, le socialisme n'a pas égard à la distinction que nous venons de faire entre les attributions organiques de l'État et ses attributions industrielles.

La doctrine éclectique, moins restrictive que l'individualisme quant aux premières, moins exclusive que lui quant aux secondes, reconnaît cependant que, en règle ordinaire, l'industrie et la production économique sont, avec les progrès de la civilition, appelées à vivre sous le régime de la coopération libre et volontaire (V. n° 64).

On ne comprend bien la valeur d'une doctrine intermédiaire que lorsqu'on a reconnu l'exagération des doctrines extrêmes; par conséquent, les deux premiers paragraphes de ce chapitre seront consacrés à l'étude du socialisme et de l'individualisme.

§ I.

Socialisme. Systèmes d'organisation artificielle de l'Industrie.

85. Sous le nom générique de socialisme, nous réunissons les différents plans d'organisation artificielle de la société. La distinction du *Socialisme* proprement dit et du *Communisme*, celle du *Collectivisme* et du *Mutuellisme,* etc., n'ont d'intérêt qu'au point de vue de la suppression de la propriété ou d'un régime meilleur de répartition des richesses. Il n'en peut être question pour le moment où notre sujet d'études est la constitution économique des sociétés. Aussi ne prenons-nous du socialisme que ce qui concerne la réorganisation industrielle.

Le socialisme ainsi envisagé a pour fondement cette idée que la liberté pour chacun de travailler et de produire est l'anarchie industrielle ; que la concurrence est la source de toutes les maladies sociales. On connaît l'objection quant à l'absence d'organisation et la réponse qui y est faite par les individualistes (n° 64); on sait aussi à quelles conditions seulement la concurrence peut être un principe d'émulation féconde et d'équitable répartition (n° 65).

Les doctrines socialistes prétendent remédier au mal dont il ne faut pas nier la réalité, au moyen de nouveaux modes de distribution du travail, soit librement en vertu de la force attractive de certains prétendus principes harmoniques, soit brutalement par voie d'autorité.

Le fondement commun des systèmes socialistes est la croyance que l'ordre social peut être reconstruit à volonté, en vue d'assurer le bonheur des hommes, d'après un plan idéal, sans tenir compte des traditions de la société et de sa constitution actuelle. C'est là un point de vue théorique dont l'erreur n'a pas besoin de nouvelle réfutation (V. n° 14). On a dit fort justement qu'il y a dans le socialisme deux parts : l'une critique et soi-disant rationnelle vise la réforme sociale au point de vue des principes de répartition des biens, c'est ce qu'on a appelé le *socialisme scientifique* que nous rencontrerons plus tard; l'autre *imaginative* ou *utopique* est celle qui va nous occuper. C'est certainement la partie la plus faible du socialisme, celle où l'unité de vues existe le moins.

Bornons-nous à faire l'analyse des systèmes d'organisation industrielle qui ont été conçus dans le cours du xixᵉ siècle. Le socialisme a une longue histoire qu'il serait trop long même de résumer[1].

---

[1] V. L. Reybaud, *Études sur les réformateurs modernes*, 2 vol. in-12; Benard, *Le Socialisme d'hier et celui d'aujourd'hui*; Bouclot, *Histoire du Communisme*, 1889, et surtout Malon, *Le Socialisme intégral*, t. I, 1890. — Il n'y aurait pas grande instruction à tirer de l'histoire des sectes communistes pour l'étude de l'organisation industrielle (V. Alf. Sudre, *Hist. du Communisme*). Il n'y a rien de commun entre le communisme coutumier de Lacédémone, de la Judée ou des communautés ascétiques chrétiennes (Ebionites, Esséniens, Millénaires, plus tard les frères Moraves, etc.), et les systèmes communistes de nos jours. — Nos réformateurs sont plutôt les héritiers de la doctrine de Platon, d'Apollonius de Thyane, de Thomas Morus (*De l'Utopie*), et de Campanella (*De la cité du soleil*); mais s'il y a un fonds commun d'idées, il n'est possible de constater aucune filiation directe. A plus forte raison le xviiᵉ siècle n'a-t-il exercé aucune influence, bien que

86. Systèmes socialistes d'organisation industrielle au XIXe siècle. — A. — Le Fouriérisme. — C'est la doctrine socialiste la plus ingénieuse et la plus complète[1]. Fourier est l'élève de Rousseau : l'homme est fait pour le bonheur, et la société a

plus d'une aspiration communiste apparaisse notamment dans Fénelon (la Bétique du *Télémaque*) et dans Ramsay. — C'est par suite de leur engouement pour les républiques de l'antiquité que Rousseau et Volney critiquaient l'ordre social moderne. Il y eut plus d'un écho de ce sentiment à la tribune révolutionnaire. — Le véritable communisme moderne commence au XVIIIe siècle avec de Mably (*Législation et principe des lois* , Meslier (*Testament*) et surtout avec le *Code de la nature* et les *Iles flottantes* de Morelly. D'ailleurs la littérature du temps est riche en conceptions utopiques : qu'il suffise de mentionner les Troglodytes des *Lettres persanes*, la république des *Ajaociens* de Fontenelle, le *Système* de Dom Deschamps, *L'an 2440* de Mercier, surtout la *Découverte australe* et le *Dédale français* de Restif de la Bretonne, le *Catéchisme du genre humain* de Boissel, etc. Mais Morelly est le plus grand des utopistes du XVIIIe siècle. On trouve dans ses écrits le communisme moderne formulé avec ses inconséquences et ses hardiesses. Dans le plan de Morelly, le choix du travail n'est libre qu'après quarante ans ; jusqu'à quarante ans les citoyens sont agriculteurs ou artisans selon l'âge.

Le socialisme révolutionnaire s'est inspiré de Morelly, en particulier celui de Saint-Just et celui de Babeuf. Peu s'en fallut que la fameuse république des *Égaux* ne devînt une réalité. Dans le plan de Babeuf, tout citoyen doit être employé en faveur de la communauté, jusqu'à 60 ans, à un travail utile. Dans chaque commune, les citoyens sont distribués par classes ; il y a autant de classes que d'arts utiles. Les magistrats assignent à chacun sa tâche, en fixent la durée, répartissent en nature le produit des travaux, logent et nourrissent tous les travailleurs. — Sur les origines du socialisme contemporain, on peut consulter, outre les ouvrages déjà cités, Lefaure, le *Socialisme pendant la Révolution* et les études de Janet (*Revue des Deux-Mondes*, juillet et août 1880). On y trouve signalés le socialisme chrétien et franc-maçon de l'abbé Fauchet et un pamphlet anarchique, sous ce titre remarquable à cette date, le *Cahier du quatrième Ordre*.

[1] C'est en 1837, après la mort du réformateur, que la propagande de ses adeptes est devenue surtout active. Un essai, non couronné de succès, avait eu lieu à Condé-sur-Vesgre dès 1832, un autre tenté en 1852 à Broock Farm près de Boston ne réussit pas mieux. La secte eut son journal : la *Phalange*, puis le *Phalanstère* et *la Démocratie pacifique*. Dans la *Doctrine sociale*, V. Considérant, H. Renaud, Dezamy les principaux continuateurs de Fourier, ont développé les idées du maître. Fourier n'a pas été un homme d'action mais un théoricien. Il vécut d'abord isolé, eut pour premier et principal disciple Muiron, puis entra en rapport avec un autre réformateur Owen et les Saint-Simoniens. Il a exposé ses idées dans plusieurs ouvrages dont les principaux sont la *Théorie des quatre mouvements et des destinées générales* (1808). *Traité de l'unité universelle* (1822) et *Traité de l'association domestique agricole* (1822), le *Nouveau monde industriel et sociétaire* (1829), la *Fausse industrie et l'industrie nouvelle* 1835 . Cons. sur Fourier, Janet *Rev. des Deux-Mondes*, 1er octobre 1879), et surtout Ch. Gide, Introduction aux œuvres de *Fourier* (petite Bibl. économique).

causé tous ses maux. Le système de l'attraction universelle qui régit le monde céleste est le ressort caché du monde social : le devoir ne vient que des hommes; l'attraction vient de Dieu. Si l'homme suivait le penchant des attractions naturelles ou des passions, l'*harmonie* serait réalisée; ce serait le paradis sur la terre. Or, il existe un mécanisme d'attraction passionnelle formé par l'assemblage de douze passions; trois d'entre elles dites *mécanisantes* ou *pivotales* se réfèrent au travail en commun; ce sont : la cabaliste, la papillonne et la composite. La première nous porte aux rivalités, à l'émulation; la seconde au changement; la troisième est la fougue qui résulte de l'assemblage de plusieurs plaisirs. L'*unitéisme* naît de la satisfaction combinée des douze passions. Qu'est-ce maintenant que le travail dans les sociétés actuelles? Un fardeau insupportable par la monotonie et la continuité, parce qu'il n'existe qu'un *ordre morcelé,* et parce qu'on ne travaille que par besoin. Fourier veut faire du travail un plaisir. Enfin, quel sentiment nous fait travailler : c'est l'intérêt personnel, l'égoïsme. Fourier prétend que ce doit être un sentiment d'affection universelle, le désir du bien général. A l'isolement, Fourier substitue un *ordre combiné* de travail donnant satisfaction à la passion de la sociabilité ou du *groupisme*[1]. De là tout un plan d'organisation du travail par groupes, par séries, par phalanges. Il faut admettre comme un dogme que dans une société de 1,800 à 2,000 personnes (hommes, femmes et enfants), composant une phalange, la Providence a réuni tous les éléments d'une division spontanée du travail agricole, industriel, administratif et commercial, de plus, une coopération parfaite des talents, du capital et du travail. Cette société *harmonique* doit habiter une demeure somptueuse : l'*alvéole sociale* ou le *phalanstère*.

L'idée vraie mêlée aux rêveries du Fouriérisme est la notion de la puissance de l'association. De là cette organisation compliquée du travail en commun dans les séries, dans les groupes symétriques. Que si l'on conteste à Fourier le principe de son organisation industrielle, le *travail passionné;* que si l'on objecte que la loi du devoir fait seule accepter le fardeau du travail, et

---

[1] C'est une passion complexe se subdivisant en quatre passions spéciales: l'amitié (comprenant les affinités de penchants industriels ou les liens corporatifs); l'ambition, l'amour, le *familisme*.

en outre que les immenses satisfactions de la vie civilisée en adoucissent la rigueur, Fourier répond d'abord par son dogme que la Providence a distribué tous les goûts et toutes les aptitudes ; que le travail est toujours un plaisir, du moment où chacun fait ce qu'il lui plaît et ce qui est en même temps le plus utile au bien commun.

Fourier paraît croire que, parce qu'on a du goût à jouir d'une chose, on a du goût pour la produire[1]. Il suppose donc qu'il y a des attractions naturelles pour les travaux les plus répugnants ou les plus grossiers ! Dans *Harmonie,* la cité idéale de Fourier, ceux qui éprouvent ces singulières préférences forment les *petites hordes.* Ceux que leurs goûts portent vers les travaux intellectuels ou artistiques composent les *petites bandes.* D'ailleurs, aucune séparation absolue entre les groupes : la papillonne veut que l'on puisse librement passer d'un genre de travail à un autre. Le travail sociétaire a lieu par groupes nombreux ; les séances sont courtes et variées, animées par l'émulation et la joie. Fourier imagine une succession de travaux industriels gradués, tellement minutieuse (ce qu'il appelle l'*échelle compacte*), que les goûts les plus capricieux peuvent trouver satisfaction ; c'est ainsi que, partant de l'idée que certaines personnes seraient passionnées pour la culture des poires, il les divise en séries selon qu'elles préfèrent cultiver les poires fondantes ou les autres[2].

Il faut rendre justice à Fourier, il n'a fait appel qu'à la persuasion ; il n'a compté que sur la force d'expansion de la doctrine : sa phalange est une forme d'organisation où l'initiative privée n'est pas étouffée. C'est une association libre subdivisée en groupes sympathiques dont les membres se sont mutuellement choisis. Mais, il n'y a pas à s'y tromper, cette organisation artificielle ne peut se constituer en réalité qu'avec une règle d'autorité s'exerçant sur l'industrie pour créer les cadres de la

---

[1] Mais, fait très spirituellement observer M. Janet, « faire un bon repas n'est pas la même chose que faire la cuisine. »

[2] Les rêveries de Fourier vont bien au delà : l'État social harmonien, en se propageant, amènerait une seconde création, la réforme des plantes, des animaux, de l'homme dont la vie serait prolongée jusqu'à 144 ans et des planètes. Il ne suffit pas pour expliquer ces étrangetés de dire avec M. Gide (p. xɪ), qu'elles tiennent à la minutie des détails. Ce dévergondage d'imagination diffère-t-il de la folie ?

nouvelle société et la faire fonctionner. Une série de dignitaires héréditaires ou électifs régissent les phalanges et les groupes de phalanges ; à leur tête est un *omniarque* dont l'autorité s'étend sur tout le globe, commandant suprême des armées industrielles et régulateur de la production. Si l'on retranche la part de l'utopie, le despotisme gouvernemental est en germe dans la doctrine de Fourier ; ce danger apparaît d'ailleurs bien plus ouvertement avec les autres systèmes de réforme sociale[1].

87. B. — La doctrine saint-simonienne. — Deux traits principaux distinguent la doctrine saint-simonienne : la glorification de l'association industrielle et celle de l'autorité. La concurrence, c'est l'antagonisme industriel, l'exploitation de l'homme par l'homme : le double principe de la hiérarchie et de l'association doit opérer la régénération de la société. Le but de l'activité c'est « l'exploitation du globe par l'association. » A l'idéal ancien théologique et guerrier est opposé l'idéal industriel et pacifique vers lequel marche l'humanité. Mais le système de Saint-

---

[1] Quelques mots seulement sur deux autres chefs d'École communistes, Cabet et Richard Owen. Pour Cabet, comme pour Fourier, le travail doit avoir lieu en commun. La république icarienne l'organise dans toutes les branches et l'impose à chacun ; les instruments de travail, les terres, les matières premières sont fournies sur le domaine national qui doit s'accroître sans cesse par l'impôt progressif pendant cinquante ans au bout desquels toute propriété privée ayant cessé doit s'ouvrir l'ère du communisme égalitaire absolu. Le *Voyage en Icarie* exposait le plan du novateur ; c'était au point de vue politique la pratique du *Contrat social*. Après 1848, il fonda d'abord dans le Texas, puis à Novoo dans l'Illinois, une colonie icarienne dont il ne tarda pas à être chassé. Il existe encore dans l'Iowa quelques vestiges de cette fondation. A diverses reprises, les Icariens n'ont pu maintenir la paix entre eux : en 1879 une scission définitive s'est opérée entre un parti fidèle à la tradition de Cabet et le parti de la *Jeune Icarie* qui s'est donné une nouvelle constitution. — D'après un plan qui se rapprochait beaucoup de celui de Morelly, l'Écossais Owen fonda dans l'Indiana une colonie qui n'eut qu'une durée éphémère ; il y gaspilla, ainsi que, en Angleterre, dans une curieuse tentative de magasins coopératifs et de sociétés de secours mutuels, une fortune considérable. Ce fut d'ailleurs un homme de bien, victime d'illusions généreuses. — Un grand industriel, ancien Fouriériste, Godin, a fondé à Guise un *familistère*, grande habitation ouvrière collective où habitent 1,200 personnes environ. Nul doute que le Phalanstère n'ait inspiré l'idée de ce palais industriel, mais d'ailleurs le système d'organisation du travail et les bases de répartition suivis à Guise sont entièrement différents du Fouriérisme (V. Limousin, *J. des Écon.*, 4ᵉ série, t. XV, p. 401 et suiv., et Godin, même recueil, 4ᵉ série, t. XVI, p 263 et suiv.). Il en sera parlé à propos des modes d'association entre le capital et le travail, V. n° 881.

Indépendamment de ces tentatives individuelles, on compte aux États-

Simon est un industrialisme autoritaire. Dans l'association saint-simonienne, l'individu entre libre, mais il cesse de vivre libre. Le pivot de la nouvelle organisation est le respect volontaire d'une hiérarchie nouvelle, donnant au *système* tous les dehors d'une théocratie. Aux plans de réforme sociale et d'organisation du travail est constamment mêlé le mysticisme du *Nouveau christianisme :* on attribue au fondateur de la doctrine une mission divine. Il est à la fois chef spirituel et temporel, grand-prêtre, législateur et juge; le titre de *pape* se trouve plus d'une fois employé pour qualifier son autorité[1]. Sous cette magistrature suprême, des *prêtres saint-simoniens,* choisis parmi les *plus aimants*, les *plus capables* et les *plus beaux* ont la direction des *ateliers sociaux*. Comment se révélerait cette triple supériorité morale, intellectuelle et physique? On n'en disait rien; mais l'obéissance y devait être spontanée. C'était un article de foi. Dans les ateliers sociaux chaque affilié travaillerait d'après la vocation que lui auraient reconnue les prêtres saint-simoniens. L'individu est ainsi *embrigadé* par ses chefs et reste

---

Unis un certain nombre de fondations communistes; quelques-unes remontent à 80 ans. Un juge fort impartial, Nordhorff, constate leur déclin, malgré la situation exceptionnellement favorable où elles se sont trouvées : liberté illimitée de propagande, obéissance passive aux chefs qui les dirigent, pratiques religieuses sévères, capitaux formés avant la fondation des communautés. 44 se sont dissoutes, 72 subsistent encore avec 5,000 membres au total. Sur ce nombre, 65 s'éteindront avant peu à cause de l'observation absolue du célibat. Ces communautés ne se suffisent pas à elles-mêmes : elles font un constant appel à la civilisation qui les enveloppe ; certaines emploient des salariés étrangers à la communauté. Malgré l'austérité des principes religieux et l'économie des dépenses faites collectivement, ces communautés sont languissantes, c'est l'effet de la suppression du stimulant de l'intérêt personnel et de l'engourdissement des facultés dans un milieu resserré et généralement fort triste (V. Nordhorff, *Communities societies*).

Les communautés conventuelles sont encore une forme du communisme; nous n'en disons rien parce qu'elles ne sont pas placées dans des conditions économiques normales : aucune comparaison directe ne peut s'établir entre elles et les sociétés politiques. Beaucoup d'ailleurs ne pratiquent pas le travail industriel et ne subviennent pas ainsi aux besoins de leurs membres. Elles n'ont d'autre analogie avec le communisme que la suppression du mobile de l'intérêt personnel et la règle de l'obéissance passive.

[1] Les disciples de Saint-Simon se partagèrent le sacerdoce suprême. Si Enfantin fut le prêtre social ou de l'unité, Bazard fut celui du *dogme* ou de la science et Rodrigues celui de l'industrie ou du *Culte*. Ces appellations en disent long sur le mysticisme de la secte. La femme est associée à l'autorité, au sacerdoce; de là la conception si bizarre du couple-prêtre, homme et femme!

passif entre leurs mains. Il n'y a qu'à remplacer les chefs de la hiérarchie idéale et utopique de Saint-Simon par une réalité, l'État, pour trouver le socialisme gouvernemental sous la forme la plus brutale. Comme conception générale, la doctrine saint-simonienne est bien au-dessous du fouriérisme. L'application n'en fut pas non plus heureuse : l'harmonie entre les fondateurs dura peu ; un schisme se produisit entre Bazard et Enfantin, les deux principaux disciples du réformateur. L'essai de la *famille saint-simonienne*, à Ménilmontant, fut un scandale public et bientôt un échec ridicule; le système ne put s'en relever et les saint-simoniens étaient déjà dispersés lorsque commença la propagande fouriériste [1]. — Si du plan d'organisation industrielle de Saint-Simon il ne devait rien rester, on doit reconnaître que les publications de l'École ont traité avec une remarquable compétence les questions de finances, de banques, de travaux publics, d'assurances, d'association [2]. Les économistes discutaient alors sur de vaines théories; les savants et les hommes pleins d'intelligence que les idées de Saint-Simon avaient séduits abordaient courageusement les problèmes d'application : ils appelaient l'attention sur la puissance de l'association à un moment

---

[1] V. sur la doctrine saint-simonienne les deux excellentes études de M. Janet dans la *Revue des Deux-Mondes*, avril et octobre 1876. V. aussi une lecture de H. Carnot à l'Institut (*J. off.*, 2 mars 1887) le discours de M. Jules Simon sur Michel Chevalier (*Acad. des Sc. mor. et polit.*, 7 déc. 1889; M. d'Eichthal, v° Socialisme, *Nouveau dict. d'Écon. politique*, t. II, p. 829 et suiv. — La *Réorganisation de la Société européenne*, l'*Organisateur*, le *Système industriel* (Journaux), le *Catéchisme des industriels*, le *Nouveau Christianisme* sont les principaux écrits de Saint-Simon, réunis après sa mort par l'un de ses disciples, Olinde Rodrigues. Il y a deux phases dans l'histoire de l'École : de 1825 à 1829, elle se présente comme système d'organisation industrielle; à cette période correspond la revue *le Producteur*. La constitution définitive de la doctrine n'eut lieu qu'après la mort du maître sous l'inspiration d'Enfantin. C'est à la seconde phase que se rattachent les doctrines de l'École sur la propriété et sur la famille. Ce fut une déviation vers l'action politique et le mysticisme sensuel. La *Politique et économie politique* d'Enfantin, l'*Exposé de la doctrine saint-simonienne* (1830-31) et le journal *le Globe* exposent le second état du *saint-simonisme*, celui qui devait le mener en cour d'assises et à la crise fatale. V. sur la famille de Ménilmontant et le procès des saint-simoniens, Jules Simon, *op. cit.*, et du même, discours sur Reybaud (*J. off.*, 19 déc. 1887).

[2] V. *Journal le Globe*; *Leçons sur l'industrie et la banque* d'Em. Pereire; *Politique industrielle, politique européenne*, par Michel Chevalier; *Discours* d'Abel Transon, etc. Cf. Blanqui, *Hist. de l'écon. polit.*, t. II, p. 255, et Reybaud, *op. cit.*

où l'expansion de la grande industrie multipliait les applications rationnelles de ce mode de coopération. Plusieurs des disciples de Saint-Simon ont été les initiateurs des grandes entreprises financières et des compagnies de chemins de fer [1].

88. Avec Fourier et Saint-Simon le socialisme n'avait eu qu'un horizon assez borné [2]. Par l'*organisation du travail* et le *droit au travail* du système de Louis Blanc, le cercle d'action s'étendit : les séances de la célèbre commission du Luxembourg, les discours à l'Assemblée nationale avaient un profond écho dans les classes populaires. Depuis, l'agitation socialiste a eu l'Allemagne pour principal foyer : Lassalle et Karl Marx, le fondateur de l'association internationale des travailleurs, ont fait à la fois œuvre scientifique et œuvre de propagande [3]. Sous leur influence, le socialisme a pénétré profondément dans les classes oùvrières. Toutefois, au point de vue de l'organisation du travail, on ne leur doit aucune conception bien nouvelle. Le projet de Lassalle, de créer des associations socialistes de production avec l'aide de l'État, a une étroite parenté avec le système de Louis Blanc [4]. Celui de M. Schaeffle a un côté organique dont l'originalité a été surfaite.

[1] Les noms de de Lesseps, de Talabot, d'Arlès Dufour, de Carnot, de Laffitte viennent à l'appui. Toute une élite intellectuelle a subi l'entraînement du saint-simonisme : Aug. Thierry, Aug. Comte, Ad. Blanqui, Jean Reynaud, Armand Carrel, G. d'Eichthal, Félicien David, H. Heine, etc., etc...

[2] Nous ne devons pas passer complètement sous silence le système de Pierre Leroux dans sa *Doctrine de l'humanité;* son fondement organique est la *Triade;* c'est une organisation industrielle fondée sur la distinction en savants (hommes de la science), artistes (hommes du sentiment) et industriels (hommes de la sensation). Dans toute profession, il y a une part faite à la science, au sentiment et à la sensation. De là la *Triade* ou « l'association de « trois êtres humains représentant chacun en prédominance l'une des trois « faces de notre nature... L'élément social du travail n'est donc pas un in- « dividu, mais trois individus ou la *Triade*. » Une réunion de Triades forme un atelier; toute fonction industrielle, artistique ou scientifique est accomplie dans trois ateliers placés sous le commandement d'une Triade directrice; c'est elle qui centralise la production, donne à chacun l'ordre de production pour l'atelier de travail comme aussi un ordre de consommer pour la salle du banquet.

[3] L'agitation ouvrière de Lassalle ne remonte qu'à 1863. Le ministre de l'agriculture en Prusse Rodbertus Jagetzow a inspiré Karl Marx et Lassalle par son livre *Eclaircissements sur la question sociale*. V. sur le socialisme en Allemagne, de Laveleye, *Le socialisme contemporain;* Bourdeau, *Le socialisme allemand*, 1892.

[4] Le collectiviste belge Colins, comme Lassalle, veut la production au moyen d'associations de travailleurs recevant les capitaux et les moyens de pro-

89. C. — Autres systèmes socialistes d'organisation du travail : Louis Blanc et le droit au travail ; MM. Schaeffle, Benoit Malon. — Sous le régime de la liberté, l'entrepreneur n'a pas la faculté de recruter ses ouvriers par voie d'autorité, et, d'autre part, aucun droit à être employé n'existe pour ceux-ci; la prestation de services ou de travail est l'objet d'une convention libre des deux parts. L. Blanc trouve mauvais qu'il en soit ainsi; la misère est l'effet de la concurrence : les plus graves des maux sociaux disparaîtraient si chacun pouvait compter sur une rémunération suffisante et n'était pas exposé au risque de manquer de travail. Le *droit au travail* doit être reconnu[1]. C'est ce nouveau principe qui conduit logiquement le célèbre publiciste à son plan d'organisation industrielle et de production par l'État. Il est bien évident, en effet, que si l'État, sauf de très peu nombreuses exceptions, n'est pas producteur, les chefs d'entreprises privées n'étant pas ses humbles esclaves, on ne saurait comprendre qu'il eût l'obligation de fournir du travail à ceux qui n'en veulent ou n'en peuvent pas trouver par eux-mêmes. Le *droit au travail* a pour corollaire nécessaire l'organisation du travail par l'Etat[2].

L'action directrice de l'État devait se combiner avec l'association au sein de trois institutions nouvelles : l'atelier agricole, l'atelier industriel et l'atelier d'échange. On ne supprimait pas

duction de l'État; il proscrit toute association de capitaux particuliers. Des bazars administrés par l'État servent d'intermédiaires entre les producteurs et les consommateurs. Des idées presque identiques avaient été professées bien avant en France par Pecqueur (*Salut du peuple*, 1849).

[1] L'exposition la plus nette du système de Louis Blanc se trouve dans son livre *De l'organisation du travail* (1839). Dans le *Catéchisme des Socialistes* (1850 Louis Blanc parle un langage plus mystique : il présente son système d'association égalitaire et fraternelle comme un illuminé : *Ceci est l'évangile en action...* (Lavollée, *Revue des Deux-Mondes*, 1884, t. I, p. 785 et suiv.). — D'après l'art. 7 de la déclaration des devoirs et des droits placée en tête du projet de constitution de 1848, « le droit au travail est celui qu'a « tout homme de vivre en travaillant. La société doit, par les moyens pro- « ductifs et généraux dont elle dispose et qui seront organisés ultérieure- « ment, fournir du travail aux hommes valides qui ne peuvent s'en procurer « autrement. » — A l'Assemblée nationale, après une vive discussion, le *devoir d'assistance* prit placé dans l'art. 8 de la Constitution au lieu du prétendu droit au travail (V. ci-dessous, n° 1100 .

[2] Chose assurément curieuse, le droit au travail et la production par l'État, à titre de conséquence de ce principe, se trouvent en germe dans Montesquieu (V. *Espr. des lois*, liv. XXIII, ch. 29).

les industries privées, mais il ne semblait pas douteux que la concurrence qu'elles feraient à la production nationale serait bien vite étouffée ; celle-ci finirait par tout absorber en elle par l'irrésistible attrait de sa puissance. En attendant , le rachat des chemins de fer, des canaux, des mines et des grandes usines alimenterait l'atelier industriel. On déverserait le trop-plein des villes manufacturières dans les ateliers agricoles établis sur quelques points du territoire français. Les banques, les assurances, devenues institutions nationales, procureraient leurs services à bon marché. L'atelier d'échange avec ses entrepôts , ses bazars, centraliserait les transactions [1].

M. Schaeffle [2], comme Louis Blanc, est partisan d'un socialisme autoritaire qui aurait dès à présent pour base : 1° l'union obligatoire de plusieurs branches de la production industrielle de façon à former des corporations solidaires; 2° l'union corporative de la moyenne et de la petite propriété, mais sans que cette

---

[1] Exposé général de la commission, 26 avril 1848. De ce plan d'organisation on peut rapprocher celui de Pecqueur déjà signalé et celui de Claude Pelletier (juin 1849) : dans chaque chef-lieu de canton devait être fondé un atelier agricole ou industriel et des halles et entrepôts de consommation. Les ateliers, solidaires les uns des autres, étaient placés sous la direction centrale de l'État. — Ce n'est pas le lieu de parler de l'égalité des salaires, ni même de la suppression graduelle du prolétariat au moyen des associations ouvrières; ce sont d'autres traits du système de Louis Blanc qui seront examinés plus loin à l'occasion des principes de la répartition des richesses.

Plusieurs mesures gouvernementales avaient devancé l'élaboration de la réforme sociale par la commission du Luxembourg : 1° la fixation du maximum de la journée de travail; 2° l'interdiction du marchandage (Décrets des 7 et 3 mars 1848).

La commune insurrectionnelle de 1871 prit aussi quelques mesures industrielles : 1° suppression du travail de nuit pour les boulangers; 2° envoi en possession des ateliers abandonnés par les patrons au profit de sociétés coopératives (J. off., 16, 21, 29 avril 1871); 3° institution d'une commission de l'échange et du travail (J. off., 7 avril 1871). Ces actes décrétés sans discussion n'ont eu ni le retentissement ni les suites de l'œuvre de 1848.

Nous nous abstenons de parler, à propos du système de Louis Blanc, de l'insuccès des ateliers nationaux. Il ne nous paraîtrait pas juste de considérer comme une véritable expérience ce qui n'a été qu'un expédient nécessité par la suspension du travail. — V. sur le droit au travail les brochures de Lamartine, Thiers, L. Faucher, Dufaure et Em. de Girardin réunies sous ce titre : Le droit au travail au Luxembourg et à l'Assemblée , 2 vol. in-18.

[2] Schaeffle, Programme économique, dans la Revue d'Écon. polit., 1888, p. 3 et suiv. On trouve là le véritable système de Schaeffle sur lequel les lecteurs de la Quintessence du Socialisme avaient pu errer sans qu'il y eût trop de leur faute.

production soit unitaire. *Dans la Quintessence du socialisme,*
M. Schaeffle semble aller plus loin et vouloir supprimer l'origine
du mal social, la concurrence. Toutes les branches de l'industrie
seraient dirigées par des comités directeurs réglant la production en tenant compte des réserves disponibles dans les magasins ou dépôts publics et en suivant les indications d'une enquête
continue et officielle sur les besoins manifestés par les ventes.
Une direction analogue présiderait à la répartition des produits
sociaux[1]. Ce plan est en harmonie avec le système de socialisme autoritaire de l'auteur du *programme*. Il est vrai que
M. Schaeffle ne s'explique pas sur l'origine et la nature de ces comités directeurs, lacune assurément fâcheuse. Il se borne à dire
que le mode de production sociétaire serait forcément unitaire
et, ce qui est plus clair, que ce mode de production ne serait
qu'une généralisation des établissements et services publics.
Nous voilà bien près du socialisme gouvernemental de Louis
Blanc, bien près aussi, plus près peut-être, de la triade directrice
de Pierre Leroux. M. Schaeffle du moins maintient la liberté des
consommations et même celle de l'épargne. Il consent aussi à
laisser subsister transitoirement la production privée limitée
aux besoins de consommation personnelle, comptant d'ailleurs
comme Louis Blanc sur la force attractive du travail sociétaire
pour limiter la durée des entreprises individuelles.

Une dernière forme d'organisation à examiner est celle que
propose M. Benoit Malon dans son *Socialisme intégral.* On pourrait l'appeler la forme *communaliste* par la raison que l'auteur,
bien qu'il demande à l'État l'organisation des services du crédit,
des assurances, des transports par l'État s'applique surtout à
développer les services publics communaux, services d'approvisionnement (boucheries, boulangeries), services médicaux et
pharmaceutiques, services de crédit (banques communales, magasins généraux), services de l'éclairage, des eaux (y compris
bains publics), services relatifs au travail (bourses du travail,
arbitrage, arts, métiers. etc.)... Malgré cette considérable extension des services d'État ou communaux, le socialisme de

---

[1] Cf. Bebel, *op. cit.*, p. 251 et suiv. C'est à rendre en quelque sorte vivante
cette organisation que s'est attaché Bellamy, l'auteur d'un roman socialiste
« *Looking backward* » que le vicomte de Lestrade a traduit en français sous
ce titre : « Seul de son siècle en l'an 2000, » 1891.

M. Benoît Malon ne vise pas à substituer entièrement l'activité collective aux forces privées. Il ne revendique pour l'État et la commune que certaines branches spéciales de production, mais il vient en aide aux autres par l'organisation sociale du crédit et se repose, quant au reste, sur la solidarité sociale (coopération, associations ouvrières), etc. Aussi par socialisme intégral, M. Benoit Malon entend sans doute plutôt un socialisme général, aux applications les plus diverses, qu'un socialisme exclusif[1].

90. Une même réfutation peut s'appliquer à toutes les variétés d'organisation artificielle qui viennent d'être exposées, mais, d'abord, il faut s'expliquer sur le prétendu droit au travail. Il semble bien, en effet, qu'il y a dans le système de Louis Blanc, non seulement un plan d'organisation comme dans les autres doctrines socialistes, mais un moyen propre à garantir du travail à chacun.

Dépend-il vraiment de l'État, en prenant la direction de la production industrielle, de fournir du travail à tous ceux qui prétendent en manquer? L'erreur de la doctrine de Louis Blanc est de croire que le gouvernement peut augmenter ou restreindre à volonté la production. Rien n'est moins exact : c'est un principe économique incontestable que la quantité de travail à fournir est mesurée sur les capitaux et les revenus disponibles. Un gouvernement peut sans doute déplacer, peut-être même accroître, le travail en favorisant une branche d'industrie au détriment des autres, mais, en principe, la somme totale de travail ne pourra être indéfiniment augmentée. Que signifie alors le droit absolu au travail? De deux choses l'une : ou l'État agira autrement que les producteurs particuliers, qui s'inspirent des besoins des consommateurs, ou il donnera à la production une direction identique. La première hypothèse doit être écartée comme absurde. Si les consommateurs, laissés libres, n'achètent pas le travail que l'État a été obligé d'accepter ou de commander, évidemment ce sera la banqueroute à bref délai. Il faudrait donc forcer les consommateurs à prendre des produits dont ils n'auraient pas besoin; sinon, le consommateur étant libre, on doit nécessairement admettre que le travail devra être dirigé par l'État de façon à imposer aux ouvriers la production qui lui est demandée. Aussi

[1] B. Malon, le *Socialisme intégral*, t. II, 1891.

bien, que serait le droit de réclamer une rémunération pour un travail quelconque? Un écureuil y aurait autant de titre qu'un ouvrier. Si, selon l'ingénieuse supposition de Schulze-Delitsch, dans sa polémique contre Lassalle, une personne s'avisait de couper une infinité de rognures de papier, pourrait-elle exiger de l'État quelque chose en échange? Le droit à une rémunération ne se conçoit pas sans un service rendu. Hors de là, il n'y a pas de travail proprement dit, il n'y a que de la peine dépensée en pure perte. Ainsi, qu'il soit bien entendu que l'État producteur doit être comme le chef d'entreprise, le directeur de la production; vis-à-vis de lui les ouvriers ne peuvent avoir des droits autres que vis-à-vis d'un patron ordinaire. Et il est aussi manifeste que l'État ne peut pas à son gré modifier la production; elle dépend nécessairement des exigences de la consommation [1].

La seconde hypothèse est donc la seule possible : l'État, chef d'industrie, substitué aux entreprises particulières, est soumis comme elles aux conditions économiques générales de la production. La question est alors de savoir si l'État peut faire aussi bien ou mieux que les producteurs libres.

91. Infériorité quant au ressort de l'activité et impossibilité d'une direction intelligente et efficace, tels sont les deux vices fondamentaux des plans de réforme de l'industrie conçus par les socialistes. Par quoi, en effet, remplace-t-on comme mobile d'action l'intérêt personnel? Les uns disent par le sentiment du bien d'autrui, de l'intérêt général ou de l'émulation; les autres par le respect de la hiérarchie, par l'autorité. On peut répondre aux premiers qu'il est bien exclusif de ne parler à l'homme que d'intérêt général : une morale fort élevée commande d'aimer son prochain comme soi-même. Le socialisme veut plus encore : il commande de travailler pour le bien commun sans songer à son

---

[1] Renouvier (*Sc. de la morale*) et St. Mill, dans son *Essai sur la Révolution de 1848* (trad. M. Sadi Carnot), se déclarent partisans du droit au travail, ce dernier, pourvu que le nombre de ceux qui doivent l'invoquer ne soit pas trop considérable par rapport aux ressources de l'État. St. Mill, qui, dans ses *Principes d'écon. polit.*, se préoccupe outre mesure, peut-être, des dangers d'accroissement de la population, n'a pas sans doute songé que la perspective de moyens d'existence assurés est propre à l'augmenter. Il ne dit pas non plus comment il conçoit l'application de ce *droit au travail*. Le droit au travail est considéré par Ant. Menger comme un corollaire du droit à l'existence (V. Schwiedland, *Rev. d'Écon. polit.*, 1888, p. 133). Cf. Haun, *das Recht auf Arbeit*, 1889.

bien propre. C'est se faire une grande illusion que de croire qu'un mobile aussi désintéressé aurait beaucoup de prise sur la plupart des hommes [1]. M. Schaeffle ne méconnaît pas la force de cette objection car il écrit ceci : « le socialisme sera-t-il jamais en état de réaliser sur son terrain, au même degré ou à un plus haut degré cette grande vérité psychologique et cette fécondité économique du principe individualiste d'après lequel l'intérêt privé pousse à l'accomplissement des fonctions de la production sociale ? *Nous considérons cette question comme décisive quoique nullement décidée encore* [2]. »

Ceux qui comptent sur l'obéissance spontanée, comptent aussi sur une tendance qui est peu commune ; en fait d'autorité, il n'y a d'autorité réelle que celle que l'on subit, c'est-à-dire la contrainte. Aussi bien les socialistes contemporains (Bebel, Liebknecht, Kohler) qui veulent la *socialisation* du travail, veulent l'organisation d'une armée industrielle avec travail obligatoire. Que cette conception d'un nouveau militarisme ait eu quelque succès en Allemagne on se l'explique, mais en réalité l'obéissance est un mobile d'action en quelque sorte négatif; elle ne saurait favoriser l'essor des facultés individuelles comme l'intérêt personnel et la responsabilité. D'ailleurs, sous le régime du travail libre, la rémunération est proportionnelle au travail, tandis qu'elle doit logiquement dépendre, sous un régime différent, de l'appréciation capricieuse ou tout au moins faillible d'une autorité humaine. — Aussi, à ces divers points de vue, le *droit de vivre aux frais de l'État en travaillant,* pourrait bien être le *droit de vivre sans travailler;* les paresseux ou les incapables seraient déchargés de tout souci. Aurait-on grande prise sur eux en leur parlant du *point d'honneur du travail?* Croit-on à l'efficacité de cet avertissement que Louis Blanc proposait de faire afficher sur les murs des ateliers de l'État : « dans une association de frères qui « travaillent, tout paresseux est un voleur! »

Il est incontestable que le travail libre a une force d'expansion beaucoup plus grande. Malgré le nombre d'entreprises mal conçues qui peuvent éclore, la puissance industrielle de la liberté est infiniment supérieure à celle de l'organisation artificielle du

---

[1] V. sur l'altruisme comme fondement du socialisme, Dʳ Tiring (l'*Altruismo*, 1891). Gronlund, *Rev. d'Écon. polit.*, 1892, p. 262 et suiv.

[2] Schaeffle, *op. cit.*, p. 54 et 55.

travail. Celle-ci n'a-t-elle pas du moins un avantage? Il semble d'abord qu'elle est en mesure de donner une impulsion, moins puissante peut-être, mais en revanche mieux ordonnée. En y regardant de près, on reconnaît que, par la force des choses, cet avantage n'est pas certain; que d'ailleurs, eût-il quelque réalité, il devrait s'acheter au prix d'une fâcheuse limitation de la spécialisation industrielle et de la liberté de chacun [1].

Sous le régime de liberté, avec la responsabilité qui en est la conséquence, il est naturel de présumer que la direction est ordinairement prise par les plus capables. Dès lors que l'intérêt personnel et la responsabilité ne comptent plus, quelle présomption trouvera-t-on encore pour qu'ils assument cette charge. Voilà donc une première cause de l'infériorité de la direction avec la production socialiste. Cependant, quelle tâche sous ce régime incombe à l'autorité qui donne l'impulsion aux forces inertes des individus : il s'agit d'abord de l'adaptation des différentes fonctions ou professions aux aptitudes de chacun. Croira-t-on qu'il puisse à cette fin exister un guide plus sûr que l'intérêt personnel? quelle autorité humaine aurait assez de sagacité pour assigner à chacun sa place dans la ruche industrielle? Que l'on n'oublie pas qu'il s'agit de centraliser les opérations de l'industrie, d'agir dans mille sens différents, de faire mouvoir des millions d'êtres humains !

On suppose le producteur isolé, ignorant des besoins précis de la consommation, on parle de production mal réglée ; mais on peut demander encore quelle autorité sera assez clairvoyante pour analyser et combiner les faits économiques de la production et de la consommation. Sans doute, un pouvoir central est mieux placé que les particuliers pour rassembler des documents statistiques généraux, mais ce n'est pas de cela surtout qu'il s'agit : c'est en chaque localité, à la production, qu'il faut donner l'impulsion jusque dans les moindres choses; or, qui n'aperçoit que les entreprises privées sont mieux placées pour voir et juger ce qui

[1] De même que Bellamy dans *Looking backward* a tracé un tableau enchanteur de la production socialisée, l'un des chefs du parti libéral allemand Eug. Richter, sous le titre *Socialdemokratische Zukunftbilder*, a fait également sous forme de roman une piquante satire de ce que serait la société après la victoire des socialistes. V. l'analyse donnée par M. Raffalowich, *J. des Écon.*, décembre, 1891.

les entoure qu'une administration éloignée? Que l'autorité recueille les renseignements économiques et les publie, rien de mieux assurément. Mais possédât-elle plus exclusivement encore la connaissance des besoins industriels, il ne s'ensuivrait pas qu'elle dût diriger les entreprises, encore moins satisfaire les goûts de chacun en faisant la répartition des travaux.

L'un des vices les plus irrémédiables d'une production, à laquelle manquerait le stimulant de l'intérêt personnel, ce serait la nécessité de limiter la spécialisation du travail : c'est que, en effet, un travail commandé et fait par obéissance exige une surveillance constante. Lorsque l'intérêt personnel agit sur le travailleur, il y a, dans cet intérêt même, une garantie d'activité qui vaut mieux que tout contrôle. La spécialisation des professions, avec le travail libre, peut être aussi grande que l'exige l'utilité générale. Au contraire, une division très développée du travail est incompatible avec le régime d'autorité : la surveillance serait impossible ou illusoire. On peut vérifier que partout où l'industrie a été placée sous la dépendance de l'autorité, la division du travail, et, par suite, la puissance industrielle ont été contenues d'une manière fâcheuse[1]. — L'armée de fonctionnaires qu'il faudrait employer pour assurer le service général de la production par l'État, rend ce système absolument irréalisable dans nos sociétés modernes. Il paraît que les insurgés chinois Taepings comptaient 3,156 fonctionnaires pour la surveillance du travail d'un groupe de 10,000 âmes. Avec une production industrielle incomparablement plus variée, il faudrait donc presque autant de fonctionnaires surveillants que de travailleurs[2].

Le parallèle pourrait être poursuivi sous d'autres rapports en-

---

[1] V. sur l'histoire du socialisme en Chine l'analyse du livre de Singer (*Rev. d'Econ. polit.*, 1888, p. 341).

[2] Nous ne faisons que répéter ce qu'a écrit Lamennais de l'utopie de l'organisation socialiste : « Mais voilà tous ces gens à l'œuvre, qui les dirigera, qui les surveillera? qui saura de quelle manière chacun d'eux remplit sa tâche? qui recueillera les produits? qui les échangera, les vendra? Car, une partie devra passer par le commerce à l'étranger. Qui touchera le prix de la vente, qui le distribuera? Il faudrait autant de surveillants, autant d'agents du pouvoir que de travailleurs réels. Et qu'est-ce que tout cela sinon l'esclavage antique; une classe de maîtres ordonnant, administrant, n'importe au nom de qui, et une classe de machines employées à la production » (Lamennais, *Œuvres posthumes*, p. 156).

core, mais en voilà assez, sans doute, pour convaincre du néant de la rénovation sociale poursuivie au moyen de l'organisation artificielle de l'industrie[1].

Enfin, il est une observation qui a son prix : l'un des systèmes d'organisation socialiste fût-il l'idéal, au point de vue théorique, et ne fût-il pas hérissé d'impossibilités pratiques, la société civilisée aurait à hésiter avant d'abandonner le certain pour l'incertain. Il y a plus : on ne pourrait remettre l'industrie sous le joug sans une révolution terrible, mais disons, avec Lamennais, « de toutes les choses impossibles c'est la plus impossible, grâce à Dieu. »

92. Toutefois, en écartant les utopies, il est bon de reconnaître ce qu'il y a de réel dans les tendances dont les systèmes socialistes sont l'expression excessive. On a dit déjà comment ils avaient contribué à propager l'esprit d'association; or, l'association est le correctif nécessaire à la dissémination des forces résultant de la coopération industrielle libre et aux inégalités de la concurrence; on a demandé à l'association, sous forme de sociétés de secours mutuels et surtout sous forme de sociétés coopératives, « des conditions d'économie et de bien-être que

[1] Nous ne disons rien à dessein, à cette place, des variétés du socialisme désignées sous les noms de *liquidation sociale*, *mutuellisme*, *collectivisme*, *gratuité du crédit*, *droit aux profits*, etc. Elles n'impliquent aucune idée particulière relativement à l'organisation industrielle. C'est pour une raison semblable que le célèbre auteur des *Contradictions économiques*, Proudhon, bien qu'il soit l'ennemi de l'ordre social actuel, n'a pas pris place dans notre revue des réformateurs socialistes. L'éminent controversiste a puissamment démontré la nécessité du mobile de l'intérêt personnel, nul n'a été plus impitoyable pour les Écoles communistes et socialistes, malgré ses affinités inconscientes avec e les. Proudhon d'ailleurs repousse les plans utopiques d'organisation socialiste et traite la société comme un être doué d'une vie propre qui doit être respectée (*Idée générale de la révolution*, p. 76) et s'il parle volontiers de l'anarchie des forces économiques dans la société actuelle, par ailleurs il déclare que ces *forces sont soumises à des lois qui leur sont propres et qui ne dépendent en aucune façon de l'arbitraire de l'homme op. cit.*, p. 42, 43). C'est là une doctrine très orthodoxe et qui place Proudhon aux antipodes des réformateurs utopistes (*op. cit.*, p. 79 et suiv.). Son organisation des forces économiques a pour base principale le *Contrat* et la transformation des entreprises de la grande industrie en *Compagnies ouvrières*; les moyens de cette transformation se rattachent à sa théorie sur la propriété et sur le crédit. Nous renvoyons l'examen des formes de socialisme dont l'énumération précède ainsi que celui de la doctrine mutuelliste de Proudhon à la partie de notre travail qui a pour objet la théorie de la légitimité du droit de propriété privée (V. nos 966 et suiv.).

l'isolement des individus et des familles ne permettrait pas de réaliser[1]. » Le socialisme a été une réaction excessive mais légitime dans son principe contre l'individualisme, l'étroitesse et l'exclusivisme de l'intérêt personnel envisagé comme unique ressort d'activité et unique régulateur de l'harmonie sociale. Enfin, le socialisme a déterminé une réaction contre la doctrine restrictive des attributions de l'État : si l'opinion n'a pas été ralliée à l'idée d'une discipline industrielle imitée de la caserne ou du couvent, elle a pris conscience des obligations qui incombent à l'État en matière d'instruction, de réglementation protectrice du travail, de travaux publics, de prévoyance, de mesures hospitalières et d'assistance.

§ II.

Individualisme et Anarchisme.

93. Exposé de la doctrine individualiste. — L'expression la plus récente et en même temps la plus radicale de la doctrine individualiste se trouve dans les *Essais de politique* et dans l'*Individu contre l'État*[2] de H. Spencer. Ailleurs, dans son *Introduction à la science sociale,* l'éminent publiciste développe une thèse moins absolue : il veut bien admettre que la croissance de l'organisme social a besoin de l'appui d'une réglementation collective (n° 23). Peut-être bien cette seconde doctrine est-elle plus en harmonie avec le système général de l'évolution que professe H. Spencer. Quoi qu'il en soit, les *Essais de politique* formulent, de la manière la plus nette, ce que H. Spencer appelle les *lois* de l'initiative privée : 1° la force créatrice de tout appareil social, qu'il s'agisse d'administration, de commerce ou d'autre chose, est toujours une somme de désirs individuels; 2° par une loi générale, les sociétés, de même que les particuliers, donnent satisfaction tout d'abord aux désirs qui correspondent aux fonctions les plus essentielles; l'ordre de

---

[1] Cournot, *Revue des doctrines économiques*, p. 322.
[2] Cons. l'examen critique de ce dernier écrit par de Laveleye (Extrait de la *Revue internationale*, Florence, 1885).

succession entre les fonctions sociales est déterminé d'après l'importance relative des besoins ; par conséquent « un besoin public, jusqu'à ce qu'il soit satisfait d'une manière spontanée, devrait rester sans satisfaction aucune[1] ; » 3° la coopération spontanée des forces individuelles, inspirée tant par la sympathie naturelle de l'homme pour son semblable que par l'intérêt personnel, « produit en temps voulu toutes les institutions convenables pour le bon accomplissement de toutes les fonctions nécessaires à la société. » Cela posé, que reste-t-il à l'État? une fonction unique, le service de justice, afin d'empêcher ou de réprimer toute agression directe ou indirecte au dedans ou au dehors[2].

Les conclusions pratiques de l'individualisme sont résumées dans la fameuse devise : *laissez faire, laissez passer,* qui signifie non seulement liberté du travail et libre concurrence, mais *nihilisme* gouvernemental. Aussi bien H. Spencer n'a fait que formuler avec plus de rigueur la théorie individualiste, mais les physiocrates et les économistes classiques depuis Adam Smith n'ont pas eu une autre doctrine. Ne parlez pas aux économistes individualistes de mesures destinées à encourager ou à protéger l'industrie, d'établissements modèles dirigés par l'État ; même pour les fournitures de guerre, que l'État s'abandonne à l'industrie privée ; qu'il mette en adjudication les travaux publics ; qu'il cesse de se faire entrepreneur ; qu'il délivre enfin de toutes les entraves réglementaires les sociétés civiles et commerciales, les institutions de crédit : liberté des assurances, liberté des banques ; qu'il n'intervienne en rien dans les rapports entre les patrons et les ouvriers ; qu'il n'excède pas son droit en réglementant le travail ; les conventions doivent être libres : qu'on raye donc de nos

---

[1] H. Spencer, *op. cit.,* p. 55. Nous croyons devoir compléter la citation en donnant le raisonnement de Spencer : « En effet, dit-il, tout travail négligé est un travail qui ne rapporterait pas à son homme autant que les autres, c'est donc un travail dont les produits ne sont pas aussi nécessaires que d'autres à la société. » D'où le corollaire : « faire exécuter par un moyen artificiel un travail négligé, en payant des citoyens à cet effet, c'est faire tort à un autre travail plus urgent. »

[2] Le service de sûreté est le seul aussi que G. de Humboldt attribue à l'État. Le livre de G. de Humboldt sur l'étendue et les limites de l'action de l'État, composé à la fin du siècle dernier, est le premier exposé scientifique de la doctrine individualiste. V. sur G. de Humboldt l'étude de M. Challemel-Lacour, *La Philosophie individualiste.*

lois les exceptions à la capacité et à la liberté des conventions sous quelque forme qu'elles se présentent : rescision pour lésion dans certains contrats, institution du conseil judiciaire pour les prodigues, etc...

94. Exagérations de l'individualisme. — L'individualisme suppose qu'en toutes choses, autant pour les intérêts collectifs que pour les intérêts privés, le jeu libre des forces individuelles a une pleine efficacité; que la libre concurrence donne d'elle-même satisfaction à l'intérêt général puisqu'elle fait apparaître les supériorités industrielles; qu'elle ouvre la voie au progrès dans l'intérêt de tous. Est-ce que ces conclusions optimistes découlent logiquement des prémisses de H. Spencer (n° 93 ? Non certainement; on peut lui accorder sa première proposition : elle est évidente; on peut admettre encore avec lui que l'organisme social se constitue en général d'après l'ordre d'exigence des fonctions, mais il ne suit pas de là : 1° que toutes les institutions convenables pour l'accomplissement des fonctions sociales collectives éclosent spontanément; 2° qu'il y ait lieu de laisser en souffrance les besoins publics pour lesquels la génération spontanée a été impuissante. C'est en cela qu'est l'exagération de l'individualisme.

La prétendue éclosion spontanée des organismes nécessaires au bon ordre de la société, sous la seule action des forces individuelles, ne pourrait s'expliquer que de deux manières, soit par l'hypothèse de Fourier, à savoir d'une attraction passionnée des hommes pour le bien général, soit plutôt encore par une confusion entre l'intérêt privé et l'intérêt collectif. De ce que l'intérêt privé est en général un excellent guide pour certaines fonctions sociales : agriculture, industrie, commerce, en sorte que chacun est ordinairement le meilleur juge de ce qui le concerne et peut faire le bien commun en faisant le sien propre, on n'en saurait conclure que l'initiative privée suffit à faire surgir toutes les combinaisons d'intérêt collectif; il est certain au contraire qu'elle serait impuissante dans un grand nombre de cas. H. Spencer veut bien reconnaître qu'il est de la compétence de la puissance publique de réprimer la violence : pourquoi, sinon parce que les individus en seraient incapables? S'il faut d'office organiser une force armée, n'est-ce pas encore parce que l'on ne voit pas les individus venir s'offrir d'eux-mêmes au service militaire? Si enfin une loi d'expropriation pour cause d'utilité publique est nécessaire, c'est parce que, selon toute vraisemblance, les propriétaires ne céderaient pas spontanément leurs droits, même pour des œuvres indispensables au bien commun. L'intérêt privé a des visées étroites : moins un intérêt est direct, palpable, moins il a de prise sur les individus. On s'associera pour faire un pont, un canal, s'il y a un péage à percevoir; on ne s'associera pas pour construire un phare. Il faut au commerce maritime des comptoirs, des points de relâche; cependant la compagnie des Indes, malgré sa puissance, attendit que le gouvernement britannique les lui eût procurés[1]. Le déboisement des montagnes menace les vallées d'inondations et d'ensablement; croit-on qu'il faille attendre la préservation de l'initiative privée?

Partout le législateur a dû se montrer plus vigilant que les populations intéressées. S'il en est ainsi dans la sphère des intérêts économiques, combien, à plus forte raison, l'initiative privée serait-elle insuffisante quand il s'agit de choses d'art ou de haute culture intellectuelle! Elle n'est nulle part en mesure, pas même en Angleterre, où l'aristocratie a plus que dans d'autres pays le sentiment de ses devoirs, de doter et d'organiser l'enseignement primaire. H. Spencer à certains égards attend trop de l'initiative privée et, à d'autres, par une singulière contradiction ne la renferme-t-il pas dans des limites trop étroites? Son sentiment est en effet que si un service est négligé, « c'est qu'il ne rapporterait pas à son homme autant que les autres travaux : » or, poser ainsi la question ce serait prononcer un arrêt d'impuissance contre l'individualisme en dehors du commerce et de l'industrie. Ce serait ne pas savoir assez reconnaître ce dont l'initiative privée est capable : en bien des cas elle est féconde même pour des œuvres désintéressées et notamment elle excelle dans la charité. Toutefois, ce ne sont là que des exceptions. En général l'initiative privée cesse dès que l'intérêt particulier disparaît, aussi St. Mill a-t-il raison de conclure, au sujet des attributions du gouvernement, en disant « que son intervention est indispensable et qu'un service public est nécessaire toutes les fois que personne n'est spécialement intéressé à s'en charger,

---

[1] Dupont-White, *op. cit.*, p. 269.

parce que personne n'en retirerait naturellement et spontanément une rémunération suffisante [1]. »

Si tout ce qui précède est vrai, si l'initiative privée individuelle ou collective sous forme d'associations n'est pas prête à
l'action partout où l'on rencontre un véritable intérêt social, la
conclusion de H. Spencer, « qu'un besoin public, jusqu'à ce
qu'il soit satisfait d'une manière spontanée, devrait rester sans
satisfaction aucune, » n'apparaîtra plus que comme une abdication injustifiable de la puissance publique en présence d'un
devoir social.

L'individualisme, obligé de compter avec l'État lorsqu'il s'agit
d'intérêts collectifs, est-il fondé à repousser tout pouvoir de tutelle ou d'impulsion lorsqu'il s'agit d'intérêts privés? Dans les
choses de l'agriculture, du commerce ou de l'industrie, l'initiative privée peut-elle se passer de tout encouragement, de tout
soutien ou de tout redressement? Ici encore il y a exagération.
L'individualisme absolu est d'abord en désaccord avec la loi
historique de l'industrie : l'industrie n'est parvenue que graduellement à la liberté : plus d'une fois elle a passé par des phases de réglementation et de monopoles qui ont contribué à la
faire ce qu'elle est devenue. Il ne faudrait donc pas voir, dans
l'épanouissement des forces industrielles, l'effet d'une action
spontanée; il y aura encore à revenir sur cette considération fort
importante.

En second lieu, l'individualisme ne voit dans l'industrie qu'un
intérêt privé; or, si cela est vrai des unités industrielles, l'industrie prise dans son ensemble est un intérêt national. Stimuler
les forces productives, encourager les innovations, les bonnes
méthodes, éclairer la production au moyen d'informations sur
les faits qu'elle a intérêt à connaître, c'est prendre soin d'un intérêt national; ce n'est pas nuire à l'initiative privée, c'est
même lui prêter un secours nécessaire, car la spécialisation excessive des industries, dans les pays à civilisation complexe,
rend désirable une certaine coordination des efforts, une organisation destinée à rapprocher les intérêts similaires.

---

[1] St. Mill, *Principes d'Économie politique*, t. II, liv. v, ch. xi, § 15. St.
Mill cite, à titre d'exemples, les voyages d'explorations scientifiques ou de
découvertes, les recherches et les expériences scientifiques, etc...

C'est également par l'intérêt public, soit au point de vue de la sécurité et de la protection des personnes employées dans les ateliers, soit de la bonne foi des transactions, que se justifie l'ensemble des mesures qui constituent la police de l'industrie. Un seul exemple sur ce point : l'individu est-il assez prévoyant pour ne pas faire un usage immodéré de ses forces, pour ne pas les épuiser dans un travail d'une durée excessive ? Peut-on compter sur les parents pour s'opposer à ce que leurs enfants soient prématurément employés dans l'industrie, ou y soient employés à des travaux nuisibles à la santé ? L'individualiste devrait pouvoir répondre affirmativement et en toute sécurité de conscience à ces questions. Mais, jusqu'ici, la seule protection efficace contre des abus trop multipliés a été celle de la loi.

Le point de vue de la société n'est pas le même que celui du spéculateur : l'initiative privée se porte d'elle-même vers les emplois les plus fructueux, mais ces emplois ne sont pas toujours les plus avantageux à la société : c'est, par exemple, une opération très lucrative que le défrichement des forêts ; il importe pourtant qu'elle soit contenue par des règles restrictives ; sinon, il y aurait contrariété entre l'intérêt privé et l'intérêt social. Disons encore que l'intérêt national de la puissance industrielle du pays, commande parfois aux intérêts privés des sacrifices qu'ils ne consentiraient pas spontanément : voici une nation qui est destinée par son climat et par son génie à un large développement économique, mais qui a été retardée dans cette voie par les complications de sa constitution politique. « Voulez-vous que cette nation fasse et produise tout ce dont elle est capable ? Privez-la des services et des produits du dehors. C'est ainsi qu'en jugèrent Cromwell, Colbert, Napoléon, et cela signifie vraiment quelque chose. Isoler un peuple pendant le temps nécessaire à l'éducation de ses forces productives, c'est le convier à la culture de toutes ses aptitudes... C'est ainsi qu'est née l'industrie dans presque toute l'Europe moderne[1]. » Mais c'est dire au commerçant : vous n'importerez pas de produits étrangers, ou vous ne les importerez qu'en payant certains droits, et, pour établir cette prohibition ou ces droits, il faut l'intervention de la puissance publique sous forme de lois douanières, de moyens de

---

[1] Dupont-White, *op. cit.*, p. 271.

surveillance et de contrainte, en un mot, il faut que l'industrie ne jouisse pas dans l'État d'une autonomie absolue.

95. Anarchisme. — On pourrait croire que la théorie de H. Spencer est la dernière expression possible de l'individualisme, mais il n'en est rien. H. Spencer laisse debout l'État, le gouvernement; il se contente de renfermer leur action dans le cercle le plus étroit. L'*anarchisme* (ἀν ἀρχή) n'en laisse rien subsister. Quelle est la source de cette étrange doctrine? H. Spencer a pris chez Proudhon une conception générale de la transformation historique des sociétés que celui-ci avait poussé jusqu'aux conséquences logiques les plus extrêmes : les sociétés ont été anciennement organisées pour la guerre et la domination sur le type militaire et tyrannique; elles évoluent incessamment vers un état industriel ou économique tout pacifique dans lequel l'initiative et la libre expansion des forces individuelles ne connaîtra plus aucune contrainte, aucune gêne. Selon H. Spencer nos sociétés poursuivent les errements du régime guerrier et féodal : c'est la tyrannie des lois, des intrusions réglementaires nuisibles. Pour Proudhon ce n'est pas l'excès de gouvernement et la manie réglementaire qui sont le mal; c'est toute l'organisation sociale actuelle, c'est l'administration, la police, la justice, les lois. Il n'admet pas plus une contrainte, imposée par la volonté de la majorité sous le régime représentatif, que la tyrannie du roi absolu sur ses sujets. Plus de lois, mais seulement de libres contrats, dégagés à l'avenir de toutes les causes qui vicient les conventions sous le régime social actuel : le monopole de la propriété, du crédit, l'oppression du prolétaire, etc. Proudhon, si dur par ailleurs aux utopistes, ne répugne pas à l'idée qu'une société puisse vivre sans lois, sans police, sans tribunaux[1]! Voilà une société idéale, digne de l'âge d'or; mais alors pourquoi pas celle de Fourier? Fourier au moins discipline la production, met de l'ordre partout. Proudhon laisse subsister tout l'aléa d'une production non centralisée, tous les effets fâcheux de la concurrence, puisque entre producteurs isolés ou entre compagnies ouvrières la lutte reste ouverte sans aucun frein.

Quelque inconsistant que soit l'*anarchisme* de Proudhon, son rayonnement s'est produit dans le monde entier. C'est au système

---

[1] Proudhon, l'*Idée générale de la Révolution,* 5ᵉ étude p. 177 et suiv.

de Proudhon que remontent toutes les variétés contemporaines
de l'anarchisme, du moins celles qui conservent quelque dehors
de doctrine scientifique. Il ne peut être en effet en ce moment
question de l'anarchisme militant de celui qui a pour drapeau « *la
propagande par l'action,* » c'est-à-dire par la dynamite, l'incendie
et le meurtre, mais seulement de l'anarchisme spéculatif. Pour
Proudhon, l'anarchisme n'est rien autre chose qu'une conséquence aussi inéluctable que logique de la Révolution. Son ère
arrivera sans violence par la force de la persuasion, mais aussi
quelque peu avec l'aide du législateur [1]. Ce programme expec-
tant et pacifique n'est pas celui des anarchistes d'action en Russie, en Allemagne, en Amérique, en France, de Netschajew, de
Most, du prince Krapotkine, d'Em. Gauthier, etc.; mais ce fut
encore, en théorie du moins, celui de Bakounine, le chef du
nihilisme russe. Selon lui il ne faut plus d'État, car l'État c'est
le despotisme quelle que puisse être la constitution politique.
L'organisation nouvelle que Bakounine nomme l'*amorphisme*
ne comprenant plus que des associations libres unies par les
liens de la solidarité se fera pour ainsi dire d'elle-même dès que
l'État et la propriété auront disparu [2].

96. Le tort de l'individualisme et de l'anarchisme est de ne
voir dans l'activité sociale qu'une seule force agissante. En réalité, il en existe deux, l'une privée, l'autre publique. Si l'omnipotence de l'État est une erreur dangereuse, l'individualisme
absolu en est une fort grave aussi. L'individualisme contient
cependant une part de vérité : l'initiative privée pour les choses

[1] Les combinaisons pour le rachat de la propriété, l'extinction des dettes
publiques, la transformation de la Banque de France supposent, en effet,
l'intervention de la loi (V. Proudhon, *op. cit.*, p. 182 à 214).

[2] Mais comment disparaîtront-ils? Bakounine, bien inférieur en ceci à
Proudhon, n'a pas un plan de réforme sociale. En 1870 il fonda à Lyon un
comité central du salut de la France qui devait remplacer toutes les institutions existantes. La tentative de Bakounine de substituer son comité à la
municipalité de Lyon n'eut aucun succès.—Sur la question de l'anarchisme,
cons. Adler, v° *Anarchismus Handwörterbuch der Staatswissenchaften*, publié par Conrad, et sur le nihilisme russe Bourdeau, *Le socialisme allemand*, p. 285 et suiv.; An. Leroy-Beaulieu, l'*Empire des Tzars*, t. II, p. 526
et suiv. De récents attentats en Angleterre, en France, en Espagne, en Belgique ont fait revivre les jours du terrorisme nihiliste et montré que le danger s'était déplacé de l'Est à l'Ouest (1892). Pourtant le parti anarchiste est
une infime minorité, mais difficilement saisissable à cause de sa constitution
en groupes très fractionnés.

qui sont de son ressort excelle à démêler le but accessible et les moyens appropriés : elle a une souplesse incomparable. L'une des meilleures chances pour une société est qu'il s'y crée, sous le stimulant du besoin, des forces individuelles pleines d'ardeur et d'énergie. C'est pour cela que la coopération libre est, lorsque l'industrie est parvenue à un degré suffisant de croissance, le régime économique le plus favorable au progrès social (nᵒˢ 64 et 65).

§ III.

Théorie générale des attributions de l'État.

97. En dehors des Écoles socialistes qui sont maintenant hors du débat, on s'accorde à reconnaître qu'il y a des limites à l'action légitime ou utile de la puissance publique : l'État ne doit ni ne peut tout entreprendre ; l'individu a son rôle propre et nous lui reconnaissons des droits dont il ne pourrait être privé sans injustice et qu'il exerce mieux d'ailleurs que l'État ne pourrait le faire à sa place. Mais la lutte subsiste entre deux tendances, l'une très restrictive, l'autre extensive des attributions publiques.

Les meilleurs esprits sont divisés sur deux questions fondamentales : 1° Quels sont les mérites ou les vices inhérents à l'action de l'État ? 2° Qu'est-ce que l'État ; quelle est sa mission sociale ? Cette seconde question domine théoriquement la première ; cependant, surtout en matière économique, l'idée qu'on se fait des choses dépend beaucoup des qualités ou des défauts qu'on leur suppose ; aussi convient-il d'examiner tout d'abord les objections générales que les individualistes dirigent contre l'action de l'État.

98. A. — **Examen critique des objections produites contre l'action de l'État.** — L'individualisme formule diverses objections contre l'action de l'État ; on peut les grouper sous trois chefs principaux : 1° absence d'intérêt personnel, défaut d'initiative et insuffisance de responsabilité chez les administrateurs ; 2° complication des services à cause du nombre et de la variété des attributions ; 3° dangers politiques et sociaux résultant de l'accroissement de pouvoir du gouvernement.

99. I. — On dit d'abord que l'intérêt privé fait vite, mieux et à moins de frais que des administrateurs imparfaitement responsables et plus ou moins insoucieux du résultat. L'État, c'est le gouvernement, c'est-à-dire une collection d'individus [1] dont l'action collective n'offre pas les mêmes garanties que l'initiative privée. Il est facile, à l'appui de cette thèse, de citer maints exemples de traditions routinières et de mémorables bévues commises par les administrations publiques. C'est ainsi que procède notamment H. Spencer [2]. Son but est de prouver que le respect du pouvoir fausse le jugement commun dans l'appréciation des faits sociaux au point de laisser passer inaperçues les fautes les plus grossières des administrations publiques ; la critique seule apprend à les discerner. A côté de ceci, il est curieux de trouver dans le même auteur l'indication de nombreux exemples du défaut de clairvoyance reproché par lui aux sociétés particulières. Il se plaint des abus qui résultent, au sein de ces sociétés, de l'absence de garanties et de responsabilité [3]. Au moins les administrations publiques sont-elles soumises au contrôle de la presse et du Parlement. — La contradiction est flagrante et donne à penser au lecteur que si l'opinion générale est parfois d'une indulgence blâmable à l'égard des administrations publiques (ce n'est pas à notre avis la tendance la plus ordinaire), en revanche, la critique de H. Spencer est peut-être troublée aussi par un sentiment hostile à l'État [4]. Ne serait-il pas facile d'opposer à l'impitoyable enquête de H. Spencer l'énumération de tout le bien accompli par l'intervention de l'État : les facilités données à l'épargne, la diffusion de l'instruction, la protection des faibles, la vie humaine mieux protégée, la mortalité réduite [5] ?

L'État, pas plus que les particuliers, n'est infaillible, cela est certain. On prétend qu'il y a moins de garanties pour l'économie et le contrôle dans les administrations publiques. Presque tou-

---

[1] V. Courcelle-Seneuil, discussion à l'Académie des Sc. mor. et polit. (Vergé, t. 125, p. 541).

[2] V. Spencer, *Introd. à la Science sociale*, p. 174 ; *Essais de politique* et *l'Individu contre l'État*.

[3] Spencer, *op. cit.*, p. 297.

[4] Les expressions dont il se sert indiquent assez qu'il fait œuvre de polémique : selon lui, la *machine officielle est lente, bête, prodigue, corrompue* (V. *Essais de politique*, p. 28 à 36 et *passim*).

[5] Un tableau de ce genre a été tracé pour l'Angleterre par M. Shaw Lefèvre, discours à l'association du Congrès des sciences sociales (Birmingham, 1884).

jours l'objection est produite à titre d'axiome, sans preuve à l'appui. « Cette objection, répondrons-nous avec Michel Cheva-lier[1], sous la forme absolue qu'on lui donne, manque de fonde-ment : non qu'elle vante outre mesure la puissance et les res-sources que possède l'intérêt privé, lorsqu'il a reçu la forte éducation de la liberté, mais elle méconnaît les titres par les-quels se recommandent les gouvernements éclairés; j'espère vous le démontrer, l'exécution (des travaux publics) par l'État n'est pas sans présenter des garanties satisfaisantes. » La démons-tration de Michel Chevalier est, en effet, sans réplique. Peut-être, bien qu'elle soit relative à des questions de travaux publics que nous aurons à étudier plus spécialement par la suite, vaut-il mieux la citer immédiatement tant elle est concluante : « Quand un canal ou un chemin de fer est à construire, un entrepreneur de travaux intervient qui se substitue à l'État ou à la Compagnie et exécute les terrassements et les ouvrages d'art sous la di-rection d'un ingénieur choisi par l'État ou par la Compagnie. L'œuvre est surveillée, s'il s'agit d'une compagnie, par un con-seil d'administration; s'il s'agit de l'État, en France du moins, par le Conseil général des ponts et chaussées et par le Ministre des travaux publics, et, ensuite plus ou moins, selon les déve-loppements donnés au principe représentatif, par les Chambres. Or, dans l'un et l'autre cas, la situation de l'entrepreneur est la même : il a toujours pour mobile exclusif son intérêt privé; il tend à sacrifier quelquefois au bon marché la solidité des ouvra-ges; et ainsi, en cela, l'intérêt privé peut tourner au détriment de l'œuvre, aussi bien sous le régime des compagnies que sous celui de l'État. Quant à l'ingénieur chargé de la surveillance immédiate, examinons dans quel sens et avec quelle énergie son intérêt privé le portera à agir : s'il est employé par une compagnie, comme il n'est pas actionnaire, il n'a pas plus d'intérêt privé à l'accomplissement de son devoir que l'ingénieur au ser-vice de l'État. » L'auteur développe cette idée et montre que si la compagnie peut chercher à stimuler le zèle de l'ingénieur en lui allouant une prime, l'État offre aussi des avantages d'hon-neur et d'avancement à l'ingénieur qui se distingue. On pour-

---

[1] Michel Chevalier, *Cours*, t. II, 4ᵉ leçon. Qu'on veuille bien noter que ce passage est extrait des leçons professées au collège de France et non des écrits saint-simoniens de Michel Chevalier.

rait dire aussi que les adversaires de l'État ont une idée bien
fausse des fonctionnaires, s'ils s'imaginent qu'ils sont indifférents
à l'intérêt général et sans pouvoir pour le bien dans le service
dont ils sont chargés[1]. Quoi qu'il en soit, Michel Chevalier
conclut ainsi en ce qui concerne l'ingénieur : « il est évident que
l'exécution par l'État met en jeu le mobile de l'intérêt privé
dans une mesure convenable, aussi bien que si l'on substituait
à l'État une association d'actionnaires. » Continuons la comparaison en suivant la hiérarchie des fonctions : « Au-dessus de
l'ingénieur on trouve, d'un côté, un conseil d'administration composé souvent des plus forts actionnaires, mais souvent aussi d'intéressés choisis pour des motifs autres que le nombre des actions
dont ils sont possesseurs ; de l'autre, le Conseil général des
ponts et chaussées, avec le Ministre des travaux publics. Entre
ces deux groupes de censeurs ou de donneurs d'avis, ce n'est
pas trop présumer du second que de lui supposer des lumières
égales à celles du premier ; ce ne serait même pas, ce me semble, se montrer fort exigeant, que de revendiquer pour lui une
certaine supériorité à cet égard ; de même pour le zèle. Au-
dessus du conseil d'administration enfin, la compagnie offre
l'assemblée générale des actionnaires, envers laquelle seule le
conseil est comptable ; or, vous savez quelle réputation on a
faite aux actionnaires réunis en assemblée générale... La vérité
est que leur surveillance est, dans un grand nombre de cas,
illusoire[2]... Au contraire, du côté de l'État au-dessus du Minis-

---

[1] H. Spencer se laisse dominer par une évidente prévention, quand il va
jusqu'à dire que toute administration est incapable, insouciante et corrompue. Incapable, parce que les hommes qui mènent un pays se recrutent dans
son sein et ont tous les défauts des autres individus, aggravés par l'absence
d'intérêt. Il n'est pas exact que les gouvernants aient toujours les qualités
et les défauts des gouvernés : « Pouvoir oblige ». Comment le pouvoir, avec
tout ce qu'il ouvre d'horizons d'idées et de sentiments, ne serait-il pas un
stimulant analogue et supérieur même à l'initiative privée ? Il se peut qu'à
quelques égards le pouvoir corrompe, mais il a, il ne faut pas l'oublier, un
autre effet sur l'homme d'État digne de ce nom (V. Dupont-White, *op. cit.*,
p. xviii et suiv).

[2] Pour qu'on ne puisse pas dire que ce jugement est particulier à notre
pays, qui est présumé avoir, moins que d'autres, les aptitudes et les mœurs
de l'association, il est bon d'invoquer ici le témoignage de Spencer, à propos
des compagnies de chemins de fer en Angleterre : La constitution de ces
sociétés est, dit-il, démocratique, mais les formes de gouvernement libre,
ayant pour objet de limiter le pouvoir des directeurs, restent sans applica-

tre des travaux publics, du directeur général et du Conseil des ponts et chaussées, viennent se placer des assemblées moins promptes à délier les cordons de la bourse et de moins facile composition qu'une réunion d'actionnaires, nous voulons parler des Chambres parlementaires. Ce n'est pas tout : l'exécution par l'État admet un autre contrôle actif et sévère, celui de l'opinion publique s'exprimant par l'organe de la presse. C'est une garantie qui manque presque complètement à l'exécution par les compagnies. » Tel est le résumé de la réfutation détaillée de Michel Chevalier. C'est à bon droit qu'il a opposé les compagnies à l'État. L'entreprise individuelle ne s'applique, on le sait, qu'à des œuvres d'importance secondaire, et ce n'est pas pour celles-ci qu'on propose de substituer l'État aux particuliers.

100. II. — La seconde objection peut être réduite à sa juste valeur en peu de mots : on craint la complication et la mauvaise organisation des services dans un grand pays où l'État serait investi de fonctions très diverses. L'initiative privée est douée d'une énergie que ne peut avoir l'action gouvernementale assujettie par de nombreux rouages et emprisonnée dans des spécialités d'attributions strictement définies ; l'État est routinier ; il n'a ni esprit d'invention, ni passion du progrès[1]. Toute attribution nouvelle incombe, dit-on, à des administrateurs déjà surchargés, et cependant incapables de se tirer à honneur d'attributions même simples. Les rouages administratifs n'agissent qu'avec lenteur et sans souplesse. La complication des services est favorable à la routine ; l'esprit d'innovation est contrarié par les règles de centralisation inhérentes aux grands mécanismes administratifs.

---

tion : « le plus ordinairement, les actionnaires de chemins de fer n'exercent pas leurs droits, et les directeurs sortants sont réélus comme si c'était une simple formalité ; le conseil devient, en pratique, un corps fermé ; généralement un de ses membres, le plus souvent le président, acquiert la haute main, et l'on tombe ainsi dans un gouvernement tenant le milieu entre l'oligarchie et la monarchie. C'est la règle et non l'exception, remarquez-le bien » (Spencer, *Introd. à la Science sociale*, p. 297). — M. Leroy-Beaulieu ne parle pas de cette insuffisance de contrôle : il préfère hardiment la constitution aristocratique des sociétés anonymes aux assemblées démocratiques des États libres, mais il se tient dans un certain vague, aussi son opinion ne nous semble pas pouvoir faire contre-poids à celle de Michel Chevalier et de Spencer (Leroy-Beaulieu, *l'État moderne et ses fonctions*, p. 78).

[1] Leroy-Beaulieu, *op. cit.*, p. 49 et suiv.

St. Mill lui-même fait justice de ces inconvénients présumés en disant « qu'ils résultent beaucoup plus de la mauvaise organisation des gouvernements que de l'étendue ou de la variété des fonctions qu'ils entreprennent. On n'appelle pas gouvernement un seul fonctionnaire ou un nombre déterminé de fonctionnaires : on peut donc diviser le travail à volonté dans le sein même de l'administration. Il existe peu de pays où un plus grand nombre de fonctions soient remplies par des officiers publics que dans quelques États de l'Union américaine, mais la division du travail en matière de fonctions publiques y est très grande[1]. » Que cela puisse se réaliser au moyen de la division de l'administration centrale en un plus grand nombre de départements ministériels et par l'attribution d'un pouvoir propre plus considérable aux autorités locales, cela n'est pas contestable en thèse générale, mais ce n'est pas le lieu de rechercher dans quelle mesure une telle réforme serait utile. Pour répondre à l'objection, il suffisait de montrer que la complication et la mauvaise organisation des services n'est pas une conséquence inhérente à l'action gouvernementale.

Il faut encore réduire à sa juste valeur une objection spécieuse : l'État est obligé d'agir d'une façon uniforme, ses expériences sont des expériences totales; les conséquences de ses erreurs sont donc plus graves que celles de l'initiative privée. Rien n'autorise à dire que l'État doive n'agir que par voie de réformes générales; comme les sociétés privées ou les individus il peut faire et il fait des essais partiels. On peut et on doit désirer que les réformes législatives et administratives soient plus souvent encore temporaires, régionales ou successives. Plusieurs exemples de cette expérimentation gouvernementale ont déjà été donnés (n° 28).

101. III. — S'il s'agissait d'investir l'État d'attributions universelles, il y aurait à se préoccuper de la dernière objection qui reste à examiner, la plus sérieuse de toutes. Toute fonction nouvelle donnée au gouvernement ajoute à l'influence qu'il exerce, augmente le nombre des existences qui dépendent de lui. Ce pourrait être, au delà d'une certaine mesure, un grave danger même en un pays libre, car le jeu des institutions parle-

---

[1] V. St. Mill, *op. cit.*, t. II, l. v, ch. 11, § 4.

mentaires a pour effet un déplacement de forces et d'activités
qui ne se borne pas aux premiers postes de l'État, mais s'étend
trop souvent à un assez grand nombre de fonctions. Il y a là des
causes d'abus d'autorité[1] ou d'excitation pour les ambitions malsaines, et surtout une instabilité fâcheuse s'opposant à la formation de bonnes traditions administratives[2]. Un autre danger serait
de détourner de l'industrie libre une part trop grande des intelligences et des capacités qui serait concentrée en une immense
bureaucratie « vers laquelle le pays tournerait sans cesse les
yeux, la foule pour en recevoir l'ordre et la direction, les gens
capables pour y entrer et une fois entrés s'y élever[3]. »

Enfin, il est un autre écueil de l'extension abusive de l'intervention de l'État très finement observé par St. Mill. Si tout
intérêt un peu général devenait sans distinction affaire d'État,
les particuliers s'habitueraient à compter en toute chose sur le
gouvernement et il ne faut pas qu'il puisse être considéré
comme une providence[4]. Si l'on peut estimer qu'il lui appartient

---

[1] Il y aurait quelque exagération à soutenir, comme le fait M. Leroy-Beaulieu, que seul l'État moderne a la prétention que le fonctionnaire lui appartienne tout entier par ses opinions politiques comme par son zèle professionnel. On a eu la preuve qu'à cet égard les compagnies privées ne sont pas
aussi désintéressées qu'on l'affirme. L'indépendance de leurs agents n'est pas
toujours respectée. V. pour les agents de la Cie P.-L.-M. la discussion à la
Chambre des députés le 13 mai 1890.

[2] Il y a peut-être lieu de croire que cette dernière crainte, en ce qui concerne la France, a été conçue à la suite des évolutions assez brusques de la
politique contemporaine, car, souvent naguère, dans les critiques dirigées
contre la bureaucratie, on a pu dire : les ministres passent, mais les bureaux
restent. On remarquera combien les jugements de l'opinion sont, en pareille
matière, sujets à suivre des courants contraires d'après les impressions du
moment aussitôt érigées en doctrine avec une incroyable légèreté V. ci-dessous, n° 123, les distinctions qu'il conviendrait de faire d'après la nature des
services). Dans l'*État moderne et ses fonctions*, M. Leroy-Beaulieu est hanté
par l'idée que l'État n'est qu'un parti au pouvoir, pratiquant la maxime *vic-
toribus spolia*. L'*État moderne* n'est pas et ne peut pas être pour lui autre
chose. On comprend que partant de là, l'auteur s'engage à corps perdu dans
la voie individualiste la plus étroite (Leroy-Beaulieu, *op. cit.*, p. 62 et suiv.).

[3] St. Mill, *La liberté*, p. 313. Sur ce point, entre économistes, il n'y a point
de dissentiment. C'est un socialiste de la chaire M. Schönberg qui écrit ceci :
« Si l'action de l'État peut être insuffisante, il se peut aussi qu'elle soit excessive. Une intervention excessive est peut-être plus nuisible qu'une intervention insuffisante » (*Handbüch*, t. I, p. 66).

[4] On peut faire remarquer en passant que l'affaiblissement du sentiment
de responsabilité personnelle par l'intervention de l'État n'est peut-être jamais autant à redouter que lorsqu'elle se produit sous forme d'assistance

de prendre l'initiative pour le progrès, il n'a pas, selon la notion un peu naïve des gouvernements paternels, à faire le bonheur des peuples. Chacun doit être, avant tout, l'artisan de sa propre fortune ; mais on sait combien les efforts isolés sont souvent impuissants. Quant à dire que l'État n'a pas à se substituer aux individus dans ce qu'ils peuvent faire, c'est énoncer une tout autre thèse que la thèse individualiste. En pareille matière, la conduite de l'État doit dépendre des circonstances, varier selon que l'initiative privée est capable d'un effort, ou au contraire demeure faible ou engourdie. Il ne suffit pas de cesser de gouverner, comme le pensent les individualistes, pour voir se développer la force d'initiative privée. Il importe sans doute de ne pas habituer les particuliers à rejeter sur l'État toute entreprise qui exige une certaine concentration de forces, mais au contraire d'aider au développement de l'association et des œuvres collectives privées jusqu'au moment où toute intervention de l'État deviendra superflue.

102. B. — Opinions sur la nature et la mission de l'État. — On est en dissentiment profond sur la nature et la mission de l'État. Selon la doctrine restrictive ou individualiste qui jouit d'un grand crédit parmi les économistes de l'École anglaise, l'État est un mal ; on consent à dire un mal nécessaire[1]. Circonscrire les attributions de l'État aux services absolument essentiels, c'est circonscrire le mal. Au delà, le seul précepte à formuler est le *laissez-faire*. On ajoute que l'État n'est pas un être moral pouvant avoir des droits ou des devoirs. L'État n'a que les attributions dont sont investis, en vertu d'une sorte de mandat, ceux qui exercent le gouvernement. Quant aux charges qui,

légale. Toutefois, les lois des pauvres en Angleterre datent de près de trois siècles, et, si elles ont eu de très fâcheuses conséquences à certains égards, on n'a jamais dit qu'elles aient amoindri chez les hommes de la race Anglo-Saxonne la force de l'initiative privée.

[1] J.-B. Say, Dunoyer et Bastiat sont, en France, les défenseurs classiques de l'Individualisme. Cette doctrine n'y aurait pas perdu de terrain s'il fallait en juger uniquement d'après la discussion, qui s'est élevée à l'Institut sur le *socialisme d'État,* à propos du livre de M. Lujo Brentano, *la Question ouvrière.* L'individualisme pur a été soutenu par MM. Léon Say, Leroy-Beaulieu et Courcelle-Seneuil.— M. Leroy-Beaulieu, on le sait, y est demeuré fidèle dans son dernier ouvrage : l'*État moderne et ses fonctions* (1890). — Cf. sous ce titre *Du rôle de l'État dans l'ordre économique,* les deux mémoires de MM. Jourdan et Villey (1882) et Léon Say, *Le socialisme d'État,* 1884.

dit-on, pèsent sur lui, elles pèsent en réalité sur le contribuable, c'est-à-dire sur tous, nouvelle raison de ne pas étendre sans impérieuse nécessité le rôle de l'État[1].

Bluntschli établit très bien que la notion pessimiste sur la valeur de l'action de l'État s'est formée sous l'empire de préoccupations politiques accidentelles. C'est une exagération opposée à celle qui se produisit au xviiie siècle, où l'on avait la manie de tout gouverner : l'idée ne vint pas alors qu'il fallait limiter le pouvoir, mais qu'il fallait le déplacer, mettre fin aux anciennes dominations. Au commencement du xixe siècle, l'École libérale et doctrinaire, par réaction contre les excès de despotisme de l'Empire, traita le pouvoir en ennemi, en puissance nuisible. Michel Chevalier montre nettement l'origine de la doctrine restrictive et la réfute avec une rare impartialité; malgré son étendue, le passage où il s'explique sur ce point doit être intégralement rapporté : « J'ai, dit-il, à cœur de combattre des préjugés qui étaient fort accrédités il y a quelques années et qui n'ont pas cessé de compter une nombreuse clientèle, préjugés en vertu desquels le gouvernement devrait, non pas seulement en fait de travaux publics, mais d'une manière générale, se réduire vis-à-vis de la société à des fonctions de surveillance et demeurer étranger à l'action, lui qui, cependant, comme son nom l'indique, est appelé à tenir le gouvernail. En France, parmi la génération qui avait fait la Révolution, les publicistes les plus distingués étaient pour la plupart de cette opinion négative. Les théories d'économie publique les plus répandues posaient en principe que le gouvernement ne doit rien faire par lui-même, qu'il est nécessairement maladroit, prodigue de l'argent des contribuables et du temps qui vaut de l'argent. C'est qu'en 1789 le courant poussait une foule d'hommes éclairés et généreux à adopter et à propager systématiquement les idées propres à affaiblir un pouvoir qui s'était laissé subjuguer par le *génie du retardement*. Telle était la masse des abus sous l'ancien régime, que la royauté et ses ministres apparaissaient comme les ennemis naturels de la nation. Tout système qui tendait à leur refuser un maniement de fonds considérables ou à

---

[1] Courcelle-Seneuil, V. discussion sur le socialisme d'État (*op. et loc. cit.*).

leur enlever la direction d'entreprises essentielles à la prospérité publique, tout ce qui impliquait une négation plus ou moins directe de leur compétence et de leur capacité se recommandait par cela seul à la préférence de quiconque se piquait d'aimer son pays et particulièrement à celle des arbitres de l'opinion publique. Cette situation était anormale et exceptionnelle : les idées qu'elle inspirait n'avaient qu'une valeur de transition. La science qui plane dans des régions supérieures à celle des passions du jour, tend à ce que les solutions qu'elle présente soient, non pas immuables, ce serait trop de présomption, mais au moins durables. C'est pour des situations régulières qu'elle s'efforce d'édifier des doctrines. Lorsque dans ses raisonnements généraux elle fait intervenir le gouvernement, elle doit le supposer national par son origine comme par ses tendances, ami du progrès sage et gradué... En fait, une réaction s'opère dans les meilleurs esprits ; dans les théories d'économie sociale qui prennent faveur, le pouvoir cesse d'être considéré comme un ennemi naturel ; il apparaît de plus en plus comme un infatigable et bienfaisant auxiliaire, comme un tutélaire appui. On reconnaît qu'il est appelé à diriger la société vers le bien et à la préserver du mal, à être le promoteur actif et intelligent des améliorations publiques, sans prétendre au monopole de cette belle attribution...[1]. » On ne peut plus judicieusement analyser les causes tout accidentelles du succès des idées individualistes. Lorsque les économistes du commencement du siècle ont enseigné le *laissez-faire*, ils ont trouvé le terrain tout préparé : « Cette opinion n'a cependant pas réussi, avoue Laboulaye, car elle va trop loin ; aujourd'hui on a tort de se jeter dans l'excès contraire, mais tout n'est pas erreur dans ce penchant[2]. »

Peut-être bien l'insuccès est-il moins complet que ne le disait Laboulaye. Les doctrines *an-archiques* persistent grâce à l'inconsistance des régimes politiques, surtout en notre pays ; c'est que, en effet, la non-intervention de l'État est autre chose qu'une thèse scientifique, c'est une arme d'opposition dont se servent ceux-là mêmes qui ont pour idéal le gouvernement absolu. On énerve dans des luttes misérables la notion essen-

---

[1] Michel Chevalier, *op. cit.*, t. II, 6e leçon.
[2] Laboulaye, l'*État et ses limites*.

tielle du pouvoir national, puis l'on s'étonne, lorsqu'on est parvenu à l'arracher des mains d'adversaires politiques, de ce qu'on ne le ressaisit qu'affaibli et déconsidéré ! Ce sont là de déplorables mœurs publiques[1]. Michel Chevalier avait bien raison de dire que quand la science fait intervenir le gouvernement, elle ne doit pas voir en lui un pouvoir hostile contre lequel il faut donner l'assaut afin de lui disputer l'avenir du pays, mais, au contraire, une institution « vraiment nationale par ses origines comme par ses tendances. » Puisse, sous un régime constitutionnel durable, ce point de vue devenir non seulement celui des hommes de science, mais aussi celui des hommes politiques dans l'exercice du contrôle parlementaire ! L'identification de la puissance publique et du sentiment national est l'une des plus grandes des forces morales de l'Allemagne : il se peut, si l'on en juge par de récents écrits d'outre-Rhin, que le culte de l'État y tourne à l'idolâtrie, mais l'opinion publique en France a trop à se guérir du mal contraire pour qu'il y ait à craindre la contagion.

103. Une regrettable équivoque entre pour beaucoup dans les préventions qui subsistent contre l'État : il semble que ce que l'on revendique au profit de l'État on l'enlève à la liberté. Est-ce bien exact ? La vraie liberté politique se juge d'après la part que le pays prend aux affaires publiques ; l'État moderne n'est pas une autorité absolue sur les personnes et sur les biens ; c'est l'expression de la souveraineté nationale, c'est un pouvoir qui agit avec une délégation de tous et qui est investi d'une mission d'ordre et de bien public[2]. Sous des institutions représentatives, vouloir dessaisir l'État de toute attribution active pour le progrès, c'est le condamner à l'impuissance sans rien gagner pour la liberté, car la liberté n'est pas l'absence de gouvernement, mais la constitution d'un gouvernement libre. Le droit à n'être pas gouverné, ce serait le droit à l'anarchie. Dupont-White, M. Janet ont raison d'insister sur cette idée que l'État est une forme

---

[1] « Je dis que traiter l'État comme on le fait trop souvent, manquer de respect à l'État comme on le fait à tout instant en le mettant en suspicion, en le prenant en défiance, c'est détruire en notre pays le principe d'autorité et de respect... Oui, je dis que l'État mérite notre respect profond, et que si nous ne le lui accordons pas, nous commettons une faute à la fois contre la société et la nation tout entière » (Discours de M. Barthélemy Saint-Hilaire au Sénat. *J. off.*, 25 janv. 1880).

[2] Dupont-White, *op. cit.*, p. VII.

nécessaire de la société organisée, une manifestation de l'unité sociale, l'organe essentiel de cette unité. Qu'on ne s'y trompe donc pas, les hommes qui veulent laisser à l'État une sphère d'action plus large que celle où les partisans du laissez-faire prétendent l'enfermer, ne doivent pas, s'ils sont dévoués aux institutions représentatives, être confondus avec les hommes de réaction[1].

104. Bluntschli donne de l'État moderne une notion malheureusement trop oblitérée en France, dont cependant elle est originaire : « Le premier devoir de l'individu est dans le développement de ses facultés. De même l'État est un être moral qui a pour mission de développer les forces latentes de la nation, de provoquer l'éclosion de ses facultés, ce qui implique en deux mots la conservation et le progrès[2]. » L'État est plus qu'une abstraction, c'est une force collective, une puissance active dans l'ordre moral comme dans l'ordre économique. M. Schönberg reconnaît que cette notion de l'État moderne a été semée dans le monde par la Révolution française[3]. On peut de cette conception élevée de la mission de l'État tirer plusieurs conséquences générales : 1° l'État a des fonctions relatives à l'ordre public ou à la conservation sociale. Ce sont ses attributions essentielles ; 2° mais l'État n'est pas un organe passif, « il lui appartient d'être le promoteur actif et intelligent des améliorations publiques. » L'État, dirons-nous, est un levier pour le progrès social. De cette idée dérivent les attributions facultatives de l'autorité publique ; 3° l'État est un pouvoir national ; il personnifie la solidarité des forces sociales. Ce n'est pas un mal nécessaire, mais un élément indispensable à la civilisation ; 4° entre l'État et l'individu il n'y a pas antagonisme, mais coopération : les forces individuelles se développent grâce à l'ordre créé par l'État, et leur puissance d'expansion est secondée par l'impulsion qu'elles en reçoivent ; 5° cette coopération doit être en harmonie avec le caractère et les besoins de chaque pays. Il faut donc écarter

---

[1] Dupont-White, l'*Individu et l'État*, p. 45, 64 et suiv., 91 et suiv.; Janet, *Discussion sur le socialisme d'État* (Vergé, *op. cit.*, p. 535). — Ces idées trop peu répandues en France règnent, pour ainsi dire, sans partage en Allemagne. D'après M. Wundt, l'État est une unité sociale, morale et économique (*Revue d'Écon. polit.*, 1891, p. 259 et suiv.). V. aussi Schönberg, *Handbuch*, t. I, p. 58 et suiv. et les autorités citées.

[2] Bluntschli, *op. cit.*, p. 276.

[3] Schönberg, *op. cit.*, p. 58.

l'idée d'un type immuable d'attributions dans le sens, soit extensif, soit restrictif[1]. Mais l'État ayant un domaine propre, il est à
penser que ce domaine, de même que celui de l'initiative individuelle, s'élargit avec les progrès de la civilisation. De cette
présomption Dupont-White a fait une vérité scientifiquement
établie en démontrant que les développements de l'initiative
privée, loin de rendre inutile l'action de l'État, lui fournissent
de plus nombreuses occasions de s'exercer. Les attributions de
l'État ne varient pas en raison inverse, mais plutôt en raison
directe, de l'activité économique générale.

105. C. — Attributions essentielles de l'État. — Lorsqu'on
aborde les attributions de l'État, dites *essentielles,* le premier
soin doit être de préciser le sens de l'expression. Nous nom-
mions ainsi celles dont l'organisation importe à l'ordre social des
pays civilisés et qui, pour cette raison, ne peuvent pas rationnellement ne pas être conférées à l'État. M. Leroy-Beaulieu
paraît entendre par services publics essentiels, ceux en l'absence desquels aucune société ne saurait se concevoir. Mais, à
ce compte, il n'existerait aucuns services essentiels[2], car, ainsi
que le fait remarquer le savant auteur : « Il n'est aucune de ces
fonctions qui, en certains pays et à certains moments, n'ait été
exercée par des particuliers en même temps que par l'État; »
telle fut la Sainte-Hermandad en Espagne, association privée,
constituée pour faire la police; tels sont aussi les constables spéciaux de l'Angleterre[3]. Entendant ainsi la question, il n'est pas
étonnant que M. Leroy-Beaulieu exprime l'avis que rien ne serait plus embarrassant que de dire, d'une manière limitative,
quelles sont les fonctions essentielles de l'État. On peut même
croire que ce serait chose impossible. Si, au contraire, on cherche à déterminer les services indispensables à la conservation
sociale, en se référant au type général des sociétés civilisées du
monde moderne, la difficulté qu'il peut y avoir à dresser la nomenclature de ces services n'est pas une raison suffisante pour
se dispenser d'en faire la tentative[4].

---

[1] Cf. Schönberg, *op. cit.,* p. 67.

[2] C'est peut-être parce qu'il suivait ce criterium que J.-B. Say place le
gouvernement parmi les organes accidentels des sociétés (V. *Cours complet,*
tableau général, 2° section).

[3] Leroy-Beaulieu, *Science des finances,* 5° édit. 1892, t. I, p. 3.

[4] Dans son autre ouvrage l'*État moderne et ses fonctions,* M. Leroy-

Aussi bien, si l'on excepte l'individualisme radical de H. Spencer, trouve-t-on dans la doctrine économique une certaine unanimité au sujet de la nomenclature des services essentiels. C'est qu'en effet on ne conçoit guère de société régulière non seulement sans des lois qui définissent et délimitent les droits et les obligations, mais encore sans des administrations centrales et locales qui veillent à l'exécution de ces lois et prennent des mesures réglementaires ; sans une justice qui prononce sur les différends entre les particuliers ; sans une police préventive et répressive : l'une, par sa vigilance, mettant obstacle aux actes attentatoires à la vie ou à l'honneur des citoyens, aux dommages contre les propriétés, l'autre, recherchant les auteurs des délits et les déférant à la justice répressive. Un système pénitentiaire établi sur des bases rationnelles est le complément de cette vaste organisation dont l'objet général est d'assurer la sécurité intérieure. Le gouvernement commande la force armée et est chargé de l'intérêt suprême de la défense nationale, au moyen des ressources en hommes et en argent que les lois militaires et les lois de finances mettent à sa disposition. Les agents diplomatiques représentent la nation dans ses rapports avec les autres États[1]. Les services financiers terminent enfin cette énumération succincte des services publics qui ne peuvent pas ne pas être attribués à l'État.

106. Selon la doctrine la plus rectrictive, le domaine propre de l'État est l'administration de la justice et la sécurité au dedans et au dehors (ce que H. Spencer appelle le *contrôle négatif* par opposition à l'intervention positive). On pourrait croire que, dans ce domaine au moins, l'État inspire confiance à ses adversaires. Il n'en est rien : H. Spencer multiplie les faits qui, selon lui, démontrent l'impéritie de l'État et, chose curieuse, la plupart sont empruntés à l'administration de la justice ou à la direc-

---

Beaulieu a cependant employé, comme nous le faisons ici, en ce dernier sens, l'expression fonctions essentielles.

[1] Au sujet des services diplomatiques, il faut cependant noter un dissentiment si, toutefois, on peut penser qu'il y a autre chose qu'une boutade dans ce qu'en dit J.-B. Say : « La diplomatie est une source de querelle, » et plus loin : « Le vrai moyen de conserver la paix est d'être juste envers les étrangers..... et *d'être préparé à se lever en masse contre toute espèce d'invasion*. Il n'est pas nécessaire d'avoir des ambassadeurs pour cela. C'est une des antiques sottises dont le temps fera justice » (J. B. Say, *Cours complet*, 7ᵉ partie, ch. XXI).

tion des intérêts militaires. La conclusion logique ne serait-elle pas qu'il faut laisser à l'initiative privée le soin d'organiser une justice et une force armée[1]?

Une autre inconséquence se rencontre parmi les partisans de la même doctrine : le service de sûreté de l'État ne l'autoriserait à prendre que des mesures répressives : ainsi Dunoyer blâme les mesures préventives destinées soit à isoler les établissements dangereux ou insalubres, soit à en atténuer les incommodités ou les dangers en les soumettant à une réglementation déterminée[2]. Ici encore, si l'action de l'État devait être paralysée de la sorte, l'initiative privée vaudrait mieux : à Rome, le propriétaire était autorisé à aller au devant du péril; le préteur lui permettait d'exiger du voisin une caution pour le préjudice éventuel dont il était menacé[3]. Il est évident que, en bien des cas, un dommage causé est irréparable et qu'une action en indemnité n'équivaut pas à une mesure préventive prise à temps. Il n'y a pas un service de sûreté vraiment efficace sans pouvoir de prévoyance. Dans un sens large, le service de justice et de sécurité comprend des mesures de tutelle; or, ces mesures de tutelle, au profit des faibles ou des incapables, sont également des mesures préventives contre l'abus de la force ou contre la fraude : telles sont les lois protectrices de l'enfance, les lois sur le travail des enfants et des femmes dans les manufactures, puis les institutions du droit civil sur la rescision ou la nullité de certains contrats, etc... Au même ordre d'idées appartiennent les mesures préventives contre les abus de la spéculation ou du crédit (réglementation des sociétés commerciales, des institutions d'assurance ou de prévoyance). Ces formes si multiples de l'intervention de l'État motivées par une idée de bon ordre social et de justice appartiennent aux attributions essentielles de la puissance publique.

107. On peut concevoir de façons très différentes l'organisa-

---

[1] H. Spencer suppose, il est vrai, que le gouvernement serait amendé du moment où il s'occuperait exclusivement du service de sécurité : peut-être comme nous, comprendra-t-on difficilement pourquoi les erreurs commises par l'administration de l'armée cesseraient avec la suppression du ministère des travaux publics ou du ministère du commerce, de l'agriculture, etc. (V. H. Spencer, *Essais de politique*, p. 221).

[2] V. Dunoyer, *Lib. du travail*, liv. VIII, ch. iv.

[3] Dig., *De damno infecto*, xxxix, 2.

tion spéciale des services généraux essentiels à l'ordre social, mais, en principe, l'économie politique n'a pas de préceptes à formuler à cet égard : on devra excepter le mécanisme des services fiscaux qui appartient à l'économie financière. Il peut paraître superflu de faire observer que les questions d'administration, de justice ou d'organisation militaire, pas plus que les questions de technologie industrielle ne sont de la compétence de l'économiste. Malheureusement, on n'a pas toujours compris que les considérations économiques ne se plaçaient qu'à un plan éloigné lorsqu'il s'agit d'organiser les grands services publics. De là, notamment, maintes affirmations téméraires sur l'organisation militaire que l'on rencontre dans les traités de science économique. On conçoit encore très bien qu'un économiste ait à rechercher lequel des deux systèmes des armées permanentes ou des milices nationales entrave le moins le développement de la population ou impose à l'État les moindres charges. Ce sont là des considérations d'ordre économique, mais bien secondaires assurément en pareille matière où il s'agit avant toute chose de l'intérêt de la défense nationale. Au contraire, n'est-il pas évident que, en ce qui concerne la comparaison des deux systèmes au point de vue technique, l'économiste parle de ce qu'il ne connaît pas ou ne connaît qu'imparfaitement, et risque ainsi de propager des idées fausses et dangereuses[1]? Il y a peut-être aussi quelque témérité à demander l'abolition des marines militaires[2], ou bien encore la substitution aux tribunaux publics de jurys d'équité composés d'arbitres choisis et payés par les parties[3].

---

[1] J.-B. Say compare les armées permanentes aux milices, déclare les premières inefficaces, « pour assurer aux nations la sécurité dont elles ont besoin contre les attaques extérieures » et croit à la vertu défensive de la levée en masse (*Cours complet*, 7ᵉ partie, ch. XX). — De son côté, M. Courcelle-Seneuil déclarait « qu'on *peut facilement pourvoir à tous les besoins de la défense sans autre armée permanente que quelques corps spéciaux dont l'organisation est lente et dans lesquels l'apprentissage du soldat est long, par un bon système de gardes nationales ou milices mobiles ou sédentaires*, celles-ci affectées à la police locale, tandis que les premières, régulièrement exercées au maniement des armes, seraient appelées au service de garnison et *transformées en armées lorsqu'il s'agirait de la défense du territoire* (!!) » (*Traité d'Écon. polit.*, 2ᵉ édition, 1867, t. II, p. 198). Tout naturellement ce passage est amendé dans la 3ᵉ édition, 1891, t. II, p. 200.

[2] J.-B. Say, *Cours*, 7ᵉ partie, ch. XXI.

[3] Contre cette dernière proposition de J.-B. Say, (*Cours*, 7ᵉ partie,

108. A notre avis, l'énumération qui a été faite des services publics essentiels (n° 105) est limitative. L'ordre social des États civilisés est assuré dès qu'ils sont convenablement organisés. Toutefois, quoique à un degré moindre, le service d'instruction publique nous semble devoir être considéré également comme essentiel; il manque quelque chose à la civilisation et même aux garanties d'ordre d'un pays, lorsque l'instruction n'y est pas érigée en affaire d'État. En ce sens, c'est un service essentiel quoique l'on ne puisse affirmer que la conservation sociale soit fatalement compromise lorsqu'il fait défaut. Mais, considérer l'instruction comme une affaire privée, attribuer au père de famille un pouvoir absolument discrétionnaire en pareille matière, c'est à la fois méconnaître les exigences de la société politique dans les pays libres et la nature même de l'autorité paternelle (v. n° 49). Ainsi donc, l'instruction publique doit être fortement constituée[1]. La diffusion des connaissances élémentaires est d'ailleurs commandée par l'intérêt économique de la production, car l'intelligence et le goût ont une influence souvent décisive sur le travail industriel. Quant aux autres ordres d'enseignement, l'institution d'établissements de l'État se justifie à un double point de vue : 1° assurer le recrutement du personnel des services publics au moyen d'enseignements appropriés, de nature soit juridique soit technologique, et ceci est particulièrement vrai des sciences administratives et politiques; 2° propager la connaissance des principes de l'ordre social et des droits de la société civile lorsqu'ils sont contestés ou méconnus par des passions factieuses.

109. D. — Attributions facultatives de l'État. — Dès que l'on ne borne pas à la conservation de l'ordre social la mission de l'État, on admet implicitement qu'il peut exister, à côté des

ch. xvii), l'économiste n'aurait pas moins d'objections à faire que le jurisconsulte ; elle méconnaît, en effet, un caractère économique distinctif des services publics ayant pour objet la protection des individus. Pour ces services, il est de règle que la vigilance de l'État dispense les particuliers d'avoir à les organiser et que la gratuité est de droit. Il doit être loisible au plus pauvre d'obtenir de la puissance publique la protection de sa personne et de ses biens, et, s'il est lésé par quelque violation de droit, de se faire rendre justice. S'il n'existait pas de magistrature publique, mais seulement une justice arbitrale payée, en quoi le service judiciaire différerait-il des services privés qu'on est obligé de rechercher et de rémunérer?

[1] M. Wundt voit aussi dans l'État une société d'éducation et d'instruction.

attributions publiques essentielles, des attributions simplement facultatives, lesquelles sont confiées à l'État ou bien retenues par l'initiative privée, selon des raisons d'opportunité et de convenance. La règle constante n'est donc pas le *laissez-faire*.

Aux yeux de quelques personnes, on passe pour socialiste par cela seul qu'on n'adhère pas sans réserve à ce dogme économique. A ce compte les rangs des socialistes se grossiraient beaucoup, car il est heureusement moins de publicistes qu'on ne pourrait se l'imaginer qui s'en soient tenus strictement à la conception demi-barbare d'un gouvernement limité à la police des rues, et qui aient pour idéal ce qu'on a spirituellement appelé l'*État gendarme*. Des témoignages non suspects nous viendront ici en aide. Le populaire auteur des *Principes d'Économie politique,* Stuart Mill, a judicieusement compris l'exagération de la doctrine individualiste. Par là les *Principes* de St. Mill rectifient l'impression de système *an-archique* que peut laisser le livre de la *Liberté*[1]. « Lorsque, dit-il, l'École à qui l'on a donné le nom d'École du *laissez-faire* a essayé de limiter les attributions du gouvernement, elle les a habituellement bornées à la protection des personnes et des propriétés contre la violence ou la fraude, mais il est impossible de se tenir à cette limitation puisqu'elle exclut quelques-unes des fonctions les plus indispensables et les plus unanimement reconnues des gouvernements[2]. »

L'État est un agent de progrès : c'est en vertu de ce principe qu'il est investi d'attributions en dehors de ses attributions essentielles. On se trompe lorsqu'on prétend que l'État, n'étant autre chose que la force, il n'y aurait à attendre de lui qu'une action négative : la force est mise au service du droit et le droit sanctionne la loi morale. Une loi qui, par exemple, réforme la pénalité en vue de châtier des faits immoraux et socialement nuisibles, jusque-là impunis, est une loi de progrès moral. Le progrès économique est de même l'effet indirect de l'exercice par

---

[1] « Le seul reproche que je ferais à St. Mill, écrit Laboulaye, c'est que son livre ne montre qu'un côté de la question ; on y voit la liberté, on n'y voit pas l'État. Le gouvernement y paraît comme un ennemi qu'il faut combattre, l'administration comme une plaie qu'il faut réduire » (l'*État et ses limites*, p. 68. — Laboulaye était cependant lui-même un individualiste déterminé.

[2] St. Mill, *Princ. d'Écon. polit.*, liv. V, ch. ɪɪ, § I.

l'État d'attributions essentielles; ainsi les routes stratégiques ne servent pas exclusivement à la circulation des troupes, elles favorisent le rayonnement du commerce; de même si l'État acquiert un domaine colonial, non seulement il accroît son influence politique extérieure, mais il offre à l'activité privée de nouveaux débouchés pour le commerce et l'industrie. Si donc l'action de l'État a quelque vertu pour le progrès économique, même lorsqu'elle se limite aux attributions directes de la souveraineté, pourquoi supposer qu'elle est nécessairement un mal, dès qu'elle se propose un autre objet? Il faut beaucoup de parti pris pour contester qu'elle soit une force d'initiative pouvant agir à défaut des particuliers, donner l'exemple ou l'impulsion, enfin, soumettre la société économique à une discipline salutaire.

110. α) Action supplétive. — Repoussera-t-on l'action de l'État, là même où il serait constant que l'initiative privée resterait impuissante ou défaillante? Un individualisme inflexible peut seul s'accommoder de cette conclusion (n° 94), car, ôtez l'État, la liberté civile n'existerait même pas encore; l'émancipation spontanée n'eût jamais extirpé l'esclavage; il a fallu des lois d'abolition[1]. Voilà la contre-partie de l'image que l'individualisme trace des oppressions de l'État : l'individu n'a conquis sa liberté qu'avec l'aide de l'État.

Quant aux intérêts industriels, ils doivent à l'action de l'État, des colonies, des voies de communication, des moyens de crédit, des industries même que l'initiative privée eût volontairement délaissées ou n'eût pu constituer par ses seuls efforts. La doctrine économique n'a pas à protester contre cette action supplétive de l'État pour le bien commun. Adam Smith, allant même un peu loin, veut qu'elle soit comptée au nombre des devoirs essentiels du souverain (c'est-à-dire de la puissance publique) sous le régime de la liberté naturelle.

« L'un des devoirs du souverain, c'est, dit-il, le devoir d'ériger et d'entretenir certains ouvrages publics et certaines institutions que l'intérêt d'un particulier ou de quelques particuliers ne pourrait les porter à ériger ou à entretenir, parce que jamais le profit n'en rembourserait la dépense à un particulier ou à

---

[1] Dupont-White, *op. cit.*, p. 16.

quelques particuliers, quoique, à l'égard d'une grande société, ce profit fasse beaucoup plus que rembourser les dépenses [1]. »

St. Mill professe la même opinion qu'Adam Smith. Si, par exemple, il déclare indispensable l'intervention du gouvernement dans l'établissement des colonies, c'est « qu'aucun particulier et même aucune association de particuliers ne pourrait se rembourser des avances qu'une fondation de ce genre aurait coûtées » et par conséquent négligerait de l'entreprendre. Il ne s'agit pas ici bien entendu de l'exactitude peut-être contestable de la théorie spéciale, mais du motif assigné à l'intervention de l'État.

St. Mill ne croit pas plus que nous que le gouvernement doive se désintéresser de l'éducation de la jeunesse; mais pourquoi? « C'est que tout gouvernement un peu civilisé et dont les intentions sont bonnes peut croire sans présomption qu'il possède une instruction supérieure à la moyenne de la société qu'il gouverne et qu'il est capable d'offrir une éducation et une instruction meilleures que le peuple ne la demanderait lui-même. » — Qu'on veuille bien le remarquer : avec cette dernière application, nous franchissons un degré; si l'État donne l'instruction ce n'est pas que les particuliers ou les associations manqueraient de la donner, c'est parce que St. Mill le présume plus capable de discerner quelle instruction est la meilleure que les particuliers eux-mêmes. L'intervention dont il s'agit n'est donc plus une intervention supplétive, mais une intervention concomitante pour le moins de l'action privée, destinée à servir d'exemple ou à donner l'impulsion.

Avant de passer à ce nouvel ordre d'idées, il convient de donner quelques explications complémentaires sur la création d'industries sous les auspices de l'État. — Les attributions de l'État relatives à la colonisation, aux institutions de crédit et aux voies de communication font par la suite l'objet de développements particuliers. Disons seulement quant à ces dernières qu'elles forment l'élément principal de l'*outillage national,* et qu'à ce titre l'État ne doit pas se désintéresser au sujet de la constitution progressive de leur réseau.

[1] V. Ad. Smith, *op. cit.*, liv. IV *in fine.* Cf. Aucoc, *Discours sur le socialisme d'État* (Vergé, *op. cit.*, p. 559).

111. β) Action supplétive (Suite). Production par l'État : Établissements modèles et monopoles. — La production industrielle est, on le sait, le domaine propre de l'initiative privée (n° 94), aussi la production par l'État est-elle non seulement condamnée en principe par l'École du *laissez-faire,* mais systématiquement exclue. On lui reproche les vices inhérents à toute administration et les privilèges dont elle est souvent accompagnée. La production par l'État est, dit-on, moins économique que l'industrie privée; par suite du défaut d'intérêt personnel ou de responsabilité, les fonctionnaires ne mettent pas les mêmes soins qu'un entrepreneur à éviter le *coulage,* à s'approvisionner à bon marché; les frais généraux sont plus élevés à raison des complications dans les règles d'administration et de comptabilité. Quelque intelligents et instruits que soient les ingénieurs de l'État, on peut douter qu'ils aient le même empressement à accueillir les innovations que les chefs d'industries privées; eussent-ils le désir d'essayer les nouvelles méthodes, ils se trouveraient arrêtés par des objections budgétaires, par la nécessité de faire agréer leurs projets aux autorités dont ils relèvent. Aussi est-on d'avis que la prétention de l'État de diriger des *établissements modèles* en vue de donner l'exemple à l'industrie privée, d'inaugurer les meilleures méthodes de fabrication ou d'entretenir les traditions de la production artistique, est mal fondée. Nous croyons que ces critiques sont empreintes d'exagération. L'infériorité des manufactures de l'État sous le rapport de la direction et de l'économie n'est qu'un *procès de tendance;* la preuve contraire est recevable. Il n'y a là ce semble aucune raison décisive d'écarter *à priori* la production par l'État; tout au contraire, il faut se réjouir de trouver dans les documents officiels la preuve complète de ce fait que tels des établissements de l'État, ainsi les manufactures de tabac[1], la régie de la mon-

---

[1] De 1835 à 1874, l'outillage des manufactures de tabac a été complètement transformé; les agents mécaniques y ont progressivement secondé le travail manuel; l'aménagement des bâtiments est devenu excellent; c'est l'œuvre du personnel des ingénieurs de l'État. Les salaires, depuis 1860, ont été relevés de 25 p. 100; de là dans les frais de fabrication une augmentation de 16 fr. 90 c., par 100 kilogr. En revanche, les frais généraux pour la même quantité de produits fabriqués ont pu être réduits de 21 fr. 60, en 1835, à 16 fr. 40. Les institutions patronales établies ou encouragées par l'administration des Tabacs prouvent qu'elle a eu au moins autant souci de

naie[1] peuvent être offerts en exemple aux établissements privés sous le rapport des conditions économiques[2].

On ne saurait ni approuver ni condamner absolument la prétention de l'État de donner l'exemple à l'industrie privée ou d'entretenir certaines productions de haut goût. Dans un pays où l'instinct de l'élégance et du luxe artistique est développé comme en France, il en coûterait de sacrifier les Gobelins, Sèvres ou Beauvais. Ce n'est pas que l'industrie privée, qui produit tant de merveilles, ne puisse faire aussi bien, mais peut-être trouverait-elle plus lucrative une fabrication moins parfaite ou d'un art moins pur. La tendance de l'industrie moderne est vers le bon marché et la médiocrité des produits.

Une objection plus sérieuse contre les manufactures de l'État est qu'elles font à l'industrie privée, à cause des crédits budgétaires dont elles disposent, une concurrence inégale. C'est une cause de découragement pour l'industrie libre d'autant plus grande qu'à cause du prestige dont ils jouissent légitimement

ses devoirs que les chefs d'établissements privés (V. *Bull. de statist.*, 1889, t. I, p. 591 et suiv.). Ce sont là des résultats très remarquables : quant aux plaintes des consommateurs on peut les expliquer facilement : elles sont une conséquence du monopole ; le public qui ne peut se fournir autrement est porté à dénigrer la qualité des produits. A prix égal, ils sont cependant reconnus supérieurs à ceux de la Suisse, de la Belgique et de l'Allemagne. S'il s'agissait d'entreprises ordinaires, le meilleur certificat que pourraient invoquer les manufactures de tabac, ce serait la progression du revenu net : de 1835 à 1874, la consommation s'est accrue dans la proportion de 1 à 2 3/10es, et le revenu net de 1 à 4 7/10es (V. pour plus de détails, *Rapp. de la comm. d'enquête,* par M. Hamille, *J. off.*, 29 novembre 1875). Depuis 1873, quoiqu'il n'y ait pas eu de nouveaux relèvements des prix, les dépenses se sont élevées dans une proportion moindre que les recettes, soit de 57,8 à 62,6 millions (1888) d'une part et de 291 à 374 millions (1889) de l'autre.

[1] Pour la monnaie, la régie ayant été substituée au régime de l'entreprise ou des ateliers monétaires en 1879, une instructive comparaison s'établit entre les deux modes de production. Bien que le monnayage ait dans la période 1880-1888 porté sur des valeurs plus fortes et un plus grand nombre de pièces, la moyenne annuelle des excédents de dépenses a été ramenée de 167,000 fr. à 21,900 et les trois exercices 1886-1889 se sont soldés par des excédents de recettes dont la moyenne annuelle a été de 58,400 fr. (M. Ruau, *Monnaies et Médailles*, (Exposition de 1889,) br. in-8°, p. 10 et 18).

[2] Dans le budget de l'Imprimerie nationale les frais de personnel ne représentent qu'une quotité de 2,31 pour 100 et, malgré la richesse et la variété de l'outillage, les frais généraux ont été successivement réduits de près d'un sixième (1884-1888). Il y a un excédent de recettes de près de 200,000 fr., nonobstant les dépenses exceptionnelles occasionnées par les types étrangers et les impressions administratives urgentes.

auprès du public, les établissements de l'État obtiennent parfois un monopole de fait[1]. A cause de cet inconvénient et des charges financières qu'impose l'entretien de la plupart d'entre eux, les établissements modèles ne doivent être qu'une exception extrêmement rare.

112. L'action industrielle de l'État se présente parfois sous la forme d'un *monopole*. Les monopoles de production ont une place importante dans l'histoire de notre industrie. Ceux qui ont subsisté jusqu'à nous se justifient soit par un intérêt de sûreté ou de garantie publique, soit par un intérêt fiscal.

Deux mots seulement sur le rôle historique des monopoles : sans les monopoles de fabrication et la création des manufactures royales, la grande industrie n'aurait pas pu naître sur le continent[2]. Elle eût été étouffée par les corporations de métiers. De plus, les industries importées en France avaient besoin,

---

[1] Des précautions contre cet inconvénient ont été prises en ce qui concerne l'Imprimerie nationale par le règlement de 1823, ainsi conçu : « L'Imprimerie royale sera chargée de l'impression du *Bulletin des lois*, des travaux d'impression qu'exigera le service de notre cabinet, de notre maison, de notre chancellerie, de nos conseils des ministres et des administrations générales qui en dépendent. Il ne sera exécuté à l'Imprimerie royale aucun travail d'impression pour le compte des particuliers. Sont seuls exceptés de cette prohibition les ouvrages dont l'exécution exigera des caractères ne se trouvant pas dans les imprimeries ordinaires, et les ouvrages dont vous aurez ordonné l'impression gratuite. » — Pour les impressions administratives énumérées dans le texte ci-dessus, l'Imprimerie nationale jouit d'un monopole, du moins d'après l'interprétation officielle V. *J. off.*, 1873, p. 690). Ce monopole se justifie par les services que l'Imprimerie nationale rend à la typographie, spécialement en raison de sa magnifique collection de caractères étrangers. Il s'agit d'ailleurs de travaux insuffisamment rémunérateurs devant lesquels l'industrie privée reculerait. Plusieurs fois les représentants de l'industrie privée se sont plaints de ce monopole. Par contre, à diverses reprises, des administrations publiques s'en sont affranchies. Une commission constituée en 1887 a reconnu que, d'une façon générale, les tarifs de l'Imprimerie nationale ne sont pas plus élevés que ceux des marchés passés par diverses administrations avec des maisons particulières (V. Chambre des députés, 1889, annexes, *J. off.*, p. 140, 141).

[2] Il ne faudrait pas objecter l'exemple de l'Angleterre, où l'impulsion de l'État a été remplacée par celle de l'aristocratie (n° 62) : quoique l'activité industrielle ait été moindre en France qu'en Angleterre, elle y a pris une direction meilleure, plus convenablement équilibrée. D'ailleurs, nous n'affirmons pas, dans le texte, la nécessité absolue des monopoles pour la constitution de la grande industrie ; mais nous disons qu'ils ont été un procédé de transition indispensable dans les pays où l'industrie privée n'était pas placée sous un patronage aristocratique assez puissant.

pour un temps, d'échapper au régime de la concurrence[1]. Lorsqu'on condamne d'une façon absolue les privilèges et les monopoles, on ne tient pas compte de ces nécessités transitoires.

Sous le système d'émancipation industrielle qui a été consacré en 1791, l'existence des monopoles privés ne se conçoit plus que dans un intérêt public bien ou mal compris, tels sont les monopoles financiers (forme indirecte de l'impôt peu recommandable, ainsi le monopole des allumettes chimiques en France de 1875 à 1890, l'adjudication des tabacs en Italie), les monopoles relatifs au crédit (privilège d'émission des billets de banque), quelques monopoles de fait équivalents à des monopoles de droit[2] compagnies de chemins de fer) et des monopoles temporaires (brevets). Les principaux monopoles existants sont des monopoles publics : ce sont des monopoles de fabrication maintenus pour des raisons de sûreté publique, (les poudres à feu[3]) ou à cause de la garantie publique, (fabrication des monnaies) ou enfin dans un intérêt fiscal (tabacs, allumettes, papier filigrané pour les cartes à jouer[4]). Il est un autre monopole public qui se justifie tout spécialement à cause des inconvénients que présenterait la concurrence, c'est celui des postes, télégraphes et téléphones, ce dernier par application de la loi du 16 juillet 1889[5]. On voit

[1] Sous Henri IV, grâce à l'initiative de Laffemas, création des fabriques de soieries, de toiles de Hollande, des manufactures de glaces, de tapis du Levant (V. Pigeonneau, *Hist. du commerce de la France*, t. II, p. 280 et suiv.). — Sous Richelieu, Imprimerie royale, soieries de Tours, la Savonnerie, etc. — La grande époque des manufactures royales est celle de Colbert : Saint-Gobain, Beauvais, Aubusson, les Gobelins datent de cette époque. L'industrie des tissus et la métallurgie furent aussi l'objet de fondations considérables. En moins de vingt ans, dit Chaptal, la France égala l'Espagne et la Hollande pour la belle draperie; le Brabant pour les dentelles; Venise pour les glaces, l'Angleterre pour la bonneterie; l'Allemagne pour les armes blanches, etc... (V. Chaptal, *de l'Industrie moderne*, ch. préliminaire. Cf. Clément, *Histoire de Colbert*, t. I, p. 286).

[2] Il n'est pas ici question de monopoles de pur fait s'établissant malgré la concurrence initiale par suite d'une supériorité industrielle ou par le moyen de la coalition des producteurs ou des spéculateurs (n° 571).

[3] A tort ou à raison l'État a rendu libre la fabrication et le commerce des armes et des munitions de guerre (loi du 14 août 1885). V. ci-dessous, n° 363.

[4] Monopole accessoire de l'impression des as de trèfle et des figures.

[5] L'État doit racheter les lignes concédées à la société générale des téléphones et traiter avec les villes pour l'établissement et l'exploitation de leurs réseaux téléphoniques.

bien quel inutile dédoublement, tant pour le personnel que pour le matériel résulterait de la concurrence, si le transport des dépêches cessait d'être un service public; on aperçoit aussi quelles difficultés se produiraient pour la formation d'unions postales internationales. Il est au contraire impossible de dire en quoi la concurrence vaudrait mieux que le monopole; si l'on peut citer en France un abus de réglementation et des exigences minutieuses, de tels vices ne sont pas inhérents au monopole, puisque plusieurs administrations postales publiques d'autres pays ont su les éviter.

113. γ) **Action auxiliaire : Encouragements; Impulsion.** — L'action auxiliaire de l'État est admise par St. Mill : il reconnaît que la haute culture scientifique doit être encouragée. La culture des sciences spéculatives est un service rendu à la société en général, mais qui n'assure aucune rémunération directe, il est donc très rationnel que l'État pourvoie à la rémunération de ce service. L'une des raisons d'être de l'enseignement public supérieur, d'après St. Mill, mais ce n'est sans doute pas sa raison d'être principale, est que c'est la plus convenable façon de donner aux savants, avec les moyens d'existence, le loisir nécessaire aux recherches scientifiques. En faveur des beaux-arts, l'État dispose de moyens multiples d'émulation et d'encouragement : expositions, concours, achats et commandes, construction d'édifices publics, subventions théâtrales, etc., etc. Toutes ces interventions de l'État sont couvertes par l'autorité d'un autre économiste individualiste, de Rossi. « Quoi! l'État, écrit-il, resterait étranger à tout autre développement qu'à celui de l'élément politique! Il ne ferait rien pour l'art, rien pour la science, rien pour la religion, rien pour l'industrie. Sous ces divers aspects, il ne brillerait que par des reflets de l'action individuelle; il ne s'y mêlerait pas; il ne l'aiderait pas; il ne la seconderait qu'indirectement en la protégeant [1]! » Ainsi donc, les attributions facultatives de l'État s'étendent loin dans la sphère des intérêts intellectuels et moraux de la société [2].

---

[1] V. Rossi, *Mélanges*, t. II, p. 47.

[2] Il ne nous semble pas que nous ayons l'obligation d'examiner en détail la question de savoir si les cultes peuvent figurer parmi les affaires d'État. L'argument économique ou financier en pareille matière est relégué à l'arrière plan. Peut-être des opinions beaucoup trop extrêmes ont-elles été

Quant aux intérêts industriels, il a été déjà fait mention de l'intervention auxiliaire de l'État. Les moyens d'encouragement ne manquent pas : ce sont des exemptions d'impôts, des secours, des subventions ou des prêts, des primes, des fournitures publiques et des distinctions honorifiques à la suite de concours ou d'expositions. Ce sont autant de privilèges, de faveurs ou de causes d'émulation qui soutiennent la production ou y suscitent l'esprit de progrès. Les mesures douanières, dont l'effet est de protéger l'industrie nationale contre la concurrence étrangère, ne diffèrent pas au fond du système de primes ou de subventions : on conçoit même que l'on puisse protéger une industrie, notamment la marine marchande, par un système de primes directes. Malgré cela les économistes qui passent condamnation, sans trop mauvaise grâce, sur les autres encouragements à l'industrie, ne peuvent entendre parler de ceux qui prennent la forme de mesures douanières.

114. 8) Action tutélaire et réglementaire. — Les entraves du système réglementaire ont été brisées : l'État ne considère plus le droit de travailler comme un droit régalien : dans les

émises sur ce point et cette conviction seule nous décide à ne pas nous abstenir entièrement d'émettre un avis. On reconnaît généralement que les cultes ne sont pas un service d'ordre essentiel, du moins en bonne logique, partout où l'État moderne, rompant toute attache à l'égard d'une religion officielle, a consacré le principe que le culte (à l'exception du pouvoir de police de l'État) est affaire de conscience sur laquelle à aucun titre nulle autorité humaine n'a juridiction. Mais au point de vue de la moralité publique à laquelle la société est intéressée, l'État, sans cesser d'être essentiellement laïque, peut tenir compte de ce fait d'observation générale que beaucoup d'hommes (à tort ou à raison, non sans raison selon nous) font dépendre ou croient faire dépendre les devoirs de conscience de leur croyance religieuse. Cela suffit pour que les organisations collectives, qui sont destinées à donner satisfaction à la croyance religieuse des individus, aient ou puissent avoir une certaine valeur sociale et, à ce titre, soient encouragées ou soutenues par l'État. Sans doute quelque générale que puisse être la relation dont il vient d'être parlé entre la loi religieuse et la loi morale, cette relation ne peut être prise par l'État que comme un pur fait et jamais comme une doctrine officielle. En réalité aussi, la parfaite moralité existe (conséquente ou inconséquente, peu importe à l'État) isolée de toute croyance religieuse, et ce second fait peut avoir comme le premier une certaine valeur sociale. Par conséquent, les cultes ne seront subventionnés ou érigés en service public que dans la mesure où l'intérêt de la société paraît le demander, et ces subventions pourraient en principe (s'il n'existait pas d'obligations contractuelles à la charge de l'État) être retirées suivant aussi l'intérêt bien ou mal compris de la société.

pays civilisés où l'industrie est émancipée, il n'existe plus ni castes ni corporations fermées (nᵒˢ 61 à 64); mais l'État conserve sur l'industrie libre un pouvoir de tutelle et de police.

Au sujet de ces attributions de l'État, on a déjà rencontré (nᵒˢ 95 et 106) les principales mesures préventives auxquelles on a recours soit dans l'intérêt des personnes employées dans les manufactures, soit au point de vue de la sécurité et de l'hygiène publique spécialement en ce qui concerne les ateliers dangereux ou insalubres. On pourrait signaler d'autres applications encore. Ainsi l'exigence, tantôt de garanties de capacité pour l'exercice de diverses professions (celles d'avocat, de médecin, de pharmacien, d'instituteur, etc.), tantôt de déclarations ou d'autorisations préalables. Certaines exploitations, par exemple, les mines, les chemins de fer, sont soumises à un contrôle déterminé. Plus d'une fois, par la suite, il faudra revenir sur les applications spéciales du pouvoir de police de l'État; en effet, cette nature d'attributions qui se trouve sur les confins de l'industrie privée et des droits de la puissance publique donne naissance à des difficultés multiples, souvent délicates.

Il est une mission qui incombe particulièrement à l'État, c'est d'éclairer l'industrie privée et de la doter d'institutions qui lui permettent d'exprimer ses vœux ou qui établissent un certain règlement quant au conflit des intérêts privés. On sait que cette œuvre de coordination est rendue indispensable dans les organisations économiques très complexes où les intérêts privés ne sont pas assez fortement reliés les uns aux autres. L'État ne s'en est jusqu'en ces derniers temps que très-imparfaitement acquitté. Que l'État recueille donc les informations sur les ressources et les besoins de l'industrie, sur les forces productives [1]; qu'il dirige des enquêtes, qu'il s'entoure de conseils et de comités; qu'il institue des juridictions spéciales pour concilier ou juger les contestations qui s'élèvent en matière industrielle; qu'il donne l'enseignement technique et professionnel surtout pour les industries d'art; enfin qu'il favorise et même reconnaisse officiellement les associations corporatives, à la double condition de se conformer aux règles préventives établies par

---

[1] C'est l'objet général de la récente création d'un *Office du travail*, utile institution que nous avons empruntée aux États-Unis et à plusieurs pays d'Europe.

les lois et de laisser toute liberté à ceux qui désirent ne pas s'y affilier. Quant à savoir si, comme quelques-uns le demandent, l'État doit intervenir plus directement dans les conflits entre le capital et le travail, c'est un point dont l'examen doit être réservé, car il suppose connus les principes de la répartition des richesses sous le régime de la concurrence libre. Disons seulement, en répétant une observation antérieure, et sauf à préciser davantage par la suite, que la répartition équitable suppose, entre les personnes qui contractent, une certaine égalité de force économique et que l'État a le devoir de protéger les faibles (n° 65).

On peut résumer les développements qui précèdent (n°⁸ 105 et suiv.), en disant que l'État a des attributions essentielles en vue de la conservation sociale et des attributions facultatives en vue du progrès. Celles-ci peuvent s'exercer à défaut de l'initiative individuelle ou même parfois à côté d'elle. Il n'est aucune de ces affirmations des droits de l'État qui ne soit appuyée de l'un des noms qui font autorité dans la science; or, c'est une bonne fortune en un sujet si délicat, où les préjugés et l'intolérance conservent tant d'empire, de n'être pas réduit, lorsqu'on remonte le courant, à ses seules forces et à sa propre conviction.

115. E. — Complexité progressive des attributions de l'État. Développement de l'action réglementaire en Angleterre. — L'action de l'État n'est certainement pas uniforme; elle doit être en rapport avec les besoins de chaque société (n° 104). La question générale que l'on peut se poser est seulement de savoir si le progrès social doit avoir pour conséquence de restreindre ou de développer le rôle de la puissance publique. Il pourrait sembler que l'éducation de la liberté et la pratique de l'association devraient amener la diminution des attributions gouvernementales. Ce sont les sociétés demi-barbares, où tout est à constituer ou à réformer, qui semblent avoir le plus besoin d'une large intervention de la puissance publique.

On a, en effet, soutenu que les sociétés les plus civilisées étaient celles qui pouvaient le mieux se passer d'être gouvernées. S'il y a encore des lacunes dans l'initiative privée, H. Spencer conclut hardiment que de nouveaux progrès spontanés les feront disparaître, en sorte que, définitivement, l'État n'aura plus qu'une fonction exclusive, celle d'assurer le bon ordre.

Cette opinion dérive logiquement de l'idée que l'État n'a aucune influence favorable sur le progrès social. Au fur et à mesure que les particuliers deviennent plus capables de gérer leurs intérêts; ils se substituent avantageusement à la machine officielle[1]. On compare aussi le pouvoir de l'État à l'autorité d'un père qui se modifie et s'atténue lorsque l'enfant approche de l'âge de la majorité.

Nul doute que, dans les sociétés les plus avancées, il n'y ait plus d'expansion d'activité, plus de vie sociale, mais l'action de l'État se dilate à proportion[2]. La société acquiert de nouveaux organes : mécanisme compliqué de crédit, grandes associations, chemins de fer, mais aussi le fonctionnement de ces organes suscite l'intervention de la puissance publique. Par exemple, en ce qui concerne les chemins de fer, si nous réduisons cette intervention au strict nécessaire, si nous les supposons exploités par des compagnies privées, l'État n'abdiquera pas pour cela; il se réservera un pouvoir de police, un contrôle sur les tarifs; or ce sont là des attributions nouvelles d'une grande étendue. Ce n'est pas tout : Dupont-White a mis en lumière le fait du transfert à l'État moderne d'attributions exercées dans les sociétés moins civilisées par d'autres organes : la seigneurie, la commune jurée ou la ville de privilèges, plus anciennement la famille patriarcale, la tribu. La souveraineté était morcelée; l'État l'a reconstituée. Y a-t-il eu un simple déplacement d'attributions? Non, il y a eu en même temps progrès. L'État a une conscience plus haute des services d'intérêt collectif que les petites souverainetés pour lesquelles ils étaient avant tout une exploitation lucrative. Est-ce que la substitution des justices royales aux justices seigneuriales n'a pas fait naître avec un nouvel idéal de justice tout un ensemble de règles supérieures de procédure, de preuves? Qui songerait à préférer la dîme au budget des cultes, la corvée pour les routes à la puissante organisation de nos travaux publics. Grâce à l'égalité, qui d'ailleurs ne se serait jamais établie sans l'action d'un pouvoir national, est-ce que les

---

[1] V. Jules Simon, *la Liberté*, p. 222.

[2] « Il était réservé aux aberrations spéculatives de notre époque de poser en principe que l'inutilité progressive des diverses fonctions du pouvoir social était la conséquence naturelle des progrès de la civilisation, que l'*anarchie* était le dernier terme du progrès social » (Schutzenberger, *Les lois de l'ordre social*, t. II, p. 225).

charges publiques, sans être plus oppressives, ne donnent pas aujourd'hui satisfaction à des besoins sociaux à la fois beaucoup plus intenses et plus complexes?

On se tromperait gravement si l'on croyait que l'accroissement des services publics est un indice d'empiètement sur l'initiative privée : il y a un développement parallèle; aussi l'on peut dire avec Guizot que « la société non gouvernée, la société qui subsiste par le libre développement de l'intelligence et de la volonté humaine va toujours s'étendant à mesure que l'homme se perfectionne, » et constater en même temps que l'action de l'État, absolument parlant, est plus puissante et s'étend plus loin. L'action de l'État représente peut-être une quote-part moindre de l'activité générale, mais elle s'élargit et se ramifie comme corollaire des progrès de cette activité.

Peut-il en être autrement? Non; car le pouvoir social s'abaisse dans l'opinion lorsqu'il néglige de se saisir des attributions nouvelles que fait surgir le développement économique. L'État doit être, selon la très heureuse expression de Rossi, un *agent actif*. Un pouvoir sans initiative administrative est méprisé; et, au contraire, l'action progressive d'un gouvernement, non seulement par la contrainte légale, mais par l'autorité de l'exemple dans ses administrations, par ses encouragements, par l'autorité de ses actes est une conséquence nécessaire du progrès économique et moral. Puisque civilisation c'est accroissement de vie, disons avec Dupont-White « à plus de vie il faut plus d'organes; à plus de force plus de règle; or la règle et l'organe d'une société, c'est l'État. » L'histoire de notre pays c'est l'histoire du développement de l'État; l'histoire des autres pays donne le même enseignement : la nation qui passe pour être la terre classique du *self government*, l'Angleterre, va nous servir d'exemple.

116. Il est d'abord bien évident qu'à raison de son développement social, l'Angleterre, (ce qui confirme la thèse qui vient d'être énoncée,) a un gouvernement plus complexe que celui d'un autre pays, la Turquie, où cependant l'autorité ne connaît pour ainsi dire aucun frein. Malgré son caractère despotique, la sphère d'action du gouvernement turc ne s'étend pas sur une foule d'objets que régit l'administration anglaise. Au sujet des colonies, de la transportation des condamnés, de l'émigration, de l'hygiène, de l'assistance publique, l'État a-t-il des attributions aussi multiples qu'en Angleterre? Nul ne mettra en doute cependant que l'Angleterre, bien qu'elle soit au total plus gouvernée que la Turquie, ne jouisse d'une bien plus grande liberté effective (n° 103)[1].

On a peut-être exagéré les tendances individualistes de la race Anglo-Saxonne. Les lois des pauvres en Angleterre remontent au règne d'Élisabeth; or, l'intervention de l'État sous forme de charité légale est, sans contredit, l'une des plus hardies. C'est du xviiᵉ siècle aussi que date le fameux acte de navigation, c'est-à-dire l'une des mesures douanières les plus exclusives du système de la concurrence dans le commerce international. Toutefois, il faut avouer qu'en Angleterre le champ d'action de l'autorité centrale est demeuré plus longtemps qu'ailleurs assez restreint, parce que les pouvoirs locaux étaient restés investis d'attributions fortement organisées. Mais qu'est-ce que cela prouve? La doctrine individualiste ne peut trouver là un argument; en effet, ce qu'il faudrait montrer, c'est l'initiative privée à l'œuvre : si les attributions de la puissance publique sont exercées par des autorités locales au lieu d'être concentrées aux mains de l'État, la forme du gouvernement change, mais il y a toujours gouvernement. Quoi qu'il en soit, une transformation très remarquable s'est opérée de nos jours dans l'administration anglaise, et les juges les plus compétents ont signalé une double tendance vers la centralisation et vers une réglementation plus étendue.

Vivien constate déjà le premier de ces deux faits dans ses *Études administratives :* « L'Angleterre elle-même, à mesure que ses pouvoirs locaux échappent davantage aux mains de l'aristocratie, sent la nécessité de se rapprocher du système de centralisation. Depuis un certain nombre d'années, les prisons, l'instruction publique, les mesures relatives à l'application de la taxe des pauvres, ont été mises en grande partie sous l'autorité du gouvernement[2]. » La tendance vers la réglementation est

---

[1] Dupont-White, *op. cit.*, p. 50, oppose à l'Angleterre un autre pays de gouvernement absolu, la Russie; mais on connaît mieux aujourd'hui les institutions sociales de la Russie et ce qu'en dit Dupont-White ne serait plus vrai en supposant qu'on n'eût pas pu le contester déjà en 1865, date de la 3ᵉ édition de l'*Individu et l'État*.

[2] Vivien, *op. cit.*, t. II, p. 19. Vivien et Dunoyer signalaient très-exac-

déjà ancienne. Dunoyer la déplorait, en 1855, dans un rapport à l'Académie des sciences morales et politiques : « J'ai été, disait-il, plus d'une fois et comme malgré moi entraîné à reconnaître qu'on avait commencé, en Angleterre, à substituer dans certains cas le régime de la tutelle et du *gouvernement direct* à celui des simples répressions pénales auxquelles les actes nuisibles pourraient donner lieu. » Il s'élève contre cette nouveauté de l'exigence de l'autorisation préalable pour des actes naturellement licites, « tendance qui avait été jusqu'alors à peu près inconnue dans le droit public anglais et qui semblait être la chose du monde la plus en désaccord avec l'ensemble des habitudes nationales [1]. »

Les protestations des individualistes n'ont pas enrayé les progrès de la réglementation en Angleterre; il serait trop long de les signaler tous, cependant une nomenclature même incomplète donne une idée des extensions réalisées : lois nombreuses sur les manufactures et la police du travail, sur les salaires en nature, sur la fabrication des matières explosives, sur les dépôts de pétrole, sur les chiens errants, la peste bovine, les logements insalubres, la voirie, l'inspection des enfants en nourrice, celle des navires marchands; lois sur la création de squares, de bibliothèques de prêt, de musées, l'écoulement des eaux, la nécessité de plusieurs puits dans les mines, la vaccination obligatoire, la publication d'une pharmacopée officielle, le ramonage, l'extinction des incendies, le régime des boulangeries, des hôtels garnis, des cabarets, la police des enterrements et des cimetières, enfin la réglementation de la plupart des établissements d'instruction (écoles de district, écoles industrielles), etc., etc., etc. En outre pour beaucoup d'objets déjà compris dans la sphère d'action de l'autorité publique, de nouvelles mesures ont accentué la réglementation et les pénalités, c'est le cas des débits de boissons et

---

tement le caractère de cette révolution, mais ils n'en connaissaient que la première phase. Aujourd'hui, écrivait à son tour Demongeot, la révolution est accomplie; trois lois importantes et générales y ont mis le sceau : l'*elementary education act de 1870*, le *local government board act de 1871* et le *public healt de 1872* (V. *Revue de législ. franç. et étrangère*, 1875, p. 82 et suiv.). On peut dire que l'acte de 1858, sur le *gouvernement local*, a implanté en Angleterre les règles de la tutelle administrative, de l'autorité centrale sur les pouvoirs locaux. V. Dunoyer, *Rapport à l'Acad. Sc. morales*; recueil Vergé, t. XXXII, p. 5 et suiv.; 361 et suiv.

du commerce des denrées alimentaires ou des médicaments sophistiqués, etc.[1].

117. F. — Limites à l'intervention de l'État. — Droits absolus de l'individu. — Toutes les revendications au nom de l'État sont maintenant épuisées (nᵒˢ 105 et suiv.); on sait qu'au point de vue de l'utilité, les limites à son action ne sauraient être tracées d'une manière invariable : elles changent de caractère selon la civilisation et se déplacent pour suivre le progrès; mais, aussi loin qu'elles soient reculées, elles laissent aux forces individuelles ou collectives libres, à l'association, un vaste champ d'activité. La doctrine extensive que nous avons soutenue n'est pas la doctrine de Hobbes, ni celle des socialistes : ce n'est pas celle de l'omnipotence de l'État.

118. La question se pose maintenant sur un autre terrain, celui des droits absolus de l'individu que l'État doit respecter. Il ne s'agit plus ici de l'utilité, mais de la légitimité des attributions publiques. L'appréciation de l'utilité sociale par les pouvoirs publics, c'est-à-dire par une sagesse collective, risquerait de faire de chacun de nous la chose de l'État, s'il n'était de principe fondamental que la loi ne doit pas priver l'individu de droits essentiels inhérents à la personne humaine, droits qu'elle ne crée pas quoique, sans son autorité, ils n'eussent peut-être jamais été reconnus; qu'elle ne doit ni altérer ni supprimer, mais simplement consacrer et garantir[2]. Ces droits naturels de l'homme sont le droit à la liberté, à la sûreté pour la personne et pour les biens (droits qui sont la contre-partie d'un devoir essentiel de l'État), à l'égalité civile. Tels sont encore les droits de famille, le droit de propriété, la liberté du travail (sous les restrictions nécessaires à l'ordre général), la liberté de conscience, etc...

Autour de l'individu s'étend comme un domaine réservé dans lequel l'État doit s'interdire d'entrer, c'est la vie individuelle; et par là il faut entendre, non pas la conscience et la pensée, évi-

---

[1] Que l'on consulte à cet égard les *Annuaires de la société de législation comparée* depuis 1872 ou la riche nomenclature d'exemples fournis par H. Spencer dans l'*Individu contre l'État.*

[2] Les déclarations de droits contenues dans les chartes constitutionnelles (Constitutions des 3 sept. 1791, 24 juin 1793, 5 fructidor an III, 14 nov. 1848) n'ont pas une bien grande valeur effective; elles sont cependant la consécration formelle des droits de l'individu, et cela par l'acte fondamental qui lie le législateur lui-même.

demment fermées à tout pouvoir humain, mais la conduite extérieure dans la mesure où elle ne lèse ni les droits d'autrui ni ceux de la communauté. Que, par exemple, un gouvernement dirige et entretienne une église nationale comme affaire d'État, il est permis de trouver le système irrationnel, mais il ne sera pas intolérable ou oppressif, si pleine liberté est laissée aux individus de se tenir en dehors de cette église et même de pratiquer sans contrainte un autre culte.

La distinction entre le droit de la société et le droit de l'individu n'apparaît pas toujours avec la même netteté que dans le cas qui précède. Afin d'arriver à l'établir avec autant de précision que possible en ce qui concerne les intérêts économiques, il convient d'analyser dans quelles conditions différentes se produit l'intervention gouvernementale : tantôt elle n'est accompagnée d'aucune coercition, tantôt elle comporte la contrainte ; parfois le service public laisse libre la concurrence des individus, parfois aussi il constitue un monopole.

119. Les services publics qui n'impliquent ni contrainte ni monopole ne peuvent porter qu'une atteinte indirecte assez faible aux intérêts individuels. Ce sont, en effet, des institutions modèles qui n'obtiennent la confiance du public et sa clientèle que dans la mesure de ce qu'elles valent. Soit une caisse d'assurances ou une manufacture dirigée par l'État, mais soumise sans restriction à la concurrence des compagnies d'assurances ou des manufactures privées : on pourra se demander si, au point de vue de l'utilité, l'État fait bien d'assumer la charge de ces établissements, mais personne ne pourra sérieusement soutenir que leur existence viole un droit quelconque. Vainement dirait-on que les dépenses de ces institutions sont couvertes par des impositions levées sur ceux-là mêmes qui préfèrent s'adresser aux établissements privés. L'objection prouverait trop ; pour que l'impôt soit légitime, il n'est pas nécessaire de supposer que les services qu'il paye profitent à tous indistinctement. Il suffit que le besoin social auquel ils répondent soit général, en sorte qu'on puisse justifier qu'il y soit pourvu par la communauté[1]. Ainsi donc, en ce qui concerne les pouvoirs de l'État

---

[1] A cet égard le droit de critique peut se manifester non seulement par des protestations individuelles, mais par la voie de la presse ou par ce que les Anglais appellent une *agitation* légale. L'initiative parlementaire peut aussi

qui ne sont accompagnés ni de contrainte ni de monopole, la limite n'est pas marquée par le respect des droits de l'individu, mais par de simples fins de non-recevoir au point de vue de l'utilité ou de la convenance sociale.

120. L'intervention de l'État, avec contrainte ou monopole, doit être évidemment circonscrite par des limites beaucoup plus étroites. Elles seraient sans contredit dépassées si l'État prétendait monopoliser la production et la consommation; par exemple enrégimenter les individus pour le travail de production, comme les socialistes le demandent, ou bien instituer des repas en commun, ou, enfin, prescrire à chacun un minimum de consommation pour les denrées dont il fait commerce ainsi que cela était pratiqué autrefois pour le sel dans les pays de grande gabelle ou de « *devoir de sel.* » Mais, au contraire, le libre choix de la profession est l'objet de restrictions légitimes pour des raisons de sûreté publique ou de police (industries réglementées ou interdites). S'il n'existe aucun doute sur ce droit de police, il n'y en a pas davantage sur le droit de commandement lorsqu'il a pour objet la défense nationale (service militaire) ou des services d'ordre social, comme par exemple les réquisitions de l'autorité judiciaire pour le témoignage en justice ou les fonctions de juré. Une question plus délicate est celle de la protection de l'individu contre lui-même par la réglementation du contrat de travail; mais c'est un point qui exigera un examen spécial (v. nᵒˢ 838 et suiv.). Enfin les monopoles de l'État, peu nombreux d'ailleurs (nᵒ 112), sont de même que la réglementation industrielle une atteinte à la liberté du travail, mais une atteinte motivée par de hautes considérations d'ordre social ou par des exigences fiscales qui, sous une forme ou sous une autre, impliquent toujours un sacrifice des droits individuels, soit de la liberté du travail, soit du droit de propriété.

121. G. — Services publics et concurrence. — Centralisation et décentralisation. — Administrations générales et spéciales. — Une distinction se présente entre les services publics

---

mener à une réforme. Mais il n'y aurait pas d'ordre social concevable si la présomption absolue au point de vue de l'obéissance à la loi, n'était que les services publics existants sont d'intérêt général et s'il était loisible à quiconque de décliner une part des charges qui y sont afférentes sous le prétexte qu'il n'en tire pas d'utilité.

selon qu'ils repoussent ou admettent le concours des services privés. En règle ordinaire, les services publics organisés en vue d'un intérêt d'ordre social sont des monopoles. Il en est ainsi nécessairement de l'administration, de quelques offices ministériels, de la force armée, de la représentation diplomatique[1]. Mais ce n'est pas une règle absolue : selon les circonstances, des solutions différentes peuvent être données en ce qui concerne l'instruction, la police préventive ou répressive. Toutes les législations consacrent une justice arbitrale à côté de la justice publique.

122. L'État est la personne publique par excellence, c'est en lui que s'identifient les forces nationales. Aussi, dans la détermination des attributions de la puissance publique, est-ce toujours l'État qui est en scène. La solidarité politique n'a pas cependant pour corollaire nécessaire la concentration de tous les services et de toutes les ressources entre les mains de l'État. Selon une mesure variable d'après les traditions, les mœurs politiques, l'étendue et la constitution territoriale du pays, d'autres personnes morales administratives (communes, départements, provinces, etc.), accomplissent, dans une sphère plus restreinte, une mission tutélaire et directrice analogue à celle de l'État.

Jusqu'à quel point l'autonomie doit-elle être reconnue à ces organisations locales et régionales, c'est là une question délicate d'ordre politique. Il semble bien que la science économique ne devrait pas s'en saisir, car elle n'a pas principalement qualité pour la résoudre. Ce ne sont pas en effet des considérations

---

[1] Notons toutefois en passant une contradiction : selon M. de Molinari, les gouvernements, comme toutes les autres entreprises, doivent être soumis à la loi de la concurrence. Peut-être le lecteur réussira-t-il à se faire une idée plus nette que nous de la pensée de l'auteur que nous craindrions de défigurer en le suivant dans ses conséquences logiques : plus de solidarité nationale, plus de patrie, anarchie : « L'idée de soumettre les gouvernements au régime de la concurrence est généralement encore regardée comme chimérique. Mais, sur ce point, les faits devancent peut-être la théorie (? . Le droit de sécession, qui se fraye aujourd'hui son chemin dans le monde (!!), aura pour conséquence nécessaire l'établissement de la *liberté de gouvernement*. Le jour où ce droit sera reconnu et appliqué, dans toute son étendue naturelle, la *concurrence politique* servira de complément à la concurrence agricole, industrielle et commerciale. » — Et plus loin : — « Pourquoi les monopoles politiques ne disparaîtraient-ils pas à leur tour comme sont en train de disparaître les monopoles industriels et commerciaux? ». (De Molinari, *Cours d'Écon. polit.*, t. II, p. 532 et 534.)

économiques qui permettent de décider, au moins d'une manière directe, quel développement il convient de laisser à la vie municipale ou provinciale. De fait, les économistes discutent presque exclusivement sur les limites de l'intervention de l'autorité publique quelle qu'elle soit; la doctrine restrictive, celle du *laissez-faire,* conteste l'utilité ou la convenance de plusieurs services publics, en revendiquant une plus large portion de l'activité économique pour l'initiative privée et les associations libres.

Toutefois, la solution donnée au problème de la décentralisation ne saurait être indifférente pour l'économie publique. Les objections des adversaires de l'action gouvernementale ne portent pas absolument de la même manière contre l'action de l'État ou contre celle des autorités locales, en sorte que, même dans la théorie organique des services publics, il y a lieu de considérer le degré de concentration ou de décentralisation des pouvoirs publics. L'une de ces objections est la complication et l'encombrement des services, la lenteur résultant de l'obligation de suivre une longue filière administrative : il est évident que la décentralisation divise les responsabilités, abrège les formalités et les délais (n° 100). Mais nous avons aussi répondu avec St. Mill à cette objection d'extrême complication administrative en alléguant la possibilité d'opérer parmi les fonctions gouvernementales une convenable division du travail (n° 100).

C'est par cette bonne division des services qu'on peut répondre aux adversaires de la centralisation qui la montrent envahissant progressivement la sphère des pouvoirs locaux soit en Angleterre, soit en Allemagne. Par la subordination et la spécialisation des fonctions, on en peut éviter les principaux inconvénients. Sous la direction et la tutelle du pouvoir central, les services généraux sont mieux assurés. Là où l'action du pouvoir central est insuffisante, ainsi en France pour l'assistance, on constate combien les pouvoirs locaux laissés à eux-mêmes montrent d'étroitesse ou d'inertie.

123. Parvenus au terme de cette étude sur l'action de l'État, nous pourrons préciser davantage. On peut distribuer les services administratifs en deux catégories : les services des administrations générales et ceux des administrations spéciales. Les premières administrations sont des organes intermédiaires entre le pouvoir politique et les services spéciaux : elles accordent ou refusent les autorisations nécessaires à l'exercice de certains droits, statuent sur les collisions qui s'élèvent entre l'intérêt général et l'intérêt privé ; elles sont investies d'un large pouvoir réglementaire et de police. Les administrations spéciales se distinguent d'après la diversité générique des intérêts à régler[1].

Cette distinction a rationnellement une importance considérable : les actes de l'administration générale se rattachent de très près à l'action politique ; ils engagent à un haut degré la responsabilité du fonctionnaire, parce qu'ils ne peuvent être soumis en toute circonstance à une règle préétablie : la loi ne peut que définir les limites légales des attributions. L'usage qui en est fait est abandonné au tact et à l'initiative de l'autorité. Au contraire, les administrations spéciales suivent des règles mieux définies, parce qu'elles régissent des intérêts, soit permanents, soit assez durables pour avoir été l'objet d'une réglementation détaillée ou de traditions précises.

Les principales administrations spéciales sont des administrations financières (trésorerie, domaines, eaux et forêts, contributions directes, contributions indirectes, etc.), les monopoles financiers, les postes et télégraphes, les travaux publics, l'agriculture et le commerce, l'instruction publique, l'armée, la marine, etc. Les administrations spéciales, étant tenues à plus de distance de la scène politique proprement dite, doivent se recommander par la solidité de leurs cadres, la force de leurs traditions, leur compétence technique et leur aptitude au progrès. Si elles répondent à ces conditions idéales, on comprendra que le danger, signalé par les individualistes au sujet de l'extension des services publics (n° 101), d'augmenter l'influence du parti politique au pouvoir est beaucoup moindre s'il s'agit d'instituer de nouveaux services spéciaux que lorsqu'il s'agit d'étendre les attributions des administrations générales.

Nos lois administratives ne consacrent que d'une manière très imparfaite la distinction entre les deux branches d'administration ; on dit bien qu'il y a des ministères d'affaires et des ministères de politique générale, mais ces derniers, par exemple l'Intérieur, comprennent d'importants services spéciaux (notam-

[1] V. Schutzenberger, *op. cit*, t. 2, p. 205 et suiv.

ment le service des prisons, des asiles d'aliénés, etc.). Quoi qu'il en soit, il serait éminemment souhaitable que l'instabilité résultant du jeu des institutions parlementaires ne s'étendît pas aux services administratifs spéciaux. La précarité et l'instabilité des fonctions dans les pays libres est l'une des objections sur lesquelles insiste le plus M. Leroy-Beaulieu[1]. Cette objection perdrait en grande partie sa valeur au moyen d'une meilleure distinction organique des services politiques et des services spéciaux ; malheureusement, on paraît assez éloigné d'accorder à ces derniers les meilleures conditions de recrutement et d'avancement qui assureraient leur bon fonctionnement[2]. Maintes propositions de lois ont cependant été déposées dans ce but, en 1844, 1849-50 et depuis en 1886. Aucune suite n'y a été donnée. Des règlements d'administration publique devraient déterminer pour chaque service spécial la manière dont l'aptitude des candidats serait constatée, puis le temps minimum à passer dans le grade inférieur ; les nominations et révocations seraient publiées au *Journal officiel*. Ces dernières n'auraient lieu qu'après décision d'un conseil administratif ayant mission pour chaque branche de services de dresser le tableau d'avancement[3].

124. H. — Les services publics et l'impôt. — Fonctionnarisme. — En principe, les particuliers sont admis à jouir des services publics sans avoir à les payer sous forme de rémunération directe. Dans certains cas exceptionnels seulement, le fonctionnaire perçoit une rétribution déterminée à l'occasion des actes de son ministère. Mais si les services publics, par exemple ceux de l'ordre judiciaire, sont gratuits, en ce qu'ils ne donnent lieu à aucune perception directe, il ne faut pas s'imaginer que cette gratuité soit réelle : le contribuable les paie sous forme d'impôts. Par l'effet d'un préjugé instinctif très répandu, le contribuable se croit exonéré d'une charge lorsque l'État organise un service qu'il eût dû rémunérer par voie d'échange. A l'inverse, une autre erreur se rencontre dans le *Cours* de

---

[1] V. Leroy-Beaulieu, l'*État moderne et ses fonctions*, p. 61 et suiv.).

[2] Rappelons cependant l'existence de concours à l'entrée de plusieurs carrières : Enseignement secondaire, Enseignement du droit, Auditorat à la Cour des comptes, Inspection des finances, Attachés au Ministère des affaires étrangères, etc., etc.

[3] Telles sont les lignes générales de la proposition de M. Barthe au Sénat (Sénat, Annexes, 1886, *J. off.*, p. 90).

J.-B. Say : « Du moment, dit-il, qu'une valeur est payée par le contribuable elle est perdue pour lui ; du moment qu'elle est consommée par le Gouvernement elle est perdue pour tout le monde et ne se reverse pas dans la société[1]. » Cela n'est pas exact et ne serait vrai que des services publics inutiles. En réalité, l'impôt qui sert à doter un service public est l'équivalent de ce que chacun aurait dû payer pour obtenir ce service s'il était resté dans la catégorie des services privés. Quant à savoir s'il y a perte ou profit, cela dépend de ce que vaut le service en lui-même et non de la qualité d'être privé ou public.

125. Les fonctions publiques sont rémunérées par l'impôt ; les traitements des fonctionnaires dépendent de la loi ou de l'autorité publique. Par conséquent, la rémunération des services publics n'est pas soumise à la loi de l'échange, à la différence des services privés, tels que ceux des professeurs libres, des acteurs ou des domestiques. Toutefois, elle n'en est pas affranchie absolument si l'on va au fond des choses : 1° le traitement des fonctionnaires considéré en bloc est un équivalent pour l'ensemble des services de la fonction ; 2° les fonctionnaires s'occupent dans l'intérêt des autres citoyens, mais ceux-ci produisent les richesses que les fonctionnaires se procurent au moyen de leur traitement par voie d'échange. S'il n'y a pas de relation conventionnelle d'échange entre les particuliers et les fonctionnaires, il s'opère cependant entre eux, par l'intermédiaire de l'autorité un échange latent ; 3° le taux des traitements n'est sans doute pas librement débattu, mais il doit être fixé en raison des profits qu'on obtient généralement dans les professions avec lesquelles une certaine concurrence existe pour le recrutement du personnel. L'État, pour le recrutement des fonctions publiques, obéit, en effet, aux mêmes nécessités économiques que les particuliers qui recherchent les services d'autrui. Il faut qu'il offre des avantages assez grands, sinon il ne se présenterait à son choix que des personnes incapables ou indignes. L'appât de profits beaucoup plus élevés dans les fonctions privées détournerait celles qui mériteraient le mieux sa confiance. Les traitements sont ainsi nécessairement maintenus à

---

[1] V. J.-B. Say, *op. cit.*, liv. III, ch. ix. V. ci-dessous sur les effets de l'impôt, n° 1226.

un certain niveau relatif. Il est vrai de dire que l'opinion commune peut exercer une notable action en sens inverse; dans un pays où les fonctions publiques sont très considérées, on les recherchera lors même qu'elles seraient insuffisamment rémunératrices[1].

126. La multiplicité des services publics doit être examinée dans ses conséquences générales, abstraction faite de la nécessité ou de l'avantage de chacun d'eux. Elle est excessive : 1° lorsqu'elle fait perdre aux particuliers l'habitude de s'occuper de leurs propres affaires et, par conséquent, décourage ou affaiblit le sentiment de la responsabilité; 2° lorsqu'elle crée des charges budgétaires qui ne sont pas compensées par l'effet obtenu; 3° lorsqu'enfin elles détournent des carrières industrielles une trop grande part des forces vives de la nation. Le *fonctionnarisme* devient alors une passion : on se précipite sur les emplois publics à raison de la sécurité qu'ils donnent, des efforts moindres qu'ils exigent. On s'exagère les risques des entreprises industrielles. L'activité économique est ainsi ralentie et découragée. Il faut, dans l'appréciation des raisons d'opportunité relatives à la détermination des services publics, se préoccuper de ces inconvénients non moins que de ceux qu'aurait l'abstention de l'État.

---

[1] Il en est ainsi pour beaucoup de fonctions en France, notamment dans l'armée, l'enseignement et la magistrature. En 1871, la commission parlementaire de révision des services publics a constaté que pour la masse des fonctionnaires aucune réduction sur les traitements n'était possible (V. Rapport *J. off.*, 1871, p. 1029 et 1046`. La question de la modicité des traitements a un autre aspect tout politique : des traitements suffisamment rémunérateurs sont une garantie, 1° pour l'intégrité du fonctionnaire ; 2° pour l'égale admissibilité de tous aux fonctions publiques. Réduire outre mesure les traitements, ce serait établir un privilège de fait au profit de l'aristocratie de fortune.

LIVRE II.

LA NATURE OU LE MILIEU PHYSIQUE.

———

127. Doctrines opposées sur l'influence de la nature et spécialement des climats. — Jusqu'à quel point les sociétés sont-elles dominées par les influences de la nature physique ou peuvent-elles les modifier et s'en affranchir? Les plus grands esprits n'ont pas su éviter l'exagération dans l'appréciation des conséquences qu'ont exercées sur le sort de l'humanité, le climat, les conditions topographiques, la constitution géologique des terrains, la direction des courants atmosphériques ou marins. Les uns ont parlé de l'homme et de la civilisation d'après une conception métaphysique dans laquelle les diversités naturelles s'étaient comme fondues. D'autres, plus observateurs des phénomènes naturels, ont rapetissé la puissance de l'industrie humaine : peu s'en faudrait à les entendre, que la destinée des peuples ne dût se lire en entier sur les cartes géographiques ou géologiques. C'était déjà quelque peu la tendance de Montesquieu dans l'*Esprit des lois*. L'illustre naturaliste Cuvier a poussé bien plus loin encore l'influence de la nature morte : « A l'abri des petites chaînes calcaires, inégales, ramifiées, abondantes en sources, qui coupent l'Italie et la Grèce, dans ses charmants vallons, riches de tous les produits de la nature vivante, germent la philosophie et les arts; c'est là que l'espèce humaine a vu naître les génies dont elle s'honore le plus; tandis que les vastes plaines sablonneuses de la Tartarie et de l'Afrique retinrent toujours leurs habitants à l'état de pasteurs errants et farouches. Et même dans les pays où les lois, le langage sont les mêmes, un voyageur exercé devine, par les habitudes du peuple, par les apparences de ses demeures, de ses vêtements, la constitution du sol de chaque canton, comme, d'après cette constitution, le minéralogiste philosophe devine les mœurs et le degré d'aisance et d'instruction. Nos départements granitiques produisent sur tous les usages de la vie humaine d'autres effets que les calcaires : on ne se logera, on ne se nourrira, le peuple, on peut le dire, *ne pensera jamais* en Limousin ou en Basse-Bretagne comme en Champagne ou en Normandie. »

Cuvier écrivait à un moment où les récentes découvertes des sciences naturelles ouvraient à l'imagination des perspectives presque infinies : les lois du monde physique apparaissaient toutes puissantes ; on ne pouvait prévoir encore qu'elles transformeraient l'industrie et que la grandeur de l'homme s'élèverait au moyen de ces forces dont l'action semblait devoir l'écraser. Celui qui venait de révéler l'antiquité du globe, l'immensité des âges préhistoriques était porté à ne voir dans l'homme et dans la civilisation que le produit du milieu ambiant. C'était d'ailleurs une conséquence naturelle de la philosophie sensualiste du xviiiᵉ siècle. Plus tard, on devait procéder plus scientifiquement, interroger la nature extérieure, déterminer par l'étude des faits actuels et par l'histoire son influence sur les sociétés, puis montrer comme contraste la réaction progressive de l'homme sur le milieu physique[1].

---

[1] Telle est l'œuvre immense de Alexandre de Humboldt, l'auteur du *Kosmos*, et de Ritter (*Erdkunde im Verhältniss zur Natur und Geschichte der Menschen*). M. Élisée Reclus, dans la dernière partie de son ouvrage intitulé *la Terre*, a, dans un magnifique langage, résumé ces grands travaux scientifiques.

CHAPITRE I.

INFLUENCE DE LA NATURE OU DU MILIEU PHYSIQUE.

———

128. Analyse du milieu physique. — Parmi les influences naturelles qui agissent sur l'homme et la société, on doit surtout distinguer le climat, la production végétale et animale, la nature du sol, ses caractères géologiques et géographiques, enfin l'aspect général de la nature. Buckle[1] les énumère ainsi d'après l'ordre d'importance présumée. C'est d'ailleurs la division la plus rationnelle.

129. Diversité des climats. — Zone tropicale et zone glaciale. — La vie sociale n'a ni la même intensité ni les mêmes caractères dans toutes les parties du globe. Il en est même qui sont absolument rebelles à sa formation, ainsi les solitudes brûlantes du Sahara, les marécages pestilentiels du bassin de l'Amazone et les terres glacées des régions arctiques. Toutefois, bien que la chaleur excessive soit un obstacle parfois absolu, les régions de la zone tropicale rendent à l'homme la vie matérielle bien facile; il y est en quelque sorte dispensé d'efforts pénibles par l'abondance des *dons de nature*. Le souci de la nourriture lui est presque épargné : la banane, les fruits du palmier, le riz viennent à peu près spontanément sur un sol d'une fécondité merveilleuse, « l'homme n'a pour trouver à vivre qu'à secouer les branches de l'arbre ou à retirer les racines du sol. » Le palmier donne non seulement une denrée alimentaire, mais aussi les matériaux pour la construction des demeures et des pirogues, la fabrication du mobilier; c'est un combustible et un mode d'éclairage. Les besoins de nourriture et d'habillement sous ces climats privilégiés sont pour ainsi dire nuls.

Au contraire, il pourrait sembler que la loi du travail a été édictée pour les pays froids; là, les besoins de nourriture et d'habillement sont incomparablement plus grands; les habitations, pour

———

[1] Buckle, *Hist. de la civilis. en Angleterre,* t. I, ch. i et suiv.

être à l'abri des intempéries, doivent être construites en matériaux résistants. La vie humaine, étant absorbée par la nécessité de lutter contre une trop rapide déperdition de chaleur, est nécessairement rude et renfermée dans d'étroites limites. « Sans combustible, et même incapable de brûler dans sa hutte de neige autre chose que l'huile d'une lampe, de peur de fondre les parois de sa demeure, il faut que l'Esquimau conserve à son corps une chaleur que les épaisses fourrures dont il s'habille ont peine à retenir. Pour cela, il faut qu'il dévore de grandes quantités d'huile et de graisse [1]. » Ainsi, dans les pays froids, les besoins de première nécessité sont multipliés, mais il y a plus, les choses matérielles qui doivent servir à les satisfaire ne se rencontrent ordinairement que dans un état qui nécessite de laborieuses transformations préparatoires pour être utilisées. La nature donne des *moyens d'acquisition* plutôt que des *moyens de jouissance*. Tandis qu'un même arbre fournit à l'habitant des tropiques le vivre et presque tous les éléments d'une industrie rudimentaire, l'habitant de la zone glaciale doit rassembler une quantité de matières premières disséminées dans la nature, les combiner ou les modifier par son travail.

Entre les pays des tropiques et les pays de la zone arctique, il paraîtrait donc y avoir une rupture d'équilibre irréparable résultant d'une dispensation si inégale des ressources naturelles et des conditions d'existence. Et pourtant on aurait tort de s'arrêter à cette conclusion : la fécondité du sol et l'exubérance de la végétation ont pour contre-partie l'action rapidement destructive d'influences naturelles également puissantes. Si les richesses coûtent peu de peine à acquérir, elles sont soumises à une force de décomposition qui en abrège la durée et en empêche l'accumulation : les pluies, les insectes, la chaleur humide altèrent ou détruisent les aliments, les produits de l'industrie, les métaux et les édifices eux-mêmes. Le climat de la zone torride a souvent sur l'homme une action meurtrière : les lagunes marécageuses des côtes, les contrées encaissées, où l'atmosphère n'est pas purifiée par des courants, sont ravagées par d'épouvantables épidémies. La nature y est terrible dans ses violences; le déchaînement des forces naturelles est une cause fréquente d'ef-

[1] H. Spencer, *Princ. de sociologie*, t. I, p. 26.

froyables catastrophes : bourrasques, cyclones, inondations, actions éruptives.

Les climats extrêmes sont enfin peu favorables à l'activité, au travail. Ne pouvant s'approprier la terre trop rebelle à la culture, l'Esquimau n'a d'autre ambition que de harponner les animaux qui servent à sa nourriture; la force impulsive du travail et le travail lui-même sont intermittents. La riche nature des tropiques donne beaucoup, sans doute, mais aussi elle amollit, rend l'effort plus pénible et par suite engourdit le sentiment de la prévoyance. L'indolence du paysan mexicain l'expose à la famine dans un des pays les plus fertiles du globe; deux jours de travail par semaine lui procurent de quoi subvenir à l'existence de sa famille. Il s'abandonne le reste du temps à la paresse sans songer à améliorer son mobilier ni à arranger sa hutte [1]. L'extrême chaleur exerce d'ailleurs sur les forces physiques une action énervante : selon la très juste remarque de M. Wirth, sous les tropiques, le soleil fait plus pour l'homme que l'homme lui-même, mais son action neutralise la puissance du travail humain.

130. Diversité des climats (suite). — Zones tempérées. — Distribution de la vie sur le globe. — La zone tempérée est le domaine privilégié de la vie sociale. « Le caractère distinctif de cette zone est l'alternative égale et périodique des saisons de chaleur et de froid... Les peuples des zones tempérées sont bercés par une puissante marée de climats, dont le flux monte de l'équateur vers les pôles pendant le printemps et l'été et dont le reflux descend des pôles vers l'équateur pendant l'automne et l'hiver. Les extrêmes de température sont toujours séparés par de grands intervalles de semaines et de mois, et c'est par gradations successives que se manifeste l'influence des climats contraires... Cette périodicité des saisons ne s'opère pas d'une manière assez brusque pour que l'organisme de l'homme en souffre... Les scènes qui se succèdent de saison en saison sont pour son corps et pour son intelligence ce que seraient des voyages de plusieurs centaines de lieues [2]. » L'alternance des saisons sous la zone tempérée est favorable à la diversité et à la succes-

---

[1] V. Roscher, *op. cit.*, t. II, p. 206.

[2] E. Reclus, *op. cit.*, t. II, p. 631.

sion régulière et non interrompue des travaux industriels. La chaleur de l'été n'est pas assez forte pour obliger à suspendre la culture du sol, ni les froids de l'hiver assez rigoureux pour rendre l'hivernage nécessaire. Chaque saison doit préparer celle qui suit : les semailles d'hiver et de printemps, les moissons d'été et d'automne obligent à d'incessants efforts. « L'homme est incessamment sollicité au travail, car si la nature des régions tempérées est généreuse, elle l'est avec mesure et seulement pour ceux qui l'étudient et la comprennent[1]. » Moins grandiose, mais moins dévastatrice, la nature ne contrarie pas l'œuvre de l'accumulation des richesses comme dans la zone torride. Aussi les régions tempérées sont-elles les plus peuplées et les plus civilisées du globe : elles contiennent les deux tiers de la race humaine sur une superficie qui n'est pas même le tiers de l'étendue des continents. La population de la Grèce, l'une des moins compactes de l'Europe tempérée, a une densité trois fois plus grande que celle de l'ensemble des terres habitables du globe[2]. Dans quelle mesure la distribution actuelle des hommes sur le globe sera-t-elle modifiée par le peuplement des pays neufs et l'œuvre de la colonisation? Nul ne peut le prévoir. Mais les pays les plus civilisés et les plus peuplés sont aussi doués de la force d'expansion la plus grande. Leurs progrès, jusque dans les régions réputées inaccessibles, préparent de considérables révolutions économiques, mais peut-être ne s'accompliront-elles pas au profit des vieilles sociétés européennes qui les auront préparées.

131. Production végétale et animale. — Flores et faunes naturelles. — La distribution des plantes et des espèces animales sur le globe est soumise à des lois générales qu'il importe de constater avant d'examiner la flore et la faune naturelles sous deux aspects opposés, soit comme obstacles à la civilisation, soit comme ressources au point de vue de l'alimentation et des autres besoins matériels de l'existence.

La richesse croissante des flores en allant des pôles vers l'équateur partage la surface de la terre en plusieurs zones successives de végétation[3]; l'aire des espèces végétales est d'abord

---

[1] E. Reclus, *op. cit.*, t. II, p. 632.

[2] E. Reclus, *op. cit.*, t. II, p. 633.

[3] Voici en allant du pôle vers l'équateur la succession des zones de végé-

circonscrite par les conditions de température nécessaire à l'évolution de la plante. Chaque plante, pour arriver à maturité, exige une somme totale de degrés de chaleur au-dessus de la température à laquelle commence le travail de la végétation ; ainsi le froment qui demande 2,000 degrés et commence sa végétation à 7°, a une aire naturelle moins étendue que l'orge qui a besoin, pour la maturation, de 1,700 degrés, et dont le point initial est 5° seulement[1]. Aussi bien chaque zone a ses plantes alimentaires : les pays chauds et humides ont le riz, les tropiques ont le palmier, l'arbre à pain, les bananes, les patates ; la zone tempérée a les céréales, des fruits et des légumes variés ; une flore utile moins abondante en productions spontanées, mais somme toute plus précieuse par sa diversité et ses ressources alimentaires ou industrielles.

La sécheresse ou l'humidité exercent également une influence considérable sur la distribution des végétaux. Les steppes desséchées de la Russie ont une flore moins riche que d'autres régions comprises dans la même zone végétale : à l'inverse, les grandes pluies de la zone équatoriale écartent un certain nombre d'espèces ; dans une même zone, de grandes diversités résultent d'ailleurs de l'altitude, de la direction des montagnes ou du voisinage de la mer : les variations de température étant moins extrêmes sur le littoral que dans l'intérieur des terres. Les brumes, l'intensité de la lumière, le pouvoir chimique des rayons solaires ont encore une part d'influence. Enfin, la nature du sol

---

tation : d'abord la zone polaire arctique, où les forêts manquent totalement. Immédiatement après s'étend une zone arctique où se montrent les premiers arbres et les premières cultures. Vient ensuite la zone subarctique (Russie du Nord, Amérique Anglaise) caractérisée par les grandes forêts de conifères (pins, sapins, mélèzes, etc.). La zone tempérée a des bois à essences variées et de grandes prairies. Dans la zone subtropicale, les palmiers et les bananiers apparaissent ; enfin aux tropiques, les espèces végétales sont innombrables dans les immenses forêts vierges. Au sud de l'équateur, les zones végétales se succèdent dans l'ordre inverse jusqu'au pôle austral.

[1] Ce sont surtout les lignes isothermes de l'été qui règlent la flore. Ceci explique pourquoi le froment est cultivé dans la province de Iakoutsk en Sibérie, où la température moyenne est de 7°,5 au-dessous de zéro, tandis qu'il ne peut venir à maturité en Islande, bien que la température moyenne dépasse 4° au-dessus de zéro. C'est qu'en Sibérie, pendant l'été, le thermomètre remonte à + 16°,2 tandis qu'en Islande il ne s'élève pas au-dessus de + 12°. Le froment ayant besoin de 2,000 degrés environ ; il faudrait 166 jours à + 12° pour la maturité, ce qui ne se présente pas en Islande. (Girardin et de Breuil, *Traité d'agriculture.*)

s'ajoute à ces éléments déjà si complexes : certaines espèces préfèrent un sol sablonneux, d'autres l'argile dure ou les terrains calcaires.

De toutes les circonstances qui influent sur la distribution des espèces animales, la plus importante est certainement la nourriture : il existe donc une connexion intime entre la flore et la faune, et voilà pourquoi les espèces animales sont de plus en plus nombreuses en allant du pôle à l'équateur[1]. En outre, l'aire d'habitation des animaux dépend d'autant plus du climat qu'un grand nombre d'espèces n'ont pas la même tolérance que l'homme pour se plier aux températures extrêmes.

Un autre fait général a été observé : le nombre et la grandeur des espèces animales est en rapport avec l'étendue des terres ; ainsi la faune anglaise a des formes moins variées que celle du continent. L'Afrique et l'Asie possèdent les animaux les plus forts et les plus grands : les lions, les éléphants, etc...[2].

Cette énumération des influences naturelles qui président à la distribution des flores et des faunes n'est pas ici un hors-d'œuvre : elle a pour but de montrer combien est grande et souvent décisive sous ce rapport l'influence du milieu physique. Il est aisé de comprendre, par exemple, que si la faune d'un pays est rare, le peuple qui l'habite, ne pouvant facilement vivre au moyen de la chasse, adoptera assez promptement la vie sédentaire et agricole ; c'est, s'il faut en croire H. Spencer, ce qui est arrivé aux races polynésiennes. Ailleurs, l'abondance des troupeaux et des chevaux prolonge la vie pastorale : il en est ainsi chez les Tartares et les Américains du Sud.

132. On présente trop souvent les productions spontanées comme une contribution gratuite de la nature à l'œuvre de la civilisation. La fécondité des régions tropicales qui, comme nous l'avons vu, se montrent prodigues en moyens de jouissance, explique cette croyance. Il ne faudrait cependant pas oublier que ces avantages sont compensés par d'actives causes de destruction et surtout par une insouciante paresse qui empêche l'homme d'améliorer son sort. Il y a plus : l'homme est comme étouffé au milieu des forces exubérantes de la nature : les forêts

---

[1] En revanche les animaux des pays froids sont par leurs fourrures ou leurs toisons une précieuse source de richesse.

[2] V. R. Baron, *Production zootechnique*, 1890.

vierges du bassin de l'Amazone sont une formidable barrière opposée à la civilisation. Avec une superficie presque égale à celle de l'Europe, le Brésil ne compte que quatorze millions d'habitants (1888). Peuplé comme la France, il pourrait nourrir plusieurs centaines de millions d'hommes. Dans cette contrée, la plus merveilleuse de la terre, l'industrie humaine s'est jusqu'ici bien faiblement exercée à cause de l'exubérance même des forces naturelles.

Et ce n'est pas là seulement que la végétation spontanée a été une force opposée à la vie sociale : dans les forêts de la zone subarctique, certaines surfaces boisées, complètement inhabitées, n'ont pas moins de plusieurs centaines de mille kilomètres carrés d'un seul tenant. « Jadis la plupart des régions habitées par l'homme civilisé, portaient de très vastes forêts que la hache et le feu ont depuis fortement éclaircies. La Gaule était couverte d'arbres de l'Océan à la Méditerranée... En Germanie, la grande forêt Hercinienne avait, d'après le témoignage des auteurs romains, une longueur de soixante jours de marche[1] ». Les forêts n'ont pas été les seules productions naturelles que le pionnier ait dû faire disparaître devant lui : les espèces herbeuses de la *pampa* primitive et les ajoncs des jungles de l'Inde ont été refoulés. On rapporte que, lorsqu'en 1855 on établit les lignes télégraphiques de l'Inde, il fallut traverser des marais insalubres, d'immenses jungles empestées par les fièvres et habitées par des légions de reptiles et de grands fauves : on se heurta à des barrières de forêts impénétrables.

133. Les aires des espèces végétales et animales déterminent les moyens d'alimentation que les hommes peuvent se procurer, et en même temps les genres de combustibles, de matériaux de construction dont ils ont la disposition. Elles ont donc avec le développement des sociétés d'étroits rapports.

Selon Buckle, les antiques civilisations ont eu leurs foyers en Asie, en Afrique, dans l'Amérique du Sud, c'est-à-dire dans des pays chauds, à cause de la facilité relative de s'y procurer une alimentation abondante. C'est pour cela aussi que les pouvoirs despotiques de l'Orient se sont facilement maintenus en pourvoyant aux besoins de nourriture si limités et si peu oné-

[1] El. Reclus, *op. cit.*, t. II, p. 505.

reux des multitudes innombrables employées à la confection de ces gigantesques travaux qui excitent notre étonnement.

Quoi qu'il en soit, des populations entières, parmi les moins civilisées il est vrai, vivent encore principalement au moyen des productions spontanées, tels sont les peuples pasteurs des grandes steppes, les tribus de chasseurs et, à un niveau supérieur, les pêcheurs côtiers de la zone subarctique. Le Play évalue à la moitié du globe habitable, les régions où les moyens d'existence sont réduits encore à la cueillette, à la chasse ou à la pêche.

134. Nature du sol; caractères géologiques, topographiques et géographiques. — La nature du sol, sa composition géologique importe au plus haut point, non seulement quant à la culture, mais aussi quant au développement industriel : les ressources minérales alimentent l'industrie, lui fournissent le combustible (houille, lignite, anthracite, etc.), les matières premières (minerais, sels minéraux, etc...) et les matériaux de construction. De tous les avantages naturels, ce sont ceux à l'absence desquels la science a le moins réussi à suppléer ; c'est un immense privilège pour un pays que d'en être richement doté.

Cuvier n'a pas exagéré dans le passage où il signale la corrélation qui existe entre la constitution géologique du sol et les différents modes de construire : « La Lombardie n'élève que des maisons de brique, à côté de la Ligurie qui se couvre de palais de marbre. Les carrières de travertin ont fait de Rome la plus belle ville du monde ancien, celles de calcaire et de gypse font de Paris l'une des plus agréables du monde moderne. » L'emplacement des villes est déterminé en partie par la proximité de roches ou de terrains pouvant être utilisés pour la construction; au moins dans les sociétés primitives, où les moyens de transport nombreux et puissants n'existent pas encore, en est-il nécessairement ainsi. Au surplus, la nature est assez riche en matériaux de construction de différentes sortes, et, presque partout, se rencontrent les éléments nécessaires à la construction de villes de pierres ou de briques[1]. Il n'y a donc pas, de ce chef, d'inégalités irréparables.

On n'en peut dire autant des gisements métalliques et des

---

[1] Les 9/10es des villes de France sont construites en calcaires; les granites et quartzites, d'une extraction et d'un débit fort laborieux, ne conviennent

combustibles minéraux. Certains pays en sont presque totalement dépourvus, d'autres possèdent d'abondants bassins houillers. Ceux de l'Angleterre ont fait sa richesse industrielle. Mais c'est là un fonds auquel on ne peut indéfiniment puiser. (n° 333). Après l'épuisement des gisements houillers de l'Occident qui inspire déjà des craintes très vives, on peut se demander si l'axe de la civilisation ne sera pas déplacé (n° 144).

135. Le relief du sol agit non seulement sur le climat, mais aussi sur le genre d'existence ou d'industrie des populations et sur les relations de commerce.

Les peuples montagnards ne parviennent qu'à force de persévérance et de travaux pénibles à conquérir les fractions du sol cultivable; une partie de la population cherche au dehors des moyens de subsistance dans les terres basses, surtout à l'approche des froids. Les terrains des plateaux, lorsqu'ils ne sont pas rendus inhabitables par l'aridité du sol ou la rigueur des saisons, sont facilement accessibles à la culture primitive : ce sont des sols légers couverts d'une végétation spontanée peu envahissante, aussi conviennent-ils aux populations peu civilisées encore et peu compactes. Au contraire, les terres froides des vallées, couvertes d'une épaisse végétation, ne peuvent être exploitées que par des peuples disposant de puissants moyens d'exploitation et de considérables concentrations de bras. Les pays les plus favorables à la civilisation sont les pays doucement accidentés de la zone tempérée : les vallées et les plaines reçoivent des cultures variées, tandis que les coteaux sont plantés de vignes et les pentes plus abruptes conservent d'importantes surfaces boisées.

qu'aux constructions de luxe ou aux dalles; le grès vosgien, dans quelques départements de l'Est, et les ardoises sont les seuls éléments de nos constructions dus aux terrains de transition. Les terrains secondaires fournissent les calcaires oolithiques (Meuse, Jura, Yonne). Les calcaires tendres et grossiers, les meulières appartiennent aux terrains tertiaires. Mélangés aux sables, les calcaires calcinés servent de mortier; les gypses stratifiés, soumis aussi à la calcination, donnent le plâtre. Placé au centre de l'un des plus remarquables bassins tertiaires, borné à l'est par des contre-forts jurassiques, Paris est entouré de toutes les ressources nécessaires à la construction d'une ville immense. Bordeaux est au centre du second bassin tertiaire de la France. Les ressources de la France pour la construction sont des plus riches; la superficie des terrains tertiaires jurassiques ou de transition est, par rapport aux autres, dans la proportion de 6 contre 1.

Les populations du littoral et surtout les peuples insulaires éprouvent une attraction naturelle pour la navigation et le commerce. Les populations continentales, celles surtout des grandes plaines, sont sédentaires et agricoles.

136. La forme et la situation respective des continents expliquent les grands courants de la civilisation : dans l'ancien monde, la civilisation s'est propagée du levant au couchant; les nations Aryennes originaires de l'Inde descendirent vers la Bactriane et l'Asie-Mineure, et vinrent se mélanger aux peuples de civilisation sémitique dans le bassin de la Méditerranée, donnant naissance à la civilisation grecque et aux civilisations occidentales de l'Europe moderne. Le courant des peuples et des idées de l'est vers l'ouest est le fait capital de l'histoire de l'ancien monde. La race jaune, en possession des vastes territoires de l'Asie orientale, doucement inclinés vers la mer, arrosés de grands fleuves navigables, était destinée à un développement hâtif dans sa propre patrie : « aussi les sociétés de la Chine et du Japon ont-elles atteint par leur propre force un état de culture très avancé, et, pendant de longs siècles, elles ont été probablement les premières de l'humanité pour l'agriculture, le commerce, l'industrie, la philosophie pratique [1]. » Pourquoi donc cette civilisation est-elle restée repliée sur elle-même ? C'est qu'elle n'avait d'issue que vers les espaces presque solitaires de l'Océan Pacifique; de ce côté, les autres continents n'étaient pas accessibles à l'influence de la race jaune. Isolées entre l'Atlantique et le Pacifique, les deux Amériques n'eussent connu que des civilisations autochtones sans la puissance de rayonnement de la civilisation de l'ancien continent. Enfin, la dispersion des archipels océaniens et la masse énorme de l'Afrique équatoriale, formant comme un espace fermé, devaient être pour des causes inverses des obstacles au progrès social.

137. Aspect de la nature; Influence intellectuelle et morale. — Buckle [2] signalant le contraste entre la nature relativement paisible des climats tempérés et les phénomènes grandioses ou terribles des contrées de la zone équatoriale attribue à ce contraste une puissante influence intellectuelle et morale. D'après lui, les premiers développent les facultés de l'intelligence et de

---

[1] El. Reclus, *op. cit.*, t. II, p. 659.
[2] Buckle, *op. loc. cit.*

la raison et les autres les facultés de l'imagination. La supériorité de la civilisation occidentale serait due à ce que les forces organiques et inorganiques de la nature exercent sur l'esprit humain une pression moins dominante que dans les régions où les phénomènes naturels écrasent l'homme par leur puissance.

La thèse est sans doute trop absolue : elle rappelle celle de Cuvier, mais elle a un fondement exact. Qui pourrait nier que la longue nuit des régions polaires et la monotonie de l'hivernage n'agissent profondément sur l'intelligence des peuples enfants de l'extrême Nord? L'intrépidité et l'esprit d'aventure des populations maritimes est-il sans rapport avec la lutte contre les éléments, la mobilité incessante de la vie? Notre attachement pour le sol natal n'est-il pas en partie un effet de la séduction qu'il exerce sur nous par la variété de ses aspects? Enfin, dans les régions équatoriales, l'homme, sentant sa faiblesse, s'incline devant la majesté de la nature qu'il adore dans tous ses phénomènes; il vit de la vie contemplative, « il ne pense guère, mais quand il s'élève comme l'Hindou jusqu'à la réflexion et à la contemplation des lois de la nature, ses idées ont quelque chose de profond et d'immuable comme les lois qu'elles reflètent[1]. »

[1] El. Reclus, *op. cit*, p. 628.

CHAPITRE II.

RÉACTION PROGRESSIVE DE L'HOMME SUR LE MILIEU PHYSIQUE:

---

138. Les migrations des peuples; leurs conséquences. — Pendant les siècles de la barbarie primitive, l'homme a été l'esclave de la nature; les influences du milieu physique qu'il subissait passivement ont été sur lui toutes puissantes. Il s'en est émancipé, sans pouvoir s'en affranchir absolument, par une force de réaction, très faible dans les civilisations primitives, inégale d'ailleurs selon le degré d'énergie des races humaines, mais le plus souvent progressivement agissante avec le développement de la civilisation.

Une première réaction se manifeste par les migrations des peuples. Certes, les aptitudes de la race Aryenne ont pu se développer dans des conditions beaucoup plus favorables sous le climat de l'Europe Occidentale que dans les steppes de l'Orient ou même sur le sol si privilégié pourtant de l'Hindoustan. Le contraste entre l'état social des Arabes du désert et la civilisation à laquelle ils parviennent en Espagne est aussi bien propre à montrer quelle heureuse influence peut avoir le changement de milieu. Placé dans des conditions plus favorables, un peuple, sans perdre ses caractères natifs, est appelé dans sa patrie d'adoption à des destinées nouvelles. Constater l'influence des migrations ne conduit donc pas à admettre que les idées philosophiques et morales, les institutions, les traits distinctifs des nationalités, ne sont qu'une résultante fatale de l'alternance des plaines et des montagnes ou de la composition géologique du sol. La persistance des caractères de la race, malgré les migrations des peuples, prouverait le contraire : la race anglo-saxonne se retrouve aux États-Unis ou en Australie, avec ses qualités dominantes, dans des milieux tout nouveaux pour elle; par contre, en Europe, sous les climats qui ne diffèrent pas essentiellement, des oppositions considérables subsistent entre le

Slave, l'Anglo-Saxon, le Français : la civilisation n'est donc pas simplement une question de latitude.

L'influence du milieu naturel est moins dominante lorsqu'à la suite d'une migration, un peuple est placé sur un nouveau terrain plus favorable à son activité économique : sans doute le relief du sol, la nature de ses productions déterminent d'abord l'orientation de cette activité, mais c'est le commencement d'une ère nouvelle où, par suite des efforts d'innovation incessants qu'exige le renoncement aux traditions du passé, la volonté, le travail entrent en lutte contre les obstacles naturels et réagissent contre eux avec une efficacité progressive[1]. Cette action de l'homme est de plus en plus complexe et savante. Pour s'en rendre compte, nous allons l'analyser en recherchant ce qu'elle peut sur le climat, sur le sol, ses productions et comment, par les voies de communication, par les moyens de transport, par l'utilisation des forces naturelles se fonde et se développe la puissance industrielle.

139. Amélioration et transformation des conditions climatologiques. — On pourrait croire tout d'abord que s'il est une chose que l'action de l'homme ne peut modifier, c'est le climat, et cependant l'assainissement du sol est l'un des principaux labeurs des pionniers. C'est une œuvre qui coûte chaque année dans le Nouveau-Monde des milliers d'existences humaines. Jadis les plaines de la Germanie, le sol des Pays-Bas, et de la Gaule-Belgique ont été conquis sur des marais. Lorsque la *malaria* sévit sur les côtes que longe une haute chaîne de montagnes comme les Cordillières, le desséchement des lagunes peut seul diminuer l'insalubrité. Il en est de même pour les marais et pour les alluvions formées à l'embouchure des fleuves par l'action érosive des eaux et qui sont souvent coupées par des lagunes ; on réussit par des irrigations et des colmatages à faire disparaître les fièvres et à livrer à la culture de vastes superficies d'un sol fertile : ce sont les moyens qui ont autrefois transformé le delta du Nil et auxquels on a eu recours de nos jours avec succès, à l'embouchure du Rhône, dans la Camargue.

Les canaux de dérivation, les drainages, les desséchements améliorent l'état du sol et profitent aux cultures. Le drainage, en facilitant l'écoulement des eaux stagnantes qui refroidiraient

---

[1] Demolins, *La Science sociale*, t. II, p. 534 et suiv.

par trop le sol, permet de cultiver des plantes exigeant une température supérieure et une humidité moindre. Par contre, les irrigations remédient à l'excès de sécheresse, et on en verra toute l'importance à propos de la théorie de l'industrie agricole. Les plantations agissent à la fois sur les terres et sur l'atmosphère. Ainsi, certaines essences d'arbres sont asséchantes : elles absorbent l'excès d'humidité; les plantations de pins ont assaini une grande partie de la Sologne et des Landes. Les forêts condensent la chaleur, et, par le refroidissement de l'atmosphère ambiante, amènent une circulation atmosphérique éminemment salutaire. D'autre part, les surfaces boisées, en général, attirent l'eau que contient l'air et influent sur la fréquence des pluies; la végétation forestière n'en retient qu'une très faible partie, le surplus alimente les nappes aquifères souterraines : défricher les forêts, c'est donc indirectement diminuer la quantité d'eau qui se déverse sur les basses terres [1]. Les déboisements ont stérilisé le sol de la Sicile. En Espagne, en Autriche, en Roumanie, en Algérie, des défrichements excessifs ont causé une sécheresse d'autant plus nuisible à la production agricole que le climat est plus chaud [2].

Quant aux conditions climatologiques qui intéressent la sécurité, la science vient en aide à l'homme de plusieurs manières : la météorologie permet de conjurer de nombreux sinistres; pour le service des ports et celui de l'agriculture, on parvient à transmettre les bulletins des pressions atmosphériques. La marche des bourrasques, malgré sa rapidité, est devancée par les avertissements télégraphiques [3]. L'établissement des phares, des bouées, les signaux maritimes, l'invention des navires en fer ont aussi diminué les risques de mer. — Les inondations peuvent être combattues plus efficacement encore : celles qui proviennent de l'imperméabilité du sous-sol disparaissent après qu'on en a opéré le défoncement [4]. La dénudation des pentes

---

[1] V. Clavé, *Rev. des Deux-Mondes*, juin 1875, cf. Grandeau, *Cours d'agriculture*, t. I, p. 194, 215 et suiv.

[2] V. Dehérain, *Chimie agricole*, 1892, p. 510 et suiv.

[3] V. Marié Davy, *Les mouvements de l'atmosphère et des mers*. Les avertissements maritimes du bureau central météorologique sont confirmés 74 fois sur cent et les avertissements agricoles 87 fois sur cent (V. rapport Hervé-Mangon, *J. off.*, 17 avril 1884).

[4] Les inondations du Val-de-Loire sont ainsi dues à des couches imper-

boisées est la cause la plus fréquente des inondations : les forêts, à cause de leur action mécanique sur le sol, ne laissent aux eaux qu'un lent écoulement; aussi, à l'aide de reboisements convenablement dirigés, parvient-on à régler le cours des fleuves : les sommets dénudés sont soumis à une action destructive assez rapide, c'est ce qu'on appelle la *démolition* des montagnes; les torrents en entraînent les matériaux vers les bas-fonds : à l'aide de barrages on oppose une digue à l'ensablement des vallées[1]. L'idée est même venue d'utiliser ces actions érosives et de diriger vers les contrées stériles les alluvions des cours d'eau[2].

140. Conquête et transformation du sol cultivable. — Le desséchement des marais, l'écoulement des eaux stagnantes, le drainage des sols humides, les irrigations et les colmatages ne sont pas les seuls efforts de l'homme pour étendre la superficie des terres cultivables. L'assèchement des plages, des lacs et des golfes peu profonds a livré à la culture des terres d'une remarquable fertilité. Les *polders* de la Hollande conquis sur la mer sont couverts des plus riches pâturages. Une partie du sol de la Hollande, grâce à un ingénieux système de canalisation et de digues de défense, a été délivrée des eaux par un travail continué de siècle en siècle. De nos jours, on a été plus hardi encore : la mer de Harlem a été asséchée; Amsterdam est relié à la mer par un vaste canal : sur l'emplacement des parties du Zuyder-Zée desséché, de nouveaux polders, d'une étendue considérable, ont accru le territoire agricole de la Hollande[3]. L'exemple de la Hollande a été suivi : dans la Frise orientale, le long des plages

méables. Si la Seine est ordinairement un fleuve peu dangereux, cela tient à ce qu'une notable partie du volume d'eau courante se perd dans les dérivations souterraines.

[1] On peut citer notamment les barrages du Bourg-d'Oisans. — V. sur le reboisement et le gazonnement des montagnes, les remarquables publications de l'Administration des eaux et forêts.

[2] L'action érosive de la nature est trop lente au gré des Américains; plusiers fois ils l'ont activée par leur industrie : au moyen de jets d'eau puissants, ils obtiennent la dilution des roches et dérivent dans le lit d'un canal les alluvions artificielles en vue de la fertilisation des terres. C'est bien l'application la plus curieuse de la géologie agricole. Le procédé imaginé par les Américains a été depuis pratiqué en Europe.

[3] V. sur les travaux hydrauliques de la Hollande, Croizette-Desnoyers, *Rev. des Deux-Mondes*, avril 1875.

du Suffolk, sur le littoral de l'Océan entre la Loire et la Charente ; enfin dans les Landes, d'importants asséchements ont été opérés[1].

La culture qui se fixe sur les pentes croulantes des montagnes, où le paysan ne parvient à fixer le sol qu'au moyen de terrasses superposées, où chaque motte de terre a été plusieurs fois arrêtée dans son glissement, reportée à dos d'homme à la partie supérieure de l'étayement, ne peut-elle être offerte comme un autre exemple de la puissance de réaction de l'homme contre les difficultés que la nature oppose à ses efforts ; n'est-ce pas là aussi bien que les polders un sol conquis par le travail ?

La transformation du sol au moyen d'*amendements* a également pour but l'extension du domaine agricole ; la nature géologique des roches est favorable ou défavorable à la culture : 1° dures et *fissurées*, elles sont trop perméables et ne retiennent pas assez les eaux pour aider au travail de la germination[2] ; si elles sont imperméables, les eaux séjournent à la surface et neutralisent l'action fécondante des rayons solaires[3] ; 2° les principaux éléments minéraux des terrains cultivables sont la silice, le calcaire et l'argile. On sait qu'une convenable proportion entre ces trois éléments est une condition de fertilité : les terrains alluviens présentent, en général, cette composition complexe et y joignent l'avantage d'être peu mouvementés et à de faibles altitudes, ce qui facilite les irrigations[4]. Au contraire, les terres où l'un des trois éléments est en excès, par exemple les terres presque exclusivement calcaires de la Champagne pouilleuse, sont réfractaires à n'importe quelle culture. Mais ces influences naturelles ne sont pas toutes puissantes. Il suffit, pour transformer la terre, de lui donner une quantité relativement faible des principes minéraux qui lui font défaut ;

[1] En Italie, l'asséchement du lac Fucino, commencé au temps de l'Empire romain, a été terminé de nos jours ; mais l'importance agricole de cette grande entreprise était dominée par l'intérêt de l'assainissement du climat et de la préservation des vallées contre les inondations.

[2] C'est ce qui fait l'aridité des *causses*, c'est-à-dire des plateaux de l'Aveyron, du Tarn et de la Lozère.

[3] Le sous-sol des Landes de Gascogne, formé d'une couche d'oxyde de fer, l'*alios* ; les argiles ou le *béton* de la Dombes et de la Sologne sont des exemples remarquables de stérilité par suite d'imperméabilité.

[4] Les *faluns* de la Touraine, le *diluvium* de la Beauce, les marnes lacustres mélangées aux calcaires de la Brie sont à citer, parmi les terrains particulièrement fertiles, à cause de leur nature.

l'écorce terrestre les contient en abondance. C'est ainsi que l'une des substances les plus essentielles à la vie des plantes la chaux phosphatée, longtemps demandée aux os ou à d'autres détritus organiques, a été reconnue par Berthier et de Molon dans les terrains sédimentaires de plus de trente de nos départements et est depuis quelque temps utilement exploitée. Aujourd'hui nos usines métallurgiques livrent également à l'agriculture des quantités considérables de scories phosphatées. Grâce aux amendements, grâce aussi aux engrais minéraux, les terres stériles sont mises en valeur et donnent des produits que la nature du sol paraissait devoir refuser (n° 275).

141. L'œuvre de conquête et de transformation progressive du sol cultivable est restreinte jusqu'ici à une bien faible superficie. On évalue à la dixième partie des continents (treize millions et demi d'hectares) l'étendue des terres cultivées, mais sur la plus grande partie de ce domaine, dans tout le Nouveau-Monde, les populations sont encore trop clair-semées et par conséquent les terres trop abondantes pour que cette œuvre laborieuse soit imposée aux colons. C'est seulement dans l'Europe occidentale, où les populations se pressent, que l'agriculteur trouve avantage à améliorer la terre et à pratiquer les méthodes de culture savante[1].

142. Flores et faunes artificielles. — On sait que la plupart des espèces végétales ou animales sont circonscrites dans une aire naturelle limitée, mais le plus souvent elles n'en occupent pas toute l'étendue. Beaucoup cèdent le terrain, reculent ou succombent devant d'autres espèces envahissantes et plus vigoureuses. La victoire ne reste pas ordinairement aux espèces utilisables, et c'est pourquoi les pionniers sont si souvent dans la nécessité de lutter contre la flore naturelle et contre les espèces animales nuisibles. Il y a donc une réaction de l'homme sur la nature. Cette réaction est tantôt inconsciente, tantôt réfléchie.

Un fait des plus curieux est acquis à la science, c'est que « les peuples conquérants et les colons sont accompagnés dans leurs migrations par des plantes envahissantes comme eux : les Persans et les Grecs, les Croisés, les Arabes, les Mongols et les

---

[1] Le sol arable forme en France les 53/100es, en Belgique les 59/100es du territoire.

Russes ont porté avec eux dans leurs guerres d'invasion les plantes de leur patrie[1]. »

L'extension de l'aire naturelle des espèces végétales utiles ou de l'habitat des animaux est surtout le résultat de l'industrie de l'homme. Sur environ cinq cent mille espèces végétales, douze mille environ sont utilisées pour l'alimentation ou pour l'industrie[2]. Les céréales, dont on compte à peine quarante variétés, s'étendent sur une surface que l'on peut évaluer à un trentième de l'étendue des terres émergées. L'Europe a fourni à l'Amérique un nombre considérable d'espèces cultivées et elle en a reçu d'autres, ainsi la pomme de terre. Partout la flore naturelle a été remplacée par une flore exotique qui s'enrichit chaque jour : les cultures de quinquina, de caoutchouc et d'eucalyptus sont des créations toutes modernes. Une cause parallèle se poursuit en ce qui concerne l'acclimatation des espèces animales : des races étrangères ont été introduites, les races indigènes améliorées par le croisement[3].

143. Voies de communication naturelles et artificielles. — Par les voies de communication qu'il utilise ou qu'il crée l'homme s'affranchit encore du milieu où il est placé. Les productions des autres climats lui deviennent accessibles et, grâce à ses rapports avec des peuples de civilisation différente, la sphère de ses idées s'élargit, son action s'exerce jusqu'aux limites du globe. Il convient de distinguer les voies de communication continentales et les voies de communication maritimes. Quant aux premières, c'est le système orographique qui détermine la pente des cours d'eau et, par suite, la direction naturelle du commerce, car les cours d'eau sont les routes primitives de la circulation des produits, des *chemins qui marchent,* a dit Pascal. Toutefois, l'homme a d'abord été malhabile à se servir de ces voies naturelles, impétueuses ou difficilement navigables, surtout vers les embouchures, et l'art a dû rectifier et compléter le système des cours d'eau, établir des communications entre ceux qui arrosent des bassins différents. Peu à peu les voies

---

[1] El. Reclus, *op. cit.*, t. II, p. 552. M. Reclus cite le curieux exemple d'une crucifère de la Russie naturalisée au bois de Boulogne depuis l'invasion des Cosaques en 1815. L'invasion de 1870-71 a été aussi suivie de l'importation aux environs de Paris de plusieurs espèces obsidionales.

[2] Vogel, *Le Monde terrestre*, t. I, p. 260 et suiv.

[3] V. R. Baron, *Zootechnie*, 1888.

navigables artificielles ont obtenu la préférence, parce qu'on en peut régler à volonté la profondeur et la direction. Quand un pays n'est pas arrosé par de grands fleuves navigables dans un long parcours, les canaux prennent le premier rang; il en est ainsi dans la navigation intérieure de la France.

Les routes continentales et les chemins de fer sillonnent dans tous les sens le territoire des pays civilisés et multiplient les rapports de commerce entre ses différentes parties. Les ingénieurs ne craignent pas d'établir sur les plus grands fleuves des ponts viaducs dont certains ont une longueur de plusieurs kilomètres. On prolonge les lignes de chemins de fer sous des tunnels qui percent les montagnes les plus massives : après le tunnel du Mont-Cenis, c'est celui du Saint-Gothard, ce sera sous peu, il faut l'espérer, celui du Simplon ou du Mont-Blanc. Les projets d'une ligne ferrée reliant la Chine à l'Europe occidentale ou d'un chemin de fer reliant New-York à la Patagonie, ne paraissent pas une utopie depuis que New-York et San-Francisco sont en communication directe par une ligne de six mille kilomètres!

De tout temps les voies maritimes ont servi à répandre au loin la civilisation : le bassin occidental de la Méditerranée a été colonisé par les Phéniciens et par les Grecs. Les Espagnols, les Portugais ont ouvert au commerce de nouveaux horizons, mais depuis quels progrès dans la connaissance des grandes voies de commerce inter-océaniennes! La science de l'Océan a pénétré les secrets des courants atmosphériques et des courants marins. Les courants atmosphériques équatoriaux marchent de l'Ouest à l'Est; ce mouvement est surtout prononcé dans l'hémisphère Sud, où les continents ont une étendue relativement très faible. Mais laissons parler M. Marié Davy : « A cause du mouvement de l'Ouest vers l'Est on comprendra combien il doit être avantageux de revenir d'Australie par le cap Horn en suivant le sens du vent et combien, d'une manière générale, la connaissance des lois de la circulation atmosphérique permet d'abréger certaines traversées... En partant de San-Francisco pour aller à Shangaï, les navires se dirigent d'abord vers le Sud pour chercher les vents Nord-Est, favorables à leur traversée; en quittant au contraire Shangaï pour San-Francisco, ils vont chercher au Nord les vents qui les poussent vers leur destina-

tion. Des changements de route analogues se présentent sur
l'Atlantique, entre les ports de l'Europe et de l'Amérique, et
particulièrement du golfe du Mexique ; la cause en est la même.
On remarquera pareillement que les routes des ports d'Europe
ou des États-Unis, à l'équateur, inclinent vers l'Est, tandis qu'au
retour elles inclinent vers l'Ouest[1]. » Les courants maritimes
de l'Atlantique (*Gulf Stream*) et du Pacifique, puis la dérive
des eaux polaires vers les régions tempérées, déterminent un
mouvement de rotation très accentué, surtout dans l'Atlantique Nord. Ces courants marins, résultant de l'action des températures, tantôt secondent, tantôt contrarient l'action des
courants atmosphériques. Il est donc d'une extrême importance
de tenir compte de la direction des uns et des autres pour les
routes marines. Un exemple à l'appui : la navigation des États-
Unis vers les mers australes exigeait autrefois 41 jours ; les navires remontaient jusqu'aux Açores et faisaient ainsi 1,500 milles
de plus que les navires anglais ; depuis les observations du lieu-
tenant américain Maury, la route américaine par Porto-Rico
vers Para et Rio de Janeiro réduit la traversée d'au moins 20
jours. C'est également Maury qui a diminué de plus de moitié
la durée du trajet entre l'Angleterre et l'Australie, en signalant
l'avantage de faire de ce voyage une véritable circumnaviga-
tion : les voiliers anglais, venant d'Europe, doublent le cap de
Bonne-Espérance et reviennent par le cap Horn ; ce voyage autour du monde se fait en 130 jours ; l'itinéraire ancien en exigeait 250.

Les routes marines se déplacent avec les progrès de la science.
Au XVIᵉ siècle, une grande révolution économique suivit la découverte du passage en Asie par le cap de Bonne-Espérance.
De nos jours de nouvelles révolutions s'accomplissent : le percement de l'isthme de Suez fait reprendre au commerce avec
l'Orient son ancienne route[2]. Les vapeurs délaissent la route du
Cap, et de Londres ou de Marseille à Sidney ne prennent que
40 jours environ. Les distances sont comme supprimées ; les
produits des contrées les plus éloignées arrivent à peu de frais
sur nos marchés. Si jamais le percement de l'isthme de Panama

[1] Marié Davy, *op. cit.,* p. 124.
[2] Le trafic entre l'Europe et l'Inde a plus que doublé depuis l'ouverture du
canal de Suez.

se réalisait, on verrait se produire une transformation analogue.
D'audacieux projets attestent encore combien l'homme se sent
peu désarmé en face de la nature[1] : malgré les craintes ombra-
geuses qui ont fait plusieurs fois échouer ce projet devant le
Parlement anglais[2], il ne s'écoulera vraisemblablement plus
beaucoup d'années avant que l'Angleterre ne communique avec
le continent par un tunnel sous-marin! Parfois l'intérêt scientifique seul pousse l'homme à la recherche de nouvelles voies
maritimes. Les expéditions au Pôle Nord n'ont pas d'autre but.
Il y a quelques années l'Europe civilisée fêtait le hardi naviga-
teur Suédois qui avait trouvé le chemin de l'extrême Orient par
le Nord-Est. Aujourd'hui l'exploration scientifique s'oriente dans
la direction des mers australes. L'homme veut connaître les
parties les plus extrêmes du monde qu'il habite.

**144. Puissance industrielle; utilisation progressive des forces
naturelles.** — La puissance industrielle n'est pas parvenue à son
apogée. D'immenses progrès ont sans doute augmenté le pouvoir de l'homme sur la nature, mais bien d'autres restent à accomplir. Au point de vue de la prise de possession du globe, la
colonisation qui a encore en Amérique et en Australie des champs
d'activité si vastes, en voit s'ouvrir d'autres vers l'intérieur de
l'Afrique, parcourue maintenant dans toute son étendue par de
hardis explorateurs.

La culture du sol et les relations de commerce peuvent ainsi
prendre une expansion considérable. L'action de l'homme paraît
plus circonscrite en ce qui concerne la disposition de la lumière,
de la chaleur et de la force motrice. Le pétrole, le gaz, l'électricité ont renouvelé l'art de s'éclairer. En l'état actuel de l'industrie, la source principale d'alimentation de la chaleur et de
la force motrice est la houille; d'où des inégalités de puissance
économique pour ainsi dire irrémédiables entre les pays producteurs, à raison de l'abondance ou de la pénurie relative de
ce précieux combustible. Toutefois, il ne faut pas méconnaître
l'influence industrielle de deux autres sources de force motrice

---

[1] On a pu en présence du hardi projet du capitaine Roudaire se demander
un moment si le Sahara n'allait pas devenir une mer intérieure facilitant
l'accès des contrées du globe les plus ignorées, transformant le climat et la
vie économique de la partie septentrionale du continent africain. V. sur ce
projet, *J. off.*, 9 juillet 1876, 23 mars 1878, 23 septembre 1879.

[2] Il vient encore d'être rejeté (juin 1890).

employées dès une haute antiquité, ni non plus le rôle de nouvelles forces que la science commence à employer.

En dehors des moteurs animés (l'homme, les bêtes de trait
et de somme), les forces motrices naturelles les plus anciennement connues, dont on n'a cependant pas encore utilisé à beaucoup près toute la puissance, sont celles du vent et de l'eau courante. Les vents réguliers qui circulent dans les grandes plaines,
les brises diurnes déterminées par les fortes saillies du sol, sont
des moteurs préparés par la nature : en Hollande, les moulins à
vent sont l'un des principaux éléments de la force motrice employée. Une bien faible partie de la force hydraulique disponible
est mise en œuvre : on a pu remarquer que les pays de montagne, où la force du vent n'est pas aussi généralement utili-
sable que dans les pays de plaine, sont en revanche plus riches
en cours d'eau rapides. Quoiqu'il y ait beaucoup de progrès à
faire du côté de l'emploi des forces hydrauliques, les moulins
à eau, en Angleterre et en Écosse représentaient, d'après Ch.
Dupin, il y a cinquante ans déjà, le travail de 12 millions et
en France celui de 3 millions d'hommes[1]. Selon M. Ronna la
force motrice de nos cours d'eau en France serait de 1.500.000
chevaux vapeur, dont 1/3 à peine, fournissant le travail de 10
millions d'hommes, serait utilisé[2]. La Suisse tire un remarquable
parti de la force motrice de ses cours d'eau. La chute du Rhin
à Rheinfelden, soit une puissance de 25.000 chevaux vapeur, a
récemment été concédée à une Cⁱᵉ industrielle. L'utilisation de
la force hydraulique est aussi très avancée en Amérique : n'y
a-t-on pas conçu le projet de mettre à la disposition de l'industrie les 12 millions 1/2 de chevaux vapeur de la chute du
Niagara! Sur quelques points du littoral de la mer on a commencé à utiliser une réserve de force motrice, pour ainsi dire
indéfinie, à savoir le mouvement de flux et de reflux des vagues.
M. El. Reclus cite une usine dans le Morbihan dont les onze

---

[1] La force motrice hydraulique pourrait être décuplée au moyen de barrages qui, en même temps, préviendraient les inondations. A cet égard, l'un
des plus curieux projets est celui de Belgrand, qui se proposait de réunir
dans un grand réservoir, source première de force motrice, les 1,600 millions de mètres cubes d'eau pluviale qui d'après ses calculs tombent annuellement sur le sol du Morvan. Voir sur les réservoirs d'irrigations, ci-dessous,
nᵒˢ 318. 319.

[2] Ronna, *Les irrigations*, 1888, t. I, p. 36.

meules sont mises en mouvement par le flux de marée. Il paraît que les Turcs avaient donné l'exemple en établissant quelques roues de moulins sur les courants alternatifs de l'Euripe[1].

L'eau et l'air comprimés sont des forces mécaniques précieuses au point de vue de l'accumulation ou de la transmission du travail à distance, ce sont ces forces que l'on a utilisées pour le percement du Mont-Cenis et du Saint-Gothard[2]. On ne peut guère se livrer qu'à des conjectures sur l'avenir de forces naturelles dont l'emploi industriel ne fait que commencer, ainsi la chaleur solaire et l'électricité. L'idée d'utiliser les rayons solaires comme force motrice est l'une des plus ingénieuses. Quelques essais d'application des réflecteurs solaires à la cuisson des aliments et à la distillation de l'alcool ont donné de bons résultats. Il y aura sans doute bien des perfectionnements successifs, comme pour la machine à vapeur, avant que la *machine solaire* prenne un grand rôle industriel; mais si l'on doit un jour arriver à ce résultat, combien les craintes d'épuisement des houillères s'apaiseraient! Quelle immense réserve de forces en effet : on a calculé que, sur un mille carré, en n'employant que la moitié de la surface, la chaleur du soleil suffirait à donner la force de 64,800 machines de 100 chevaux vapeur chacune. L'imagination a peine à se figurer la révolution industrielle qui suivrait l'emploi universel de la chaleur solaire; la moindre assurément ne serait pas le déplacement de la civilisation qui se porterait vers l'Orient!

L'électricité a déjà réalisé bien des merveilles, en dehors même de la télégraphie. Mais c'est une force encore incomplètement disciplinée; pourtant les inventions se succèdent plus surprenantes les unes que les autres. Au moyen des machines dynamo-électriques mues par une force quelconque (vapeur, chute d'eau, courant atmosphérique) nous inondons de lumière nos villes, nous transportons la force à distance, nous l'emmagasinons de façon à pouvoir la distribuer sur place. Sans doute, malgré les ingénieuses découvertes de Marcel Deprez, les déperditions de force sont encore considérables, et, au point de vue pratique,

[1] El. Reclus, t. II, p. 725.

[2] L'air et l'eau comprimés sont surtout précieux comme agents de transmission, puisque l'on n'a pas à se préoccuper des différences de plan ou de niveau.

il peut être, en maintes circonstances préférable de transporter la houille jusqu'à l'usine que de recourir à l'électricité. Mais que sont les réalités du présent en regard des promesses de l'avenir? Les surprises que nous ont fait éprouver Bell, Édison, Deprez, ne seront-elles pas dépassées demain? Nikola Tesla, au moyen de potentiels énormes et de courants alternatifs d'une incroyable fréquence (30.000 alternativités par seconde), parvient à produire à distance lumière, force et chaleur[1]. Il n'est pas possible d'augurer les conséquences pratiques de ces magnifiques applications de l'électricité. Quel progrès si un jour on parvenait à utiliser à grandes distances, jusque dans les centres de production, les chutes d'eau, le flux et le reflux, les courants atmosphériques, toutes les forces naturelles inutilisées! Quel plus grand progrès encore suivrait la distribution de force partout où on aurait besoin de l'utiliser, jusqu'au domicile de chaque travailleur! Ce serait toute une révolution économique et sociale : dans maintes branches du travail industriel, l'atelier domestique serait reconstitué et avec lui la vie de famille, principal élément de bonheur et de moralité.

Et ce n'est pas au seul point de vue de la force motrice que la science moderne a su étendre d'une façon inespérée le pouvoir de l'homme ; aujourd'hui la lumière solaire fixe d'une façon instantanée et avec une précision incomparable les images de toutes choses ; le phonographe enregistre les sons ; le téléphone les propage et permet aux hommes de converser à plusieurs centaines de kilomètres ; par les courants électriques, la pensée se transmet presque instantanément sur tous les points du globe ; au moyen d'énormes câbles sous-marins, à travers l'immensité des océans, les différentes parties du monde sont mises en communication directe !

La conclusion à tirer des développements qui précèdent (nᵒˢ 138 et suiv.) est que si l'homme ne peut se rendre indépendant d'une manière absolue du milieu physique où il est placé, il acquiert cependant, par la connaissance des lois naturelles, une puissance progressive qui lui permet de discipliner à son usage des forces primitivement hostiles et d'élargir indéfiniment le cercle de son industrie.

---

[1] V. *La Nature*, 15 août 1891 et 5 mars 1892.

LIVRE III.

RÉSULTATS GÉNÉRAUX DE L'ACTIVITÉ ÉCONOMIQUE.

Notions fondamentales

SUR LES SERVICES, LES RICHESSES, LA PROPRIÉTÉ, LE CAPITAL, LA VALEUR ET LES INÉGALITÉS SOCIALES.

145. Notions préliminaires. — La société économique a été analysée de façon à connaître ses forces constitutives (livre I), puis on l'a placée en face de la nature, afin de mesurer les influences respectives du milieu physique sur la vie sociale, et *vice versa* (livre II). Il y a lieu maintenant de rechercher à quoi tend l'activité économique, quel en est le but, à quels résultats elle peut aboutir, par quelles institutions sociales elle a besoin d'être soutenue. Ce sont des problèmes tellement vastes et difficiles que, pour y répondre d'une manière à peu près complète, il serait nécessaire de parcourir le domaine entier de la science. Il ne saurait être ici question de rien de pareil, mais avant de s'engager dans l'étude détaillée des théories spéciales de l'économie industrielle et sociale, il est bon d'avoir une vue d'ensemble des résultats de l'activité économique. Aussi ce livre IIIe est-il consacré à une série de notions fondamentales , mais données d'une façon sommaire, qui aideront à l'intelligence des sujets plus particuliers que l'on rencontrera par la suite et prépareront les voies à un examen doctrinal approfondi.

Ces notions fondamentales, qui viennent s'ajouter au premier aperçu des phénomènes économiques de l'Introduction (nos 3 et suiv.) ont d'ailleurs pour base des définitions et éclaircissements sur les principaux termes de la langue scientifique; or, ainsi que l'observation en a été faite, il importe beaucoup, si l'on veut éviter le risque d'être mal compris, de régler tout d'abord la terminologie dont il doit être fait usage.

CHAPITRE 1.

BUT DE L'ACTIVITÉ ÉCONOMIQUE. BESOINS ET REVENUS ; BIEN-ÊTRE ET CIVILISATION.

———

146. Besoins; leur gradation. — Le but général de l'activité économique est la satisfaction des besoins, mais la somme des besoins n'est pas une quantité définie. Tous ne se placent pas d'ailleurs sur la même ligne; ils diffèrent selon le degré de nécessité ou d'intensité. Il en est un certain nombre qui sont dits de *première nécessité;* tels sont les besoins d'alimentation, d'habillement, d'habitation, etc. Au surplus, cette qualification usuelle ne doit pas induire en erreur : on désigne ainsi les besoins les plus universellement éprouvés; mais il n'existe pas entre eux de commune mesure absolue ni constante, et l'on sait qu'ils sont très variables selon les climats et l'état de la civilisation.

La liste des besoins n'est pas limitative : le bien-être habitue à regarder comme de première nécessité des jouissances qui, à d'autres époques, eussent été estimées comme de grand luxe. Malgré cela, cette manière de dire a sa raison d'être : réduits à un certain minimum, les besoins de nourriture, d'abri contre les intempéries sont des nécessités absolues de l'existence. Le travail doit d'abord chercher à y donner satisfaction; c'est un premier degré. Il faut qu'il soit franchi pour que l'homme conçoive des jouissances d'un ordre plus élevé et donne un autre but à son activité. Pour un même individu, les besoins d'une certaine catégorie, les besoins d'alimentation par exemple ont une intensité très différente suivant les circonstances. Les besoins d'alimentation, qui sont de première nécessité pour le minimum de nourriture nécessaire à l'entretien de la vie, ont une intensité décroissante très rapide si les moyens de les satisfaire sont en excédent. Alors, par suite de cette circonstance des besoins qui, par leur qualité générique, ne passent qu'après les besoins d'alimentation, comme ceux de la toilette, de la lecture, des voyages peuvent avoir une intensité accidentelle ou subjective plus forte[1]; dans l'économie privée ou individuelle, c'est donc d'une façon subjective et concrète qu'il convient de les apprécier. Mais, si l'on envisage l'évolution des besoins au point de vue de l'économie générale ou sociale, on peut les classer d'après le degré de leur intensité générale, et c'est ainsi que nous avons maintenu aux besoins de nourriture, d'habillements, etc., leur dénomination usuelle de besoins de première nécessité. En se plaçant à ce point de vue on fait les constatations suivantes :

1° Un accroissement de puissance productive, une invention industrielle, par exemple, permet le progrès : par une économie dans le travail consacré aux besoins de première nécessité, une partie de la population réussit à produire en quantité suffisante les moyens de subsistance pour la société entière. Un excédent de travail humain est alors disponible pour de nouvelles industries : le cercle des besoins s'élargit; puis, quand un niveau suffisant de bien-être matériel est atteint, on voit naître le goût des arts et des jouissances intellectuelles. Un certain nombre d'hommes se vouent à la recherche scientifique : ils accroissent, par le travail de la pensée, le fonds de nos connaissances, et concourent ainsi indirectement à un progrès de force productive.

2° Cette hiérarchie des besoins se produit différemment, selon l'état des mœurs. A cause de la simplicité de la vie, on voit fleurir les arts et les lettres aux époques de croissance des nations, alors qu'elles ne disposent pas encore de grandes richesses matérielles. Les temps de décadence sont marqués par des recherches de sensualité qui produisent un déplacement d'activité en sens inverse, bien que la société soit plus riche. La génération des besoins varie aussi d'après les goûts, la condition, l'âge, le degré d'intelligence ou de moralité des individus. On ne peut que constater la loi générale de développement. Cette loi peut se formuler ainsi : l'expansion des besoins a pour condition et pour cause une économie de force dans la production.

[1] V. sur l'analyse de la gradation des besoins M. Böhm.-Bawerk, *Grundzuge der Theorie des wirthschaftlichen Guterwerths*, 1 theil, p. 24-25 et suiv.

3° L'intensité des besoins est en raison directe de l'habitude d'y donner satisfaction. Nul doute que la jouissance prolongée du bien-être n'aiguise le sentiment de la privation. L'habitude rend nécessaires des choses en elles-mêmes inutiles; n'en est-il pas ainsi, par exemple, pour le tabac? Au contraire, le désir des choses nouvelles ne s'éveille que peu à peu. C'est pour cela que les Européens ont souvent rencontré de sérieuses difficultés à entrer en relation de négoce avec les tribus sauvages, qui se livrent à la chasse et à la pêche. Il fallut souvent avoir recours à des cadeaux pour leur susciter de nouveaux désirs et triompher ainsi de leur apathie naturelle.

147. Progression des besoins et travail. — Bastiat a formulé cet aphorisme célèbre : « Dans l'état social les facultés dépassent les besoins. » Les *facultés* peuvent s'entendre de deux manières : de la puissance productive et des revenus. Plaçons-nous d'abord au premier point de vue. Il est évident que lorsque les besoins se multiplient une plus grande somme de travail devient nécessaire; leur expansion détermine par conséquent une certaine surexcitation d'activité, mais il est facile d'apercevoir que la progression des jouissances dépasse celle du travail.

C'est, en effet, une économie de forces dans la production antérieure qui laisse disponible une partie des bras employés; par conséquent le travail, qui est tourné vers de nouvelles directions, ne s'ajoute pas intégralement au travail ancien. C'est plutôt encore un déplacement qu'un surcroît d'activité. On opposera peut-être, à la vie fiévreuse des peuples modernes de l'Occident, la vie calme et contemplative des Orientaux, et l'on mettra en doute l'efficacité d'une plus grande puissance productive pour le bien-être. Nous verrons bientôt comment et dans quelle mesure l'objection peut être écartée (n°s 148 et 149). Constatons seulement qu'en principe les richesses de la civilisation occidentale et la variété des besoins auxquels elles donnent satisfaction ont leur source dans une économie de force, dans un emploi plus intelligent de l'industrie humaine.

148. Progression des besoins et revenus. — Le revenu est la somme des ressources périodiques que chacun peut affecter à la satisfaction de ses besoins sans diminuer la puissance du fonds productif d'où ce revenu procède.

La condition économique normale est l'équilibre entre les

besoins et le revenu, ou plutôt, une partie du revenu, l'autre partie étant destinée à former des capitaux ou un fonds de réserve. Or, même dans l'état social le plus avancé, malgré les progrès de la production industrielle, une fraction considérable de la population a des besoins plus grands que ses revenus. Cette situation anomale est fréquente parmi les populations des pays manufacturiers ; elles sont loin de jouir de la stabilité et du modeste bien-être des classes laborieuses d'autres pays cependant moins riches. Quelles peuvent être les causes de la contradiction économique entre les ressources générales de la société et le dénûment d'un grand nombre d'individus? Il en est qui sont d'ordre social, d'autres de nature morale. On conçoit d'abord que, si la répartition des richesses s'opérait d'une manière injuste ou vicieuse, la misère des classes laborieuses pourrait ne pas être l'effet d'une production insuffisante, mais avoir pour contre-partie l'extrême opulence d'une classe privilégiée. L'état économique de la société féodale donne une idée d'une semblable perturbation due à l'ordre social. Nous avons dit que l'un des buts de l'Économie politique est de poser les principes d'une équitable répartition (n° 7). Aussi-croyons nous que l'État moderne a une mission essentielle de justice sociale qu'il accomplit en veillant, par un ensemble de mesures tutélaires, à ce que certaines classes de personnes ne soient pas exploitées par d'autres (n° 106).

149. Besoins, moralité et bonheur. — Bien-être et civilisation en Orient et en Occident. — Théorie de Le Play. — L'équilibre entre les besoins et les revenus peut être rompu par une cause morale, la perversion de nos facultés. Lorsque la conscience et la volonté ne servent pas de régulateurs, les ressources économiques, quelque considérables qu'elles soient, deviennent insuffisantes. Il faut que l'homme sache maintenir la subordination normale des besoins, que les jouissances matérielles ne soient pas poursuivies avec une ardeur immodérée qui supposerait l'anarchie morale et intellectuelle. Voilà qui est constant, mais, cela admis, nous nous refusons à voir dans la simple expansion des besoins un mal moral. La multiplicité indéfinie des besoins n'est pas le but mais la condition du progrès. Le mal moral résulte de la direction vicieuse que nous donnons aux besoins et non de leur étendue, de leur variété. C'est bien la distinction que nous avons eu occasion de faire précédemment en défendant l'économie politique contre le reproche de matérialisme (n° 18). La doctrine stoïcienne et l'école rigoriste ou du *renoncement* ont le tort de ne pas faire cette distinction nécessaire. D'après elles le bonheur s'achèterait au prix de la médiocrité sinon même de la pauvreté : *Si quem volueris esse divitem non est quod augeas divitias sed minuas cupiditates*[1].

Si l'on ne voulait que le nécessaire on risquerait fort de ne pas l'atteindre ; aussi bien l'ambition légitime de l'homme doit s'étendre au delà (n° 18). C'est une condition du progrès et de la civilisation : et, en effet, d'après l'ordre naturel de la génération des besoins, ce sont les besoins d'ordre supérieur qui ne naissent qu'après les autres. Les peuples non civilisés qui n'ont que peu de besoins, ne savent pourtant pas réfréner les appétits les plus grossiers. Les besoins s'épurent et s'affinent en se multipliant. Les progrès de la puissance productive viennent ainsi en aide au développement des facultés intellectuelles et morales. S'il en était autrement, l'humanité serait placée dans l'affreuse alternative, ou de rester éternellement misérable, ou de s'avancer par le bien-être vers l'immoralité. On peut être à bon droit surpris de ce que la thèse que nous combattons ait été soutenue au nom de la religion. Disons que si l'homme se gouverne et sait diriger ses désirs, l'expansion des besoins et la facilité de les satisfaire ne sauraient être un mal[2]. Sous ce rapport, comme sous tant d'autres, le progrès décuple la responsabilité morale ; s'il expose à des tentations plus grandes, ce n'est pas malgré cela un piège fatal, car l'homme est libre. Qu'une forte éducation morale soit le remède préventif contre le mauvais usage de la prospérité matérielle, mais que la crainte de l'abus ne fasse pas tourner le dos à la civilisation !

---

[1] Cf. Périn, *op. cit.*, t. I, les trois premiers chapitres. — V. ci-dessus, n° 18, note 1, cf. R. P. Félix, de *l'Écon. sociale devant le christianisme*. Laveleye sans aller aussi loin restreint au strict nécessaire les besoins matériels. « Une âme d'apôtre dans un corps endurci à tout, tels qu'étaient Socrate et saint Paul, voilà les modèles que recommandera l'économiste. » (De Laveleye, *Eléments d'économie politique*, p. 21 et 22.)

[2] « Tant que la poursuite de la richesse aura pour but principal l'exercice des forces acquises et l'acquisition de forces nouvelles, la dignité de la nature humaine sera sauve. Elle ne se trouverait gravement compromise que le jour où l'on ne verrait plus dans la richesse que le moyen vulgaire d'acheter des jouissances. (Cournot, *op. cit.*, p. 53.)

N'est-ce pas ce qui est arrivé à Le Play? D'après lui les sociétés humaines se distinguent en races simples et heureuses et en races compliquées et souffrantes. Évidemment l'état social des premières lui paraît préférable, car Le Play croit très justement que la science sociale a pour but la recherche du bonheur. Mais quelles sont les races simples et heureuses? Ce sont celles qui vivent des produits spontanés du sol, ce sont surtout les populations de l'Orient dont le bien-être et la stabilité contrastent avec les souffrances et la précarité d'existence des populations industrielles de l'Occident. La patrie du bonheur et de la vertu est la grande steppe où l'on mène la vie nomade! Les races souffrantes et compliquées sont les nations de l'Europe occidentale; elles souffrent parce qu'elles ont fait disparaître les productions spontanées devant la culture perfectionnée et parce qu'elles ont développé leur puissance industrielle[1]! Quel est donc l'idéal de la vie sociale? serait-ce la passivité contemplative ou le développement et l'épanouissement des facultés qui sont en nous? Si le travail est un effort, par contre l'inaction engendre l'ennui. « Le bonheur ne se trouve que dans l'activité, dit Aristote, et les hommes justes et sages ont toujours dans leurs actions des fins aussi nombreuses qu'honorables[2]. » Quant aux souffrances des populations industrielles des pays riches, il n'est pas du tout prouvé qu'elles doivent être reprochées à la civilisation; elles ont d'autres causes, très complexes d'ailleurs, qu'il serait inopportun de chercher à démêler ici (n° 148 et ci-dessous, n°° 823 et suiv., 1092 et suiv.).

---

[1] Le Play, *Ouvriers européens*, t. I, la méthode d'observation.

[2] Aristote. *Politique*, liv. IV, ch. iii, 2 et 5. Cf. Comte, *op. cit.*, t. IV, p. 550 et suiv.

CHAPITRE II.

SERVICES ET RICHESSES AU POINT DE VUE DE L'ÉCONOMIE PRIVÉE ET DE L'ÉCONOMIE NATIONALE.

---

150. Services et richesses. — Critique de l'expression : richesses immatérielles. — Les services et les richesses sont les deux manifestations générales de l'activité économique. On sait en effet qu'il existe deux espèces de travail : 1° celui qui a pour objet de rendre *utiles* les choses matérielles, autrement dit le travail de production des richesses ; 2° celui qui ne s'incorpore dans aucun objet matériel mais consiste en des actions utiles (n° 6). La distinction entre les deux modes d'activité dépend donc de la *matérialité* ou de la *non matérialité* des résultats du travail. C'est malheureusement ce que ne veulent pas admettre un certain nombre d'économistes, lesquels appellent *richesses immatérielles* les résultats de l'activité qui se manifestent par des services. Voilà un premier dissentiment au sujet de la terminologie ; il donne lieu à de fâcheux malentendus.

151. Les mots richesses et produits (expressions synonymes en économie politique), nous semblent nécessairement éveiller l'idée d'objets matériels ; les richesses résultent en effet des changements de forme ou de lieu opérés par le travail relativement à ces objets. Il n'y a pas, au contraire, de services proprement dits qui puissent être vus ou touchés ou qui supposent par eux-mêmes une modification quelconque de la matière. En vain dira-t-on que l'homme ne peut rendre un service à son semblable sans qu'il ait agi sur l'un de ses sens, vue, toucher, ouïe, etc..., c'est-à-dire sans l'intervention de la matière. Toujours est-il que le service ne s'incorpore pas dans la matière.

Aussi peut-on se dire propriétaire de choses matérielles, mais on ne peut se dire propriétaire de services : que nous en rendions ou que nous en recevions, nous ne sommes que créanciers, bénéficiaires ou débiteurs. Parler de produits c'est employer une locution qui convient aux choses mais non aux actes immatériels utiles. Ceux qui s'expriment ainsi[1] se récrient, car ils paraissent croire que leurs adversaires considèrent comme inutiles les travaux qui consistent en services; Adam Smith a peut-être eu, en effet, le tort de se servir d'une expression équivoque en disant (ce qui au fond exprime une idée juste) que les services sont *improductifs*[2]. Il faudrait paraphraser et dire non productifs de richesses matérielles, ce qui ne donnerait prise à aucune contradiction. Que l'on n'objecte pas que la production des richesses elle-même crée un élément immatériel, l'utilité. Cette utilité est bien, en effet, le résultat du travail mais elle est inséparable de la chose matérielle modifiée par le travail; bien que relative aux besoins de l'homme, la qualité immatérielle, l'utilité, est réellement incorporée dans le produit[3].

Faute de s'entendre on discute indéfiniment sur ce point : Quoi, dit-on, le violoniste ne produirait pas, et le luthier qui fabrique l'instrument, lui, produirait! Le médecin ne produirait pas, mais le pharmacien qui exécute l'ordonnance produirait, etc. Eh bien! cela est vrai, le luthier et le pharmacien fabriquent, manipulent, tandis que le médecin ou le violoniste ne modifient par leur travail aucune chose matérielle...; c'est pourquoi les deux premiers sont seuls producteurs de richesses; quant à l'utilité des services, elle est hors de cause et hors de comparaison même avec le travail de production dans les deux exemples choisis. Les étrangetés auxquelles arrivent ceux qui parlent de *produits immatériels* ou de *richesses immatérielles*, prouvent bien que la notion première d'où ils partent n'est pas saine; n'a-t-on pas dit que l'orateur et le musicien sont producteurs de paroles ou de sons consommables par l'oreille! que le ministre du culte donne naissance à un produit immatériel, la cérémonie religieuse[4]!

Faut-il réfuter l'explication de Dunoyer qui imagine de dire

---

[1] V. en ce sens Dunoyer, *Lib. du travail*, liv. V; J. B. Say, *Cours*, L. I, ch. xiii; Bastiat, *Harmonies*, p. 85 et suiv.; Carey, t. I, p 216; M. Joseph Garnier, *Notes et petits traités*, p. 495; cf. Rau, éd. Wagner, *Lehrbuch*, t. I, p. 17 et les auteurs qu'il cite en note; Neumann dans Schönberg, *Handbuch*, t. I, p. 138.

[2] V. Ad. Smith, *op. cit.*, liv. II, ch. iii, cf. Périn, *op. cit.*, t. I, p. 179.

[3] Cf. Gide, *op. cit.*, 3ᵉ édit., p. 44.

[4] V. Say, *loc. cit.*; Joseph Garnier, *Notes et petits traités, loc. cit.*

que le produit immatériel se forme en la personne au profit de laquelle les talents, les qualités intellectuelles ou morales ont été exercés? Dans les exemples précédents, le produit immatériel est alors le *discours* ou la *musique écoutés,* la *cérémonie vue,* etc. Doctrine singulière selon laquelle les services du musicien ou de l'orateur dépendraient moins de son talent que de l'aptitude musicale ou de l'intelligence de l'auditeur[1] !

Pour nous, l'utilité du service s'apprécie d'après le besoin qu'éprouve celui qui se le procure. Si l'on cherche un produit immatériel, où le prendra-t-on? Say, nous l'avons déjà dit, veut que ce soit dans l'action même, c'est-à-dire dans la plaidoirie, la prescription du médecin, la leçon du professeur. Soit, c'est là le service, l'action accomplie pour autrui; — mais ce service est une *cause,* et non un *effet.* Les services sont ou peuvent être des causes médiates de richesses sans être des richesses proprement dites. Il est impossible de concevoir qu'un *produit,* c'est-à-dire un *effet,* réside dans la *cause* elle-même : c'est une vraie logomachie économique! On peut aisément constater l'absurdité qu'il y aurait à l'inverse à chercher, avec Dunoyer, le produit immatériel dans l'effet produit par le service : dans la santé recouvrée, le procès gagné, l'élève instruit. Inutile d'insister davantage sur ce point; en voilà assez, ce semble, pour se décider à mettre de côté une locution vicieuse[2].

152. Classification des services. — Services privés. — La division du travail se réalise pour les services de même que

---

[1] Cf. dans le sens de l'opinion énoncée au texte, S. Mill, *Principes,* t. I, p. 52 et suiv.; Baudrillart, *Manuel,* p. 60 et suiv.; Courcelle-Seneuil, t. I, p. 37; Cherbuliez, *Précis de la science écon.,* t. I, p. 63 et suiv.; cf. Rau, éd. Wagner, *op. et loc. cit.*

[2] Dans cette discussion, nous nous sommes gardé de dire que si les services ne sont pas des richesses, cela tient à ce qu'ils sont instantanés et qu'ils ne peuvent ni durer ni s'accumuler comme les choses matérielles. Aussitôt, a-t-on dit, la leçon débitée, le service du professeur a pris fin et il n'en subsiste rien, sinon peut-être dans l'esprit de l'auditeur. Il n'en saurait être autrement puisque le contrat, ayant pour objet une prestation de services, engendre une obligation *ad faciendum;* dès qu'elle est exécutée, l'obligation s'éteint : le fait d'exécution étant accompli, tout droit disparaît. Nous pensons d'ailleurs qu'on s'est à tort préoccupé de cette condition de durée : elle n'est pas essentielle à l'idée de richesse. Des fleurs, des fruits, des mets, qui ne peuvent être conservés ne sont-ils pas des richesses aussi bien que les édifices qui doivent durer plusieurs siècles ? Aussi le défaut de durée des services ne serait pas un argument décisif dans la question de savoir si les services sont des richesses.

pour la production des richesses : il existe un grand nombre de professions, d'arts ou de fonctions ayant pour objet des services d'un caractère particulier. Personne ne pourrait posséder toutes les connaissances ou toutes les aptitudes nécessaires à la pratique de services très dissemblables les uns des autres, et il est prouvé qu'en se spécialisant, l'homme acquiert plus d'expérience et d'habileté, parvient à agir mieux et plus vite.

La classification des services la plus générale est celle des services publics et des services privés. Pour les services publics on peut se reporter à ce qui a été dit sur les attributions de l'État (n°ˢ 105, 109 et suiv.). Les services privés exigent maintenant quelques explications.

Les services privés peuvent être répartis en trois classes : 1° les uns ont la personne même pour objet; 2° d'autres sont relatifs aux facultés intellectuelles ou morales[1]; 3° d'autres enfin sont auxiliaires d'un travail de production. — Les domestiques, tous les professeurs d'exercices physiques (maîtres de natation, d'équitation, d'escrime, etc.), les dentistes, médecins et chirurgiens, rendent des services qui se rangent dans la première classe. La seconde comprend les savants, les ingénieurs, les avocats, professeurs de sciences ou de lettres, les acteurs, les musiciens, les chanteurs. Mais les peintres, les sculpteurs, les dessinateurs et graveurs, qui, selon leur art, s'efforcent de donner à la matière une forme, une apparence qui réalise un idéal esthétique, sont des producteurs de richesses : dans les échanges qu'ils concluent, ce sont principalement des choses matérielles qu'ils cèdent à autrui[2]. On dit très généralement que les

---

[1] Quant aux services qui sont relatifs à l'homme, Dunoyer a proposé une classification un peu différente de celle que nous avons suivie. Il distingue quatre classes de services : 1° ceux qui sont relatifs au perfectionnement de l'homme physique; 2° ceux qui concernent l'imagination ou les facultés affectives, autrement dit les beaux-arts; 3° les services se rapportant aux facultés intellectuelles; 4° enfin les services relatifs aux habitudes morales. L'enseignement et la littérature sont mis dans le troisième groupe, et cependant ils peuvent aussi bien développer le sentiment du beau et du bien, par suite se confondre avec les services du second et du quatrième groupe. En revanche, les beaux-arts développent l'esprit ou exercent une action moralisante. Sous ces divers rapports, les distinctions de Dunoyer sont artificielles (V. Dunoyer, *Lib. du travail*).

[2] V. cependant ci-dessous, n° 379. C'est bien à tort que les auteurs et les compositeurs de musique ont été parfois mis au nombre des producteurs d'odjets matériels, sous le prétexte que leurs œuvres sont manuscrites ou

services privés ont pour objet le perfectionnement physique, intellectuel ou moral de l'homme. C'est une idée exacte pour les plus importants des services, mais qui est trop exclusive, puisqu'elle ne fait aucune place aux services auxiliaires de la production. Les services auxiliaires de la production comprennent ceux des caissiers, des secrétaires ou employés préposés aux renseignements, des commis de bureau, des commis-voyageurs, des courtiers de commerce, qui s'entremettent entre les acheteurs et les vendeurs.

153. Rémunération et réglementation des services privés. — La rémunération des services se conçoit de trois manières : 1° par voie d'autorité ; 2° par la coutume ; 3° enfin par la convention. Ce dernier mode est le plus habituel sous le régime de la liberté du travail et s'applique aux services comme à la production des richesses. Ceux qui rendent des services privés sont donc rémunérés par voie d'échange. La coutume conserve cependant ici une large part d'influence surtout dans les campagnes. Enfin, il est une importante catégorie de services qui doivent toujours être rémunérés par voie d'autorité. Ce sont ceux qui se manifestent par la publication d'une idée, d'une œuvre de l'esprit, ou par la divulgation d'une invention industrielle. La communauté tout entière est appelée à bénéficier du service rendu, et cependant l'auteur de ce service, si la loi positive n'intervenait pas, n'obtiendrait aucune récompense, car l'idée, l'œuvre ou l'invention se trouvant dans le domaine public, on pourrait l'exploiter sans être tenu de faire pour cela aucun sacrifice (nᵒˢ **22** et ci-dessous, **375** et suiv.).

La réglementation des services ne donne lieu qu'à un petit nombre d'observations. Si on laisse de côté les offices ministériels et charges publiques, on ne trouvera qu'un nombre restreint de services proprement dits, soumis à une réglementation spéciale. Des garanties de capacité sont exigées pour plusieurs professions (celles de médecin, vétérinaire, avocat, instituteur). Dans un intérêt de police, la représentation des ouvrages dramatiques est subordonnée à une autorisation administrative. En France,

imprimées. Évidemment le manuscrit et le livre ne sont que le signe d'une chose immatérielle. Si l'auteur ou le compositeur cède ses droits, ce n'est pas l'exemplaire qu'il échange ni même l'ensemble des exemplaires en sa possession (V. *secus* Joseph Garnier, *Notes et petits traités, tableau,* p. 501).

jusqu'à 1864, des privilèges investissaient certains théâtres du droit exclusif de représenter les ouvrages dramatiques d'un genre déterminé, et les directeurs autorisés ne pouvaient sortir du cercle qui leur était tracé : un décret du 6 janvier 1864 a établi ce qu'on a appelé la liberté des théâtres. Désormais les ouvrages dramatiques de tons les genres, y compris les pièces entrées dans le domaine public, peuvent être représentés sur tous les théâtres. Néanmoins, le droit d'exploiter un théâtre reste soumis à une déclaration préalable. Sous un autre rapport encore, l'industrie des théâtres sort du droit commun; les théâtres qui paraissent plus particulièrement dignes d'encouragement peuvent être subventionnés par l'État ou par les communes. Le principe de ces subventions a été indûment critiqué. — Si les entreprises subventionnées n'avaient qu'un caractère industriel, la subvention serait en effet sans cause légitime, et même pourrait paraître une injustice à l'encontre des scènes non subventionnées. Mais on veut maintenir la tradition du grand art dramatique et susciter des productions qui entretiennent le sentiment du beau. Les théâtres subventionnés devraient être de grandes écoles pour le goût national. Si l'industrie théâtrale était livrée à elle-même, la nécessité d'obtenir le succès porterait les directeurs à flatter les passions et les préjugés du public.

Mentionnons, en terminant, une autre profession réglementée : celle des bureaux de placement; l'ouverture de ces établissements est soumise à une autorisation spéciale et ils sont placés sous la surveillance administrative (décret du 25 mars 1852), mais c'est une industrie accessoire relativement aux contrats de prestation de travail; aussi est-ce à propos des salaires qu'il y aura lieu de s'en occuper (n°ᵉ 835 et 868).

154. Part normale des services dans l'activité générale. — On peut supposer un échange entre deux services : quelqu'un, par exemple, s'engage pendant mon absence à garder ma maison à condition que je règlerai ses affaires dans la ville où je me rends. Beaucoup d'échanges entre services peuvent se concevoir; ils s'opèrent sans aucun déplacement de richesses. Mais ceux qui s'adonnent à une profession qui consiste en services, ainsi des avocats, des médecins, ne sauraient se contenter d'échanges de ce genre. Ils doivent nécessairement en conclure d'autres ayant pour objet des richesses, parce qu'ils n'en produisent pas eux-mêmes par leur travail; de même le fonctionnaire pourra consacrer une partie de son traitement à payer des domestiques ou des personnes qui lui rendent différents services; mais une autre partie de ce traitement sera nécessairement affectée à l'acquisition des choses nécessaires à la vie. Dans la société, les personnes dont l'activité économique consiste exclusivement en services rendus sont donc obligées de demander les subsistances et les autres richesses dont elles ont besoin à celles qui les produisent. Pour que la societé puisse jouir d'une certaine somme de services publics ou privés, il faut donc supposer que la production des richesses est en excédent sur les besoins des producteurs. Une partie de cet excédent sert à rémunérer les services. On pourrait donc appeler parasitiques[1], les services qui sont alimentés sur le fonds de produits créé par les industries productives de richesses s'il n'était à craindre que cette expression ne fût prise en mauvaise part. Toujours est-il que les services proprement dits sont dépendants de la production. C'est à l'aide de ce rapport de dépendance que l'on peut savoir quelle est la part normale des services dans l'activité générale.

Lorsque la puissance du travail de production progresse, le nombre de personnes dont l'occupation consiste en services peut augmenter dans la même mesure; c'est alors un signe de prospérité sociale, les liens de sociabilité étant d'autant plus profitables que les hommes s'entr'aident davantage. Mais il y aurait, au contraire, lieu de craindre que la part faite aux services dans l'activité économique fût trop grande, si, au lieu de se réaliser à la suite d'une économie de forces dans le travail de production, l'accroissement des travaux immatériels était l'effet du mépris pour le travail manuel ou des exigences d'un luxe excessif. L'état stationnaire de l'Espagne est dû en grande partie à la prépondérance abusive qu'y prirent de bonne heure les services; au commencement du xviiᵉ siècle, la plupart des professions industrielles, le commerce et même les exploitations agricoles les plus considérables étaient aux mains d'étrangers.

---

[1] Cette dénomination (nous l'employons à défaut d'une autre qui soit consacrée par l'usage) est plus nette que celle d'industrie improductive, malheureusement on peut y attacher aussi une signification péjorative qui serait bien contraire à notre sentiment.

« Celui qui veut faire son chemin, dit Cervantès, doit aborder l'Église, la mer ou la maison du roi. » Aussi, il y a trois quarts de siècle à peine, les ecclésiastiques, les gentilshommes et les domestiques formaient encore presque la moitié de la population totale. Les dix-sept universités, les innombrables petites écoles de latin, avec leur enseignement gratuit et une multitude de bourses, contribuaient à pousser d'une manière excessive vers les professions libérales[1]. Il est certain que la direction donnée à l'enseignement peut beaucoup soit pour, soit contre les carrières industrielles[2]. Tous les services ne sont pas d'ailleurs à mettre sur la même ligne : les professions libérales, magistrature, sciences et lettres, enseignement, contribuent à la grandeur d'un pays; l'administration et la force publique, au bon ordre et à la sécurité. Il y a par contre des services dont le développement est absolument regrettable et qui attestent le mauvais usage de la richesse; tels peuvent être les services de domesticité, si multipliés dans les pays orientaux et dans les anciennes maisons princières[3].

155. Analyse des richesses. — Appropriation. — Une chose matérielle que l'homme s'est appropriée et qui, à la suite de changements de forme ou de lieu, devient *utile* est une richesse. Le travail de production comprend l'ensemble des actes ou des opérations qu'il faut accomplir pour convertir la matière brute en une richesse, en un produit.

Le premier acte du travail de production est l'appropriation.

[1] Cf. Roscher, *op. cit.*, t. I, § 66.

[2] Notre enseignement secondaire, même après les réformes dont il a été l'objet depuis cinquante ans, est quelque peu complice des préjugés de l'opinion et a contribué à porter vers les fonctions publiques ou les carrières libérales les fils de nos industriels et de nos commerçants. Une direction plus conforme aux besoins de notre société lui est enfin donnée par l'enseignement aujourd'hui appelé enseignement moderne.

[3] Les statistiques ne donnent que des indications assez peu précises sur la répartition des services. D'un pays ou d'un recensement à l'autre, les classements diffèrent : ainsi pour la France, les domestiques, d'après le recensement de 1886, sont au nombre de 1,950,000 ‚dont 683,000 du sexe masculin); mais dans la répartition industrielle, ils figurent à côté des chefs de famille qui les emploient; or, il est bien évident que des 871,000 domestiques employés dans l'agriculture, une bonne part est utilisée au moins entre temps pour les travaux des champs. Pour l'Angleterre et le pays de Galles seulement, les domestiques, d'après le *Census office* de 1881, sont au

La nécessité de l'appropriation tient au défaut d'ubiquité de la matière : une même chose ne peut être partout à la fois profitable à tous. En principe, les jouissances communes ne sont pas possibles. On ne peut donc tirer profit de la plupart des choses matérielles qu'au moyen d'un usage exclusif. L'appropriation est l'acte d'appréhension physique par lequel une personne dispose privativement d'une chose en vue de la faire servir à ses besoins. Nous envisageons cet acte comme un pur fait et, sous cet aspect, il est vrai de dire que la vie sociale ne se concevrait pas sans appropriation ; les consommations de jouissance impliquent une série indéfinie d'actes de ce genre, par exemple l'alimentation de l'homme ou des animaux à son service. Il en est de même du travail de production qui nécessite l'absorption ou la transformation de produits du sol, de combustible, de matières premières, etc...

L'appropriation est un travail : elle ne consiste pas principalement dans l'effort physique nécessaire pour appréhender la matière, mais dans un exercice des facultés intellectuelles : 1° pour saisir la relation entre le besoin éprouvé et les propriétés des objets extérieurs ; 2° pour discerner le meilleur mode de prise de possession. La science nous fait connaître les propriétés utiles de la matière et le jeu des forces naturelles ; l'art industriel nous enseigne la manière la plus avantageuse de prendre possession des choses matérielles et de les ouvrer. On raconte que les sauvages des îles de l'Océanie coupent les palmiers pour en avoir les fruits. Il y a loin de ce gaspillage grossier à l'éco-

nombre de 1,500,000 sur 26,000,000 d'âmes. Pour l'Allemagne, le recensement de 1882 en a relevé 1,325,000 exclusivement attachés au service de la personne. Il faudrait, pour établir une comparaison directe, savoir si les ouvriers agricoles sont compris dans ce total. On a, en ce qui concerne les professions libérales et les services publics, des données moins vagues pour la France dans le recensement de 1886 ; 1,094,000 personnes (y compris les employés et domestiques) en forment le contingent. C'est la proportion de 2,63 p. 0/0. Les administrations publiques (État ou Communes) comptent (y compris les personnes qui vivent avec les fonctionnaires) 711,000 personnes soit 1,86 p. 0/0. Au total pour les professions dites parasitiques, 1,805,000 personnes ou 4,4 p. 0/0. Les comparaisons avec d'autres pays sont rendues presque impossibles par le défaut de concordance des statistiques. En Angleterre et pays de Galles, les professions libérales seraient dans la proportion de 2,5 p. 0/0, 646,000 sur 26,000,000 (1881). D'après M. Bodio, les États-Unis auraient trois fois plus d'avocats que l'Angleterre et l'Italie compterait deux fois plus d'ecclésiastiques que l'Allemagne.

nomie de matières et de forces qui est obtenue par les ingénieuses combinaisons de l'industrie moderne.

Une seconde série d'actes de production (fabrication, transport) succède ordinairement à l'appropriation (récolte des fruits, extraction des minéraux), car beaucoup de choses ne sont pas immédiatement utilisables, mais, pour donner satisfaction à nos besoins, nécessitent des travaux de transformation qui ne peuvent s'opérer qu'avec le concours d'autres produits[1]. Rarement le travail de production ne consiste qu'en un acte d'appropriation, telle est la cueillette de fruits destinés à être consommés sur place. Au surplus, la distinction entre l'appropriation directe et les changements ultérieurs de forme et de lieu, n'a d'intérêt pratique que lorsqu'elle donne naissance à des industries distinctes, mais c'est ce qui a très souvent lieu.

L'appropriation est un élément caractéristique; par conséquent les choses qui ne sont pas susceptibles d'appropriation ne sont pas par cela même des richesses; ainsi l'air, la lumière du soleil, la force du vent, etc... Dans l'opération de la photographie, par exemple, les rayons solaires sont mis à profit sans aucune appropriation. C'est un acte de jouissance qui n'est ni exclusif ni privatif. Un grand nombre de forces naturelles sont ainsi des *causes productives* de richesses, qui ne se prêtent qu'à des jouissances communes. D'autres, au contraire, sont emmagasinées dans des choses matérielles qui, elles-mêmes, sont susceptibles d'appropriation : on conçoit qu'un cours d'eau soit approprié, que l'eau qui y est puisée, que la force motrice d'une chute d'eau devienne une richesse[2]. La chaleur que peut dégager le combustible, l'affinité chimique des substances sont de même des richesses, par voie de conséquence de l'appropriation de la matière.

---

[1] Menger (*Grundsätze der Volkswirthschaftslehre*) appelle richesses de premier ordre celles qui peuvent servir immédiatement et par elles-mêmes à la satisfaction de nos besoins, comme un pain; richesses de deuxième, de troisième ordre celles qui ne peuvent y donner satisfaction qu'après une série de transformations, ainsi la farine, le blé, etc... lesquelles transformations nécessitent l'intervention de richesses ou d'industries complémentaires. Il y a des conséquences à tirer de ces distinctions, moins nouvelles qu'on ne l'a généralement pensé, mais il serait prématuré de s'y attacher ici.

[2] Mais l'eau courante n'a le caractère de richesse que dans la mesure où elle est appropriée.

156. Analyse des richesses (suite). — Utilité. — Critique de l'expression : Richesses naturelles. — L'utilité est une qualité immatérielle ou subjective que les choses ont acquises par l'effet de l'appropriation de pouvoir donner satisfaction à nos besoins ; une richesse sans utilité serait un non-sens.

L'utilité, disons-nous, vient du fait de l'homme, de l'appropriation. Mais n'y a-t-il pas des utilités naturelles ? Et s'il y a des utilités naturelles comme l'admettent un certain nombre d'économistes, n'y a-t-il pas également des richesses naturelles ? Contrairement à ce qui est énoncé au numéro précédent, ne peut-on dire que l'air, l'océan, sont des richesses naturelles, des richesses communes ?

Si l'on a bien compris que la production des richesses suppose comme premier acte l'appropriation, on ne fera pas difficulté d'avouer que toute utilité effective, et partant toute richesse implique un travail si insignifiant soit-il : les fraises des bois ne sont des richesses que par la cueillette. « De même, si je retranche de ma montre par la pensée tous les travaux qui lui ont été successivement appliqués, il ne restera que quelques grains de minerai placés dans l'intérieur de la terre d'où on les a tirés.» L'exemple est bien décisif, et peu importe qu'il soit donné par un économiste dont l'œuvre est demeurée obscure[1]. Dira-t-on que les minéraux dans le sein de la terre, la force du vent ou de l'eau courante ont une utilité préexistante au travail ? Ce serait jouer sur les mots. Si l'utilité est la qualité des richesses qui les rend propres à nous procurer une jouissance, il n'est guère possible de contester que l'*utilité réelle* ou *effective* est la suite du travail et ne peut se concevoir sans son intervention. Que l'on veuille bien ne pas oublier que, dans le langage unanime des économistes, *produit* est synonyme de *richesse;* or produit (*pro, ducere*) implique le fait de l'homme. Si beaucoup se laissent séduire par l'expression usuelle de richesses naturelles, est-il personne qui consentirait à parler de produits naturels, à dire par exemple qu'une mine de houille est un produit[2] ?

[1] Canard, *Précis d'écon. polit.*, p. 6.

[2] Menger (*op. cit.*), oppose aux richesses non appropriées ce qu'il appelle les richesses ou les biens économiques ; les richesses ou biens économiques supposeraient non seulement l'appropriation mais une certaine

Que peuvent être des *richesses naturelles* avant que le travail de l'homme les ait transformées? En l'état, les gisements de houille de la Chine, les plus puissants peut-être du globe, n'ont aucune utilité. Il vaut sans doute mieux pour l'avenir de l'humanité qu'ils existent, mais tout au plus peut-on dire qu'ils ont une *utilité virtuelle*[1]. Est-ce que les houilles de l'Angleterre ne tirent pas toute leur utilité économique de l'exploitation qui en est faite? Les substances dont la science n'a pas encore découvert les propriétés, ou que l'industrie humaine n'a pas su tirer du sein de la terre, n'ont actuellement aucun rôle économique, aucune *utilité sociale*; or, de quelle autre utilité pourrait-il être question en économie politique? En résumé, pas d'utilités ni de richesses naturelles, mais des utilités et des richesses formant le fruit d'un travail. C'est là un principe fondamental d'où résultent des conséquences de premier ordre au point de vue de la légitimité de la propriété individuelle[2].

157. Analyse des richesses (fin). — Utilité onéreuse : Valeur en usage et valeur en échange. Nature contingente de cette valeur. — Si toute utilité vient du travail, toute utilité est acquise au prix d'un effort et par conséquent toute utilité est onéreuse. C'est donc à tort que l'on parle souvent d'utilités gratuites : les utilités gratuites correspondraient aux utilités naturelles. Dès lors que celles-ci n'existent pas, celles-là ne se conçoivent pas davantage. Le jugement que chacun de nous porte sur le degré d'utilité des choses ou l'utilité comparative de deux ou de plusieurs choses, constitue la *valeur en usage*.

Sous le régime du travail libre, l'utilité étant onéreuse, chaque

---

rareté relativement aux besoins. Cette terminologie n'est-elle pas vicieuse? Une chose appropriée, fût-elle en surabondance, reste une richesse bien qu'elle ne soit pas totalement employée, mais il ne peut guère être question que d'une surabondance accidentelle postérieure à l'appropriation, autrement l'on ne concevrait guère un travail d'appropriation auquel manquerait tout but pratique.

[1] M. Menger reconnaît que la civilisation a pour effet de faire classer parmi ce qu'il appelle les biens économiques, c'est-à-dire les richesses, beaucoup de choses qui auparavant n'avaient pas ce caractère. Il est vrai que l'homme étend progressivement son action sur les choses extérieures; mais, dans la terminologie de l'auteur allemand, l'idée d'insuffisance, de rareté étant associée à celle de biens économiques, on pourrait tirer de l'évolution qu'il signale cette conséquence que la civilisation rend la satisfaction des besoins plus difficile; thèse qui n'est pas certainement celle de l'auteur.

[2] Cf. en sens contraire Gide, *op. cit.*, p. 120.

producteur d'utilités ou de richesses a droit à une rémunération : celui qui a fait un travail, s'il en cède le produit, obtient un équivalent. La puissance qu'ont les richesses d'être prises pour équivalent d'autres choses dans les contrats intéressés se nomme *valeur en échange*. Cette valeur est relative : entre deux ou plusieurs richesses ou services, l'échange établit à un moment donné un rapport, par exemple, 5 mètres du produit A valent 20 kilogr. du produit B ou 10 hectol. du produit C. Le sacrifice que chacune des parties échangistes fait pour se procurer la chose qui lui manque a pour raison d'être non seulement le besoin mais la difficulté de produire ou de se procurer autrement cette chose; cette difficulté est due à une limitation de la quantité par rapport aux besoins; c'est là, sauf explication plus précise, ce qu'on nomme la rareté.

La plupart des économistes mettent la valeur en échange et par conséquent la rareté au nombre des caractères essentiels des richesses. Certains même ont défini les richesses toutes choses évaluables. Cette notion prévaut dans l'École chrématistique. C'est à cause de cela que l'économie politique a pu être considérée comme une science mathématique dont l'objet principal serait l'étude des équations de l'échange.

Il ne nous semble pas, pour plusieurs raisons, que la valeur en échange soit un élément constitutif de la richesse économique. En effet, la notion de la richesse ne doit être en rien dépendante des institutions sociales relatives à la répartition des biens. L'idée de richesses subsiste en dehors de la propriété et, surtout, il est incontestable qu'elle est présente aux époques où le principe de la liberté du travail n'est pas consacré. Or la valeur en échange, sous le régime patriarcal ou sous le régime de la communauté agraire, n'a que des applications restreintes : les richesses sont produites, elles sont réparties et consommées sans qu'il y ait le plus souvent de rapports d'échange (nᵒˢ 48, 52, 65). On peut donc formuler ce dilemme : ou l'économie politique est une science localisée dans le temps et dans l'espace, n'ayant d'application qu'aux nations industrielles qui sanctionnent le travail libre et la propriété individuelle, ou bien, s'il en est autrement, il faut de toute nécessité que la notion des richesses puisse se comprendre, abstraction faite de la valeur en échange qui est spéciale à un ordre social déterminé.

Ajoutons à cette preuve décisive que, même sous le régime du travail libre et de l'appropriation privée, on peut très exceptionnellement, il est vrai, rencontrer l'utilité onéreuse et la richesse séparée de la valeur en échange : — 1° les travaux publics fixent au sol des valeurs considérables et augmentent certainement les richesses nationales ; supposons, par exemple, qu'on ait redressé le cours d'un fleuve, facilité l'accès d'un port aux navires de commerce : désormais ce seront des qualités inhérentes au territoire; on ne concevrait pas l'aliénation de ces choses qui sont *in usu publico.* Cependant ce sont là des richesses, quoique l'État se soit seulement proposé d'augmenter les jouissances communes et non de s'enrichir par l'échange. Il est vrai que, pour juger de l'utilité des travaux dont il vient d'être question, on devra calculer ce qu'ils ont coûté et ce qu'ils ajoutent à la richesse générale; mais le rapport ainsi établi ne sera en quelque sorte qu'une valeur de statistique; — 2° par la volonté du législateur certaines richesses peuvent être mises hors du commerce : frappées d'inaliénabilité entre les mains du possesseur, ne gardent-elles pas le caractère de richesses, bien qu'elles n'aient plus une valeur en échange licite? Ainsi les livres d'une bibliothèque publique, les collections d'un musée, etc... — 3° Enfin, c'est par l'intention du producteur que les choses sont soumises ou soustraites à l'échange; or il en est qui n'y sont nullement affectées, par exemple les médicaments, les denrées alimentaires destinées aux ambulances, aux hôpitaux, à des distributions charitables. Est-ce que d'ailleurs les produits de l'industrie domestique, destinés à la consommation intérieure, ne sont pas des richesses ? Si un fabricant produit en vue de ses propres besoins des choses qu'il ne met pas en vente (ce qui arrive journellement), hésitera-t-on à dire que ces choses sont des richesses, bien que le producteur ne les ait pas créées en vue de leur valeur d'échange et qu'elles ne doivent jamais être mises en circulation? Il ne peut être question dans tous ces cas que d'une *valeur d'échange virtuelle.*

158. Appréciation des richesses au point de vue de l'économie privée. — L'état de richesse des individus est susceptible de deux modes d'appréciation : d'après la valeur en usage ou d'après la valeur en échange.

A. La valeur en usage donne la mesure des richesses la plus

exacte et la plus générale. La plus exacte, car les qualités
usuelles ne sont pas tant des qualités d'espèce, que des qualités
essentiellement subjectives. Par exemple, pour un étudiant, des
livres d'études ont une utilité plus grande que des romans, et
ceux-ci, pour des personnes qui cherchent une distraction intellectuelle, ont une utilité supérieure à celle des livres d'é-
tudes; or, ces livres peuvent avoir une même valeur d'échange;
donc la mesure de la richesse est obtenue d'une manière plus
précise au moyen de la valeur en usage. Ajoutons que la valeur
en usage individuelle varie selon les besoins du possesseur alors
que la valeur d'échange ne varierait pas. En sens inverse, on
conçoit que les biens qui sont dans notre patrimoine conservent
pour nous le même degré d'utilité, bien que la valeur d'échange
en soit amoindrie, ou même réduite à rien s'il y avait surabondance générale [1].

L'estimation d'après la valeur en usage est aussi la plus générale; elle convient aux richesses qui ne sont pas mises en circulation et restent au repos pendant un temps indéfini, tout comme
à celles qui sont l'objet d'un échange effectif. Ce n'est cependant que pour ces dernières que la valeur en échange fournit
une évaluation précise. La valeur en usage individuelle échappe-
t-elle à toute mesure? Non, mais il y a dissentiment sur la façon
de la fixer. On a songé à faire cette fixation d'après la nature générique des besoins. Ce mode d'estimation ne serait exact que si
les besoins eux-mêmes ne devaient pas être estimés d'une façon
concrète et que si, en outre, l'espèce de richesse qui fait défaut,
n'était susceptible que d'un emploi unique. Il y aurait alors corrélation parfaite entre tel besoin et telle richesse. Mais la plupart

---

[1] Ce mode d'appréciation subjective de la valeur en usage tel que nous
l'avons proposé (1re édition 1878) est celui qu'adoptent plusieurs auteurs
allemands contemporains (V. Böhm-Bawerk, *Grundzuge der Theorie des
wirthschaftlichen Guterwerts*, in-8°, 1886). C'était déjà la thèse de M. Menger (*op. cit.*) dont nous n'avons eu connaissance qu'après la 2e édition de
cet ouvrage. Mais comme M. Menger, M. Böhm-Bawerk fait dépendre la
valeur en usage de la rareté ou de l'insuffisance par rapport aux besoins
(V. ci-dessus, n° 156, p. 260, note 2). Cela n'est pas exact au point de vue
du moins de l'économie sociale : une chose surabondante ne cesse pas pour
cela, bien au contraire, d'être une richesse; c'est seulement au point de
vue de l'économie individuelle que l'intensité du désir et par conséquent la
valeur en usage est en raison inverse des quantités possédées. On verra
par la suite l'importance de cette observation.

du temps il n'en est pas ainsi. D'abord une même richesse peut satisfaire divers besoins : du grain peut servir à la nourriture de l'homme, à fabriquer de l'alcool, à élever un perroquet ou tel autre animal d'agrément. La perte d'une partie de la quantité de blé possédée ne compromet pas fatalement le besoin d'alimentation. La perte partielle tombe sur le besoin concret le moins intense et, par voie d'imputation successive, sur les autres besoins, jusqu'à celui dont l'intensité est la plus grande. La valeur en usage d'une richesse est-elle en rapport avec le besoin le plus essentiel qu'elle peut satisfaire ou avec le moindre? Avec le moindre, si la quantité disponible permet de satisfaire tous les besoins considérés[1] ; avec le plus essentiel de ceux des besoins qui peuvent être satisfaits, si, cette quantité étant insuffisante, l'option du possesseur se trouve restreinte : n'ayant plus, dans l'exemple de tout à l'heure, assez de grains, il préférera continuer à faire de l'eau-de-vie, à élever un perroquet. Donc, le grain disponible (après le besoin d'alimentation satisfait), aura une valeur en usage correspondante à l'emploi relativement le plus utile, c'est-à-dire la distillation.

On doit aussi tenir compte pour l'estimation de la valeur en usage de la satisfaction que peuvent donner certaines richesses subsidiaires de celles qui font défaut. Si on a en abondance de la houille, le bois qui manque n'aura que la valeur en usage de la houille qui permet d'y suppléer. Disons toutefois que bien rarement les richesses subsidiaires sont des substituts parfaits, au moins à tous égards. Ainsi pour le chauffage domestique la houille n'est pas estimée à l'égal du bois et celui-ci dans l'industrie ne serait pas toujours un bon remplaçant de la houille.

De ce que la valeur en usage est appréciée subjectivement, faut-il renoncer à toute appréciation générale? Non, selon nous. On conçoit aussi une classification idéale des richesses selon le degré d'utilité relative qui leur est reconnue d'après l'intensité générale des besoins ou la hiérarchie que les mœurs établissent entre eux. C'est ce qu'on nomme la valeur en usage abstraite ou d'espèce. Qu'il s'agisse, par exemple, de déterminer l'état de bien-être dont peut jouir une famille de cultivateur, la valeur

---

[1] C'est ce que M. Böhm-Bawerk appelle l'utilité limite (*Grenznutzen*), *op. cit.*, 1re partie p. 28 et suiv.). V. sur ce point la très complète analyse de M. Saint-Marc, *Revue d'Écon. polit.*, 1888, p. 119 et suiv.

en usage abstraite du mobilier qu'elle possède, de ses instruments de culture, l'abondance et la qualité de la nourriture, des
vêtements, etc..., est celle à laquelle nous aurons égard. Il ne
sera pas besoin d'estimer en argent ces richesses; leur seule
nomenclature, à raison de la valeur en usage d'espèce que nous
attribuons à chacune d'elles, d'une façon absolue ou relative,
nous permettra de juger de l'aisance où se trouve cette famille
et de comparer sa condition économique à celle d'autres familles,
par exemple, à celle d'ouvriers des villes.

B. Si les hommes travaillaient habituellement pour satisfaire
leurs propres besoins et n'échangeaient que leur superflu, la
valeur en usage serait la vraie et l'unique mesure des richesses;
aussi bien, dans les sociétés primitives, la valeur en usage est-
elle le seul mode concevable d'appréciation des biens; mais on
sait que dans les sociétés avancées il en est tout différemment :
la presque totalité des produits de l'industrie de chacun est destinée à être remplacée par d'autres choses au moyen de l'é-
change. Aussi les produits du travail, tant qu'ils sont encore
entre les mains du producteur, ne sont pour lui que des *richesses
provisoires.* C'est l'échange seul avec le gain ou la perte qu'il
amène qui décide de leur importance relative. Voilà pourquoi
il est nécessaire, pour estimer les richesses qui proviennent de
l'activité économique individuelle, de substituer la valeur en
échange à la valeur en usage. En outre, si l'on veut en effet déterminer l'état de fortune de deux personnes, il faudra, pour
cela, supposer fictivement que les éléments de leurs patrimoines
sont l'objet d'échanges et, au moyen des prix courants, établir
une comparaison directe entre les deux masses de biens. Qu'une
certaine espèce de produits devienne rare, les possesseurs de
ces produits s'enrichissent parce que leur valeur en échange
s'élève. La valeur en échange est une valeur de commerce, de circulation, et elle exprime, en faisant intervenir une cession réelle ou
fictive, un état de fortune relatif. Voilà pourquoi elle a sa place
dans l'économie privée, car l'on y a égard non seulement à l'état
de bien-être absolu mais aux situations de fortune respectives.

**159. Appréciation des richesses au point de vue de l'écono-
mie nationale.** — La question se présente d'une manière très
différente suivant qu'il s'agit d'apprécier la richesse absolue
d'une nation considérée isolément ou que l'on se demande

quelle est, en ce qui concerne les rapports internationaux, la richesse relative de deux ou de plusieurs pays.

Au premier point de vue on doit avoir égard à la valeur en usage. C'est qu'en effet le bien-être général dépend de la somme de jouissances que l'on peut se procurer avec le produit du travail. Si l'on calculait la richesse absolue d'un pays d'après la valeur d'échange des principaux produits, on serait conduit à des conséquences absurdes : il faudrait dire que les inventions industrielles, l'abondance des récoltes, en un mot, toutes les causes économiques dont l'effet est le bon marché, c'est-à-dire la diminution de la valeur en échange, amènent par cela même l'appauvrissement du pays. Si, pour établir l'état de richesse de la nation, on faisait le total des valeurs d'échange, on devrait dire encore que les sources ayant tari et l'eau potable acquérant une haute valeur d'échange, il y a enrichissement! Les richesses nationales sont au contraire d'autant plus précieuses qu'elles sont moins onéreuses; ainsi les forêts sont une richesse, là surtout où, à raison du bon marché du bois, il est loisible à chacun de s'approvisionner abondamment.

Signalons les contrastes entre l'appréciation des richesses dans l'économie nationale et dans l'économie privée : 1° Il est manifeste que pour l'économie nationale un accroissement de la quantité des choses utiles est un accroissement de richesse effective. Il n'est pas certain, en ce qui concerne l'économie privée, qu'il en soit de même : si, à cause de l'abondance des produits et du bon marché qui en résulte, un fabricant ne tire pas de la vente de ses produits, dont la quantité a doublé, une somme totale supérieure, il comptera pour rien le surplus de la fabrication; c'est qu'il n'a égard qu'à la valeur d'échange sur laquelle il trouve son revenu. 2° Il est certain encore que, d'une manière générale, l'industrie privée ne manifeste de préférence entre les diverses natures de produits qu'à raison de l'importance des profits qu'elle en peut tirer. L'économie nationale est au contraire intéressée, non seulement aux quantités produites mais encore et surtout à la composition de ces quantités. Il est, cela va sans dire, du plus grand intérêt de savoir si ce sont des superfluités, des choses de luxe à l'usage d'un petit nombre ou des objets de consommation usuelle profitables à l'ensemble des habitants.

Lorsqu'on veut déterminer d'une manière relative l'état de richesse de deux nations, savoir notamment ce que l'une d'elles peut acheter de l'autre avec son revenu, la question est tout à fait identique à celle qui se poserait dans les mêmes circonstances entre deux particuliers. C'est alors par la valeur en échange des choses appartenant à chacun des deux pays qu'on calculera sa force économique [1].

La distinction qui vient d'être faite selon l'objet de l'appréciation de la richesse nationale permet de résoudre bien simplement une difficulté que J.-B. Say regardait comme à peu près insoluble : « La richesse d'un pays, disait-il, étant composée de la valeur des choses possédées, comment se peut-il qu'une nation soit d'autant plus riche que les choses y sont à plus bas prix? » La question était mal posée par l'illustre économiste. Les prémisses de son raisonnement n'étaient pas exactes : on ne peut dire d'une façon absolue que la richesse d'un pays soit composée de la valeur en échange des choses possédées; cela n'est vrai que de la portion des richesses qui sont entraînées dans le courant des échanges internationaux. Quant à la richesse effective d'une nation, elle dépend de la valeur en usage de ses possessions, et, si elle a un rapport avec la valeur en échange des choses, elle variera en raison inverse de cette valeur. On se borne ici à des notions générales sur les richesses, l'utilité, la valeur. Les questions doctrinales sur le fondement et la mesure de la valeur trouveront bientôt leur place, après les notions complémentaires de la richesse relatives à la propriété et au capital (nᵒˢ 189 et suiv.).

---

[1] C'est pourquoi les tableaux du commerce extérieur traduisent en valeurs les quantités importées ou exportées. On se sert également des valeurs en échange, en économie financière, dans le but de déterminer la fortune nationale, son revenu et par conséquent quelle est l'importance des prélèvements opérés par l'impôt.

CHAPITRE III.

RICHESSES AU POINT DE VUE DU DROIT. INSTITUTION DE LA PROPRIÉTÉ.

SES FORMES HISTORIQUES ET ACTUELLES.

———

160. Richesses au point de vue du droit. — L'appropriation n'est un fait instantané ni dans sa réalisation ni surtout dans ses conséquences. Il faut qu'elle soit protégée dans le présent et dans l'avenir ; la culture et le travail industriel doivent, à leurs phases diverses, être garantis contre des actes de violence et de fraude. C'est le devoir de la puissance publique : si elle n'intervenait pas, la possession des richesses serait l'objet d'une lutte incessante ; aucun ordre stable, aucune constitution économique véritable ne pourrait se fonder. La sanction légale des possessions est la propriété. Bien qu'elle appartienne au droit par définition, la propriété est une nécessité économique. Aussi, richesses et propriété sont des éléments inséparables que la langue du droit condense dans un seul mot, les *biens*[1]. La sanction légale qui confirme les rapports établis entre les hommes et les choses doit être envisagée non seulement comme une conséquence nécessaire de l'ordre social, mais comme l'une des causes les plus puissantes des phénomènes économiques. Elle exerce une influence directe sur le développement de la production et sur la répartition des produits. Il serait impossible de démêler ce qui est l'effet propre de l'activité économique spontanée et ce qui est dû à l'institution sociale de la propriété. Aussi l'économie politique doit-elle se représenter les richesses avec le double caractère économique et juridique qui leur appartient nécessairement dans les sociétés humaines, et si nous avons donné, dans le chapitre précédent, une notion purement économique des richesses, c'est que, comme on va le voir, le caractère juridique se greffe sur cette notion sans en altérer l'essence[2].

[1] V. Aubry et Rau, *Cours de droit civil*, t. II, 4ᵉ éd., p. 2.
[2] Il s'agissait d'ailleurs de dégager l'idée de richesses de celle de valeur en échange qui implique un système tout spécial, celui de la propriété individuelle et de l'échange libre.

La propriété est donc l'aspect juridique des richesses, c'est une institution qu'il ne s'agit pas en ce moment d'expliquer ni de défendre contre les attaques dont elle est l'objet. Elle est prise comme un fait social intimement connexe à celui de la richesse, et le seul objet des développements qui suivent est d'indiquer sous quelles formes cette institution a été pratiquée en appréciant la valeur économique de chacune d'elles. L'étude critique de la propriété au point de vue social et économique sera faite à l'occasion de la répartition des richesses (nᵒˢ 981 et suiv.).

161. Corrélation entre l'organisation de la propriété et l'ordre social. — La propriété apparaît dans les législations positives sous des formes multiples. Le régime consacré par le Code civil nous vient du droit romain, mais la propriété n'est pas partout comme à Rome ou en France un pouvoir absolu et exclusif au profit d'une personne sur une chose, un droit individuel. Au pôle opposé se place la propriété collective et la communauté agraire. Plusieurs combinaisons intermédiaires forment la transition entre ces deux conceptions inverses de l'institution.

Les diversités de la propriété ne sont pas des accidents législatifs : il existe une étroite corrélation entre le régime de la propriété et l'organisation industrielle de la société politique et de la famille. La propriété collective appartient aux civilisations primitives; elle se conserve sous l'influence de la coutume et suppose une répartition opérée par voie d'autorité.

Tant que, dans la tribu, la communauté de village ou la famille patriarcale, les traditions d'autorité subsistent, il y a une base rationnelle, comme on va le voir, aux possessions collectives et à la rémunération par attribution.

La propriété individuelle et libre est consacrée par les lois des pays les plus avancés en civilisation; elle se fonde sur la liberté du travail. Seule, en effet, la liberté du travail implique comme conséquence logique la propriété individuelle. Aux âges intermédiaires, la transition entre la propriété collective et la propriété individuelle se fait au moyen de diverses combinaisons. Pendant de longs siècles, après être devenue individuelle, la propriété garde l'empreinte du régime d'autorité; c'est alors une création de la puissance publique ; elle est octroyée. Avant l'affranchissement de la propriété individuelle apparaissent encore, sous différents noms et avec de nombreuses variétés juridiques, des possessions ou domaines utiles à long terme ou à terme indéfini. C'est l'âge féodal de la propriété. Sur une même chose coexistent un droit de propriété éminent et une propriété utile; ce dédoublement persiste jusqu'au temps où le second de ces droits éclipse le premier. L'histoire des transformations successives de la propriété a le même intérêt pour la science économique que l'histoire de l'organisation industrielle. C'est un développement parallèle et progressif qui commence par l'autorité et aboutit à la liberté.

162. Formes historiques de la propriété. — L'*âge d'or* est le souvenir poétique que l'antiquité avait gardé d'un temps préhistorique où la propriété n'existait pas encore. Les peuples chasseurs du bassin de l'Orénoque peuvent nous donner une idée de ce que serait une communauté absolue. Aussi le spectacle de cette existence végétative, presque bestiale, montre bien que l'*âge d'or* est un idéal qu'il faut chercher dans l'avenir et non dans les âges de barbarie. Les formes principales sous lesquelles se présente la propriété avant d'être complètement affranchie, sont : 1° la communauté avec indivision ; 2° la communauté avec lotissement périodique ; 3° la propriété de la famille patriarcale et 4° la propriété féodale ou régalienne.

1° La communauté avec indivision est le régime des peuples pasteurs et en général de tous les nomades. Les tribus nomades vivent sur d'immenses territoires qu'elles exploitent successivement. Sur le sol, elles n'ont donc que des établissements momentanés qu'elles abandonnent sans esprit de retour, que d'autres tribus occupent ensuite sans violer aucun droit; mais le lait, la chair du bétail, la laine des troupeaux, et les quelques objets ouvrés par l'industrie naissante appartiennent à la tribu ou aux familles patriarcales. Les chefs en disposent souverainement; il y a des répartitions entre les familles ou entre les membres de la famille soumis à la même puissance. La propriété sur les objets mobiliers, pour le groupe familial, précède la naissance de la propriété foncière. Elle se forme d'abord relativement aux produits de la pêche, de la chasse, des cueillettes. Avec le terme de la vie nomade commence la propriété foncière : c'est en premier lieu la propriété collective de la tribu; les terres arables, les prairies, les forêts sont indivises et exploitées en commun. La construction d'une demeure sédentaire, la culture d'un enclos réalisent les premières appropriations exclusives[1].

2° La communauté avec lotissement périodique entre les chefs de famille est une étape très importante dans l'histoire de la civilisation : l'indivision territoriale subsiste en ce sens que la propriété, comme droit perpétuel, n'appartient qu'à la tribu, mais la terre cultivée est répartie annuellement ou pour un cycle d'années entre les familles par autorité ou par voie de tirage au sort. Tel fut le système germanique de la *marche*[2]; tels sont encore les principaux caractères de la communauté agraire en Russie et chez les Arabes. Les possessions deviennent progressivement plus longues, se consolident dans les familles les plus actives; c'est ainsi que s'opère la transition à un troisième état, celui de la propriété patriarcale.

3° La propriété patriarcale complète, sur le sol aussi bien que sur les choses mobilières, succède aux communautés agraires; les possessions territoriales et les propriétés mobilières sont perpétuelles dans les familles, mais l'individu n'est pas encore

---

[1] V. sur le passage de la vie nomade à la vie sédentaire, Demolins, la *Science sociale*, 1886, t. II, p. 405 et suiv. L'auteur étudie cette évolution chez les Baschkirs de l'Oural. Elle s'est opérée à cause de la nécessité d'abandonner la vie nomade, à la suite d'un *cantonnement* imposé par le gouvernement russe; en même temps que la culture pastorale des steppes, les plus prévoyants entreprennent dans les vallées les cultures les plus simples spécialement les cultures potagères et celles du lin et du chanvre.

[2] En Germanie, la propriété familiale n'existe que sur la maison et l'enclos, le reste est la *marche*, le territoire commun. Fustel de Coulanges (dans *Recherches sur quelques problèmes d'histoire* et dans *l'Alleu et le domaine rural*) a bien indûment contesté l'existence de la communauté des terres en Germanie et à l'époque franque. Sa thèse a été péremptoirement réfutée par M. Glasson (*Les communaux et le domaine rural*, 1890). De nombreuses traces de cette organisation primitive se retrouvent en Angleterre, en Ecosse, dans les Pays-Bas, le pays de Trèves et le bassin de la Sarre. Ce n'est d'ailleurs pas une institution particulière à l'Europe. On la rencontre, paraît-il, en Chine dès la plus haute antiquité, et elle forme encore le droit commun dans les villages de l'Inde : les efforts de l'administration anglaise pour disperser les *communautés de village* ont été impuissants. — Voy. Roscher, *Recherches sur divers sujets d'Economie politique;* Von Maurer, *Einleitung für Geschichte des Mark*, etc., p. 278; Sumner Maine, *Village communities of India;* de Laveleye, la *Propriété et ses formes primitives;* du même les *Communautés de famille*, *Revue d'Écon. politique*, 1888, p. 345 et suiv.; Garsonnet, *Histoire des locations perpétuelles*, p. 182 et suiv.; Belot, *Nantucket;* Aucoc, la *Question des propriétés primitives*.

séparément sujet de droit : tout est commun dans la famille sous l'autorité du chef[1]. Les *communautés taisibles* qu'on signale dans les États Scandinaves, en Écosse (les *townships* du Nord), dans le pays Basque, ou en Croatie sont des types adoucis du régime patriarcal. Elles n'englobent pas l'ensemble des biens; l'individu peut avoir un patrimoine personnel, des biens meubles ou immeubles lui appartenant en propre. La propriété privée s'étend, par les défrichements des terres incultes, autant que par la conversion de biens de famille en biens dont chaque chef de ménage a la disposition au moins limitée. La propriété patriarcale perd chaque jour du terrain : la désagrégation de la famille a pour conséquence normale l'établissement de la propriété individuelle (n° 49). A Rome, les transformations successives dans la condition du fils de famille attestent un mouvement de transition de la propriété patriarcale à la propriété individuelle[2].

4° La propriété féodale ou régalienne est une propriété concédée. Dans les concessions de nature féodale (fiefs, censives), le possesseur est astreint envers le concédant, qui garde le *domaine éminent,* à des services personnels ou à des charges foncières irrachetables. Il n'obtient qu'un *domaine utile,* grevé de lourdes redevances pécuniaires ; la terre est asservie aux mains des tenanciers qui la mettent en valeur, et maintenue dans la dépendance plus ou moins étroite de la seigneurie. La propriété seigneuriale et les longues concessions qui s'y rattachent, baux perpétuels ou à long terme de nature purement foncière (emphy-

---

[1] Le *mir* russe offre une combinaison de la communauté agraire et du régime patriarcal : le chef de famille et, après sa mort, le fils aîné dirige l'exploitation; le bétail, les récoltes, les meubles de toute nature appartiennent à la famille. Voy. A. Leroy-Beaulieu, *L'empire des Tzars*, t. I, p. 491 et suiv.

[2] Aussi haut qu'on remonte dans l'histoire de Rome on ne trouve pas la propriété collective de la tribu. Mais à côté des terres attribuées à chaque chef de foyer (*heredium*), il y eut des terres appartenant aux *gentes* (V. Cuq, *Les Institutions juridiques des Romains*, p. 79 et suiv., 1891). On ne saurait affirmer que partout l'appropriation du sol ait commencé par la communauté. Fustel de Coulanges a démontré qu'à Sparte, contrairement à une opinion très répandue, le sol était entre un petit nombre de mains. Le partage que fit faire Lycurgue ne fut pas recommencé, et l'esprit des institutions de Sparte était si peu favorable à la communauté, que, malgré ce partage, qui avait été opéré sur des bases fort démocratiques, la grande propriété fut assez promptement reconstituée au profit de l'aristocratie (V. *Comptes-rendus Acad. Sc. morales*, nov. et déc. 1879).

téoses, baux à rentes) sont appropriées aux États aristocratiques à propriété concentrée[1]. A des époques troublées où la propriété et la souveraineté sont étroitement associées et où, par conséquent, la préoccupation principale du possesseur de la terre doit être de se créer une clientèle militaire et en même temps de se décharger du soin de la mise en culture de domaines très étendus, pour en tirer un revenu permanent et assuré, ces concessions perpétuelles ou à long terme répondaient à une véritable nécessité sociale et économique. Mais c'est un régime de transition dont la principale raison d'être disparaît lorsque la souveraineté se détache de la propriété et retourne aux mains de l'État; les charges foncières irrachetables et les droits de seigneurie deviennent incompatibles tant avec le nouvel ordre social qu'avec l'expansion économique et, en particulier, avec le progrès des cultures. Pourtant d'assez importants vestiges de ces institutions subsistent encore dans plusieurs pays, notamment en Angleterre et en Allemagne, mais ils tendent à disparaître. (nᵒˢ 1013, 1028 et suiv).

On n'en saurait dire autant de la propriété régalienne. Ce type bâtard de propriété individuelle par attribution se conserve avec une grande persistance dans les pays qui ne sont pas encore parvenus à la liberté politique. La propriété régalienne forme la constitution foncière de la plupart des pays musulmans : une partie du sol (terres *mirié* et *wakouf*) est, en Turquie, possédée par des particuliers en vertu d'un simple titre provisoire, avec la permission de l'État qui garde sur elle un droit éminent. Ces terres sont à des degrés différents hors du commerce. C'est là un déplorable régime foncier qui laisse dans la misère les populations rurales de pays très riches[2].

163. Appréciation économique de la communauté agraire. — Évolution progressive vers la propriété individuelle. — Russie; Algérie. — Dans une société (famille patriarcale ou tribu) qui ne consomme que les produits rudimentaires de sa propre industrie, le principe d'autorité s'exerce dans une sphère

---

[1] Garsonnet, *op. cit.*, p. 300.

[2] « Ce sont, dit un voyageur, les populations les plus arriérées, les plus imbues de préjugés, les plus réfractaires aux réformes, comme il est dans la nature des choses. Beaucoup sont pauvres, bien que les immeubles dont ils ont l'usufruit soient considérables. » Cité par M. Garsonnet, v. *op. cit.*, p. 613. Cf. Bellin, *De la Propriété dans les pays musulmans*.

assez restreinte pour qu'il soit possible de diriger le travail sur des possessions indivises et de répartir les produits.

Au point de vue de l'utilité, ce régime donne satisfaction à des besoins limités. A cette phase de la civilisation, la population est d'ailleurs peu compacte, et l'agriculture se borne à l'élevage du bétail et aux modes d'exploitation du sol les plus simples; à quoi bon faire des améliorations foncières, accumuler un grand capital sur une superficie restreinte, lorsqu'on a devant soi de vastes espaces disponibles [1]? Dans un pays peu peuplé où il n'y a pas de grands centres de consommation, dans quel but développer la production au prix de plus grands sacrifices? La nécessité de la défense du sol si la possession en est contestée et l'instinct de la colonisation poussent les hommes à travailler en commun; ce n'est que de la sorte que peuvent être accomplis les travaux de défrichement ou d'assainissement et surmontés les mille obstacles que les civilisations naissantes ont à vaincre.

Le travail en commun fait alors une loi de la propriété collective : il s'agit d'une œuvre à laquelle tous ont collaboré d'une manière identique. Si le sol a été défendu par une même confraternité d'armes, n'est-il pas équitable qu'il appartienne à tous? Le principe de justice de la propriété individuelle ne se trouve que sous un régime économique et social plus avancé, celui de la spécialisation et de la liberté du travail. Si ces deux conditions n'existent pas, il peut y avoir autant et même plus de justice dans la communauté. Assurément, la communauté primitive répugne moins au sentiment d'équité (pour qui veut bien juger sans prévention) que la propriété individuelle par *attribution,* dérivant de la conquête ou de la volonté arbitraire d'un despote.

Ainsi la communauté nous paraît avoir été un système légal légitime, parfaitement approprié à certaines conditions économiques; mais le progrès de la civilisation substitue la propriété individuelle à la communauté : « l'histoire nous montre partout, écrit de Laveleye, la propriété individuelle sortant de la collectivité primordiale. Je vois bien des groupes d'hommes qui, sous l'empire de l'exaltation religieuse, mettent en commun tout ce qu'ils possèdent, et renoncent à distinguer le tien du mien, nulle

---

[1] C'est bien ce que Tacite dit des Germains : « Facilitatem partiendi camporum spatia præstant. — Arva per annos mutant et superest ager. »

part je ne découvre tout un peuple abolissant la propriété privée pour établir la communauté[1]. » Le témoignage est d'autant plus précieux à recueillir, que le regretté publiciste exaltant les communautés agraires de la Russie, les oppose avec complaisance aux propriétés individuelles de l'Occident, et paraît conclure en faveur d'un retour à la propriété collective.

164. Quelles sont les causes de l'abandon progressif de la communauté agraire ? Ce sont les complications et les exigences qui résultent de l'accroissement de la population. Pour juger ce régime de propriété, il faut se transporter en Russie où la communauté de village, le *mir,* est encore debout[2]. C'est une propriété collective du sol avec jouissance exclusive, soit individuelle soit familiale, au moyen de lotissements périodiques. Bien que chaque famille ou chaque individu ait un droit exclusif aux fruits du lot qui lui est attribué, l'intérêt personnel et la responsabilité sont très insuffisamment mis en éveil : le sol le plus riche de la Russie est appauvri par une exploitation imprévoyante. On cultive mal, en effet, une terre qu'on ne doit pas garder. Les partages périodiques ont des conséquences agricoles fatales; or, on ne peut douter qu'ils ne soient un corollaire nécessaire du communisme agraire. Ce système qui a pour principal avantage d'éviter le prolétariat agricole, en assurant à chacun la possession d'une terre, ne serait qu'un leurre, si, par des répartitions successives assez rapprochées, on ne faisait place aux nouvelles familles, aux nouvelles générations. Plus les partages sont répétés, mieux sans doute le principe d'égalité est respecté, mais aussi plus l'agriculture et la prospérité géné-

[1] De Laveleye, *op. cit.,* p. 46. Cf. dans l'ouvrage de M. Leroy-Beaulieu, *Le Collectivisme* (1884), le livre I.

[2] La communauté agraire est à peu près seule pratiquée dans la Grande Russie de la Néva à l'Oural, tant sur les terres des seigneurs que sur celles de l'État. Elle ne paraît pas y avoir une origine très ancienne et date seulement de l'époque où s'établit le servage (xviiᵉ siècle). L'acte d'émancipation de 1861 a consacré cette institution qui régit toutes les terres à l'exception de la cabane de paysan (l'*Izba*) et son enclos. Toutefois, à la majorité des deux tiers, les habitants peuvent voter la constitution de la propriété individuelle. Le *mir* établit, indépendamment de l'indivision territoriale, d'autres rapports entre les membres de la communauté, notamment la solidarité au point de vue du paiement de l'impôt (V. M. Anat. Leroy-Beaulieu, *L'empire des Tzars,* t. I, et Stolipine, *Essais de philosophie sociale,* p. 13 et suiv. (1886).

rale sont entravées. Ce n'est pas tout : la garantie du sol à chaque habitant suppose que le territoire a des limites dont les
progrès de la population n'ont pas encore fait apercevoir
l'étroitesse ; elle devient illusoire lorsque les populations se pressent sur un sol restreint. A partir de ce moment, le communisme agraire ne peut plus être qu'une fiction. Enfin, à une
population compacte, une agriculture qui, d'après ce que constate de Laveleye lui-même « en est restée aux procédés d'il y a
deux mille ans [1], » ne saurait plus suffire. Ainsi donc, le communisme agraire se heurte à ces deux obstacles : 1° impossibilité de fournir une parcelle du sol à chaque homme ou à chaque
famille, 2° impossibilité de mettre en valeur la terre pour en
tirer le maximum de production.

165. Faut-il croire que la propriété collective rachète son infériorité agricole, en ce qu'elle s'opposerait au morcellement et
faciliterait la grande exploitation que certains agronomes ou
publicistes regardent comme appelée à supplanter les petites
cultures pratiquées dans les pays où la propriété individuelle
est morcelée parfois à l'excès ? C'est un argument que font valoir
en sa faveur les écrivains slaves et que l'on retrouve dans les
intéressantes études de M. Anat. Leroy-Beaulieu sur la Russie [2].

On est bien plutôt fondé à croire, notamment d'après l'enquête officielle russe de 1873, que le lotissement universel a
engendré un morcellement excessif et que le communisme agraire
n'a favorisé aucun mode d'exploitation rationnelle [3]. Nous déter-
minerons mieux, à l'occasion de l'étude de l'industrie agricole,
les nombreuses causes de l'infériorité irrémédiable du système
russe, notamment la pratique de la culture uniforme et obligatoire. L'association pour la production agricole en grand, si tant
est qu'elle soit réalisable, pourrait d'ailleurs se constituer malgré la division du sol ; elle n'a pas besoin de la réglementation
et du principe d'autorité communale du *mir*.

Au surplus, en Russie plus longtemps que dans n'importe quel
autre pays de l'Europe (bien que les dissolutions de *mir* et les
partages entre-vifs aient cessé d'être rares), le communisme
agraire et la propriété familiale, à cause de la faible densité de

---

[1] De Laveleye, *op. cit.*, p. 31.
[2] An. Leroy-Beaulieu, *L'empire des Tzars*, t. I, p. 583 et suiv.
[3] V. aussi Stolipine, *op. et loc. cit.*

la population et de l'étendue du territoire, ont quelque chance de durer, d'autant mieux que la propriété individuelle, se développant librement à côté, donne la satisfaction nécessaire à l'esprit d'initiative et de progrès. Pourtant, la propriété individuelle gagne du terrain : la terre finit par rester, en fait et plus tard en droit, aux familles les plus laborieuses, les plus économes, à celles qu'on appelle là-bas les familles fortes ; les autres, les familles faibles cèdent leur lot n'ayant pas le bétail, le capital nécessaire pour exploiter à leur compte. En dehors du territoire du *mir*, les familles fortes défrichent des terres incultes les mettent en valeur [1]. C'est de la même manière qu'à l'époque franque la propriété privée, d'abord limitée, a couvert peu à peu toutes les terres de cultures : les terres incultes défrichées et encloses (*tractæ de eremis in aprisionem*) n'étaient plus soumises aux partages (*exsortes*).

166. Un second exemple, celui de l'Algérie, montre encore à la fois l'infériorité économique de la propriété collective et la nécessité de l'évolution progressive vers la propriété individuelle. « Chez les Kabyles (qui vivent sous le régime de la propriété individuelle) la terre a l'aspect des parties les mieux cultivées du sol européen. Chez les Arabes (qui pratiquent la propriété collective de tribu ou de famille), les maigres champs d'orge et de blé forment la dixième partie de cette contrée qui était autrefois le grenier de Rome ; le reste n'est que broussailles et espaces incultes livrés aux troupeaux. Aussi, dans la famine de 1867, personne n'est mort de faim en Kabylie alors que 500,000 indigènes, plus du cinquième de la population totale, ont péri dans les tribus arabes [2]. » On reconnaît l'avantage qu'il y aurait à constituer la propriété individuelle en Algérie ; mais c'est là une œuvre difficile et qui a été jusqu'ici mal engagée.

En 1863, on avait pensé que, en reconnaissant le droit des tribus sur leurs possessions territoriales et en le convertissant en un droit de propriété, on déterminerait les tribus (*douars*) et les communes, à vendre leurs terres aux colons. Le sénatus-consulte de 1863 eut bien pour effet la délimitation du terri-

---

[1] Anat. Leroy-Beaulieu, *L'empire des Tzars*, t. I, p. 516 et suiv. ; de Vogüe, *Revue des Deux-Mondes*, 1ᵉʳ décembre 1884. Cf. Kovalewsky, *Tableau de l'évolution de la propriété*, 1890.

[2] Garsonnet, *op. cit.*, p. 627.

toire des tribus (terres *arch*). De fait ces terres restèrent indivises, la communauté agraire étant dans les mœurs et les traditions des Arabes. D'ailleurs la délimitation n'était qu'une opération préliminaire du partage, mais non le partage et encore moins la vente au profit des colons. Quant aux terres de propriété privée (terres *melk*) elles restaient aussi dans un état d'indivision très général, à cause de la constitution patriarcale des familles : l'acquisition par les colons en était rendue presque impossible par le droit de préemption (*Chefaa*) appartenant aux membres de la famille. Un pas plus hardi vers la constitution de la propriété individuelle fut fait par la loi du 26 juillet 1873 ; le droit de *Chefaa* a été restreint relativement aux terres de la tribu (terres *arch*). Chaque membre du *douar* obtint le droit de sortir de l'indivision quant aux terres *melk*. Sur les terres *arch* on crut donner aux colons le moyen d'acheter aux tribus avec quelque sécurité, grâce à l'application du système de la loi du 23 mars 1855 sur la transcription ; mais, l'exécution donnée à la loi de 1873 fut bien restreinte ; aussi jugea-t-on nécessaire de recourir à de nouvelles mesures. Une loi du 28 avril 1887 décida que des commissaires enquêteurs achèveraient la délimitation des terres *arch* et, même sur les terres *melk,* procéderaient d'office à la répartition des terres indivises entre plusieurs familles. Les terres situées sur les territoires non encore délimités sont rendues dès à présent aliénables et l'acquéreur peut obtenir de l'administration délivrance d'un titre de propriété ; les partages doivent être toujours faits dans les conditions et formes de la loi française. La loi de 1887 devait-elle avoir de meilleurs résultats ? On n'a pas tardé à se convaincre de son peu d'effet : l'œuvre des enquêteurs est défaite aussitôt leur mission finie : ils sèment des titres et c'est tout. On reconnaît aujourd'hui qu'on a fait fausse route en voulant franciser la propriété parmi des populations restées musulmanes. Peut-être sera-t-il nécessaire de constituer la propriété familiale avant d'arriver à la propriété individuelle [1].

167. L'évolution historique de la propriété s'est accomplie pour les nations les plus civilisées : la propriété privée est substituée à la propriété collective. De Laveleye n'en disconvient pas

---

[1] Cons. sur le régime des terres en Algérie, Rapport de M. Burdeau, Session 1891 ; Chambre, annexes, *J. off.*, p. 2288 et suiv.

et, cependant, il n'est pas éloigné de croire que l'avenir nous réserve une évolution en sens contraire. On sait maintenant ce qui rend cette éventualité invraisemblable ou pour mieux dire impossible. N'y a-t-il pas d'ailleurs une grande exagération dans le jugement que de Laveleye porte sur le mérite de celles des institutions actuelles où peuvent se trouver encore quelques traces de la communauté primitive? Le Play dans sa vaste enquête a constaté, tout en le déplorant, le déclin des communautés de village de l'Europe Occidentale[1]. Même dans les pays germaniques qui ont le mieux conservé les traditions de la propriété collective, on cite, à côté de récents partages périodiques, de nombreux partages définitifs mettant fin à l'indivision. En Hollande, dans la Suisse centrale, les terres arables autrefois communes sont entrées peu à peu dans la propriété privée[2].

De Laveleye a beaucoup vanté le régime des *allmends* de la Suisse qui assure à chaque membre une part inaliénable de possession et prévient ainsi l'émigration des paysans vers les villes. Il y aurait quelque témérité à croire que le régime de l'*allmend*, appliqué aux terres cultivables, puisse être étendu avec succès aux grands territoires agricoles dont les habitants n'éprouveraient pas autant que le montagnard la nécessité de cultiver avec soin la moindre parcelle du sol arable. Même en Suisse beaucoup de communes procèdent au partage des *allmends* dont la perpétuation s'opposait à la pratique de la culture intensive[3]. Appréciant une institution analogue, la *runrig*, dont on trouve quelques vestiges encore en Écosse, de Lavergne la condamne formellement : « la jouissance en commun amène partout les mêmes résultats, c'est-à-dire l'épuisement du sol et la pauvreté des cultivateurs... Ce système était surtout en vigueur dans les régions les moins fertiles ; ces villages n'avaient presque pas de bétail et les plus simples pratiques agricoles y étaient inconnues[4]. »

---

[1] Le Play, *Les Ouvriers européens*, t. IV et V; *Introduction.*

[2] M. Garsonnet, *op. cit.*, p. 535 et suiv.

[3] V. Graf, *Die Auftheilung der Allmend*, 1891.

[4] De Lavergne, *Économie rurale de l'Angleterre*, p. 379, cité par Garsonnet, *op. cit.*, p. 570. Disons cependant que de Laveleye a depuis pris la défense des communautés agraires (*townships*) de l'Écosse (v. *Journ. off.*, 28 avril 1885).

168. Appréciation économique de la propriété individuelle. — Causes de sa supériorité. — La propriété libre et individuelle est pour les sociétés civilisées à populations compactes l'accompagnement rationnel de la liberté personnelle et industrielle. C'est une nécessité économique, mais c'est aussi, dans ces conditions, une règle de justice. Du moment, en effet, où chaque individu dirige son travail à ses risques et périls, le produit doit être à lui. Ce produit est son œuvre volontairement faite, n'est-il pas juste qu'il puisse en disposer? Son travail a été créateur de l'*utilité*. Cette qualité économique par essence est le fruit de ses mains et de son intelligence : l'*utilité*, pourrait-on dire, est une émanation de l'intelligence et des forces humaines *incorporée* dans la matière[1]. Les attaques dirigées contre la propriété nécessiteront une justification plus rigoureuse : il faudra remonter jusqu'au fait de l'appropriation de la matière et prouver qu'elle n'enlève rien à personne. Il suffit, en ce moment, d'indiquer la relation entre le travail et la propriété ; relation qui ne saurait être brisée sans iniquité, quand, par l'effet de la division du travail, l'individu met sur ses œuvres l'empreinte de sa personnalité. La communauté peut être conforme à la raison, comme nous le disions tout à l'heure : lorsque la tâche de chacun est identique, les produits ne sont alors pas plus à l'un qu'à l'autre. A quel titre l'un des colons qui ont mis le feu à la forêt ou aux bruyères et pratiqué l'écobuage, demanderait-il qu'une partie déterminée de la lande lui fût exclusivement attribuée? Avec le travail spécialisé, la propriété individuelle est au contraire l'expression de la nature des choses. Le travail professionnel ne donne pas la millième partie des produits dont chacun a besoin ; comment les obtenir si ce n'est par l'échange, c'est-à-dire par une cession, par l'aliénation de ce qu'a donné le travail direct? Or, qui peut disposer du produit de ce travail si ce n'est celui qui s'y est livré sous sa responsabilité? Aucune autorité humaine ne pourrait se substituer aux individus pour la direction à donner au travail de chacun ; aucune non plus ne saurait établir une rémunération plus équitable que celle qui consiste dans le droit exclusif du

---

[1] Nous nous servons du mot *incorporé* à défaut d'autre pour accentuer notre pensée, mais il est impropre, car l'*utilité* est une *qualité abstraite* qui ne réside pas dans la matière (n° 151).

producteur sur son œuvre. Toutes les combinaisons autres que la propriété individuelle sur les produits sont des utopies et des injustices ; en les examinant de près par la suite, on en acquerra la preuve certaine (nᵒˢ 966 et suiv.).

169. La propriété libre et individuelle seule peut prêter à l'activité économique la force d'expansion indéfinie que le progrès des sociétés réclame. D'où lui vient cette supériorité au point de vue de l'utile ? La réponse se trouve dans les attributs de la propriété : droit absolu, perpétuel, héréditaire ; chacun de ses attributs a en quelque sorte une vertu spéciale.

La propriété est un droit absolu : le propriétaire n'est ni l'agent ni le mandataire de la société. Il peut faire de sa chose un bon ou un mauvais usage, mais la société a pour garantie l'intérêt personnel ; de l'intérêt personnel procède le travail et le bon usage général de la propriété. Comme mobile d'activité et de conservation, la propriété individuelle l'emporte assurément sur la collectivité. L'intérêt social n'a pas à souffrir de la liberté de disposition reconnue, sauf un certain nombre de restrictions d'intérêt général, au profit des propriétaires. Il est même beaucoup mieux servi par la propriété considérée comme droit que par la propriété féodale ou régalienne considérée comme *fonction :* dans nos vastes sociétés politiques, l'autorité ne pourrait, d'une manière générale, être aussi bon juge du meilleur emploi industriel des richesses que chacun ne l'est pour son propre compte. Ce n'est pas à dire que la propriété n'impose des *devoirs,* des obligations morales ; mais on en dénature le caractère, en essayant de les transformer en limitations légales ; elles sont du *for intérieur ;* telle est notamment l'obligation d'assistance. Ceci dit au point de vue de la conduite individuelle et sans rien préjuger quant à la question de savoir s'il convient, dans l'intérêt social, de créer un service public d'assistance alimenté en tout ou en partie par l'impôt[1].

170. La perpétuité est la seconde cause d'efficacité de la propriété libre et individuelle. Quelles améliorations, quels sacrifices ferions-nous sur des biens qui ne nous appartiendraient que momentanément ? La garantie de l'avenir est nécessaire au

---

[1] Dans les précédentes éditions nous avions énoncé d'une façon trop absolue le caractère spontané de l'assistance.

possesseur avant d'entreprendre des travaux qui ne porteront leurs fruits qu'à une échéance longue ou incertaine. S'il ne peut l'avoir, il s'abstiendra ; quel est celui qui accepterait de semer si un autre devait récolter ? Cela est surtout vrai de la propriété foncière ; nul, au même degré que le propriétaire incommutable, ne se montrera soucieux d'amender le sol et de perfectionner les cultures. Des concessions emphytéotiques à long terme auraient-elles la même efficacité que la propriété indéfinie ? Il ne nous semble pas qu'il en soit ainsi quoiqu'on l'ait parfois affirmé[1]. Il est vrai que des entreprises considérables telles que les chemins de fer et, en certains pays, des exploitations de mines sont engagées avec des concessions emphytéotiques, mais il est permis de croire que, pour des entreprises de ce genre soumises au contrôle de l'État, les inconvénients de la non-perpétuité peuvent être conjurés. S'agit-il au contraire de l'exploitation agricole ? n'est-il pas évident que l'emphytéote ne ferait volontiers les sacrifices nécessaires qu'autant que le terme extinctif de son droit serait encore éloigné ; que plus tard, lorsqu'il en approcherait, sa jouissance ne serait plus celle d'un bon père de famille ? Non, la perpétuité est une condition essentielle de la bonne exploitation du sol (v. ci-dessous, n° 500).

Malgré sa prédilection pour le système des communautés agraires de la Russie, de Laveleye reconnaît qu'elles entretiennent la routine et s'opposent à la *culture intensive :* « Seul, le propriétaire héréditaire (l'hérédité est l'une des conséquences de la perpétuité du droit) s'imposera les sacrifices nécessaires pour améliorer définitivement une terre ingrate, et pour y fixer le capital qu'exige la culture perfectionnée et intensive. Dans toute l'Europe occidentale, on peut admirer les prodiges accomplis par la propriété privée. » Veut-on se faire une idée de l'accroissement de force productive dû à la culture du sol divisé en propriétés privées? D'après les données concordantes de divers publicistes, dans les pays habités par des populations nomades, une *lieu carrée de terrain par individu* est la superficie généralement indispensable pour fournir de chétifs moyens d'existence, tandis que chez les nations qui pratiquent l'agriculture

---

[1] V. Gide, *Journal des Économistes*, 4ᵉ série, t. 22, p. 196 et suiv. ; et *Principes d'Économie politique*, p. 493 et suiv., 3ᵉ édit.

savante, sous le régime de la propriété privée, le même espace de terrain peut faire vivre dans une abondance relativement incomparable *deux mille personnes,* et ce n'est pas à beaucoup près le dernier terme de la force productive réalisable.

171. Enfin, la dernière cause de la puissance économique de la propriété privée est l'hérédité : conséquence rationnelle de la perpétuité et de la faculté de disposer. Le stimulant de l'intérêt personnel est renforcé à un degré inimaginable par la perspective de la transmission héréditaire. Combien d'hommes cesseraient de travailler, avant le déclin de leurs forces, s'ils n'avaient d'autre but que la jouissance personnelle? Seule la pensée d'améliorer le sort de leurs enfants ou de leurs proches les tient en haleine souvent jusqu'à l'extrême vieillesse. Ce sont là des vérités devenues banales. La pensée que *sa terre* passera à ses descendants encourage le possesseur à ne pas épargner le travail et les capitaux, afin de la rendre plus productive. Assurément, si les possessions étaient viagères, bien des améliorations foncières seraient délaissées pour des prodigalités inutiles et des consommations de pure jouissance. Enfin, nous avons déjà sommairement indiqué, en parlant de la famille, que la succession *ab intestat* est en général favorable à la continuité des entreprises, à cause soit de la communauté de traditions qui existe entre proches parents, soit de la concentration de capitaux qu'elle maintient dans un même groupe.

172. La propriété et l'hérédité sont attaquées, moins au point de vue de la puissance productive que sous le rapport des inégalités sociales qu'on les accuse d'engendrer ou d'accroître. Il est certain que l'extrême concentration des fortunes a causé la ruine de grandes nations, mais c'est là un danger social qui ne résulte pas fatalement de la pratique de la propriété : l'état social de la France et d'autres pays de l'Europe occidentale, où la propriété individuelle est très divisée, suffit à le prouver. C'est d'ailleurs un point dont il faut réserver l'examen : ce qu'il convenait d'établir ici c'était simplement la nécessité de la propriété individuelle dans les civilisations avancées et sa supériorité économique sur les autres modes d'appropriation[1].

---

[1] Au sujet d'autres objections contre la propriété individuelle notamment celle du vice d'origine dans l'abus de la force, la conquête, v. nᵒˢ 998 et suiv.

CHAPITRE IV.

CAPITAL ET REVENU. — FORMATION ET ACCROISSEMENT AU POINT DE VUE
DE L'ÉCONOMIE NATIONALE ET DE L'ÉCONOMIE PRIVÉE.

———

173. Richesses : fonds de consommation et capital. — L'ensemble des richesses se divise en deux parts : l'une formée de biens qui sont susceptibles de donner satisfaction aux besoins personnels par opposition aux besoins de la production industrielle, c'est le *fonds de consommation de jouissance;* l'autre part, composée de moyens de production créés et conservés en vue de faciliter l'œuvre du travail industriel, c'est le capital. Cette division, qui a un grand intérêt doctrinal, n'est pas unanimement professée. D'après certains économistes, richesses et capital seraient des expressions synonymes[1]. Selon nous, il n'en est pas ainsi : tout capital est une richesse, seulement la réciproque n'est pas vraie, le capital n'est qu'une partie des richesses produites et non consommées. Mais d'après quel criterium reconnaître les richesses qui sont un capital? Est-ce d'après l'intention du possesseur, est-ce plutôt d'après la nature même des objets? La réponse diffère suivant qu'on envisage le capital : 1° au point de vue de la production ou au point de vue de la cir-

[1] V. Ricardo, *Principes*, chap. V. J.-B. Say, *Cours*, 1re part., chap. X. Mac-Culloch, *Écon. polit.*, t. I, p. 103. Pour Mac-Culloch, « le cheval attelé à la voiture d'un gentleman est employé d'une manière aussi productive que s'il était attelé à la charrette d'un brasseur. » Ainsi, que l'un soit employé pour le transport des produits et l'autre pour des promenades d'agrément, peu importerait. La distinction est d'autant plus facile cependant que la langue anglaise possède deux termes différents, le mot *capital* à qui convient le sens restreint de moyen de production; et le mot *stock* que Malthus définit ainsi dans son petit *Traité des définitions :* « la richesse accumulée soit pour alimenter la consommation de son propriétaire, soit pour être conservée ou employée d'une manière productive. » — Cf. sur la notion du capital Menger, *Revue d'Écon. polit.*, 1888, p. 577 et suiv.; Villey, *ibid.*, 1889, p. 497 et suiv. et 1890, p. 53 et suiv.; Schönberg, *op. cit.*, t. I, p, 189 et suiv.

culation des richesses[1]; 2° au point de vue de l'économie nationale ou de l'économie privée.

174. Capital au point de vue de la production. — Au point de
vue de la production, c'est d'une manière purement *objective* que
le capital peut se définir et qu'on peut le séparer du fonds de consommation. Est un capital tout bien qui, directement ou indirectement, sert de matière ou d'instrument à la production; ainsi sont
des *capitaux de production :* 1° les produits *imparfaits*, c'est-à-
dire les produits bruts, les matières premières ou les produits façonnés qui n'ont pas encore passé par la filière complète des transformations industrielles; ainsi les fils tissés, les pièces de toile ou
de drap, le minerai, les cuirs, etc. — Ces produits imparfaits sont
des capitaux tant pour le premier producteur que pour les fabricants qui les reçoivent de lui. Le fil est un capital chez le filateur;
il en est un également chez le tisseur; des mains de ce dernier, le
drap passe en qualité de capital entre les mains du tailleur. Le
minerai est un capital pour le métallurgiste, et la fonte en est un
pour le maître de forge, etc... 2° Les *produits achevés* qui n'ont
pas été créés comme moyens de jouissance mais comme moyens
auxiliaires de production, tels sont les outils, les instruments et
les machines. Un moteur à vapeur sortant du Creusot est un
produit achevé, mais c'est par sa nature même un auxiliaire de
la production. Dans la même catégorie on doit aussi placer les
animaux de travail, de labour ou de trait, etc.; 3° la *terre* doit
être également regardée comme un capital — pourtant c'est là un
point débattu et qui devra être spécialement examiné (n°ˢ 218;
904 et suiv.). — 4° Les voies de communication; les installations
des ports; les ouvrages de navigabilité et en général tout ce qui
compose l'outillage national, les édifices publics, les musées, etc...
— 5° la *monnaie*, qui est un instrument d'échange doit, bien que
cela ait été contesté, figurer parmi les capitaux de production
au même titre que les machines; elle facilite entre les richesses
des permutations sans nombre, de sorte qu'on est admis à la
comparer aux agents mécaniques servant à la locomotion des
transports.

---

[1] M. Böhm-Bawerk affirme que cette distinction a échappé à tous ses
prédécesseurs (*Revue d'Écon. polit.*, 1889, p. 97). En réalité, elle a été faite
dans la première édition de cet ouvrage. V. ci-dessous, notamment n°ˢ 182
et suiv.

175. Pour qu'une richesse soit un capital de production il faut, mais il suffit, qu'elle puisse faciliter un travail industriel ; il n'est pas nécessaire qu'elle reçoive actuellement cet emploi d'une manière effective. Malthus, dit en effet que les capitaux de production sont les richesses que l'on tient en réserve ou que l'on consacre à l'industrie. Parmi les richesses non consommées, il en est qui restent plus ou moins longtemps sans emploi ; le possesseur les thésaurise ou attend des circonstances favorables pour en faire usage. C'est ce que quelques auteurs désignent sous le nom de *capitaux morts*. Les capitaux morts sont ou peuvent être, d'après leur objet, des capitaux de production : ils font en effet partie de la masse des choses utilisables par l'industrie, et, d'un moment à l'autre, ils peuvent rentrer dans la circulation. On ne saurait en faire abstraction ; à certains moments ils jouent un rôle considérable : lors de nos grands emprunts nationaux une masse importante de capitaux morts en numéraire s'est rendue à l'appel de l'État[1].

176. Cela dit au sujet du capital de production, la composition du fonds de consommation de jouissance ne peut donner lieu à aucune équivoque. Il comprend l'ensemble des produits achevés qui, sous une forme définitive, vêtements, livres, meubles, etc., sont susceptibles de donner satisfaction aux besoins non industriels. Ce ne sont vraiment pas des capitaux : ils peuvent figurer dans un inventaire des richesses, mais on ne saurait dire qu'ils sont, à n'importe quel degré, des moyens de production. Ils ne sauraient plus fixer aucun travail d'où résulterait un accroissement de bien-être général. Il en est ainsi de tous les produits immédiatement utilisables pour les consommations de jouissance et notamment du fonds de subsistances, des provisions, des vivres[2].

177. Genèse du capital. — Sa force productive. — La production pourrait être comparée à une machine toujours en activité qui non seulement reconstituerait à chaque instant la force

---

[1] La question de savoir si les *capitaux morts* sont vraiment des capitaux divise les économistes. On ne peut guère s'expliquer cette controverse que par suite d'un défaut de distinction entre les capitaux de production et les capitaux considérés au point de vue de la distribution de la richesse.

[2] Si Stanley Jevons place au premier rang des capitaux les ressources alimentaires, c'est qu'il part de cette idée que le capital est ce qui fait vivre le travailleur en attendant que le travail ait donné ses résultats.

qu'elle dépense, mais en acquerrait une plus grande : le travail
a ce don providentiel de pouvoir fournir plus que ne l'exigent
les besoins de l'heure présente. Le jour où, pour la première
fois, l'homme a pu distraire sa pensée de la poursuite immédiate
des choses nécessaires à son existence, et où son génie a conçu
et exécuté un outil grossier en vue d'aider à ses forces, le germe
de tous les progrès à venir fut formé : le premier capital avait
pris naissance, ce fut le silex taillé, la hache, l'arc, le filet.

Dans la genèse du capital, le fait essentiel et initial est la productivité au moins accidentelle du travail donnant à l'homme le
loisir de se livrer à un travail indirectement utile : celui de la
confection de l'outil, de l'instrument. La création du capital
suppose en outre la conscience du renouvellement successif des
besoins ; c'est un acte de foi dans l'avenir. Est-ce là l'épargne ?
Faut-il lui donner un rôle dans la genèse du capital ? On verra
bientôt quand et comment elle intervient, mais il n'y a pas à parler d'épargne dans le phénomène de la constitution originaire du
capital. Ceci a été contesté et St. Jevons notamment a prétendu
que le capital originaire provenait de la mise en réserve de subsistances pouvant faire vivre le travailleur en attendant que le
travail ait de nouveau porté ses fruits. Non, l'homme a vécu
d'abord au jour le jour et le capital a pu prendre naissance avant
que des réserves en subsistances aient été constituées. La hache
de silex, la fronde, le filet ont été imaginés entre deux expéditions de chasse ou de pêche par une inspiration de génie et non
par un calcul prémédité d'épargne. Ce furent les premiers capitaux ; ils n'impliquent pas que des approvisionnements aient été
au préalable constitués et, en eux-mêmes, ils sont différents des
choses constituant des moyens de subsistances.

**178. Capital au point de vue de l'économie nationale ; sa for-
mation.** — Le capital venant d'un travail antérieur est une richesse, mais c'est aussi une source de richesse. C'est une force
productive matérielle qui s'accroît avec la capacité industrielle de
l'homme. Le plus difficile a été de la créer : on a peine à s'imaginer le génie qu'il a fallu pour découvrir les premières inventions, produire du fer, construire une charrue, etc... En possession du fonds de connaissances qui donne au travail sa puissance
productive, les générations des âges suivants purent plus facilement réaliser de nouveaux progrès dans l'ordre intellectuel.

Elles ne recueillirent pas seulement en héritage les premières inventions ou découvertes, mais aussi le capital antérieurement formé (voies de communication, outillage industriel, etc.).

Chaque génération peut donc édifier sur ce que les générations précédentes ont élevé, s'avancer davantage dans la connaissance scientifique et augmenter par l'union féconde de la science et du capital la masse des richesses. C'est par cette continuité séculaire d'efforts intellectuels et grâce à l'accumulation progressive des capitaux que l'industrie moderne a acquis une si prodigieuse puissance. Voilà ce qui lui a permis de construire ces machines à vapeur qui ont maintenant une force motrice dont les locomotives de 1825 ne pouvaient faire entrevoir l'idée « de forger des arbres coudés du poids de 40 tonnes, de tourner des pièces mécaniques énormes, de laminer les monstrueuses plaques de blindage de nos navires, d'enlever, de transporter par la grue à vapeur ces masses si pesantes, de raboter le fer et l'acier, de scier, percer, tarauder tous les métaux sans efforts apparents, même sans bruit, etc.[1]. »

Le capital est une force productive matérielle, mais il n'est rien sans l'intelligence qui lui donne naissance et le fait valoir. C'est bien pourquoi la formation du capital, au point de vue de l'économie nationale, est lente ou rapide selon la valeur intellectuelle de l'homme et l'état d'avancement de l'art industriel qui le guide dans son travail. Quel est le secret de la rapide fortune matérielle des États-Unis? C'est qu'un art industriel, très développé déjà, y a dès le principe transformé en richesses, en capital, d'immenses ressources naturelles dont l'exploration même est loin d'être achevée. L'ancien monde a constitué son capital au prix d'un labeur de plus de deux mille ans, parce que, pendant des siècles, il a commencé et continué cette œuvre avec un art industriel encore dans l'enfance; mais depuis le siècle dernier, par l'effet des grandes découvertes scientifiques, le capital s'y est accru beaucoup plus que dans tous les autres siècles réunis!

D'ingénieuses fictions mettent peut-être mieux encore en évidence le rôle prépondérant du savoir scientifique dans la for-

---

[1] V. D'Eichthal, discours au Congrès de Nantes (*Association pour l'avancement des sciences*, 1875).

mation du capital. Que l'on compare au vieux Robinson de
Daniel de Foë les naufragés de l'*Ile Mystérieuse*, de Jules
Verne : dans les deux ouvrages, ce sont des hommes enlevés au
milieu civilisé où ils ont vécu et abandonnés à leurs seules forces. Mais combien Cyrus Smith et ses compagnons sont supérieurs au Robinson de D. de Foë! La raison n'en est pas simplement qu'ils forment une petite société, mais qu'ils ne sont
pas réduits aux procédés primitifs du travail : ils sont armés
du savoir industriel moderne. Ce n'est pas avec le pic qu'ils
attaquent le roc où ils vont établir leur demeure : ils le font sau-
ter par la nitro-glycérine; ils installent une forge à la Catalane,
utilisent la force hydraulique, établissent enfin un télégraphe
électrique, aidés sans doute en tout ceci par des circonstances
favorables, que l'ingénieux romancier multiplie à plaisir, mais
grâce auxquelles ils arrivent sans invraisemblance à reconstituer
rapidement autour d'eux le bien-être de la vie civilisée.

**179. Capital au point de vue de l'économie nationale (suite) :
Fortune nationale; Revenu national.** — La fortune nationale
est constituée par le capital (capital foncier et mobilier servant à la
production) et par les réserves faites sur le fonds d'approvisionnement formé par les travaux antérieurs. A la fortune nationale
on oppose le revenu : le revenu national est alimenté par un
accroissement périodique de richesses effectives. Quels que
soient les arrangements sociaux, c'est ce revenu qui est l'objet
d'une répartition entre les membres de la société : car répartition des richesses ne signifie pas *liquidation sociale*. Si l'on
raisonne sur un ordre social régulier, c'est le revenu seul qui est
matière à répartition, c'est sur lui seul que sont prises les
richesses nécessaires à l'entretien et au progrès des forces
productives comme à la satisfaction des besoins de l'homme. Le
revenu national se compose donc de l'ensemble des richesses
périodiquement produites au sein d'une nation ou bien acquises
par elle en échange des richesses des autres peuples : ainsi, le
revenu d'une année comprend tous les biens qui ont été créés
dans cet espace de temps, c'est-à-dire les matières premières
extraites, les récoltes, les produits de l'industrie manufacturière, les améliorations foncières, bâtiments, voies de communication, résultant de l'activité économique pendant la période
envisagée.

Régulièrement, les besoins doivent être satisfaits au moyen du revenu, et, en reprenant l'analyse qui vient d'être faite, on verra qu'une partie seule de ce revenu se prête à la satisfaction directe de besoins humains ; cette partie est le revenu net. En effet, bien que des doutes se soient produits sur ce point, il y a lieu de distinguer dans l'économie publique comme dans l'économie privée le revenu net du revenu brut. Ce dernier désigne le produit annuel total. Si l'on en déduit les consommations industrielles normales, c'est-à-dire la somme des matériaux employés à la production et à l'entretien des capitaux fixes, on a le revenu net[1]. Le revenu net est donc constitué par tout ce qui est laissé disponible pour les consommations publiques et privées après le prélèvement nécessaire à la production future[2]. De ce produit net, une part pourra être consacrée aux besoins d'intérêt collectif et à l'accroissement de la puissance productive (travaux d'utilité publique, perfectionnement des procédés industriels) ; c'est l'objet d'un prélèvement par voie d'impôt et d'un prélèvement volontaire ou statutaire opéré par les producteurs (individus ou associations). Une autre part du revenu net est affectée à l'entretien des producteurs, à des consommations de jouissance et de bien-être ; enfin une dernière part à l'épargne et à l'accroissement des œuvres de production[3].

180. La cause du revenu net se trouve dans la puissance productive du travail et du capital : dire que les industries d'un pays en font vivre les habitants, c'est bien supposer que la production a été réglée de telle sorte qu'elle a donné plus d'utilités qu'elle n'en a détruit. Si l'activité industrielle parvenait simplement à reconstituer une quantité de richesses égale à celle qui a été consommée pour la produire, la société périrait, puisque

---

[1] Pour préciser davantage, nous devons dire que, par consommations industrielles normales, nous entendons celles qu'il faut faire pour maintenir la production de l'année courante à un niveau au moins égal à celui des années précédentes.

[2] J.-B. Say a contesté la possibilité d'une distinction entre le revenu brut et le revenu net dans l'économie sociale. On voit que cette distinction est cependant bien simple : le revenu net est formé par l'accroissement des richesses consommables.

[3] L'évaluation du revenu net national présente de grandes difficultés ; nous dirons par la suite quels procédés ont été employés pour y arriver. La question a une importance considérable, notamment au point de vue de l'impôt (nᵒˢ 1208 et suiv.).

la source de renouvellement des richesses serait tarie. Le progrès industriel et le bien-être ne peuvent se réaliser que grâce à un excédent de la production sur les consommations industrielles. Aussi bien, c'est d'après le revenu net et non pas d'après l'accumulation des produits que l'on peut connaître le degré d'aisance des populations. Le but de l'activité économique, ou autrement dit des lois de la production, doit être d'élever le revenu net au niveau de la somme toujours croissante des besoins.

181. Lorsqu'on analyse le capital et les éléments du revenu relativement à l'économie nationale, on se place à un point de vue purement économique et l'on fait abstraction des régimes de propriété. La formation et l'accroissement du capital et du revenu sont soumis à des conditions d'équilibre et de progrès susceptibles d'une détermination générale : il n'y a pas à se demander si la répartition est l'effet de conventions libres ou d'une attribution par autorité.

Il faut remarquer encore que, dans l'économie générale de la société, l'entretien des travailleurs s'impute sur le revenu net, tandis que dans l'économie privée, un chef d'entreprise compte les salaires parmi les frais de production à déduire du produit brut pour obtenir le produit net. Cette différence entre la comptabilité sociale et la comptabilité privée s'explique rationnellement. Au point de vue de l'économie nationale, la question n'est pas de savoir quel est l'état relatif des fortunes particulières[1], mais quel est l'effet de la production sur la richesse générale; or les salaires, étant payés par les uns et reçus par les autres, déplacent la richesse mais ne l'augmentent ni ne la diminuent. Il serait d'ailleurs peu philosophique de regarder la satisfaction des besoins de l'homme (ce qui est le but essentiel

---

[1] Ce n'est pas à dire que la concentration des fortunes ou la diffusion de la propriété soit chose indifférente. Nous voulons simplement indiquer qu'au point de vue de l'équilibre général de la production et de la consommation, c'est-à-dire au point de vue de l'emploi du revenu national, il n'y a pas à s'occuper des différences individuelles qui peuvent se rencontrer dans la répartition. Ainsi s'expliquent historiquement les progrès économiques de sociétés où, comme dans l'antiquité, aucun principe de justice ne présidait à la répartition des richesses : la classe servile ne recevant qu'une rémunération subordonnée à l'arbitraire des maîtres, bien qu'elle fût la classe productive par excellence.

du travail industriel) comme étant l'un des éléments des frais de production ; on donnerait à penser que la production tend à une autre fin qu'à la satisfaction des besoins humains[1].

182. Capital au point de vue de l'économie privée : Distinction du capital de production et du capital de profit. — Dans l'industrie privée, le capital se montre sous deux aspects : c'est un moyen de production et un moyen de spéculation. Sous le premier aspect, le capital de production est relativement à l'économie privée ce qu'il est relativement à l'économie nationale ; les développements qui précèdent s'y appliquent de tous points.

La notion du capital comme moyen de spéculation est au contraire spéciale à l'économie privée. C'est alors d'une manière purement subjective ou toute relative qu'il est possible de dire quels sont les capitaux : il faut en effet considérer exclusivement la volonté du possesseur de soumettre ce qui lui appartient à l'échange en vue d'un profit. C'est donc par rapport à la circulation des richesses que la distinction est établie. Supposons, pour faire bien comprendre ceci, qu'un cultivateur récolte 100 hectol. de blé sur lesquels 20 servent aux semailles et 80 sont destinés à être vendus ; les 20 hectol. de blé ensemencés sont un capital de production ; les 80 autres hectol. sont un capital au point de vue de l'échange auquel ils sont destinés, c'est ce qu'on peut appeler un capital de profit ou de spéculation. Beaucoup d'équivoques proviennent de ce qu'on n'a pas pris soin de distinguer la notion du capital en matière de production et en matière de circulation[2].

---

[1] Généralement on déduit les salaires du revenu brut pour déterminer le revenu net national et l'on indique comme destination aux revenus disponibles les consommations de jouissance. La distinction entre le salaire ainsi entendu (rémunération irréductible du travail pour l'entretien des forces) et la partie du revenu net affectée à des consommations de jouissance est la déduction des principes de l'École classique sur le *salaire nécessaire,* principes que nous croyons erronés (nᵒˢ 817 et suiv.); elle est d'ailleurs bien arbitraire et non susceptible de détermination précise. C'est encore une raison de plus pour imputer toutes les consommations non reproductives sur le revenu net (Cpr. Rossi, t. II, p. 35).

[2] Cette importante distinction a été faite dans cet ouvrage dès la première édition, 1878. Dans la première et la troisième édition de ses *Principes d'économie politique* (1884 et 1891), M. Ch. Gide distingue en termes presque pareils les *capitaux productifs* et les capitaux simplement *lucratifs* (ca-

183. Les capitaux de profit, comprennent à certains égards, plus et à d'autres moins de richesses que les capitaux de production, et cela vient de ce qu'on se place à un point de vue essentiellement subjectif pour définir cette espèce de capital. Les objets appartenant au fonds de consommation de jouissance qui ne sont à aucun titre des capitaux de production peuvent être par rapport à certaines personnes un capital de profit, ainsi des vêtements, des denrées alimentaires, etc... Une montre que l'on achète chez un horloger est pour le marchand un capital de profit, tandis que pour l'acheteur ce n'est pas un capital[1]. C'est absolument la même idée que celle des ventes qui ne sont commerciales que pour l'une des parties contractantes : celui qui achète pour sa consommation personnelle ne fait pas acte de commerce, mais le marchand qui cède ses marchandises fait alors au contraire un acte ayant ce caractère. Ainsi donc, des vêtements confectionnés en magasin, des comestibles ou des fruits chez le marchand sont des capitaux; tandis que, pour le consommateur qui les achète sans avoir l'intention de les revendre, ils appartiennent au fonds de consommation. A l'inverse, les capitaux morts sont des capitaux de production sans être, tant qu'ils restent en dehors de la circulation, des capitaux de profit.

184. A ces exceptions près, en sens opposés, les capitaux de production sont également des capitaux de profit. Toutefois, cela n'est pas vrai d'une manière ostensible et directe de tous capitaux de production indistinctement : les machines, outils, instruments ne donnent pas par eux-mêmes un profit à la personne qui en fait usage; cependant leur emploi, s'il est rationnel, doit être productif; plus tard, en distinguant les capitaux

---

pitaux de profit). M. Böhm-Bawerk (*Kapital und Kapitalzins*, 1889, p. 39 et 64, pense aussi que le capital est un moyen ou de production ou de gain (*Productiv ou Erwerbs-Quelle des Kapitalzins*), mais c'est bien à tort qu'il identifie avec cette distinction celle du capital dans l'économie sociale et dans l'économie privée; si la notion de capital de profit (*Erwerbs-Kapital*) est en effet spéciale à cette dernière, on ne peut dire que celle de capital de production y soit étrangère : ainsi que nous le disons au texte, le capital se montre dans l'économie privée sous l'un et l'autre aspect. — V. en sens contraire, Block, *Les progrès de la science écon.*, t. I, p. 351.

[1] Ce ne peut être un capital de production puisque, d'après la nature même de la chose, il s'agit d'un produit achevé, propre uniquement à une consommation de jouissance.

fixes et les capitaux circulants, nous nous expliquerons sur cette distinction délicate.

Les capitaux de profit étant considérés d'une manière relative, c'est seulement dans les rapports entre particuliers, pour ce qui concerne les contrats d'échange et de crédit, qu'il y a lieu d'en parler. Les capitaux de profit supposant un échange entre individus impliquent l'existence d'une forme particulière de propriété, la propriété privée. Si donc la notion des capitaux de production est une notion purement économique, celle des capitaux de profit a au contraire une signification juridique spéciale. Au surplus, s'il s'agit d'apprécier la force productive générale, on doit considérer exclusivement le capital comme capital de production. Il existe d'ailleurs dans le capital national des richesses qui ne sauraient donner un profit proprement dit, puisqu'elles sont hors du commerce : par exemple, dans l'inventaire du capital national, les routes, les ponts, les édifices publics figurent en première ligne. Le capital de production comprendra en outre les domaines nationaux et les capitaux des particuliers, car, en tant qu'il ne s'agit pas de comparer les capitaux d'un particulier à ceux d'un autre, le taux du profit n'a pas à intervenir. Cette observation donne un intérêt pratique considérable à la distinction des deux sortes de capitaux.

185. Capital et épargne au point de vue de l'économie privée (suite). — On a vu comment se forme et s'accroît le capital national (nos 177 et 178). Il reste à examiner une question analogue sous le rapport de l'économie privée, et à dire quelle influence la réponse qui y sera faite doit avoir au point de vue de l'économie générale.

Le capital des particuliers se forme et s'accroît non seulement à cause de la puissance productive du travail, mais aussi en vertu des profits obtenus par l'échange et, enfin, par l'effet de l'épargne. Manifestement, les profits résultant de l'échange n'ont aucune conséquence quant à la richesse générale : ils opèrent de simples déplacements de fortune et n'intéressent en réalité que l'économie privée. L'explication des profits fondés sur l'échange ne serait pas ici à sa place[1], mais on n'en peut dire

---

[1] C'est en analysant la valeur en échange qu'on trouvera l'explication du profit. Le profit rémunère ou un travail de production proprement dit ou un service. Voilà pourquoi une richesse qui n'est pas un instrument de

autant de ce qui concerne l'épargne dont le rôle, relativement à la formation du capital, exige un examen attentif.

Considérons l'épargne tout d'abord au point de vue de l'économie privée. Épargner, c'est soit conserver en nature la richesse créée, soit en conserver la valeur. Au premier cas, l'épargne est dite *directe* et au second cas *indirecte*. Le cultivateur qui consomme la quantité de grains strictement nécessaire à l'alimentation de sa famille, et ensemence une plus grande étendue de terre, réalise une épargne directe. Dans cette hypothèse, le capital créé devient, sans transformation préalable, l'instrument d'une production nouvelle. La ménagère, qui ne puise qu'avec une sage économie à ses provisions, fait aussi une épargne directe. L'épargne directe ne porte, à proprement parler, que sur les choses qui appartiennent au fonds de consommation. Par conséquent l'épargne directe ne peut créer par elle-même un capital puisqu'elle s'opère sur des richesses qui ne sont pas des capitaux.

L'épargne est indirecte lorsque la conservation de la richesse créée a lieu par équivalent, et que ce qui est l'objet de l'épargne est le revenu ; presque toujours, dans la formation du capital par l'épargne, la monnaie joue le rôle d'intermédiaire. Un tailleur a vendu des habits pour une somme de 10,000 francs : il lui est loisible de dépenser cette somme, soit à satisfaire des désirs de luxe, des caprices coûteux, soit d'en employer la plus forte partie à acheter du drap pour faire d'autres vêtements. S'il opte en ce dernier sens, il fait une épargne indirecte, c'est-à-dire qu'il conserve, en vue d'un emploi industriel, une partie de la valeur des vêtements qu'il a échangés contre de l'argent. A la différence de l'épargne directe, cette épargne indirecte peut avoir une certaine influence sur la formation et l'accroissement du capital. C'est à notre avis non sans grande subtilité que J.-B Say distingue une troisième sorte d'épargne sous le nom d'épargne sur le service productif : il désigne ainsi l'économie de force réalisée dans le travail de production au moyen de la fabrication d'un outil ou de toute chose servant d'auxiliaire à la production. Nous nous sommes refusé à rattacher à l'épargne ce fait initial de la genèse du capital (n° 177).

production peut dans l'échange donner un profit, c'est que ce profit rémunère le service rendu, tel par exemple celui du commerçant qui tient ses marchandises à la disposition du consommateur.

L'épargne directe ou indirecte est une force de prévoyance par laquelle on refrène les consommations de jouissance du présent en vue de s'affranchir des nécessités de l'avenir. C'est en quelque sorte un acte de foi et un sacrifice fait dans le présent par prévoyance : on pressent que d'autres besoins surgiront, et que la richesse ou la valeur mise en réserve servira à obtenir une somme de bien-être beaucoup plus grande que celle qui résulterait de la satisfaction immédiate d'une convoitise[1].

186. Épargne et capital au point de vue de l'économie nationale. — Nul doute que l'épargne persévérante ne soit au nombre des causes qui fondent les fortunes privées! L'épargne des uns et la dissipation des autres, opèrent des déplacements de richesses. S'ensuit-il d'une manière certaine que l'épargne augmente le capital national? C'est selon. En réalité, elle n'a une heureuse influence sur le développement de la richesse, que si l'homme sait discerner avec les lumières de sa conscience et de sa raison quels sont ses véritables intérêts ou ceux de ses semblables. On pourrait croire, à lire les écrits de la plupart des économistes, que les sociétés s'enrichissent en pratiquant une épargne systématique. Cela n'est pas exact; des particuliers peuvent bien s'enrichir à force de privations; des sociétés, au contraire, où l'épargne serait d'une manière générale prise sur le nécessaire, n'auraient devant elles que la ruine. C'est ce que l'École chrématistique ne semble pas avoir compris. A ce sujet, de Saint-Chamans a écrit une fine satire[2] : Il nous raconte l'histoire des habitants d'un village réduits à la misère pour avoir suivi trop à la lettre les conseils d'un disciple de J.-B. Say, leur prêchant l'épargne et le travail.

Voici d'abord l'enseignement de l'épargne selon la doctrine de l'École chrématistique : « Apprenez, dit M. André, l'économiste, à un cordonnier, qu'une nation ne peut s'enrichir que par l'accroissement du capital général, et comment voulez-vous que le capital général s'accroisse si on mange à mesure tous ses revenus? Le capital général, qui se compose de tous les

---

[1] Il n'est pas ici question des institutions propres à développer l'esprit d'épargne : caisses d'épargne, sociétés coopératives de consommation. V. ci-dessous, nᵒˢ 935 et suiv.; 1057 et suiv.

[2] De Saint-Chamans, *Traité de l'Écon. publique.* V. dans le t. III, l'opuscule intitulé : *Histoire de M. André.*

capitaux particuliers, ne peut s'accroître que par l'épargne; épargnez donc sur votre nourriture, sur vos vêtements, sur votre ameublement, et, avec l'argent de toutes ces économies achetez des matières premières, prenez des ouvriers et faites des souliers. » Le même conseil est donné au tailleur, au menuisier et aux autres artisans; tous s'y soumettent scrupuleusement. Qu'en advient-il? Le cordonnier va nous le dire : « J'ai fait vivre ma pauvre famille très chichement, mais c'était pour nous enrichir à coup sûr. Cette certitude nous soutenait, et nous nous sommes résignés d'assez bonne grâce. Avec l'argent que j'épargnais j'ai acheté du cuir et j'ai pris des ouvriers; j'ai moi-même travaillé jour et nuit. Au bout de quelque temps je me trouvai une assez belle garniture de souliers dans la maison, mais ce qui me surprenait, c'est que personne ne venait en acheter... » Le pauvre homme est obligé, pour ne pas mourir de faim, de vendre à perte à un marchand d'une ville éloignée, où la doctrine de l'épargne à outrance n'avait pas encore pénétré. Vient enfin le moment où il ne peut plus continuer de travailler, parce que l'argent lui manque pour acheter du cuir : « J'ai, dit-il, vécu misérablement avec ma femme et mes enfants, non plus par choix comme autrefois et pour nous enrichir, mais parce que nous n'avions plus la possibilité de faire autrement. » L'histoire des autres artisans est la même. M. André se récrie : « Comment pouvez-vous vous plaindre au milieu de l'abondance de toutes choses et du bon marché de toutes les denrées?... Le bon marché, l'abondance, c'est le triomphe de l'économie politique! » A quoi répond le cordonnier : « Que nous sert-il donc que les denrées soient à bon marché et abondantes si nous ne gagnons pas de quoi les acheter? »

C'est qu'en effet pour vivre il faut un revenu; or le revenu de chacun est formé par la vente des produits de son travail, et cette vente suppose des consommations de la part d'autres producteurs. Dira-t-on que les personnes riches achèteront le surplus de la production? Non, puisque par hypothèse elles ont renoncé à dépenser au delà du nécessaire, puisque d'ailleurs la production ne donne plus des objets de luxe, mais uniquement des produits usuels par rapport auxquels les besoins des personnes riches ne sont pas indéfinis. Ainsi donc, l'épargne à outrance est anti-économique. Il y a plus, c'est un non-sens, car sur ce point les raisonnements de de Saint-Chamans sont irréfutables : si tous les producteurs retranchent sur leurs consommations, ils finiront nécessairement par n'avoir plus même la possibilité de travailler; où trouveraient-ils de quoi acheter les matières premières[1]?

187. En résumé, l'épargne augmente le capital national si, étant convenablement dirigée, elle retranche les consommations inutiles afin d'étendre dans l'avenir les consommations indispensables ou utiles. Mais, il ne faut pas que l'épargne cesse d'être un moyen pour devenir un but, sinon elle est nuisible aux individus eux-mêmes, et ce n'est pas seulement au point de vue de l'économie nationale qu'il y a lieu de la blâmer. L'épargne doit être une opération de jugement, un calcul de probabilités, c'est la jouissance raisonnée du lendemain, remplaçant la jouissance immédiate, si celle-ci manque de cause suffisante. Portant même sur le nécessaire, elle est légitime, s'il y a des raisons individuelles ou générales de craindre que la source de la production ne soit amoindrie. Sur le superflu elle ne s'impose pas toujours, car, si ce superflu n'est pas moralement condamnable, et si l'avenir est assuré, pourquoi s'en priver? On n'en verrait qu'une raison : celle de faire avoir à autrui l'indispensable, mais cela s'appelle la charité et non l'épargne. De même si, dans une société existent des classes pauvres, privées des produits les plus utiles à l'existence, les riches auront le devoir moral de retrancher sur les consommations de luxe, afin d'aider au développement de la production des objets de consommation qui font défaut et d'en réduire le prix par une abondante production; c'est alors ce qu'on pourrait appeler l'épargne par esprit de solidarité; on ne saurait concevoir un mode de patronage plus digne d'éloges. Mais on voit par ces distinctions même que l'épargne n'a de valeur qu'en raison de l'idée morale d'où elle émane.

188. Épargne et propriété privée. — L'importance du rôle économique du capital est un argument des plus graves à invoquer en faveur de la propriété privée. Pour que l'activité industrielle et l'esprit d'épargne prévalent sur les entraînements des désirs de jouissance, n'est-il pas nécessaire que le bénéfice de la victoire morale reste en propre à celui qui l'a remportée?

---

[1] Cf. Milet, *Revue d'Écon., polit.*, 1890, p. 507 et suiv.

Aussi la conservation du capital supposant un effort de volonté, et, en bien des cas des combinaisons industrielles ou financières d'une certaine difficulté, on a pu dire qu'elle constituait un véritable travail que l'on a parfois appelé non sans justesse le *travail d'épargne*[1].

---

[1] Qu'on n'objecte pas qu'il est absurde de regarder un acte purement négatif, une simple abstention, comme un acte productif (V. en ce sens, Ch. Gide, *Principes d'Écon. polit.*, 3ᵉ éd., p. 151) : l'acte n'est pas purement négatif; à l'abstention s'ajoute un fait positif, l'emploi, le placement. La simple abstention, c'est la thésaurisation; certes elle n'est pas productive. L'emploi de l'épargne est un acte qui suppose des calculs, un choix judicieux, une application des facultés de l'homme, c'est un travail *sui generis* (Cf. Böhm-Bawerk, *Kapital und Kapitalzins*, p. 133).

CHAPITRE V.

———

189. Conditions générales de la valeur en échange. — Dire qu'une chose a de la valeur au point de vue de l'échange, c'est dire qu'elle peut être un moyen d'acquisition relativement à d'autres choses (n° 157). Or, pour qu'il en soit ainsi, plusieurs conditions sont essentielles; il faut : 1° que cette chose soit une richesse, c'est-à-dire qu'elle ait de l'utilité, car il est manifeste qu'une chose sans utilité ne serait pas recherchée et, par conséquent, ne pourrait être l'équivalent d'une chose utile; 2° que cette chose soit un objet de propriété, un *bien,* sinon on n'en concevrait pas la cession ou l'acquisition par voie d'échange. La notion économique de la valeur est donc greffée sur la notion juridique de la propriété; 3° enfin, que cette même chose soit, comparativement aux besoins, en quantités limitées; il est en effet bien évident que nul ne ferait un sacrifice pour acquérir ce qui serait à la libre disposition de tous en quantités indéfinies; mais rappelons que des choses utiles en surabondance seraient cependant des richesses au point de vue du moins de l'économie sociale (n°ˢ 156 et 158).

190. Importance sociale de la valeur en échange. — Sous un régime d'autorité, lorsque les besoins l'emportent sur les ressources, il dépend de l'autorité d'opérer discrétionnairement une dispensation générale. Elle peut faire, soit une répartition égale de façon à ce que les privations soient subies par tous, soit assurer à quelques-uns une situation privilégiée. Les choses se règlent tout autrement sous le régime de la liberté industrielle et de la propriété privée : chacun a un droit exclusif sur le produit de son travail, en sorte que le principe idéal de la répartition est « à chacun selon ses œuvres. » Mais, en réalité, le produit du travail n'est pas le revenu, c'est le moyen de l'acquérir : on consomme, en effet, ce qu'on se procure par voie d'échange et non pas ce qu'on a produit soi-même. Ainsi l'échange opère une permutation d'où résulte la rémunération définitive des efforts individuels. La question est de savoir si, dans l'ensemble des transactions sociales, l'échange opère un règlement équitable. Toute la légitimité de l'ordre social fondé sur la liberté dépend de la réponse ; la *question sociale,* en théorie du moins, serait vidée si la notion de la valeur pouvait être l'objet d'une analyse indiscutable. C'est ce qui fait dire à Proudhon que la valeur est la pierre angulaire de l'économie politique. Malheureusement, il n'est pas de sujet plus épineux, ni sur lequel on puisse compter plus d'opinions divergentes.

191. Distinction de la valeur courante et de la valeur normale. — La valeur en échange est un rapport essentiellement variable pour toute richesse : deux stères de bois valent aujourd'hui un hectolitre de blé et demain vaudront 1 hect. 1/2. On sait que les mercuriales des *marchés* constatent les mouvements quotidiens de hausse ou de baisse des principales denrées. Cette valeur mobile qu'on nomme valeur courante dépend des conditions d'offre et de demande, diminuant lorsqu'il y a excès d'offre, augmentant au cas contraire. Mais y a-t-il un autre principe de détermination de la valeur? A côté de la valeur courante n'existe-t-il pas une mesure normale de la valeur? Les mouvements de la valeur courante sont-ils déréglés, ou bien, comme les oscillations du pendule, tendent-ils à se rapprocher d'un point d'équilibre ou de repos? Il est fâcheux d'être obligé de reconnaître que sur une question aussi fondamentale la doctrine est encore hésitante. Et cependant, admettre que l'offre et la demande sont la seule règle des échanges, ce serait avouer que la répartition qui en procède est un jeu de hasard ; et, par conséquent, compromettre la légitimité même des propriétés individuelles.

Il est surprenant qu'une semblable théorie ait trouvé tant de crédit. On se contente de dire que la valeur dépend des conditions d'offre et de demande, mais, ne serait-il pas plus juste de dire que ces conditions elles-mêmes ne sont, en bien des cas, que des effets de la valeur attribuée aux choses : la demande et l'offre sont en réalité subordonnées à la valeur; la demande, très restreinte si la valeur n'est accessible qu'à quelques privilégiés, sera fort large si la valeur s'abaisse presque à zéro; de même l'offre, c'est-à-dire la production, se proportionne à ce que peut être la demande d'après la valeur des produits. Ainsi la règle de l'offre et de la demande, si on voulait y voir autre chose que la formule de la valeur courante, serait une contre-vérité.

Pourquoi beaucoup d'économistes ont-ils cru devoir nier l'existence d'une valeur normale? C'est, disent-ils, qu'il n'y a pas d'étalon de la valeur, puisque la valeur de toute marchandise subit des fluctuations de hausse et de baisse ; or, s'il n'y a pas de mesure de la valeur, c'est qu'en dehors de l'offre et de la demande il n'y a pas de règle qui préside aux échanges. Ce raisonnement porte sur une équivoque : de ce qu'il n'existe pas de choses qui soient affranchies des effets des conditions variables de l'offre et de la demande, on ne saurait légitimement conclure qu'il n'existe pas d'autre règle de détermination. La proportion des valeurs peut varier continuellement; mais, malgré cela, être assujettie à une règle ; c'est ainsi que les molécules des corps gazeux se contractent ou se dilatent sous l'influence de la température suivant un coefficient déterminé. On peut donc concevoir une valeur normale, une mesure naturelle de la valeur, une proportionnalité entre la valeur de différentes choses, quoiqu'il n'y ait point d'étalon de la valeur, c'est-à-dire une unité invariable qui soit à la valeur ce que le mètre est aux mesures de longueur.

192. Loi de la valeur normale ou constante. — Dans la recherche de la loi de la valeur, il convient de faire provisoirement abstraction des systèmes nombreux aujourd'hui discrédités (ceux d'Adam Smith, de Say, de Storch, etc., v. n° 195, 196) et de dégager d'abord les questions fondamentales qui permettent de comprendre les controverses actuelles.

1° La valeur en échange, dépend-elle de qualités immanentes et absolues des choses? A cette première question on est à peu près d'accord aujourd'hui pour répondre négativement. C'est parce que pendant trop longtemps on a cherché la cause de la valeur dans certaines de ces qualités, c'est parce qu'on a attribué aux choses une force d'échange propre, que les notions sur cette matière sont demeurées si confuses et si dénuées de toute portée sociale. La valeur en échange est une valeur contractuelle : elle dépend des conditions économiques dans lesquelles les parties se présentent à l'échange.

2° La valeur se règle-t-elle dans les échanges avec concurrence de la même manière que dans les échanges sans
concurrence? Dans ces derniers aucun frein : tout dépend de
l'intensité des désirs respectifs; la valeur en échange y est
essentiellement individuelle. C'est ce qui a lieu pendant la période primitive des sociétés : la valeur en échange n'est pour
ainsi dire alors que l'expression de l'estimation individuelle de
la valeur en usage. Le travail de chacun étant orienté en vue de la
satisfaction directe des besoins personnels, chaque possesseur estime l'objet possédé et l'objet à acquérir eu égard à l'usage qu'il
pourrait faire lui-même de l'un ou de l'autre ; l'échange se forme
quand la valeur en usage du dernier paraît à chacun supérieure
à celle du premier.

Les échanges sur les marchés dans les sociétés avancées
ont-ils lieu de la même manière? Observons d'abord que si les
estimations individuelles ne sont pas sans influence sur les
conditions d'échange, elles s'y présentent d'une façon plus
complexe. Quant à l'objet à acquérir, chacun éprouve un désir
dont l'intensité détermine bien, comme dans la première hypothèse, la valeur en usage subjective qu'il lui attribue, mais
quant à l'objet donné en contre-échange, le possesseur n'a plus
égard au contraire à la valeur en usage qu'il aurait pour lui ;
et, en effet, le travail de production auquel il s'est livré n'est
pas destiné à lui procurer la satisfaction directe de ses besoins,
mais à lui procurer par voie d'échange les autres choses qui lui
sont nécessaires. La valeur en usage de ses propres produits
peut être nulle pour lui ; soit à titre d'exemple pour un opticien
qui jouit d'une bonne vue les lunettes qu'il fabrique.

Que valent donc les choses cédées dans l'échange avec concurrence? Elles valent l'effort qu'il faudrait faire pour se procurer les autres choses dont on éprouve le besoin ; elles valent,
en d'autres termes, la somme de travail ou de peine épargnée
à l'acquéreur; or, sous le régime des échanges réglés, il ne faut
pas entendre cette somme de travail relativement à la production directe. Je ne paye pas, moi qui ne suis ni cordonnier, ni
horloger, une paire de chaussures ou une montre à raison de la
difficulté que j'aurais à fabriquer l'un ou l'autre objet. Le plus
souvent ce n'est d'ailleurs pas seulement de difficulté qu'il faudrait parler mais d'impuissance absolue. Non, la somme d'efforts

dont il est question est celle qu'il faudrait surmonter pour se procurer ces choses autrement par exemple sur un autre marché, ou des privations qu'il faudrait endurer si l'on renonçait à l'acquisition immédiate. Cette somme d'efforts épargnée par le moyen de l'échange n'est pas sans doute indéfinie. Elle trouve une limite normale dans l'intensité du besoin éprouvé, car, au delà de cette limite, la privation paraîtrait préférable au sacrifice imposé. Par conséquent, des deux côtés, que l'on regarde les offres ou les demandes, ce sont toujours des raisons subjectives qui motivent la valeur des choses dans les echanges avec concurrence, quoique ces raisons s'analysent d'une façon autre que dans les échanges sans concurrence.

Une autre différence d'ordre plus pratique est celle-ci : dans les échanges sans concurrence, il y a autant de rapports d'échange qu'il existe d'estimations individuelles. Au contraire, dans les échanges avec concurrence, une même valeur, un même prix s'établit à un moment donné sur le marché. C'est un point qu'il est aisé d'expliquer sans entrer dans une analyse trop minutieuse. Pour que l'echange se forme, une condition de simple bon sens est nécessaire, c'est que chaque contractant estime moins la chose possédée par lui que la chose possédée par l'autre contractant. Si donc, parmi les parties présentes sur un marché, il s'en trouve quelques-unes qui fassent une estimation inverse, les quantités de marchandises disponibles entre leurs mains ne seront pas l'objet d'offres et de demandes effectives ; elles n'influeront donc en rien sur l'établissement de la valeur en échange. L'échange ne se formera qu'entre ceux qui y trouvent respectivement avantage et c'est entre ceux-là qu'il se conclura selon un même rapport entre les choses échangées. Comment cela, si les estimations individuelles sont differentes ?

On ne peut contester que le désir d'échanger soit inégal. Il est très fort chez ceux qui estiment le moins haut ce qu'ils possèdent et le plus haut ce qu'ils veulent acquérir. Ces parties plus portées que d'autres à l'échange, sont les parties les plus *échangistes*. D'autres y sont également déterminées, quoique à un degré moindre, parce qu'il y a moins d'écart entre l'estimation de la chose possédée et l'estimation plus grande encore cependant de la chose à acquer'r. Il y a enfin des parties contractantes pour lesquelles cet ecart, c'est-à-dire l'avantage a échanger, sera le plus faible ; ces parties *les moins échangistes*[1] traitent moyennant un minimum d'avantage. Or le rapport d'échange corrélatif à ce minimum d'avantage a une importance capitale, car il ne commande pas seulement les conditions d'échange des parties les *moins échangistes,* mais il forme la valeur uniforme, la valeur ou le prix du marché.

C'est qu'en effet chacun des coéchangistes poursuivant non pas un avantage quelconque mais le plus grand avantage possible — ce qui est une nouvelle proposition axiomatique indiscutable — il arrivera que telle des parties X, qui estime le plus bas l'objet A qu'elle veut céder, attirera à elle tous ceux qui veulent l'acquérir et qui sont disposés à en donner une valeur plus haute; mais en présence de cette compétition, X ne manquera pas de hausser la demande dont il se fût contenté. De même Y qui estime le plus l'objet A ne traitera pas avec celui qui en demande l'estimation la plus forte, trouvant d'autres parties ayant de moindres exigences; il abaissera donc son offre. Ainsi chacune des parties les plus échangistes réduira son offre ou sa demande jusqu'au taux de l'estimation des parties les moins échangistes et c'est le minimum d'avantage accepté par celles-ci qui sera la valeur commune[2]. Pour les autres parties contractantes l'échange avec concurrence réalise, relativement aux évaluations individuelles, un surplus d'avantage consistant dans la différence entre ces évaluations et le minimum de valeur, taux auquel les relations d'échange se sont formées[3].

---

[1] Les économistes autrichiens les nomment le *Couple limite (Grenzpaar).* V. ci-dessous même page, note 3. Nous préférons l'expression employée au texte.

[2] Pour rendre plus saisissable cette analyse de l'échange prenons l'exemple de marchands de bois X, X[1], X[2], etc... acheteurs de blé et de marchands de blé Y, Y[1], Y[2], etc... acheteurs de bois et supposons qu'ils se présentent respectivement sur le marché dans les dispositions suivantes :

X donnerait 5 stères contre 1 hectol.					Y donnerait 5 hectol. contre 1 stère.				
X[1]	—	4	—	1 —	Y[1]	—	4	—	1 —
X[2]	—	2	—	1 —	Y[2]	—	2	—	1 —
X[3]	—	1 1/2	—	1 —	Y[3]	—	1 1/2	—	1 —
X[4]	—	1 1/4	—	1 —	Y[4]	—	1 1/4	—	1 —
X[5]	—	1/2	—	1 —	Y[5]	—	1/2	—	1 —

Dans ce tableau X et Y sont les parties les plus échangistes X[4] et Y[4] sont les parties les moins échangistes (le couple limite) X[5] et Y[5] restent en dehors de l'échange.

[3] Cette analyse a été faite récemment avec la plus grande rigueur par M. Böhm-Bawerk (*Kapital und Kapitalzins,* p. 211 et suiv.). Cf. les écrits anté-

En résumé chacun vient à l'échange sous la pression de besoins concrets, inégaux, déterminant *à priori* des évaluations provisoires non déclarées, mais *in mente retentæ*. La rencontre des offres et des demandes, rectifie ces évaluations et les rabaisse au niveau qui vient d'être indiqué. Ce niveau est bien en rapport avec les causes subjectives qui motivent l'échange mais il les indique *in rem* et non *in personam*[1]. Ainsi il est établi que l'échange avec concurrence fait apparaître un niveau commun de valeur ou, comme on pourrait bien le dire, une VALEUR SOCIALE. Mais quel est le fondement et le régulateur de cette valeur sociale? Les théoriciens de la valeur subjective, que nous avons pu suivre jusqu'ici, ont le tort de ne pas le dire; ils se bornent à indiquer à quel point se fait le nivellement des offres et des demandes et, en dernière analyse, ils n'aboutissent qu'à donner une formule plus rigoureuse à la loi de la valeur courante; or, cela posé, la question serait de savoir s'il n'y a pas une valeur normale et une loi de cette valeur; en d'autres termes, les fluctuations de la valeur sur les marchés sont-elles arbitrairement variables ou, au contraire, ont-elles un régulateur dans les conditions même de la production?

Bastiat et Carey ont donné de la valeur normale des formules exactes mais cependant incomplètes. Celle de Bastiat est célèbre : la valeur est « le rapport entre deux services échangés. » Selon Carey, la valeur est la mesure de la résistance à vaincre pour se procurer les choses nécessaires à nos besoins. Ni l'une ni l'autre de ces deux définitions n'est pleinement satisfaisante : qu'il y ait, dans le fait de céder un produit à autrui, un service rendu, cela n'est pas douteux, mais ce n'est qu'un fait; or ici encore ce qu'il faudrait savoir, c'est pourquoi les services réciproques

rieurs de Stanley Jevons, de Menger, Walras. V. aussi dans la *Revue d'Économie politique*, l'exposé du système de Böhm-Bawerk, par Saint-Marc (1888, p. 219 et suiv.), et dans la même Revue : 1° l'étude de Beaujon d'Amsterdam (1890, p. 16 et suiv.); 2° un compte-rendu critique de la théorie de Scharling, par Schwiedland (1888, p. 637 et suiv.); 3° Edgeworth (1891, p. 10 et suiv.). — Cf. en sens inverse la critique de la théorie de Böhm-Bawerk, par H. Dietzel, dans les *Jahrbücher* de Conrad, 1890, p. 561 et suiv.

[1] On suppose ici que la concurrence opère d'une manière parfaite, en sorte qu'elle fait immédiatement surgir un prix courant, comme cela a lieu dans les bourses d'effets publics ou de marchandises; mais dans les transactions ordinaires, le plus souvent des différences de valeurs, qui peuvent être assez considérables, se produisent à un même moment pour une même chose.

se font équilibre; la définition de Bastiat ne l'apprend pas. De son côté, Carey nous montre bien que la valeur en échange est l'expression des difficultés de la production, mais sa formule laisse dans le doute le point essentiel de savoir si la valeur que chacun obtient est proportionnelle au travail qu'il a fourni personnellement, ou bien, par contre, à la peine qui est épargnée à l'autre partie contractante.

En réalité, la valeur en échange est la rémunération d'un service dont la mesure est l'effort épargné à l'acquéreur du produit. Par exemple, un hectolitre de blé s'échange-t-il contre deux stères de bois, c'est que le cultivateur trouve moins d'obstacles à produire cet hectolitre de blé qu'à se procurer deux stères de bois.

Ce mode d'évaluation est-il légitime? Est-il juste que la valeur obtenue soit calculée, non d'après le travail du producteur, mais plutôt d'après ce que ce travail représente pour autrui? En mesurant la valeur non sur le travail accompli mais sur l'effort épargné, c'est-à-dire, sur une peine qui n'a pas été prise, est-il vrai de dire qu'on enlève tout fondement moral à la théorie de la valeur[1]? L'objection n'arrêtera pas si l'on a soin de remonter au principe de la liberté du travail : chacun choisit son industrie et produit à ses risques et périls; la conséquence de la responsabilité personnelle est que celui qui a fait une dépense stérile de ses forces ne doit avoir droit à aucune rémunération et que le profit doit être en raison de l'utilité sociale du travail. Ce qui est rémunéré, ce qui doit l'être ce n'est pas la dépense de force quelle qu'elle soit, mais comme on dit en mécanique le *travail utile*. Par l'effet de la spécialisation des professions, le travail de chacun, au lieu d'être un moyen de jouissance, est un moyen d'acquisition dont la puissance doit être mesurée d'après ce qu'il vaut pour autrui; par conséquent, si le travail épargné à autrui est moindre que le travail dépensé, la rémunération ne dépassera pas les limites du premier, si même elle les atteint[2]. Rien de plus simple ni

---

[1] V. cette objection dans Gide, la *Notion de la valeur dans Bastiat*, (*Revue d'Écon. polit.*, 1887, p. 258 . La réfutation qui en a été faite dès la première édition de cet ouvrage nous semble toujours péremptoire.

[2] Peshine Smith prend l'exemple des briquets phosphoriques supplantés par les allumettes chimiques; évidemment, si un marchand voulait recouvrer les 10 ou 15 sous que chaque briquet a coûtés à l'un de ses prédéces-

de plus équitable que cette règle de répartition au point de vue de la justice sociale[1].

193. Si l'échange intervenait entre deux individus isolés, on concevrait qu'il se produisît entre le travail dépensé et le travail épargné une inégalité extrême. Avec la liberté du travail et la concurrence, cette hypothèse n'est guère réalisable que par suite de circonstances exceptionnelles. Dans une ville assiégée l'un des habitants plus prévoyant que les autres aura, par exemple, accaparé toutes les subsistances en grains et farines. Si, par impossible, l'autorité croyait devoir s'abstenir de faire des réquisitions, cet accapareur jouirait d'un monopole absolu : l'intensité du besoin de se nourrir amènerait à échanger des bijoux, des pierreries, etc.., contre une petite quantité de farine. La compétition pour l'achat élèverait la valeur à un maximum indéfini. Des échanges de ce genre seraient-ils légitimes? Évidemment non. L'échange étant une convention suppose la manifestation d'une volonté libre. Il n'y a plus de liberté lorsque le consentement est vicié par la violence morale. — On objectera peut-être que les échanges étant toujours motivés par le besoin, il n'y a jamais une liberté entière de ne pas contracter. La réponse vient à l'esprit de tous : la disproportion exorbitante entre le sacrifice consenti et le service rendu dénote que l'*option* n'a vraiment pas existé entre contracter et ne pas contracter. Ce n'est pas une question d'utilité qui est en jeu, car alors mieux vaudrait subir la valeur obsidionale que mourir de faim, c'est une question de justice et de liberté. Dans la matière des échanges, il faut toujours faire la part de cet élément moral et juridique.

194. Équation de l'effort épargné et du travail fourni, par l'effet de la concurrence. — Si les échanges sont l'objet d'une pratique constante, le monopole d'offre n'est plus réalisable que

seurs il y a quelque soixante ans, il ne trouverait aucun acheteur. Il ne trouverait même pas à s'en défaire au rabais : c'est que le service rendu ne vaudrait plus le coût de production.

[1] Dira-t-on qu'il est d'une justice supérieure de juger non d'après les résultats mais d'après l'effort? On n'échange pas des bons vouloirs; on échange des produits, des services. Des efforts mal dirigés peuvent être moralement méritoires, mais revendiquer pour eux une rémunération, leur reconnaître un titre à avoir de la valeur, c'est faire fausse route. A chacun selon ses œuvres. — V. en sens contraire, Gide, *op. cit.*, p. 268, 269. Cf. Schwiedland, *Revue d'Écon. polit.*, 1888, p. 637 et suiv.

dans des limites assez restreintes. Entre producteurs d'objets similaires, il y a concurrence ou compétition. Cette concurrence pour l'offre soumet l'échange à une loi régulière : en effet, la lutte ne peut se soutenir qu'entre producteurs placés dans des conditions économiques n'étant pas trop inégales, c'est-à-dire ayant à rencontrer pour la production à peu près les mêmes difficultés, les mêmes résistances et étant obligés de faire des dépenses de capital et de travail sinon identiques du moins assez peu différentes. Le service rendu à l'acquéreur c'est-à-dire la peine ou la privation qui lui est épargnée a donc pour mesure le prix auquel les produits sont obtenus, autrement dit le coût de production tel qu'il est établi par la concurrence[1]. C'est ce qui permet de dire que la valeur est l'expression du degré d'utilité sociale du travail, utilité calculée d'après les difficultés réelles de la production à satisfaire les besoins.

Il est aisé de s'expliquer en effet que, bien que la valeur ait pour mesure le service rendu, le travail nécessaire à la production ne puisse pas, dans un ordre économique régulier, rester d'une manière persistante insuffisamment rémunéré, ce qui voudrait dire payé moins qu'il n'aurait coûté. Le fait que la production est une œuvre continue, indéfiniment renouvelée, prouve bien qu'il n'en peut être ainsi. Et effectivement, si d'une façon constante, dans un genre d'industrie déterminé, le coût de production n'était pour le moins couvert par la valeur des produits, il est manifeste que le producteur découragé se porterait vers une autre industrie plus lucrative ou cesserait de travailler. Le coût de production est un minimum ou plutôt c'est l'élément principal mais non exclusif de la valeur normale. Il faut y ajouter un certain profit, car il est bien évident encore que l'œuvre de la production s'arrêterait si, en règle ordinaire, la valeur d'échange ne faisait que compenser le prix de revient. En sens inverse ce profit ne saurait être exorbitant d'une façon constante. S'il arrivait en effet qu'un profit exceptionnel fût obtenu

---

[1] La détermination précise du coût de production sur lequel se règle la valeur normale sera faite plus tard. On verra que, contrairement à une idée très répandue dans l'École anglaise, ce n'est pas un coût de production unique qui règle le prix du marché (nᵒˢ 509 et suiv.). Cette détermination précise du coût de production de la valeur normale a une importance capitale pour la théorie de la répartition, spécialement pour celle des profits de l'entrepreneur.

dans une branche spéciale d'industrie, les entrepreneurs ne manqueraient pas d'augmenter la production afin de réaliser des gains plus considérables; il y a plus : un tel profit susciterait des entreprises nouvelles. Par l'afflux de cette production supplémentaire les offres augmenteraient bientôt assez pour forcer les producteurs rivaux à se contenter d'un profit moindre.

Contre la théorie qui vient d'être exposée une objection spécieuse a été formulée. Loin que la valeur se règle sur le coût de production, c'est au contraire a-t-on dit la valeur des produits qui détermine les frais de production. Soit, mais ceci n'est vrai que *à posteriori;* c'est parce que la valeur des choses a eu dans le passé pour mesure les frais de production que le producteur entreprend de les débourser. Mais son calcul vise l'avenir, il présume pouvoir reconstituer la valeur (avec l'addition d'un profit) au moyen de l'échange[1]. L'on en revient toujours en définitive à l'impossibilité de concevoir une production s'opérant indéfiniment à perte. On cessera bientôt de produire, si le prix de revient ne trouve pas dans la valeur d'échange une ample contre-partie.

En réalité, dans le système de la concurrence, deux forces contraires se font équilibre : l'une qui tend à proportionner la valeur au service rendu à l'acquéreur, l'autre qui ramène cette valeur au niveau du travail dépensé par le producteur et la maintient à ce niveau. Il n'est sans doute pas indifférent d'avoir constaté que le principe et la mesure de la valeur est l'effort épargné, mais, par le jeu de la concurrence, travail fourni et travail ou effort épargné deviennent en fait des termes équivalents. Ainsi donc, la valeur naturelle dans les échanges avec concurrence est proportionnée au coût de production, et le coût de production est l'équivalent de la difficulté épargnée à l'acquéreur (V. ci-dessous, n° 511).

---

[1] Il n'est peut-être pas bien nécessaire d'écarter une autre objection sophistique : Que sont, a-t-on dit, les frais de production sinon la somme de la valeur des éléments consommés pour produire; expliquer la valeur des richesses par les frais de production c'est donc expliquer la valeur par la valeur. Il est vrai que les frais de production se composent de la valeur des éléments consommés pour produire... mais on peut dire de chacun de ces éléments ce qu'on dit de l'ensemble... Il faut que sa valeur soit la rémunération du travail fourni et épargné, termes équivalents, comme on vient de l'expliquer.

Ainsi considérée, la loi de la valeur normale est conforme à l'idée de la justice distributive et c'est bien ce qu'avait entrevu Bastiat. Son équivalence des services échangés n'a pas d'autre sens. Lorsqu'il dit que les services échangés se valent, il se place au point de vue de leur valeur sociale et non au point de vue du jugement individuel des contractants, car il est bien évident au contraire que chacun d'eux croit trouver et peut trouver dans l'échange un avantage, estimant ce qu'il acquiert plus que ce qu'il cède.

Dans tous les développements qui précèdent, on a supposé la production de choses qui peuvent être indéfiniment multipliées selon les besoins, c'est le cas de la plupart des richesses. La concurrence fait éclore de nouvelles entreprises, si celles qui existent sont avantageuses, et la valeur se règle d'après le coût de production. Mais il n'en est plus de même pour les choses qui n'existent qu'en quantités absolument limitées, telles que des objets d'art anciens ou des objets de curiosité. A proprement parler, ces choses n'ont pas d'autre valeur que celle qui résulte des conditions d'offre et de demande. On pourrait donc dire qu'elles n'ont pas de valeur normale, car ici le service rendu n'a d'autre mesure que l'intensité du désir, élément essentiellement variable suivant les circonstances[1].

195. Examen critique de plusieurs théories de la valeur normale. — Après l'exposé qui précède (nᵒˢ 192 et suiv.), on reconnaîtra aisément l'erreur des économistes qui ont assigné à la valeur d'échange comme fondement et comme mesure, les uns le travail considéré exclusivement en la personne du producteur, d'autres la valeur en usage ou l'opinion qu'on se fait de l'utilité, d'autres enfin la rareté de la matière.

Adam Smith et un grand nombre d'économistes classiques ont enseigné que la valeur réside dans le travail fourni par le producteur : l'unité de travail donnerait la mesure de la valeur. —

---

[1] Stuart Mill, dans sa remarquable théorie de la valeur, distingue une troisième catégorie de choses : celles qui peuvent être multipliées presque indéfiniment, mais moyennant une quantité proportionnellement plus forte de capital et de travail. Nous n'en parlons pas, car l'ingénieux économiste n'a fait cette hypothèse que pour faire cadrer sa théorie de la valeur avec la célèbre théorie de Ricardo sur la rente; or, nous ne croyons pas à l'existence de la rente du sol au sens que lui a donné Ricardo (V. ci-dessous, nᵒˢ 277 et suiv).

Qu'une chose ne puisse avoir de valeur en échange indépendamment du travail nous n'y contredisons pas, et en effet, ce qui se paye c'est l'utilité onéreuse, la seule utilité véritable, mais il est erroné de croire que la valeur doive être en raison directe d'un travail quel qu'il soit. On doit faire grande attention à la réfutation de cette idée : l'échafaudage du système de Proudhon et de Karl Marx n'a pas d'autre base que le prétendu principe selon lequel la valeur du produit se détermine d'après le temps consacré à la fabrication, d'où ils concluent que le produit doit appartenir en entier à l'ouvrier. C'est la méconnaissance non seulement des droits du capital, mais aussi des droits de l'intelligence. Proudhon et Karl Marx soutiennent en effet que toutes les valeurs devraient être proportionnelles à la durée du travail, quelle qu'en puisse être la nature. A ce compte, celui qui fait une dépense inutile de force aurait droit à une rémunération aussi bien que celui dont le travail a une utilité sociale véritable, ce qui est absurde. Il y a plus, le métier de manœuvre, qui ne demande aucun apprentissage ni presque aucun outillage serait, pour un même temps de travail, aussi lucratif que la profession à laquelle on se prépare pendant des années : il faut voir dans le travail autre chose que la besogne et la durée matérielle, à savoir l'utilité sociale qui en résulte.

196. Par réaction contre la doctrine d'Adam Smith, J.-B. Say reproduisant le système de Condillac a imaginé de dire que la valeur reposait sur l'utilité. Proposition incontestable en ce sens que la valeur d'échange implique une certaine utilité (n° 189), mais bien erronée si elle tendait à faire apprécier la valeur en échange d'après la valeur en usage. On a vu déjà l'opposition de la valeur en usage et de la valeur en échange relativement à l'économie nationale (n° 159). Au point de vue de l'économie privée on constate aussi très souvent un écart immense entre l'utilité subjective et la valeur : un myope a absolument besoin de lunettes et il ne les paye pourtant pas à raison de la nécessité où il est de se les procurer. Les choses qui, par leurs qualités d'espèce, sont les plus nécessaires à la vie ne sont pas parmi celles qui ont la plus haute valeur d'échange, ainsi l'eau, le pain, etc...

L'économiste russe Storch prétend que la valeur vient de

l'opinion que nous nous faisons des choses : « l'arrêt que notre jugement porte sur l'utilité des choses constitue leur valeur. » Ou nous nous trompons fort ou l'explication de Storch se confond avec celle de J.-B. Say : car qu'est-ce que l'utilité, sinon un jugement que nous portons sur nos besoins à un moment donné? La seule chose certaine, c'est que ce qui n'est ambitionné par personne n'a de valeur pour personne, et que ce sont nos besoins réels ou imaginaires qui nous font faire un sacrifice pour nous procurer telles choses plutôt que telles autres. On verra de plus que les mouvements de l'opinion, en ce qui concerne l'utilité des choses, exercent une influence considérable sur la valeur : par la direction donnée à la consommation, la valeur relative des choses se déplace, mais en dernière analyse elle demeure fixée à raison de l'utilité sociale du travail, laquelle est estimée d'après les difficultés effectives que la production éprouve à répondre aux demandes.

197. Senior a imaginé une autre théorie de la valeur normale qui a été depuis admise par un assez grand nombre d'économistes[1], c'est celle de la rareté : les choses auraient de la valeur parce qu'elles sont rares et selon la mesure où elles sont rares. Il est de fait que nul ne consentirait un sacrifice quelconque pour acquérir une chose répandue à profusion, dont il suffirait de s'emparer sans se livrer pour ainsi dire à aucun travail (n° 189). Toutefois ce n'est pas à cause de la rareté que les choses ont de la valeur; la rareté objective des choses est ici indifférente : les diamants noirs sont, paraît-il, les plus rares et leur prix est le moins élevé[2]. C'est qu'en effet la notion de la rareté est au point de vue économique essentiellement subjective : nous comparons l'abondance ou le manque des choses à l'étendue des besoins, à la facilité ou à la difficulté de les acquérir. C'est là, s'il est permis de se servir d'un néologisme qu'emploie M. Leroy-Beaulieu, ce qui fait leur *désirabilité;* le degré de désirabilité fait la valeur. Cela est si certain, qu'il est des choses dont on ne demanderait pas plus d'une certaine quantité, lors même qu'elles seraient absolument gratuites, par exemple la production utile de béquilles est limitée par le nombre de boiteux et même jus-

---

[1] V. notamment Walras, *Éléments d'Économie polit. pure,* 2ᵉ édit.
[2] V. Funck Brentano, *La Civilisation et ses lois,* p. 333.

qu'à un certain degré celle des outils ou du matériel des industries par le nombre des ouvriers et le développement industriel. Ce qu'il faut considérer, ce n'est donc pas la rareté objective des choses, mais la difficulté d'acquisition et par conséquent la peine épargnée à l'acquéreur au moyen de l'échange. Cette difficulté n'est-elle pas en rapport avec la rareté objective? Peut-être bien, mais non pas nécessairement : il se peut que la pénurie d'un produit tienne à ce qu'il n'existe qu'un petit nombre d'ouvriers assez habiles pour le fabriquer[1]. D'ailleurs, les obstacles à la production eussent-ils pour cause la rareté objective, il ne serait pas encore indifférent de constater que la valeur résulte de l'utilité sociale du travail plutôt que de cette rareté : toute valeur comme toute utilité procède du travail. Si une chose est peu répandue dans la nature, la personne qui veut se la procurer est obligée de se livrer, avant de la rencontrer, à des recherches la plupart du temps longues ou même infructueuses; ce travail fait par autrui est donc un service rendu, une peine épargnée. C'est ce qui explique la grande valeur d'échange de la perle fine et du diamant; si, en fait, un diamant est trouvé sans recherches préalables, ce peut n'être et ce n'est ordinairement que la compensation d'autres recherches inutiles et coûteuses[2]. Quant à celui qui s'en rend acquéreur, la valeur de ce diamant, payé autant peut-être que plusieurs années de travail, n'est pas dans la rareté objective du diamant, mais dans la rareté du succès des travaux d'exploration. Quoique la distinction puisse paraître subtile, elle importe au plus haut point si l'on songe qu'avec le point de vue opposé, il serait impossible d'asseoir la valeur en échange et par suite la propriété individuelle sur une base légitime.

198. Rapports entre la valeur courante et la valeur normale. — La théorie de la valeur normale appartient à l'éco-

---

[1] Cette cause n'influera pas seulement sur la valeur courante, mais sur la valeur normale, si l'on suppose que le manque de capacités ne tient pas à une circonstance accidentelle, mais à la difficulté inhérente à un certain genre de travail, celui par exemple, des maîtres mosaïstes.

[2] C'est ce qui fait que l'exploitation des mines de pierres précieuses n'est pas une industrie nécessairement plus lucrative que d'autres. On assure que l'exploitation des mines de diamant au Brésil, pendant trois quarts de siècle (de 1750 à 1825), n'a pas donné l'équivalent du produit de deux ans de travail dans les plantations de sucre et de café du même empire.

nomie politique générale au même titre que la propriété; au contraire, celle de la valeur courante et des effets de la concurrence se rattache au mécanisme des échanges (nᵒˢ 505 et suiv.). Les variations de l'offre et de la demande expliquent les oscillations de hausse ou de baisse. L'équilibre se fait toujours entre les offres et les demandes puisqu'il y a échange, mais ce peut être à un niveau inférieur ou supérieur à celui de la valeur normale. Ces oscillations variables d'après l'état temporaire du marché gravitent selon l'image dont se sert Adam Smith vers un point central et elles ne peuvent s'en écarter sans que cette déviation mette en mouvement des forces contraires qui ont pour effet de l'y ramener.

La concurrence tend en principe à porter le travail et le capital vers les emplois les plus profitables, à les retirer de ceux qui donnent des profits moindres; la hausse de certaines choses assurant aux producteurs un bénéfice exceptionnel est suivie d'une concurrence plus vive déterminant une dépression des prix; en sens inverse, les capitaux et le travail, lorsque les prix se relèvent, refluent vers les emplois qu'ils avaient d'abord abandonnés. La valeur courante ne doit donc pas s'écarter arbitrairement de la valeur normale. St. Mill a très ingénieusement comparé les fluctuations de la valeur courante aux agitations des flots : « L'Océan tend partout à prendre son niveau; mais jamais il ne le garde exactement; sa surface est toujours ridée par les vagues et souvent remuée par les tempêtes. Seulement il n'est aucun point en pleine mer qui soit plus élevé que le point qui le touche; chaque point s'élève et s'abaisse alternativement; mais la mer garde son niveau. »

199. Rapports de valeur. — Changements dans la valeur normale. — On ne peut assigner la situation d'un point que par rapport à un autre point; de même on ne détermine la valeur d'une marchandise que par rapport à une autre marchandise. Il n'y a que des valeurs relatives. La valeur de la chose A par rapport à la chose B peut s'élever, tandis qu'elle s'abaisse par rapport à C ou à D. Par exemple, un habit s'échangera contre plus de blé que l'an dernier, parce que la récolte a été abondante, et contre moins de vin si les vendanges ont été mauvaises. Il peut cependant se faire que la valeur d'une chose soit affectée relativement à toutes les autres, ainsi elle s'élève

par l'effet d'une imposition spéciale et est diminuée à la suite des perfectionnements de l'art industriel. A-t-on découvert, par exemple, un moyen de fabriquer les chaussures à la mécanique, il en résultera un abaissement de valeur de ce produit quant à tous les autres produits, aux habits, au pain, au vin, etc., pourvu que, pour ces autres choses, il ne se soit pas opéré un changement dans le prix de revient. Mais la valeur de chaque chose étant déterminée par le coût de production, il doit s'établir entre les marchandises des rapports de valeur proportionnels aux différents coûts de production de chacune d'elles; en d'autres termes, la situation générale du marché présentera à l'état d'équilibre un rapport entre les marchandises qui sera l'expression fidèle de leur valeur normale respective. On s'assure qu'il en est ainsi en faisant la moyenne des prix courants pendant une période d'années assez longue. Nous verrons comment ces opérations sont facilitées par l'intervention de la monnaie.

Souvent il arrive que la valeur naturelle d'une marchandise se modifie : les cotonnades valent 5 ou 6 fois moins qu'au commencement du siècle; la valeur de diverses denrées alimentaires a, au contraire, subi un notable enchérissement dans le même temps. Rien de plus facile à comprendre que d'un siècle à l'autre, et souvent en moins de temps, le rapport de valeur entre une marchandise et plusieurs autres, ou même toutes les autres soit grandement modifié; que le classement des richesses selon leur degré de valeur soit très différent d'âge en âge. Cela peut tenir comme on l'a dit à un changement dans le coût de production, mais cela peut tenir à d'autres causes encore. La valeur normale de certaines choses est affectée par des causes indépendantes des conditions de production. L'utilité des choses ne dépend pas seulement, en effet, de leurs propriétés mais de l'idée que nous nous en faisons. Elle augmente ou diminue, disparaît même totalement d'après le jugement que nous portons sur elles. La valeur normale est donc loin d'être permanente : les demandes peuvent cesser et cela ou définitivement ou pour un très long temps, par suite d'un état d'opinion qui retire aux choses l'utilité qui leur avait été jusqu'alors reconnue (V. ci-dessous, n° 394). Si l'on conçoit sans peine des variations dans les rapports de valeur, une hausse ou une baisse de toutes les valeurs à la fois est au contraire une impossibilité absolue. Si la moitié des marchandises gagne, nécessairement l'autre moitié doit avoir perdu de sa valeur. Une hausse générale des valeurs est un non-sens. Autant vaudrait supposer les deux plateaux d'une balance soulevés en même temps. A propos de la monnaie, nous aurons à envisager, ce qui est tout différent, l'hypothèse d'une hausse ou d'une baisse générale des prix.

200. Valeur en échange des services. — Les services comme les richesses sont susceptibles d'être pris pour équivalent dans les échanges, c'est-à-dire d'avoir de la valeur. On en pourrait douter à raison de ce que la valeur en échange suppose la propriété; or, la propriété appliquée aux services ne se conçoit même pas; mais, à défaut, les hommes qui sont doués d'un certain talent ou d'une certaine force leur permettant de rendre des services, s'ils jouissent de la liberté du travail et de la capacité civile, ont tout autant de droit à une rémunération personnelle que ceux qui produisent des richesses : ils peuvent ne consentir à faire profiter autrui de leurs aptitudes que moyennant quelque chose en retour. Aussi bien, a-t-on justifié la liberté de refuser ou de faire payer les services, en disant que chacun a la propriété de ses facultés; l'expression est sans doute inexacte, mais elle a l'avantage de montrer que la valeur en échange des services est subordonnée, tout comme la valeur en échange des richesses, au régime de la liberté du travail.

La valeur en échange des services a pour fondement et pour mesure la difficulté qu'éprouve celui qui recherche un certain avantage à l'obtenir; et, lorsqu'il y a concurrence, cette difficulté correspond à la somme de travail qu'exige en moyenne l'accomplissement du service. C'est donc identiquement la même théorie que pour la valeur des richesses. Inutile, par conséquent, de prouver : 1° qu'il n'y a pas de relation constante entre le degré d'utilité d'un service et sa valeur d'échange; ainsi être voituré pour un paralytique, ou être conduit, pour un aveugle, est un des plus grands besoins : le premier venu pouvant y donner satisfaction, ce ne seront pourtant pas là des services ayant une haute valeur d'échange; 2° qu'il n'y a pas davantage de relation entre la peine physique de l'auteur du service et la rémunération; ce qu'on donne à celui qui porte un lourd fardeau est peu de chose en comparaison des honoraires d'un avocat ou d'un médecin. En réalité, la valeur du service se proportionne à la rareté du talent, de l'expérience ou de la science de celui à qui l'on s'adresse. Ceci explique pourquoi la rémunération est si variable : de deux cantatrices, l'une se fera une fortune, tandis que l'autre gagnera péniblement sa vie.

La valeur n'est pas non plus en rapport avec la hiérarchie que l'opinion établit entre les diverses professions ; voilà bien pourquoi la science acquise, dans une société civilisée, se rencontrant chez un assez grand nombre d'hommes qui peuvent concourir pour les mêmes fonctions, par exemple celles de l'armée ou de l'enseignement, sera moins rémunérée que des talents qui supposent des dons de nature exceptionnels, comme ceux d'un ténor ou d'une grande tragédienne.

La valeur des services dépend d'un second élément : de la demande qui en est faite. Le talent le plus rare n'obtiendrait aucune rémunération dans un pays où il ne serait pas apprécié. Si la difficulté de les obtenir est le premier élément de la puissance d'échange des services, la possibilité de les placer en est le second. La compétition entre ceux qui ont besoin du service en élève la valeur, qu'il s'agisse non seulement de la valeur courante mais de la valeur normale. Au contraire, il est de règle que la compétition pour la demande en ce qui concerne les richesses n'a d'effet que sur la valeur courante. Cette différence s'explique aisément : la production de la plupart des richesses peut se développer d'une manière indéfinie lorsqu'elle y est provoquée par la consommation, tandis que les services, du moins ceux qui exigent une habileté spéciale, ne sont qu'en quantité définie, et la demande qui en est faite n'a pas nécessairement pour vertu de faire éclore de nouveaux talents (V. n° 197, note). Il résulte de cela que la valeur des services qui supposent un talent particulier est en général soumise sans régulateur à la loi de l'offre et de la demande.

Enfin, dans l'application de cette loi aux services, il faut tenir compte de la possibilité des *jouissances collectives*. On ne peut user de la plupart des richesses que d'une manière exclusive, mais il n'en est pas de même pour beaucoup de services dont le bénéfice est susceptible de s'étendre à un plus ou moins grand nombre de personnes à la fois, c'est ce qui a lieu dans une représentation théâtrale, un concert, une leçon. — On comprend que la compétition n'agit pas de la même façon dans ces diverses hypothèses sur la valeur d'échange que dans celles où, au contraire, le service ne peut profiter qu'à une ou à quelques personnes seulement.

201. Conclusions générales de la théorie de la valeur. — La valeur des richesses et des services, étant proportionnelle à la difficulté de se les procurer, a pour cause et pour mesure le degré d'utilité sociale du travail. Or, le degré d'utilité sociale ne peut s'apprécier exactement si l'on ne prend soin de distinguer, dans le travail accompli, l'utilité qui est due à l'agent de la production de celle qui résulte de la science et de l'art industriel. La règle est que la rémunération se mesure d'après l'obstacle à surmonter pour produire eu égard aux conditions ordinaires ; or cet obstacle est diminué à raison de toutes les facilités que donnent les procédés perfectionnés du travail. Tout cela est entré dans le domaine public, est devenu un mode normal de l'industrie, et il est évident que la prétention du producteur à une rémunération pour ce qui n'est dû ni à ses muscles ni à son intelligence serait absolument insoutenable. Un exemple rendra plus saisissable cette distinction essentielle : on attribue à Pascal (faussement peut-être, mais peu importe ici) l'invention de la brouette ; cet instrument de charroi épargne au terrassier des pertes de temps et de la fatigue. Nous pouvons dire qu'à égalité de peine, l'utilité et la richesse effective ont augmenté par suite de cette découverte. Supposons maintenant qu'un menuisier qui a fabriqué une brouette veuille se faire payer, outre la matière première et la main-d'œuvre, l'économie de force réalisée par l'instrument : évidemment, n'ayant aucun droit à partager avec Pascal le mérite de l'invention, il n'en aura pas davantage à réclamer une valeur pour un procédé de travail qui est tombé dans le patrimoine commun. Nous dirions de même que le constructeur d'une machine à vapeur n'étant ni Watt, ni Stephenson, ni Crampton, n'a aucune qualité pour se faire payer, soit l'idée première du moteur à vapeur, soit les perfectionnements successifs dont il a été l'objet. En résumé, dans les rapports d'échange, chacun ne peut se faire payer qu'à raison du travail physique ou intellectuel qui lui est propre et cela dans la mesure de l'utilité sociale de ce travail.

202. Notions sur la monnaie et le prix. — L'échange direct entre marchandises quelconques, ou le troc en nature, est un système fort imparfait, même lorsqu'il a lieu avec concurrence.

C'est cependant encore le seul mode pratiqué par les races non civilisées, et c'est par le troc que nous entrons en relations avec elles. St. Jevons a signalé l'existence, à Londres, d'une compagnie africaine de troc dont les opérations consistent à échanger, sur la côte de Guinée, des produits d'Europe contre l'huile de palme, la poudre d'or, l'ivoire, etc.

Tous les peuples civilisés, dès l'antiquité, ont remplacé dans la pratique quotidienne des échanges le troc par l'achat-vente. C'est une convention dans laquelle figure uniformément une marchandise, appelée monnaie, qui est prise comme équivalent de toutes les autres. La monnaie est-elle une marchandise ordinaire? Ce n'est pas le lieu d'examiner la question. Toujours est-il que la monnaie facilite la conclusion des échanges parce que, étant acceptée universellement par les producteurs en retour des marchandises les plus diverses, elle est par rapport à toutes un instrument immédiat d'acquisition.

La valeur d'échange de la monnaie se nomme le pouvoir de l'argent. La valeur des autres marchandises exprimée en argent est le prix. D'après cela, la valeur de la monnaie est en raison inverse de l'ensemble des prix; dire en effet que, par rapport à la monnaie, la valeur des choses est faible, cela signifie qu'il faut peu de monnaie pour les acquérir et, en pareil cas, la monnaie a un grand pouvoir; dire au contraire que la valeur des autres choses est élevée, implique que la monnaie a un faible pouvoir puisqu'il en faudra donner beaucoup en échange.

Valeur et prix sont fréquemment employés comme synonymes : on voit en quoi ils diffèrent. Le prix est l'expression d'un rapport de valeur avec une marchandise déterminée, la monnaie. Nous avons dit qu'une hausse ou une baisse générale des valeurs était un non-sens; on conçoit au contraire fort bien une hausse ou une baisse générale des prix : la hausse des prix correspond à une diminution dans le pouvoir du numéraire; la baisse des prix à une augmentation de ce pouvoir.

La monnaie est le moyen d'acquisition des marchandises de toute nature; le prix est l'expression de la valeur de tout produit. Est-ce à dire que richesses, capital et monnaie soient une seule et même chose? Évidemment non; la monnaie n'est qu'une infime fraction des richesses et du capital. La fortune de nations comme la France et l'Angleterre se chiffre par centaines de milliards, tandis que le numéraire qu'elles ont en circulation n'est que de quelques milliards seulement[1] ! La monnaie est comme une petite troupe de figurants qui repasse sur la scène à maintes reprises en donnant l'illusion d'une foule considérable. Dans chaque échange la monnaie est un équivalent des richesses, mais elle n'est pas un équivalent par rapport à l'ensemble des richesses dont elle facilite la transmission : lorsqu'une pièce de monnaie de un franc usée par le frai sort de la circulation, elle a payé des produits ou des services ayant une valeur de plusieurs milliers de francs.

203. Erreur de la doctrine mercantile sur le rôle de la monnaie. — La monnaie n'est pas autre chose qu'un instrument de circulation; elle n'est utile qu'en quantités suffisantes pour supprimer les obstacles et les frottements dans le jeu des échanges. Toutefois, à partir du xvie siècle, sous l'influence de la révolution économique produite par l'exploitation des mines d'or et d'argent du Nouveau-Monde, les gouvernements et les peuples furent portés à croire que les métaux précieux étaient la richesse par excellence. Il semblait alors que les nations comme les particuliers s'enrichissaient par l'accumulation du numéraire. C'était là une erreur, car on a vu que, au point de vue de l'économie nationale, l'état de richesse ne doit point s'apprécier en principe d'après la valeur en échange, ni par conséquent d'après la monnaie qui n'est qu'un instrument d'acquisition (n° 159). Néanmoins, l'enrichissement au moyen de l'or et de l'argent devint un système, une doctrine qui, sous le nom de *doctrine mercantile* s'est perpétuée presque jusqu'à nous. Tout un ensemble de mesures économiques a été inspiré par la doctrine mercantile au point de vue du commerce international. L'analyse de ces mesures viendra plus tard; elles se ramènent à une idée principale : vendre le plus possible aux étrangers afin d'importer de l'or et de l'argent fournis en règlement des ventes, par conséquent, favoriser les exportations; acheter, au contraire, le moins possible, afin d'éviter l'écoulement au-dehors des métaux

[1] Même dans les pays producteurs de métaux précieux, l'or n'est qu'une faible fraction de la production industrielle : ainsi, pour l'Australie, les exportations d'or sont de 125 millions et les exportations d'autres produits s'élèvent à près d'un milliard (1889).

précieux, et pour cela prohiber en règle ordinaire les importations (V. ci-dessous, n°ˢ 730 et suiv.).

La doctrine mercantile est tombée aujourd'hui dans un complet discrédit : l'or et l'argent ne sont dans les échanges exterieurs que l'équivalent des produits vendus et exportés, et ne constituent pas par eux-mêmes une plus grande richesse. Ajoutons cependant que, si l'opinion vulgaire attribue à la monnaie une certaine prééminence sur les autres richesses, son instinct ne la trompe pas entièrement. C'est, en effet, ce qui est le plus facile d'échanger, de convertir en choses de toute nature ; aussi le possesseur de numéraire a-t-il de ce chef une réelle supériorité sur les possesseurs d'autres richesses. On verra l'utilité de cette remarque dans la théorie du commerce extérieur ; elle a en outre une application plus aisément saisissable dès à présent quant aux impositions publiques : ce n'est pas sans raison que les gouvernements préfèrent les impositions en argent aux dîmes en nature. Il est bien certain que si un État ne levait que des taxes en nature, son action serait entravée par la difficulté de réalisation de ses ressources fiscales [1].

---

[1] La théorie de la monnaie, est exposée en détail ainsi que les questions monétaires ci-dessous n°ˢ 517 à 558.

CHAPITRE VI.

INÉGALITÉS DE RÉPARTITION. CAPITAL ET TRAVAIL. COMMUNISME.

—————

204. On a jusqu'ici considéré le capital et la propriété comme l'une des conditions de la puissance productive du travail. A ce point de vue, peu importait de savoir à qui appartenaient les richesses. Nous avons constaté qu'il y a dans la propriété libre et individuelle une force d'expansion que la propriété collective est loin de posséder au même degré. Mais nous n'avions envisagé que le développement de la richesse, laissant de côté, à dessein, la condition comparative des individus [1].

Le régime de liberté soit pour le travail soit pour la propriété est nécessairement un régime d'inégalité : il est équitable que chacun obtienne la propriété et le capital selon ses œuvres; il est d'ailleurs inévitable que des différences de force physique et d'intelligence soient marquées par des inégalités économiques que le principe de l'hérédité augmente encore. En fait, les richesses ne sont point (et en droit elles ne doivent pas être) réparties selon les besoins. Le capital de production n'est même pas mis à la disposition des travailleurs à raison de l'énergie et de l'intelligence industrielle de chacun. Aussi peut-il arriver, arrive-t-il nécessairement, que le capital de production se trouve détenu par des mains inhabiles à l'employer, tandis que l'ouvrier n'a que ses bras sans les instruments de travail qui rendraient productive son industrie. Que ces inégalités économiques aient une origine légitime, qu'en bonne justice il n'y ait pas de principe de répartition à mettre au-dessus de celui qui fait résulter la propriété du travail, nous n'y contredisons pas, et notre conviction nous portera à défendre l'ordre social fondé sur la pro-

[1] Il n'en a été question qu'incidemment à propos de la liberté du travail qui engendre la concurrence, et l'on sait, d'une manière générale, quelles sont les conditions équitables de la lutte et l'influence protectrice qu'exerce soit la coutume, soit la loi (n° 65).

priété privée contre les assauts qui lui ont été donnés, mais il n'y a pas à contester cependant le fait de la disjonction du travail et du capital. A plusieurs même, il a paru que, par suite d'une antinomie fatale, le progrès dans les sociétés civilisées était accompagné de l'enrichissement excessif et de l'oisiveté des uns, de la misère et d'un labeur écrasant pour les autres[1].

205. Lorsqu'on compare, à la répartition des biens opérée par la concurrence, la distribution par autorité sous le régime de la propriété collective, on peut trouver, d'après ce qui vient d'être dit, en faveur de ce dernier règlement une supériorité apparente. Avec la communauté des biens, la répartition des produits se fait par attribution; aussi tout dépend-il de l'esprit qui anime l'autorité souveraine. En mettant les choses au mieux, en supposant le chef d'une famille patriarcale, sage, éclairé, bienveillant, ou une communauté étroitement unie, alors dans la mesure de ce que l'on possède, il serait donné à chacun à la fois selon ses mérites et selon ses besoins. Les instruments de travail, les capitaux de production, seraient répartis d'après les aptitudes et les moyens. Il pourrait bien exister des inégalités de richesse, mais passagères et sans aucune misère. A cause des différences intellectuelles ou physiques il y aurait sans doute de bons et mauvais travailleurs, mais, par hypothèse, les capitaux de production seraient mis à la disposition des premiers : travail et capital se trouveraient donc réunis entre les mêmes mains. — Que cet idéal soit réalisable, nous sommes loin de le croire, mais ce n'est pas le moment de dire pourquoi. Nous signalons simplement une conséquence hypothétique du système. Il n'en a pas fallu plus pour que le régime de la communauté des biens ait séduit certains esprits qui poursuivent la perfection jusqu'à travers l'utopie (V. ci-dessous, n°° 1001 et suiv.).

L'exposé du système de la communauté agraire a appris déjà quelle est l'imperfection de la propriété collective dans les cas même où son existence s'appuie sur la force des traditions (n° 163). Il faut pour l'instant s'en tenir à cette preuve d'expérience, non qu'elle doive dispenser d'une réfutation doctrinale, mais parce qu'il est nécessaire de connaître les règles spéciales

---

[1] C'est notamment la thèse de Henri George, dans *Progrès et Pauvreté*, qui a eu en Amérique un énorme succès.

de l'économie industrielle avant de mettre en parallèle l'ordre
social fondé sur la propriété individuelle et les principaux plans
d'organisation communiste[1]. On pourra comparer alors aux
griefs allégués contre cet ordre social, le principe démoralisa-
teur et anti-économique, ainsi que les impossibilités pratiques
des théories réformatrices qui ont pour devise « à chacun selon
ses besoins. »

206. Sous le régime de la propriété individuelle, l'union du
capital et du travail doit s'établir, soit au point de vue de la production, soit au point de vue de la répartition.

Une partie considérable de l'économie industrielle est consacrée aux combinaisons qui ont pour objet de rapprocher, en vue
de la production, le capital et le travail. Ces deux éléments se
trouvent réunis au sein des entreprises individuelles ou des associations.

Les rapports du capital et du travail, en ce qui concerne la
rémunération de l'un et de l'autre, donnent lieu à des règlements
d'où sortent les différentes parties de la répartition, le salaire,
l'intérêt et le profit. Ce n'est pas sans difficultés, sans de graves
malentendus et parfois sans d'effroyables dissensions, que l'accord parvient à se faire entre le camp des travailleurs et celui
des capitalistes. L'infériorité de force économique de l'ouvrier
isolé, à défaut de toute coutume protectrice, ne peut être palliée
que par l'emploi de moyens de nature très distincte : tantôt le
patronage et l'intelligente tutelle exercés par les entrepreneurs
soucieux de leurs devoirs, tantôt la création d'institutions corporatives libres qui facilitent entre ouvriers la défense pacifique
des intérêts communs, tantôt enfin l'intervention tutélaire de la
loi et d'institutions publiques auxiliaires.

---

[1] Plusieurs des combinaisons communistes ou socialistes ont pour fondement la prétendue illégitimité de la répartition entre le capital et le travail.
Il serait donc absolument impossible de s'en occuper avant d'avoir tracé les
règles de la répartition entre ces deux éléments. Il y a plus, à la base de
ces systèmes on trouve, non sans surprise, des points de doctrine empruntés à la science économique telle que l'École anglaise l'a édifiée; ainsi la loi
de la Rente de Ricardo. L'ordre logique veut donc que l'examen critique
des théories de cette École précède la réfutation des systèmes contraires à la
propriété qui ont avec elles un rapport de filiation. Pour ces motifs, nous
avons dû renoncer à placer dans cette première partie un exposé des principales variétés du communisme, bien que, en ce qui concerne l'organisa-
tion industrielle, les systèmes socialistes y aient trouvé place (n°s 86 et suiv.).

La pratique de ces procédés exige une ferme conscience des obligations en même temps que des droits individuels. On pourrait dire de la répartition fondée sur la liberté du travail qu'elle ressemble à ces machines perfectionnées qui blessent l'ouvrier inhabile, et résistent à ses efforts, tandis que, mises entre des mains intelligentes, ce sont des instruments d'une grande puissance, qui obéissent avec souplesse. Il faut apprendre à regarder au-dessus des inégalités qui semblent choquantes; ne pas s'arrêter à l'apparente contradiction économique de l'ouvrier sans capital et du capitaliste incapable ou sans courage; et, si l'on découvre que, dans l'association, entre ceux qui donnent le capital et ceux qui fournissent le travail, sous quelque forme qu'elle se réalise, se cache le plus souvent l'harmonie des intérêts, que là où elle ferait défaut une intervention de l'État discrète mais résolûment protectrice des faibles, est en mesure de prévenir ou de régler les conflits, on n'hésitera plus entre le principe grossier de la répartition par autorité au moyen de la communauté et celui de la liberté du travail avec la propriété privée. A l'arbitraire, aux incertitudes, à l'inefficacité de l'un, on préférera la justice de l'autre, malgré les luttes et les souffrances qui en ont été jusqu'ici inséparables[1].

---

[1] Ces conclusions impliquent qu'il n'existe pas réellement dans la doctrine économique d'antagonismes tels que ceux auxquels Malthus et Ricardo ont attaché leurs noms, mais il ne faudrait pas en conclure, en sens inverse, comme les partisans du laissez faire, que les forces individuelles libres fondent un ordre parfait qu'on ne doive chercher à redresser en rien.

DEUXIÈME PARTIE.

———

ÉCONOMIE INDUSTRIELLE ET SOCIALE.

LIVRE I.

PRODUCTION ET CONSOMMATION.

SECTION I.

NOTIONS GÉNÉRALES.

CHAPITRE I.

DÉFINITIONS. — LOI DE CIRCULATION DE LA MATIÈRE.

---

207. Produire, ce n'est pas créer, et consommer, ce n'est pas détruire. Aucun atome ne peut être tiré du néant, ou cesser d'être. Quel est donc le pouvoir de l'homme sur la nature extérieure? On dit qu'il produit, lorsqu'il approprie à son usage la matière et les forces de la nature; qu'il consomme, lorsqu'il emploie les choses matérielles ou fait servir les forces naturelles à la satisfaction d'un besoin ou à l'accomplissement d'une œuvre d'industrie. La production et la consommation sont des actes contraires, beaucoup plus par l'intention et la volonté que par la nature des phénomènes physiques qui les constituent. L'une et l'autre consistent uniquement dans une impulsion, ou dans une résistance au mouvement et, au point de vue économique, elles n'affectent que l'utilité des choses. Ainsi dans la production, que le travail modifie la substance des corps ou change seulement leurs positions respectives, qu'il dirige ou rende libres des forces naturelles, il s'analyse toujours en une force d'impulsion ou de résistance créatrice d'utilité. La force musculaire peut être seule en jeu; lorsque le semeur jette le grain dans le sillon, que fait-il? Il met la semence en contact avec le sol dans lequel elle doit germer. Lorsqu'on porte un fardeau, la force musculaire s'oppose à la pesanteur, c'est-à-dire à la continuation d'un mouvement.

Dans ces premières hypothèses, l'action est simple, l'effet se produit sans intermédiaire. Presque toujours il en est autrement, et la force musculaire a un auxiliaire dans les forces naturelles; on dit qu'un bûcheron abat un arbre; c'est en quelque sorte mal s'exprimer : par le choc de la hache contre l'arbre, il ne fait que couper les fibres ligneuses, les separer les unes des autres. Il y a toujours un mouvement, soit pour unir, soit pour séparer des éléments matériels. Lorsque la section est faite, si l'arbre tombe, c'est par l'effet de la gravitation. Dans cet exemple, une force naturelle est donc sollicitée d'accomplir ce que l'homme a voulu et préparé par ses efforts. Autre exemple : dans le tissage, on voit le jeu de la navette, le croisement des fils, mais l'action de la cohésion qui les retient unis passe inaperçue. Par l'examen des actes les plus usuels, on peut constater une coopération beaucoup plus complexe encore entre l'impulsion donnée par le travail et le jeu des forces naturelles. Quelqu'un fait bouillir de l'eau : en réalité, frotter l'allumette, l'approcher enflammée du combustible convenablement disposé sur le foyer, verser l'eau dans un récipient, le poser sur le feu, tout cela n'est qu'un ensemble de préparatifs : la combustion, la force expansive de la vapeur, voilà les grandes forces qui sont mises en œuvre.

Ce qui distingue le travail, c'est que l'impulsion ou la résistance est voulue et raisonnée. Si le mouvement n'était que le jeu des muscles, le travail appartiendrait à l'histoire naturelle. Mais ce qui domine, c'est l'intelligence; aussi, non seulement l'homme sait gouverner sa force musculaire, mais il sait la remplacer par une autre : il a compris par exemple que, pour la traction, il pouvait se servir de la force physique des animaux; enfin, par une suite de progrès ultérieurs, il a su se procurer l'assistance des forces de la nature inanimée. Au temps d'Homère, le grain était réduit en farine, à force de bras, en tournant une meule; de nombreux esclaves étaient employés à ce pénible labeur. On avait sans doute commencé par écraser le blé, avec plus de peine encore, entre deux pierres. Aujourd'hui l'homme est presque spectateur dans le travail de la mouture, parce qu'il a su utiliser la force du vent, celle de l'eau courante ou de la vapeur.

208. Si nous examinons ce qu'est la consommation, nous voyons qu'elle s'analyse également en un mouvement que la volonté et l'intelligence savent diriger : les forces naturelles prêtent leur concours. Au surplus, il doit en être forcément ainsi, puisque, pour obtenir un produit, il faut réaliser une série de consommations. Dans les exemples précédents d'actes de production, nous n'avons pu échapper à la nécessité d'y comprendre de nombreux faits de consommation : dans la filature les fibres textiles sont consommées et transformées en fil : dans le tissage les fils disparaissent à leur tour. Les consommations industrielles forment ainsi une filière non interrompue, où chaque opération a une double face : production d'un côté et consommation de l'autre. Si l'on veut supposer un dernier acte de consommation, la combustion par exemple, nous n'aurons qu'à répéter encore ce qui a été dit : l'action de l'homme se réduit à des mouvements préparatoires ; ce sont des phénomènes physiques qui achèvent ce qu'il a commencé. Disons enfin de la consommation, comme de la production, que c'est l'intelligence et la volonté qui en décident, c'est un emploi réfléchi de l'*utilité* des choses. Aussi la consommation appartient à la science économique par le principe d'ordre et de moralité qui y préside.

Pour produire, comme pour vivre, il faut consommer et, de plus, il y a dans la consommation, de même que dans la production, une action extérieure identique. Il ne faut pas s'en tenir à ces premières analogies entre des phénomènes qui paraissent opposés : il est prouvé que la production n'est pas une création, qu'elle engendre seulement de l'*utilité ;* il ne faut rien laisser subsister de l'idée fausse d'après laquelle la consommation serait une destruction. La consommation est l'emploi définitif ou la transformation de l'*utilité* des produits ; mais ce n'est pas la destruction de la matière. En réalité, la consommation porte sur la qualité qu'ont les choses d'être des richesses et non pas sur leur substance physique. La matière ne peut se détruire, elle se transforme.

L'économiste doit avoir la notion de la loi physique de la circulation de la matière, s'il veut se faire une idée exacte des phénomènes économiques de la consommation. Voyons en quoi consiste cette loi et quelles conséquences on en peut tirer pour nos études.

209. La matière ne cesse pas d'exister dans les transformations que nous lui faisons subir, mais elle se combine de différentes manières, ou bien passe d'un état à un autre. Les combinaisons entre les substances que produit l'affinité chimique nous présentent la matière sous une nouvelle apparence, avec de nouvelles propriétés ; là, il est bien évident qu'aucun atome n'a été détruit, puisque, par l'analyse chimique, les éléments combinés peuvent être isolés. Dans le gazomètre, nous avons une nouvelle richesse, le gaz d'éclairage et les autres éléments de la houille d'où elle est sortie sont utilisés : il n'en est aucun dont on ne puisse retrouver la trace. Non seulement la matière subsiste, malgré les apparences de destruction ou de disparition, mais, par l'effet d'une circulation perpétuelle, à la décomposition succède la recomposition. Ce travail se fait dans la nature au moyen de deux agents : l'atmosphère et le sol.

Y a-t-il un phénomène de décomposition plus saisissant que celui de la combustion ? L'acide carbonique qui est dégagé se répand dans l'atmosphère ; le carbone fixé dans le combustible est une richesse, une utilité disparue, mais il n'échappe pas à tout jamais au pouvoir de l'homme, et voilà pourquoi on se trompe, si l'on regarde les consommations comme de véritables actes de destruction. Répandu dans l'atmosphère, cet acide carbonique est ressaisi par les feuilles des végétaux et reconstitué, avec le concours des éléments puisés dans le sol, en tissu végétal, en bois.

La reconstitution de la matière se fait aussi au moyen du sol. Nous venons de dire, en effet, que le sol fournit, avec l'atmosphère, les matériaux de la cellule végétale. Les végétaux qui opèrent la transformation merveilleuse de la matière minérale en matière organique sont des objets de consommation pour les animaux qui servent à la nourriture de l'homme, et le bétail est, en dernière analyse, un moyen de fécondation du sol, qui aide à la reconstitution de la plante.

Il existe donc une circulation indéfinie entre les substances matérielles dans deux immenses laboratoires : l'atmosphère et le sol. L'alimentation n'est que l'une des phases de cette évolution incessante. Les consommations de jouissance elles-mêmes seraient en quelque sorte des consommations de reproduction, si la satisfaction des besoins de l'homme devait être regardée comme un moyen, mais elle est le but même de l'activité économique.

210. C'est sur cette notion de la circulation de la matière qu'est fondée l'agriculture rationnelle, c'est-à-dire la détermination d'un ordre successif de cultures, dont les unes sont propres à rendre à la terre ce que d'autres lui ont enlevé; c'est en résumé un système destiné à maintenir l'équilibre entre les *cultures épuisantes* et les *cultures améliorantes*. Le bétail est, pour ainsi dire, le trait d'union entre les deux espèces de cultures. Par une loi providentielle dont la découverte est l'une des plus belles conquêtes de la science moderne, les cultures qui fournissent au bétail les substances végétales que l'homme ne pourrait pas consommer directement sont celles-là même qui ont un effet améliorant sur le sol, et, au contraire, les cultures en céréales ou autres végétaux à l'usage direct de l'homme épuisent la terre. Le bétail rend au sol la plus grande partie des principes fertilisants nécessaires pour reconstituer sa force productive[1]. L'action améliorante des cultures fourragères aide à cette reconstitution (V. ci-dessous, nos **263** et suiv.).

La production alimentaire étant la première des industries, il n'était pas possible de n'en pas rechercher la loi fondamentale; les deux intermédiaires de la nutrition de l'homme sont donc la plante et l'animal; la nature a pourvu à la reconstitution indéfinie de l'un par l'autre[2]. Telles sont les conclusions de Norton :

---

[1] Sur la totalité de ces principes fertilisants, c'est-à-dire sur la totalité de l'azote des fourrages consommés, les 2 3 se retrouvent dans les fumiers de telle sorte que, dans l'agriculture perfectionnée, en vue d'obtenir une meilleure économie de l'engrais, on entretient le bétail à l'étable sans le mener paître. C'est la pratique de la *stabulation*. On peut évaluer ainsi à 88 p. 0 0 la proportion d'azote restituée au sol. V. Lecouteux, *Cours d'Économie rurale*, 2e éd., 1889, t. II, p. 302 et suiv.

[2] Comme nous l'avons déjà dit, dans l'œuvre de la production l'homme est un *but* et non un *moyen;* mais, par sa nature physique, il a lui-même son rôle dans l'évolution de la matière. Sa respiration fournit de l'acide carbonique, produit de sa nutrition, qui retourne par l'atmosphère aux végétaux, lesquels s'en ressaisissent. On sait que de nos jours l'attention des

« Nous pouvons suivre toute substance dans ses migrations du sol inanimé à la plante vivante, de la plante à l'animal et enfin de l'animal à la terre. Il y a une chaîne continue de circulation du sol à l'animal, en passant par la plante, et de l'animal au sol. En observant attentivement cette chaîne, nous découvrons que rien n'est perdu[1]. »

Dans l'œuvre de décomposition et de recomposition, la nature agit avec des inégalités immenses quant à la durée. Souvent la consommation est beaucoup plus rapide que la reconstitution; à cet égard, il importe de distinguer les substances minérales et les substances animales ou végétales.

Si l'on fait abstraction de quelques actions érosives ou sédimentaires assez rapides, c'est par milliers d'années qu'il faut compter relativement au règne minéral. L'industrie moderne vit de houille et de fer; la houille, le schiste et l'anthracite se trouvent dans les terrains qui suivent immédiatement les terrains granitiques; certains minerais de fer ont une origine éruptive. Les matériaux calcaires de nos constructions remontent aux périodes éocène et miocène, beaucoup même à l'époque jurassique. C'est donc dans les couches des temps géologiques que puisent les industries extractives. Sous l'empire des causes actuelles, ce fonds des périodes géologiques (dont les ressources ne sont encore qu'incomplètement connues), ne doit pas se reconstituer, dans sa forme première, ou n'y pourra revenir que

---

autorités publiques est appelée sur l'utilisation des détritus organiques des villes. On a été jusqu'à dire que l'homme peut rendre au sol en principes féconds l'équivalent de sa subsistance. De fait un immense empire, la Chine a résolu au moyen de l'engrais humain le problème d'obtenir le maximum de subsistances sur une superficie donnée sans fourrages et sans bétail (Lecouteux, *op. cit.*, t. II, p. 440). — Quoi qu'il en soit, ne concluons pas avec Pierre Leroux, que tout homme restituant à la nature ce qu'il lui a pris, se nourrir sans travailler soit un droit. Toute richesse, tout aliment est le fruit du travail, de l'activité. L'homme n'y a droit par conséquent qu'autant qu'il a fourni ce travail ou un travail équivalent. Si la théorie de Pierre Leroux devait prévaloir, l'homme n'aurait plus le droit d'être traité comme un être intelligent et libre : ce serait comme le bétail un élément de l'exploitation agricole. Voilà ce que le réformateur ne paraît pas avoir compris en écrivant sa fameuse doctrine du *Circulus*. Oui, il y a un *Circulus* dans la nature physique, mais ceci ne donne aucun fondement sérieux à la thèse communiste « à chacun selon ses besoins. »

[1] Norton (*Éléments d'agriculture*), cité par Peshine Smith, *Manuel d'Économie polit.*, p. 29. Cf. Carey, *op. cit.*, t. I, p. 65 et suiv.; Lecouteux, *op. cit.*, t. II, p. 326 et suiv.

dans des milliers de siècles. Heureusement, les seules réserves explorées sont si étendues que l'avenir de l'humanité est presque indéfiniment assuré (n°⁵ 134 et 333). Quant à l'inégale répartition sur le globe de ces ressources naturelles, nous y pouvons remédier, dans une certaine mesure, en les transportant des points où elles sont en abondance sur ceux où elles font défaut (n° 143).

Les phénomènes de la nature organique se succèdent au contraire sous nos yeux avec rapidité : la vie des végétaux et des animaux, leur décomposition, la reconstitution de la couche superficielle cultivée, les nouveaux phénomènes de nutrition et de croissance, l'évolution entière, en un mot, est contenue dans un cycle de quelques mois ou de quelques années à peine. Aussi, grâce à une intelligente direction du grand laboratoire naturel, l'homme obtient l'abondant renouvellement des substances nécessaires à sa nourriture et à ses premiers besoins, mobilier, vêtements, etc.

Aurions-nous par trop insisté sur ces lois physiques qui président aux phénomènes de production et de consommation? Non assurément, à cause des conséquences qui doivent en résulter : si la consommation et, en premier lieu, la consommation alimentaire, était une destruction qui ne fût compensée par rien, il faudrait fatalement penser que le pouvoir productif du sol, quelle que fût l'industrie humaine, est impuissant à alimenter une consommation progressive. Cette fausse idée de la diminution de la puissance productive a inspiré les désolantes doctrines de Ricardo et de Malthus. S'ils avaient connu les principes généraux de l'évolution de la matière, ils n'auraient peut-être pas ait subir à l'économie politique une déviation dont il est bien difficile d'effacer les traces.

CHAPITRE II.

RARPORTS ENTRE LA PRODUCTION ET LA CONSOMMATION.

———

211. Production et consommations industrielles. — Puissance productive et consommation. — Puisqu'il faut consommer pour produire, il y a lieu de comparer l'objet produit aux consommations industrielles préalables. Il va de soi que, dans une production rationnelle, le produit doit valoir mieux que les matières employées à le produire. Comment en juger? Si quelqu'un travaillait en vue de sa consommation personnelle, ce serait d'après l'utilité comparative des choses consommées et de la richesse créée qu'il faudrait répondre. Au point de vue de la fortune nationale, c'est de la même manière que la production s'apprécie : la masse de fonte qui s'écoule du haut-fourneau donne un accroissement de richesse, parce qu'elle a une utilité supérieure à celle du minerai et de la houille qui ont concouru à la former. Par contre, combien de mauvais livres ne valent pas le papier et le travail d'impression!

Tout producteur est d'ailleurs tenu de connaître exactement la quantité de matières premières absorbée dans la confection des produits; c'est une condition essentielle d'ordre dans les entreprises. Ajoutons que les efforts des producteurs doivent tendre à diminuer le plus possible les consommations industrielles par des économies de combustible, des diminutions de déchets, etc.

Mais lorsqu'on veut savoir si la production crée une augmentation relative de richesse, c'est-à-dire donne un profit, ce qu'il faut prendre en considération, c'est la valeur en échange des consommations industrielles et celle des objets fabriqués. Par la balance entre ces deux comptes, on connaît l'effet de la production. Si la valeur des objets produits était inférieure à la valeur des consommations préalables, il n'y aurait pas alors de profit par rapport au producteur. On emploie même ordinairement le mot produire dans le sens purement subjectif du profit; fabriquer, dit fort judicieusement Droz à ce propos, ce n'est pas toujours produire. Produire, c'est créer une valeur en échange supérieure à la valeur dépensée.

Il faut vivre pendant que l'on produit : en d'autres termes, c'est sur le fonds d'alimentation, créé par la production agricole, que doivent être prises d'une récolte à l'autre les subsistances de tout producteur. Si ce fonds est pauvre et ne donne qu'un faible excédent relativement aux besoins des cultivateurs, ceux-ci ne pouvant disposer que de faibles moyens d'acquisition, la demande de travail industriel sera nécessairement limitée. Les efforts doivent donc tendre à augmenter la production agricole. Qu'on y arrive par une réforme des cultures, et alors la demande de produits manufacturés augmente, car elle est constituée par l'excédent des récoltes sur la consommation personnelle des cultivateurs; la population manufacturière peut s'accroître et livrer une masse de produits plus considérable et plus variée. Ainsi l'agriculture et les manufactures gravissent parallèlement, selon l'ingénieuse métaphore de Banfield, les degrés successifs de nos besoins et de nos jouissances. L'abondance du fonds d'alimentation et des produits de première nécessité provoque d'autres productions, et celles-ci déterminent à leur tour de nouvelles consommations.

La consommation est proportionnelle à la puissance productive. L'homme s'ingénie à satisfaire ses besoins moyennant la moindre somme possible de travail, puisque le travail suppose un effort. Cette tendance naturelle est ce qu'on est convenu d'appeler la loi du moindre effort. C'est l'un des principaux leviers de progrès. Toute économie sur la force dépensée dans la production rend disponibles du travail ainsi que du capital pour de nouveaux emplois, et provoque une dilatation de la consommation. C'est qu'en effet, entre l'utilité obtenue et l'effort qui l'a produite, la relation est loin d'être constante. Dans la besogne qui consiste à labourer un champ à la houe, à transporter à dos d'homme des fardeaux et dans tous les autres cas de travail manuel, où l'effort musculaire a la plus large part, la dépense de force est très-grande par rapport à l'utilité obtenue. Deux causes peuvent faire qu'elle soit proportionnellement beaucoup moindre :

1° l'emploi des forces naturelles; 2° l'usage des procédés de l'art industriel.

Le travail est une opération de l'entendement non moins que des muscles, c'est pourquoi le degré d'utilité ne doit pas être mesuré d'après l'effort physique. Tel saura faire mieux et avec moins de peine que tel autre. Si nous comparons surtout deux individus appartenant à des sociétés différentes, un homme civilisé et un barbare, nous voyons le premier entreprendre et accomplir des tâches qui sont, non seulement au-dessus des forces de l'autre, mais dont la seule idée dépasserait sa conception. A quoi cela tient-il? C'est à la science et à l'art industriel. La science apprend à l'homme l'existence et les lois des forces naturelles qu'il parvient à substituer peu à peu à la force musculaire. L'art industriel est cet ensemble de procédés et de combinaisons mécaniques, héritage du passé accru à chaque génération, au moyen duquel le travail est simplifié, rendu plus productif et moins pénible. Pour une même quantité d'heures de travail, il n'y a aucune comparaison à établir entre la somme d'*utilités* créée par une troupe d'esclaves, dans la Rome ancienne, ou par un même nombre d'ouvriers de nos manufactures modernes. La *richesse effective* est en corrélation avec la puissance productive; tout ce qui accroît celle-ci, — concours des agents mécaniques et des forces naturelles, — accroît nécessairement celle-là.

En y regardant de près, tout progrès de puissance productive est acquis par le travail de l'homme : travail de recherche scientifique, puis d'essais dans l'application, de perfectionnements successifs, jusqu'au jour où l'industrie est en possession définitive d'une nouvelle force.

212. Influence des consommations sur la production. — Demande de produits et demande de travail. — On ne consomme que ce qu'on produit, mais on peut tout aussi bien dire qu'on produit tout ce qu'on demande à consommer. En ces termes, la proposition n'est pas contestable; nous pouvons l'exprimer autrement encore : les détenteurs du fonds d'approvisionnement, et, d'une manière générale, tous ceux qui, par le jeu des échanges, possèdent des revenus ou des capitaux disponibles, ont le pouvoir de commander le travail, de donner à l'industrie une direction déterminée et même de stimuler la production ou de la ralentir en s'abstenant de consommer (n° 186). Ainsi donc, les possesseurs de la richesse produite donnent une direction déterminée au travail industriel. La consommation de marchandises d'un certain genre a pour conséquence la production de marchandises similaires et équivaut ainsi à une demande du travail qui peut les donner. En un mot : la consommation alimente la production et la dirige.

St. Mill énonce cependant comme une vérité fondamentale « que la demande de produits n'est pas une demande de travail, que ce qui entretient le travail productif, c'est le capital dépensé pour sa mise en train et non la demande des acheteurs pour le produit du travail quand il est achevé[1]... » St. Mill propose cet exemple : un consommateur a des revenus : il en emploie une partie à louer des maçons pour bâtir une maison, ou bien il emploie la même valeur à acheter des produits, du velours ou des dentelles, etc. S'il prend ce dernier parti, il achète le produit achevé; le salaire des ouvriers en velours n'est pas payé par lui, le fabricant l'a avancé; c'est donc la force productive du capital de ce fabricant qui a créé le produit et non la demande ultérieure du consommateur. Au contraire, si les revenus sont employés à payer des ouvriers maçons, les salaires sont personnellement payés par le capitaliste à ces derniers : la destination qu'il a donnée à ces revenus crée en ce cas une demande de travail. En un mot, St. Mill attribue la fonction directrice de l'industrie au fabricant et non au consommateur.

Il nous semble que le célèbre économiste a été dupe d'une illusion : s'il veut nous prouver que la productivité de l'industrie dépend du capital disponible et qu'une demande de produits ne peut rien par elle-même lorsque le capital fait défaut, il ne trouvera pas de contradicteurs. Mais la distinction qu'il prétend établir entre l'emploi des revenus en paiement de salaires et l'emploi en achat de produits est sans fondement. Lui-même a parfaitement formulé la réponse : qu'importe que ce soit le fabricant de velours qui ait avancé les salaires? n'est-il pas certain que les fonds du fabricant, « tant qu'ils restent sous la forme de velours, ne peuvent être directement appliqués à

---

[1] St. Mill, *op. cit.*, liv. I, ch. xv, § 9; V. la même doctrine dans J.-B. Say, *Cours*, liv. I, ch. xv et dans Mac-Culloch.

maintenir le travail, à entretenir les ouvriers; ce n'est que quand le velours est vendu qu'ils constituent une demande de travail, ce n'est qu'alors en effet que le capital qui l'a fabriqué est reconstitué par la dépense des consommateurs. » Oui, le capital disponible donne la mesure de la production, mais c'est le consommateur qui en dirige l'action, soit qu'il achète un produit, soit qu'il paye des ouvriers pour le fabriquer; dans l'un et dans l'autre cas, il y a demande de travail par le fait du consommateur; seulement, au premier cas, le capital dépensé en salaires passe par les mains du producteur et du consommateur avant d'arriver aux ouvriers; il y a un circuit, voilà la seule différence réelle. L'erreur consiste à penser que les producteurs peuvent impunément faire abstraction de la direction que prennent les désirs des consommateurs. Il est vrai que les chefs d'entreprise décident en dernier ressort de la mesure qu'il convient de donner à leur fabrication, mais c'est à leurs risques et périls s'ils se font des illusions sur les débouchés de leurs produits[1]. L'importance de la fabrication est fondée sur l'expérience des consommations antérieures et sur les probabilités des consommations ultérieures; c'est une condition de la division du travail que la production soit dirigée de façon à donner satisfaction aux besoins et soit mesurée d'après eux.

Une autre proposition se trouve implicitement contenue dans l'affirmation de St. Mill : « la demande des produits n'est pas la demande du travail. » Cela signifie également que le choix des consommateurs est sans effet sur l'activité industrielle : or rien n'est moins exact. Pour qu'il en fût ainsi, il faudrait partir de l'idée que la somme totale de travail et de capital est une quantité fixe et invariable, en sorte que l'action des consommateurs se bornerait à opérer un simple déplacement d'activité, à en-

---

[1] Signalons par avance une idée admise par St. Mill et qui semble difficilement conciliable avec celle que nous venons de réfuter : selon cet auteur, les capitaux ont une mobilité extrême, et se portent vers les emplois les plus productifs (*Principes*, t. I, p. 472). Or, cette attraction du capital suppose l'action des consommateurs sur la direction donnée à l'industrie. Peut-être St. Mill exagère-t-il la mobilité du capital en posant cette règle. Quoi qu'il en soit, il est contradictoire de supposer au capital une telle mobilité et de ne pas admettre que la demande de produits soit, pour les producteurs, comme un thermomètre sur lequel ils cherchent à régler leur fabrication.

lever à une branche d'industrie pour donner à une autre. On peut faire cette supposition pour avoir la satisfaction de raisonner d'après des données mathématiques, mais à condition d'avouer qu'il n'est pas un seul pays au monde où une demande de produits ne puisse créer un emploi nouveau pour le travail, par la raison qu'il n'en est aucun dans lequel il n'y ait un nombre plus ou moins considérable de travailleurs inoccupés ou n'étant occupés qu'une partie du temps. Il n'en est aucun non plus dans lequel une somme plus grande de travail utile ne puisse être fournie grâce à un développement de l'art industriel. Si donc, pour reprendre le même exemple, la demande qui avait pour objet le travail de maçons se porte vers certains produits, le velours ou les dentelles, s'ensuit-il nécessairement qu'il n'y ait qu'un déplacement dans l'emploi du travail et que les maçons, pour vivre, seront contraints de se faire ouvriers en velours? Ce ne peut être la pensée de St. Mill, car il dit ailleurs : « Quand une nouvelle voie est ouverte pour l'écoulement d'un produit quelconque et que par conséquent on produit une plus grande quantité de cet article, cette augmentation ne s'obtient pas toujours aux dépens de quelque autre produit; c'est bien souvent une nouvelle création, résultat d'un travail qui autrement serait resté sans emploi. »

Les mêmes observations s'appliquent aussi au capital. Une demande nouvelle ne déplace pas nécessairement les capitaux appliqués à d'autres industries : elle attire des capitaux inactifs et les fait rentrer dans la circulation. Ainsi donc, la direction donnée à la demande par les consommateurs agit sur l'avenir de la production; il est d'ailleurs bien évident que leurs préférences influent sur la valeur et sur l'écoulement des richesses antérieurement produites[1].

---

[1] Les consommateurs des classes aisées ont conscience du pouvoir qu'ils ont de commander le travail. Leur instinct le leur a révélé, non, il est vrai, pour en faire toujours un bon usage : « En 1849, 1850, 1851, dit M. Courcelle-Seneuil, un mauvais vouloir systématique alimenté par les journaux et les discours de ceux qui s'appelaient « le grand parti de l'ordre » fit persister un nombre considérable de personnes riches dans leurs habitudes de thésaurisation au grand dommage des familles qui vivaient de leur travail. » Après l'insurrection de 1871, dans quelques villes de province, on eut aussi des velléités de coalition contre les industries de la capitale : jamais ces manifestations puériles n'auront assez de persistance pour produire autre chose qu'une gêne économique passagère.

213. De l'effet des consommations sur les valeurs et des valeurs sur les consommations. — S'il y a exagération à soutenir avec St. Mill que la quantité de travail disponible est invariable, il y en aurait une en sens inverse à se figurer que cette quantité est indéfiniment extensible : la société ne comprenant qu'un nombre déterminé de travailleurs, on ne saurait supposer que les efforts consacrés au travail de production des substances utiles et aux opérations de leur mise en œuvre puissent dépasser certaines limites. Si, relativement aux besoins éprouvés, cette quantité est insuffisante, quelques-uns d'entre les besoins ne recevront pas satisfaction, mais lesquels? Le travail disponible, suivant les volontés individuelles, sera sollicité dans plusieurs directions différentes et avec une force inégale; la direction dépendra évidemment de la valeur offerte. Il est également vrai de dire que, si l'industrie ne peut disposer que d'une quantité limitée de matières premières, tout accroissement de demande des produits qui nécessitent l'emploi de ces matières premières aura pour effet de les renchérir. Sous ces deux rapports, les désirs des consommateurs agissent donc sur la valeur des choses. On dit que les choses sont chères parce qu'elles sont rares; il serait au moins aussi vrai de dire que, si certaines choses sont rares, c'est à cause de l'étendue des demandes qui en sont faites, demandes qui augmentent la difficulté à vaincre pour se procurer les richesses et par conséquent accroissent le degré d'utilité sociale du travail employé à les produire. Au surplus, l'action de la consommation sur la valeur varie suivant la nature des produits; des distinctions devront être faites à cet égard (n° 404).

214. L'obstacle au développement de la consommation est la valeur en échange des produits; or on sait que cette valeur est en raison du degré d'utilité sociale du travail. Par conséquent toute économie de forces dans la production amène une diminution de valeur, et cette diminution ouvre de plus larges débouchés aux produits; c'est du moins la règle générale, mais il a été dit qu'elle comporte certaines exceptions (n° 197). J.-B. Say a exprimé graphiquement l'action des valeurs sur les consommations au moyen d'une pyramide. Une perpendiculaire, allant de la base au sommet, donne l'étiage des valeurs d'échange successives d'un même produit, depuis zéro à la base jusqu'à la plus haute valeur concevable au sommet. Lorsque le produit est à zéro, la consommation s'étend sur une base aussi large que le besoin du produit le comporte ; si le produit est à une valeur de 20 par exemple, laquelle valeur est cotée au tiers de la hauteur de la pyramide, la consommation sera représentée par une ligne d'intersection parallèle à la base : l'inégalité de longueur des deux lignes (de la ligne de la base et de la ligne d'intersection dont il vient d'être parlé), exprime la différence quant au nombre de personnes qui auront le moyen d'acheter le produit. Si la valeur s'élève davantage, la ligne d'intersection diminue de longueur ; enfin, près du sommet, elle est réduite en quelque sorte à un point, ce qui signifie que le produit n'est plus guère à la portée de personne. La consommation, autrement dit la demande, est donc en raison inverse de la valeur ; c'est la contre-partie déjà signalée de l'influence de la demande sur la valeur (n°° 191, 198 et ci-dessous, n° 405).

215. Équilibre de la production et de la consommation. — L'équilibre ou la balance de la production et de la consommation est l'un des sujets les plus délicats de l'économie politique. Commençons par poser ce qui ne saurait être l'objet d'aucune contestation.

Supposons qu'une chose ne soit pas produite en quantité suffisante, eu égard aux besoins, l'obstacle à se la procurer amènerait une hausse de valeur, car tous ceux qui la désirent et qui ont la possibilité de l'acquérir se feraient concurrence. Supposons de plus que le travail et les avances de la fabrication ne soient pas plus considérables pour obtenir cette chose que d'autres dont la valeur n'a pas haussé, il y aura évidemment un avantage à augmenter la production de la chose qui est la plus demandée, et les producteurs sollicités par la hausse des prix n'y manqueront pas, si cela leur est possible ; qu'à l'inverse, l'industrie offre une trop grande quantité d'un certain produit comparativement à la demande qui en est faite, la valeur de ce produit fléchira : les producteurs, ne trouvant plus des occasions ou des avantages assez grands à en faire l'échange, seront intéressés à ralentir la fabrication. On peut comparer la production et la consommation à deux pendules, dont les oscillations en sens contraire auraient une amplitude décroissante jusqu'à un même point d'arrêt. Là se trouve l'équilibre, c'est-à-dire l'ordre parfait, car l'excès de production suppose une déperdition de forces nuisible à la société et l'insuffisante production se traduit par la privation, par la cherté. L'équilibre tend à se faire à raison de l'intérêt des producteurs, lequel est de suppléer le plus vite possible au déficit et de le corriger en réduisant la fabrication lorsque l'excès s'est manifesté. Avant que l'équilibre se soit ainsi fait, il y a crise par insuffisance ou surabondance. Rien n'est plus simple que de concevoir cette situation relativement à une ou plusieurs marchandises en particulier. Malheureusement, la crise par insuffisance générale de la production dans toutes les branches du travail à la fois est une supposition tout aussi concevable et un fait trop réel. Mais concevrait-on de même une crise par excès de production générale, c'est-à-dire que la production en soit venue à dépasser les besoins de la consommation pour n'importe quel produit de sorte qu'il y ait un encombrement général des marchés, ce que les Anglais appellent *general glut?*

De Sismondi a été poursuivi par la crainte d'un excès général de production, non pas seulement momentané mais permanent : tel devait être selon lui l'effet des engins mécaniques activant outre mesure la production. L'apologue de Gandalin a été maintes fois reproduit : « Gandalin qui logeait un sorcier, remarqua qu'il prenait chaque matin un manche à balai, et que disant sur lui quelques paroles magiques, il en faisait un porteur d'eau qui allait aussitôt chercher pour lui autant de seaux d'eau qu'il en désirait. » Gandalin surprend les paroles magiques, et le balai, c'est-à-dire l'homme machine obéit, mais obéit trop bien : la maison est inondée « Immuable et infatigable il aurait apporté toute l'eau de la rivière... » Gandalin au désespoir s'arme d'une hache, mais les fragments du manche à balai magique se relèvent et courent à la rivière : « Plus il renversait d'hommes machines, et plus d'hommes machines se relevaient pour faire malgré lui son travail. » La conclusion est que l'eau, et en général les richesses sont nécessaires, mais qu'on peut avoir trop même des meilleures choses [1].

L'erreur de de Sismondi est d'avoir pensé que l'abondance pût être excessive et que la production dût fatalement se poursuivre

---

[1] De Sismondi, *Cours d'Économie polit.*, t. I, p. 60.

même au delà des besoins. Il en peut être ainsi d'une chose en particulier, mais on ne saurait conclure du particulier au général. Il est bien évident qu'on ne demande à acheter que si l'on a le désir de consommer, et qu'il y a une limite à ce désir. Il est bien vrai aussi que la concurrence surexcite la production au point de livrer certaines marchandises en plus grande quantité qu'il n'en peut être consommé. Aussi conçoit-on, d'une manière abstraite, que la valeur du blé, fût-elle réduite à néant, la demande de cette denrée ne s'étendrait pas, dès lors que les besoins d'ensemencement et de consommation alimentaire seraient amplement *saturés*.

Mais on peut prouver qu'un pareil engorgement résultant d'une production excessive est nécessairement partiel et temporaire. Effectivement, on ne travaille que parce qu'on a des besoins : le tailleur fait des habits parce qu'il a besoin d'aliments, de souliers, de livres, etc., etc. S'il augmente sa production, ce ne peut être que pour se procurer par l'échange une plus grande quantité de produits; à moins que chacun ne se mette au sévère régime de l'épargne à outrance, et nous savons qu'alors l'accroissement de production ne peut être durable. Évidemment, si tous les producteurs étaient assurés d'avoir tout ce qu'ils désirent, moyennant tel nombre d'heures de travail, il serait inconcevable qu'ils se missent à travailler deux fois plus de temps, car on ne fait un effort de production qu'en vue d'un résultat utile! S'il en est ainsi, il ne dépendra même pas d'une classe de producteurs en particulier de travailler indéfiniment, d'une manière désintéressée et par attraction passionnée, comme disait Fourier. Nous n'avons qu'à rappeler ici un effet de l'organisation industrielle : si, par exemple, l'exploitation des mines et des établissements métallurgiques ne fournit qu'une certaine quantité de matières premières, parce que cette production limitée satisfait pleinement les besoins de ceux qui dirigent les entreprises et de leurs ouvriers (par l'intermédiaire des échanges, s'entend), il est bien clair que la production, dans l'industrie de la construction des machines, devra se restreindre d'après la quantité de matières premières qui lui est livrée (n° 37, 5°). Ce qui est possible c'est que, par suite d'une insuffisante production agricole, l'équilibre soit rompu au détriment de toutes les industries manufacturières à la fois. Les denrées

alimentaires étant alors assez chères pour ne laisser à la masse des
consommateurs qu'un faible excédent de revenus disponibles, il
y aura un trop plein de l'ensemble des produits manufacturés
surtout si l'on est à un moment où l'industrie, grâce aux progrès
de l'art industriel, est douée d'une considérable puissance productive. Dans un pays neuf, où la population clair-semée aurait
des ressources alimentaires en excès, mais où les manufactures
feraient défaut, un mal contraire serait plutôt à redouter. Malheureusement, dans la vie économique des sociétés, l'accroissement
de la production ne se fait pas simultanément et d'une façon
égale dans les diverses branches du travail : la fréquence des
crises a pour cause un inégal développement soit de l'agriculture
par rapport à l'industrie, soit de telle branche d'industrie par
rapport aux autres. De là ces phénomènes de pléthore, d'avilissement du prix de tout un ensemble de marchandises produites
en excès, qui donnent lieu de croire à un *general glut*. Mais si
l'on raisonne sur l'hypothèse théorique d'une production bien
équilibrée dans toutes ses parties, on reconnaît que le trop plein
a, pour ainsi dire, un écoulement illimité et, le *general glut* ne
se réalisera pas alors. Dans nos sociétés, ce ne sont pas tous les
hommes dont les besoins sont complètement satisfaits, c'est seulement une classe riche; mais, par cela même qu'elle a atteint
le maximum de bien-être, elle cesse pour l'excédent des produits communs de faire concurrence aux classes moins aisées,
qui, grâce à la baisse des prix, peuvent efficacement demander
ceux de ces produits dont elles avaient dû se priver jusque-là;
voilà de nouvelles demandes auxquelles on peut affirmer qu'il
n'a jamais été nulle part entièrement pourvu[1].

216. Seulement, et c'est en ceci que de Sismondi reprend
l'avantage, la dilatation de la consommation, au profit des classes moins aisées, rencontre un obstacle, à savoir l'insuffisance
de revenu. Ricardo, J.-B. Say et St. Mill prétendent d'une
manière beaucoup trop absolue que, les richesses devant s'é-
changer les unes contre les autres, les moyens d'acquisition
croissent en même temps et selon la même proportion que les
richesses produites. Selon J.-B. Say les produits trouvent
d'autant plus facilement à s'écouler qu'ils sont plus abon-

---

[1] Cf. Leroy-Beaulieu, *De la colonisation*, p. 703 et suiv.

dants et plus variés. « Ce qui peut le mieux favoriser le débit d'une marchandise c'est la production d'une autre. » C'est là sa fameuse loi dite des *débouchés :* chaque produit nouveau est un débouché pour les autres produits. On peut accorder que cela est vrai dans l'économie générale ou si l'on veut d'une façon abstraite. On trouverait surtout des applications frappantes de la règle si l'univers ne formait qu'un seul marché : la surabondance des produits dans un pays aurait pour remède la surabondance d'autres produits chez une autre nation, mais encore pourrait-il arriver que, par suite d'un inégal développement de richesse, la production spécialisée d'un pays (de l'Angleterre, par exemple, relativement aux cotonnades), devînt excessive, relativement aux moyens d'acquisition des autres pays[1]. J.-B. Say n'a pas pris garde, en effet, qu'un accroissement de consommation implique non seulement un accroissement de production, mais un accroissement dans les moyens d'acquisition, c'est-à-dire dans le revenu soit d'un État, soit des particuliers, car la mesure de la consommation est le revenu. Or, pour la déterminer, ce n'est pas le revenu total qu'il importe de connaître, mais le revenu de chaque État, si l'on s'occupe des relations entre deux nations, et le revenu individuel résultant de la répartition des biens, si l'on a égard aux relations des particuliers entre eux. Plaçons-nous à ce dernier point de vue et supposons que la fabrication des étoffes de drap soit doublée, la consommation ne peut suivre la même progression qu'à l'une de ces deux conditions : ou bien que la classe aisée achète deux fois plus de drap, ou bien que le revenu de la classe moins aisée s'accroisse de manière à lui faciliter l'acquisition de cette surproduction; il se peut que ni l'une ni l'autre de ces éventualités ne se réalise, auquel cas l'équilibre entre la production et la consommation se trouve rompu.

L'inégalité extrême des fortunes aura cet effet de susciter la création d'industries de luxe, et de procurer à quelques-uns le superflu, tandis que l'indispensable manquera au plus

---

[1] Cf. dans M. Leroy-Beaulieu (*De la colonisation*, p. 703 et suiv.), l'exposé de cette doctrine due au colonel Torrens. Il en sort une très-importante conséquence, à savoir l'avantage pour un pays dont la production se trouve en excès relatif à chercher pour ses capitaux des emplois au dehors, notamment dans les colonies (V. ci-dessous, nᵒˢ 489 et 496).

grand nombre. Alors les industries qui fournissent les produits usuels destinés à une large consommation sont exposées à produire au delà, non pas des besoins, mais des moyens d'acquisition; elles cherchent au loin des débouchés pour échapper au péril de la pléthore et aux risques de l'avilissement des prix au-dessous des frais de production. Souvent aussi, cet état de souffrance résulte des excès de la spéculation et de la concurrence, et il faut un temps assez long pour que la consommation suive la marche d'abord trop rapide de la production[1]. Ainsi, pour l'équilibre de la production et de la consommation, il ne suffit pas de considérer la nature et l'étendue des besoins, il faut encore déterminer les revenus disponibles et la manière dont ils sont répartis[2].

Pourtant, la production soumise à la concurrence est sujette à de moindres écarts que la production réglée par autorité. Elle a intérêt à suivre aussi approximativement que possible les indications de la demande; le plus grand risque est qu'elle dépasse celle-ci. Par conséquent, si une partie de l'indispensable manque à un trop grand nombre d'hommes, ce n'est pas une suite naturelle de la liberté industrielle, c'est plutôt celle d'un système de répartition qui accentue les inégalités sociales (n° 64). En outre, et c'est assurément aujourd'hui la cause des troubles économiques les plus graves dûs à la rupture d'équilibre de la production et de la consommation, la production et la concurrence ont pour champ le monde entier, les débouchés sont à la fois plus disputés et plus aléatoires, sujets à de brusques resserrements. C'est une considération qu'il faut se borner ici à énoncer mais sur laquelle il y aura lieu d'insister par la suite.

Faut-il pour cela renoncer à laisser la production livrée à elle-même? Non. Les projets d'intervention de l'État en vue de

---

[1] Une longue crise de ce genre par excès de production dans les principales branches du travail a profondément troublé les transactions sur presque tous les points du globe à partir de 1873.

[2] Ne pas conclure surtout avec M. Milet de l'influence que la consommation exerce sur la production à une équation absolue des utilités produites et des utilités consommées (*Revue d'Écon. polit.*, 1890, p. 510). M. Milet prend comme synonymes *utilités produites* et *utilités échangées,* mais laisser en dehors de la question les utilités produites et non échangées faute de débouchés, c'est la fausser complètement.

régler la production dépassent le but ou sont insuffisants : les uns se confondent avec les systèmes d'organisation artificielle qui nous ont paru impraticables ; d'autres, ainsi la direction des établissements de crédit par l'État, auraient tout au plus pour résultat d'arrêter les entreprises mal conçues, mais n'empêcheraient pas que, selon les indications de la demande, la production des objets de luxe fût surabondante, et celle des objets de première nécessité moindre qu'il ne faudrait.

217. Producteurs et consommateurs. — On pourrait croire qu'il existe un antagonisme fatal entre les producteurs et les consommateurs : les uns étant intéressés à la haute valeur d'échange de leurs produits, les autres à la diminution de la valeur. Deux observations suffiront à écarter cette contradiction économique apparente : 1° En opposant, comme on le fait trop souvent, le producteur au consommateur, on oublie que, à l'exception d'une assez faible minorité de personnes, chacun est dans la société en même temps producteur (ou pour mieux dire agent de production de richesses ou auteur de services) et consommateur. Au point de vue du bien-être effectif de la société, il y a donc intérêt d'une part à ce que le travail, sous ses diverses formes, soit rémunérateur, c'est-à-dire procure un revenu suffisant[1], et d'autre part à ce que les difficultés du travail, grâce au progrès industriel, et par conséquent les valeurs d'échange soient amoindries, surtout en ce qui concerne les choses qui ont la valeur en usage générique la plus réelle. 2° D'ailleurs, en considérant l'intérêt isolé d'un producteur, il ne faut pas perdre de vue que la diminution de la valeur d'échange peut avoir pour effet de multiplier le nombre des consommateurs ; or, une production qui augmente en quantité dans une très-forte mesure peut être beaucoup plus lucrative qu'une production restreinte, le taux du profit fût-il moindre : qui ne préférera gagner 5 p. 100 sur un chiffre d'affaires de 500,000, à gagner 20 p. 100 sur 50,000 francs ? La somme totale des profits est pour l'un 25,000 francs ; pour l'autre de 10,000 francs seulement. Les producteurs peuvent donc avoir un grand intérêt à rendre les marchandises accessibles au plus grand nombre possible de

---

[1] La théorie du commerce international donnera occasion de dégager d'importantes conséquences de ce principe, nos 721 et suiv.

consommateurs par une diminution de la valeur d'échange. Il
se peut enfin que, malgré la baisse de valeur, le taux du profit
reste le même; c'est ce qui a lieu lorsque cette baisse de valeur
provient d'une économie réalisée dans les conditions de la production.

SECTION II.

ANALYSE DE LA PRODUCTION.

CHAPITRE I.

D'OÙ RÉSULTE LA PRODUCTION. — RÔLE DES AGENTS NATURELS.

---

218. D'où résulte la production. — Travail et capital seuls agents de la production. — Terre ou agents naturels. — Physiocrates. — On dit communément qu'il existe trois FACTEURS de la production : 1° La *terre* ou les *agents naturels*; 2° le *travail*; 3° le *capital*. Adam Smith nous parait être plus dans le vrai, lorsqu'il dit que la richesse procède uniquement du travail[1]; disons plutôt du travail et du capital, ce qui d'ailleurs est au fond une même chose; car le capital vient du travail, il se conserve ou se renouvelle par le travail (n° 188), et pour coopérer au travail. Au contraire, on ne saurait attribuer à la nature le rôle d'un agent de production. Un agent ou un facteur, c'est, est-il besoin de le dire, une cause efficiente; parler de trois facteurs, attribuer en particulier à la nature le rôle d'un agent de production[2], c'est lui supposer dans la création des richesses un rôle actif, tandis qu'elle n'a qu'un rôle passif. La nature prête à l'homme des matières brutes : par le travail, il se crée

[1] Adam Smith, liv. I, ch. v. — Nous traduisons ainsi sa formule : « Le travail est la mesure réelle de la valeur échangeable. » Nous n'avons pas à la discuter en ce moment; le sens que nous lui avons donné est celui dans lequel elle a été entendue par les annotateurs d'Adam Smith, qui la critiquent. — Dunoyer, dans la *Liberté du travail*, a suivi Adam Smith, de même Baudrillart, *Manuel*; de Fontenay, *Du revenu foncier*, p. 146-264; Mac-Culloch, t. I, p. 57. — Cf. Locke, *Essai sur le gouv. civil*, liv. II, § 40 et suiv.

[2] L'expression « agents naturels » est cependant trop en usage pour que nous affections de ne pas l'employer.

des richesses et parmi ces richesses des matériaux préparés pour l'œuvre de la production, ce sont les capitaux. Mais quel est l'ouvrier, l'auteur, l'agent ou le facteur de la production ? Il n'y en a qu'un, c'est l'homme, et son action s'appelle le travail. Quel est d'ailleurs le résultat obtenu ? Qu'est-ce qui est produit ? Ce n'est rien de matériel, c'est l'utilité. Peut-on dire que l'utilité vienne des agents naturels ? Nous avons déjà répondu négativement en montrant que toute utilité est l'effet d'un travail (V. n°ˢ 156 et 157). Assurément, sans une substance matérielle ou sans une force naturelle, le travail de production est un non-sens, mais de ce que le travail et le capital impliquent l'intervention de la nature, il ne s'ensuit aucunement que celle-ci soit en tiers dans la création des richesses [1].

Une partie de la valeur créée est-elle due aux agents naturels ? La nature est dans l'œuvre industrielle un élément nécessaire : elle fournit au travail des matériaux et des forces : l'expression agents naturels est générique ; elle s'applique aux uns et aux autres. Les économistes français du XVIII° siècle de l'École du docteur Quesnay et de Turgot, les *Physiocrates* [2], ont mis en usage l'expression très-impropre de *terre*, qu'emploient encore un certain nombre d'économistes, quoiqu'elle soit, de leur propre aveu, très-critiquable. Les Physiocrates commettaient une double erreur : 1° ils voyaient dans la force productive du sol l'origine de toute richesse et ne reconnaissaient de *revenu net* que dans celui que procure la terre [3]; or, il sera bientôt dé-

---

[1] Dunoyer, dont nous sommes heureux de pouvoir invoquer ici l'autorité, écarte dès l'abord « cette trinité un peu pédantesque de la terre, du travail et du capital que l'École fait assister simultanément à l'origine de toutes nos acquisitions de richesses et de forces... cause de trouble et de confusion... à la fois inexacte et insuffisante. » Il reproche à J.-B. Say de « n'avoir fait figurer l'industrie humaine qu'en tiers dans l'acte de la production. » La nature, le capital « sont des moyens que l'industrie humaine s'est donnés, des *agents*, qu'elle s'est faits » (*Lib. du travail*, t. II, p. 35).

[2] Ce nom de *Physiocrates*, de *physiocratie*, vient-il de l'importance excessive donnée par les économistes de cette École à la nature φύσις? C'était l'explication couramment donnée. M. Scheele dans son ouvrage *Du Pont de Nemours et l'École physiocratique* l'explique autrement, avec plus de vraisemblance, par la prétention de l'École d'avoir posé les lois de l'ordre naturel des sociétés. C'était là le sens de *physiocratie* comme en témoigne le titre d'un recueil d'œuvres de Quesnay publié par Du Pont de Nemours en 1767.

[3] Ils en tiraient cette conclusion pratique au point de vue de l'impôt que seuls les propriétaires fonciers devaient payer l'intégralité des sommes né-

montré que les industries productives ne sont pas celles-là seulement qui exploitent le sol. A Adam Smith revient l'honneur d'avoir compris que le travail est la source de nos biens ; 2° aux yeux des *Physiocrates,* c'est la terre seule qui dans la nature joue le rôle de facteur de la production. De leur temps, le rôle de l'atmosphère dans la circulation de la matière, spécialement au point de vue de la production agricole, n'était pas connu comme de nos jours. La science n'avait pas encore assigné à l'emploi des forces motrices naturelles toute l'importance qu'on lui reconnaît aujourd'hui. Le moteur à vapeur n'avait pas transformé l'industrie. Personne ne peut donc contester que le terme dont se servaient les Physiocrates, et qui était en parfaite conformité avec leur doctrine, ne soit devenu trop étroit. Il vaut mieux dire la *Nature* ou les *Agents naturels,* pourvu que l'on n'attache pas à cette dernière expression un sens trop déterminé. Une autre doctrine économique encore, celle de Ricardo sur la rente du sol, suppose aussi que la nature est un facteur de la production : d'après cette doctrine, en effet, une partie de la valeur qu'obtient le propriétaire foncier serait due aux qualités primitives et indestructibles du sol, mais on verra que les idées de Ricardo sur la propriété foncière sont rien moins qu'exactes (ci-dessous, n°° 277 et suiv.; 904 et suiv.).

219. Classification des agents naturels; gratuité. — Les agents naturels, selon qu'ils échappent à l'appropriation ou s'y trouvent soumis, se divisent en trois classes : 1° les choses ou forces communes; 2° les choses ou forces publiques[1]; 3° les choses ou forces privées. — 1° Les choses ou forces communes, telles que la mer, la lumière, l'air, la force des courants atmosphériques ou marins. C'est le patrimoine du genre humain : sur ces choses il ne peut y avoir que des *jouissances communes.* 2° Les choses ou forces publiques. Ce sont celles qui sont dépendantes de la souveraineté, mais dont l'usage est commun pour les nationaux et les étrangers ou pour les premiers seule-

---

cessaires à l'État. Assurément cette théorie financière, et le principe lui-même du produit net dû à la force productive du sol, étaient peu en harmonie avec le fondement de la propriété foncière qui, pour la plupart des Physiocrates, était le travail de l'homme.

[1] Ces deux premières classes correspondent aux *res communes* et *res publicæ* de la division du droit romain des *res extra patrimonium.*

ment, selon la législation. Dans cette catégorie se rangent les ports, les routes, les fleuves navigables ou flottables[1], le flux et le reflux dont le mouvement se prolonge souvent assez loin en remontant le cours des fleuves, etc... 3° Les choses et les forces privées, comprenant toutes les substances naturelles qui, n'étant pas d'une abondance inépuisable, sont soumises au régime de l'appropriation; de même les forces naturelles incorporées à ces choses, ainsi le calorique dans le combustible, la force motrice d'un ruisseau ou d'une chute d'eau, etc... Les choses ou forces publiques et privées (2° et 3° de la classification), étant susceptibles de fixer du travail et du capital peuvent figurer, à la différence des choses ou forces communes, parmi les richesses lorsqu'elles ont été l'objet d'une appropriation.

La question de la gratuité des agents naturels est des plus obscures. Les solutions divergentes des auteurs, les uns affirmant, les autres contestant la gratuité[2], procèdent soit d'une conception doctrinale étroite ou fausse sur la source des richesses et du revenu (doctrine des Physiocrates; doctrine de Ricardo), soit simplement d'un malentendu. Parlons seulement du malentendu.

Agiter la question de gratuité des agents naturels d'une façon abstraite, sans faire aucune distinction, a été le tort de plusieurs économistes qui concluent en sens opposés, faute d'avoir fait les analyses nécessaires. Parmi les forces naturelles, certaines exigent, pour être employées, des actes d'appropriation ou une série de travaux plus ou moins compliqués. Il va de soi que ces travaux obtiennent une rémunération; aussi, au point de vue de la richesse effective, doivent-ils être déduits de la plus-value de puissance due au concours de forces naturelles utilisées : par exemple, de la force motrice d'un moulin à eau comparée à la force manuelle équivalente d'un certain nombre d'ouvriers, il convient de déduire la somme de travail dépensée dans la construction, l'entretien et le fonctionnement du moulin. Pour obtenir du combustible minéral un dégagement de chaleur, ne faut-il pas que des travaux de recherches aient été faits, que des galeries aient été percées, qu'enfin le travail d'extraction et de

---

[1] Cette division se confond, quant aux choses, avec le domaine public.

[2] V. dans le sens de la gratuité : Peshine Smith, *op. cit.*, p. 71 et suiv.; Bastiat, *Harmonies*, p. 208 et suiv.; dans le sens contraire, Cherbuliez, *op. cit.*, t. I, p. 117.

transport ait été accompli ? Ces avances sont à déduire du résultat obtenu ; et, sous ces différents rapports, il serait inexact de voir dans les forces naturelles un agent dont l'intervention est absolument gratuite.

Si, de plus, l'on songe que l'accroissement de puissance productive est la récompense d'efforts additionnés pendant une longue série de siècles, on s'éloignera davantage de cette idée de gratuité. Mais alors d'où vient-elle donc ? Est-ce une pure illusion ? Certainement non : elle a son application légitime en ce qui concerne la valeur. Dans les échanges, de quelque force naturelle qu'il s'agisse, force commune ou incorporée à un objet de propriété privée, la valeur ne s'attache qu'au travail proprement dit : travail de mise en œuvre des forces en question, ou travail de production ou d'extraction des choses utilisées. Quant à la puissance des forces naturelles, elle n'augmente pour aucune part la valeur d'échange. Par conséquent, à cet égard, il est vrai de dire que les forces naturelles sont gratuites [1]. Au surplus, cette distinction était déjà implicitement contenue dans ce qui a été dit précédemment sur la provenance de l'*utilité*. C'est cependant un point sur lequel il y aura lieu de revenir, car l'idée contraire très-fortement enracinée dans l'économie politique classique a été logiquement invoquée par les collectivistes qui concluent à la nationalisation de tous les agents naturels (n°ˢ 1003 et suiv.).

---

[1] M. Block critique cette doctrine faute sans doute d'avoir aperçu que dans l'échange ce qui obtient une rémunération c'est la valeur sociale de notre travail (n° 194), mais que la somme des efforts d'invention accomplis depuis des siècles ne nous donne personnellement droit à rien (n° 201). C'est en parlant de la lente et laborieuse conquête de l'homme sur les forces naturelles que nous avons eu raison de dire au commencement de cet alinéa qu'elle était loin d'être gratuite. Il n'y a donc là aucune contradiction, quoi qu'en pense M. Block (Block, *Progrès de la science écon.*, t. I, p. 297).

CHAPITRE II.

TRAVAIL.

—

220. Le travail de production consiste, on le sait, en une série de mouvements. Il n'y a pas de mouvement qui n'émane d'une force : la volonté et l'intelligence commandent, les muscles obéissent; tantôt c'est une même personne qui conçoit et exécute, tantôt le travail de direction et le travail manuel sont séparés[1]; tantôt le travail manuel accomplit tout l'effort, tantôt il ne fait que donner l'impulsion à des agents mécaniques. Il faut ici mettre en présence ces deux modes, le travail musculaire et le travail mécanique, puis examiner comment, dans un même atelier, s'opère entre producteurs la division professionnelle du travail.

§ I.

Travail musculaire et travail mécanique.

221. **Principe de l'économie progressive des forces humaines.** — La force musculaire de l'homme est un moteur d'une puissance limitée et variable : en analysant le travail de production, nous avons fait remarquer que ce travail, même dans les cas les plus simples, suppose presque toujours un certain agencement des choses matérielles en vue de donner occasion

---

[1] La distinction du travail de direction et du travail d'exécution qui n'est qu'accidentelle dans la théorie de la production passe au premier plan dans celle de la répartition. Selon le langage communément reçu, le *travail* y désigne seulement le travail d'exécution dû par la convention à un patron qui en a le commandement et la direction. C'est en ce sens qu'on parle du travail, c'est-à-dire de l'ouvrier, par opposition au capital, c'est-à-dire au patron.

aux forces naturelles de se manifester ; rappelons simplement que l'arbre tombe par la force de la gravitation ; que la chaleur se dégage du foyer à la suite d'efforts physiques assez insignifiants. Néanmoins, dans l'agriculture et dans l'industrie manufacturière, le labeur de l'homme serait des plus rudes si, entre ses muscles et ses forces naturelles latentes, n'intervenaient, comme puissants auxiliaires, les engins mécaniques. Le but de l'économie industrielle doit être de faire grandir la part intellectuelle du travail et de décharger l'homme de tout ce que la matière inanimée peut faire mieux que lui et à meilleur marché.

L'économie dans l'emploi des forces humaines est l'un des plus puissants moyens d'accomplissement de la loi de progrès. Personne aussi bien qu'Horace Mann n'a su en décrire la nécessité providentielle : « Si Dieu avait voulu que le travail du monde fût exécuté par les os et les nerfs des hommes, il nous aurait donné un bras aussi solide et aussi fort que l'arbre d'une machine à vapeur, et nous aurait doués de la faculté de rester debout jour et nuit, et de tourner le levier d'un steamer pendant sa traversée de Liverpool à Calcutta. Si Dieu avait eu le dessein que les muscles humains fissent l'ouvrage du monde, il nous eût alors donné, au lieu des ingrédients de la poudre et du fulmicoton ou de la force expansive de la chaleur, des mains capables de prendre une carrière de granit et d'en briser la solide masse en fragments convenables et symétriques, aussi aisément que nous ouvrons maintenant une orange. S'il nous avait créés pour porter des fardeaux, il nous aurait doués des épaules d'Atlas avec lesquelles nous pourrions transporter les immenses chargements des wagons et des steamers, comme un portefaix porte un paquet. Il nous aurait donné des poumons avec lesquels nous soufflerions les flottes devant nous et des ailes pour traverser l'étendue des mers. Mais au lieu de bras de fer, des épaules d'Atlas et des poumons de Borée, il nous a donné un esprit, une âme, la capacité d'acquérir des connaissances et de nous approprier ainsi toutes les forces de la nature pour notre usage. Au lieu d'yeux télescopiques ou microscopiques, il nous a donné le pouvoir d'inventer le télescope et le microscope. Au lieu de dix mille doigts, il nous a doués du génie d'inventer le métier à tisser et la presse à imprimer. Sans une intelligence cultivée

l'homme est la plus faible des forces dynamiques; avec une intelligence cultivée il les domine toutes [1]. »

**222. Qualités générales du travail; Force musculaire; Qua-
lités intellectuelles.** — Les qualités générales du travail sont
des qualités morales, intellectuelles ou physiques dépendant de
l'âge, du sexe, des nationalités. Ainsi la répartition de la population selon les âges fournit de précieuses indications, non seulement au sujet de la force musculaire disponible, mais encore
quant à la manière de penser et d'agir, de concevoir les entreprises et de les exécuter.

L'avantage, dans le présent du moins, est évidemment au pays
qui compte la proportion d'adultes la plus élevée. La population
improductive (à raison de l'enfance au-dessous de quinze ans ou
de la vieillesse au-dessus de soixante-dix ans), n'est en France
que de 31,7 (1886) p. 0/0; elle s'élève à 38,1 p. 0/0 en Allemagne (1885) et à 40,4 p. 0/0 aux États-Unis. La population
active forme donc chez nous 68,3 p. 0/0 de l'ensemble; aux
États-Unis (59,6 p. 0/0) et en Allemagne (61,9) la proportion est
inférieure. Si de tous les États européens, la France est le pays
qui compte le moins d'adultes de vingt à trente ans : 16,5 d'a-
près le recensement de 1886, en revanche c'est en France que
se rencontre la plus forte proportion d'adultes de trente à quarante-cinq ans : 19 p. 0/0 (1886) [2] (l'Angleterre et le Danemark
viennent en dernière ligne, celui-ci avec 13 p. 0/0) [3]; or, c'est
de trente à quarante-cinq ans que se rencontrent ordinairement
réunies les conditions de hardiesse et de maturité favorables au
succès des entreprises. C'est aussi la période de la vie qui donne
la plus faible moyenne des interruptions de travail pour cause
de maladie.

---

[1] Ce remarquable passage est cité par Peshine Smith, *op. cit.*, p. 85.

[2] Voici quelques détails complémentaires sur cette répartition selon les
âges, empruntés au recensement de la France en 1886 (les résultats détail-
lés du dénombrement de 1891 ne sont pas encore publiés) : sur 100,000
individus, 26,960 au-dessous de 15 ans; 8,473 de 15 à 20 ans; 16,587 de
20 à 30; 19,762 de 30 à 45; 28,218 au-dessus de 45 ans, dont 16,012 de 45
à 60 ans.

[3] Pour ne pas tirer de ces statistiques des conclusions qui seraient fausses
a d'autres points de vue que celui qui nous occupe, il faut prendre garde
au chiffre des naissances. S'il est faible comme en France, les autres
chiffres se relèvent. Au contraire l'Angleterre est le pays où l'on compte le
plus d'individus au-dessous de 20 ans.

Malgré l'importance croissante des communications internationales, chaque pays conserve des qualités et des aptitudes particulières de travail; on vante la souplesse d'esprit des Italiens, le goût de l'ouvrier Français, la docilité et la régularité de l'Allemand, l'énergie et l'application des Anglo-Saxons. Selon M. Jeans le travail d'un bon ouvrier anglais serait de 1/5 environ plus productif que celui des autres ouvriers européens. L'Européen a peut-être moins d'adresse que le sauvage, certainement moins de puissance musculaire que l'Indien ou le Malais, mais il a plus de connaissance des lois de la nature, une intelligence plus cultivée, plus de persévérance; il est plus capable d'efforts soutenus, il sait mieux régler ses forces[1]; or, dans l'appréciation du travail, la continuité, la constance sont plus importantes encore à considérer que l'intensité momentanée, aussi la productivité du travail de l'Indien, d'après Brassey, serait-elle à peine moitié de celle de l'Anglais[2].

La force physique de l'homme est un élément de premier ordre au point de vue militaire. C'est aussi une cause de puissance industrielle, mais d'importance relativement secondaire à cause des progrès accomplis par l'industrie. Il n'en est pas de même dans les sociétés primitives où l'homme ne sait guère employer d'autre force que la sienne ou celle des animaux domestiques. La force musculaire joue alors un rôle prépondérant. Au surplus, elle est variable selon les races et les climats (n° 54).

Le régime alimentaire et les conditions du travail industriel ont aussi à cet égard une influence considérable[3].

Pour calculer la force musculaire disponible dans un pays, il convient d'avoir surtout égard au sexe et à l'âge des individus. A trente ans, c'est-à-dire à l'âge de la plénitude des forces phy-

---

[1] Toutefois la continuité absolue du travail épuiserait les forces physiques ou intellectuelles; elle doit être coupée par des heures ou des jours de repos à intervalles réglés. Il est parfaitement établi que les habitudes religieuses ou traditionnelles qui font réserver un jour par semaine pour le repos sont favorables à la production.

[2] V. Jeans, *Suprématie de l'Angleterre,* trad. Baille, p. 428 et suiv., et Brentano, *Revue d'Econ. polit.,* 1890, p. 120. Cf. Schönberg, *op. cit.,* t I, p. 185.

[3] Les populations agglomérées de l'industrie manufacturière sont souvent menacées de dégénérescence physique; les causes en sont multiples : l'imprévoyance et l'inconduite d'une part, et de l'autre, l'insalubrité de certaines professions, l'emploi industriel des femmes et des enfants, parfois la durée excessive du travail. C'est un sujet sur lequel il faudra revenir.

siques, la femme n'a que les 5/9es de la force musculaire de l'homme[1]. Les femmes, en plus forte proportion que les hommes, étant affranchies du travail manuel, il suit de là que la force musculaire disponible pour la production industrielle, à plus forte raison au point de vue de la défense du pays, serait moindre si l'on comptait une plus forte proportion de femmes que d'hommes.

223. Travail mécanique; Ses différents degrés. — Par travail mécanique on doit *lato sensu* entendre tout travail qui est fait à l'aide des outils et des machines; c'est tout auxiliaire de l'œuvre de production augmentant ou remplaçant la force musculaire. On peut distinguer plusieurs degrés dans le travail mécanique : 1° celui qui se fait au moyen d'outils *proprio sensu,* c'est-à-dire d'instruments simples tenus ou maniés par l'homme[2]; 2° celui qui s'opère à l'aide de machines simples ou de métiers à bras, c'est-à dire de machines à organe simple plus puissant que l'outil, ou à organes multiples, mais dont le nombre est assez faible cependant pour que la force musculaire de l'homme ou des animaux puisse être le moteur : le métier à tisser, la charrue, le moulin à manège sont les exemples les plus usuels de ce mode de travail intermédiaire; 3° le travail purement mécanique qui s'opère au moyen de machines complexes mues par des forces motrices inorganiques, comme une chute d'eau, une machine à vapeur, transmettant ou distribuant le mouvement à des organes opératoires, imités des outils manuels de l'homme, fuseaux, navettes, poinçons, etc..., lesquels organes, à cause de la puissance de la force motrice employée, peuvent obéir en très-grand nombre à la même impulsion. Telle est la machine proprement dite, celle de l'industrie moderne qu'on a souvent appelée la *machine-outil,* parce que les forces inorganiques y remplacent la main de l'ouvrier[3].

---

[1] V. Quetelet, *Du système social*, t. II, p. 73 et suiv.

[2] Les économistes appellent souvent machines les outils simples eux-mêmes. C'est une cause de confusion. Aussi bien, le mot *machine* est un de ceux dont on abuse le plus : par exemple, on dit des lettres de change, des monnaies, etc... qu'elles sont les *machines du commerce.* Il n'est pas plus exact de dire, comme on le fait parfois, qu'un livre est un outil. Toutes ces expressions métaphoriques ne peuvent que fausser les idées.

[3] On sait que dans une acception plus spéciale mais très-usitée, les machines outils désignent les machines à travailler ou à façonner les métaux : tours, machines à percer, à aléser, à tarauder, à fraiser, à mortaiser, etc., etc.

Ces distinctions présentent un grand intérêt à deux points de vue : 1° quant à l'action de l'ouvrier : les outils renforcent la puissance musculaire ou servent à la régler, mais ne la remplacent pas : le marteau est un poing, le soufflet un poumon, les tenailles et l'étau sont des mains d'une vigueur incomparable, le rouet donne au mouvement circulaire une sûreté parfaite, mais la force musculaire imprime le mouvement. Au contraire, la machine-outil agit sous les yeux de l'ouvrier. Le travail humain consiste à la mettre en train, à la diriger et à la surveiller. Le travail musculaire n'est pas supprimé mais relégué au second plan et entièrement transformé; — 2° quant à l'organisation même du travail : avec les machines-outils, la fabrication a lieu nécessairement en grand. Souvent un même moteur fera agir une série de machines-outils, soit semblables, soit différentes, qui accomplissent un ordre successif de travaux. Avec l'outil ou la machine simple, le travail peut se concevoir au foyer domestique, sans grande concentration de bras, n'être l'œuvre que d'un artisan isolé ou de quelques ouvriers.

Malheureusement, les mots manquent pour désigner clairement ces différents états d'organisation du travail : la *manufacture*, en dépit de l'étymologie, désigne habituellement la grande fabrication, celle qui s'opère dans les fabriques à l'aide surtout de machines-outils; à défaut d'un terme meilleur, le mot *atelier* peut être réservé pour désigner le travail exécuté à l'aide d'outils ou de machines simples par un nombre restreint d'ouvriers dans des établissements de moindre importance. On va voir par l'étude de la division du travail qu'il n'est pas sans utilité de distinguer les deux types différents de concentration du travail, l'atelier et la manufacture.

§ II.

Coopération professionnelle ou division du travail dans l'atelier ou la manufacture.

224. Coopération professionnelle. Travail de direction; ses divisions. — Dans la coopération professionnelle, la division dominante est celle du travail intellectuel ou travail de direction et du travail matériel ou travail d'exécution. Chacun de ces deux ordres de fonctions se subdivise. Il faut donc distinguer la division du travail intellectuel relatif aux fonctions de direction et la division du travail matériel relatif au travail d'exécution.

Quant à la division du travail intellectuel, si l'importance d'une entreprise comporte cette décomposition, on rencontre trois fonctions dirigeantes distinctes : 1° la direction *stricto sensu;* 2° l'administration ; 3° la surveillance ou le contrôle.

La direction est une fonction qui suppose des aptitudes peu communes : le chef d'entreprise doit posséder le savoir industriel, c'est-à-dire ce qui est relatif à l'outillage spécial, à la mise en œuvre des matières premières, aux procédés de fabrication. L'habileté commerciale lui est aussi nécessaire; il lui faut connaître l'état du marché, pressentir les besoins de la consommation ou les faire naître, déterminer les meilleures conditions d'achat, être à l'affût des débouchés, savoir y proportionner la fabrication. Enfin il doit avoir l'aptitude administrative, l'autorité morale sur ses auxiliaires, un esprit maître de soi, ferme et conciliant, capable d'établir l'ordre dans les détails et dans l'ensemble, enfin un jugement sûr qui lui permette de fixer les attributions et la responsabilité de chacun selon ce dont il est capable.

Dans une vaste entreprise, l'administration se distingue de la direction : c'est le travail des employés, de ceux qui font par délégation tout ce qui peut être fait de la sorte (correspondance, écritures, tenue des livres, opérations de caisse), afin de décharger le chef d'entreprise d'une foule de détails dans lesquels son activité ne doit pas s'absorber.

Enfin la surveillance porte, soit sur le travail d'administration, soit sur le travail d'exécution; celle qui a ce dernier objet est confiée spécialement aux contre-maîtres et chefs d'atelier. Elle suppose souvent une expérience pratique que le directeur ne posséderait pas. Aussi, même dans des entreprises plus restreintes, où l'administration et la direction sont réunies, le travail de surveillance est-il fréquemment délégué en partie par l'entrepreneur.

225. Division du travail matériel : Ses différentes formes, ses avantages. — La division du travail matériel est celle qui s'opère relativement au travail d'exécution au moyen des combinaisons dont l'étude historique du travail a fait apparaître la succession. Dans les sociétés anciennes, la tâche est répartie par le maître entre les esclaves. De nos jours le patron dirige le travail d'ouvriers libres qui ont loué leurs services par contrat, lorsque la production a lieu sous forme d'entreprises individuelles ; si elle a lieu par association la coopération est organisée librement par les associés eux-mêmes. — Quoi qu'il en soit, la coopération[1] pour l'exécution est nécessaire lorsque la production est le fait de plusieurs et non d'un seul. La *coopération* est simple ou complexe. Il y a coopération simple ou par efforts combinés quand plusieurs personnes accomplissent simultanément des actes identiques, avec la volonté d'unir leurs efforts : les énormes masses de granit des monuments égyptiens ont sans doute été ainsi traînées par les efforts combinés de plusieurs milliers d'individus. Chacun a vu des matelots hisser en cadence le mât d'un navire. Dans cette coopération, il faut la volonté d'agir en commun, une confiance mutuelle. La force musculaire ne pouvant être continue, il s'établit un accord pour que tous agissent au même instant, de là ce rhythme cadencé qui marque habituellement les instants successifs de l'action.

Les procédés de la coopération simple sont pour ainsi dire instinctifs. Cette coopération s'applique aux travaux exigeant une force musculaire collective : ce sont ceux que les machines accomplissent le plus facilement, car alors il s'agit d'une simple répétition du même acte. Aussi certains procédés mécaniques ont été calqués sur le travail humain dans la coopération simple notamment dans la *sonnette à tiraude*[2]. Le rôle de la coopération simple diminue donc avec les progrès de l'industrie ; en est-il autrement de la coopération complexe ? Cette dernière est ce qu'on appelle communément la *division du travail :* elle consiste dans le fractionnement d'un travail professionnel en tâches parcellaires.

---

[1] Nous employons ce mot dans son sens propre. Dans un sens dérivé, la *coopération* désigne un genre particulier d'association dont nous aurons à parler par la suite. — On peut aussi dire qu'il y a coopération dans la participation de plusieurs industries à la confection d'un même produit.

[2] On se sert d'un bloc de bois ou de métal appelé *mouton* pour enfoncer les pilotis. Autrefois le mouton était soulevé par des ouvriers qui tiraient un câble et le lâchaient à un moment donné pour laisser retomber le bloc. De là l'idée d'une machine dans laquelle le *mouton* est soulevé par un treuil et retombe, au moyen d'un mécanisme, à des intervalles déterminés (*sonnette à déclic*). Exemple cité par Courcelle-Seneuil, t. I, p. 93.

La coopération complexe par tâches parcellaires a pour conséquence très-ordinaire le groupement dans un même lieu des travailleurs entre lesquels le travail est divisé[1]. La coopération a donc, comme l'emploi des agents mécaniques auquel d'ailleurs elle est ordinairement connexe, pour effet habituel de produire des concentrations d'industrie d'une importance variable.

Adam Smith est le premier qui ait fait de la division du travail une théorie scientifique[2]. L'exemple de la fabrication des épingles est devenu légendaire : « Non seulement, dit Adam Smith, la fabrication des épingles forme un métier particulier, mais cet ouvrage est divisé en un grand nombre de branches, dont la plupart constituent autant de métiers particuliers. » Dans les plus grandes manufactures on comptait 18 opérations différentes ; Adam Smith en prend une de moindre importance n'occupant que 10 ouvriers : la production quotidienne y était de 48,000 épingles, soit 4,800 par ouvrier. « S'ils avaient tous travaillé à part, ajoute-t-il, et s'ils n'avaient pas été façonnés à cette besogne particulière, chacun d'eux assurément n'eût pas fait 20 épingles, peut-être pas une seule dans sa journée. » En supposant que la production isolée eût été de 20 épingles, la division du travail (bien qu'imparfaite dans l'espèce) multipliait la force productive par 240 (4,800 = 20 × 240).

226. Causes de puissance productive et avantages résultant de la division du travail. — Les principales causes de la puis-

---

[1] Il n'en est pas nécessairement ainsi : l'industrie de l'horlogerie dans le Jura et en Suisse est, par exemple, restée (sauf en quelques centres principaux comme Besançon, Genève) une industrie domestique, bien qu'elle nécessite la subdivision du travail entre un grand nombre d'ouvriers ne fabriquant qu'une espèce particulière de pièces. Le montage et l'ajustage se font seuls, en dernier lieu, dans des ateliers.

[2] Le passage suivant de la *Cyropédie* autorise cependant à dire que l'antiquité en a eu la notion la plus nette : « Dans les petites cités, le même ouvrier fait des lits, des portes, des charrues, des meubles, souvent même il bâtit des maisons... Un ouvrier qui s'occupe à tant de choses ne peut réussir à toutes également. Au contraire, dans les grandes villes, où une foule d'habitants ont les mêmes besoins, un seul métier suffit à nourrir un artisan. Quelquefois même il n'en exerce qu'une partie : un cordonnier ne chausse que les hommes, un autre ne chausse que les femmes. L'un gagne sa vie à coudre des souliers, tandis qu'un autre les coupe, etc. Selon l'ordre naturel des choses, un homme dont le travail est borné à une seule espèce d'ouvrage y excellera. »

sance productive résultant de la division du travail sont les suivantes : 1° Réunion dans un même lieu de travail d'opérations distinctes et successives formant entre elles une filière continue. C'est ce qui avait lieu dans les fabriques d'épingles observées par Ad. Smith ou dans les fabriques de cartes à jouer dont parle J.-B. Say. Les différentes tâches se succèdent jusqu'à l'achèvement du produit : certains ouvriers fournissent aux autres la matière première de leur travail. L'organisation générale repose sur l'observation du temps relatif qu'exige chaque opération ; le nombre d'ouvriers pour chacune est déterminé en proportion. On arrive ainsi à une remarquable économie de temps, à l'emploi continu des forces individuelles ; — 2° Suppression du temps perdu lorsque l'on change d'occupation pour la *mise en train :* quand les travaux industriels sont complexes, l'ouvrier est obligé de se servir de nouveaux outils, souvent de se déplacer ; ce sont des intermittences diminuant la productivité du travail. L'uniformité de l'ouvrage permet, selon l'image pittoresque de Karl Marx, de resserrer les *pores* de la journée ; — 3° Différenciation des outils selon les spécialités du travail et par conséquent outillage plus complet et meilleur ayant pour conséquence le perfectionnement de la fabrication ; — 4° Emploi simultané des différentes parties de cet outillage. Cet emploi est intermittent avec le travail complexe, car l'ouvrier quitte à diverses reprises un outil ou une machine pour en prendre un autre. Si, à chaque tâche parcellaire, sont attribués des outils spéciaux dont l'ouvrier se sert continuellement, toutes les portions du matériel peuvent être utilisées en même temps ; — 5° Développement de l'adresse et de la dextérité de l'ouvrier. En répétant les mêmes actes , les sens acquièrent une précision ou une délicatesse exceptionnelle [1]. Un forgeron qui ferait des travaux variés aurait peine à fabriquer 200 ou 300 clous dans sa journée ; sans le secours des machines, des apprentis cloutiers en fabriquent 2,500. Certaines ouvrières des manufactures de tabac roulent jusqu'à 1,500 cigares à la journée. La dextérité est aussi portée à un degré remarquable dans le travail de

---

[1] On notera surtout la sûreté de coup d'œil. Avant l'invention de la machine à poinçonner les aiguilles, on voyait des enfants, habitués au travail du poinçonnage, réussir à percer un cheveu fin et à en faire passer un autre à travers.

composition d'imprimerie. — 6° Gradation du travail selon les aptitudes. Les diverses parties de la fabrication n'exigent ni la même force ni la même habileté ou le même soin. Dans les fabriques anglaises d'aiguilles, les salaires variaient de 60 centimes (pour les enfants) à 25 francs (proportion de 1 à 42). Des enfants avec leurs doigts déliés aiguiseront cependant deux fois plus de pointes qu'un adulte : en conséquence, leur aptitude particulière aura son emploi et la main-d'œuvre coûtera 84 fois moins cher (42×2)[1]; — 7° Facilité donnée au remplacement du travail manuel par les machines. Les machines s'acquittent effectivement des tâches simples, de ce qu'on appelle en conséquence la répétition mécanique; or, la division du travail rend l'occupation de l'ouvrier uniforme. Aussi, du travail simplifié à l'invention des machines ou à leur perfectionnement il n'y a qu'un pas : l'esprit d'observation du travailleur l'a fait plus d'une fois franchir. — 8° C'est en ceci que consiste la dernière cause de la puissance donnée à l'industrie par la division du travail, à savoir l'éducation intellectuelle de l'ouvrier, la connaissance approfondie qu'il acquiert des procédés d'exécution, les réformes ou inventions ingénieuses que lui suggère l'expérience professionnelle. Il y a là l'explication d'un fait qu'Adam Smith constate sans en rechercher la cause première : « Une grande partie des machines employées dans les manufactures ont été originairement inventées par de simples ouvriers qui, naturellement, appliquaient toutes leurs pensées à trouver les moyens les plus courts et les plus aisés de remplir la tâche particulière qui leur était confiée. » Les noms d'Arkwright, de Crampton, d'Hargreaves, de Watt et de bien d'autres encore donnent une éclatante confirmation à la remarque d'Adam Smith.

227. Limites rationnelles à la division du travail. — Les limites rationnelles de la division du travail dépendent de plusieurs circonstances : 1° de la nature des travaux; 2° des capitaux disponibles; 3° des débouchés. — 1° Limitation due à la

---

[1] Ces deux dernières observations sont dues à Babbage, *Science économique des manufactures*, p. 170 et suiv., et à John Raë, *Nouveaux principes d'économie politique*. Il est un côté de la question entièrement réservé, celui des conséquences du travail industriel au point de vue du développement physique ou moral de l'enfant.

nature des travaux. L'agriculture, par exemple, se prête moins
à la division du travail que l'industrie manufacturière[1]. La production agricole ne peut se séparer entièrement de la constitution domestique qu'elle a eue dès les plus anciens temps. Même
dans les grandes exploitations rurales, les valets de ferme cu-
mulent des occupations très-variées. C'est une nécessité pour
que le travail ait une certaine continuité, car la terre ne demande pas un soin égal à tous les moments[2]. Lorsque le climat
ne permet de cultiver que pendant une faible partie de l'année, le
paysan loue même ses services dans les manufactures ou exerce
une industrie domestique: l'industrie de l'horlogerie en Suisse,
et celle du tissage dans plusieurs pays sont recrutées en partie
parmi les populations rurales au moment des chômages forcés.
— 2° Mesure des capitaux disponibles : la division du travail
exige un matériel plus compliqué, un nombreux personnel d'ouvriers, de grandes quantités de matières premières, toutes conditions qui supposent la concentration du capital. — 3° Mesure
des débouchés. Soit une fabrique d'épingles : si, dans la région
où les produits circulent, on ne peut trouver d'écoulement que
pour 20,000 épingles par jour, à quoi bon, par la division du
travail, arriver à en livrer 50,000? Si le marché est restreint, la
division du travail doit être limitée en conséquence, car toute
production qui dépasse les besoins ne saurait être profitable.
Aussi la séparation du travail agricole et des métiers, la spécialisation de ceux-ci sont des faits relativement récents. Schmoller
constate qu'au xviii° siècle une partie des artisans des petites
villes de l'Europe centrale s'adonnait en même temps à l'a-
griculture. Dans la Russie centrale, les populations rurales et
urbaines partagent souvent encore les mêmes travaux. Quant
aux metiers, tandis qu'en Allemagne du xiii° au xv° siècle,
leur nombre dans la plupart des villes flottait entre 10 et 20
seulement, le recensement de 1882 donne une nomenclature
de 4,785 métiers distincts[3]. Pour l'industrie commerciale égale-

---

[1] Cf. Schmoller, *Revue d'Econ. politique*, 1889, p. 588.

[2] La specialisation est plus grande dans la culture maraichère et fruitière
et surtout dans l'horticulture. Ce n'est donc pas absolument sans raison
que Fourier avait imaginé une division du travail pour chaque nature de
ces cultures spéciales.

[3] Schmoller, *op. cit., suprà*, p. 594, 599; Schwiedland, *Zeitschrift* de
Böhm-Baverk, t. I, 1re livraison.

ment, la division en spécialités est en raison directe des débouchés. Dans les petites villes, les commerces d'épicerie, de mercerie et d'étoffes sont souvent réunis; ils sont séparés, au contraire, dans les grands centres de population[1].

Enfin, le mode de travail doit être réglé d'après les aptitudes générales des ouvriers. On a remarqué que la production régulière très-divisée, convient à la nature d'esprit des Anglais, ouvriers de premier ordre quant à la persistance et à l'énergie, mais facilement embarrassés par des difficultés inattendues. Les Russes et les Italiens ont plus de souplesse; ils s'entendent moins pour un travail combiné : la spontanéité et la variété sont pour eux des besoins. Le régime du travail doit donc, pour une même catégorie de produits, être approprié aux qualités nationales. C'est, essentiellement, une question d'expérience et de mesure.

§ III.

Influence des machines sur la production.

228. Puissance productive et avantages résultant de l'emploi des machines. — Il faut se faire une idée générale de la puissance du travail par les machines et de ses autres avantages industriels. Les accroissements de puissance productive dûs aux machines sont merveilleux. Pour les apprécier, il convient de prendre l'organe opératoire d'une machine-outil comme unité et d'établir l'équivalence du fonctionnement de cet organe en travail manuel.

En suivant cette méthode on trouve notamment : qu'une bonne fileuse à la main fait tout au plus la moitié de la besogne d'une broche de ces *self acting* ou *renvideuses* qui ont 800, 1,000 1,250 broches; chaque ouvrier dans les filatures de coton pouvant diriger jusqu'à 500, 600 broches, fait l'ouvrage de 1,000 ou 1,200 fileuses à la main[2]. Un métier circulaire à tricoter les

---

[1] Notons cependant une tendance à la réunion de commerces distincts dans les villes les plus importantes sous forme de *grands magasins* (V. ci-dessous, n° 575).

[2] L'introduction en France de la première machine à vapeur dans une filature date de 1817. Dès lors on put multiplier le nombre des broches.

bas à 12 ou 15 têtes et pourvu de plusieurs milliers d'aiguilles, forme 60 ou 70 rangées à la minute. Deux de ces métiers faisant chacun autant de travail que 5 ou 6,000 tricoteuses à la main, peuvent être surveillés par une femme ou même un enfant! Quand on est témoin de la prodigieuse puissance d'une machine à raboter les rails ou des énormes marteaux pilons, on se demande quel équivalent en travail humain on pourrait imaginer! c'est qu'en effet les machines-outils accomplissent des tâches qui eussent été au-dessus du pouvoir humain. Cette puissance productive est d'ailleurs rapidement progressive; on en peut juger par deux exemples : 1° dans les anciennes forges à la Catalane, la production du fer était par ouvrier et par jour de 4 à 6 kilogr., elle est maintenant de 150 kilogr. au moins; 2° en 1830, les locomotives Stephenson traînaient 40 tonnes, consommant 200 gr. de houille par kilomètre et par tonne. Des locomotives de 55 tonnes traînent communément aujourd'hui plus de 2,000 tonnes sur voie de niveau[1]; et la consommation de houille n'est plus que de 25 grammes par kilomètre et par tonne. On obtient 50 fois plus de force avec 8 fois moins de combustible. Le rapport est donc de 1 à 400. Il serait inutile de multiplier ces exemples : quel est aujourd'hui celui qui ignore ou conteste la puissance des machines! Elles ont d'ailleurs d'autres avantages économiques qui résultent de ce qu'elles améliorent le travail de production à plusieurs points de vue.

1° Elles activent le travail : il suffit de citer les scieries à vapeur, les navires en fer à hélice qui filent 19, 20 nœuds à l'heure, les presses à imprimer qui tirent jusqu'à 40,000 journaux à l'heure (presse Marinoni)[2]; les *self acting* à jeu continu qui font jusqu'à 11,000 et même 12,000 tours à la minute. Un autre avantage relatif à la durée du travail est l'économie de temps obtenue par les machines qui placent les objets dans un ordre déterminé : on cite dans la fabrication des aiguilles l'ingénieux appareil grâce auquel des milliers d'aiguilles sont symétrique-

Vers la fin de l'Empire, le nombre des broches par métier ne dépassait pas 60; on n'en comptait pas plus de 18 à 20 par métier à roue dans la fabrique d'Arpajon fondée en 1773.

[1] De Lapparent, *Le Siècle du fer*, p. 15.

[2] La presse du *Petit Journal*, exposée à Paris en 1878, donnait à l'heure, 40,000 exemplaires rangés et pliés en paquets de 100 journaux.

ment rangées en quelques instants. 2° Elles donnent au travail un degré de régularité et de précision que les efforts les plus soutenus et les mieux dirigés ne peuvent atteindre et, notamment, elles excellent lorsqu'il s'agit de répéter le même mouvement[1]. Justement à cause de cela, les machines affranchissent l'ouvrier de ce qu'on est convenu d'appeler le travail machinal, c'est-à-dire de la partie de la besogne qui étant à la fois la plus sédentaire et la plus pénible, avait sur la santé les effets les plus fâcheux. 3° Les machines permettent d'éviter ou de diminuer les déchets de matières premières, ou bien d'en tirer de nouveaux produits : la scierie mécanique, par exemple, débite jusqu'aux moindres parties d'un tronc d'arbre avec une précision mathématique. Nos hauts-fourneaux emploient des minerais assurément moins riches que ceux qui étaient mis de côté par les anciens établissements métallurgiques. La chimie industrielle, aidée par les engins mécaniques, donne des emplois très-productifs aux détritus jugés inutiles auparavant. C'est, on le sait, des usines à gaz que sortent les substances dont on obtient les huiles de goudron, la benzine, l'acide phénique, les engrais ammoniacaux et les splendides couleurs d'aniline. 4° Les machines ont diminué, quoi qu'on en ait pu dire, les risques industriels; le travail est devenu moins rude, les accidents moins nombreux[2]. 5° De la transformation des lieux de travail par suite de l'introduction des engins mécaniques sont résultées des conditions hygiéniques bien supérieures. Les pièces mal aérées, les sous-sols obscurs ont fait place aux vastes espaces de l'usine et de la manufacture. 6° Les machines sont une cause du bon marché de la production pour deux motifs principaux : d'abord les produits étant fabriqués en grande quantité, un

[1] Ce mouvement peut être complexe, grâce à une série de transformations dans l'utilisation de la force employée au moyen de roues d'engrenage, de crémaillères, de bielles : ainsi la bielle engendre le mouvement rectiligne alternatif par le mouvement circulaire (V. Babbage, *Écon. des manuf.*, trad. Ch. Laboulaye, p. 68).

[2] A l'appui de ce qui vient d'être dit au texte on peut invoquer la statistique des explosions d'appareils à vapeur : de 1880 à 1889 la moyenne annuelle a été de 33 explosions. En 1890 on a relevé 34 accidents, ayant causé 29 morts et 16 blessures. D'après les causes présumées, dans 13 cas il y avait en des conditions d'établissement défectueuses; dans 13 autres cas mauvais entretien; dans 13 cas encore mauvais emploi ou imprudence. On remarquera que le nombre des causes présumées est supérieur à celui

mince profit sur chacun d'eux suffit à procurer au chef d'entreprise une somme totale de bénéfices souvent considérables ; en
outre, les machines coûtent moins d'entretien que l'ouvrier, ce
sont pour ainsi dire des esclaves qui n'ont aucun de nos besoins ; elles fonctionnent sans rien prendre au fonds de consommation de jouissance.

§ IV.

Objections contre le système industriel moderne.

**229. Objections générales contre la division du travail et
contre les machines.** — Le système industriel moderne a pour
base une coopération complexe très-développée et un large emploi des agents mécaniques. On vient de voir l'effet utile de la
coopération et des machines. Il est nécessaire d'en considérer
maintenant les inconvénients réels ou prétendus.

Maints griefs ont été allégués contre l'emploi du travail mécanique. Au point de vue de l'économie nationale, on leur a
imputé l'excès de production et des alternatives irrégulières et
fréquentes d'activité exagérée et de complète stagnation. Au
point de vue de l'économie privée, le régime industriel inauguré par les machines aurait eu pour effets l'asservissement de
l'homme à une tâche abrutissante, l'abaissement des salaires et
même, dans de nombreux cas, l'expropriation du travail humain
et par conséquent du gagne-pain de l'ouvrier. De Sismondi fut
le premier à donner une forme doctrinale aux objections contre
les machines ; ce n'est pas que jamais le célèbre publiciste ait

.

des accidents, parce que le même accident est quelquefois attribué à plusieurs causes réunies. Comme on le voit, la prévoyance pourrait réduire
encore notablement ces chiffres si faibles relativement au personnel des
établissements où des moteurs à vapeur sont installés. — Par contre, dans
une industrie où le travail corporel le plus dangereux n'a pas pu jusqu'ici
être remplacé, si ce n'est accessoirement par les machines, dans les mines
et carrières, le nombre des victimes de 1884 à 1889 a varié entre 945 et 1,360
accidents ayant causé en moyenne 310 morts et 880 blessures, et ces
chiffres sont très-inférieurs à la moyenne antérieure. De 1880 à 1884, il y avait
eu annuellement 325 tués et 1,350 blessés pour 1,500 accidents environ. Le
nombre des ouvriers dans les mines et carrières étant de 220,000, on voit
que cette exploitation est exceptionnellement meurtrière. En ce qui concerne
les accidents de l'exploitation des chemins de fer, V. ci-dessous, n° 387.

pensé qu'on dût les proscrire (c'eût été une aberration trop grande et d'ailleurs une impossibilité), mais il parlait vaguement de régler la production et de protéger les ouvriers.

En ce qui concerne l'équilibre de la production, la thèse de de Sismondi d'une surproduction continue et fatale a déjà été examinée sous ses divers aspects (n°ˢ 215 et 216). La succession de périodes de fièvre et de crise est un phénomène que les machines ne sont pas seules à produire : il y aura lieu de s'en occuper spécialement au sujet de la grande industrie (n° 257). Restent donc les objections qui ont trait au sort de l'ouvrier; ce sont les plus sérieuses. Elles se ramènent à deux principales : 1° organisation intérieure ou division du travail, dans l'atelier ou la manufacture, incompatible avec le développement intellectuel et moral[1]; 2° expropriation de l'ouvrier ou diminution de la quantité de travail salarié, et, par conséquent, aggravation de la concurrence entre ouvriers pour la demande du travail[2].

230. Examen des critiques dirigées contre la division du travail. Distinction entre l'atelier et la manufacture. — « A mesure, dit de Tocqueville, que le principe de la division du travail reçoit une application complète, l'ouvrier devient plus faible, plus borné et plus dépendant; l'art fait des progrès, l'artisan rétrograde[3]! » Lemontey[4] a soutenu la même thèse dont Proudhon a fait l'une de ses *Contradictions économiques*[5]. Enfin les économistes, depuis Ad. Smith et J.-B. Say, s'accordent à dire, comme les socialistes, que la division du travail nuit au développement intellectuel et moral de l'ouvrier; plus la tâche est bornée, plus aussi l'intelligence se resserre; ce n'est pas pour être réduit au rôle d'un levier, d'une manivelle ou d'une soupape que l'homme a été créé. Renfermées

---

[1] Le chômage industriel résultant des crises est l'un des griefs des ouvriers contre les machines, mais on vient de dire que cette objection se rattache à l'appréciation des inconvénients de la grande industrie.

[2] L'effet des machines sur la condition des ouvriers et sur les salaires ne peut être complètement étudié dès maintenant. Les explications complémentaires seront données dans la théorie de la répartition, où il sera parlé du travail des femmes et des enfants et de la rémunération effective du travail de l'ouvrier (ci-dessous n°ˢ 819 et suiv.; 839 et suiv.).

[3] De Tocqueville, *Démocratie en Amérique*. Edition 1874, t. 3, p. 258.

[4] Lemontey, *Raison ou folie*, ch. sur l'influence morale de la division du travail.

[5] Proudhon, *Contradictions économiques*, t. I, p. 106 et suiv.

dans le cercle étroit d'une occupation mécanique, l'intelligence et la moralité s'atrophient; les forces physiques de l'ouvrier se ressentent elles-mêmes de la monotonie du travail.

« Un homme dont toute la vie se passe à remplir un petit nombre d'opérations simples dont les effets sont toujours les mêmes, perd naturellement l'habitude de déployer ou d'exercer ses facultés et devient en général aussi stupide et aussi ignorant qu'il soit possible à une créature humaine de le devenir. Ainsi sa dextérité dans son métier particulier est une qualité qu'il semble avoir acquise aux dépens de ses qualités intellectuelles ; or, cet état est celui dans lequel l'ouvrier pauvre, c'est-à-dire la masse du peuple doit tomber nécessairement dans toute société civilisée et avancée en industrie, à moins que le gouvernement ne prenne des précautions pour prévenir le mal. »

Qui a écrit ceci? Ce n'est pas un socialiste, c'est (on aura quelque peine à le croire) Adam Smith lui-même[1]. Faut-il donc conclure avec J.-B. Say « que la séparation des travaux est un habile emploi des forces de l'homme ; qu'elle accroît prodigieusement les produits de la société, mais qu'elle ôte quelque chose à la capacité de chaque homme pris individuellement? » Ce serait une terrible dissonance sociale. Heureusement l'objection n'est pas fatalement inhérente à la division du travail.

Il existe une loi d'évolution, de décomposition et de recomposition du travail qui a échappé à l'analyse d'Adam Smith : la division du travail existe partout, mais non de la même manière. Distinguons trois états : 1°. L'état de l'atelier domestique ; la division du travail y existe mais dans une faible mesure ; les tâches sont aussi souvent alternées que séparées. Toutefois, dans certaines industries la fabrication domestique est très-spécialisée, c'est ainsi que pour l'horlogerie, dans le Jura, et en Suisse, la

---

[1] Ad. Smith, *op. cit.*, liv. V, ch. i, t. III, p. 128. Ad. Smith dans ce même passage prétend que l'engourdissement des facultés résultant de la division du travail rend l'homme « incapable de goûter aucune conversation raisonnable, » « d'éprouver aucune affection noble, généreuse ou tendre, » de prendre intérêt aux grandes affaires de son pays ou même de le défendre à la guerre : « l'uniformité de sa vie sédentaire corrompt naturellement et abat son courage et lui fait envisager avec une aversion mêlée d'effroi la vie aventureuse d'un soldat; elle affaiblit même l'activité de son corps et le rend incapable de déployer sa force avec quelque vigueur et quelque constance. »

fabrication des montres est subdivisée en une foule de travaux ayant chacun des ouvriers spéciaux.

2°. Le second état de la division du travail, qui succède aux industries domestiques, est celui de la division qui s'opère dans les ateliers de la moyenne industrie. Dans l'atelier de la moyenne industrie, la coopération complexe a pour corollaire le travail parcellaire. C'est alors que l'ouvrier est souvent confiné dans une occupation sans attrait ; jamais il n'a la satisfaction de voir un produit sortir achevé de ses mains. « C'est, dit encore J.-B. Say, un triste témoignage à se rendre que de n'avoir jamais fait que la dix-huitième partie d'une épingle. » Lorsque le travail est parcellaire, tout nouveau progrès rétrécit l'horizon industriel de l'ouvrier; ainsi, du temps de J.-B. Say, la fabrication d'une épingle se divisait en 18 opérations; depuis, dans les grandes manufactures, on comptait pour la même fabrication, jusqu'à 120 tâches distinctes. Il faut avouer que si un état aussi fâcheux devait être permanent, il n'y aurait pas d'exagération dans l'opinion pessimiste d'Adam Smith et de J.-B. Say. On devrait toutefois faire observer que, au point de vue particulier du développement des facultés industrielles, la coopération par travail parcellaire dans des ateliers communs offre moins d'inconvénients que le même genre de coopération sous la forme d'industries domestiques. Si, par exemple, l'ouvrier dans l'atelier où il travaille fabrique toujours la même pièce d'horlogerie, il vit à côté des autres ouvriers et se fait aisément une idée d'ensemble au sujet de la fabrication d'une montre.

Mais la meilleure réponse à faire est que l'extrême division du travail dans les grands ateliers n'est qu'un état transitoire; en effet, on le sait déjà, pour les travaux uniformes et simples, pour les besognes sédentaires les plus nuisibles à la santé, les agents mécaniques finissent toujours par se substituer au travail manuel. Par conséquent, peu à peu, la machine recompose le travail et le *synthétise* en quelque sorte. La fabrication automatique remplace si bien le travail parcellaire de l'ouvrier, que les exemples cités autrefois ont disparu : là, où la division du travail était la plus préjudiciable à l'ouvrier, la machine a pris sa place; ainsi les épingles, les cartes, les enveloppes, les clous, les vis, les sacs, les plumes métalliques, se fabriquent à la mécanique. Aujourd'hui les chaussures peuvent se faire en entier au moyen de machines à découper, à gratter, à monter, à coudre, à redresser, etc. Des industries considérables sont en voie de transformation, notamment l'horlogerie que l'industrie américaine a entreprise dans des conditions toutes nouvelles à l'aide de procédés mécaniques et perfectionnés.

3°. Le troisième état est celui du travail au moyen de machines-outils dans les manufactures. La division du travail existe dans la manufacture, mais combien différente de ce qu'elle était dans l'atelier! Le travail parcellaire, machinal, monotone et sédentaire fait place à un travail intelligent, où les qualités morales ont le principal rôle : travail de surveillance, de direction des engins mécaniques, demandant, il est vrai, une application soutenue, pouvant exiger même une surexcitation non sans fatigue, mais, malgré cela, susceptible d'une certaine variété; or, le maximum de production, selon les cas. peut être obtenu moyennant une heureuse conciliation de la spécialité et de l'alternance des opérations[1].

Telle est au moins l'heureuse transformation du travail dans les grandes industries de fabrication. Dans la métallurgie et les industries extractives, l'ouvrier n'a pu être, de la même manière, affranchi du labeur pénible; mais ces grandes industries sont aussi celles dans lesquelles le travail parcellaire n'a pas donné lieu aux mêmes abus de spécialisation.

Est-il à craindre que les facultés intellectuelles de l'ouvrier se limitent comme son labeur matériel? Il suffirait de comparer l'ouvrier des villes au paysan pour démentir cette appréhension; certes, le premier a en général un esprit plus cultivé que le second; l'artisan lui-même ignore souvent ce qui se passe en dehors de sa demeure. L'ouvrier des manufactures ne voit pas que sa tâche spéciale; il assiste à une œuvre collective, et le rapprochement entre le peu qu'il fait et l'importance de ce qui se fait autour de lui est propre à élever son esprit, à développer en lui le sentiment de la solidarité. Quel est le sens caché de

---

[1] Karl Marx, *op. cit.*, ch. xv, n° 3, en fait l'aveu. Aussi, est-on surpris de trouver chez un économiste de l'École anglaise plus de pessimisme; voici les conclusions de Bagehot : « Avec quelle douleur on est obligé de conclure que nous ne savons pas si toutes les machines et les inventions de l'espèce humaine ont encore allégé le travail quotidien d'un seul être humain! » (Bagehot, *Lois du développement des nations*, p. 213).

ces aspirations vagues des ouvriers des villes vers l'association ?
Ne les puisent-ils pas dans le spectacle de leurs travaux quotidiens! On raisonne d'ailleurs comme si toute l'attention, tous
les soins étaient absorbés par le travail industriel. Ce n'est pas
la réalité : l'intelligence de l'ouvrier est d'autant plus libre que
ses sens sont plus exercés, et que sa main peut, en quelque
sorte, exécuter d'elle-même le travail. Une nature médiocre ne
profitera pas sans doute de cette liberté relative, mais en serait-
il différemment sous un autre régime? Qu'on ne croie pas d'ailleurs que les tâches parcellaires n'exigent pas souvent une
intelligence ouverte et développée. Ce qu'il faut dans le travail
des manufactures, ce sont des qualités morales : les machines
exigent la précision, l'assiduité, la vigilance. Enfin, l'ouvrier ne
vit pas tout entier dans la manufacture. Il trouve au dehors
des intérêts et des droits civiques, des affections de famille qui
l'élèvent au-dessus des assujettissements de sa condition.

Il n'existe pas non plus de corrélation nécessaire entre la
division du travail et la dépravation morale. On trouverait peut-
être plus de ruse, d'étroitesse d'esprit et de sentiment chez le
paysan que chez l'ouvrier. D'où vient que l'inconduite fait plus
de ravages parmi les ouvriers des manufactures, et que les instincts de désordre s'y développent davantage? Il ne faut pas en
accuser le mode de travail; les causes en sont plus profondes :
la demi-culture intellectuelle, lorsqu'elle ne reçoit pas une direction saine, est souvent un danger; il est certain que, dans les
grandes agglomérations ouvrières les tentations et les entraînements de l'exemple expliquent bien des écarts. Pour faire une
comparaison probante, il faudrait mettre d'un côté l'ouvrier des
manufactures situées hors des villes, et de l'autre l'ouvrier des
champs. On s'apercevrait peut-être alors que la division du travail est loin d'être nuisible au développement moral.

231. Selon Adam Smith, la division du travail nuit non seulement à l'intelligence, mais à la santé; c'est une cause de dégénérescence des populations ouvrières. Maintes fois depuis, la
même accusation a été reprise par les socialistes contre les
machines.

On ne parle que de la tension de l'esprit, du bruit des machines en mouvement, de l'atmosphère surchauffée et viciée,
mais on oublie l'agrandissement et l'assainissement des ateliers,

l'affranchissement des travaux parcellaires désormais faits par les machines et qui obligeaient l'ouvrier, pendant de longues heures, à une immobilité, ou à une uniformité de mouvements si préjudiciables à la santé. La dégénérescence physique n'est heureusement pas un fait général; là où on la constate, elle tient à des causes morales ou sociales plutôt qu'aux conditions du travail; les causes morales sont l'inconduite, l'ivrognerie, l'imprévoyance; les causes sociales, l'insuffisance des salaires, le travail prématuré des enfants, etc... D'ailleurs, les adversaires des machines et de la concentration de travail qu'elles opèrent ne posent pas de conclusions précises : veulent-ils le retour au travail manuel? Ce serait insensé. Karl Marx dit qu'il faut distinguer entre le moyen de production et son mode d'exploitation; cela n'est pas bien clair. En effet, que les machines appartiennent aux ouvriers ou aux patrons, elles seront mises en mouvement de la même manière et auront sur l'intelligence ou les forces physiques des travailleurs les mêmes effets. Mais les machines enlèvent la femme et l'enfant au foyer; elles détruisent la vie de famille. C'est là qu'est le mal le plus profond; à quelles causes est-il dû? Signalons-en seulement l'existence; la recherche des causes nous détournerait trop en ce moment (V. ci dessous, nos 839 et suiv.). Quoi qu'il en soit, on ne peut retourner en arrière, renoncer à la production perfectionnée. L'idéal serait la reconstitution du travail au foyer, soit. Peut-être les progrès de la science rendront-ils un jour possible, au moins pour certaines branches du travail, cette réforme économique d'une si haute portée morale, grâce à la distribution de la force motrice à domicile (V. 144 et ci-dessous, n° 256).

232. Examen de l'objection de l'expropriation du travail humain par les machines. — Machines et quantité de travail. — L'une des plus graves objections contre les machines est qu'elles exproprient l'ouvrier et lui enlèvent son gagne-pain. Il est un grand pays, la Chine, où les machines sont prohibées à cause du tort qu'elles feraient à l'ouvrier en se substituant à lui[1]. En Europe l'antagonisme des machines et des travailleurs s'est manifesté avec les débuts de la production mécanique au commencement de ce siècle. Pour la première fois cet antago-

[1] V. *Revue d'Écon. polit.*, 1888, p. 342.

nisme a été présenté comme une tendance fatale par de Sismondi; l'observation des faits qui se passaient sous ses yeux paraissait lui donner raison. Vers 1820, l'adoption des engins mécaniques devint général; partout, au lieu des métiers à bras qui donnaient du travail à de nombreux ouvriers, les machines étaient installées chassant devant elles les travailleurs; la *Mull-Jenny* faisait la tâche de plusieurs centaines de fileuses à la main. Des milliers d'ouvriers étaient licenciés et sans travail. Pouvaient-ils trouver place dans les ateliers où les machines n'avaient pas encore pénétré? Non encore; ces ateliers succombaient sous la concurrence des manufactures. Que prétendirent alors les économistes de l'École anglaise? Ils soutinrent une théorie de compensation; d'après eux, la machine ne nuit pas à l'ouvrier, car elle ne diminue pas le travail, elle le déplace. L'économie réalisée par la machine en main-d'œuvre est un capital destiné à rémunérer le travail sous une autre forme : ainsi, que la moitié des ouvriers employés dans la fabrique d'épingles soit renvoyée pour faire place à une fabrication automatique, le fonds qui servait jusque-là à payer les salaires de cette industrie devient libre et pourra désormais payer un autre genre de travail, par exemple, le travail de la fabrication de meubles ou d'étoffes.

On remarquera d'abord que si les ouvriers rejetés d'une industrie peuvent d'une manière abstraite chercher de l'emploi ailleurs, il est probable qu'ils y seront peu propres à défaut d'une préparation professionnelle et qu'ils n'y trouveront par conséquent que des emplois inférieurs mal payés. Ainsi la compensation sera aléatoire et le plus souvent imparfaite. Un certain temps s'écoulera avant que l'ouvrier trouve un nouvel emploi; or, la suspension du travail pour qui n'a d'autres ressources que le salaire, c'est la misère à bref délai. Les déplacements de travail causés par les machines sont donc des crises douloureuses et non des permutations indifférentes. La plus grave perturbation industrielle de ce genre fut produite par l'invention des métiers mécaniques; une autre fort grave aussi est celle que la machine à coudre a opérée dans l'industrie de la confection[1] :

---

[1] Une machine à coudre fait 640 points à la minute dans la toile fine, une ouvrière ordinaire n'en faisant en moyenne que 23, chaque machine équivaut à 28 ouvrières.

les salaires déjà si faibles dans l'industrie de la couture ont été réduits dans une proportion inquiétante, jusqu'à ce que les travailleurs aient pu acquérir cet instrument à production rapide.

On doit encore, contre cette théorie de la compensation, faire remarquer que si, par hypothèse, la machine n'ajoutait pas au travail et ne faisait que le déplacer, les ouvriers licenciés retomberaient sur le marché du travail et y feraient concurrence aux autres ouvriers, d'où une cause de réduction quant à l'ensemble des salaires. Enfin, Cournot dit très-justement qu'il faut prévoir que le revenu dégagé par l'emploi de la machine, au lieu d'être affecté au paiement de la main-d'œuvre dans une autre industrie, peut se porter vers l'acquisition de biens-fonds, fait qui aurait pour conséquence d'augmenter la valeur de ces propriétés et de laisser en état de chômage les ouvriers dépossédés de leur gagne-pain. Ce serait aussi l'effet de placements faits au dehors : les capitaux peuvent se porter où ils veulent ; les ouvriers dépossédés ne peuvent aller chercher le travail au bout du monde. Aussi est-ce autrement qu'il convient de réfuter l'objection d'ailleurs fort spécieuse de l'expropriation de travail.

233. Souvent on s'est contenté d'alléguer quelques exemples desquels il résulterait que, en fait, l'introduction des machines a été suivie d'un accroissement de production assez considérable pour que la demande de travail humain ne fût pas définitivement réduite. Quel a été, par exemple, l'effet de la découverte de l'imprimerie? La presse à imprimer, la papeterie, la reliure occupent en France plus de 100,000 ouvriers ou employés (1886). Dira-t-on que les presses à imprimer ont, depuis le seizième siècle, diminué la quantité de travail? Parlera-t-on des anciens copistes? Mais il n'est peut-être pas téméraire d'affirmer qu'il y a plus de copistes de manuscrits de nos jours qu'avant la découverte de l'imprimerie! Un exemple plus saisissant encore est celui de l'industrie cotonnière : il y a moins d'un siècle, 8,000 personnes à peine filaient et tissaient des étoffes de coton en Angleterre; la masse de leurs salaires était de 4 millions de francs environ. Aujourd'hui plus de 500,000 ouvriers sont occupés dans les manufactures de coton de l'Angleterre et leurs salaires s'élèvent de 700 à 800 millions de francs. Il y a donc 60 fois plus de travail et environ 100 fois plus de salaires qu'avant les inventions d'Hargreaves et d'Arkwright[1]!

Ces faits, d'autres encore aussi éclatants, laissent place au doute : en effet, toutes les inventions mécaniques n'opèrent pas une révolution comparable à celle de la découverte de l'imprimerie; toutes les industries n'ont pas suivi une progression comparable à celle de l'industrie cotonnière.

234. Quelques auteurs, notamment M. de Molinari, croient que l'on ne peut faire que des conjectures au sujet de l'influence des machines sur la quantité de travail[2]. Il nous semble au contraire possible d'établir que la production mécanique a pour conséquence naturelle, sinon pour conséquence absolument nécessaire, le développement de la consommation, et comme suite indirecte la demande d'une plus grande quantité de travail. On se rappelle qu'il existe un double courant de la production à la consommation et *vice versa*. Produit-on davantage et à moindre frais, la consommation, comprimée jusque-là par l'élévation de la valeur en échange, a une tendance normale à s'élargir (n°° 212 et 213). Le plus souvent un industriel, qui remplace des ouvriers par des engins mécaniques, ne se propose pas seulement d'opérer une production équivalente, mais une production beaucoup plus forte motivant l'emploi d'un moteur d'une certaine puissance et d'un ensemble de machines opératoires; or, ceci suppose le cadre de la grande industrie. Dès lors on peut poser ce dilemme : ou bien des machines ont été appliquées à un genre de fabrication dont les débouchés n'avaient pas une élasticité suffisante, cas auquel l'emploi en a été irrationnel : la transformation de l'outillage n'ayant pu être rémunératrice, il y a eu en même temps perte de capital et perte de travail; ou bien, au contraire, la consommation a été stimulée dans une mesure proportionnelle à la puissance des machines et la demande de travail humain a été accrue.

Il serait sans doute téméraire d'affirmer que la machine restitue toujours autant et plus de travail qu'elle n'en a enlevé. Au

---

[1] Sous l'administration de Colbert, l'industrie des lainages occupait en France 60,400 personnes; aujourd'hui c'est certainement plus de 175,000, rien que dans les manufactures, et cela malgré la concurrence des tissus de coton!

[2] De Molinari, *l'Évolution économique au xix° siècle*, p. 26.

fond, cela dépend de la nature des produits, de l'élasticité dont la consommation est susceptible ; mais ce qu'on peut dire, c'est que, si les machines deviennent d'un emploi général dans une industrie, cette industrie doit répondre à de larges besoins de la consommation, en sorte que l'extension de la consommation sera suivie d'une demande de travail plus considérable[1]. Toutefois, ce raisonnement n'est applicable qu'aux engins mécaniques qui multiplient les produits ou qui abaissent le prix d'un service, comme par exemple, la locomotion à vapeur : les chemins de fer ont créé plus de travail pour l'industrie des transports qu'ils n'en ont supprimé. Mais Cournot a eu raison de distinguer parmi les machines celles qui ne font que simplifier le travail sans contribuer à la multiplication des produits, telles sont la plupart des machines agricoles, machines à battre, moissonneuses, faucheuses : elles réduisent la quantité de travail, et, introduites dans un pays où la main-d'œuvre ne serait pas trop rare, elles causeraient de vives souffrances aux populations rurales, jusqu'à ce que les ouvriers agricoles aient réussi à tourner leur activité vers les industries complémentaires de l'agriculture ou vers les manufactures.

235. Quant à la pénible crise de transition qui s'est produite dans la première moitié de ce siècle, lors de la transformation générale des procédés industriels, on est en droit d'affirmer qu'elle ne se renouvellera pas, que les changements ultérieurs dans le mode de travail se sont faits et se feront encore sans produire la même perturbation ; il en est ainsi pour plusieurs raisons : 1° le renouvellement de l'outillage exige des capitaux considérables, aussi n'est-il que successif dans la plupart des cas[2] ; 2° très-souvent aussi les procédés mécaniques nouveaux sont imparfaits ; ce n'est qu'après une série de perfectionne-

---

[1] Si la consommation d'un produit n'est pas très-largement extensible, les machines peuvent diminuer la main-d'œuvre : ainsi dans la clouterie, en Angleterre, au lieu de 50,000 ouvriers employés en 1830, on n'en comptait déjà plus que 23,000 (1879), parce que presque toute la clouterie s'y fait à la mécanique ; or chaque machine à fabriquer les clous en livre 45,000 à 50,000 par jour, soit autant que 15 ou 20 ouvriers ; mais disons aussitôt que le travail perdu dans cette branche spéciale de l'industrie métallurgique a été restitué avec usure dans les autres branches de l'industrie du fer.

[2] Les capitaux engagés dans l'industrie ont à souffrir autant peut-être que la main-d'œuvre par suite du renouvellement du matériel de production. On

ments et d'applications partielles que l'emploi en devient assez productif pour forcer à délaisser les anciens procédés de travail; 3° pour des raisons analogues, la confiance des chefs d'entreprise dans la supériorité des engins mécaniques ne s'affermit que peu à peu.

Enfin, lorsqu'il s'agit d'une machine peu coûteuse, si la crise ne peut être conjurée par les mêmes causes, on conçoit en revanche qu'elle se termine à l'avantage des ouvriers : le succès de la fabrication mécanique développe l'industrie de la construction des machines dont le prix est réduit au point que l'acquisition en devient possible aux petits fabricants d'abord, puis aux ouvriers. On sait quelles ingénieuses combinaisons les grandes fabriques de machines à coudre ont imaginées pour vendre à crédit aux ouvrières l'instrument à l'aide duquel elles peuvent obtenir un salaire rémunérateur. Aussi le nombre des machines à coudre vendues annuellement n'a-t-il cessé de s'accroître : on l'évalue (1889) a plus de un million[1].

Un grand progrès s'est accompli dans l'esprit des populations ouvrières au sujet des machines : on n'en est plus au temps où, dans leur emportement aveugle, elles brisaient les métiers et où les prud'hommes de Lyon faisaient brûler par la main du bourreau le métier à la Jacquart. Il s'en faut cependant de beaucoup que la controverse soit éteinte, et ce n'est pas la dernière fois qu'il est question de l'influence des machines sur la condition des classes laborieuses (n°° 819 et 839).

236. Les machines forment à côté de la population ouvrière comme d'immenses bataillons de travailleurs esclaves qui, d'une part, ne coûtant que les frais d'acquisition et d'entretien, ne puisent pas au fonds d'alimentation; d'autre part elles multiplient les produits au point de les faire pénétrer jusque dans les dernières couches sociales. En sus de la population ouvrière, les pays manufacturiers ont en quelque sorte une population fictive, représentée par l'équivalent de travail manuel fourni par les engins mécaniques. On conçoit qu'il soit presque impossible

---

en a vu des exemples pour l'industrie métallurgique. Beaucoup de chefs d'industrie ont été ruinés, parce qu'ils ne pouvaient, ni lutter avec un matériel arriéré, ni le renouveler assez promptement.

[1] 150,000 sont annuellement placées en France, dont un tiers de fabrication française. La Cie américaine Singer en produit 700,000 par an.

d'évaluer exactement la force mécanique mise en œuvre. D'après le bureau de statistique de Berlin elle s'élèverait pour l'ensemble du monde civilisé à quarante-six millions de chevaux-vapeur, ce qui représente le travail d'environ un milliard d'hommes; or la population du globe atteint à peine un milliard et demi : le concours du travail mécanique équivaut donc au travail effectif des deux tiers du genre humain! Sur cette force totale de quarante-six millions de chevaux-vapeur, la France en possède quatre 7/10 millions. Sa population de trente-huit millions est donc servie par une force d'environ cent millions de travailleurs esclaves. La puissance mécanique de l'Angleterre est d'environ huit millions de chevaux-vapeur, celle des États-Unis est à peu près égale, soit pour chacun de ces deux États l'équivalent du travail de cent soixante-quinze millions d'hommes. Quant à la seule industrie du coton en Angleterre les quarante-cinq millions de broches représentent une force nominale égale au travail de quatre-vingt-dix millions d'hommes dirigé par cinq cent trente mille ouvriers.

CHAPITRE III.

DU CAPITAL DANS LA PRODUCTION.

---

237. Il ne suffirait pas de savoir ce qu'il faut entendre par capital en général, ni de connaître le sens de la distinction entre les capitaux de production et les capitaux de profit (nᵒˢ 175, 182 et suiv.); en poursuivant l'analyse de la production, il est encore nécessaire d'examiner quel est le concours que le capital y apporte; puis, quel en est le fonctionnement dans les entreprises : comment les capitaux sont, à ce point de vue, les uns *circulants,* les autres *fixes;* quelles différences existent entre eux sous le rapport de la convertibilité.

§ I.

Comment le capital concourt à la production.

238. Rôle actif du capital dans la production. — La production procède du travail. Affirmer le rôle actif du capital dans la production, c'est donc faire apparaître dans le capital le travail lui-même : chose essentielle, car les socialistes entendent d'une manière fort étroite le principe que toute production émane du travail. Pour eux, cette formule signifie que l'ouvrier est le seul auteur du produit : proposition doublement fautive, puisque si d'une part l'ouvrier exécute, c'est très-souvent un autre qui donne la direction et en outre fournit le capital, autrement dit le moyen de produire. Précisons ceci : j'ai forgé un levier et je le mets aux mains d'un ouvrier pour soulever une masse. Ne suis-je pas pour quelque chose dans l'effet utile obtenu? En réalité, il y a entre le propriétaire du levier et l'ouvrier coopération complexe en deux actes : 1° préparation de l'outil par l'un; 2° emploi de l'outil par l'autre. Cette coopération est successive, on pourrait même dire continue, car l'outil a non seulement été fabriqué, mais conservé, entretenu, en vue de servir au travail de l'ouvrier.

Le concours du capital à la production se présente en fait, sous des formes plus compliquées mais identiques au fond! A côté de l'ouvrier dont le travail est toujours un travail d'exécution, le capital joue un rôle qui se diversifie suivant les hypothèses : c'est le capital qui alimente les machines de combustible et de matières premières, c'est le capital qui avance les salaires ou encore paye le loyer de l'atelier, c'est lui qui fournit les moyens de continuer la production sans intermittence jusqu'à ce que, par la vente des produits, les valeurs dépensées aient été reconstituées. La création du capital suppose un travail, et il est vrai de dire que le capital sort du travail, mais en outre, la conservation du capital nécessite une volonté constante qui fait renoncer aux jouissances qu'on pourrait obtenir en le transformant, et cette volonté de conserver le capital est encore un effort, un travail d'épargne (n° 188). Enfin, la mise en œuvre du capital est, dans l'organisation ordinaire des entreprises individuelles, le fait de celui qui en est possesseur; sous cet aspect, le capital est le fruit du labeur de la veille et la semence des récoltes du lendemain.

Peut-on dire que le travail qui a créé le capital est désormais inerte, *cristallisé,* en sorte que tout le mérite de la production actuelle reviendrait à l'ouvrier? Non le capital ne produit pas par lui-même; il ne se meut pas par lui-même, cela est encore vrai, mais c'est aux mains du travailleur comme un levier puissant qui diminue l'effort et en fait sortir un effet utile beaucoup plus grand. En s'attachant à l'idée de coopération complexe en deux actes successifs, on comprendra sans peine qu'une partie de cet effet utile soit due au capital. Le capital est·du travail cristallisé, a dit Karl Marx : l'expression est heureuse; or, dans la combinaison du capital et du travail, le capital, ce travail cristallisé, est comme un réactif qui, par son énergie, manifeste toute la puissance industrielle de l'homme.

§ II.

Capital fixe et capital circulant. — Convertibilité des capitaux.

239. Distinction du capital fixe et du capital circulant. — Cette distinction est faite au double point de vue de l'effet de la production sur le capital et de l'affectation qui est donnée aux capitaux dans l'économie des entreprises industrielles.

1° Le capital circulant est celui qui se transforme dans la production, soit qu'il s'incorpore à l'objet, comme des matières premières, soit qu'il cesse d'exister en qualité de richesse, comme par exemple le combustible, ou bien les valeurs dépensées au cours de la production, les salaires, l'intérêt des capitaux prêtés, etc... Par capital fixe ou *engagé,* on entend tout moyen de production qui conserve son identité, ou peut la conserver pendant la confection d'une série de produits plus ou moins longue. La distinction résulte donc d'abord de l'effet de la production sur l'une et l'autre fraction du capital, mais cet effet extérieur correspond à une différence économique essentielle.

2° Les capitaux qui disparaissent dans la production ou s'incorporent aux produits, sont destinés à se reconstituer continuellement par l'échange de ces produits. Acheter pour revendre est l'opération commune à toutes les industries : on achète des matières premières, des semences, des engrais, on paye des ouvriers, puis on vend des produits et, avec le prix qu'on en obtient, on reconstitue les valeurs dépensées afin de les transformer de nouveau par l'industrie. A chaque acte de la production, on peut ainsi constater un mouvement d'entrée et de sortie du capital circulant. Au contraire, les capitaux fixes, dans l'économie des entreprises, ne sont pas destinés à l'échange, si ce n'est après avoir été mis hors d'usage, ou lorsqu'on les remplace par des instruments de travail préférables. Ils ne font pas la production, ils y aident indirectement par l'économie de travail qu'ils réalisent : leur valeur se trouve peu à peu reconstituée grâce à cette économie puisqu'elle se renouvelle à chaque acte de production et s'ils ont une durée indéfinie, après un certain temps, leur emploi n'est plus onéreux. Ces capitaux sont

donc productifs, quoique leur valeur ne se trouve pas recom-
posée par l'échange. La distinction est très-nettement faite par
Ad. Smith : « le caractère distinctif du capital fixe est, dit-il, de
rapporter un revenu sans changer de maître ; » tels sont les bâtiments, l'outillage mécanique des usines, les fonds de terre ; les
capitaux immobiliers ne sont pas, en règle très-générale[1], des
capitaux circulants, mais des capitaux fixes ; le caractère distinctif des capitaux circulants est, au contraire, de ne rapporter
de revenus que par l'échange, ce sont les matières premières et
pour mieux dire tous les produits imparfaits, le combustible[2],
ce qui est payé comme salaires, l'intérêt des capitaux prêtés.

En dehors des catégories de richesses qui viennent d'être
énoncées, ce n'est que d'une manière toute subjective qu'il est
possible de déterminer ce qui fait partie du capital circulant ou
du capital fixe. Le fer qui entre dans la construction d'une machine à vapeur est pour l'usine du Creusot un capital circulant.
Les quelques milliers de kilogrammes de métal ainsi employés
sont incorporés à la machine, et ils ont été destinés à l'échange
après avoir subi cette transformation : la machine elle-même
est comprise dans le capital circulant. Supposons maintenant
qu'elle soit installée dans une filature, elle y change de caractère et fait partie du capital fixe. C'est effectivement la force
motrice qui doit présider à la fabrication d'un nombre indéter-
minable de kilogrammes de filés, et ne sortir de l'usine qu'après
avoir été mise hors de service. Cet exemple peut être généralisé : tous les outils ou les machines sont des capitaux circulants pour le fabricant et le constructeur, et des capitaux fixes
relativement aux chefs d'entreprise qui en font usage comme
engins mécaniques de leur industrie spéciale.

La notion que nous venons de donner des capitaux circulants
et des capitaux fixes est conforme à la théorie d'Adam Smith,
mais plus complète. Adam Smith ne considère le rôle des capi-

---

[1] Ils seraient exceptionnellement capitaux circulants si l'on achetait des
immeubles pour les revendre. C'est le cas des Sociétés immobilières.

[2] On a douté que le combustible, dans les usages industriels, fît partie
des capitaux circulants. Quelques-uns l'ont assimilé aux instruments. On
est parti de l'idée erronée qu'il n'y a de capitaux circulants que ceux qui
s'incorporent aux produits ; mais, en réalité, sont tels les capitaux consommés
pour réaliser la production d'une chose ou d'une même série simultanée de
choses : aussi est-il plus exact d'assimiler le combustible aux salaires.

taux qu'au point de vue de l'échange. C'est le véritable criterium économique, toutefois il importe de constater, pour la facilité de la distinction, le changement de forme ou la consommation des capitaux circulants. A l'inverse d'Adam Smith, J.-B. Say et depuis d'autres économistes[1] se sont trop exclusivement attachés à l'élément matériel. J.-B. Say a défini le capital circulant : « Celui qui change nécessairement de forme dans la production même; celui dont la forme matérielle périt et renaît dans le cours des opérations productives. » A ce seul énoncé, on pourrait croire que la distinction des deux fractions du capital est toute extérieure. S'il en était ainsi, elle n'offrirait aucun intérêt pour la science économique.

On s'est à tort préoccupé, dans la distinction du capital fixe ou circulant, de la durée : une aiguille à coudre, malgré sa fragilité, est un capital fixe aussi bien que la machine la plus solide. On conçoit, en effet, qu'elle puisse servir à la confection de plusieurs vêtements, et elle n'est pas destinée par le tailleur à un échange[2]. Parle-t-on non pas de la durée matérielle mais de la durée de l'utilité? Dira-t-on que les capitaux fixes sont ceux qui conservent leur utilité dans le temps? cela se comprendrait mieux à titre de distinction économique... Et de fait, un grand nombre de capitaux fixes ont une durée matérielle beaucoup plus longue que leur durée utile. Mais cette durée utile est-elle susceptible d'une commune mesure? Peut-elle être prise comme base d'une distinction des capitaux? Ce qui est vrai c'est que, dans l'économie des entreprises, le but poursuivi est la conservation des capitaux fixes et le renouvellement au contraire aussi rapide que possible des capitaux circulants, mais cette opposition indique plutôt l'intérêt de la distinction qu'elle n'en détermine la base[3]. Enfin, on s'est encore fait une idée fausse en appelant capitaux de fondation les capitaux fixes, et capitaux de roulement les capitaux circulants. Il est vrai qu'au début des

[1] V. notamment Yves Guyot, *La science économique*, p. 85 et suiv.

[2] A plus forte raison, ne faut-il pas voir dans les capitaux circulants, par opposition aux capitaux fixes, des capitaux facilement transportables; nous admettons bien que les capitaux immobiliers sont des capitaux fixes, mais de même la bêche, la pioche, etc.

[3] V. sur ce point Clark, *Capital and its earnings* et l'analyse donnée par Gide, *Revue d'Écon. polit.*, 1888, p. 650.

entreprises une certaine quantité de capitaux fixes est nécessaire ; mais pendant leur durée aussi, on peut être obligé d'en faire un renouvellement plus ou moins fréquent. Nous reprendrions comme exemple l'aiguille à coudre et la plupart des outils de travail.

240. Capital immobilier. — Nous disons que les richesses immobilières sont des capitaux, qu'elles soient séparables du sol par la pensée (telles que les constructions, plantations ou clôtures), ou qu'elles soient devenues une *qualité foncière*. Nous designons par là le résultat de tout travail qui a donné à la terre une utilité spéciale ; ainsi les amendements, défrichements, labours profonds, drainages, irrigations, chemins, etc., enfin l'*emplacement*. L'emplacement est la situation d'un immeuble considérée sous le rapport des avantages ou des inconvénients économiques, par exemple, la proximité ou l'éloignement des lieux habités, des canaux, des chemins de fer ou autres moyens de communication. Nous disons avec Carey que l'emplacement, ainsi que les qualités acquises de la propriété foncière, est un *capital*. Les économistes de l'École classique s'inspirant des idées de Ricardo contestent énergiquement à la terre et aux qualités foncières cette dénomination. D'après eux, les capitaux immobiliers ne comprennent que les richesses séparables par la pensée du fonds lui-même, autrement dit les choses qui pourraient disparaître sans que le sol fût modifié. Ils placent la terre et les qualités foncières parmi les *agents naturels,* c'est-à-dire parmi les choses matérielles ou les forces qui sont des dons de nature. On ne fait aucune différence entre les qualités foncières acquises et les ressources naturelles telles que des gisements de minéraux dans le sein de la terre ! Les qualités foncières sont cependant bien, sauf à le prouver par la suite, le résultat d'un travail de l'homme, par conséquent de véritables richesses ! Tenons-nous-en, pour l'instant, à cette raison doctrinale de préférer l'opinion de Carey à celle de Ricardo. Nous reconnaîtrons par la suite que ce n'est pas là une querelle de mots et que, dans ce débat, la légitimité de la propriété foncière est engagée.

241. Utilité de la distinction : proportion rationnelle entre le capital fixe et le capital circulant. — On se rend aisément compte des profits que peut donner le capital circulant. Au bout de peu de temps il est complètement renouvelé et, en faisant la balance des consommations industrielles et de la valeur d'échange des produits, on sait approximativement le résultat général de l'œuvre de la production. Accroître le capital circulant, c'est donc étendre l'action de la production et élargir la source des profits, pourvu qu'on dispose de débouchés suffisants. Peut-on en dire autant du capital fixe? Ce n'est pas un capital qui se reforme et grossit par l'échange, mais c'est un outil disponible d'une manière permanente, qui ajoute à la puissance productive du travail. On ne saurait dès lors douter que, d'une façon abstraite, l'accroissement des capitaux fixes ne soit une condition éminemment favorable à la production. Il suffirait, pour s'en convaincre, de comparer les sociétés peu civilisées, qui n'ont que très-peu de capitaux de cette espèce, aux riches sociétés modernes possédant une masse énorme de capitaux fixes, machines, améliorations foncières, chemins de fer, etc. — Que l'abondance de ces capitaux soit une condition de la puissance productive, personne ne le met en question; mais il ne faut pas se laisser aller à penser que les capitaux fixes puissent être arbitrairement multipliés : la quantité en doit être mesurée sur la masse des capitaux disponibles pour l'industrie; il y a, en effet, un rapport normal entre les deux espèces de capitaux.

La masse totale des capitaux disponibles se divise selon l'emploi qui en est fait, mais non d'une manière arbitraire : il existe une loi de proportion normale entre le capital fixe et le capital circulant.

Si une part trop faible était donnée aux capitaux fixes, à l'outillage mécanique ou aux améliorations foncières, d'après ce qui vient d'être dit, la production resterait stationnaire. Par contre une rupture d'équilibre au profit des capitaux fixes aurait des conséquences desastreuses : qu'arriverait-il en effet si la formation du capital fixe était trop rapide : l'industrie serait pourvue des moteurs les plus puissants, un réseau complet de voies ferrées sillonnerait le territoire, mais les entreprises seraient gênées : les producteurs n'auraient plus les fonds nécessaires pour l'achat des matières premières : la fabrication se ralentirait au moment où la charge des frais généraux et des frais de production serait devenue plus lourde. Si elle continuait témérairement, les débouchés lui manqueraient, les moyens d'acquérir etant diminués par l'afflux des revenus vers le placement en capitaux fixes. Cette hypothèse n'est pas fictive : à plusieurs reprises, en Europe et en Amérique, la fièvre de la spéculation s'est portée sur la création d'une quantité excessive de lignes ferrées ; les capitaux disponibles sollicités par ces entreprises s'y sont engagés pour une trop forte part, et il en est résulté des crises industrielles d'une gravité extrême [1]. C'est ce qui s'est produit en France, lors de l'établissement du premier réseau, et surtout en Amérique en 1873 : de 1870 à 1872, on construisit 19,500 milles, plus en trois ans que le réseau anglais tout entier ; les États-Unis traversèrent alors une redoutable crise. L'exagération de la part des capitaux fixes met donc en grave péril le développement de l'économie nationale. Les erreurs commises dans la création des capitaux fixes peuvent causer une ruine irrémédiable ; celles qui sont commises relativement aux capitaux circulants ont évidemment une gravité moindre ; elles n'ont qu'un effet transitoire et limité, mais il en peut néanmoins résulter un état de crise, notamment par surproduction.

Au surplus, le rapport entre les capitaux fixes et les capitaux circulants varie selon les pays et selon la nature de la production. Il varie d'abord suivant les pays : par exemple, si la disposition topographique d'une contrée permet un large et facile emploi de la force hydraulique, un certain degré de puissance productive sera acquis au prix de sacrifices moindres que dans un autre pays où presque toute la force motrice devrait être demandée à la vapeur [2].

Le rapport entre les deux fractions du capital n'est pas non plus le même dans les différentes industries : la part des capitaux fixes est évidemment fort considérable dans une filature, un tissage mécanique, un établissement métallurgique ; elle est bien moindre, au contraire, dans le commerce ou dans certaines

---

[1] Il faut songer que s'il y a pénurie de capitaux circulants, il y a par là même insuffisance de ressources pour payer les salaires.

[2] Au point de vue de l'économie nationale, le rapport entre les capitaux fixes et les capitaux circulants est un rapport fondé sur l'*utilisation* respective de l'un et de l'autre, c'est-à-dire sur la valeur en usage et non sur la valeur en échange. C'est donc à tort qu'on a prétendu que le progrès économique se manifeste par la plus-value des capitaux fixes et la baisse des capitaux circulants. En fait d'ailleurs, les nations les plus riches sont celles qui disposent des capitaux circulants ayant, au point de vue des échanges internationaux, la valeur la plus grande (V. Yves Guyot, *op. cit.*, p. 152 et suiv.).

entreprises du bâtiment, les entreprises de peinture, par exemple. La proportion est d'ailleurs susceptible de changer à raison du perfectionnement des procédés du travail ; ainsi, les entreprises de maçonnerie à Paris et dans les grandes villes sont depuis peu pourvues d'un outillage mécanique assez important.

— La constatation d'un rapport variable entre le capital fixe et le capital circulant, suivant la nature de la production, offre de l'intérêt notamment au point de vue fiscal[1].

242. Étant données la nature spéciale de l'industrie et l'étendue des débouchés, déterminer le rapport convenable entre le capital fixe et le capital circulant, telle est la question fondamentale que doit résoudre le chef d'entreprise. Ce qui a été dit au point de vue de l'économie nationale s'applique à la constitution économique des entreprises individuelles : l'augmentation trop rapide du capital fixe, relativement aux ressources disponibles, gêne le jeu de la fabrication et conduit l'entrepreneur à la ruine : une insuffisante formation de capital fixe est, à l'inverse, une cause d'infériorité par rapport aux entreprises rivales. L'accroissement des deux parts du capital doit être parallèle, car il ne faut pas perdre de vue que tout capital fixe vient d'un capital circulant antérieur et doit être entretenu et renouvelé par le capital circulant ; en d'autres termes, l'amortissement du capital fixe est à la charge du capital circulant. D'une manière abstraite on pourrait dire que, sur le prix de chaque produit vendu, il est une somme infinitésimale qui paye le capital fixe et son entretien, mais, c'est évidemment avec la plus-value totale, résultant de l'écoulement des produits, qu'il est pourvu à l'amortissement et aux autres charges du capital fixe.

Si le capital fixe est alimenté par le capital circulant, ce n'est pas cependant qu'il soit improductif, puisqu'il contribue à une plus-value de puissance productive, et, par conséquent, à la formation de capitaux circulants. Cette plus-value de puissance due au capital fixe, n'est pas localisée dans l'industrie où elle a lieu, mais l'effet s'en propage de proche en proche aux autres industries : le développement des industries textiles exigera par

---

[1] On a proposé de prendre pour assiette de l'impôt le capital fixe ; ce serait, à cause des observations faites au texte, une base de répartition fort inégale et d'ailleurs peu favorable aux transformations progressives de l'outillage industriel (ci-dessous, n°° 1237 et suiv.).

cette raison l'extension des cultures industrielles, plus d'activité dans la construction des machines, une plus abondante extraction de combustible minéral, etc... C'est l'un des aspects des liens de solidarité qui unissent les différentes branches d'industrie.

243. Convertibilité inégale des capitaux. — C'est l'aptitude inégale des capitaux à être échangés. Pour le producteur, il y a un grand avantage à pouvoir facilement convertir un capital. Le numéraire possède cette qualité au suprême degré : la monnaie est un moyen d'acquisition de tous les autres capitaux ; c'est sa fonction essentielle. Les matières d'or et d'argent ont la même qualité, quoique à un moindre degré. Viennent ensuite, parmi les capitaux circulants, les marchandises en magasin, autrement dit les produits achevés, et, à une très-grande distance, les matières premières. On sait quelles difficultés éprouvent les marchands, en temps de crise, à écouler même les objets de consommation immédiate et à plus forte raison les fabricants de produits imparfaits, puisque ces produits attendent d'autres transformations industrielles. Les mêmes événements qui ralentissent la production augmentent les difficultés de conversion. De tous les capitaux, ceux qui présentent sous ce rapport la plus grande infériorité sont les capitaux fixes : c'est qu'ils ne sont pas en effet propres à un échange immédiat. Les fonds de terre et les bâtiments se vendent à bas prix et difficilement lorsque le propriétaire, ayant un pressant besoin d'argent, ne peut attendre l'heure favorable. C'est aussi pourquoi les manufacturiers qui veulent liquider leur outillage ou le transformer doivent se résigner ordinairement à subir de fortes pertes.

Les capitaux mobiliers, pouvant avoir une haute valeur sous un petit volume, ont une autre qualité qu'il est naturel de rapprocher de la convertibilité : on peut réussir à les soustraire aux risques résultant de causes naturelles ou du fait de l'homme ; l'or, l'argent, les pierreries, sont, parmi les choses précieuses, celles qui peuvent le plus aisément être dissimulées et transportées. Au Moyen-âge, la sécurité des fortunes étant menacée de diverses manières, l'emploi des matières d'or et d'argent s'étendait jusqu'aux objets les plus vulgaires. Le même usage subsiste encore dans la plupart des pays de l'Orient. On se tromperait si l'on voyait uniquement là une recherche de luxe ou le signe d'une grande richesse, c'est plutôt l'effet de la nécessité de défendre ses biens.

Par contre, les capitaux immobiliers et une notable partie du matériel d'exploitation échappent difficilement aux dévastations en temps de guerrre ; aussi une nation qui est riche en capitaux fixes ne peut songer, dans une guerre défensive, à faire le vide devant l'envahisseur[1].

---

[1] Ceci vient confirmer l'opposition qui est faite par la science sociale entre les nations organisées sur le type militaire, et les nations industrielles ou les institutions économiques prédominent (V. ci-dessus, nᵒ 42).

SECTION III.

THÉORIES ÉCONOMIQUES COMMUNES AUX INDUSTRIES DE
PRODUCTION — GRANDE ET PETITE INDUSTRIE.

———

CHAPITRE I.

CLASSIFICATION DES INDUSTRIES DE PRODUCTION.

———

244. Classification d'après la nature ou l'objet des travaux.
— J.-B. Say a proposé une division tripartite d'une simplicité
parfaite : 1° Les industries extractives, celles qui puisent dans la
nature les substances utiles et les livrent telles quelles à l'état
de matières premières; elles comprennent l'agriculture, l'industrie des mines, la chasse, la pêche, etc...; 2° les industries manufacturières qui reçoivent les matières premières de l'une des
industries du groupe précédent et leur font subir des transformations matérielles en vue de les rendre directement utilisables;
3° enfin les industries commerciales, qui prennent les produits
au lieu de production pour les transporter et les mettre à la disposition des consommateurs. — On reproche à cette division de
réunir dans la même catégorie des industries très-dissemblables,
telles que l'agriculture et l'industrie des mines, et il est certain
que ce reproche est fondé. Il faut reconnaître cependant qu'un
groupement absolument rationnel est irréalisable, à cause des
variétés si nombreuses de l'industrie.

Une autre division, très-généralement préférée, est celle de
Dunoyer : elle reconnaît cinq classes d'industries[1] : 1° les indus-

———

[1] Dunoyer fait rentrer dans sa classification les *industries improductives,*
c'est ainsi qu'il qualifie les *services;* nous en retranchons ce qui s'y réfère
pour la restreindre aux industries relatives à la production. Voy. Dunoyer,
op. cit.

tries extractives ; elles isolent des substances minérales ou des êtres vivants (poisson, gibier) du milieu où ils se trouvent dans la nature et les livrent sans leur faire subir de transformation : ce sont l'industrie des mines, la chasse et la pêche ; 2° l'industrie agricole, séparée des industries extractives pour former un second groupe ; 3° l'industrie manufacturière, comprenant non seulement ce qu'on nomme ainsi dans le langage usuel, mais toutes les industries qui transforment les matières premières, par exemple l'industrie de la construction des bâtiments, tout aussi bien que la métallurgie ou l'industrie textile. Quelques économistes font une classe spéciale pour ce qu'ils appellent les industries constructives. — Les deux dernières catégories sont formées par le démembrement de l'industrie commerciale ; 4° l'industrie voiturière, ou pour mieux dire l'industrie des transports, ayant pour objet la transmission des produits d'un lieu à un autre ; 5° l'industrie commerciale, qui concentre les produits de diverses natures ou provenances et les tient à la disposition des consommateurs.

Cette classification est plus compliquée que celle de J.-B. Say, mais elle a l'avantage de séparer nettement les principales branches de la production[1]. Elle n'est pas pourtant à l'abri des critiques ; par exemple, elle confond sous la même dénomination l'industrie minière et celle de la chasse ou de la pêche.

Il est d'ailleurs une objection beaucoup plus grave, c'est que toute division reposant sur la nature ou l'objet du travail industriel est nécessairement superficielle. Il est facile de s'en assurer : on dira par exemple que les meuniers et les boulangers appartiennent à l'industrie manufacturière, bien que leurs intérêts soient bien plus dépendants de l'agriculture que des manu-

---

[1] Auprès des jurisconsultes, en France, cette classification trouvera sans doute faveur, car elle est en concordance avec des différences de régime légal très-considérables dans notre droit positif. L'agriculture, régie quant à ses intérêts principaux par les lois civiles ordinaires, est séparée des industries extractives, mines, chasse et pêche, régies au contraire par des lois spéciales. D'autre part, les industries manufacturières, des transports et du commerce sont à la fois l'objet des dispositions du Code de commerce et d'un certain nombre de lois spéciales. Au point de vue de l'économie politique nationale, cette conformité entre la classification de Dunoyer et les distinctions de nos lois n'est pas sans importance. La question de savoir si ces différences de régime légal sont nécessaires ou rationnelles n'est bien entendu aucunement préjugée par la constatation que nous venons de faire.

factures. Par une contradiction singulière, on rangera les fabricants de beurre ou de fromage parmi les producteurs agricoles, ce qui est une concession faite à l'évidence. En sens inverse, les cultures de textiles, de betterave, de colza et l'élevage des bêtes à laine sont confondus avec les autres industries agricoles, malgré les affinités qui les rattachent aux filatures, aux sucreries et aux fabriques d'huile.

Les classifications de Say et de Dunoyer, fondées sur des analogies plutôt spéculatives que pratiques, ne sont donc réellement pas des classifications fondées sur l'ordre économique. Il était cependant nécessaire de les faire connaître, car elles sont fréquemment adoptées.

245. Classification des industries d'après l'enchaînement des actes de production[1]. — Si l'on considère l'ordre de succession des travaux industriels, on distinguera trois classes d'industries : 1° celles qui forment des produits inachevés destinés à des transformations ultérieures; 2° celles qui ont pour objet des travaux indirectement utiles à la production; 3° celles enfin qui forment ou livrent des produits achevés, c'est-à-dire directement applicables à des consommations de jouissance. Un pain est un produit achevé, fruit d'un dernier travail, celui du boulanger; mais à combien d'opérations préalables ou indirectes ne se rattache-t-il pas? Travail du laboureur, du moissonneur, du batteur en grange, du meunier; chacune de ces industries ne marquant qu'une étape dans le chemin à faire, le produit de chacune d'entre elles est inachevé[2], suppose de nouvelles transformations. Puis vient la série des travaux indirectement utiles à la production du blé : la construction des ustensiles aratoires, des charrues; si le blé n'est pas consommé dans le lieu de production, d'autres travaux indirects s'ajoutent à ceux-ci : tra-

[1] Nous l'empruntons à Stuart Mill, en le simplifiant. Cpr. *Principes*, t. I, p. 32 et suivantes.

[2] Nous disons plutôt *produit inachevé* que matières premières. On ne peut, en effet, définir celles-ci que d'une façon toute relative : une même chose qui est matière première pour l'industrie venant ensuite dans l'ordre des travaux de production, est au contraire un produit, un résultat, quant à l'industrie précédente; exemple : le fil, matière première pour le tailleur, est pour le filateur un produit... mais ce fil est destiné à une application industrielle ultérieure, et c'est pourquoi on peut l'appeler un *produit inachevé*. V. sur le sens de l'expression *matières premières* ci-dessous, nos 756 et 757.

vaux de la construction des voitures ou des navires, industries des voituriers ou des matelots, des commerçants, etc. [1].

La distinction d'après l'ordre de succession des travaux est la plus rationnelle au point de vue économique : il faut s'y référer pour établir la génération des profits : c'est le prix de vente aux consommateurs des produits achevés qui rémunère tous les travaux préparatoires ou indirects : personne ne fabriquerait de charrues si le cultivateur ne devait obtenir des profits dont une certaine fraction sert à payer le fabricant ; personne non plus ne transporterait des marchandises, si le commerçant ne réalisait pas aussi un profit qui lui permît de payer le voiturier. De cet enchaînement entre les travaux de production, on peut faire sortir la loi générale de solidarité entre les différentes industries.

246. Classification fondée sur la destination des produits. — On pourrait dresser une classification générale d'un caractère concret et pratique en ayant égard à la destination des produits. De l'idée fondamentale de la classification de St. Mill, on retiendrait la division générale des industries de production en deux catégories : — α) Les unes sont des industries préparatoires, agriculture, chasse, pêche et industries minières, correspondant aux deux premières branches de la classification de Dunoyer ; ou bien des industries indirectement utiles à la production, qui constituent l'outillage des industries mécaniques (métallurgie, construction des machines), ou des industries qui ont pour objet les voies de communication et les transports ; — β) Les autres industries manufacturières ou de transformation donnent satisfaction directe aux besoins et se subdivisent d'après la nature même de ceux-ci : 1° industries alimentaires, comprenant les denrées agricoles ouvrées (sucres, boissons alcooliques, farines, pâtes, conserves, etc.) ; 2° industries des tissus, vêtements et parures ; 3° industries du bâtiment, du mobilier et

---

[1] St. Mill distingue (*loc. cit.*) les travaux *préalables directs* et les travaux *indirects* de la production : parmi ceux-ci il place la production des matières premières. Moudre du blé, c'est faire un travail préalable direct ; mais n'en peut-on pas dire autant de l'extraction des matières premières ? En conséquence, la distinction de l'éminent économiste nous paraît être sans fondement, comme elle est sans intérêt : l'extraction du minerai est évidemment pour le propriétaire du haut-fourneau ce que la mouture est pour le boulanger. Si celle-ci est un travail préalable direct, l'extraction du minerai est un travail de même sorte.

des arts industriels (verrerie, céramique, bronzes, tapisseries, industries de luxe, etc.); 4° industries dont les produits sont susceptibles de destinations multiples (produits chimiques, matières grasses, cuirs, papiers, etc.) — Enfin deux autres groupes forment pour ainsi dire le trait d'union entre les services privés ou publics et les industries de production; 5° industries de production relatives aux besoins intellectuels, comprenant la peinture, la sculpture, le dessin et la gravure (comme œuvres d'art et matériel d'atelier), instruments de musique, matériel de l'enseignement et de la médecine opératoire, l'imprimerie, la reliure, etc.; 6° industries diverses des services publics (matériel et procédés de l'art militaire, de l'hygiène, de l'assistance publique — hôpitaux, asiles d'aliénés, secours aux blessés, etc.)[1].

C'est un système de classification analogue qui est adopté pour la répartition des produits aux expositions universelles[2]. Il

---

[1] On remarquera que, dans cette classification, l'industrie commerciale n'a pas de place distincte. Très-généralement les produits achevés passent par les mains d'intermédiaires avant de parvenir aux consommateurs; or, il est évident que dans une classification fondée sur la destination des produits, l'industrie commerciale ne peut revendiquer aucune place distincte, puisqu'en passant par elle les produits ne changent pas de destination.

[2] La classification suivie pour les expositions de 1878 et de 1889 se rapprochait en effet beaucoup de celle qui vient d'être exposée au texte, mais elle en différait en plusieurs points. Elle comprenait neuf groupes. 1er groupe : œuvres d'art. 2e groupe : éducation et enseignement, matériel et procédés des arts libéraux. 3e groupe : mobilier et accessoires. 4e groupe : tissus, vêtements et accessoires (on y avait arbitrairement placé les ustensiles et armes de chasse). 5e groupe : industries extractives, produits bruts et ouvrés (là se trouvaient réunis les produits de la chasse, les matières textiles, les produits forestiers, à côté des produits de l'exploitation des mines et de la métallurgie). 6e groupe : c'était le moins défini de tous. Sous cette rubrique : outillage et procédés des industries mécaniques, on avait fait une sorte de *caput mortuum* dans lequel les industries de transport et du génie militaire coudoyaient le matériel de la confection des vêtements et du tissage, celui des exploitations agricoles et des denrées alimentaires, des usines métallurgiques, etc... Sans doute, la nécessité de disposer en un même local toutes les industries qui font usage des forces motrices avait commandé cette confusion. 7e groupe : produits alimentaires. 8e groupe : agriculture et pisciculture. ¡Dans le matériel d'exploitation agricole, une séparation assez singulière se trouvait établie. Le 6e groupe renfermait les modèles des bâtiments ruraux, les systèmes de culture en même temps que les machines agricoles. Le 8e groupe contenait aussi les types des bâtiments ruraux, l'outillage agricole et les machines en mouvement; les pressoirs, les distilleries, sucreries, en un mot, le matériel et les usines

est plus compliqué que celui de Dunoyer, cependant il offre un groupement fort rationnel entre certaines industries, aussi aurons-nous par la suite à l'utiliser, au moins en partie.

correspondant aux produits du 7ᵉ groupe.) Un 9ᵉ groupe était consacré à l'horticulture. On y avait mis les plantes potagères et les fruits, qui appartiennent plutôt à l'industrie agricole. Quant aux plantes de jardins et d'ornement, nous en ferions plutôt l'un des accessoires du mobilier et des arts décoratifs.

CHAPITRE II.

PRODUCTIVITÉ DES DIFFÉRENTES BRANCHES D'INDUSTRIE.

————

247. Productivité; caractère commun à toutes les branches d'industrie. — Toutes les industries donnant de l'utilité aux objets matériels sont par conséquent productives; car, ainsi qu'il a été dit, le travail de production n'est rien autre chose qu'une création d'utilité. Il existe cependant quelque malentendu sur ce point élémentaire; on ne peut l'attribuer qu'à un défaut d'analyse sur le concours que chaque branche d'industrie prête à l'œuvre d'ensemble de la production. La vérité scientifique n'a pas tout d'abord été reconnue : les Physiocrates commettaient l'erreur de croire qu'il n'existait qu'une seule source de richesse, la *terre* (n° 218). Ils prétendaient que la valeur des produits de l'industrie agricole et extractive n'était pas due tout entière à l'action de l'homme mais qu'une part (ce qu'ils appelaient le *revenu net*) était due à la nature. Au contraire, dans les autres industries, la valeur d'échange n'aurait rémunéré que le capital et le travail ; ainsi soit une terre de minerai valant 50, 30 seraient dûs au travail et au capital, 20 à la nature... Si ce minerai est converti en métal et vaut 100, la plus-value 50 ne représente que la rémunération du travail et du capital, ce n'est pas un produit net. Adam Smith a démontré que la richesse venait du travail, que la valeur était toujours une rémunération d'une action humaine et non un don de nature; c'est ce que la théorie de la valeur a fait ressortir (n°⁵ 189 et suiv.). Les premiers progrès des manufactures en Angleterre rendaient manifeste l'erreur des Physiocrates, mais Adam Smith ne se borne pas à prouver la productivité de l'industrie manufacturière; en réalité, le principe qu'il avait posé contenait en germe la productivité indistincte de tous les travaux de production. Pourtant, depuis, de nouvelles contestations se sont produites quant aux industries du transport et à l'industrie commerciale.

248. Productivité de l'industrie des transports. — L'industrie des transports est productive ; quelques-uns l'ont nié sous ce fallacieux prétexte qu'une marchandise transportée d'un lieu à un autre ne subit aucune transformation. L'industrie manufacturière et l'industrie agricole créent des produits, ajoutent à la masse totale des choses utiles : ce sont des *industries accumulantes*, pourrait-on dire. Au contraire, de même que ceux qui rendent des services sans prendre part au travail de la production matérielle, les agents des transports vivent sur le fonds d'approvisionnement créé par les industries de la production matérielle proprement dites.

Il est aisé de répondre à ces objections spécieuses : la production, d'après l'analyse qui en a été faite, consiste dans toute action dont l'effet est de mouvoir la matière ; s'il en est ainsi, des changements de lieu sont, tout autant que des changements de forme ou de composition organique, des travaux de production. Qu'on y prenne garde, d'ailleurs, le travail des industries extractives consiste aussi dans un changement de lieu ; le mineur prend le minerai sur le carreau de la mine et le transporte à la surface du sol. Concourant également à la production matérielle, l'industrie des transports diffère donc des services qui y sont complètement étrangers ; si les agents de transport puisent sur le fonds amassé par les autres industries, c'est par l'effet d'un échange dont les richesses sont respectivement l'objet. Un produit transporté d'un lieu dans un autre est présumé avoir acquis une plus-value dont une part revient à celui qui a opéré le changement de lieu. On a objecté qu'aucune appropriation des produits ne se réalise pour le voiturier, mais il n'est jamais nécessaire que l'auteur de la production ait la propriété de l'objet du travail ; par exemple le tailleur, à qui l'on remet du drap pour confectionner un habit, est producteur quoiqu'il ne soit pas propriétaire du drap. Une entreprise de transport suppose d'ailleurs comme toute autre industrie, une certaine concentration de travail et de capital, un matériel souvent considérable, un capital fixe par conséquent et des capitaux circulants en salaires, nourriture des animaux ou achat de combustible. Dans l'ensemble de l'activité industrielle, le rôle des industries de transport est de servir de trait d'union entre la production et la consommation. L'utilité de ces industries n'a jamais pu être mise en doute. Si elles n'existaient pas, chaque producteur devrait faire parvenir ses produits dans le lieu de consommation par des agents particuliers à l'aide d'un matériel lui appartenant. Ce serait une immense déperdition de forces et, par suite, une cause de renchérissement des marchandises.

Carey, par réaction sans doute contre une direction abusive des transports qui peut résulter de l'exportation des produits bruts pour être manufacturés au loin, se laisse entraîner à considérer comme une perte sèche tout travail humain dépensé à opérer des changements de lieu[1]. La nécessité de déplacer les choses est évidemment le signe d'une résistance naturelle à la satisfaction immédiate des besoins; mais cela est vrai de tout travail de production. Procurer des débouchés aux produits et répandre au loin le bien-être, c'est augmenter la somme de jouissance par le travail, ce dont l'éminent économiste se préoccupe partout ailleurs avec tant de raison. Où la perte commence, c'est quand on transporte au loin des matières premières qui pourraient être transformées par l'industrie indigène si les diverses branches de la production industrielle y étaient également développées; par exemple, une plus grande partie encore du coton qui est transportée d'Amérique en Angleterre pourrait être avantageusement manufacturée sur place, et c'est bien ce dont les États-Unis ont eu clairement conscience : aujourd'hui un quart de leur production cotonnière est mise en œuvre par l'industrie américaine.

249. Productivité de l'industrie commerciale. — L'industrie commerciale est-elle productive? Non, répondent les socialistes qui prêchent la suppression de ce qu'ils appellent les *intermédiaires parasites* entre le producteur et le consommateur. A quoi sert le commerce? Simplement à faire passer d'une personne à une autre la richesse déjà existante. Que fait le commerçant : il achète pour revendre. Est-ce que par les échanges les richesses augmentent? Elles ne font que circuler[2].

Dans ces objections une triple négation est contenue : non

---

[1] Carey, *op. cit.*, t. II, p. 9 et suiv.
[2] Aristote disait déjà : le commerce déplace des objets précieux par eux-mêmes, et n'est pas un mode d'acquisition naturel (*Polit.*, liv. I, ch. III, n° 17).

seulement le commerce ne serait pas une industrie de production, mais il n'en résulterait pas de plus-value et il serait inutile. Faisons d'abord justice de cette dernière critique. Le commerçant réunit dans son magasin des produits de diverses qualités et provenances et il les tient à la disposition du consommateur; est-ce qu'il n'y a pas là un avantage pour celui-ci? Qu'on dise que le commerçant ne produit pas, cela est spécieux. Mais comment contester qu'il rende un *service?* Si l'office du commerçant restait vacant, le consommateur devrait s'enquérir auprès des producteurs des prix et des variétés de produits, acheter à l'avance et en grande quantité, car le producteur ne pourrait souvent accepter les complications d'un débit de détail : le commerçant évite donc au consommateur ces préliminaires et des avances de capitaux. Celui-ci pourra faire ses acquisitions au fur et à mesure de ses besoins; le choix entre les divers produits lui sera facilité par l'examen direct. C'est le commerçant qui, en outre, aura à veiller à la conservation des marchandises, à supporter les pertes résultant de leur détérioration ou d'une subite diminution de valeur.

Si l'on regarde du côté des producteurs, les *services* du commerçant paraîtront non moins certains. En l'absence du commerce, l'administration d'une manufacture serait d'une complication extrême, la correspondance avec les consommateurs à elle seule exigerait une somme considérable de travail; dans les principaux lieux de consommation les producteurs devraient avoir des comptoirs et des préposés, mais chacun ayant ainsi une agence distincte, ce procédé serait plus coûteux et réclamerait un personnel beaucoup trop considérable. L'approvisionnement en masse, fait par le commerçant à intervalles réglés ou déterminables à l'avance, donne aux chefs d'établissements industriels une garantie de production moyenne qui leur ferait défaut s'ils avaient directement affaire aux consommateurs; le manufacturier qui correspond avec des commerçants peut évaluer approximativement ses rentrées et mesurer la fabrication d'après l'étendue de ses ressources. Les capitaux disponibles du chef d'entreprise devraient avoir une élasticité presque indéfinie pour échapper aux risques de l'irrégularité des paiements d'une foule de consommateurs. Il n'y aurait de sécurité que dans les marchés au comptant, et, il en résulterait que l'activité industrielle serait resserrée dans d'étroites limites. Enfin, on peut observer que le commerce modère, au profit commun des producteurs et des consommateurs, les oscillations extrêmes des prix. Nous insisterons tout particulièrement sur cette utilité de l'industrie commerciale dans la théorie des échanges.

L'industrie commerciale répond non seulement à de véritables exigences sociales, mais de plus elle est productive. On en pourrait douter peut-être parce que sous quelques rapports l'office du commerçant ressemble plutôt au travail immatériel, c'est-à-dire aux services proprement dits, qu'au travail de production. Où est en effet le côté matériel de la production dans l'industrie commerciale? Il n'apparaît pas ostensiblement : le voiturier a un matériel de transport, il remue des fardeaux, les charge et les décharge; le chemin de fer et la navigation à vapeur emploient des agents mécaniques, l'activité extérieure qui est déployée présente une grande analogie avec le travail des ateliers ou des usines... Les commerçants, au contraire, n'ont le plus communément d'autre matériel professionnel que celui qu'exige l'installation méthodique des produits; ce sont des actes de spéculation qu'ils accomplissent au regard du producteur et du consommateur. Beaucoup de négociants font d'ailleurs d'importantes transactions sur marchandises non emmagasinées. La qualification d'intermédiaires qui leur est donnée n'indique-t-elle pas que leur industrie consiste en rapports personnels, en *services,* et qu'elle ne porte pas principalement sur les choses matérielles? Ce sont là des raisons de douter peut-être, mais nous ne les croyons pas suffisantes pour dire que le commerce n'est pas productif de richesses. Rappelons que l'*utilité* est une qualité immatérielle des choses : par cela même qu'une utilité résulte d'un travail, il y a production. Or, il n'est pas contestable que le travail du commerçant n'ait pour objet les marchandises. Ce travail ajoute-t-il de l'utilité aux produits? Il est impossible de le contester sérieusement.

On objecte que les produits se trouvant rendus par le fait des agents de transport au lieu de consommation, le commerçant se borne à transmettre par échange une richesse déjà créée; mais on n'y réfléchit pas : si le voiturier a exécuté le deplacement, le commerçant en a été l'instigateur. Un changement de lieu est un acte de production : cela doit s'entendre de celui qui l'a décidé à ses risques et périls au moins autant que du voiturier qui, pour l'accomplir, a prêté son matériel de transport.

Dans une manufacture, n'est-il pas vrai que le chef d'entreprise qui préside au travail matériel des ouvriers, sans y prendre part, fait œuvre de production? Entre l'agent de transport et le commerçant, il s'opère une division de travail analogue : la décision doit, par suite, être la même. Mais il y a plus encore : le commerçant veille à la conservation des produits, souvent les dispose, les subdivise ou les prépare de façon à satisfaire les désirs des consommateurs ; est-ce que cet ensemble de soins ou de travaux matériels ne donne pas une utilité nouvelle aux marchandises? Tout ce qui tend à faciliter la consommation est un pas vers le but de la production.

Enfin, le commerçant a du plus au moins un matériel d'exploitation : magasins, aménagement intérieur, parfois même des outils ou des appareils pour manœuvrer les marchandises; et, s'il ne fallait avoir égard qu'aux apparences extérieures, on ne saurait encore refuser absolument à l'industrie commerciale une place parmi les industries productives de richesses. L'équivoque est venue sans doute de ce que cette industrie n'a pas de produits particuliers; mais les produits des autres industries sont mis par elle à la disposition des consommateurs. Aussi avons-nous déjà fait remarquer que, si l'on classe les industries d'après l'utilisation des produits, l'industrie commerciale figure pour les produits achevés dans différents groupes (industries alimentaires, du mobilier, du vêtement, etc.), mais elle ne constitue pas un groupe spécial[1]. Quant à l'objection d'après laquelle l'échange n'est qu'une permutation d'où il ne peut résulter aucune plus-value, elle sera examinée à propos de la théorie des échanges. Il n'est bien entendu ici parlé que de la productivité générale du commerce; la question de savoir si les intermédiaires ne font pas une filière trop compliquée qui pourrait être simplifiée; si même les intermédiaires du commerce ne peuvent pas être remplacés par d'autres combinaisons, notamment par des associations de consommateurs, est entièrement réservée (n° 576).

---

[1] Malgré la démonstration qui vient d'être faite, ce n'est pas parmi les industries de production que nous étudions les principes économiques de l'industrie commerciale. En suivant la division d'ailleurs assez superficielle de J.-B. Say, l'étude de cette industrie rentre dans la théorie de la circulation des richesses ou de l'échange et du crédit (V. ci-dessous, nᵒˢ 573 et suiv.).

CHAPITRE III.

ORDRE DE DÉVELOPPEMENT DES INDUSTRIES. — RÉPARTITION DU CAPITAL
ET DU TRAVAIL OU DE LA POPULATION INDUSTRIELLE.

———

250. Ordre de développement entre les industries de production. — Chez les peuples sédentaires, l'agriculture est la première à naître et la dernière à se transformer en industrie savante et perfectionnée ; c'est en effet celle qui exige, pour arriver à son plein développement, les plus vastes connaissances de la nature et les appropriations les plus ingénieuses des moyens de production. Les industries manouvrières de transformation des substances minérales ou des plantes textiles ont leurs commencements dans les intermittences du travail agricole : la quenouille, le rouet, les outils à la main sont les seuls auxiliaires du travail manuel dans cette première phase qui est celle de l'industrie domestique[1]. Les progrès d'abord presque instinctifs de l'agriculture donnent un excédent de récoltes qui rend disponibles pour le travail de fabrication un certain nombre de bras : dès lors une partie de la population se compose d'artisans. La spécialisation s'est faite soit dans l'atelier domestique pour le travail de l'argile, du cuir, du bois etc., soit même en dehors de cet atelier par la force même des choses pour le travail des métaux[2]. C'est ensuite de l'économie de forces dans l'industrie fabricante que doivent sortir les progrès ultérieurs. L'apparition de cette industrie est donc subordonnée à une première économie de forces dans la production alimentaire, mais, ce pas franchi, les progrès de l'industrie agricole dépendent du développement préalable de l'industrie fabricante.

[1] Cf. Schwiedland, *Zeitschrift für Volkswirthschaft* de Böhm-Bawerk, t. I, 1er fasc., p. 6, 1892.
[2] Une autre cause aide à la transformation des industries domestiques, à leur spécialisation en vue non plus des besoins de la maison mais du commerce, c'est la pénétration par les chemins de fer de régions auparavant isolées. V. Schwiedland, *eod. op. cit.*, p. 7 et suiv.

Une phase très-longue de l'histoire de l'industrie est celle pendant laquelle, à côté des industries manouvrière et fabricante, se constitue l'industrie manufacturière avec ses puissants agents mécaniques. L'agriculture semble condamnée à rester en deçà de son émule, ses procédés de travail sont comparativement arriérés. Des théoriciens frappés de ce développement inégal présentent alors la terre comme une machine dont les forces restreintes doivent constamment décroître. Tel est l'enseignement des disciples de Ricardo et de Malthus.

Peu à peu, cependant, l'industrie agricole secondée par le progrès industriel se transforme et rachète la distance qu'elle a laissé prendre sur elle à l'industrie manufacturière. Cette évolution est lente, difficile; elle est loin d'être achevée dans les pays les plus civilisés, mais on peut prévoir qu'un jour viendra où, grâce aux améliorations foncières et à une connaissance plus approfondie de la chimie agricole, la puissance du travail dans la culture du sol égalera celle du travail manufacturier (n° 78).

251. Répartition du capital entre les différentes industries. — Dans la masse totale des capitaux de production, il faut faire deux parts : la première est formée de ceux qui sont actuellement employés dans les entreprises industrielles (capitaux fixes ou circulants); ils ne peuvent se dégager immédiatement parce qu'ils sont pris dans l'engrenage de la production. La valeur de ces capitaux fût-elle réalisée, une très-forte propension porterait à affecter cette valeur à un même emploi industriel : un fabricant vend ses marchandises; le prix de vente ne peut pas être entièrement soustrait au fonds de roulement, car il faut acheter des matières premières, payer des salaires, etc... A moins de très-fortes séductions venant du dehors, les capitaux circulants se renouvellent dans la même industrie et ne se portent pas vers d'autres placements. La seconde part des capitaux de production se compose de ceux qu'on appelle communément capitaux disponibles. Ce sont, avant tout, les revenus annuels rendus libres par l'épargne.

Quelle direction prennent les capitaux libres; comment se répartissent-ils entre les diverses industries? Celles-ci se font concurrence par la demande qu'elles en font. Évidemment les capitaux qui sont disponibles vont de préférence vers les emplois où ils trouvent un intérêt plus élevé. D'autre part, les industriels qui les recherchent ne sont disposés à en offrir un intérêt considérable que si les exigences de la consommation leur donnent avantage à produire. En conséquence, par l'effet de la concurrence, la distribution des capitaux entre les différentes industries a une tendance naturelle à s'effectuer en proportion des besoins de chacune d'elles. Que si, effectivement, le capital désertait une industrie pour se porter en masse vers une autre, il y aurait excès d'offre du côté de celle-ci (en supposant que ce mouvement du capital ne fût pas justifié par les besoins de la production), d'où une baisse de l'intérêt; tandis que de l'autre côté se produirait (toujours dans la même supposition) une demande pressante ayant pour résultat la hausse de l'intérêt. Les oscillations de demande et d'offre tendent à un certain équilibre, c'est-à-dire au nivellement du taux de l'intérêt, et ce que nous disons de l'intérêt s'applique également, sous le bénéfice de notables restrictions, aux profits des entrepreneurs.

Voilà le principe doctrinal de répartition : plusieurs causes cependant en contrarient l'application; l'une des principales résulte des habitudes de vie des capitalistes. Ceux qui ont, dans un pays, des attaches de famille ou d'intérêt n'iront pas le plus ordinairement, pour réaliser un bénéfice supérieur, fonder au loin une entreprise, au prix de ce qui fait le charme de leur existence. La *localisation* des capitaux contribue à maintenir des inégalités dans la répartition et, par suite, dans les profits. On parle souvent du cosmopolitisme des capitaux, mais cela n'est vrai que des emplois du capital qui n'exigent pas le concours actif du capitaliste, comme le placement en actions et obligations de sociétés ou en fonds publics.

A côté de la localisation du capital, il faut signaler les préférences instinctives pour certaines industries; elles ont un effet analogue à ce qui vient d'être dit[1]. Enfin, Cliffe Leslie fait très-judicieusement remarquer que le principe doctrinal de répartition suppose une condition très-rarement réalisable, à savoir,

[1] Des artifices réglementaires ou certaines perturbations sociales peuvent également produire des anomalies dans la répartition du capital : 1° des droits trop fortement protecteurs en faveur de l'industrie manufacturière y feraient affluer les capitaux au détriment de l'agriculture; 2° l'un des effets de l'*absentéisme* est la dérivation irrégulière des capitaux (Pour ce dernier point, V. ci-dessous, n°ˢ 425 et suiv.).

la possibilité de déterminer l'importance respective des profits ;
or, c'est là une question fort complexe déjà pour une seule industrie et pour ainsi dire insoluble lorsqu'elle s'étend à toutes à
la fois; il faudrait en effet savoir l'importance de la fabrication,
l'étendue de la demande, l'état des approvisionnements et des
transactions sur les matières premières pour chaque nature de
produits et cela dans le monde entier. En résumé, ce ne peut
être que d'une façon assez imparfaite que le capital suit en réalité l'attraction des profits, et il importe de constater que le
principe rationnel n'a pas dans l'application toute l'importance
qu'on a voulu lui attribuer.

**252. Répartition du travail ou de la population industrielle
entre les industries.** — Le principe doctrinal est aussi que le
travail alimente les industries dans la mesure de la rémunération qu'il obtient. La théorie des salaires prouvera qu'à raison
de la localisation de la main-d'œuvre et de causes multiples
d'option entre les différents métiers, la considération du prix du
travail n'est pas la seule qui agit sur la distribution de la population ouvrière (nᵒˢ 815 et suiv.).

Une proportion normale entre le contingent des branches
principales de la production, résulte d'ailleurs du degré d'efficacité du travail dans chacune d'elles, d'où il suit que cette
proportion ne saurait être invariable; ainsi, lorsque les moyens
de transport ne sont pas nombreux et rapides, une grande dépense de forces se fait pour la circulation des produits comparativement au mouvement du commerce. Aujourd'hui, l'industrie
des transports sur les chemins de fer et dans la navigation occupe plus d'hommes au total que dans les siècles passés, mais
proportionnellement à l'utilité procurée, c'est-à-dire à la masse
de marchandises ou à la quantité de voyageurs transportée, la
part de ce travail est notablement réduite.

Si d'autres perfectionnements permettaient de réaliser une
nouvelle économie de forces sur l'industrie des transports au
profit d'un accroissement de puissance productive dans les industries alimentaires ou manufacturières, il en résulterait que,
pour une même population, le personnel que ces dernières industries occupent pourrait s'accroître. De son côté, l'industrie manufacturière attire à elle beaucoup plus de bras aujourd'hui
qu'il y a cent ans ; n'est-ce pas un progrès, si elle satisfait des

besoins mille fois plus variés, si elle procure le bien-être à un beaucoup plus grand nombre de consommateurs? Ce n'est pas bien raisonner que de juger de la puissance de l'industrie manufacturière, en raison inverse du nombre des ouvriers, sous le prétexte que l'emploi des engins mécaniques réduit la part du travail manuel; nous savons qu'une autre cause maintient pour le moins au même niveau le contingent total de la population manufacturière, à savoir, l'accroissement de la consommation par l'effet du bon marché. Au lieu de s'arrêter au nombre des ouvriers qui, à lui seul, ne serait qu'un indice trompeur, la véritable mesure de la puissance manufacturière doit être cherchée dans le rapport entre la masse de la production ou des services rendus et le nombre des ouvriers.

La proportion entre le personnel des différentes branches d'industrie dépend, dans une certaine mesure, des conditions naturelles; il est des pays où l'abondance des ressources minérales provoque un large développement des industries extractives et naturellement aussi des industries manufacturières; d'autres semblent plus spécialement appelés à une large production agricole. Ces influences naturelles ne doivent pas exercer une action indéfinie, car une production bien équilibrée exige le développement parallèle de l'agriculture, du commerce et des manufactures. Les conditions harmoniques de la répartition des travailleurs entre les diverses industries pour des pays également civilisés seraient en conséquence à peu près partout les mêmes, si la production visait par-dessus tout à satisfaire la consommation intérieure, mais, par l'effet des échanges internationaux, une prépondérance excessive est parfois accordée, ici à la production agricole, là aux industries extractives et aux manufactures.

Le défaut de concordance entre les statistiques des divers pays rend incertains les rapprochements; il résulte cependant des recherches faites par Max. Wirth et Engel que, dans tous les pays où l'influence du commerce extérieur n'a pas complètement rompu les conditions naturelles d'équilibre entre les diverses branches d'industrie, on trouve à peu près les mêmes rapports de nombre : en France (47,8 p. 100), en Autriche (55 p. 100), en Italie (52 p. 100), aux États-Unis même (44 p. 100), etc., la classe agricole forme environ la moitié de la population totale. C'est, dans l'état actuel de l'agriculture et des autres industries, la proportion qui paraît correspondre à une production normale[1].

En Angleterre, au contraire, nous voyons l'industrie agricole sacrifiée à l'industrie manufacturière : l'industrie et le commerce y forment 68 p. 100 et la population agricole 16 p. 100 seulement ; aussi bien, l'Angleterre ne produit que la plus faible partie de sa consommation en céréales et en denrées alimentaires [2]. Les pays exclusivement agricoles du Nouveau Monde et quelques contrées de l'Europe orientale donnent l'exemple d'une anomalie contraire[3]. Dans un même État, la statistique des professions présente quelquefois des rapports très-différents suivant les provinces ou les régions ; c'est ainsi qu'aux États-Unis, la vallée de l'Ohio et du Mississipi est un pays essentiellement agricole, tandis que l'industrie manufacturière est prépondérante dans quelques États de l'est de l'Union. Par les échanges intérieurs, l'équilibre de la production naturelle d'une même nation peut se trouver rétabli ; aussi faut-il attacher plus d'importance à la répartition générale entre les industries qu'à la répartition régionale.

[1] La population agricole était relativement plus considérable autrefois qu'elle ne l'est aujourd'hui : sur 10,000 hab. on comptait en France, en 1856, 5,294 agriculteurs ; sur le même nombre il n'y en a plus que 4,782 en 1886, D'après le recensement de 1886, sur une population totale de 38,219,000 habitants, la France en comptait 17,698,000 pour l'agriculture, soit 47,8 p. 100 ; 9,289,000 pour l'industrie (manufactures et petite industrie), c'est-à-dire 25,2 p. 100 ; 4,248,000 pour le commerce, soit 11,5 p. 100 ; 1,021,000 pour les transports ou 2,7 p. 100 ; les autres catégories se répartissant ainsi : force publique 663,000 (1,7 p. 100), administrations publiques 711,000 (1,9 p. 100), professions exclusivement libérales 1,094,000 (3 p. 100), personnes vivant de leurs revenus 2,296,000 (6,2 p. 100) ; sans professions et professions inconnues 400,000 ; non classés (personnels des établissements d'instruction, des hôpitaux, asiles, enfants assistés, en nourrice, etc.), 500,000. En certains pays étrangers la part proportionnelle de l'industrie est en plus forte progression qu'en France : tandis qu'en Allemagne la population agricole de 48 p. 100 en 1867 s'abaisse à 42 p. 100 en 1882, dans la Saxe l'industrie occupe 55 p. 100, dans la Westphalie 45 p. 100 de la population entière.

[2] En Belgique c'est comme en Angleterre pour l'industrie seule (non compris commerce et transports) plus de 55 p. 100. D'après la *Berufsstatistik* de 1882 la population de l'Empire Allemand (45,222,000) se subdivise ainsi : agriculture 19,225,000 ; transformation des produits bruts et manufacturés 16,058,000 ; commerce et transport 4,531,000 ; fonctions publiques (y compris l'armée), professions libérales 2,058,000 ; sans profession 1,354,000.

[3] En Roumanie, la population agricole est évaluée aux quatre cinquièmes de la population totale ; en Russie elle en forme les soixante-dix centièmes.

CHAPITRE IV.

DIVISION ET CONCENTRATION DES ENTREPRISES.
GRANDE ET PETITE INDUSTRIE.

———

253. Division ou concentration des entreprises. Proportion entre le capital et le travail. — L'œuvre de la production est secondée par le capital selon une mesure qui varie beaucoup. L'artisan n'a que quelques outils, un fonds de roulement bien faible; c'est sur le labeur de chaque jour qu'il fonde ses espérances : le travail antérieur ne s'est pas largement transformé pour lui en capital, c'est-à-dire en moyens de produire. Au contraire, dans nos grandes manufactures, le capital apparaît sous toutes les formes. Qu'on ne croie pas que, d'une façon absolue, le travail y ait moins d'importance que dans l'atelier de l'industrie primitive : il s'y présente même sous une forme plus intellectuelle, plus élevée; si son rôle semble diminué, c'est simplement parce que celui du capital a grandi en puissance. Le progrès industriel favorise l'accumulation du capital et lui ouvre des débouchés presque indéfinis.

Le rapport entre le capital et le travail est l'une des principales causes qui déterminent l'étendue des entreprises. On comprendra aisément pourquoi la division ou la concentration des industries en est la conséquence : celui qui dispose de capitaux considérables n'hésitera pas à se servir des engins mécaniques, et, en général, de tous les moyens matériels pouvant accroître la puissance du travail. Il n'organisera pas, le plus ordinairement du moins, une série de petits ateliers, où les procédés de travail seraient nécessairement imparfaits, mais bien plutôt une grande manufacture. Si cela est vrai, les agents mécaniques impliquant, on le sait, la division du travail et une production abondante, il faut reconnaître que la concentration des capitaux a pour effet naturel la concentration des entreprises.

254. Évolution vers la grande industrie; ses causes. — Depuis tantôt trois quarts de siècle une évolution fort remarquable se fait en ce sens : la grande industrie s'est constituée sur de nouvelles bases et a progressé rapidement. Les causes générales de cette transformation sont déjà connues : c'est d'abord la facilité, grâce aux sociétés par actions, d'opérer de fortes concentrations de capitaux, puis l'avantage que les progrès des arts mécaniques donnent pour la production en grand, enfin, et surtout peut-être ce sont les débouchés ouverts à la production par le développement du commerce international; or, dans la concurrence internationale, le succès appartient aux entreprises les plus considérables pour des raisons qui vont être indiquées.

Que penser des progrès des manufactures et de l'avènement de l'*Industrialisme?* De longues discussions doctrinales ont été engagées sur la préférence à donner à la grande ou à la petite industrie, mais la question a été ainsi mal posée, car elle ne comporte pas de solution absolue : on verra d'ailleurs bientôt que les conditions économiques rationnelles de l'agriculture et de l'industrie manufacturière sont bien dissemblables; certaines industries de fabrication, à raison de la nature du travail ou de la composition du personnel ouvrier, resteront des industries principalement domestiques : telles sont notamment la fabrication de la dentelle à la main, et d'un certain nombre d'objets destinés à la consommation de luxe. L'option relative à l'étendue des entreprises est affaire d'application dans chaque profession et dans chaque milieu particulier[1]. La seule chose à faire est d'indiquer les qualités distinctives de la grande et de la petite industrie.

255. Avantages de la grande industrie. — On peut répartir sous trois chefs les avantages distinctifs de la grande industrie : 1° le capital; 2° le travail; 3° l'économie de la production.

α) *Le capital.* La grande industrie adopte fréquemment le procédé de l'association et spécialement celui de la société par actions; c'est dire qu'elle offre au crédit une base large et solide à cause de la concentration du capital et des effets de la personnalité civile; que les risques s'y trouvent fractionnés (n° 68) et

---

[1] M. de Molinari (*Évolution écon. au xixᵉ siècle*) conclut, au contraire, en faveur de la grande industrie, qui, selon lui, dans toutes les branches de la production, doit se substituer aux entreprises de moindre importance.

qu'enfin, grâce à la négociabilité des actions, le capital peut se dégager et se mobiliser : cette conséquence de l'association de capitaux, au point de vue de la convertibilité, a une importance qui n'échappera à personne, surtout si l'on songe que l'actif des sociétés de production (mines, filatures, etc.), comprend souvent une forte part de capitaux fixes (n° 243).

La concentration des capitaux s'est faite non seulement par le moyen des sociétés de commerce ou des sociétés civiles d'intérêt pécuniaire, mais aussi par les communautés de biens qui se forment à l'occasion du mariage. La supériorité principale du régime de communauté sur le régime dotal est sans doute de laisser à la femme dûment habilitée le droit de disposer de toutes les parties de sa fortune, de ne mettre aucuns biens hors du commerce; il en est une autre fort importante aussi, c'est (au lieu de l'isolement d'intérêt résultant du régime dotal) l'association pour le crédit et pour l'épargne : la femme, non moins que le mari, doit pouvoir offrir en gage à ses créanciers les biens communs à condition d'être autorisée (art. 1419 C. civil). Aussi n'est-il pas douteux que, dans les pays industrieux du nord de l'Europe, des raisons de crédit n'aient contribué à faire naître les régimes de communauté parmi les populations d'artisans et de commerçants des villes émancipées (n° 49).

La concentration du capital permet d'employer les engins mécaniques et un outillage spécial perfectionné, d'arriver à une fabrication automatique au moyen de la succession de diverses machines élaborant les unes après les autres la matière première et livrant un produit achevé, enfin d'employer des moteurs de grande puissance qui par unité de force coûtent moins que les petites machines motrices (n°ˢ 228 et 230, B.).

β) *Le travail.* Non seulement les grandes entreprises comportent une hiérarchie et une division professionnelle des diverses fonctions de la direction, de l'administration et du contrôle (n°ˢ 68 et 224), mais le travail, à tous les degrés, y est plus nettement dégagé du capital. Dans les grandes entreprises spécialement, lorsqu'elles sont constituées sous forme de sociétés, le personnel dirigeant est investi de l'autorité à raison de sa capacité et non pas à raison de la possession du capital. Au contraire, dans les entreprises individuelles de moindre importance, le capital appartient ordinairement pour la plus grande part à l'entrepreneur. Le chef d'une entreprise individuelle concentre en lui toutes les fonctions dirigeantes, et il est rare que la direction n'ait pas une partie faible. Il n'en est plus ainsi dès que le talent de direction ou d'administration est affranchi du capital. De son côté, le travail d'exécution n'est plus en contact immédiat avec l'élément capitaliste, mais avec le travail intellectuel de l'ingénieur ou du chef d'atelier[1].

γ) *L'économie de la production.* Abstraction faite de la fabrication automatique, cause première de bon marché, la grande industrie est en état de produire moins chèrement, que l'on considère soit les frais généraux, soit les frais spéciaux. Il importe beaucoup de preciser le sens de ces expressions. Les frais généraux sont ceux qui résultent de la constitution même des entreprises, en sorte que, dans de certaines limites, ils sont invariables quelle que puisse être l'activité de la production. Les frais spéciaux, au contraire, étant afferents à la fabrication de chaque quantité de produits, sont proportionnels à l'activité de la production. L'outillage, les capitaux fixes en général et, en outre, la rémunération du travail de direction ou d'administration constituent les frais généraux. Les capitaux d'achat des matières premières, ou du combustible, sont variables selon la quantité des produits fabriqués et par conséquent constituent des frais spéciaux[2].

Cela dit, il est aisé de prouver que les frais généraux sont relativement moindres dans la grande industrie. Babbage a le premier fourni cette intéressante démonstration : s'il n'y a qu'une machine dans une usine, il faut un mécanicien pour en régler la marche et l'entretenir; peut-être un seul mécanicien suffirait-il encore s'il y avait trois ou quatre machines au lieu d'une. De même, si l'on a besoin d'un comptable, d'un contre-maître, dans un établissement, il peut se faire que dans un autre, dont l'importance est double, on puisse se contenter aussi d'un seul comptable, d'un seul contre-maître. Dans les deux cas, les salaires ou appointements du mécanicien, du comptable, du con-

---

[1] De Molinari, *op. cit.*, p. 38 et suiv.

[2] La main-d'œuvre ou prix du travail d'exécution appartient : aux frais généraux dans la mesure selon laquelle le personnel ouvrier de l'entreprise est permanent; aux frais spéciaux pour le travail payé à la tâche et pour celui des auxiliaires temporaires, pour une catégorie particulière de produits.

tre-maître, seront les mêmes ou du moins ne varieront pas proportionnellement au nombre des machines, à celui des ouvriers ou dans la mesure de l'importance du travail des écritures. Ce qui est vrai de l'outillage et de l'emploi des auxiliaires de la production l'est aussi d'un autre élément fort important des frais généraux, c'est-à-dire des dépenses faites pour l'installation et notamment pour la valeur locative de l'immeuble industriel : si, au lieu d'une grande manufacture, on suppose vingt ateliers, il n'est pas douteux que vingt installations et vingt locations même exiguës coûteront plus qu'une seule très-large et très-complète. Quant à la continuité du travail et à l'utilisation du matériel, il n'y a qu'à se reporter aux observations déjà faites à propos de la division du travail (n° 226). Les gros bénéfices du directeur de la manufacture formeront aussi un total moindre que la somme des profits des vingt chefs d'ateliers ; autant de causes de production économique et par suite de bien-être.

L'économie sur les frais spéciaux comporte moins de développements; il est évident que la grande industrie, à raison des capitaux dont elle dispose, a plus de facilité pour faire des approvisionnements de matières premières en temps opportun, lorsque les cours sont peu élevés et, à l'inverse, pour attendre le relèvement des prix en ce qui concerne l'écoulement de ses produits. Les achats et les ventes par grandes masses lui permettent l'accès de marchés éloignés où les conditions peuvent être plus avantageuses. Pouvant employer des machines plus puissantes elle obtient un rendement plus que proportionnel sur les matières premières et le combustible. On sait, par exemple, que la consommation de la houille diminue selon une progression décroissante avec le nombre des chevaux-vapeur. Enfin, la grande industrie en raison même de son importance donne un emploi à tous les déchets : ce peut même être l'occasion de la réunion dans un même établissement de deux genres d'industrie très-différents. On cite à Reims un fabricant de lainage qui, avec les matières grasses provenant du dégraissage des laines, a organisé une fabrique de produits chimiques. Une grande partie des résidus provenant du travail de fabrication est aussi utilisée au sortir des manufactures, par exemple comme engrais ; ces résidus seraient le plus souvent perdus s'ils étaient disséminés dans les ateliers de la petite industrie.

256. Avantages de la petite industrie. — Les causes d'infériorité de la petite industrie, qui sont la contre-partie des avantages constatés à l'actif de la grande industrie (n° 255), peuvent être compensées par des qualités précieuses. La petite industrie réalise entre les mains du chef d'entreprise une concentration d'autorité favorable à l'unité de direction, à la spontanéité de l'impulsion, à la hardiesse des innovations (n° 69). Quoique le nombre des auxiliaires soit restreint, il est cependant possible, d'après une division rationnelle des différentes tâches, d'arriver à un degré de puissance productive suffisant : cela dépend de la nature du travail. En outre, ce qui milite surtout en faveur de la direction individuelle de la petite industrie, c'est l'esprit d'ordre et d'économie, la rigoureuse surveillance : rien ne remplace l'*œil du maître*. Si les détails de l'administration ou du contrôle sont minutieux, si les matières premières ont une haute valeur et peuvent être aisément gaspillées ou détournées, si, de plus, la fabrication comprend une grande variété d'objets, l'entreprise sera contenue dans d'assez étroites limites par les exigences de la direction, du bon ordre et du contrôle. Enfin, l'économie des frais généraux obtenue par la grande industrie peut être d'une importance secondaire s'il s'agit de fabrications où l'on recherche l'élégance et le fini du travail plutôt que le bon marché : quelques ouvriers d'élite, sous une direction habile, produiront des articles de haut goût auxquels ne sauraient être comparés les produits similaires que livrent les manufactures. Quant aux industries dans lesquelles la production à bon marché fait du travail mécanique une condition économique inéluctable, peut-être l'infériorité actuelle de la petite industrie n'est-elle que transitoire : la cherté relative des petits moteurs serait grandement atténuée si le problème de la distribution économique de la force motrice dans les petits ateliers était résolu partout comme il l'est déjà en partie dans quelques villes (n° 144)[1].

---

[1] V. sur la question de l'importance économique des petits moteurs un très-bon travail d'Albrecht (*Jahrbuch* de Schmoller, XIIIᵉ année, 1889, p. 489 et suiv.). L'auteur donne d'intéressants détails sur la diffusion progressive des moteurs de faible puissance dans l'industrie allemande, sur le coût respectif par unité de force des moteurs à gaz, à vapeur, à pétrole, sur l'économie qu'ils réalisent relativement à la main-d'œuvre. Il mentionne aussi les applications trop restreintes encore de la transmission de la force motrice :

257. Inconvénients de la grande industrie. — Il est un premier risque déjà signalé, celui de la difficulté d'une direction trop compréhensive, mais on a vu qu'il était possible, en général, d'y échapper au moyen d'une convenable délégation de pouvoirs (n° 70). Toutefois, quels que soient les procédés employés, il est difficile de s'assurer du zèle et de la probité d'un nombreux personnel : les abus et le coulage sont presque inévitables. Au point de vue de l'économie des entreprises, on doit signaler un autre écueil : les frais généraux de la grande industrie sont, il est vrai, relativement moindres, mais ordinairement irréductibles; c'est en partie l'effet de la part considérable donnée à l'outillage et au capital fixe sous toutes ses formes. Le chômage de ces capitaux causerait de grandes pertes, aussi la production doit-elle continuer sur le même pied; la petite industrie réussit plus facilement à se restreindre : elle est douée, si l'on peut parler ainsi, d'une précieuse faculté de compressibilité.

Cette observation conduit à signaler les dangers que présente la grande industrie au point de vue de l'économie sociale : les concentrations de capital et de travail donnent un libre essor à la spéculation aventureuse : « l'esprit du jeu introduit dans toutes les branches du commerce, dans la spéculation sur les matières premières, dans la recherche de marchés nouveaux, dans l'effort d'invention pour éveiller de nouvelles fantaisies, dans toutes les parties de ce commerce surexcité que les Anglais appellent *Overtrading*, tous ces accidents de notre industrie actuelle sont dûs à l'emploi de capitaux démesurés réunis pour une seule entreprise[1]. » De là des périodes d'excitation et de crise, une rupture d'équilibre partielle entre la production et la consommation, car celle-là allant sans cesse dans une voie plus large et ne pouvant se contracter, il faudrait que les revenus suivissent la même progression (n° 216); or il n'en est pas ainsi,

au moyen de l'électricité à Berlin, à Barmen; de la vapeur canalisée à New-York ; de l'air atmosphérique à Paris (société de distribution au moyen de l'air raréfié; Cie parisienne de l'air comprimé Usines Bopp), à Birmingham (air comprimé); au moyen enfin de la force hydraulique à Genève, où la force motrice du Rhône à sa sortie du Léman est distribuée jusque dans les moindres ateliers de la ville et de la banlieue. V. sur cette dernière application l'étude de M. Achard, *Revue d'Écon. polit.*, 1890, p. 489 et suiv.

[1] De Sismondi, *op. cit.*, t. II, p. 369.

la fabrication devance les besoins, accumule des *stocks* dont l'écoulement devient un problème.

L'instabilité de l'industrie s'aggrave lorsqu'elle alimente des marchés lointains où les produits se trouvent en présence des produits similaires de manufactures étrangères; la possession de ces marchés ne se conserve qu'à la condition de vendre au plus bas prix; or, comme la conservation des débouchés est une question vitale pour la grande industrie, tous ses efforts tendent à *sous-vendre,* soit en réduisant les frais de l'outillage, soit en diminuant le prix de la main-d'œuvre, soit enfin en renonçant à tout profit et même en liquidant à perte, afin de reconstituer le capital qui est nécessaire pour que l'outillage mécanique ne soit pas laissé en chômage. On voit donc que la réduction des salaires est l'une des éventualités probables de la lutte à outrance dans la spéculation à laquelle se livre la grande industrie, d'où une trop fréquente tension dans les rapports du capital et du travail[1]. Enfin, la très-grande concentration a parfois pour terme la disparition des entreprises concurrentes et la constitution des monopoles de fait (n°ˢ 71 et 515).

258. Situation respective de la grande et de la petite industrie. — Les progrès de la grande industrie ont suivi de près les inventions mécaniques et les nouvelles combinaisons de crédit et d'association. Un signe de cette évolution, c'est le nombre stationnaire ou même décroissant des établissements industriels malgré la progression si considérable de la production. L'industrie cotonnière et l'industrie métallurgique nous serviront d'exemple : d'après la statistique de 1847, il existait en France 2,400 établissements (filatures et tissages) et 3,457,000 broches; en 1873, 1,050 filatures et tissages mécaniques. En 1890 le nombre des broches dépasse 4,376,000 réparties en moins de 950 établissements; on compte 70,000 métiers mécaniques, tandis que le nombre des métiers à bras tombe de 83,000 en 1873 à 33,000 en 1885. Ces métiers résistent encore dans un certain nombre de départements (Rhône, Somme, Aisne). Dans

---

[1] Cf. Brentano, *Revue d'Écon. polit.*, 1889, p. 332 et suiv. La grande industrie n'est-elle pas aussi une cause de désorganisation de la famille? La question sera examinée à propos de la condition des ouvriers des manufactures ainsi que celle de la réglementation légale du travail ci-dessous, n°ˢ 821 et suiv.).

la Seine-Inférieure, en 1860, on signalait 228 établissements et 1,391,000 broches; en 1886, il n'y avait plus que 184 établissements avec 1,650,000 broches.

La plus forte filature avait 36,000 broches en 1860. Parmi les filatures françaises qui ont exposé en 1889, l'une comptait 72,000 broches, une autre 77,000. C'est peu relativement à nos concurrents. L'Angleterre a des filatures de 150,000 et 200,000 broches; quelques établissements fondés aux États-Unis, en Russie, en Suisse et en Espagne en réunissent un nombre plus considérable encore[1]. Pour la concurrence internationale la concentration est une condition de succès. A ce point de vue, l'industrie française, à quelques exceptions près, ne saurait soutenir la comparaison : la grande industrie y est beaucoup moins fortement constituée. Dans l'industrie du fer il en est de même quoique la tendance à une plus forte concentration se soit également produite[2]. Des établissements comme le Creusot occupant 15,000 agents ou ouvriers mettant en œuvre plus de 10,000 chevaux-vapeur sont en dehors de la règle et ne doivent pas faire illusion[3].

La petite industrie a perdu quelques-unes de ses positions, mais elle conserve encore une grande partie du terrain; dans l'agriculture elle en a même plutôt gagné, en France du moins, et ce n'est pas un mal, car l'on verra par un examen spécial que la petite culture se recommande par de très-réelles qualités économiques. Dans l'industrie manufacturière, la petite industrie résiste vaillamment surtout chez nous à cause de la large part qui y est faite aux articles de goût et de luxe; la production en grand n'a en effet le dessus que relativement aux articles communs et à bon marché. Nous n'avons en France d'autres infor-

---

[1] Ainsi les *Harmony-Mills* de New-York ont 280,000 broches; la maison Kunz de Zurich en renferme 236,400; à Lodz, en Russie, existe une filature de 202,000 broches et 3,000 métiers à tisser le coton. Une société russe occupe 35,000 ouvriers, certaines autres (notamment la maison Kouschine qui a exposé à Paris en 1889) ont des cultures de coton en Asie dans l'oasis de Merv.

[2] En 1835, 866 usines employaient 22,000 chevaux-vapeur, en 1869 sur 1,105 usines 318 à elles seules en actionnaient près de 48,000; en 1889, 265 usines en activité font mouvoir 96,600 chevaux-vapeur.

[3] Les nouvelles forges et les laminages du Creusot actionnent 6,000 chevaux-vapeur, livrent 150,000 tonnes par an; des ateliers de construction sortent 26,000 tonnes.

mations à cet égard que celles qu'on peut puiser dans la répartition générale de la population industrielle ; le recensement do 1886 donne pour l'industrie (non compris le commerce et les transports) une population active totale de 4,3 millions se décomposant en 1 million de patrons ou chefs d'exploitation et 3,050,000 ouvriers, 235.000 employés ou commis. Si l'on considère la population industrielle totale (patrons, ouvriers, employés, leurs familles et domestiques) sur un total de près de 9,3 millions la petite industrie figurerait pour plus de 6 millions ; la grande industrie pour 3,2 millions (dont un peu plus d'un tiers pour les mines, carrières et la métallurgie). On ne trouve malheureusement pas dans nos statistiques officielles de données plus précises[1]. Mais nous pouvons recourir à celles que nous fournit la statistique de 1882 pour l'industrie allemande.

En Allemagne, d'après le recensement de 1882, sur 3 millions d'établissements occupant 7,340,000 travailleurs la petite industrie compte 2,908,000 établissements. On regarde comme appartenant à la petite industrie ceux qui n'occupent pas plus de 5 personnes. Mais on ne saurait considérer les 97,100 autres établissements comme appartenant tous à la grande industrie. Les établissements dans lesquels travaillent plus de 50 personnes n'atteignent pas 10,000 avec un contingent de 1,613,000 personnes[2]. D'après la même statistique de 1882, le domaine de la petite industrie est l'habillement, la toilette, le travail du cuir, du bois, du fer puis toutes les industries de luxe. Dans les industries textiles, la petite industrie, encore prépondérante en 1875, cède de plus en plus devant la grande industrie. Il y a de

---

[1] L'industrie parisienne a un caractère tout particulier : elle se compose, pour une forte part, d'articles de luxe ou, d'une manière plus générale, de fabrications qui ne comportent la division du travail qu'entre un petit nombre d'ouvriers. Selon la statistique dressée en 1872 par les soins de la Chambre de commerce, sur 100 fabricants, 7,4 occupaient plus de dix ouvriers, 31,1 moins de dix et plus de deux, 61,5 n'avaient qu'un ouvrier ou travaillaient seuls. Dans l'ensemble, les 650,000 ouvriers de l'industrie parisienne étaient alors distribués entre près de 150,000 établissements. D'après le recensement de 1886, établi sans doute sur d'autres bases, le nombre total des ouvriers atteindrait seulement le chiffre de 500,000 et celui des patrons ou chefs d'exploitation celui de 75,000.

[2] V. Schönberg, *op. cit.*, t. II, p. 433 ; Kollmann, *Jahrbuch* de Schmoller, XI° année, p. 334 et suiv.; Albrecht, même recueil, XIII° année, p. 484 et suiv. Cf. sur la petite industrie en Autriche, Schwiedland, *Zeitschrift* de Bohm-Bawerk, t. I, fasc. I.

fortes présomptions de croire que l'évolution vers la grande industrie est plus avancée en France qu'en Allemagne pour tous les produits de large consommation.

Selon les uns, rien ne doit entraver les progrès de la grande industrie, la petite industrie ne conserverait dans l'avenir que la production de luxe. Selon d'autres on serait à la veille d'une évolution nouvelle favorable à la petite industrie, mise à même, par la décentralisation de la force motrice, d'utiliser la puissance des machines dans les petits ateliers, voire même dans l'atelier domestique (n° 256).

259. Productivité proportionnelle au travail et au capital dans toutes les industries. — Si l'accroissement des entreprises est justifié par l'exigence des besoins, la facilité des débouchés et la nature de la production, la productivité du travail et du capital est indéfinie. Toutes choses égales d'ailleurs, dix ouvriers feront dix fois plus de besogne qu'un seul. Il y aura même plutôt progression que simple proportion si l'on augmente le nombre des ouvriers à cause des facilités plus grandes qui sont alors données pour la division du travail. De même, celui qui dispose d'un capital exprimé par 100 aura la faculté d'obtenir 10 fois autant de produits que celui qui n'aurait qu'un capital de 10. Ici encore ce serait plutôt une progression qu'une simple proportion; en effet, comme nous venons de le dire, la concentration du capital permet de réaliser des économies sur les frais généraux.

On prétend cependant que, sous le point de vue qui nous occupe, il existerait une profonde différence entre l'industrie manufacturière et l'industrie agricole. La proportionnalité, considérée comme le minimum de l'accroissement du capital, ne serait indéfinie que dans l'industrie manufacturière. Dans les exploitations rurales, au contraire, à partir d'un certain terme, les nouveaux capitaux seraient fatalement de moins en moins productifs.

J. St. Mill écrit à ce propos : « Cette loi générale de l'industrie agricole est la proposition la plus importante de l'économie politique[1]. » On ne nous reprochera donc pas de chercher ce qu'elle peut signifier. Citons auparavant encore une autre for-

[1] J. St. Mill, *Principes*, t. I, p. 204.

mule que le même auteur donne de cette prétendue loi[1] : « Tout accroissement de produits s'obtient par un accroissement plus que proportionnel dans l'application du travail à la terre. » Plusieurs auteurs contemporains adoptent cette doctrine et la résument ainsi : loi du rendement plus que proportionnel pour l'industrie; loi du rendement moins que proportionnel pour l'agriculture.

Par quel raisonnement est-on conduit à cette doctrine? Quelle que soit, dit-on, la dépense de capital et de travail, on ne saurait obtenir sur un hectare de terre la nourriture d'un million d'hommes, donc la productivité du sol a des limites qui restreignent la productivité du capital et du travail. Il n'est par conséquent pas certain que décupler les engrais ce soit décupler les récoltes. Il y a même plus, au delà d'une certaine limite, les moyens de fertilisation pourraient devenir nuisibles; ainsi, bien que les engrais salins aient, en principe, d'excellents effets, une trop forte salure est une cause de stérilité. Il est aussi reconnu, dans l'élevage du bétail, qu'on cesse d'augmenter le poids des animaux tenus à l'étable si on leur donne une nourriture trop abondante.

Sont-ce là des arguments bien sérieux à l'appui de la productivité décroissante du capital et du travail dans l'agriculture? Il nous est impossible de le croire. On ne peut pas plus, avec un kilogramme de coton vêtir tout un peuple qu'avec une superficie d'un hectare pourvoir à sa subsistance. Qu'est-ce à dire? c'est qu'une quantité limitée de matière première, ou un capital fixe d'une puissance déterminée n'ont pas une force indéfinie; il est à peine besoin d'en faire la remarque et cela n'a rien de spécial à la production agricole. Consacrer trop d'engrais à la terre peut être une mauvaise spéculation sans aucun doute, mais est-ce que si l'on consomme quatre fois plus de chlore qu'il n'est nécessaire pour blanchir les toiles, ou si l'on emploie quatre fois plus de graisse et d'huile qu'il ne faudrait pour les rouages d'une machine, il n'y aura pas un gaspillage analogue à celui qu'on suppose relativement à l'élevage du bétail ou à la fumure des terres? Autre exemple : on sait que les grandes machines à

[1] St. Mill, *Eod. loc. cit.*, Cpr Senior, *Lectures*, 5ᵉ proposition; Mac-Culloch, t. II, p. 141 et suiv.; Cherbuliez, t. I, p. 147 et suiv.; Garnier, *Tr. d'Écon. polit.*, p. 93, n° 139; Courcelle-Seneuil, t. I, p. 138.

vapeur consomment 10 livres de charbon à l'heure par cheval-vapeur, tandis que les plus petites en consomment 22 livres pour le même temps et la même force. Or, supposons que l'on installe dans une petite usine, où une force motrice moindre suffirait, une puissante machine à vapeur, n'y aurait-il pas là encore une erreur de jugement qui ne prouverait rien contre la productivité indéfinie du capital dans l'industrie manufacturière?

260. La loi générale de la production dans toute industrie est qu'il faut proportionner le capital et le travail à l'effet utile, établir une relation convenable entre les deux éléments et employer des moyens de production qui soient mesurés en raison des débouchés. Veut-on savoir s'il est avantageux d'atteindre, moyennant le maximum de capital et de travail, la limite extrême de la productivité, une distinction est nécessaire : si avec peu de capitaux la culture des terres fournit un approvisionnement alimentaire assez abondant, il serait vrai de dire que le travail ou le capital supplémentaire qui pourrait y être employé ne produirait pas en proportion des sacrifices. Que si, au contraire, le mode actuel de culture est insuffisant, nul doute que les capitaux agricoles ne soient très-rémunérateurs : ce serait par suite d'une fausse direction que la limite de leur productivité se rencontrerait, et non par l'effet d'une infériorité économique de l'industrie agricole.

Sur une superficie déterminée, le maximum de productivité est-il atteint sans satisfaire les exigences de la consommation, il faut alors cultiver de nouvelles terres. De même un manufacturier a-t-il besoin d'une force motrice supérieure, il ne l'obtiendrait pas en forçant une machine trop faible et il serait obligé d'installer un moteur plus puissant. Faisant application des mêmes idées à l'industrie agricole, on peut formuler ce dilemme : ou bien les terres actuellement cultivées ne reçoivent pas la somme totale de capital et de travail après laquelle leur productivité ne pourrait plus être proportionnelle aux efforts, et la loi dont on parle ne recevrait pas son application, ou, au contraire, cette limite aurait été atteinte, auquel cas les capitaux disponibles, au lieu de s'épuiser infructueusement sur une superficie qui ne saurait produire plus, devraient mettre en culture de nouvelles terres. Il n'y a dans cette nécessité rien qui soit spécial à l'agriculture; si une carrière est en pleine exploitation avec le capital primitif, le capital disponible, pour la même industrie, cherchera un autre champ d'exploitation. L'industrie manufacturière n'en est pas affranchie davantage : lorsque la consommation s'étend, elle augmente ses demandes de matières premières : le minerai et la houille sont de même à l'industrie des manufactures ce que l'étendue du sol cultivable est à l'agriculture : l'unité de mesure seule diffère. Dira-t-on enfin que l'industrie est moins localisée que l'agriculture, en ce que les aliments qu'elle emploie, combustibles, matières premières peuvent être transportés loin du lieu de production? De ce chef existe bien une certaine différence et cependant on verra, à propos des industries métallurgiques en particulier, que l'industrie est aussi dans une large mesure dépendante du milieu ou pour mieux dire de l'emplacement (nᵒˢ 334 et 917)[1].

Au fond, cette loi de non-proportionnalité des résultats au capital et au travail dans l'industrie agricole ne signifie rien par elle-même, mais elle est la conséquence d'un autre principe, imaginé par les économistes de l'École anglaise, à savoir que les terres cultivées étant les plus fertiles, tout accroissement de capital ou de travail nécessité par le développement de la consommation doit porter forcément sur des terres moins bonnes. Nous allons, en présentant la théorie de l'agriculture, rechercher s'il en est réellement ainsi; mais si cela était, on s'expliquerait plus aisément le contraste qu'on a voulu établir entre la productivité de l'agriculture et celle des autres industries[2].

---

[1] Quelques auteurs qui admettent le principe de non-proportionnalité Cherbuliez, Courcelle-Seneuil, reconnaissent d'ailleurs qu'il s'applique aux industries extractives comme à l'agriculture.

[2] N'était la crainte de fatiguer la patience du lecteur en poursuivant plus loin cette réfutation, nous croirions pouvoir, même en acceptant les prémisses du raisonnement de nos adversaires, repousser leurs conclusions. S'il était prouvé que, dans la culture des terres, les meilleures places fussent prises, pourquoi en serait-il autrement dans les autres industries? Ne sont-ce pas les gisements les plus facilement exploitables ou les plus riches qui sollicitent les premiers capitaux? N'est-ce pas au milieu de la population la plus industrieuse, à proximité des voies de communication ou des débouchés les plus avantageux, qu'il est naturel de supposer que se sont constituées les premières manufactures? En sorte que tout travail supplémentaire ou tout nouveau capital serait proportionnellement moins productif que le travail ou le capital primitif. On aboutirait ainsi à une conclusion inadmissible : la non-proportionnalité des résultats aux efforts dans l'ensemble de l'industrie. Or, il est prouvé que la puissance productive n'a pas de limites

CHAPITRE V.

PUISSANCE PRODUCTIVE ET RICHESSES.

————   .

261. Ce qui fait essentiellement la puissance productive, c'est l'homme, son intelligence, ses habitudes de moralité, son degré de sociabilité, l'étendue de son savoir, en un mot, ce sont les forces productives humaines. Les richesses sont des biens périssables, sauf de rares exceptions ; il n'en est pas de même, Dieu merci, des traditions industrielles : il faut une invasion des barbares pour faire rétrograder la civilisation pendant quelques siècles. La puissance productive du travail humain reste le plus souvent intacte, malgré de très-fortes secousses politiques, de longues guerres et de grands revers. Il n'est même pas rare alors de voir l'industrie reprendre avec un nouvel élan, reconstituer en peu de temps les richesses détruites. A nos yeux, l'explication de ce fait est tout entière dans la permanence des qualités morales et intellectuelles d'un peuple. St. Mill[1] suppose que la disparition rapide des ravages d'une guerre, d'une inondation ou d'une autre calamité destructive de richesses, provient de ce que la nature répare ses pertes, et de ce que les choses détruites étaient destinées à la consommation, c'est-à-dire, selon lui, à une autre forme de destruction. Cette explication, satisfaisante en ce qui concerne la destruction du fonds d'approvisionne-

assignables *à priori*, mais qu'elle s'accroît avec le capital et le perfectionnement des procédés du travail tant que les matières premières ne font pas défaut. — Enfin, ce sont les industries agricoles et extractives qui fournissent les matières premières de toute fabrication : un accroissement de demande de matières premières est la conséquence nécessaire du développement de l'industrie manufacturière, il n'est ni plus difficile ni plus aisé d'y satisfaire que de produire une plus grande quantité de subsistances. On ne saurait dire de quel côté l'action de l'homme risque de se heurter d'abord à une limitation des ressources naturelles. L'accroissement de valeur des produits, résultant des nouveaux besoins manifestés, doit assurer au capital et au travail une rémunération proportionnelle aux difficultés de la production.

[1] St. Mill, *op. cit.*, t. I, p. °6.

ment, fait défaut s'il s'agit de capitaux de production ; or, il
n'est pas douteux que les capitaux ne soient exposés à de nombreuses causes de dévastation aussi bien que les objets de consommation de jouissance. Retenons seulement de l'observation
de J. St. Mill que, de toutes les richesses détruites, celles qui se
reconstituent avec le plus de rapidité, ce sont les choses qui
forment le fonds d'approvisionnement. Il faut plus de temps relativement aux forces productives matérielles, spécialement aux
capitaux fixes. C'est ce qu'on peut dire, par exemple, d'une
usine qui a eté incendiée et dont les machines ont été mises hors
d'usage.

Ce qui prouve bien que l'élément essentiel est dans les
forces productives humaines, c'est que, toutes les fois qu'une
nation a été atteinte dans sa population industrielle, son appauvrissement a été de longue durée, et même, il ne lui a pas toujours été donné de voir le retour de sa prospérité première.
C'est ce qui est arrivé pour l'Espagne à la suite de l'expulsion
des Maures : elle n'a pas réparé la brèche faite à son industrie
par la perte de la partie la plus honnête et la plus industrieuse
de la population. La révocation de l'édit de Nantes a porté à
l'industrie française un coup presque aussi sensible ; les traces
n'en sont pas aujourd'hui encore complètement effacées, et la
France a devant elle des rivalités industrielles redoutables qui
ont pour origine l'établissement de 250 à 300,000 réformés dans
les différents pays de l'Europe, notamment en Allemagne, dans
les Pays-Bas et en Angleterre [1].

S'il est vrai que les forces productives humaines sont le
fondement de toute richesse, il sera logique d'attribuer la première place aux préceptes économiques qui concernent l'entretien et le développement de ces forces. Dans les traités d'é-
conomie politique, il est beaucoup parlé du capital, mais très-
peu ou point du tout de la source à laquelle il est dû. Cherchons
donc comment on peut développer la puissance productive du
travail humain. L'élément fondamental essentiel est la valeur
morale de l'homme, sa conscience au travail, son énergie. On
sait aussi que la culture de la science, l'esprit d'analyse, se

---

[1] Voy. Weiss, *Histoire des réfugiés protestants*, surtout les premiers chapitres du t. I.

portant sur les procédés du travail et les perfectionnements dont ils sont susceptibles, ont une grande influence. L'économie politique peut en exercer une aussi : son rôle est de vulgariser les principes qui président aux combinaisons sociales de l'industrie, d'appeler l'attention sur l'association, le crédit, les règles de bonne gestion des entreprises, de donner la direction aux réformes ayant pour but un meilleur emploi et une plus équitable répartition des ressources et des charges publiques. Cet enseignement économique et social n'est qu'une partie de l'éducation industrielle qu'on peut définir ainsi : l'ensemble des connaissances qui sont de nature à éclairer l'homme sur la raison d'être du travail et des procédés scientifiques ou technologiques de l'industrie, sur les combinaisons sociales qui favorisent le développement économique. Spécialement, en ce qui concerne la production, l'une des principales préoccupations des sociétés politiques devrait être l'éducation industrielle sous toutes les formes : histoire de l'industrie, sciences appliquées, enseignement professionnel, art du dessin, etc., etc. En temps et lieu nous dirons ce qui a été fait dans cette voie et ce qu'il y aurait à faire (n° 367). Mais par-dessus toutes choses ce que les sociétés politiques peuvent faire pour seconder l'action des forces productives, c'est de s'acquitter de leur mission, d'assurer la sécurité intérieure et extérieure, de favoriser le progrès matériel, intellectuel et moral.

SECTION IV.

THÉORIES ÉCONOMIQUES SPÉCIALES A CHACUNE DES BRANCHES D'INDUSTRIES DE PRODUCTION.

CHAPITRE I.

AGRICULTURE.

---

262. Pour les sociétés comme pour les individus, la première question économique est celle des subsistances. La production agricole domine toutes les questions sociales. Si l'on négligeait de demander à l'économie rurale la mesure possible de cette production, comment pourrait-on se former une opinion éclairée sur le problème fondamental de la population? Devons-nous croire sur la foi de Malthus que les hommes s'accroissent plus rapidement que les moyens de subsistance? Faut-il adhérer au dogme de Ricardo selon lequel, dans les sociétés en progrès, la puissance productive du sol est fatalement décroissante? Avant d'admettre des antagonismes aussi profonds, une doctrine si désespérante de misère progressive, n'est-ce pas une nécessité de s'enquérir des principes de l'économie rurale? Nous verrons ensuite quels enseignements il est permis d'en tirer quant aux principales questions de législation économique relatives à l'agriculture.

§ I.

Théorie agricole. Systèmes de culture. Principes d'économie rurale. — Exposé et réfutation de la théorie de Ricardo.

263. Loi de la restitution. — La loi fondamentale de toute culture rationnelle est qu'il faut restituer au sol ce que la culture lui fait perdre. A la science agronomique appartient de déterminer quels éléments minéraux ou organiques la production végétale enlève au sol et les procédés de restitution, mais le principe est incontestable : les qualités du sol s'épuisent si l'on ne veille pas à en opérer le renouvellement. L'agriculture qui demande toujours au même sol, sans lui rien rendre, mérite le nom d'agriculture *vampire* que l'illustre de Liebig lui a donné. « L'histoire nous montre les plus fertiles campagnes, en Arabie, en Mésopotamie, en Sicile, sur les côtes d'Afrique transformées en désert par l'abus des cultures. L'Espagne si populeuse et si fertile au temps des Maures, dépeuplée et appauvrie sous Philippe II[1]. » « Après 2000 ans de jachères, les vastes espaces que les Étrusques avaient cultivés, sont des landes incultes et d'insalubres marennes[2]. » Les terres vierges des Carolines, de la Virginie et de la Géorgie sont au bout de quelques générations devenues improductives. Bien grande est par conséquent l'erreur accréditée par les économistes de l'École anglaise, selon laquelle l'œuvre de la culture consiste exclusivement à exploiter les *qualités primitives* et *indestructibles* du sol, autrement dit une fertilité naturelle et permanente. Il n'y a pas de fertilité indestructible et, dans les pays où les terres sont cultivées depuis plusieurs générations, la fertilité du sol n'est pas une qualité primitive, mais une qualité entretenue ou acquise.

La restitution au sol a lieu suivant deux modes opposés : 1° par l'action des agents atmosphériques, c'est-à-dire par le repos de la terre ; 2° par l'action directe de l'homme, c'est-à-dire par un entretien rationnel soit au moyen des engrais produits sur l'exploitation ou importés, soit au moyen de cultures améliorantes enfouies sous le sol, ce qui est encore une forme d'engrais. Ainsi donc, il faut laisser la terre se refaire ou la refaire ; il n'y a pas à sortir de cette alternative : on va voir les conséquences qui en résultent au point de vue économique.

264. Systèmes de culture. — Culture extensive et culture intensive. — La science agronomique reconnaît plusieurs systèmes de culture. De Gasparin[3], en indique trois principaux : 1° le système dit forestier ou pastoral qui a pour caractère distinc-

---

[1] Grandeau, *op. cit.*, t. I, p. 17. Cf. Dehérain, *Traité de chimie agricole*, 1892, p. 483 et suiv.

[2] El. Reclus, *op. cit.*, t. II, p. 747.

[3] De Gasparin, *Cours d'agriculture*, t. V, p. 141 et suiv.

tif l'emploi exclusif des forces spontanées de la nature pour la
reconstitution du sol, d'où le nom de système de *culture physique* aussi donné à ce premier système : exploitation forestière
extensive, pacages naturels ; 2° le système dit *celtique* dans
lequel l'action de l'homme est intermittente (d'où la dénomination d'*androphysique* que propose de Gasparin) : la terre se
refait dans l'intervalle sous l'action de l'eau ou de l'atmosphère.
Diverses combinaisons sont possibles : la culture des étangs, après
que l'eau y a séjourné un certain nombre d'années, l'*écobuage*
ou brulis du sol, les jachères celtiques, assolement triennal ou
pastoral[1] ; 3° le système de la culture continue ou alterne que de
Gasparin appelle *androctique* dans lequel l'action de l'homme
se produit sans intermittence grâce aux engrais tirés de l'exploitation ou du dehors[2] ; c'est le système agricole du pays dont
l'agriculture est la plus avancée, celui notamment d'une partie de
l'Angleterre, des Flandres, du Nord-Est de la France, de la
Toscane, etc...

Selon le degré d'avancement de ce dernier système de culture, on distingue encore la culture des céréales, la culture
commerciale et la culture jardinière. La culture des céréales est
alternée avec les fourrages de manière à produire dans l'exploitation même la quantité d'engrais nécessaire à la *statique* du
sol. La culture commerciale se reconnaît à une production surabondante d'engrais, de façon à faire succéder aux céréales et
aux fourrages des cultures épuisantes (plantes oléagineuses,
textiles et tinctoriales). La culture jardinière ou maraîchère est

---

[1] Dans les jachères celtiques le sol est laissé en fr·che, après épuisement
complet, jusqu'à ce que sa force soit reconstituée. Dans la région de l'Ems
et du Weser, Roscher parle de jachères d'une durée de 20 ans. Les terrains
oisifs, envahis par les broussailles impropres aux pâturages, ne peuvent
guère produire ensuite que du sarrasin. — Dans l'assolement triennal, usité
spécialement en Autriche et sur les fameuses *terres noires* de la Russie, il
y a, comme le nom l'indique, une année de jachère morte contre deux de
culture. — L'assolement pastoral, pratiqué surtout dans l'ouest de la France
et en Suisse, se compose de trois années de culture, trois de pâturages,
contre une de jachère.

[2] La classification de de Gasparin est la plus nette; d'autres ont été
employées avant lui notamment celle de Thünen) ou depuis, cf. Lecouteux.
Économie rurale, t. II, p. 433 et suiv. Von der Goltz distingue l'assolement
triennal, l'assolement pastoral, la culture alterne, les pacages naturels,
les cultures en vue de productions industrielles, distilleries, sucreries, etc.
(V. dans Schönberg, *op. cit.*, t. II, p. 65 et suiv.).

celle qui donne à la terre le plus de façons et de fumure; les engrais produits sur le domaine ne pouvant suffire, on doit les compléter par des engrais achetés (naturels ou chimiques).

Veut-on savoir quelle est, sous ces différents systèmes, la puissance productive du sol? Si, avec de Gasparin, on évalue à 28 millions d'hectares la superficie cultivable de la France, on verra que, soumis au régime de culture physique, notre territoire ne pourrait nourrir que 4,700,000 habitants, à raison de 7 hectares environ par personne; la population, sous le régime celtique, ne dépasserait pas 32,700,000 habitants; en effet, même avec la forme la moins imparfaite de ce mode de culture, 5 hectares ne fournissent que l'alimentation de 6 personnes. Au contraire, grâce à la culture continue, de Gasparin croit que la France peut produire la nourriture (animale et végétale) de 260 millions d'hommes.

Le système forestier ou pastoral et le système celtique exigent de vastes superficies de terrain. Si, comme au Brésil, on brûle les forêts pour semer le maïs ou le seigle parmi les cendres, puis qu'on abandonne après la récolte la terre à elle-même, jusqu'à ce qu'un nouveau fourré se soit reconstitué, on n'obtient de récoltes sur un même point que tous les 15 ou 20 ans; par conséquent, il faut 15 ou 20 fois plus d'espace à égalité de récolte qu'avec la culture continue. On appelle culture extensive celle qui applique le travail et le capital à la superficie la plus grande possible, et, au contraire, culture intensive celle qui, grâce à la concentration du travail et du capital sur une superficie limitée, en retire le maximum de produit[1].

265. Causes générales de préférence entre la culture extensive et la culture intensive. — La question économique des différents systèmes de culture se présente ainsi : choisir, d'après les conditions économiques et sociales, le mode d'exploitation le plus avantageux; or, le mode le plus avantageux n'est pas toujours celui qui fait produire davantage à la terre. L'option entre

---

[1] M. Lecouteux a raison de dissiper une équivoque que la nomenclature des systèmes de culture pourrait faire naître : la culture forestière ou pastorale peut-être aussi bien intensive que la culture des céréales, et celle ci (comme aux États-Unis) peut être extensive. Toutes les natures de culture comportent donc le mode intensif comme le mode extensif (Lecouteux, *op. et loc. cit.*).

la culture extensive et la culture intensive dépend de plusieurs considérations : 1° du capital disponible; 2° de l'étendue des débouchés; 3° de l'emplacement; 4° des caractères du sol.

266. A. Rapport entre le système de culture et le capital. — Le capital d'une exploitation agricole comme celui de toute autre industrie se divise en capital fixe et en capital circulant. Le capital fixe se compose : 1° du sol et de toutes les valeurs qui y sont incorporées en bâtiments, plantations, améliorations foncières, etc.; 2° des instruments et machines, objets garnissant la ferme, bêtes de travail (bœufs et chevaux de labour). Le capital circulant comprend les salaires, les semences, les engrais et le *bétail de rente,* c'est-à-dire le bétail entretenu pour consommer les fourrages, produire les engrais et la viande. Il faut pouvoir déterminer si le capital d'exploitation est productif; or, pour qu'il en soit ainsi, la règle est qu'il doit être proportionnel, non seulement à la superficie et au système de culture, mais aussi à la valeur des terres qu'on peut représenter par le loyer. La culture intensive n'est pas, répétons-le, un mode de culture partout économiquement applicable.

Si, en effet, l'exploitant ne dispose que d'un faible capital et que la valeur des terres soit peu élevée, il y a avantage à pratiquer la culture extensive : le moyen de tirer du capital le profit le plus élevé est de cultiver avec peu de main-d'œuvre et de capital une grande étendue de terre, et non pas de s'attacher à cultiver pour le mieux un espace limité. Les plantations de tabac ou de caféiers du Brésil, sur les emplacements où l'on a pratiqué l'incinération, sont des exemples actuels de culture absolument extensive[1]. Les terres dont la fertilité est épuisée ne sont pas renouvelées par des engrais, mais abandonnées pour d'autres. Si l'on suppose une exploitation sédentaire, mais que le matériel d'exploitation et les capitaux circulants soient insuffisants, le propriétaire renoncera à cultiver simultanément toute l'étendue de son domaine; il concentrera ses ressources disponibles sur une surface plus restreinte et les autres parties seront laissées a tour de rôle en jachères. Les jachères mortes n'ont pas seulement pour but de laisser se refaire le sol, sans qu'il en

---

[1] De Laveleye (*L'agriculture belge*, 1878, p. 166), signale le maintien dans les Ardennes de la pratique de l'*essartage* ou *écobuage* des surfaces boisées, pratique analogue à celle dont il est parlé au texte.

coûte rien autre chose que la perte de l'intérêt du capital immobilier, mais surtout d'appliquer annuellement le capital disponible à une superficie réduite. C'est encore la culture extensive, mais à un degré moindre que dans l'exemple précédent. Enfin, si les capitaux abondent et que la valeur des terres soit très-haute, la culture continue ou intensive devient la meilleure combinaison; en faisant à la terre, sur toute l'étendue du domaine, tous les sacrifices en main-d'œuvre et capital d'où peut résulter une augmentation du produit brut, l'exploitant évite le chômage du capital immobilier auquel nous supposons une grande valeur.

267. B. Rapport entre les cultures et l'étendue des débouchés. — Que faut-il encore pour se décider à faire à la terre des avances considérables? Que la production agricole dispose de débouchés assez larges, ce qui dépend à la fois de la densité de la population et des facilités de communication. Avec une population clair-semée ou des moyens de communication imparfaits, à quoi bon prodiguer les capitaux et le travail si, par un mode de culture moins perfectionné, on peut fournir aux habitants, à moindres frais, une alimentation abondante.

L'effort et la dépense doivent être proportionnés au but à atteindre. Il suit de là que le système agricole le moins parfait, peut être, en certains cas, le mode de production le seul rationnel et économique. Si la population de la France n'était que de 20 millions d'habitants, la culture continue serait une culture inutilement onéreuse. On pourrait, il est vrai, supposer que la production agricole ne fournit pas exclusivement à la consommation intérieure, mais ce serait, au point de vue qui nous occupe en ce moment, compliquer sans nécessité le problème, car nous nous bornons à dire que le mode de culture doit se régler sur la consommation en général et peu importe à cet égard (mais à cet égard seulement) que les débouchés soient intérieurs ou extérieurs.

268. C. Rapport entre les cultures et l'emplacement. — On sait que, par emplacement, il faut entendre les qualités bonnes ou mauvaises qui dérivent de l'assiette fixe de la propriété foncière. On peut considérer l'emplacement par rapport : 1° à la distance absolue qui sépare l'exploitation des lieux de consommation; 2° aux voies de communication et aux frais de transport des produits agricoles.

La distance absolue est à considérer, parce qu'elle exerce une notable influence sur la valeur des terres ; toutes choses égales d'ailleurs, il est reconnu que les terres éloignées du marché (c'est-à-dire d'un centre de population), ont une valeur moindre que celles qui en sont rapprochées. La valeur du fonds de terre exploité est un capital fixe dont l'intérêt doit être servi par les profits de la culture ; cette valeur étant moindre, les frais de production seront moindres aussi. En revanche, la proximité du lieu de consommation épargne les frais de transport qui s'ajoutent au coût de production, le plus ordinairement en raison directe de la distance entre le lieu de production et le lieu de consommation. La valeur des terres et les frais de transport sont comme deux forces qui agissent en sens contraire. L'inconvénient de la distance diminuera très-certainement lorsqu'il existera un réseau de voies de communication et une industrie des transports très-développée. Des cultures qui, sans ces facilités, auraient dû se renfermer dans un rayon assez restreint pourront s'étendre plus au loin. Il y a cependant une limite après laquelle les frais de transport, s'ajoutant à la valeur des produits, rendraient ceux-ci plus coûteux que s'ils avaient été obtenus sur des terres moins éloignées mais d'une plus grande valeur.

De Thünen[1] suppose un État isolé au centre duquel est une très-grande ville ne pouvant s'approvisionner du dehors et située au milieu d'une plaine qui n'est traversée par aucun canal ou aucune rivière navigable ; en présence de cette hypothèse toute fictive, il décrit la distribution des cultures autour de la ville. Il distingue les terres selon leur valeur (elle varie ordinairement, avons-nous dit, en raison inverse de la distance à la ville), et les produits d'après les frais de transport qui sont proportionnels au poids. Il va de soi que les produits qui ont un poids faible comparativement à la valeur sont relativement moins grevés par les frais de transport que ceux au contraire qui sont fort lourds et ont une faible valeur.

Cela posé, plusieurs zones concentriques de cultures entoureront la ville. La plus rapprochée sera pour plusieurs causes occupée par la culture jardinière ou maraîchère : 1° l'achat à la

---

[1] De Thünen, *Der isolirte Staat*, 1826. La 1ʳᵉ partie a été traduite : *Recherches sur l'influence du prix des grains.* — Cf. Von der Goltz, dans Schönberg, *op. cit.*, t. II, p. 63 à 65.

ville de la plupart des engrais en est le trait distinctif; 2° cette culture est continue; les terres voisines de la ville ont une trop grande valeur pour qu'on pratique les jachères qui font chômer une partie du capital fixe : 3° les produits maraîchers ne supportent pas pour la plupart de longs transports[1]. De Thünen assigne à la seconde zone la culture forestière : la charge relative des frais de transport sur les bois, et les besoins très-larges de combustible ou de la construction, expliqueraient que la culture forestière ne soit pas reléguée plus loin, mais elle exige de vastes superficies, or la valeur des terres de la seconde zone peut être assez élevée pour qu'il y ait plus d'avantage à y faire venir des plantes à tubercules ou à racines alimentaires (des pommes de terre ou de la betterave par exemple), qui, relativement à la valeur, sont lourdement grevées par les frais de transport. Aussi de Thünen n'indique-t-il ses conclusions qu'en les accompagnant de prudentes réserves[2]. La troisième zone est celle de la culture intensive proprement dite; c'est une culture continue constituée par l'alternance des céréales et des fourrages. Une quatrième zone est affectée à l'assolement pastoral, la cinquième à l'assolement triennal; au delà d'une limite que de Thünen fixe à **31,5** milles pour les transports par chariots, on ne peut plus produire de céréales, sinon pour les besoins de la consommation locale. La sixième et dernière zone est celle de l'industrie du bétail; elle occupe ce dernier rang parce qu'il lui faut de grands espaces et que la viande, le beurre, la laine et autres produits animaux supportent proportionnellement à leur valeur moins de frais de transport que les grains[3].

Cette distribution idéale des cultures, d'après la valeur des

---

[1] Voici, à l'appui, la distribution des cultures dans le département de la Seine. Sur 38,000 hectares cultivés, 2,700 sont en vignes, 3,700 en vergers, 7,000 en gros légumes; 4,500 en marais et pépinières. La culture des gros légumes est alternée avec celles du froment, des pommes de terre ou des avoines dans 18,000 hectares. — Presque pas de bétail.

[2] Il se peut d'ailleurs que les pommes de terre soient affectées à la nourriture des animaux, ce qui les relègue dans la zone de l'industrie du bétail.

[3] Nous ne pouvions faire que résumer très-brièvement cette distribution des cultures d'après de Thünen : nous avons dû supprimer, à cause de leur caractère trop technique, toutes les preuves résultant de calculs d'une précision rigoureuse qui donnent au travail de de Thünen une autorité incontestable.

terres et les frais de transport des divers produits, se trouve modifiée dans la réalité par des circonstances multiples : 1° s'il existe des chemins de fer ou des canaux, les prix de transport étant réduits, la zone maximum des céréales sera considérablement élargie; 2° s'il existe un canal ou des rivières flottables, la culture forestière se fixera de préférence sur les parties élevées des bassins des rivières; sur des terrains de faible valeur et peu productifs [1]; 3° les facilités de transport et la réduction des frais y relatifs permettent d'accorder une influence moins prépondérante à la distance, et, au contraire, une plus grande aux qualités particulières des terrains. En étendant les débouchés, les moyens de transport ont réagi sur la valeur des terres et diminué la différence qui existe entre elles d'après l'éloignement des lieux de consommation. En somme, les voies de communication tendent à faire prévaloir, dans le système d'exploitation agricole, une adaptation intelligente des cultures aux terrains, c'est-à-dire, d'une manière indirecte, la volonté de l'homme sur les obstacles extérieurs.

Ce qui vient d'être dit de l'emplacement et des frais de transport qui élèvent la valeur des produits montre l'avantage résultant de la multiplicité des centres de consommation. Les débouchés les plus avantageux sont évidemment ceux que le producteur trouve à proximité; nous aurons occasion de revenir sur cette observation en parlant du commerce extérieur.

269. D. Rapport des cultures avec les caractères du sol. — Les caractères topographiques du sol influent aussi sur l'adoption des cultures : la production du bétail avec les prairies artificielles, à plus forte raison avec les pâturages naturels, n'est possible que sur de vastes superficies herbifères, comme en peuvent fournir la Normandie, la Basse Provence et le Bas Languedoc. Les plaines conviennent aux céréales, les versants des collines aux vignobles; les versants montagneux ou les sols légers des plateaux se prêtent à l'exploitation forestière, si, d'ailleurs, la proximité de moyens de communication la rend possible. Les facilités pour les irrigations, la profondeur de la

---

[1] Tant que Paris n'a été qu'une petite ville, les forêts avoisinantes lui fournissaient le bois de chauffage et de construction; mais, quand sa population s'accrut, il fallut recourir aux grandes forêts de la Haute-Seine en améliorant la navigation du fleuve, si difficile en amont d'Auxerre.

couche arable et jusqu'à un certain point la nature du sol sont d'autres éléments de détermination.

270. Principes de la culture intensive. — Mode de nutrition des plantes. — Tant que les terres sont abondantes, la culture extensive pratique des méthodes d'assolement fondées sur l'expérience agricole : on sait d'une manière vague à quelles conditions le sol se reconstitue par le seul effet des influences atmosphériques : on lui laisse le temps de se refaire. Il n'en est plus de même, lorsque le progrès de la population et la haute valeur des terres font de la culture intensive une nécessité économique : l'homme devant, par son industrie, restituer à la terre ce que la culture lui enlève, il est alors indispensable de déterminer scientifiquement le mode de nutrition des végétaux et la contribution précise des éléments du sol dans ces fonctions nutritives. Il y a plus, l'agriculture devient une industrie savante dont la mission se complique : non seulement elle doit assurer l'entretien du domaine agricole, mais l'élargir; on a déjà vu que le génie de l'homme parvient à étendre et à transformer la nature des terrains.

La science agronomique est une science toute moderne; elle n'a guère plus d'un demi-siècle d'existence. A de Liebig revient l'honneur d'en avoir posé les fondements[1]. Jusqu'à lui, il était universellement admis que l'aliment sinon exclusif, du moins prépondérant des végétaux était l'*humus,* c'est-à-dire une couche superficielle de matière organique, laquelle, « constituée par la désorganisation de la vie, produisait la vie à son tour. » Telle était la théorie des plus illustres agronomes du commencement de ce siècle : de Saussure, Mathieu de Dombasle et de Thäer; or il pouvait sembler qu'il n'était pas en la puissance de l'homme de créer cette couche superficielle productive. Certains terrains étaient regardés comme fatalement improductifs, d'autres comme doués d'une fertilité naturelle en quelque sorte inépuisable. Liebig fonda une doctrine toute nouvelle selon laquelle les matériaux que les plantes puisent dans le sol sont des substances minérales (azote, acide phosphorique, potasse, chaux, etc.). L'*humus* ne serait pas absorbé, mais ne contribuerait qu'indi-

---

[1] Cons. sur l'histoire des doctrines agronomiques, Grandeau, *op. cit.,* t. I, ch. III et suiv.

rectement à la nourriture des plantes en rendant assimilables les substances minérales du sol, au moyen du dégagement d'acide carbonique et de l'ammoniaque provenant de sa décomposition[1].

Cette théorie n'est-elle pas une réaction excessive contre celle de de Saussure? C'est l'opinion de plusieurs agronomes contemporains qui croient avoir démontré que les substances organiques de la terre arable sont dans une certaine mesure directement assimilées[2].

Quoi qu'il en soit de ce dernier point, la culture intensive doit nécessairement entretenir le sol de façon à ce que la culture dispose des principes fertilisants nécessaires sous un état assimilable ; ce qui peut se faire si le terrain est par lui-même assez riche en matières organiques (terrains tourbeux, par exemple), au moyen d'engrais exclusivement minéraux, soit, au cas contraire, en lui fournissant à la fois les substances minérales qui font défaut et les matières organiques qui, par leur décomposition, doivent aider à l'assimilation des substances minérales du sol. On voit que, à la condition que ces dernières soient, eu égard à la nature des terres facilement assimilables, on pourra utilement remplacer les matières organiques par des substances minérales[3] : « il importe peu qu'on offre aux champs l'ammoniaque sous forme de fumier ou sous la forme d'un sel extrait du goudron de houille (sulfate d'ammoniaque), qu'on y répande le phosphate de chaux à l'état d'apatite ou de matière osseuse. » Il existe donc deux sortes d'aliments ou d'engrais, des engrais organiques et des engrais minéraux ou chimiques ; ceux-là, produits sur l'exploitation même au moins d'une façon principale ; ceux-ci, importés du dehors, fournis par la nature en quantités indéfinies.

[1] V. dans le sens de la non-assimilation des matières azotées du sol Grandeau, *Annales de la station agron. de l'Est*, in-8°, 1878, p. 332, et suiv.

[2] V. en ce sens Dehérain, *Traité de chimie organique*, 1892, p. 111 et suiv.

[3] De Liebig frappé de la grande quantité des matières azotées contenues dans les terrains; de la quantité comparativement très-faible de l'azote des récoltes avait d'une façon trop exclusive conclu que la restitution au sol devait consister seulement en matières minérales, phosphates et sels de potasse. Ces derniers cependant manquent moins fréquemment que l'azote assimilable — V. sur la théorie de Liebig, Grandeau, *Cours d'agriculture*, 1878, t. I, p. 47 et suiv.; p. 87, et sur la critique de cette théorie Dehérain *op. cit.*, 1892, p. 395 et suiv.

A côté de cette première conclusion pratique, il en faut signaler d'autres : 1° l'agriculture extensive échoue sur des terres qu'elle déclare stériles et que les jachères sont impuissantes à modifier, simplement parce qu'elles n'ont pas les aliments minéraux indispensables à la culture, ou parce que ces aliments sont engagés dans des combinaisons chimiques qui en neutralisent l'action ; 2° l'agriculture intensive, au contraire, ne connaît pas de terres absolument stériles : l'apport des substances reconnues nécessaires, ou la préparation du sol, de façon à rendre assimilables les principes fertilisants, rend toute terre propre à la culture.

Les théories de la nutrition organique et celle de la nutrition minérale se rencontrent en deux points d'une importance majeure, à savoir : 1° que l'agriculture rationnelle doit remplacer dans le sol les éléments que l'atmosphère ne peut fournir ; 2° que les plantes ont en quelque sorte un appétit spécial, de telle façon que la continuité d'un même genre de cultures sur un terrain l'épuise au bout de peu d'années, tandis que les qualités du sol se maintiennent si l'on établit entre les cultures successives une rotation convenable. La pratique ancienne connaissait bien la nécessité de la rotation des cultures, mais, ignorant la part contributoire variable de l'atmosphère et du sol dans la nutrition des espèces végétales, elle procédait par tâtonnements. Pourtant de Saussure avait évalué à 1/20° seulement en poids la matière nutritive que les végétaux herbacés tirent du sol. Il est acquis à la science que tout l'oxygène, que tout le carbone des végétaux vient de l'acide carbonique de l'air[1] et tout leur hydrogène de l'eau. Si les plantes ne fixent pas directement par leurs feuilles l'azote libre de l'atmosphère, (Boussingault), l'ammoniaque atmosphérique et l'acide nitrique des eaux pluviales sont absorbés par les végétaux ou les terres et transformés en azote. Les sols de nos contrées contiennent ordinairement en quantités surabondantes et sous un état *assimilable,* la plupart des éléments nécessaires à la nutrition des plantes (silice, oxyde

---

[1] Depuis, les expériences de Boussingault et Lewy ont prouvé que l'atmosphère du sol contient en oxygène et en acide carbonique à très-peu de chose près les mêmes volumes que l'air normal. C'est ce qu'a confirmé M. Schlœsing. V. *Encyclopédie chimique*, t. X, *Contribution à l'étude de la chimie organique*, p. 135 et suiv

de fer, chlore, soude, etc.). La restitution au sol porte sur quatre seulement des éléments minéraux nécessaires à la croissance des végétaux, à savoir : l'azote, l'acide phosphorique, la potasse et la chaux. Les sacrifices à faire en vue de la restitution portent même presque exclusivement sur les deux premiers éléments, qui existent bien dans le sol, mais très-souvent sont engagés dans des combinaisons qui en paralysent l'action fertilisante. La nature est le réservoir où les végétaux puisent la presque totalité de la substance des cellules végétales.

271. La connaissance du mode de nutrition des plantes a révélé la raison d'être de la rotation des cultures et donne à l'exploitation intensive, une précision, une sûreté qui lui faisait défaut auparavant. Elle est venue appuyer la distinction déjà signalée des cultures, en améliorantes et épuisantes (n° 210.) Avant ces dernières années, on ignorait la cause de l'influence si différente des unes et des autres sur les réserves du sol en azote. De merveilleuses découvertes l'ont fait connaître. Si la culture de certaines plantes (légumineuses et papillonacées crucifères) est améliorante, ce n'est pas à cause de leur puissant feuillage, ce n'est pas non plus à raison de la durée plus longue de leur végétation ; mais c'est grâce à des micro-organismes parasitaires fixés sur leurs radicules, lesquels servent d'intermédiaires entre les plantes et l'azote de l'atmosphère (expériences de Hellriegel et Wilforth). Puisque ces plantes s'alimentent d'azote, par l'effet d'une cause biologique jusqu'ici ignorée, dans l'atmosphère même, il est tout simple qu'elles n'appauvrissent pas le sol. Au contraire, d'autres plantes (céréales, plantes à racines pivotantes ou tuberculeuses : betteraves, pommes de terre ; plantes oléagineuses ou textiles) à des degrés divers épuisent le sol, parce que ne portant pas de micro-organismes sur leurs racines, elles sont réduites pour la nutrition à puiser dans les réserves du sol en azote (nitrates ou sels ammoniacaux, minéraux ou organiques . Les micro-organismes n'agissent pas en ce cas sur l'azote de l'atmosphère, mais la décomposition des nitrates (Schlœsing et Winogradsky), la transformation des matières organiques en ammoniaque ou en acide nitrique, la nitrification, en un mot, s'opère cependant encore sous l'action de ferments [1].

_____

[1] V. sur ces découvertes qui font apparaître l'alliance de la vie végétale

Les cultures améliorantes ou fourragères qui alternent avec les céréales et les cultures industrielles ont non seulement pour but la *statique* du sol, mais elles ont une destination non moins importante. Dans la période de la culture prépondérante des céréales, les fourrages sont en trop petite quantité; aussi l'assolement pastoral ou triennal est-il imposé pour laisser la terre se reconstituer. Avec la culture intensive, *la terre a un emploi continu pour l'alimentation de l'homme;* effectivement, les fourrages, qui fournissent l'alimentation des animaux producteurs d'engrais, sont transformés par les bestiaux en viande, et, par suite, en cuir, en laine, en graisse. La culture intensive, qu'on appelle aussi *culture alterne* ou *continue,* est donc une culture productive successivement de pain et de viande sans parler des produits accessoires. En exposant la loi de circulation de la matière, nous avons déjà parlé de l'évolution qui s'opère de la plante à l'animal; les céréales nourrissent l'homme sans intermédiaire, les fourrages lui donnent, par voie indirecte, une nourriture condensée dans la chair de l'animal; enfin celui-ci produit l'engrais qui entretient la terre et la rend de nouveau propre à l'ensemencement en céréales (n° 210).

L'élevage du bétail est-il même une nécessité de la culture intensive? Sur les sols assez riches en acide phosphorique et en potasse on peut répondre négativement. Ce qu'on sait aujourd'hui de la source gratuite et inépuisable où les plantes améliorantes puisent l'azote, explique la possibilité d'utiliser le sol en légumineuses ou en crucifères et de l'améliorer entre deux cultures de plantes épuisantes. Il y a longtemps déjà, l'un des maîtres de la chimie agricole, G. Ville, avait formulé le système de la *sidération,* c'est-à-dire d'un système de rotation dans lequel interviennent des cultures de légumineuses à croissance rapide destinées à être enfouies en vert dans le sol, pour la totalité ou pour partie. Ce système a trouvé sa confirmation dans les études de MM. Hellriegel et Wilforth. Les cultures en vue de la fumure verte (*engrais verts*) sont améliorantes, non seulement par l'emmagasinement d'azote qu'elles opèrent, mais aussi par leurs actions sur les qualités physiques du sol : humidité, porosité,

et animale sous un jour si imprévu, Grandeau, *Études agronomiques,* 5e série, 1891, les six premiers chapitres; Dehérain, *Traité de chimie agricole,* p. 126 et suiv.; 403 et suiv.; 492 et suiv.

ameublissement[1]. La culture rationnelle a donc l'option entre deux modes d'utilisation des récoltes améliorantes : la nourriture du bétail et la fumure par l'engrais animal ; l'utilisation directe de la fumure verte dans le sol. L'un ou l'autre mode permet l'entretien des principes fertilisants, la pratique de l'agriculture intensive. Ils peuvent d'ailleurs être combinés avec avantage[2].

272. Principes de la culture intensive (suite) : Engrais ; Rôle des engrais chimiques. — La productivité des terres dépend de la quantité, de l'état et de la proportion respective des aliments fertilisants qu'elles contiennent. « En ajoutant au sol l'élément absent ou n'entrant pas en quantité suffisante, en facilitant la dissolution des principes insolubles, on restitue aux autres éléments leur efficacité[3]. » Ajouter l'élément absent ou rendre assimilables les principes fertilisants existants dans le sol est le rôle des engrais ; non seulement ils rendent utilisables une partie du capital immobilier jusque-là improductive, mais en même temps ils augmentent la contribution gratuite de l'atmosphère dans la nutrition. Voici, en effet, le principe posé par Liebig : « La quantité d'acide carbonique ou d'ammoniaque que les plantes enlèvent à l'air atmosphérique est proportionnelle à la quantité et à la qualité des aliments minéraux du sol[4]. »

Il suit de là que l'abondance des engrais organiques ou minéraux dans les pays très-peuplés à larges débouchés est une condition de production à bon marché : « L'agriculture qui opère avec parcimonie est celle qui, à produits égaux, demande le plus de capital, » telle est l'opinion de M. Rieffel. Selon M. Lecouteux, dans un milieu économique qui comporte la culture très-intensive plus on dépense par hectare pour obtenir le maximum de produit brut, moins on dépense par quintal ou par hectolitre

---

[1] Les cultures améliorantes ont bien quelques inconvénients ; elles retirent au sol (surtout le trèfle) beaucoup de matières salines, et elles ne détruisent pas les plantes nuisibles. On remédie à ce dernier inconvénient par l'introduction, dans l'ordre des cultures, de plantes à racines alimentaires.

[2] V. Grandeau, *Études agronomiques*, 5° série, p. 21 à 38, Dehérain, *op. cit*, p. 592 et suiv., 804 et suiv. ; Lecouteux, *Cours d'Écon. rurale*, t. II, p. 257 et suiv.

[3] Aphorisme XLI° de Liebig, cité par Grandeau, *Cours d'agriculture*, p. 99.

[4] Aphorisme XLIII°, *eod. op.* et *loc. cit.*

de blé récolté et, de même, le prix de revient du bétail et de ses
produits s'abaisse dans la mesure où augmente la dépense par
tête de bétail et par quintal vivant[1]. Dans ses *Études agrono-*
miques, M. Grandeau, cite des exemples de hauts rendements
sur des sols pauvres et sur des superficies de peu d'étendue,
grâce à une bonne fumure qui permet d'obtenir une plus-value
de rendement considérable sur la moyenne du pays, moyennant
un prix de revient très-réduit[2]. D'après cela, on voit quelle est
l'erreur des cultivateurs qui prennent des fermes trop fortes
pour leurs moyens d'action. Le meilleur système de culture,
dans les pays à larges débouchés, est le maximum de fumure.

Mais pour employer beaucoup d'engrais, il faut faire, soit
une part très-large aux cultures fourragères et à la stabulation, soit employer des engrais minéraux. En principe, le rôle
de ces engrais est subsidiaire : c'est qu'en effet l'engrais de
ferme est le plus complet car on y trouve tous les éléments
minéraux nécessaires à la vie des plantes; c'est aussi sinon toujours, du moins souvent, celui qui est le plus économique et dont
l'emploi expose aux moindres mécomptes.

La quantité de fumier donnée par le bétail est en rapport
avec les fourrages qui lui sont affectés, et la quantité de grains
est proportionnelle à la quantité de fumier; or, celle-ci dépend
moins du plus grand nombre de têtes de bétail que de la plus
grande quantité de fourrage consommée[3]. La fumure complète

---

[1] Lecouteux, *Cours d'économie rurale,* t. II, p. 449; dans ses *Principes*
économiques de culture améliorante, le même auteur pose ces deux règles :
2 hectares bien fumés en valent 4 pour le rendement, et 10 pour le profit. —
Un champ mal fumé coûte généralement plus qu'il ne rapporte. — Avec une
dépense de 400 fr. à l'hectare on obtient à Tantonville, sur des terres de
qualité moyenne 24 quintaux 65 à l'hectare Grandeau, *Études agron.,* 2ᵉ
série, p. 105 et suiv.). Citons aussi les expériences de Rothamsted sur une
parcelle (nᵒ 5) avec fumure incomplète pour une dépense de 363 fr., le produit étant de 292, la perte est de 52 fr., tandis que sur une parcelle ayant
reçu le maximum de fumure (nᵒ 9) pour une dépense de 485 fr. le produit
étant de 763 fr., le bénéfice net ressort à 278 fr.

[2] Sur 4 hectares 15 dans le Tarn, rendement moyen de 31 hectol. 7. Sur
une superficie égale en Meurthe-et-Moselle, rendement moyen de 24 hectol.
65 (Grandeau *Études agron.,* 4ᵉ série, p. 481 et suiv.; V. aussi 5ᵉ série, p.
218, 325 et suiv.).

[3] Une bête maigre donne moitié moins de fumier, et la qualité est inférieure. Chez nous, une vache à l'étable ne consomme que 1,000 kilogr. de
foin au lieu de 6,000 qu'il faudrait. D'après la règle de Boussingault, une

moyenne est de 40,000 kilogs par hectare[1]. C'est donc aussi la mesure moyenne que doit atteindre la production de l'engrais lorsqu'on n'a pas recours aux engrais importés.

Lorsqu'une exploitation ne peut pas tirer de son propre fonds les engrais dont elle a besoin, à cause de la nature du sol, ou à cause de l'exigence des cultures, elle doit recourir aux engrais supplémentaires, les uns organiques (guanos et autres), les autres minéraux ; on a déjà dit que c'est ordinairement une nécessité soit spécialement pour la culture des plantes textiles et oléagineuses[2], soit pour obtenir le maximum de rendement dans les cultures quelles qu'elles soient. Deux observations en terminant ce sujet : 1° presque tous les détritus organiques et un grand nombre de résidus des fabriques fournissent des aliments pour le bétail ou d'excellents engrais, (drèches de distilleries, sons et issues des minoteries, tourteaux de graines oléagineuses ; en sorte que, dans le travail de transformation de la matière, il n'est pour ainsi dire aucune molécule qui ne puisse retourner au sol à titre de principe fertilisant. On voit d'après ceci à quel point on est fondé à ne pas considérer la consommation comme une destruction. La loi de circulation de la matière ne s'observe pas seulement dans la nature, mais même dans le domaine industriel, quoique d'une façon bien imparfaite encore il est vrai.

vache bien nourrie (consommant l'équivalent de 5,400 kilogr. de foin sec, et 750 kilogr. de paille de litière), doit donner 12,400 kilogr. de fumier. — Soit, en moyenne, 25 fois le poids de l'animal.

[1] Aux environs de Paris, c'est 54,000 kilogr., pour la rotation de 3 ans ; dans la plaine de Caen, c'est 60,000 ; enfin, dans le Brabant, on compte 32,000 kilogr. annuellement, plus 13 tonnes de purin tous les 5 ans.

[2] Parmi les engrais d'origine animale, ceux qui proviennent des villes occupent le premier rang. Nous indiquerons plus loin les questions qui se présentent à ce sujet dans la législation économique (n° 326). Les matières cornées (crins, cheveux, plumes), les déchets de viande, le sang desséché sont très-riches en azote. On sait qu'en Chine, on livre les cheveux au commerce comme engrais. Entre les résidus des fabriques, les chiffons de laine, les rognures de cuir sont les plus importants. Ces dernières offrent un exemple remarquable de la mise en valeur par l'agriculture des déchets des autres industries : le kilogramme d'azote obtenu par l'effet des rognures de cuir revient au cultivateur à 0 fr. 10 cent., et c'est une valeur agricole de 1 fr. 50 à 2 fr. D'autres engrais organiques d'origine végétale valent aussi une mention : les varechs, les marcs de fruits (en première ligne, les marcs de graines oléagineuses ou *tourteaux* dont il est fait un si grand usage dans le nord de la France, non seulement comme engrais, mais pour la nourriture des bestiaux, etc.).

Ainsi de la production à la consommation, et de celle-ci à la production, il existe une chaîne sans fin ; 2° quand l'agriculture néglige l'emploi des détritus organiques (engrais provenant des villes, etc.), et qu'elle pratique la culture continue, les principes fertilisants du sol ne tardent pas à s'épuiser, et une grande partie du capital disponible doit être consacrée à racheter, sous forme d'engrais, les éléments de nature à renouveler la fertilité des terres. C'est ce qui est arrivé à l'Angleterre : depuis plus d'un siècle (1775), elle a fait une importation immense d'os pilés puis de noir animal (noir des raffineries) ; elle s'en est procurée partout : les champs de bataille du continent ont été exploités ! Les phosphates d'origine organique non seulement les os mais les guanos ne devaient-ils pas un jour faire défaut à l'agriculture ? Elie de Beaumont prédisait que la France périrait faute de phosphore « si l'on ne parvenait pas à trouver dans la nature minérale une substance qui serait en quelque sorte pour l'agriculture ce que la houille est pour l'industrie[1]. » Cette découverte a été faite par de Molon en 1856 ; c'est lui qui signala l'existence des nombreux gisements de phosphates de chaux fossiles facilement exploitables[2]. Une autre source de phosphates connue depuis peu est due à la déphosphoration des fontes dans la fabrication de l'acier par le procédé Thomas Gilchrist ; les scories livrées à l'agriculture par les établissements métallurgiques contiennent environ de 1/4 à 1/5 de leur poids d'acide phosphorique[3].

La production agricole opère un prélèvement annuel de prin-

---

[1] Voici ce que dit Élie de Beaumont au sujet des phosphates d'origine animale : « Un squelette humain desséché donne en moyenne 2 kilog. de phosphate de chaux. Depuis les Celtes jusqu'à nos jours, 1 milliard d'êtres humains ont habité le sol de la France : le respect des sépultures a donc enlevé au sol d'où ils étaient venus, 2 milliards de kilogr. de phosphate de chaux, ou 2 millions de tonnes. » — Assurément, la pensée d'Élie de Beaumont n'était pas qu'on dût profaner les sépultures, mais il concluait que, pour rendre au sol la vigueur végétative qu'il possédait au temps des Celtes et des Germains, il faudrait que l'exploitation des *couches géologiques* contenant du phosphate de chaux devînt une branche importante de l'industrie minérale. Sur l'historique de l'emploi des phosphates, Dehérain, *op. cit.*, p. 723 et suiv.

[2] Les exploitations de nodules fossiles ont produit 186,000 tonnes en 1886. V. Dehérain, *op. cit.*, p. 722.

[3] M. Grandeau évalue pour l'Europe à 750,000 tonnes la quantité de ces scories produites en 1889. Grandeau, *Études agron.*, 5° série, p. 259.

cipes fertilisants qu'il faut restituer au sol sous peine de l'épuiser. En France, ce prélèvement est estimé à 600,000 tonnes d'azote, 300,000 d'acide phosphorique et 755,000 de potasse. Plusieurs agronomes contemporains (MM. Tisserand, Grandeau) estiment qu'à raison de l'insuffisance du fumier de ferme produit (84 millions de tonnes), le déficit des engrais nécessaires à la bonne exploitation du sol est en France d'environ la moitié de ce que les récoltes prélèvent, soit 800,000 tonnes, dont 272,400 d'azote, 149,000 d'acide phosphorique et 377,000 de potasse. Malheureusement ce déficit n'est que partiellement comblé et notre sol s'épuiserait si nos agriculteurs restaient sourds aux avertissements qui leur sont donnés[1]. Si nos récoltes sont maigres et chèrement produites, c'est en grande partie à raison du déficit énorme de la production des fumiers de ferme et de l'emploi insuffisant d'engrais complémentaires pour combler ce déficit.

On conçoit que l'exportation continue d'une notable partie de la production agricole d'un pays ait nécessairement pour conséquence plus ou moins éloignée, par la dispersion des principes fertilisants, l'épuisement du sol, si l'on ne prend soin de remplacer les matières organiques qui lui sont dérobées par leur équivalent en aliments minéraux. C'est une remarque qui n'est faite ici que pour mémoire, mais qui méritera par la suite des explications spéciales.

273. En supposant un sol qui possède les éléments minéralogiques nécessaires à la culture, son entretien, au moyen des engrais organiques produits dans l'exploitation, serait le mode de fumure le plus économique, mais, on sait combien en France la production en est insuffisante, d'où la nécessité pour l'ensemble de nos exploitations agricoles de les compléter par des engrais achetés. C'est d'ailleurs une condition absolue de la culture jardinière ou maraîchère. C'en est une aussi pour la culture intensive lorsqu'elle fait aux cultures épuisantes, ainsi qu'aux céréa-

---

[1] Pour combler le déficit signalé au texte il faudrait 1,240,000 tonnes de superphosphates, 750,000 tonnes de chlorure de potassium, 1,750,000 tonnes de nitrate de soude. La France ne produit que la plus faible part des engrais chimiques qu'elle consomme et sa consommation est tout à fait insuffisante. Elle consomme 5 millions de kilogr. de guanos et 70 millons de kilogr. d'engrais animaux importés sang de bétail, os calcinés, etc.), 512,000 tonnes de superphosphates, 200 000 tonnes de nitrates de soude, etc. (V. Grandeau, *Études agron.*, 5e série, p. 252 et suiv.).

les, une part trop large relativement aux cultures fourragères.

D'autres causes accessoires de l'emploi d'engrais complémentaires proviennent des aménagements défectueux pris pour la conservation des fumiers et du développement excessif du commerce des pailles qui devraient être réservées aux litières.

274. La restitution au moyen des engrais achetés s'opère d'une manière d'autant plus parfaite que la science agronomique est parvenue à discerner les substances enlevées au sol par chaque nature de cultures. Ce sont par conséquent ces mêmes substances qu'il faut rendre à la terre : à l'alternance des cultures doit correspondre l'alternance des aliments minéraux selon l'appétit particulier des végétaux cultivés. On a constaté que chaque plante absorbait dans le travail de la nutrition une substance minérale en plus forte proportion que d'autres; c'est ce qu'on appelle la *dominante* de la plante. Le plus souvent l'agriculteur ignorerait les conditions précises d'alimentation des diverses cultures. Aussi le commerce des produits chimiques met à sa disposition des engrais composés, dans lesquels, à la dominante de chaque culture, sont associées les autres matières minérales nécessaires. On donne le nom d'*engrais chimiques* à ces engrais composés de plusieurs sels, dont les principaux sont : le nitrate de soude, le sulfate d'ammoniaque, les phosphates et superphosphates, les sels de potasse, de chaux, etc.

Une autre détermination scientifique est celle de l'état sous lequel il convient, eu égard à la composition chimique du sol, d'employer les engrais complémentaires afin que l'assimilation se fasse dans de bonnes conditions. La science agronomique s'est enrichie de nombreuses observations dont les agriculteurs devraient plus souvent profiter[1].

Le commerce des engrais organiques ou minéraux a pris un développement insuffisant encore, mais cependant considérable; les progrès eussent été plus rapides si des fraudes audacieuses n'avaient très-légitimement tenu les cultivateurs en défiance : par exemple, au noir animal on mélange de la tourbe, matière inerte; des engrais liquides sont étendus d'une forte proportion d'eau, des guanos sont falsifiés de diverses manières, etc. Le

[1] Sur la question des engrais chimiques et leur mode d'emploi consulter Dehérain, *op. cit.*, p. 791 et suiv.; Grandeau, *Etudes agron.*; Risler, *Géologie agricole*, 1884.

législateur s'étant enfin décidé à réprimer sévèrement les fraudes, on peut espérer que les cultivateurs se décideront à mettre
davantage à contribution les engrais du commerce (v. n° 326).
Quoi qu'il en soit, on doit constater qu'ils font, dans le commerce
des engrais achetés, une sérieuse concurrence aux engrais de
ferme. C'est qu'en effet, si l'engrais produit dans l'exploitation
passe pour être et serait souvent encore le plus économique s'il
etait produit en abondance, on n'en peut dire autant de l'engrais
de ferme complémentaire que diverses cultures, jardinage, cultures industrielles et même la culture des céréales, auraient
avantage à remplacer par des engrais chimiques, dès que le prix
du fumier dépasse 8 ou 9 fr. les 1,000 kilog.[1]. Selon M. Grandeau, le nitrate de soude et les phosphates doivent être associés au fumier de ferme pour la culture rémunératrice du blé :
sur terrains pauvres, on peut, moyennant une dépense en engrais chimiques de 60 à 75 fr. par hectare, obtenir une plus-
value de récolte de 6 à 8 quintaux de blé représentant une
valeur de 150 à 200 fr.[2]

275. Amendements. — Souvent l'exploitation agricole, avec
la culture intensive, est dans la nécessité non seulement d'entretenir le sol, mais de le modifier pour le rendre productif. C'est,
comme on l'a vu déjà (n° 140), l'objet des amendements et des
améliorations foncières. On oppose les amendements aux engrais
bien que les uns et les autres aient pour effet commun de fournir
à la plante les aliments minéraux de sa nutrition. Mais entre les
engrais et les amendements existe cette différence que les engrais ont pour objet l'entretien du sol, sans en modifier essentiellement les qualités physiques ou chimiques; ils s'adres-
sent à la culture projetée plutôt qu'à la terre, tandis que les
amendements créent de nouvelles qualités foncières. Au surplus,
il se peut que l'effet de certains amendements comme celui des
engrais s'épuise par la continuité de l'exploitation, quoique,
d'habitude, à raison de la modification profonde que subit la
constitution minéralogique du sol, les amendements aient beaucoup plus de durée que les engrais.

Les terres franches sont les terres arables les plus parfaites,

[1] Grandeau, *Études agron.*, 1re série, p. 187 et suiv.
[2] Grandeau, *Études agron.*, 5e série, p. 204, 205 ; cf. p. 146 à 203.

perméables grâce à la silice; assez humides cependant si elles contiennent de 25 à 30 p. 100 d'argile coagulée par une certaine quantité de calcaire dissous par l'acide carbonique de l'humus. Si les couches superficielles du sol ne présentent pas en proportions convenables ces trois éléments constitutifs du sol agricole, la silice, l'argile, le calcaire; elles sont, à cause de la prédominance de l'un d'eux, ou sableuses ou argileuses ou calcaires, mais on peut les transformer au moyen d'amendements qui s'opèrent, soit par le mélange des couches de terrains superposées (labours de defoncement)[1]; soit par l'apport sur le sol d'éléments minéraux empruntés à des terrains de composition différente, soit enfin par l'élimination d'éléments nuisibles par exemple un excès de sel marin ou de sulfate de fer.

L'infertilité a presque toujours pour cause la prédominance excessive de la silice, du calcaire ou de l'argile, ou l'absence de l'un des éléments minéraux nécessaires à la nutrition des plantes, notamment de phosphates ou de nitrates[2] : sur les 15 ou 16 millions d'hectares improductifs du sol de la France, il en est bien 8 ou 9 millions qui sont susceptibles d'exploitation au moyen d'amendements : la Bretagne est feldspathique et sableuse; la Champagne, crayeuse; la Sologne, sableuse; le Berri, calcaire; le Limousin, l'Auvergne, le Velay, le Forez, granitiques et volcaniques; la Bresse, argileuse; les Landes, ou sableuses ou argileuses; la Sologne est pauvre en chaux, en phosphates[3]. Le taux moyen des terres stériles étant de 200 francs l'hect., celui des terres cultivées 2,000 francs, l'écart est assez grand pour qu'on puisse dire qu'en pays de plaine presque toute terre peut être amendée avec succès. Mais ces opérations, qui exigent une forte avance de capital, supposent au moins une certaine

[1] Souvent la surface est siliceuse et le sous-sol argileux.

[2] C'est à l'absence du phosphate de chaux qu'est due l'improductivité de la plupart des terrains granitiques. M. Risler estime comme P. de Gasparin qu'un sol est pauvre quand il renferme moins de 1 2 millième d'acide phosphorique. Selon M. Dehérain un sol qui contient moins de 1 millième d'acide phosphorique doit recevoir des engrais phosphatés surtout si l'acide phosphorique est en grande partie insoluble (Risler, *Géologie agricole*, 1884; Dehérain, *op. cit.*, p. 749.

[3] Aussi les terres de ce pays peuvent être fertilisées par les phosphates; ainsi à Dampierre, grâce aux phosphates des Ardennes, le revenu net qui était de 11 fr. seulement à l'hectare en 1828 s'est élevé à 41 fr. en 1874 (cité par Risler, *Géologie agricole*).

stabilité dans les exploitations agricoles. On a, grâce à des amendements convenables[1], amélioré une partie trop faible encore du sol improductif de la France ; dans le Morvan, le chaulage a permis de transformer l'élevage en substituant la race charolaise à la vieille race morvandelle ; une transformation analogue s'est opérée dans le Limousin ; en Bretagne, la tangue et les goémons ont fertilisé le littoral entre Saint-Malo et Brest. L'Océan est une véritable fabrique d'engrais selon la pittoresque expression de M. Risler.

276. Conclusions de la théorie agricole. — Il résulte de la théorie de la culture continue et de la contribution fournie à

---

[1] Les amendements sont siliceux, argileux ou calcaires. — 1° Les amendements siliceux agissent mécaniquement sur les terrains trop compactes en les divisant, en augmentant leur perméabilité et en diminuant les difficultés de la culture. Les terres arables doivent contenir une certaine quantité de silice ; cette matière compose en grande partie la tige des céréales ; elle entre pour 70 p. 100 dans la paille du blé. Les amendements siliceux ont de bons effets, principalement sur les sols argileux et glaiseux. — 2° Les amendements argileux ont un double but : corriger les sols légers et trop perméables, et, en même temps, rendre au sol les sels alcalins, particulièrement la potasse, que certaines cultures absorbent (ainsi les betteraves retirent 60 kilogr. de potasse par hectare). — 3° Les amendements calcaires, de tous les plus importants, sont les marnages et les chaulages auxquels il faut joindre le plâtrage, l'emploi des *faluns* et sables coquilliers. Sans amendements calcaires les terrains granitiques ne peuvent donner ni blé ni légumineuses ; les micaschistes ont aussi besoin de marnage et de chaulage. La *marne* (carbonate de chaux mélangé d'argile, de silice ou de calcaire) a des emplois variés : les marnes siliceuses conviennent aux terres fortes (argilo-glaiseuses) et aux terrains crétacés : les plateaux stériles de la Champagne seront un jour fertilisés de cette manière ; les marnes argileuses modifient avantageusement les sols siliceux ; enfin les marnes calcaires conviennent aux *terres froides* ou *fortes* (argilo sableuses) ; le marnage, loin de dispenser des engrais, pour être productif, nécessite une abondante fumure. Le chaulage, ou emploi de la chaux, transforme les terrains non calcaires (argileux ou quartzeux), détruit dans les prairies les végétations nuisibles (laissant subsister les bons herbages dont les racines très-minces résistent), convertit rapidement en terreau les substances organiques, enfin dégage les principes alcalins et les met à la disposition des plantes. On peut se rendre compte des avantages du chaulage par l'exemple suivant : avant le chaulage, un sol de 2° classe donne 130 quintaux de froment pour deux ans, un sol de 1re classe 240 quintaux. Après le chaulage, le sol de 2° classe produit 200 quintaux, le sol de 1re classe 300. Les sables coquilliers et autres phosphates de chaux naturels ont des effets excellents sur des terres schisteuses. Dans la craie de Champagne, les sables des Landes ou les sels de potasse fertilisent le sol. L'importance des amendements est connue depuis des siècles. Rappelons le *Traité de la marne* de Bernard Palissy et le *Théâtre d'agriculture*, d'Olivier de Serre. Cf. Dehérain, *op. cit.*, p. 516 et suiv.

l'agriculture savante par les engrais complémentaires, que le sol est en quelque sorte un laboratoire où s'opèrent des transformations qui sont en rapport avec les substances qu'on y utilise. Rien de plus concluant à cet égard que les fameuses expériences de sir Lawes continuées depuis 40 ans sur le domaine de Rotthamsted; les rendements moyens des parcelles sur lesquelles les engrais chimiques et l'azote ont été employés comparés à ceux d'une parcelle sans fumure ont été de 33 à 11 hect. L'entretien du sol est la première condition d'une agriculture rationnelle, mais le choix des semences, les conditions de préparation du sol, le mode des semailles influent aussi beaucoup sur le rendement[1]. La terre est susceptible de recevoir un emploi permanent, d'engendrer des produits qu'il est possible de multiplier avec le travail et le capital, non moins que ceux des industries manufacturières. La science n'a pas seulement permis à la production agricole un développement inconnu autrefois, elle est intervenue pour préserver les récoltes par les avertissements météorologiques, pour conserver les denrées alimentaires (notamment la conservation des vins et de la bière, depuis qu'on sait à quoi est due la fermentation et les maladies des boissons fermentées), pour sauver de la maladie les races productives (les races de vers à soie ont été reconstituées, le bétail mis à l'abri du charbon, etc.); les races ont été améliorées par le croisement.

L'élasticité de la production végétale perfectionnée, est beaucoup plus grande qu'on ne le croit communément. Pas plus dans l'agriculture que dans les autres branches d'industrie, on n'est près d'atteindre une limite fatale au delà de laquelle l'homme ne pourrait s'avancer. D'où vient le préjugé contraire? sans doute de ce que les progrès de l'industrie agricole ont été plus lents et moins saisissants que ceux de l'industrie manufacturière. On cite cette parole du célèbre Liebig : « Pour l'agriculture nous en sommes aujourd'hui où l'on en était pour l'industrie en 1824 ou 1825[2]. » L'attention des publicistes (il faut en excepter de Thünen, de Gasparin, Roscher, de Lavergne) ne s'est pas portée suffisamment

---

[1] V. sur l'importance des semailles en ligne, du choix des semences, des labours qui les précèdent, Grandeau, *Étu les agron.*, 2ᵉ série, p. 111 et suiv.

[2] Extrait d'un entretien avec J.-B. Dumas, cité par Berard Varagnac, *Revue des Deux-Mondes*, 15 sept. 1876. — Cf. le discours de Dumas, *Science et agriculture J. off.* 1ᵉʳ juillet 1883).

du côté de la production agricole. C'est sur un système de culture qui allait bientôt être supplanté dans les principaux pays de l'Europe occidentale que les économistes, depuis Ricardo et J.-B. Say, ont étayé leurs doctrines. Les plus belles découvertes de la chimie agricole et de la science agronomique sont postérieures à leurs écrits; mais les économistes qui sont venus après, continuent de parler, comme si de rien n'était, de force décroissante du sol, de limitation fatale s'opposant aux progrès de la population.

Dans l'examen des questions qui appartiennent aux sciences naturelles, rien n'est plus propre à égarer que ce que M. Taine appelle l'*esprit classique,* c'est-à-dire celui qui s'inspire de certains axiomes traditionnellement reçus et les impose doctoralement sans se soucier du démenti que les faits peuvent leur donner.

La question de savoir si la nature oppose des obstacles de plus en plus grands à l'extension de la production alimentaire a une importance capitale. On aperçoit en effet que, s'il faut répondre affirmativement, tout progrès de la consommation, tout accroissement dans le nombre des hommes, est une menace et un danger. L'économie rurale ne pourrait remédier à l'antagonisme économique résultant de ce que, à une consommation croissante, correspondrait une diminution dans la puissance des moyens employés pour y satisfaire. Y a-t-il des qualités naturelles établissant d'une manière absolue et définitive une relation d'infériorité ou de supériorité entre les terrains? Les uns sont-ils bons ou fertiles, les autres mauvais ou ingrats, nécessairement impropres à la production agricole? L'opinion commune est pour l'affirmative, et c'est d'après elle que Ricardo a fondé une théorie scientifique qui fait autorité dans l'École anglaise[1]. On y parle des *qualités primitives et indestructibles du sol,* du *monopole naturel* des terres les plus fertiles, des *puissances du sol*[2]. Le principe de la fertilité primitive et indes-

---

[1] David Ricardo, d'origine hollandaise, né à Londres, ne commença sa carrière scientifique qu'après avoir réalisé une grande fortune dans des opérations très-lucratives. Ses *Principes de l'Economie politique et de l'impôt* parurent en 1817; ils obtinrent un énorme succès.

[2] V. en ce sens, outre Ricardo, *Principes,* ch. II, t. XIII, *Coll. anc. écon.,* et *Petite bibliothèque économique,* t. VII. Malthus, *Essai sur la nature et le progrès de la rente.* Mac-Culloch, t. II, p. 127 et suiv. St. Mill, t. I, p.

tructible a en quelque sorte l'autorité d'un dogme. Adam Smith n'avait cependant rien enseigné de pareil, et, depuis, d'imposantes résistances se sont produites : Banfield, Bastiat, Carey, de Fontenay, etc., ont repoussé l'opinion de Ricardo, sur laquelle repose uniquement la fameuse théorie de la *Rente du sol*[1].

277. Exposé et réfutation de la théorie de Ricardo. — Partant de l'idée qu'il émet sur les qualités primitives et permanentes du sol, Ricardo a été conduit à supposer qu'au début de la phase agricole, l'homme se trouvant en présence de terres de qualités inégales a opté pour les meilleures. Le moment venu où toutes les terres les plus fertiles sont exploitées, quelle sera la conséquence inévitable de l'accroissement de la population ou d'une consommation plus large? Évidemment ce sera la mise en culture de terres d'une fertilité moindre. Chaque progrès de population ou de consommation sera ainsi marqué par une décroissance de la puissance productive du sol : la production alimentaire deviendra *fatalement* plus difficile et plus onéreuse.

Les économistes à l'opinion desquels nous nous rallions se sont inscrits en faux contre cette doctrine pessimiste. Qu'est-ce que la fertilité primitive? Est-ce cette force qui produit la végétation spontanée? mais, dans la plupart des cas, pour parvenir à la *culture* de la terre, il a fallu la combattre et la détruire. La fertilité, au point de vue du naturaliste, pourrait être ainsi entendue, mais pour l'économiste ce serait un contre-sens : la fertilité

---

205 et suiv. — J.-B. Say, *Cours;* — Cherbuliez, t. I, p. 147; Courcelle-Seneuil, t. I, p. 138; Garnier, *Traité*, p. 565; Rossi, t. I, p. 119 et suiv.; de Molinari, t. I, p. 338 et suiv. — Roscher, qui développe avec quelques tempéraments cette opinion dans ses *Principes*, t. II, p. 27 et suiv , l'abandonne à peu près complètement dans son *Traité de la rente des propriétaires*, t. II, p. 456 et suiv. Signalons parmi les défenseurs de la théorie de Ricardo, M. Hervé-Bazin, qui a fait preuve à notre égard, jusque dans la contradiction, d'une courtoisie parfaite dont nous voulons le remercier (*Traité d'Écon. polit.*, 1880, p. 378 et suiv.). Add. Beauregard, *Petite Bibl. écon.*, t. VII, p. 85 et suiv.; Ed. Baron, *Protestation d'un propriétaire*, in-12, 1882; Block, *Recueil Vergé Acad. sc. mor.*, t. CXXVI, p. 883 et suiv. et du même les *Progrès de la science écon.*, t. II, p. 205 et suiv.

[1] Banfield, *Organis. de l'industrie*, p. 5, et 95; Bastiat, *Harmonies*, ch. *Prop. foncière et Fragment inachevé sur la rente;* Carey, *Sc. sociale*, III, p. 119; de Fontenay, *Du revenu foncier* (excellente monographie . V. aussi Peshine Smith, p. 47, 102. Bien avant Bastiat, en France, Destutt de Tracy avait combattu la théorie de Ricardo. Depuis qu'a paru la 1re édition de cet ouvrage (1878-1880 , M. P. Leroy-Beaulieu a aussi répudié la théorie de Ricardo dans son *Essai sur la répartition des richesses* (1881).

est envisagée par lui sous le rapport de l'industrie, c'est une qualité qui n'a de signification que relativement au parti que l'homme peut en tirer, à l'*utilité* qu'il en peut faire sortir. De là deux conséquences : 1º toute utilité procède du travail; *mettre en valeur* une terre, c'est lui donner de l'utilité et de la valeur par le travail, ce n'est pas exploiter un *monopole naturel*; 2º l'*utilité* étant une notion essentiellement relative, la *fertilité* appréciée par rapport à l'utilité ne saurait avoir un sens absolu. Les faits montrent que des terres regardées comme stériles trouvent des emplois productifs, parce que la science apprend à les modifier, ou parce qu'on découvre de nouveaux emplois agricoles auxquels leurs qualités natives peuvent convenir. En résumé, dans le choix des cultures et des terres, on a égard aux moyens d'exploitation disponibles, aux besoins de la consommation, à l'état de la science agronomique; les qualités du sol ne sont donc qu'un avantage relatif qui dicte les préférences et non un avantage absolu.

278. Avant d'aller plus loin, il convient d'écarter une objection préalable : la production végétale ne dépend-elle pas plus de la nature que les autres genres de production? L'un des disciples de Ricardo, Stuart Mill, fait lui-même la réponse : « la part de la nature dans tous les travaux de l'homme est infinie et incommensurable. Se demander si le travail de la nature entre pour plus ou moins dans le résultat, c'est absolument vouloir décider laquelle des deux branches d'une paire de ciseaux agit le plus dans l'action de couper. » Avant les découvertes de la chimie moderne, on exagérait d'ailleurs beaucoup le rôle du sol dans la production végétale; nous avons déjà signalé l'action considérable des rayons solaires et de l'atmosphère. La doctrine des *qualités primitives* du sol reflète les idées anciennes sur le mode de nutrition des plantes.

Voudrait-on distinguer avec Ricardo plusieurs degrés dans la fertilité naturelle? Que s'ensuivrait-il? Que les meilleures terres ayant été cultivées les premières, il ne serait resté aux générations futures qu'à exploiter des fonds de moins en moins productifs? Cette conjecture paraît à première vue assez vraisemblable, et c'est peut-être bien ce qui a fait la fortune de la thèse de Ricardo. Toutefois, si l'on raisonne *a priori*, il y a quelque chose d'un peu étrange à admettre que la loi de progrès industriel soit sans application possible à l'agriculture : personne assurément n'ajouterait foi à qui viendrait dire que l'industrie manufacturière ayant dû et pu employer dès son origine les engins et les moteurs les plus puissants, on ne peut plus en espérer qu'une productivité décroissante. Pourquoi alors, en ce qui concerne l'exploitation du sol, faire une supposition si déraisonnable? Puis, si les terres les plus fertiles (celles qu'on appelle ainsi) sont toutes cultivées, est-ce à dire qu'on ne puisse, au moyen des ressources de la science, obtenir des autres terres un emploi aussi avantageux? C'est toute la question. Il faut ajouter que, l'ordre de mise en exploitation imaginé par Ricardo, si vraisemblable qu'il puisse sembler, n'est pas celui qui a été suivi et ce sont les prémisses de sa théorie qu'il faut repousser.

279. Ordre de succession des cultures d'après Carey. — La théorie de Ricardo repose sur une hypothèse : le grand mérite de Carey est d'en avoir démontré la fausseté par l'analyse la plus savante : recherches historiques, statistiques, observation attentive de la marche de la civilisation dans le *far West,* rien n'a été négligé par l'éminent économiste dans sa laborieuse enquête. Elle l'a conduit à cette conclusion que, en ayant égard à l'ensemble des faits, l'homme n'a commencé et n'a pu commencer que par la culture des terres maigres et faciles; peu à peu seulement il est parvenu à exploiter les terres les plus fertiles[1]. On sait quelles sont les conséquences qui dérivent naturellement de cette proposition[2] : 1° les produits bruts de la terre peuvent et doivent s'accroître, quand l'agriculture est en progrès, sous la pression d'une consommation plus large; 2° la fertilité doit s'entendre de la qualité purement relative de donner des produits de grande valeur; cette qualité vient unique-

---

[1] Carey formule sa pensée en termes plus absolus : à l'affirmation de Ricardo, il oppose une contradiction systématique en la forme. Qu'on fasse la part de l'entraînement de la discussion plus grande que nous ne la faisons, on trouvera encore dans l'œuvre de Carey tous les éléments de la preuve, sinon d'une loi invariable, du moins d'un fait très-généralement exact. V. *Past, present and future,* et *Principes de la science sociale,* t. I et II.

[2] Nous n'abordons pas à dessein, pour l'instant, la question du profit ou de la *rente.* Ce que nous disons de la puissance productive du sol ne suppose pas nécessairement le régime de la propriété privée. Plus tard nous retrouverons la doctrine de Ricardo au point de vue des profits du propriétaire et de la légitimité de la propriété foncière, n°s 905 et suiv.

ment du travail et n'est pas le résultat d'un monopole naturel pour certaines terres.

Ricardo croit que les premiers colons ont mis la main sur les terres les plus fertiles. Il y a un premier empêchement à un choix de ce genre ; à savoir, l'ignorance des principes de l'art agricole. On pourrait concevoir que des colons du XIXᵉ siècle profitant de la science acquise dans leur pays agissent de la sorte, mais les premiers pionniers de la civilisation n'étaient pas en état de discerner les meilleures terres : il leur eût fallu pour cela tout un ensemble de connaissances agricoles ; or, ces connaissances accompagnent la civilisation, mais ne la devancent pas ; ainsi la plupart des plantes que nous cultivons sont importées de pays lointains ; comment d'ailleurs savoir, alors que d'impénétrables forêts couvraient notre territoire, quels terrains pouvaient convenir : « Celui qui ne se cognoistra guères en l'agriculture et au faict de labourage ne prisera pas une terre, laquelle il verra pleine de brossailles, de meschans arbres et plantes sauvages, où il y aura beaucoup de bestes, beaucoup de ruisseaux et conséquemment fera fange, et au contraire toutes ces marques-là et aultres semblables donnent occasion de juger à qui s'y cognoistra bien la bonté et force de la terre[1]. »

Le choix des meilleures terres n'a donc pu être ni éclairé ni systématique, mais il y a mieux à dire : ce choix n'a pas été libre. Au commencement de la période agricole, le défrichement des terres que nous regardons aujourd'hui comme les plus fertiles eût été une impossibilité. C'est ce que Carey s'est attaché à prouver : nous supposons une population à demi sauvage ayant à sa disposition une vaste étendue de territoire ; la terre ne manque pas ; ce qui manque, ce sont les bras et les capitaux. L'homme dans ces conditions a un pouvoir très-limité. Les terrains qui auraient au plus haut degré les conditions voulues pour une abondante production sont les alluvions des vallées, mais elles sont couvertes de vastes forêts et de marais. Défricher les unes serait une œuvre immense ; la végétation y est tellement exubérante qu'avant d'avoir défriché un hectare de terre avec des instruments imparfaits, elle envahirait de nouveau le sol. Dessécher les marais exigerait encore plus de puissance de tra-

---

[1] Plutarque, *Œuvres morales*, trad. Amyot, cité par de Fontenay, p. 45.

vail. De plus, les brouillards séjournant sur les bas-fonds, les forêts s'opposent au renouvellement des couches d'air ; or, commencer par ces régions l'œuvre de la colonisation, sans toutes les ressources de la science et la puissance du capital, ce serait une folie. Les terrains secs et légers des hautes terres sont ceux dont la culture est d'abord entreprise : le peu d'épaisseur de la couche arable y a entravé la végétation spontanée; le feu qui n'aurait que peu de prise sur le sol humide et sur les énormes arbres des bas-fonds est le premier agent de défrichement. Les labours avec les instruments aratoires mélangent l'argile du sous-sol avec la silice de la surface et améliorent le terrain. Voilà ce qui s'est passé dans la première période de la colonisation au Mexique, dans les Indes occidentales, dans l'Amérique du Sud, aux États-Unis et, bien plus anciennement en France, en Italie, en Angleterre, etc. L'exemple des États-Unis est de tous le plus probant, par la raison que les établissements européens y étant de date récente, les premiers colons avaient la science et une partie des ressources du monde civilisé. S'ils ont cependant commencé par les terrains pauvres des plateaux qui n'exigent que peu de défrichement et aucun drainage, on est fondé à conclure *à fortiori* qu'il a dû en être de même dans les temps anciens au début de la période agricole[1].

Carey nous montre les premiers colons anglais se fixant sur le sol stérile du Massachusetts et les terrains élevés du New Jersey, laissant à leurs successeurs plus riches le défrichement des vallées; les Quakers et les Suédois préférant les terrains sablonneux du Delaware aux terrains plus gras et plus fertiles de la Pensylvanie. Les colons du *far West* ont agi de même; les faits abondent aussi pour les États du Sud : la Floride, la Géorgie, l'Alabama et les Carolines, etc. On peut suivre sur la carte les exemples sans nombre que donne Carey à l'appui de son opinion : les terrains élevés et rocheux, les moins propres à la culture, ont été partout le siège des premiers établissements. Quant aux terres virtuellement les plus productives, elles sont encore incultes ou bien leur mise en culture date seulement de ce siècle.

[1] Cf. sur les commencements de la culture sédentaire chez les Baschkirs demi-nomades alliant dans la haute vallée de l'Oural au pâturage des steppes quelques cultures simples exigeant plus de travail et peu de temps, Demolins, *Science sociale*, 1886, t. II, p. 405 et suiv.

Et ce n'est pas là un fait particulier au continent américain. En Angleterre, au témoignage de César, les plus anciens centres de culture étaient situés dans les districts éloignés presque complètement abandonnés aujourd'hui; les terres qui donnent les plus considérables récoltes de l'Angleterre, le Lancashire, le Norfolk, le duché de Cambridge étaient les forêts et les terrains marécageux de l'époque des Plantagenets. La vieille civilisation de la Gaule eut pour théâtre les hauts plateaux du Morvan[1], de l'Auvergne et les collines du Soissonnais; les terrains plus fertiles de la Gaule Belgique étaient une vaste solitude. De considérables cultures couvraient au vɪɪᵉ siècle le Luxembourg et le Limbourg, pays où l'agriculture est actuellement assez arriérée, alors que les Flandres étaient impénétrables et que la forêt de Soignies occupait l'emplacement où se trouve Bruxelles. La province d'Anvers, aujourd'hui désolée, avait d'opulentes cités à l'époque barbare, tandis que le Brabant, devenu si fertile, est resté presque sans culture jusqu'au xɪɪɪᵉ siècle[2].

280. L'exploitation des terrains maigres était la seule possible aux époques reculées; c'était de plus la seule qui pût être économiquement profitable. Les terrains légers exigent en effet pour la mise en culture moins de travail que les terrains compactes; non seulement le premier établissement est moins laborieux, mais les façons périodiques y sont plus aisées. Si la population est clair-semée, en sorte que les faibles récoltes obtenues sur les terres dites ingrates soient suffisantes pour ses besoins, c'est avec raison que la culture des terres demandant plus de travail n'est pas entreprise : elle serait plus onéreuse et n'aurait aucun avantage. Nous ne supposons pas encore l'existence de voies de communication ouvrant aux produits agricoles des débouchés étendus. Le mode de culture doit donc être approprié à la consommation locale; et, dans ces conditions, très-certai-

---

[1] V. Dupin aîné, *Journ. des Économistes*, décembre 1852.

[2] Le tracé des anciennes routes vient donner une nouvelle confirmation à la doctrine de Carey : presque partout on les voit gravir le sommet des collines, même quand, au point de vue de la distance, il y aurait avantage à les tourner par la base : c'est qu'elles ont été frayées par les pas des hommes avant l'intervention des agents-voyers. Elles reliaient les exploitations et les groupes d'habitants, et le but pour lequel elles ont été créées autorise à suivre leur itinéraire pour déterminer les lieux anciennement peuplés ou cultivés (Cf. Peshine Smith, *op. cit.*, p. 54).

nement les terres les plus productives (nous ne disons pas les plus fertiles pour éviter l'équivoque) sont celles qui donnent assez, si peu que ce soit, avec le moins de travail.

Cette observation, non moins que les précédentes, explique l'uniformité de conduite des premiers colons de toutes les races dans les pays les plus dissemblables. Il a fallu insister sur le point de départ qui est la négation directe du système de Ricardo; mais, dans ses observations, Carey ne s'arrête pas aux origines : de génération en génération, il montre la culture descendant des plateaux sur les versants et enfin dans les vallées, allant ainsi des terrains moins fertiles aux plus fertiles. Il en résulte une facilité croissante de production, une quantité de travail disponible plus grande pour d'autres travaux, c'est-à-dire un travail plus divisé et, par suite, une augmentation de puissance. Avec les progrès de l'association, l'augmentation du capital et la disposition de procédés perfectionnés, l'agriculture est mise en mesure de cultiver les terres humides des bas-fonds. Mais c'est là une évolution qui se poursuit lentement à travers les siècles et qui se continue encore sous nos yeux. Des générations entières ont disparu avant la conquête définitive des terres qui produisent maintenant de si abondantes récoltes. Tout était à faire : distribuer l'eau et la chaleur, l'ombre et la lumière, ouvrir des voies de communication et amender le sol. La Hollande a créé son territoire sur le fond de l'Océan. Entre le moment où le peuple hollandais, habitant l'étroite langue de terre de la province d'Utrecht, végétait sur un sol ingrat ne pouvant produire que l'agrostis et la fougère, et les temps modernes où, grâce aux desséchements de marais, aux procédés de l'agriculture savante, la Hollande est devenue l'un des territoires les mieux cultivés de l'Europe, il s'est écoulé de longs siècles pendant lesquels les Hollandais ont amassé par le commerce et l'industrie les capitaux considérables qui leur étaient nécessaires pour conquérir le sol de leur pays. Partout on peut citer des faits analogues ; avant que les terres du duché de Cambridge aient été drainées, rien ne faisait prévoir les abondantes récoltes de froment qu'on en tire ; elles étaient presque sans valeur. Le sol ingrat de la région des Alpes, de l'Allemagne du Nord, procure à l'hectare de plus forts rendements que les terres grasses de la Hongrie, de la Russie et de l'Italie.

L'homme a triomphé des obstacles naturels, mais nulle part l'œuvre de la transformation agricole n'est accomplie; en France, par exemple, les terres ayant la plus grande fertilité virtuelle ne sont pas toutes exploitées. Les contrées marécageuses de la Bresse, de la Basse-Vendée et la Camargue ont un brillant avenir agricole que de grands travaux commencés permettent d'entrevoir. Si nous comparons, au sujet des travaux d'utilité publique agricole, ce qui a été fait et ce qui reste à faire, même dans les pays qui ont plusieurs siècles de civilisation, nous ne serons pas surpris si, hors d'Europe, les terres les plus riches sont encore laissées sans culture[1].

On voit d'après cela combien est chimérique la supposition sur laquelle est fondée la doctrine de Ricardo. Pour que la fertilité décroissante des terres devînt une réalité économique, il faudrait imaginer non seulement que toutes les terres du globe susceptibles d'exploitation productive sont mises en culture, mais que partout (ce qui n'est même pas vrai des pays les plus civilisés et où la population est la plus dense) les dernières limites de la productivité du sol ont été atteintes.

Ajoutons que si la doctrine de la nutrition minérale des végétaux est une doctrine scientifique exacte, en admettant que les sols qualifiés les plus fertiles jouissent d'un certain avantage, cet avantage sera essentiellement temporaire à moins que l'on ne prenne soin de restituer au sol l'ensemble des principes fertilisants que la culture lui a enlevés.

281. Il y a une contre-partie à la théorie de Carey sur l'ordre de succession dans la mise en culture des terres : lorsque la population et la richesse d'un pays sont en déclin, l'agriculture se

---

[1] Carey rapporte le passage suivant à propos du marais (*swamp*) du Bas Mississipi : « Tandis que la partie montagneuse du pays a été défrichée et que des établissements s'y sont formés avec cette rapidité merveilleuse qui caractérise les progrès des États de l'Ouest, le marais, malgré sa fertilité incomparable, est resté pour ainsi dire un désert. Le hardi planteur qui, abandonnant les terrains épuisés de la Virginie ou des Carolines, cherche une localité où le sol soit plus productif, tremble d'exposer ses esclaves aux miasmes délétères des lagunes stagnantes et aux fatigues à endurer pour détruire cet amas de ronces aussi dures qu'un fil métallique. En quelques endroits, il est vrai, il existe de riches fermiers qui ont résolûment et patiemment affronté de tels obstacles, et réussi à créer des fermes magnifiques où le rendement d'une balle de coton par acre n'est qu'une récolte ordinaire. »

retire des terres les plus fertiles pour se restreindre aux sols d'une plus facile exploitation. Carey en a donné de nombreux exemples qui confirment son opinion. Nous aurions à le suivre dans son histoire de l'agriculture hindoue : les districts des plaines et des alluvions autrefois peuplés sont couverts de jongles. Les excavations faites dans les marais de l'Italie infestés par la *malaria* mettent à découvert d'anciens travaux de dessèchement qui avaient fertilisé les mêmes contrées.

282. La théorie de Carey sera par la suite confirmée indirectement à l'aide de plusieurs arguments d'ordre différent qu'il suffit d'énoncer : 1° les terres n'ont pas une valeur proportionnelle à leur fertilité virtuelle, mais au travail et au capital incorporés au sol : cette valeur des terres, fruit exclusif du travail, ne représente qu'incomplètement l'intérêt des avances faites à la terre; 2° la facilité progressive de la production est attestée, d'un côté, par l'augmentation de la consommation individuelle, d'autre côté, par la fixité ou même l'abaissement des prix, malgré l'accroissement de la population.

§ II.

Statistique agricole. — France et autres pays.

283. Production agricole. — Superficies des différents genres de culture. — Produit brut et produit net. — En tout pays l'agriculture est la maîtresse branche de la production. En France elle donne le gagne-pain à plus de 4 millions d'individus. La population agricole totale s'élève à **17,7** millions soit **47,8** p. 100 de la population totale. Elle produit à elle seule **13 1/2** milliards[1], valeur au moins égale à celle de toutes les autres productions réunies. Bien que l'agriculture anglaise ait cessé d'être la source principale de richesse et qu'elle ne contribue plus pour moitié à l'alimentation du pays, elle emploie encore cependant plus d'ouvriers qu'une quelconque des autres industries (n° 252).

La richesse agricole se compose de divers éléments. Les su-

---

[1] V. Introduction de M. Tisserand à la *statist. agricole de 1882.*

perficies cultivées se distinguent en plusieurs genres de cultures :
1° cultures céréales et plantes farineuses; 2° cultures maraîchères; 3° cultures industrielles[1] ; 4° cultures fourragères; 5° vignobles; 6° bois et forêts dont il sera question dans un paragraphe suivant.

En tant que la nature du terrain et les conditions économiques de l'exploitation le permettent, la répartition du territoire
productif, entre les principaux éléments de la production végétale, dépend de la volonté des possesseurs du sol. C'est la conséquence du principe de la liberté d'exploitation (V. ci-dessous,
n° 293).

L'intérêt des exploitants est bien évidemment d'adopter les
genres de cultures propres à donner le revenu net le plus élevé.
Ordinairement, lorsque le produit brut augmente, le revenu net
s'accroît en même temps; c'est bien pourquoi, dans les pays
peuplés, la culture intensive se substitue à la culture extensive;
toutefois, il n'existe pas une corrélation constante entre le produit brut et le revenu net : par exemple, l'extension des prairies
au détriment des terres emblavées a pour effet de diminuer le
produit brut : la production en viande, sur de vastes superficies
de terre, est loin d'équivaloir, comme ressource alimentaire, à
la production en céréales ; et, cependant, il se peut qu'elle donne
au propriétaire un revenu net supérieur. Voilà ce qui a déterminé, au XVI° siècle, l'aristocratie anglaise à remplacer les
terres arables par d'immenses pâturages, et telle est l'origine du
prolétariat agricole, l'une des plaies sociales de l'Angleterre.
Mais les pâturages se rattachent à la culture extensive; or, il
est peu à craindre, si un pays est peuplé et que la terre y appartienne aux paysans, que les pâturages viennent à prendre trop
d'extension. Dans ces conditions, les cultures alimentaires ou
industrielles assureront en principe au propriétaire le maximum
de revenu, et l'harmonie existera entre l'intérêt social et l'intérêt privé. Tel est le règlement rationnel des cultures, abstraction

---

[1] V. sur les cultures industrielles, les renseignements donnés ci-dessous
dans le chapitre de l'industrie manufacturière. — Pour la France en particulier les données statistiques de ce paragraphe sont pour la plupart extraites
de la *Statistique internationale de l'agriculture* de la *Statistique agricole décennale de 1882*, de la *Statistique annuelle de la France;* des *Annales du commerce extérieur*, notamment 1891, 5°, 9° et 10° fascicules.

faite de l'influence que peut exercer la concurrence des autres pays et spécialement celle des pays neufs.

Le territoire agricole de la France représente 93 à 94 p. 0/0 de la superficie totale, soit 50 millions d'hectares ainsi répartis : 54 p. 0/0, 26,2 millions hect. de terres labourables, dont 15 millions hect. en céréales, 1,4 million hect. en pommes de terre ; 1 million hect. en racines fourragères ; 1,3 millions en cultures maraîchères et industrielles ; 3,5 millions hect. en prairies artificielles ; enfin 3,6 millions hect. en jachères mortes. Les autres terrains productifs se divisent en prairies naturelles, 5,5 millions hect. ; en vignes, 1,8 million hect. ; 6,1 landes, terres incultes et en bois, 9,5 millions hect. [1].

284. Production des céréales. — Europe et Amérique. — Crise agricole. — Si l'on considère en lui-même le produit des cultures, les deux principaux pays producteurs en céréales sont les États-Unis (plus d'un milliard hectol.) et la Russie (685 millions hectol.). La France vient ensuite (295 millions hectol.) précédant l'Allemagne, l'Autriche-Hongrie et la Grande-Bretagne (100 à 120 millions hectol.). L'Inde anglaise donne 95 millions d'hectol. de blé. Le Canada, l'Australie, l'Amérique du Sud comptent aussi parmi les pays producteurs.

Au surplus, le produit total des céréales se subdivise très-inégalement selon les pays : aux États-Unis les trois cinquièmes de la production consistent en maïs (de 600 à 700 millions d'hectol.); en Russie le seigle et l'avoine forment les 40 centièmes du produit total. La France et l'Italie comptent parmi les nations

---

[1] La comparaison avec la répartition proportionnelle dans les autres pays, montre que la France se place immédiatement après le Danemark et la Belgique pour la proportion du territoire agricole livrée aux céréales (30 p. 0 0). Si l'on compare les terres emblavées aux seules terres labourables, la France (avec 64 p. 0 0) est précédée par la Roumanie (86 p. 0/0, l'Autriche-Hongrie, la Belgique, les Pays-Bas (70 p. 0/0, etc... Si l'on n'envisage que les autres terrains productifs, l'Irlande (36 p. 0 0), la Hollande (37 p. 0 0), l'Angleterre (27 p. 0/0), la France (15 p. 0 0), tiennent le premier rang pour les cultures fourragères ; l'Italie (6,6 p. 0/0) et la France (5,3 p. 0/0) pour la vigne. La Hongrie et l'Espagne se placent immédiatement après. Aux États-Unis, le territoire agricole s'étend sur 250 millions d'hectares dont 16 à 18 millions en blé ; cependant le territoire agricole dans son ensemble dépasse le quart du territoire total. La superficie des terres cultivées en céréales en Russie est de 100 millions d'hectares, dont 10 à 12 millions en blé. Aux Indes la superficie emblavée est sensiblement la même (10,5 millions 1885).

qui produisent relativement le plus de froment. La production
du blé est pour le monde entier de 825 millions d'hectol. dont
475 pour l'Europe. La production en froment des États-Unis étant
de 160 à 180 millions hectol. (1884-90 , celle de la Russie de 90
millions, celle de la France flotte comme moyenne entre 95 et
120 millions (1858 à 1890). C'est environ le double de la production de 1815 (40 millions hectol.), et un quart en plus de la
production moyenne de 1836 à 1855 (77 millions hectol.[1]).
L'apogée de la production du siècle, en France, a été la récolte
de 1874, 133 millions d'hectol. La moyenne des dix dernières
années (1881-1890 est de 109.5 millions d'hectol.[2]. La superficie
des cultures céréales s'y est accrue de 1/3° depuis 1815, cependant les superficies cultivées en céréales inférieures (orge et
seigle) ont diminué; au contraire, l'augmentation pour le froment
a été de 35 p. 0/0 (malgré le démembrement des départements
alsaciens et lorrains), soit 7,061,000 hectares en 1890 au lieu de
4,608,000 en 1815. En Algérie, les cultures en céréales s'étendent sur 2,800,000 hect. et produisent 22,2 millions d'hectol.

Il faut juger le progrès agricole moins encore par l'extension
des superficies cultivées que par le rendement à l'hectare : à cet
égard, il y a progrès en France, mais un progrès plus lent
jusqu'en ces dernières années qu'en plusieurs autres pays. De
1815 à 1820, le produit moyen à l'hectare était de 10,2 hectol.
Dans la période 1851-1860 il atteignait presque 14 hectol.;
depuis il y a eu une progression lente mais continue, la moyenne
de 1881 à 1885 s'est élevée à 15,77 hectol.[3].

---

[1] Au contraire, de 1867 à 1885, la production anglaise du froment déjà
considérablement réduite auparavant a été ramenée d'une superficie de 1,5
million d'hect. a 1 million, soit une diminution de 33 p. 0 0.

[2] En 1890, la récolte du blé a été de près de 117 millions d'hectol. L'etat
approximatif pour 1891 est de 82 millions par suite de l'inclemence de la
saison.

[3] La moyenne de 1886-1890 est un peu plus faible 15,6, mais la diminution est uniquement due à deux très-mauvaises années. — Les cultures en
pommes de terre, légumes secs et cultures maraîchères donnent des resul-
tats plus satisfaisants : de 1862 à 1882 ces cultures ont gagné 160,000 hectares. De 1880 à 1890 la récolte des pommes de terre a été en moyenne de
103 millions d'hectol. au lieu de 84 millions dans la période décennale précédente. Grâce à l'emploi de variétés plus productives notamment le *Richter
imperator*) les rendements ont atteint jusqu'à 73,000 kilog. à l'hectare. La
moyenne a dépassé 40,000 kilog. dans l'Ouest, le Centre et le Nord. Cf.,
pour les périodes antérieures, Delaire, *L'agriculture nation ile*, 1880, br.
in-8°, p. 31).

La comparaison avec les autres États montre bien que, malgré ses progrès, notre agriculture est pour l'ensemble distancée par celle de toutes les nations du nord et du centre de l'Europe. Le maximum de rendement moyen du froment se trouve dans la Hesse (35 h. 2, en Angleterre (28 h.), en Bavière (26 h. 5) et en Belgique (25 h.). — Un autre signe de l'état relativement arriéré de l'agriculture française est la proportion des jachères mortes (16 p. 0/0 de l'étendue des terres labourables), tandis que la proportion en Angleterre, en Hollande ou en Belgique ne dépasse pas 2 et 3 p. 0/0.

Une dernière donnée statistique, fort importante à consulter, est la proportion entre la production des céréales et la population de chaque pays. Cette statistique indique deux choses : 1° dans quelle mesure la production agricole indigène peut alimenter la consommation intérieure; 2° quels sont les pays qui, disposant d'un excédent de récoltes pour l'exportation, peuvent entrer en concurrence avec la production agricole nationale des autres pays. En Europe, la Russie, la Roumanie, la Hongrie, la Turquie et la Bulgarie peuvent être, eu égard à l'importance relative de leur production en céréales, comptées parmi les pays exportateurs[1] : la Russie dispose pour l'exportation d'environ 7 p. 0/0 de ses récoltes; pour le froment seul c'est une valeur de 600 millions de roubles[2]. L'exportation roumaine mérite d'être citée après celle de la Russie : elle s'élève à une valeur annuelle de 200 millions de francs en céréales de diverses espèces. Hors d'Europe, le grand pays exportateur est l'Amérique du Nord : les exportations en céréales des États-Unis se sont élevées (lors de leur apogée, 1878-83), à 53 millions d'hectol. de froment, représentant une valeur d'environ 800 millions[3]. A l'exportation des

---

[1] Il faudrait y joindre, mais pour des quantités moindres, d'après Neumann-Spallart, le Danemark et l'Espagne.

[2] Le blé russe est obtenu à un prix notablement inférieur au prix du blé français, soit en moyenne 14,50 par quintal, un peu moins de 11 fr. par hectol. (V. *J. des Économistes*, avril 1891, p. 29 et suiv.).

[3] En 1860, la valeur des exportations de céréales aux États-Unis n'était que de 120 millions. — De 1883 à 1889 la moyenne des exportations a été de 40 millions d'hectol. représentant une valeur de 500 à 600 millions. La récolte de 1889 a été de 175 millions d'hectol. La consommation indigène retient environ 110 millions d'hectol., l'exportation a pu disposer de plus de 60 millions d'hectol. La valeur totale des exportations en céréales (maïs, blés, farines, etc.) a atteint 775 millions de fr. (1889-90).

États-Unis s'ajoute aujourd'hui celle de l'Inde, de la République Argentine, de l'Australie, etc...

285. Après ces indications, deux questions graves se posent : quels sont les débouchés ouverts aux pays producteurs; quelle concurrence les importations de céréales peuvent-elles faire, à raison du coût respectif de production, aux produits de l'agriculture indigène. Si l'on retranche la population des pays d'Europe qui produisent au delà des besoins de leur consommation, et celle d'autres pays dont les besoins et les récoltes s'équilibrent à peu près, on voit que l'ensemble des autres États européens forme une population de 150 millions d'hommes obligés de recourir, pour leur alimentation en céréales, aux importations du dehors dans la proportion de plus de 60 millions de quintaux métriques par an. Malgré l'importance très-considérable de sa production, la France doit être comptée parmi les pays qui, en l'état actuel, doivent importer des céréales. Ce n'est pas seulement depuis 1876, et par l'effet d'une série de mauvaises récoltes, que la production en céréales de notre pays s'est trouvée en déficit : de 1827 à 1876 l'excédent des importations sur les exportations a formé un total de 66 millions d'hectol.; soit un déficit annuel moyen de 1,3 million d'hectol. De 1878-1885 l'excédent des importations sur les exportations en grains et farines a été en moyenne de plus de 13,5 millions d'hectol.; de 1886-1889 la moyenne est descendue à 7 millions malgré le déficit de la récolte de 1888. Si on évalue à 120 millions d'hectol., la consommation annuelle de notre pays en froment, un léger relèvement de la production 10 à 15 millions d'hectol. suffirait à amener l'équilibre. La situation est toute différente en Angleterre : de 1849 à 1878, tandis que la population augmentait, la production de froment se trouvait réduite de 4,700,000 quarters. Aussi, dans la période 1877 à 1882, l'importation annuelle s'est élevée à 77 millions de quintaux métriques. L'Angleterre ne produit plus à beaucoup près la moitié de ce qu'elle consomme en blé[1].

Quelques économistes considèrent cette situation comme une

---

[1] En une année, exceptionnellement mauvaise il est vrai, 1890-1891, la récolte en céréales du Royaume-Uni est descendue à 26 millions d'hectol. Il a fallu importer 58 millions d'hectol. pour satisfaire à une consommation de 81.3 millions d'hectol. non compris les ensemencements.

conséquence du progrès économique; ils pensent que les contrées si peuplées de l'Europe occidentale doivent renoncer à demander à la terre leurs subsistances en céréales parce qu'elles peuvent être produites à bien meilleur compte sur les terres vierges du Nouveau-Monde. L'agriculture européenne devrait, selon cette opinion, se rabattre, soit sur les cultures accessoires, tabac, betteraves, plantes industrielles, soit sur les pâturages[1]. Nul doute que les cultures maraîchères, la vigne et les cultures industrielles ou fruitières ne soient appelées, au point de vue de l'exploitation économique du sol dans les contrées où la terre a une très-haute valeur, à prendre plus de développement (n° 268). D'ailleurs certains produits, légumes, fruits, etc..., à la différence des céréales, ne se prêtent pas à de longs transports; mais il ne faudrait pas se faire illusion sur l'étendue et l'avenir de la transformation des produits agricoles. « La culture des céréales a été de tout temps l'une des cultures dominantes de la France, fait qui s'explique aussi bien par les conditions de sol et de climat où elle se trouve que par les habitudes de la population. La production du blé en France représente une valeur annuelle de deux milliards, environ un quart (disons plutôt le cinquième ou le sixième) de la production agricole totale : peut-il être question de renoncer à une aussi considérable source de richesse[2]? » Ajoutons une autre observation : la division de la propriété est peu compatible avec le système exclusif des pâturages[3].

On peut se demander encore s'il serait prudent de compter sur l'importation étrangère, comme le fait l'Angleterre, pour la majeure partie de la consommation? Certainement la production des pays neufs a pris un immense développement et grâce à l'extension du réseau de leurs chemins de fer, grâce au bon marché des transports maritimes, les blés arrivent de toutes parts sur nos marchés, mais n'y a-t-il pas quelque danger à se

[1] Leroy-Beaulieu, *Essai sur la répart. des richesses*, p. 136 et suiv.

[2] Clavé : *La situation agricole de la France*, *Rev. des Deux-Mondes*, 15 janvier 1880. Cf. Risler, *La crise agricole*, 1887; Grandeau, *La production agricole en France* 1885.

[3] La transformation ne serait d'ailleurs pas possible en bien des pays à cause de la nature du sol, et il serait paradoxal, dans les pays où la terre a une grande valeur, d'étendre les cultures en pâturages qui exigent de vastes superficies (n° 301).

rendre tributaire de l'étranger pour l'alimentation du pays? Le danger n'est pas seulement dans les éventualités de blocus ou d'interruption des communications auxquelles un pays continental est obligé de songer, il consiste surtout à sacrifier une industrie vitale, et à faire fonds sur la permanence de productions agricoles qui ne pourront indéfiniment se soutenir dans les conditions privilégiées du moment présent. Prenons l'exemple des États-Unis. L'agriculture américaine semble avoir devant elle un champ immense, puisque les terres cultivées ne représentent que 15 p. 0/0 de la superficie totale, et cependant ses ressources ne sont pas indéfinies; d'abord les 7/10 de cette superficie sont improductifs, puis on pratique la culture extensive au risque d'épuiser le sol dans les États du Far-West; or, la population s'accroît rapidement et l'excédent des récoltes sur la consommation ne pourra, par la suite, vu la progression rapide de la population, se maintenir qu'à la condition d'obtenir un plus fort rendement[1], mais alors l'exploitation sera plus coûteuse. Jusqu'ici la production américaine a dû sa supériorité au peu de valeur de la terre, à la possibilité de ne pas faire de fumure, à l'emploi sur d'immenses exploitations de 20,000, 30,000 hectares, de l'outillage mécanique, enfin à la modicité des charges publiques; aussi quoique le produit moyen par hectare soit encore moins élevé qu'en France, puisqu'il n'est que de 11 hectolitres[2], l'exploitation est largement rémunératrice. Malheureusement pour la production européenne le prix de revient y est beaucoup moindre : dans l'Ouest

[1] La superficie cultivée en blé est de 15,4 millions d'hectares. La récolte de 1889 a été de 175 millions d'hectol. supérieure à la moyenne des 10 dernières années; or, la population des États-Unis est de 62 millions d'hab. Bien qu'en 20 ans 1869-89) la superficie emblavée ait doublé, la production n'a pas suivi la même progression et, cependant, la culture extensive occupe maintenant tous les territoires de l'Ouest jusqu'au Pacifique. Dans l'Est commence la transition de la culture extensive à une culture mixte de céréales et de prairies. V. le rapport de M. Annecke analysé dans l'*Écon. français*, 6 juin 1891; l'*Album of agricultural statistics of the United states*, graphiques,-3. 4. 6. 17; Grandeau, *Études agron.*, 2ᵒ série, p. 8 et suiv.

[2] C'est aujourd'hui sur les terres vierges des États de l'Ouest que s'obtiennent les rendements relativement les plus élevés : Colorado 19,6 bushels par acre; le Wyoming, le Nevado, l'Utah viennent ensuite. Ceci arrive à l'appui des observations présentées dans la note précédente; l'évolution de la culture extensive vers l'Ouest s'est continuée mais est à sa dernière période. V. Max Sering, *Landwirthschaft und Kolonisation in der vereinigten Staaten*, 1887.

américain, le quintal de blé revient à 12 fr. 60, soit à un peu moins de 9 fr. 50 l'hectol., et rendu à Liverpool à 15 fr. l'hectol., tandis que pour l'agriculture française, le prix de revient moyen, en l'état actuel de nos cultures est estimé à 25 fr. par quintal, ou près de 19 fr. l'hectol[1]. Avec le blé indien l'écart est plus considérable encore, car il peut arriver sur nos marchés à 16 fr. le quintal[2].

Suit-il de tout ceci que la production du blé n'ait plus d'avenir en France? Non certes. On sait quelles sont les ressources de la culture intensive, et il suffirait que le rendement moyen à l'hectare fût porté de 15,7 hectol. à 20[3], pour donner une rémunération suffisante à nos producteurs en dépit de la concurrence actuelle des pays neufs. Le prix de revient dépend du rendement à l'hectare. Les agronomes constatent avec confiance les progrès déjà accomplis et conseillent à nos cultivateurs, afin d'augmenter le rendement et de réduire le prix de revient, l'adoption de fumures plus abondantes et de meilleures pratiques agricoles, notamment les semailles en ligne, les labours répétés, l'emploi des variétés de blé les plus productives[4]. Mais pour suivre leurs conseils il faut plusieurs condi-

[1] C'est le prix de revient ordinaire sur lequel se règlent les prix de nos marchés, mais encore une fois ce prix pourrait être abaissé dans une forte proportion si la culture intensive était plus généralement pratiquée. Que l'on compare la France et l'Angleterre : sur les terrains crétacés la première obtient seulement 15 hect. 4 à l'hectare, la seconde 28,5 ; sur les terrains jurassiques 13,5 au lieu de 29 ; sur les terrains primaires 13,2 au lieu de 25 ; mais aussi pour une superficie cultivée de 10 millions d'hectares l'Angleterre emploie l'équivalent de 800,000 tonnes de superphosphates ; soit quatre fois autant que la France pour une superficie bien plus considérable, 25 millions d'hectares, dont 15 millions en céréales contre 5 millions seulement en Angleterre. V. Grandeau, *Études agron.*, 4e série, p. 143 et suiv.

[2] Malgré cela la concurrence indienne est peut-être moins redoutable que celle des États-Unis ou du Canada, si l'on songe à la densité de la population de l'Hindoustan. V. Grandeau, *Études agron.*, 2e série, p. 26 et suiv.

[3] Ce taux est déjà dépassé dans 18 départements (1882) : Seine-et-Marne, Seine-et-Oise, Eure-et-Loir donnent plus de 25 hect. Le Nord, l'Oise, le Loiret, la Somme, Loir-et-Cher de 22 à 25. Dans le centre, l'ouest, le sud-est et sud-ouest les rendements sont inférieurs à la moyenne.

[4] V. à cet égard Grandeau, *La production en France* (1885), p. 62 et 63 et Joulie, *Études sur le blé*, 1888. Avec le blé Lamed le rendement maximum coïncide avec la moindre quantité de semence employée. — V. aussi sur le blé à épi carré la communication de M. Porion à l'Académie des sciences (*J. offic.*, 17 novembre 1888). Avec cette variété on a obtenu à

tions, sans parler même du capital et du crédit qui font trop souvent défaut, à savoir la vulgarisation de la culture savante par l'enseignement et, pour un temps au moins, un régime restrictif des importations étrangères qui s'oppose à l'effondrement des cours. On verra par la suite ce qui a été fait à ce dernier point de vue (ci-dessous, n° 754).

286. Culture de la vigne. — La vigne est l'une des grandes richesses agricoles de la France, richesse malheureusement réduite par les ravages du phylloxera. Auparavant, la production des 2,350,000 hectares de vignobles était en moyenne de 55 millions d'hectol. représentant une valeur annuelle de plus de 1,600 millions. Resserrée sur 1,815,000 hect. et descendue par l'action simultanée du phylloxera, du mildew, d'abord à une moyenne de 33 millions (1881-85) puis à celle de 26 millions d'hectol. (1886-89) et à 27 millions d'hectol. (1890) constituant une valeur de 1 milliard[1], notre récolte longtemps la plus considérable de toutes, est aujourd'hui un peu inférieure à celle de l'Espagne et surtout à celle de l'Italie (35 1/2 millions hect. moyenne de 1879-83; 28 millions hect. moyenne de 1883-1890). La consommation intérieure a de telles exigences que notre production réduite n'y peut plus suffire. Tandis que dans les années les plus prospères, les exportations n'ont pas atteint 4 millions d'hectol., les importations depuis 1886 ont dépassé 10 et 12 millions d'hectol. fournis, pour la plus forte partie, par l'Espagne et par l'Italie[2]. En outre, les vins de raisins secs ou obtenus par le sucrage des marcs ont fourni un notable appoint (4 à 6 millions d'hectol.)[3]. On peut cependant espérer voir le retour de la prospérité antérieure, car l'œuvre de la reconstitution des vignobles se poursuit rapidement : 300,000 hect. étaient plantés de vignes américaines à

Grignon 46 hectol. et dans le Pas-de-Calais et le Nord des moyennes de 56, 63 et même 67, 70 hectol. à l'hectare. Du même auteur dans les *Études agron.*, 5° série, le ch. 15 sur la culture rémunératrice du blé ; Lecouteux, *Écon. rurale*, t. II, p. 453 et suiv.; 502 et suiv.

[1] L'Algérie et la Tunisie donnent une production vinicole qui commence à être a la nôtre un appoint notable : Algérie, 2,760,000 (1888), 2,840,000 hectol. (1890).

[2] En Espagne, en Portugal, en Italie, en Hongrie le phylloxera commence à faire de grands ravages. Par contre, dans l'Amérique du Sud, et en Australie la culture de la vigne a pris une grande extension.

[3] Sur la production en cidre, bière, alcool, V. ci-dessous, n° 354.

la fin de 1889. La France n'a d'ailleurs pas cessé d'être un des principaux pays d'exportation sinon pour les quantités du moins pour la valeur des produits de ses grands crûs.

287. Élevages et pâturages. — La question de l'élevage et celle des pâturages ou des cultures fourragères sont nécessairement connexes. Dans les pays de culture intensive et de petite propriété, où les superficies laissées, à raison de la nature du sol, aux prairies naturelles sont nécessairement limitées, l'élève du bétail ne peut prendre la part à laquelle il a droit dans l'économie agricole rationnelle que si l'on développe les prairies artificielles, les plantes fourragères ou la betterave dont les pulpes servent d'aliments pour le bétail. La France a un peu moins de 10,5 millions d'hect. en cultures fourragères (prairies artificielles, naturelles, racines fourragères) produisant une valeur de 2,400 millions. A côté des pays d'herbages, tels que la Normandie, le Morvan, le Poitou, les vallées de la Loire et de la Mayenne, l'élevage est florissant dans la région nord-est, dans la Beauce et la Brie grâce aux produits des prairies artificielles ou aux pulpes de la betterave, mais d'autres régions, celles du Midi et du Sud-Ouest, conviennent moins aux cultures fourragères, et c'était moquerie, au temps où la culture des céréales paraissait destinée à périr, de conseiller de transformer partout les terres à blé en pâturages[1].

L'élevage est une industrie renouvelée par la zootechnie : des méthodes de *sélection* et de croisement permettent d'améliorer les races. L'alimentation rationnelle procure, suivant le but auquel on destine les sujets, soit la réparation des forces musculaires, si le but est de fournir des moteurs animés (attelages de labour), soit l'engraissement précoce en vue de la production de la viande ou des produits accessoires. C'est ce qu'on a appelé justement la culture animale intensive soit pour la viande, le lait, les fromages, soit qu'elle ait pour but la laine, la force motrice des attelages, etc. En ce qui concerne l'espèce ovine en particulier, les nouvelles méthodes ont résolu la question économique de la production simultanée d'une plus grande quantité de viande et de laine. Après cet aperçu général, quelques mots d'explica-

---

[1] V. sur les cultures, fourrages et la production animale intensive, Lecouteux, *Écon. rurale*, t. II, p. 338, 335, 376, 426 et suiv.

tion suffiront au sujet de chacune des espèces d'animaux domestiques.

288. Production chevaline. — La production chevaline présente un grand intérêt au triple point de vue militaire, agricole et commercial. En France, sur une population totale de trois millions de chevaux[1], 500,000 à 600,000 ânes et mulets, le service de la remonte en prélève 110,000 environ. C'est un important débouché pour l'élevage. De plus, l'intérêt de la défense, pour le cas de mobilisation de toutes les forces militaires, voulait que l'effectif du pied de paix pût être facilement doublé; c'est pour donner satisfaction à cet intérêt, que la loi du 1er août 1874 a institué ce qu'on a appelé la conscription des chevaux.

L'industrie privée répond-elle suffisamment aux différents besoins? Il est certain qu'elle trouve avantage à fournir le cheval de gros trait pour l'agriculture et les lourds transports industriels, mais, malgré le débouché de la remonte, elle déserterait comme trop aléatoire la production du cheval de trait demi-sang, celui qui cependant répond au plus grand nombre des services, si l'État, engagé d'ailleurs à l'intervention à cause de l'intérêt militaire, n'était venu en aide aux producteurs par l'organisation du service des haras et en encourageant, par des concours et des prix de courses, l'élevage et l'éducation de cette nature de chevaux[2]. Au point de vue commercial, la production chevaline alimente, surtout depuis quelques années, une exportation assez considérable, soit une moyenne de 35,000 chevaux (1885-1890) en excès sur les importations de 12,000 en moyenne pendant la même période.

289. Production du bétail. Produits accessoires. — La distinction du bétail de trait (attelages) et du bétail de rente (élevé pour la viande, les engrais et les produits accessoires) domine l'industrie de l'élevage. A ce titre, il importe de distinguer le gros et le petit bétail. Le gros bétail se compose de l'espèce chevaline et de l'espèce bovine ; cette dernière est, suivant la qua-

---

[1] Les pays qui possèdent le plus grand nombre de chevaux sont la Russie (16 millions), les États-Unis (14 millions), l'Autriche-Hongrie (3,6 millions), l'Allemagne (3,5 millions); nous venons ensuite, puis l'Angleterre (2 millions), etc.

[2] Un grand nombre de sociétés hippiques joignent leur action à celle de l'État.

lité des races, destinée à la culture ou au commerce de la viande et des produits accessoires (lait, beurre)[1]. La population bovine de la France, animaux adultes et élèves, atteint 13,4 millions de têtes (1889)[2], celle de la Russie 24 millions, de l'Allemagne près de 16 et de l'Angleterre 10; l'Autriche, l'Italie, la Hongrie viennent ensuite. Hors d'Europe, les États-Unis ont 52 millions de têtes; la République Argentine 20 millions. A raison de la population longtemps regardée comme normale, d'une tête de gros bétail par hectare, la France devrait nourrir sur ses 26 ou 27 millions de terres arables 25 à 30 millions de bêtes à corne. Par unité de superficie, la Norvège a 77 têtes de gros bétail par cent hectares de territoire arable; la Hollande, les duchés allemands (70), la Belgique (64), la Grande-Bretagne (60 et la plupart des autres États de l'Europe précèdent la France (moins de 50). L'espèce bovine livre annuellement à la boucherie 5,300,000 têtes représentant une valeur de près d'un milliard.

Quant au petit bétail (espèce ovine, porcine 6 millions et caprine 1,5 million), la même statistique nous assignerait un rang plus favorable. En Europe, deux puissances ont une population ovine supérieure à la nôtre, la Russie (47,5 millions), l'Angleterre (28 millions); l'Allemagne compte 19 millions de têtes. Hors d'Europe, l'Australie et la République Argentine comptent chacune 80 millions de têtes, les États-Unis 43 millions, l'Uruguay 20 millions, etc. Le nombre de têtes proportionnel est encore moins à considérer que le rendement en viande ou en laine. Aussi, en France, bien que la population ovine soit descendue de 33 millions de bêtes à 22 millions (1852), la viande produite s'est élevée de 103,4 millions kil. à 168 millions kil. (1889, représentant une valeur de plus de 180 millions. Même accroissement pour la laine : les races perfectionnées donnent 3 et même 4 kil. par toison, au lieu de 1,500 gr. La production de laine peut donc augmenter quoique le nombre de têtes diminue, mais le principal produit pour l'élevage indigène est

---

[1] La race Durham et la race Charolaise sont des races de boucherie, la race Bretonne est une race laitière, les races Vendéennes sont travailleuses.

[2] En 1882, la population bovine était descendue au-dessous de 13 millions de têtes; v. sur les causes du relèvement de 500,000 têtes opéré depuis, ci-dessous, n° 755.

aujourd'hui la viande et non la laine, qui cependant donne une valeur de plus de 75 millions. On sait que ce fut d'abord en Angleterre, au siècle dernier, que d'immenses progrès furent accomplis dans l'élevage des bêtes à laine : les races indigènes (Leicester et Southdown) furent améliorées. Aujourd'hui l'Espagne, qui, anciennement, fournissait aux autres pays les types de ses mérinos, ne vient plus pour la qualité des laines qu'au 6ᵉ ou 7ᵉ rang : la Saxe, la Bohême, la Hongrie, la France et l'Angleterre la précèdent.

Quant à la production de la laine, les éleveurs européens ont depuis longtemps à compter avec les importations de laines étrangères d'Australie, de la République Argentine, de l'Uruguay et du Cap. Mais la hausse du prix de la viande a été une compensation à l'avilissement du prix de la laine. A propos de l'industrie lainière, nous dirons pour quelle part les laines exotiques, recherchées d'ailleurs pour leur qualité supérieure, interviennent dans l'alimentation de l'industrie lainière.

Un fait considérable est l'arrivée sur les marchés européens des produits alimentaires fournis par le bétail de l'Amérique du Sud et du Nord. Les saladeros de l'Amérique du Sud et d'Australie préparent chaque année, en conserves ou en extrait Liebig, la chair de plusieurs millions de bêtes[1] de gros bétail et de moutons. En 1890, l'Angleterre a reçu d'Amérique et d'Australie 1,8 million de quintaux de viandes salées. Les exportations de l'Uruguay seul, en extrait de viande, s'élèvent à 550 millions de kilg. A partir de 1878, l'importation du bétail sur pied et des viandes fraîches conservées au moyen d'appareils frigorifiques a pris un très-rapide développement, surtout en Angleterre. En 1890, l'Angleterre a reçu des États-Unis et du Canada 590,000 têtes de bêtes à corne, 500,000 moutons et 1,5 million de quintaux de viande fraîche. En 1890, nos ports ont, pour la première fois, reçu 3,200 bœufs américains et la République Argentine nous a fourni 1,200,000 kilg. de viandes fraîches.

L'élevage du bétail en Europe semble au moins autant que la culture des céréales, menacé par la production américaine[2].

---

[1] Les seuls saladeros de l'Uruguay abattent annuellement 800,000 têtes de bétail.

[2] Chicago est le plus grand marché de bestiaux qui soit au monde. Le Texas fournit à lui seul, chaque printemps, 2 à 300,000 bœufs (V. Delaire,

Les élevages indigènes sont jusqu'ici florissants, à cause des progrès de la consommation. Mais, en présence de la situation révélée par les importations des dernières années en Angleterre, on juge s'il est opportun de conseiller à la production française de sacrifier les céréales aux cultures pastorales. Le salut, il ne faut pas en désespérer, doit venir de l'économie réalisée au moyen de la culture intensive, donnant le maximum de rendement sur les terres arables, grâce à d'abondantes fumures fournies par l'élevage du bétail et les engrais industriels, mais, pour un temps, des mesures de protection douanière ont été reconnues nécessaires (ci-dessous, n° 755).

Plusieurs des produits accessoires de l'exploitation rurale comptent parmi les richesses agricoles. En dehors de la production de la laine, sur laquelle il y aura à revenir, le lait donne matière à un important commerce : la production est évaluée, pour la France, à 75 millions d'hectol. La fabrication des beurres et fromages fournit de 100 à 110 millions de francs à notre commerce d'exportation. Plus de 1,5 million de ruches en activité produisent 70,000 quintaux métriques de miel, 20,000 quintaux de cire.

Enfin, les animaux de basse-cour, au nombre de plus de 60 millions de têtes[1], non seulement contribuent à l'alimentation générale, mais produisent 1,800 millions d'œufs ; or, les exportations de ce dernier produit accessoire, bien qu'en décroissance, s'élèvent encore en moyenne à près de 30 millions[2].

290. Cultures industrielles. — Les cultures industrielles, plantes oléagineuses, textiles et betteraves donnent des récoltes sarclées qui, par les façons qu'elles exigent, favorisent les hauts rendements en céréales, à la condition que la terre reçoive d'abondantes fumures. De ces cultures, les betteraves seules, dont il sera question à propos du régime des sucres (n°ˢ 758 et suiv.), sont en progrès. Les cultures textiles, lin et chanvre sont en décadence : de 176,000 hectares que les cultures de chanvre cou-

---

L'agriculture nationale). Le rapport Read et Pell (1881) contient de curieux détails sur les troupeaux du Texas, dont certains comptent 30,000 et 35,000 têtes.

[1] Dans ce chiffre ne sont pas compris 13 millions de lapins.

[2] V. sur les produits accessoires de la ferme, Lecouteux, *op. cit*, t. II, p. 403 et suiv.

vraient en 1840, elles n'en gardent que 53,800 (1890); de 98,000 hectares en 1840, les cultures de lin se sont resserrées sur 34,200 hectares (1890). La concurrence du coton et aussi celle des cultures de lin en Russie (où le lin est cultivé sur plus de 1,5 million d'hectares) expliquent la décadence des cultures de lin. Celle des cultures de chanvre a pour cause principale l'usage de plus en plus grand de textiles exotiques, (jute, phormium, etc.). Pour soutenir ces cultures de textiles, des primes à la production ont été créées[1]. Le déclin des cultures oléagineuses serait un mal très-fâcheux, au point de vue agricole, si les tourteaux très-utiles au bétail ne pouvaient être obtenus autrement. Le colza de 173,000 hectares est réduit à 60,000, pour la navette et l'œillette, les superficies diminuées de moitié sont inférieures à 30,000 hectares. On ne peut espérer le relèvement de ces intéressantes cultures; aussi n'ont-elles pas obtenu de protection dans nos tarifs de 1892, ni sous forme de droits à l'importation, ni sous forme de primes comme le lin et le chanvre (n° 755). Partout, elles ont baissé en Allemagne, en Belgique, en Hollande comme en France, ce qui s'explique tant par la diffusion de l'emploi du gaz d'éclairage ou des pétroles et essences, que par l'importation de graines oléagineuses exotiques (arachides, sésames), se prêtant mieux que les graines indigènes à divers usages industriels, notamment à la savonnerie, à la stéarinerie, aux huileries. Ces industries procurent à l'agriculture les tourteaux qui lui sont nécessaires[2].

§ III.

Agriculture; propriété foncière et législation rurale. Liberté d'exploitation. Grande et petite culture. Faire-valoir et contrats agricoles.

291. Les lois de la propriété et la législation rurale. — Entre le système de culture et les lois civiles qui régissent la propriété foncière, on constate une étroite liaison. Il serait superflu de rechercher si ce sont les habitudes agricoles qui mar-

---

[1] Ces primes ont été établies pour 6 ans. Le maximum annuel 2,5 millions doit être réparti au prorata des superficies en chanvre et en lin.

[2] V. Grandeau, J. *le Temps,* 24 mars 1891.

quent leur empreinte sur le régime de la propriété foncière, ou si ce ne sont pas, au contraire, les formes de la propriété qui influent sur le mode d'exploitation des terres. Quoi qu'il en soit, un régime agricole tout différent convient à la propriété collective et à la propriété individuelle. La première fera une part très-large aux pâturages perpétuels et à la culture extensive [1]. Mais, pour pratiquer la culture continue et s'imposer les sacrifices qu'elle exige, il faut la garantie de l'avenir; seule la propriété individuelle et perpétuelle peut la donner (n° 164). Pendant le Moyen-âge, à cause de l'état de demi-communauté d'une partie des biens-fonds, le sol était souvent divisé en deux zones : l'une, la plus rapprochée des habitations, consacrée à la culture avec un assolement triennal, la seconde indéfiniment couverte par les pâturages. La propriété privée du droit moderne est favorable à la pratique de l'agriculture continue et autorise tous les progrès, pourvu que le concours du capital et du travail lui soit largement fourni.

Régie par les lois civiles générales, l'agriculture en subit le contre-coup; les transmissions de propriété sont-elles incertaines ou les voies d'exécution coûteuses et lentes, les capitaux se détournent et cherchent de meilleurs placements. Nos lois sur les saisies immobilières ont été vivement critiquées dans l'enquête agricole de 1866 et depuis; nous aurons à nous expliquer sur ce point à propos du régime légal de la propriété foncière.

En dehors des lois générales de la propriété qui s'appliquent aussi bien à la propriété bâtie qu'à la propriété rurale, l'économie agricole forme un droit spécial composé de plusieurs parties : 1° les modes de tenure et les contrats agricoles; 2° le régime du sol, servitudes foncières, régime des eaux, voies de communication, règles relatives aux améliorations foncières ; 3° la tutelle de l'État et la police rurale; 4° la législation forestière.

292. La législation agricole peut être codifiée ou rester éparse dans des lois spéciales. Chez nous, le Code civil forme la base

---

[1] Dans les plaines basses de la Russie méridionale, la steppe occupait les 4/5 du sol; 1 5 seulement était mis en culture, mais avec l'introduction de la culture des betteraves et des sucreries agricoles une rapide transformation s'opère depuis une dizaine d'années. V. de Vogué, *Rev. des Deux-Mondes*, 1er déc. 1884.

de la législation rurale, mais il ne contient qu'un petit nombre de dispositions dont quelques-unes même sont contraires aux intérêts économiques. Tout ce qui, dans notre ancien droit, occupait une si large place, usages ruraux, systèmes de tenures, attend encore une réglementation précise. La Constituante, réalisant l'un des vœux des Physiocrates, les promoteurs de la réforme agricole[1], édicta, il est vrai, un Code rural[2], les autres assemblées révolutionnaires confirmèrent son œuvre par une série de lois spéciales. Depuis, lors de la rédaction des lois civiles, en 1802 et en 1810, le législateur s'était proposé de donner à l'agriculture une législation codifiée; mais que de fois ce projet est revenu devant les assemblées parlementaires! que de commissions ont été constituées! Un important projet, dont les deux premières parties (régime du sol et régime des eaux) avaient été préparées par le conseil d'État du second Empire[3], fut repris et soumis en 1876 au Sénat qui, renonçant à une œuvre de codification générale, se décida à faire une série de lois successives, les unes modifiant des dispositions du Code civil et y étant incorporées[4], les autres destinées à composer un Code rural[5]. La France attendra-t-elle longtemps encore l'achèvement de cette œuvre?

Une législation générale sur les intérêts agricoles, surtout dans un grand pays formé de régions soumises à des influences climatologiques différentes serait nécessairement imparfaite;

[1] Turgot avait pendant son ministère organisé la police rurale.

[2] Bien que partielle, la loi du 28 sept.-6 octobre 1791 est connue sous ce nom qui lui a été donné à cause de son importance relative.

[3] La troisième partie devait contenir les règles de la police rurale. — Les projets antérieurs sont ceux de Chaptal (1802, de Deverneilh (1808. Plusieurs tentatives de codification furent faites en 1814, 1818, 1834, 1854. Cette dernière, sur une proposition de M. Ladoucette, fut suivie de rapports de M. de Casabianca.

[4] Telle est la loi du 20 août 1881 sur la mitoyenneté, les enclaves, clôtures, plantations, portant modification aux dispositions du Code civil, liv. II, titre IV, formant les nouveaux art. 666 à 673; 682 à 685 C. civ.

[5] Plusieurs lois ont été votées : lois du 20 août 1881, sur les chemins ruraux et les sentiers d'exploitation; du 2 août 1884, sur les vices rédhibitoires; du 24 déc. 1888, sur les insectes nuisibles; du 9 juillet 1889 et du 22 juin 1890, sur la vaine pâture; du 4 avril 1889, sur les animaux employés à l'exploitation des propriétés rurales; du 18 juillet 1889, sur le bail à colonage partiaire. Le Sénat a commencé, en 1880, l'examen d'un important projet sur le régime des eaux et d'un autre sur le drainage qui n'ont pas encore abouti.

pour ne pas froisser les intérêts particuliers à chaque région, il est bon de laisser une place assez importante aux usages locaux. Le Code civil et les projets ultérieurs de Code rural y ont fait de fréquents renvois[1]. Il serait très-utile de connaître exactement ces usages dont l'incertitude engendre de trop fréquents conflits. Plusieurs circulaires ministérielles, qui n'ont malheureusement reçu qu'une exécution partielle, en prescrivirent la rédaction dans chaque département.

293. Cultures obligatoires et liberté d'exploitation. — Comme les industries en général, l'agriculture a commencé par la réglementation avant d'arriver à la liberté. Il faut connaître les législations du passé pour comprendre la portée des lois du 5 juin et du 28 septembre-6 octobre 1791, permettant à chacun d'exploiter librement, de varier à son gré les cultures, et de faire sa récolte de quelque nature qu'elle soit, au moment qu'il lui plaît de choisir, pourvu qu'il ne cause aucun dommage aux voisins[2].

Si l'on remonte aux communautés agraires, on constate qu'il peut être avantageux ou nécessaire même d'exploiter en commun. La communauté a droit d'exercer un contrôle sur les possessions temporaires. Le travail est autant que possible accompli selon une règle uniforme, surtout le labourage, à des époques déterminées, par autorité. Chacun d'ailleurs règle son exploitation sur celle des autres, parce qu'un nouvel assolement serait impraticable au milieu soit d'autres cultures, soit de pâturages[3]. On a ainsi, depuis l'ensemencement jusqu'à la récolte, une culture obligatoire (ce qu'on nomme en Allemagne le *Flurzwang*). Aux époques primitives, on y peut trouver de grandes facilités pour la division du travail. Mais la confusion, dans une même exploitation collective de parcelles appartenant à plusieurs, oppose des obstacles insurmontables à l'application de la culture intensive et des perfectionnements agricoles[4].

---

[1] On a remarqué que les dernières réformes étaient cependant en principe assez hostiles aux usages locaux.

[2] Quoique les cultures soient libres, on sait qu'il existe, pour le tabac, une exception motivée par le monopole de l'Etat.

[3] L'une des raisons principales de la culture obligatoire, était l'existence de la commune pâture qui eût été entravée par l'exploitation libre.

[4] C'est ce que M. Anat. Leroy-Beaulieu signale pour la Russie : afin de composer les lots égaux en superficie et en valeur, on distribue à chacun

Il semble qu'en passant de la propriété collective à la propriété individuelle on eût dû abandonner la réglementation des exploitations. Il n'en a pas été ainsi : le système des cultures uniformes dans les villages a été fréquent au Moyen-âge, spécialement en Allemagne et dans l'Est de la France. Beaucoup d'entraves se sont maintenues pendant des siècles et même jusqu'à nos jours[1]. Le système des cultures obligatoires a aussi été imposé dans les pays où la propriété est de droit régalien ; ainsi en Égypte, à une époque voisine de nous, Méhémet-Ali décidait quelle culture serait adoptée chaque année ; des zones de terrain étaient assignées à tel ou tel produit[2]. En France, avant la Révolution, dans plusieurs provinces, les prairies ne pouvaient être fauchées, ni les moissons faites, qu'après le ban de fauchaison ou le ban de moisson. La faculté d'établir ou de maintenir un ban de vendange a même été laissée aux municipalités (art. 1, sect. V, titre I, loi de 1791)[3], et ensuite a été étendue aux bans de moisson et de fauchaison. Seulement, d'après la loi du 9 juillet 1889 le vote du Conseil municipal relatif aux bans doit être soumis à l'approbation du Conseil général. Les vignobles clos ne sont pas soumis au ban de vendange.

une parcelle de chaque nature de terre ; de là, un enchevêtrement de parcelles qui force à établir un *Flurzwang* (*L'Empire des Tzars*, t. I, p. 526 à 531). M. Mackensie Wallace montre aussi très-bien que les lotissements des terres arables comprenant trois parties correspondant à l'assolement triennal obligent chaque famille à se conformer au système de rotation adopté. Par la même raison, chacune d'elles ne peut commencer les labours d'automne avant le temps fixé, les autres familles ayant un droit de pâturage sur les terres en friche (Mackensie Wallace, *La Russie*, t. I, p. 189-190).

[1] V. Roscher, *Tr. d'Écon. polit. rurale*, trad. Vogel, p. 303 et suiv.; Meitzen dans Schönberg, *op. cit.*, t. II, p. 139. — V. au sujet de l'obligation d'exploiter en commun, pour les propriétaires de parcelles de bois contiguës, la loi prussienne du 6 juillet 1875 (*Ann. législ. étrang.*, 1876, p. 467 .

[2] V. Renouard, *Droit industriel*, p. 103.

[3] On a dit que la fixation réglementaire de l'époque des vendanges était une garantie de la bonne qualité des vins, les cultivateurs, par ignorance ou précipitation, devançant trop souvent l'époque de la maturation. Mais on fait justement remarquer que la maturité du raisin varie sur le même territoire selon les vignobles et les soins de la culture ; que, d'ailleurs, dans le Bordelais, le ban de vendange n'est pas usité ; enfin, que la simultanéité des vendanges oblige d'employer au même moment un très-grand nombre d'ouvriers, d'où une main-d'œuvre onéreuse, aussi en 1882 avait-on proposé l'abolition absolue de tous les bans.

D'autres restrictions plus graves ont existé avant 1789 : un édit de Henri IV, en vue d'empêcher l'envahissement des terres à blé par d'autres grandes cultures, obligeait les propriétaires à tenir en *blairie* les deux tiers de leur domaine. Au XVIII⁰ siècle encore, des mesures restrictives étaient prises (arrêt du conseil de 1731) à l'égard de la culture de la vigne. Bien que la liberté d'exploitation du sol ait été consacrée en 1791, on a depuis encore parlé d'imposer aux propriétaires l'obligation de consacrer une partie de leurs champs à certaines cultures notamment aux prairies artificielles [1].

Les propriétaires peuvent commettre de graves erreurs dans l'aménagement de leurs cultures, mais le remède est dans la diffusion de l'enseignement agricole. Le danger est le même dans les autres industries : l'intérêt personnel des producteurs n'est pas un guide infaillible, c'est cependant, à cause de la responsabilité, la garantie de bonne exploitation la moins imparfaite.

294. Liberté d'exploitation et jouissances communes. Parcours et vaine pâture. — Sur les propriétés privées on ne peut dire que la franchise des exploitations soit entière, lorsque ces propriétés demeurent ouvertes à certains droits de jouissance tels que la vaine pâture.

Les droits de parcours et de vaine pâture [2] sont un vestige de l'ancienne communauté des biens. Il en résulte une atteinte à la liberté d'exploitation du sol, un grave danger au point de vue de la propagation des épizooties. On a été d'accord sur la suppression du droit de parcours ; elle a été opérée par la loi du 9 juillet 1889. Quant à l'abolition de la vaine pâture édictée d'une façon absolue sur les prairies naturelles et artificielles par la même loi du 9 juillet 1889, elle a soulevé plus de difficultés :

---

[1] Sur tous ces points, consulter Valserres, *Manuel de droit rural*, in-8⁰, 2⁰ édition, 1847 et de Croos, *Code rural*, 2⁰ édition, 1888.

[2] Les vaines pâtures sont les prairies et les champs des particuliers qui, n'étant pas en défens, sont soumis selon la coutume, après la fauchaison et avant l'ensemencement, au pacage des bestiaux appartenant aux habitants de la commune. C'est une servitude réciproque de pacage. Le droit de parcours est la faculté fondée par titre pour deux ou plusieurs communes d'envoyer des bestiaux sur leurs territoires respectifs. Les territoires des communes étant aujourd'hui nettement délimités, le droit de parcours n'a plus aucune raison d'être.

dans les pays où la propriété est très-divisée, comme dans le
Nord, la vaine pâture sur les prairies naturelles est une condition nécessaire de l'élevage des bestiaux, à cause de l'enchevêtrement des parcelles. Si l'Angleterre, la Hollande, la Belgique,
c'est-à-dire les pays qui élèvent le plus de bestiaux, ont supprimé la vaine pâture, c'est sans doute qu'elle n'était pas
comme en France un moyen de nourrir le bétail dont les très-
petits propriétaires ne parviendraient à se passer que difficilement.
Aussi, à la suite de réclamations des populations agricoles, la loi
du 22 juin 1890 a restreint l'abolition absolue aux prairies artificielles, laissant facultatif l'exercice des vaines pâtures anciennement existantes sur les prairies naturelles comme sur les terres
arables non ensemencées et non couvertes d'une récolte quelconque. Pour se mettre à l'abri des effets nuisibles de la vaine
pâture (promiscuité des possessions, ravages qu'en fait les bestiaux exercent sur les prairies, contestations et procès), les propriétaires n'ont d'autre ressource que de se clore. Enfin, la vaine
pâture peut être suspendue non seulement en cas d'épizootie,
mais de mauvais état du sol par suite de dégel ou de pluies tor-
rentielles.

295. Biens communaux; question du partage. — De considérables propriétés sont placées dans le domaine des personnes
morales publiques spécialement dans celui des communes. De
ces propriétés les unes sont affermées par la commune ou,
plus rarement, exploitées par elle-même sans intermédiaire;
sur d'autres, les habitants se réservent collectivement la jouissance en nature; ce sont les communaux proprement dits.
Une question très-délicate est celle de savoir si la jouissance des
communaux est un droit sur une chose indivise entre les habitants de la commune (*ut singuli*), ou si ce n'est qu'une concession précaire consentie par la commune propriétaire en sa qualité de personne morale. Quel qu'en soit le caractère juridique,
les jouissances communales ressemblent en fait à la communauté agraire. Elles ne comportent guère un système de culture
continue, mais plutôt des pâturages (pâtures grasses ou vives),
et des forêts. Les communaux forment encore aujourd'hui une
partie importante du territoire français, 4,620,000 hectares,
1/11ᵉ environ de la superficie totale; 230,000 hect. seulement sont
en terres labourables, vignes, vergers, la plupart du temps

affermés ; le surplus est formé de 1,915,000 hect. de bois et de 2,700,000 hect. de terres vaines et vagues (pâtures, landes et bruyères). Sous le régime de la jouissance commune, ces terres n'ont qu'une valeur insignifiante, 100 fr. par hectare en moyenne ; le produit ne dépassait pas 10 fr., d'après l'évaluation faite en 1860.

296. La propriété communale a toujours été peu productive : dans l'ancienne France, de nombreux témoignages attestent l'état déplorable où elle se trouvait. Les lois du 14 août 1792 et du 10 juin 1793 crurent remédier au mal en ordonnant le partage des communaux entre les habitants de chaque commune. Mais on n'obtint pas les résultats qu'on espérait ; des spéculateurs achetaient à vil prix aux paysans les parcelles dont ils avaient été lotis. S'il faut en croire un contemporain, on ôta les pacages à ceux qui avaient des bestiaux pour les donner à ceux qui n'en avaient pas. Aussi bien, la loi du 21 prairial an IV suspendit-elle les opérations des partages de communaux. — Faut-il, au point de vue législatif, les approuver, ou vaut-il mieux maintenir les propriétés collectives[1] ? Plusieurs publicistes, le Play et de Laveleye entre autres, se prononcent contre les partages ; de plus, lorsqu'en France la question fut posée devant les Chambres, en 1847 et en 1860, elle fut résolue en faveur de la conservation des communaux. On y voit pour la population rurale peu aisée une protection contre la misère ; les jouissances communales peuvent d'ailleurs contribuer à retenir les paysans dans les campagnes.

297. En ce qui concerne les propriétés forestières, cette opinion doit prévaloir parce que, grâce aux pouvoirs de l'administration sur les bois communaux, il est possible d'en obtenir un produit assez considérable, et que, la conservation des richesses forestières, si précieuse pour l'économie nationale, est mieux

---

[1] La jurisprudence décide que les partages de communaux ne sont plus permis ; nous n'avons pas à prendre parti sur cette difficulté très-délicate, dominée d'ailleurs par la question de savoir si les habitants sont collectivement propriétaires ; car il est évident que le partage n'est légitime que par rapport à une chose commune. Si, conformément à l'opinion générale, elle devait être tranchée en faveur de la commune contre les habitants, il s'ensuivrait que pourraient seuls participer au partage les habitants qui paieraient la valeur de leurs lots à la caisse municipale ; c'est ce qu'on a appelé le partage à titre onéreux.

assurée sous le régime de la propriété collective que sous le régime de la propriété privée (nᵒˢ 327 et 328). Quant aux pâturages et aux terres à peu près improductives, il est nécessaire de mettre un terme aux jouissances communales, mais le partage entre les habitants ne serait pas toujours la solution la plus avantageuse. En bien des cas, il ne profiterait ni aux habitants ni au sol à cause de l'insuffisance des capitaux, et il faudrait lui préférer la mise en adjudication soit du fermage, soit d'une jouissance emphytéotique, peut-être même l'aliénation.

Depuis 1860, on a eu recours avec un très-notable succès à un autre moyen : l'État entreprend les travaux de transformation des landes et terres incultes des communes à ses frais, sauf à se faire rembourser ultérieurement de ses avances par le produit de la vente des terrains aux cultivateurs (loi du 28 juillet 1860).

298. Sous différents points de vue, on vient de constater que l'agriculture aurait intérêt à ce que les dernières jouissances communes fussent supprimées au profit de la propriété ou du moins de l'exploitation privée. Il y a une importante contre-partie à cette proposition relativement aux chemins ruraux. Les campagnes sont sillonnées par un réseau très-développé de chemins sur lesquels, dans l'intérêt de l'agriculture, il convenait d'asseoir le droit des communes en faisant résulter la propriété domaniale de la seule présomption fondée sur la possession. C'est ce qu'a fait la loi du 20 août 1881 (art. 1 à 3). Ces chemins ruraux ne sont pas des chemins d'exploitation ayant un caractère privé et dont les propriétaires riverains ont la faculté d'interdire l'usage au public. Ce ne sont pas davantage des chemins qui auraient été l'objet d'un arrêté de classement (chemins vicinaux) mais la loi nouvelle permet aux conseils municipaux de rendre des arrêtés de reconnaissance, à la suite desquels, sauf les voies de droit ouvertes aux parties intéressées, les chemins ruraux deviennent imprescriptibles (art. 3 à 6). Les réformes de la loi de 1881 étaient absolument nécessaires : jusqu'ici aucune loi ne protégeant les chemins ruraux, chacun les défonçait, personne n'en avait l'entretien [1].

---

[1] Malheureusement la loi de 1881 n'a reçu encore qu'une application très-restreinte.

La question des voies de communications rurales fait apparaître un aspect sous lequel la propriété collective doit intervenir dans l'intérêt général, afin de tempérer l'excès du système de la propriété individuelle. L'amélioration des chemins ruraux est l'une des premières nécessités du progrès agricole; c'est comme le réseau capillaire de la vie des campagnes : « Tant valent les chemins, tant valent les terres. » D'après un état dressé en 1873, le nombre des chemins ruraux était alors de 810,200, ayant une longueur de 1,600,500 kilomètres. Ces seuls chiffres disent tout l'intérêt de la question.

299. Grande et petite culture. — Le principe, quant à l'étendue des exploitations, comme pour le choix des cultures, est la liberté. Ordinairement, l'étendue effective des exploitations est en rapport avec l'étendue des propriétés foncières. L'action que les lois civiles exercent sur le morcellement ou la concentration des héritages domine donc la question d'économie rurale relative à la superficie des cultures, si bien que dans quelques pays, par exemple dans plusieurs contrées de l'Allemagne (Nassau, Bavière, Prusse, Mecklembourg), la loi rend indivisibles les domaines ruraux de faible contenance, ou permet de les déclarer indivisibles afin surtout de remédier au morcellement des exploitations. Il ne paraît pas que les lois modernes aient fixé de limites aux possessions foncières, analogues à celles des possessions de l'*ager publicus*[1].

Pour juger l'effet que les lois de propriété peuvent avoir sur l'agriculture, il est nécessaire de se demander lequel des deux systèmes est le plus avantageux, celui de la grande ou celui de la petite culture. Cette question, bien qu'elle soit liée au problème de la division de la propriété en est cependant distincte, car, entre l'étendue des domaines et celle des exploitations, il n'existe qu'un rapport habituel, mais non pas nécessaire : rien n'empêche que dans un pays de grande propriété on ne trouve des exploitations restreintes, et *vice versa*. L'option entre la grande ou la petite culture est bien une question agricole qu'il vaut mieux ne pas renvoyer à l'étude du régime légal de la propriété.

[1] On cite cependant des limitations de ce genre édictées en 1760 par les Etats du Hainaut, et vers la même époque par les États du Brabant (Leroy-Beaulieu, *Essai sur la répartition*, p. 164).

Le débat sur la supériorité des grandes ou des petites exploitations se trouve simplifié par la théorie de la production agricole. La vérité absolue ne saurait être ni du côté d'Arthur Young et de la plupart des agronomes ou publicistes anglais, qui se sont voués à la défense des grandes cultures, ni du côté opposé. L'opinion en France a toujours été assez partagée[1] ; dans sa judicieuse étude sur les *Systèmes de culture*, H. Passy a professé une doctrine éclectique qui a rallié la plupart des suffrages. En Angleterre, un revirement d'opinion s'est produit depuis que St. Mill s'est fait l'avocat des petites cultures ; Thornton et Cliffe Leslie ont aussi formulé de vives critiques contre le régime des terres en Angleterre et ses conséquences relatives à la culture.

300. Au surplus, il faut s'entendre au préalable sur les termes de la question. La grande culture sur de vastes superficies est la seule chose possible toutes les fois que le mode économique d'exploitation est la culture extensive. Est-ce à dire que les limites de l'exploitation rurale puissent être indéfiniment reculées ? Non, sans doute, personne ne prend la défense de ces possessions immenses, de ces *latifundia* qui ont ruiné l'Italie ancienne. Par sa nature même et à cause des soins ou de la surveillance qu'elle exige, l'exploitation ne saurait dépasser un certain horizon[2]. A l'inverse, la culture naine serait fatalement impuissante. Mais entre ces deux extrêmes, se rencontrent une infinité de degrés, et la mesure normale varie selon les pays. On ne saurait indiquer aucune commune mesure d'après la contenance. L'étendue des cultures est chose toute relative : dans certaines contrées de la Prusse (Brandebourg, Prusse orientale), on regarde comme petits les domaines au-dessous de 300 arpents, tandis que dans le Brabant, et surtout dans les pays de Waës, la mesure commune est de 3 à 20 acres. De même en France, dans l'arrondissement de Lille, la grande propriété commence à 10 hect. tandis que dans le Cher, à cause de l'impor-

---

[1] Les Physiocrates étaient pour la grande culture, particulièrement Quesnay, il demandait « que les terres fussent réunies autant que possible en grandes fermes exploitées par de riches laboureurs. »

[2] Certaines grandes exploitations agricoles du *far West* américain paraissent donner un démenti à ceci ; il en est parlé n° 293 en note et ci-dessous, n° 302.

tance des pâturages, la grande propriété ne commence que vers 100 hect. Toutefois, pour un même pays, on peut tirer de la comparaison des contenances d'utiles enseignements. Si l'on a soin de ne comparer que les cultures similaires par exemple les cultures de céréales, ou les vignobles, etc.[1]. En se plaçant au point de vue de la superficie exploitée, nos statistiques officielles désignent les cultures d'après la superficie des exploitations; la grande culture a lieu sur les domaines de 40 hect. et au-dessus, la moyenne culture varie entre 10 et 40 hect., la petite culture comprend toutes les exploitations moindres de 10 hect. On subdivise celles-ci selon qu'elles ont plus ou moins de 5 hect.

Un autre critérium moins faillible, proposé par H. Passy, est l'usage de la charrue, des animaux de labour et des machines. Il y a grande culture lorsque les opérations principales de la culture sont exécutées par les animaux ou par les machines que l'homme n'a qu'à diriger; moyenne culture si le labour est suffisant pour motiver l'emploi de la charrue, mais non pas celui des animaux de travail; enfin la petite culture n'emploie que le petit matériel agricole et les forces de l'homme[2].

301. On ne saurait douter que l'étendue préférable des exploitations, partout où les denrées agricoles sont recherchées et où, par conséquent, la culture intensive devient économique, ne soit celle qui permet d'employer le maximum de capital et de travail d'une manière productive. En est-il ainsi sur les grands domaines ou sur les petites cultures? Telle est la véritable question; nous nous garderons d'y répondre d'une manière invariable : la nature des produits, la configuration du sol, la valeur des terres, le capital d'exploitation font pencher la balance tantôt d'un côté, tantôt de l'autre. Ainsi la culture maraîchère, à raison des soins minutieux qu'elle comporte et de la haute

---

[1] Il est nécessaire d'énoncer cette restriction, autrement la comparaison serait absolument fausse : 40 hectares de pâturages en montagnes ne représentent pas plus la grande culture que 1 ou 2 hectares en vignes.

[2] Selon M. Lecouteux, comme selon Roscher, la distinction entre la grande et la petite culture devrait se tirer du rôle qu'a le chef d'exploitation. Il y aurait grande culture lorsqu'il dirigerait sans travailler de ses bras. Mais bien souvent le mode de participation du chef à l'exploitation dépend de circonstances tout à fait étrangères à l'importance ou à l'étendue territoriale des cultures. Cf. Lecouteux, *Écon. agricole*, 1889, t. II, p. 85.

valeur des terres dans le voisinage des lieux habités, ne se prête pas à l'exploitation en grand; ajoutons qu'elle n'emploie pas le gros matériel agricole, mais qu'elle exige un aménagement très-coûteux (châssis, cloches, rigoles d'irrigation, etc.). Cela est également vrai des cultures jardinières ou fruitières. Les vignes enfin, pour les façons multiples dont elles sont l'objet, et à cause des terrains en amphithéâtre où on les cultive, ont généralement peu d'étendue. Au contraire, les pâturages naturels et même les céréales, dans la culture continue avec les prairies artificielles, supposent d'assez vastes superficies. Dans les terrains de plaine et de faible valeur vénale du centre de la France, on rencontre fréquemment de grands domaines. On appelle grandes fermes des exploitations de 150 à 300 hect. Dans les contrées où la valeur foncière est plus élevée, ainsi dans le Nord de la France, les grandes exploitations ne dépassent pas en moyenne 50 ou 60 hect. Le capital d'exploitation a beaucoup d'influence aussi sur la dimension des cultures : si la main-d'œuvre est facile, le capital et les engrais rares, on choisira des récoltes demandant beaucoup de soins et peu d'avances. Dans le cas contraire, on s'arrêtera à une culture exigeant beaucoup de fumier et peu de main-d'œuvre.

En dehors de ces indications décisives déduites des circonstances particulières, n'y a-t-il pas des avantages ou des inconvénients inhérents aux deux modes d'exploitation? On peut établir un parallèle au point de vue : 1º de la main-d'œuvre, du capital et des frais généraux; 2º du produit brut et de la fertilisation; 3º de la science agricole et de l'outillage mécanique.

302. Au point de vue de la main-d'œuvre, du capital et des frais généraux, la grande culture a certains des avantages de la grande industrie. Proportionnellement, elle demande moins de main-d'œuvre, de capital, et se prête mieux à une variété ou à une succession de cultures donnant aux attelages et aux ouvriers une occupation moins discontinue; à cause de cela, elle opère plus économiquement que la petite culture les travaux qui exigent un grand déploiement de forces, par exemple les labours de défoncement et les améliorations foncières. Il ne faudrait cependant pas surfaire l'avantage de l'économie de la main-d'œuvre : si les petites exploitations emploient un grand nombre de bras, ce sont souvent les membres de la famille du cultivateur qui fournissent le surplus du travail, et ce travail n'est pas toujours dépensé en pure perte ; il donne à la petite culture une supériorité marquée dans les productions qui exigent beaucoup de main-d'œuvre, ainsi en général pour les récoltes sarclées, les cultures maraîchères et fruitières. Le cultivateur pratique les premières à la bêche sur 1 ou 2 hectares tout en continuant le métier de journalier ; la femme et les enfants, dans les inter-mittences du travail agricole, sont employés à certains travaux d'industrie domestique (dentelle, tissage, etc.). Une grande partie des terres travaillées à bras ne pourraient pas être culti-vées avec moins de main-d'œuvre dans les grands domaines ; on peut en dire autant des terres situées·sur des pentes abruptes, des vignes, etc. [1].

Quant au capital d'exploitation, il dépend bien plus encore de la distinction entre la culture intensive et la culture extensive que de l'étendue des domaines. C'est donc sans doute seulement du capital d'exploitation minimum qu'on est fondé à dire, qu'il doit être proportionnellement d'autant plus considérable que le domaine a une étendue moindre : Mathieu de Dombasle estimait à 400 francs le minimum de capital nécessaire pour appliquer la culture alterne sur un hectare, l'étendue du domaine étant de 100 hect. ; 300 francs auraient pu suffire sur un domaine d'une contenance double [2]. En sens inverse, il faut faire entrer en ligne de compte l'économie sévère qui est le caractère domi-nant des petites exploitations. Seules, d'ailleurs, des exploitations assez limitées peuvent donner au sol le maximum de capital qu'exige la culture rémunératrice dans les contrées peuplées. M. Lecouteux estimant à 1,000 francs par hectare le capital d'ex-ploitation indispensable reproche à beaucoup de cultivateurs de ne pas concentrer leurs ressources sur des exploitations de moindre étendue.

---

[1] Ceci s'applique à une notable proportion des petites cultures du Midi et des pays montagneux du centre de la France. « Les terres légères et maigres de la Flandre et de la Campine, dit aussi de Laveleye, exigent tant de main-d'œuvre, d'avances et de soins de détail, que le cultivateur qui travaille lui-même avec sa famille peut seul y faire quelque bénéfice » (De Laveleye, *Rapport sur l'agriculture belge*, 1878).

[2] *Ann. de Roville*, t. VIII, p. 66 et suiv. Les évaluations de Mathieu de Dombasle sont aujourd'hui regardées comme insuffisantes. Cf. Girardin et du Breuil, t. II, p. 620 ; Lecouteux, *op. cit.*, t. II, p. 150 et suiv.

Il faut donc se garder de croire que l'exploitation en grand ait dans l'agriculture une supériorité constante, même à ne considérer que l'économie du capital et du travail. L'exemple de fermes immenses aux États-Unis[1] ne doit pas faire illusion : les exploitations américaines ne mettent en culture que le blé dans des contrées où les terres sont abondantes et où, par conséquent, la culture extensive est encore économiquement praticable[2]. En Europe également les pays de grande propriété, Russie, Hongrie n'ont guère pratiqué jusqu'ici que la culture extensive. Le rendement moyen du blé n'est que de 8 à 10 hectol. par hectare. Au contraire, dans les pays de culture intensive, la terre a des emplois variés, d'où une complication dans le *ménage des champs* qu'on ne trouve pas à beaucoup près au même degré dans la conduite d'une manufacture. Aussi, des exploitations assez restreintes peuvent seules se prêter à la multiplicité de travaux qu'exige la culture savante[3].

303. Les petites exploitations paraissent avoir l'avantage quant au produit brut : on se l'explique d'ailleurs par un fini dans la main-d'œuvre que ne peuvent guère présenter au même degré les grandes exploitations. St. Mill s'est attaché l'un des premiers à démontrer la prospérité des propriétés de paysans en Suisse, en Norwège, en Saxe, en Belgique et en France[4].

---

[1] M. Ronna, *Le blé aux États-Unis,* cite la ferme de Casselton qui occupe 30,000 hectares, mais elle est divisée par sections de 200 hect., pourvues chacune d'un matériel distinct, ce qui, évidemment, diminue l'avantage de la concentration.

[2] On ne se préoccupe pas de savoir si les exploitations sans engrais ont un long avenir, si l'épuisement du sol n'arrivera pas; pourtant déjà, sur certaines terres de l'ouest, on alterne le froment avec le trèfle ou le maïs qui ont une influence améliorante. En Russie, M. de Voguë signale également l'abandon des assolements du vieux temps et sur les terres à céréales de la petite Russie le commencement de la culture intensive (*Rev. des Deux-Mondes,* 1er déc. 1884).

[3] C'est sans doute pour ne pas avoir tenu compte de cette différence entre le travail agricole et le travail manufacturier, que M. de Molinari a cru pouvoir prédire la fin prochaine de la petite culture : « les jours de l'agriculture individuelle sont comptés. Aux petites fermes, aux exploitations parcellaires des paysans propriétaires succéderont, dans un avenir plus rapproché qu'on ne pense, de vastes exploitations agricoles où les travaux seront économiquement accomplis par des machines de toutes sortes, où le *capital d'exploitation se comptera par millions et le personnel dirigeant et auxiliaire par milliers* » (De Molinari, *L'évolution écon.,* p. 321).

[4] St. Mill, *op. cit.,* t. I, p. 298 et suiv.

Nous faisons en ce moment abstraction de la qualité du cultivateur : est-il fermier ou propriétaire? tient-il la terre à un autre titre? C'est un examen réservé, car nous ne nions pas l'influence que le régime foncier et le mode de tenure peuvent avoir sur la bonne exploitation. Mais, en ne s'occupant que du contraste entre les grandes et les petites cultures, il n'est guère contestable que le maximum du produit brut à l'hectare ne soit obtenu généralement par celles-ci. Qu'il en soit ainsi c'est une conséquence logique de la pratique de plus en plus répandue de la culture intensive ; on sait en effet que, pour appliquer au sol le maximum de capital et de travail, il est économiquement nécessaire que les limites du domaine se restreignent : le progrès agricole ne conduit donc pas, comme on l'a supposé souvent, à la constitution de vastes exploitations. Au surplus, M. Grandeau nous montre la culture rémunératrice du blé réalisable sur des parcelles de faible contenance[1]. Si la petite culture peut lutter avec avantage contre la grande, même pour les céréales, elle a de plus un domaine où la supériorité lui appartient, c'est celui des cultures industrielles et jardinières qui sont des cultures exigeant, comme on l'a dit, beaucoup de main-d'œuvre (n° 302)[2].

304. On a prétendu que les petites fermes devaient être nécessairement inférieures aux grandes, au point de vue de la fer-

---

[1] V. Grandeau, *Études agron.*, V. passim dans les cinq séries parues.

[2] Les partisans de la grande culture ont invoqué un argument assez spécieux dans le but d'établir que la grande culture donne un produit brut supérieur. Cet argument est fondé sur la répartition de la population : en Angleterre, pays de grande culture, la population agricole est environ du quart de la population totale ; en France, la population agricole s'élève à plus de la moitié. Cela ne prouve-t-il pas qu'en Angleterre, un cultivateur produit pour quatre personnes, tandis qu'en France, à cause de la petite culture, il n'en peut faire vivre que deux. On peut faire plusieurs réponses : l'objection se retournerait contre la grande culture, car aux États-Unis, pays de très-grande culture, la population agricole est dans la même proportion qu'en France. Pour que de telles comparaisons fussent probantes, il faudrait que la moyenne de la consommation fût exactement la même. Enfin, on néglige de dire que la France produit la plus forte partie de ce qu'elle consomme en denrées alimentaires, tandis que l'Angleterre ne produit pas même la moitié de la quantité consommée par ses habitants. Ceci rétablirait ou à peu près l'équilibre entre la production française et la production anglaise. La seule comparaison admissible est donc celle du produit brut à l'hectare.

t'lisation de- terre.. Arthur Young avait fait de ce point un article de foi, mais dans les Flandres, pays de petite culture[1],
la proportion d'une tête de bétail par trois acres est souvent dépassée; l'Angleterre elle-même ne peut invoquer une statistique
aussi satisfaisante. C'est à peu près le maximum avec la stabulation permanente, soit une tête de gros bétail ou 500 kilg. par
hectare[2]. L'infériorité de la petite culture par rapport au nombre
des bêtes à laine n'est pas plus réelle; dans les Flandres, on
compte en moyenne 15 têtes de moutons par hectare. Ce n'est pas
seulement par le nombre relatif du bétail, mais par l'emploi des
engrais que les Flandres se signalent : 12 tonnes d'engrais par
acre est un chiffre exceptionnel en Angleterre; en Belgique
c'est ordinairement 12 à 15 tonnes de fumier solide et 10 barri-
ques de fumier liquide sans compter d'autres engrais supplémentaires. « Il faut bien se pénétrer de ce fait capital, écrit à
ce sujet de Laveleye, que les terres des Flandres sont naturellement si maigres qu'on n'obtient aucune récolte sans engrais
et que le même champ en reçoit souvent deux ou trois fois par
an..... Nulle part, ni en Lombardie, ni en Angleterre, ni en
Chine ou au Japon, on ne fait au sol des avances aussi considérables[3]. »

305. Si jusqu'ici la petite culture soutient sans désavantage
la comparaison, n'a-t-elle pas une infériorité réelle au point de
vue de l'éducation technique du personnel et de l'emploi des
machines agricoles? La grande culture n'est-elle pas plus accessible aux innovations, au progrès agricole à cause de l'instruction supérieure des grands fermiers ou des grands propriétaires? La petite culture ne mérite-t-elle pas le reproche d'être
routinière? La seule réponse à faire est qu'il n'existe entre le
degré d'instruction et la superficie des cultures qu'un rapport
arbitraire; de fait, la différence, si elle existe, peut être atténuée ou même disparaître grâce à la diffusion de l'enseignement
agricole. Les Flamands pratiquent l'agriculture rationnelle sur

---

[1] L'étendue moyenne des fermes y varie de 2,48 à 3,43 hect. (De Laveleye,
op. cit., p. 32 .

[2] En France, même dans le département du Nord, la moyenne est de 308
kilg. seulement par hectare.

[3] En moyenne de 80 à 100 francs d'engrais achetés (De Laveleye, *op.
cit.*, p. 30).

des domaines de faible contenance ; ils ont cependant autant de science et d'esprit d'innovation que les grands fermiers anglais.

L'objection la plus forte porte sur le matériel agricole : la petite culture paraît bien obligée de renoncer à l'emploi des machines coûteuses ; or s'il est vrai que dans l'agriculture, comme dans les autres branches d'industrie, le progrès résulte de l'emploi des agents mécaniques, ce serait un sérieux grief contre la petite culture que de s'opposer à la transformation du matériel et des procédés de l'exploitation. Si l'on ne peut nier que le possesseur d'un domaine restreint soit hors d'état d'employer d'une façon productive les machines de haut prix (les machines à battre, les moissonneuses mécaniques)[1], s'il ne peut non plus songer au labourage à la vapeur, ce sera là non seulement une cause d'assujettissement pour le cultivateur, mais encore une cause de cherté : le battage à la mécanique revient à 50 ou à 60 centimes par hectolitre contre 1 fr. 50 le battage au fléau ; avec les machines à faucher, 4 chevaux et 2 hommes peuvent, en 10 heures, faucher 5 ou 6 hectares, c'est-à-dire faire le travail de 18 faucheurs ; la machine, les hommes et les chevaux, coûtent 26 francs et les faucheurs 60 francs[2] ; enfin le labourage à la vapeur est dix fois plus expéditif que le labour avec attelage et coûte moitié moins (40 fr. au lieu de 80 fr. par hect. à 30 cent. de profondeur).

Si la petite culture n'avait aucun moyen de participer à ces avantages, on pourrait croire avec M. de Molinari que le paysan cultivateur et la petite culture doivent faire place avant peu aux sociétés anonymes agricoles et à la grande exploitation. Ce serait une véritable révolution sociale, car le paysan, propriétaire ou fermier, qui forme l'élément dominant des populations rurales dans l'Europe occidentale, serait condamné au rôle de salarié. Heureusement, on peut penser que l'avenir ne prépare pas une transformation aussi profonde : il est une force qui,

---

[1] On compte aux États-Unis 175,000 moissonneuses ; la France en 1882 en possédait 19,000. Il est vrai que la rareté de la main-d'œuvre aux États-Unis y a rendu plus précieux que partout ailleurs le secours de l'outillage mécanique.

[2] La rapidité du travail, permettant de mettre à profit le beau temps, sauve souvent une partie de la récolte.

jusqu'ici, n'est que faiblement intervenue dans l'industrie agricole et qui pourra procurer à la petite culture l'économie de main-d'œuvre et de temps précieuse partout, mais principalement dans les contrées où la population rurale s'emploie à des travaux industriels, cette force est l'association.

306. Association dans l'agriculture. — L'association n'a pas joué jusqu'ici dans l'agriculture un rôle à beaucoup près aussi considérable que dans l'industrie. Cela peut tenir en partie à ce que la production en grand n'y a pas une supériorité aussi marquée, puis à ce que les travaux agricoles ne se prêtent pas à la même division que la production manufacturière. L'attachement pour le sol s'oppose d'ailleurs à des combinaisons pour la mise en commun des terres; c'est une passion individuelle et exclusive[1]. Il est en outre peu de très-grandes exploitations rurales dont le capital ne puisse être fourni en entier par de riches propriétaires; enfin la forme de sociétés par actions, que certains économistes indiquent comme la forme définitive de constitution des entreprises agricoles de l'avenir[2], n'aurait pas les mêmes raisons d'être générales que pour l'industrie minière ou la grande industrie manufacturière. Aussi paraît-elle (en dehors de la grande culture extensive dans les pays neufs, par exemple aux États-Unis) devoir se restreindre aux exploitations qui sont autant ou plus industrielles qu'agricoles telles que les sucreries et les distilleries avec cultures de betteraves. Elles exigent de considérables capitaux; toutefois malgré les avantages multiples de ces entreprises mixtes, le plus ordinairement les capitaux associés préfèrent concentrer leurs efforts sur la production purement industrielle[3].

Est-ce à dire que l'association soit sans utilité dans les exploi-

---

[1] On rencontre cependant quelques faits isolés d'association pour la culture, particulièrement en Silésie. On cite aussi une société coopérative de production agricole dans le Norfolk. Enfin, dans les Iles du Houat et de Hardic, où la propriété est morcelée à l'excès, l'exploitation a lieu en commun sous l'autorité des curés.

[2] V. en ce sens, de Molinari, *op.* et *loc. cit.* Cf. ci-dessus, n° 293, en note.

[3] Les grandes sucreries ou distilleries achètent ordinairement les betteraves au lieu de les produire, quoique une production directe pût trouver dans les résidus de fabrication des éléments de fertilisation et de nourriture pour le bétail (V. Lecouteux, *op. cit*, t. II, p. 76-77).

tations agricoles? En aucune manière. Formée entre petits cultivateurs elle peut les doter du matériel perfectionné, des moteurs
et des machines de la grande culture. De nombreuses associations (syndicats ou associations coopératives) se sont organisées, surtout en Allemagne, en Italie et en France depuis 1884
(syndicats agricoles,) pour l'acquisition et l'usage en commun
de machines agricoles, l'achat et le contrôle des engrais, etc...[1].

En France, d'après la statistique agricole de 1873, le nombre
des machines à battre était de 134,000 ; on comptait 3,200,000
charrues, dont 860,000 perfectionnées ; en 1882, le nombre des
machines à battre s'est élevé à 211,000 ; on avait constaté
l'existence de 195,000 houes à cheval, de près de 30,000 semoirs
mécaniques, 19,000 faucheuses et 27,000 faneuses à cheval. De
1880 à 1889, le nombre des appareils à vapeur employés dans
l'agriculture a doublé (14,600 au lieu de 7,550); ces chiffres
attestent que la petite et la moyenne culture ne sont pas privées
du grand matériel agricole ; il reste sans doute, en ce sens,
beaucoup de progrès à réaliser par l'association, ou par d'autres
moyens encore, notamment par la location des machines[2].

L'association a un second objet : appliquée à la fabrication de
produits agricoles, elle rend très-productives des cultures qui
ne donneraient presque aucun profit aux exploitants isolés. C'est
dans ce but qu'ont été fondées en Italie un grand nombre de sociétés viticoles ; puis aussi en Italie, en Suisse, dans l'Est de la
France et aux États-Unis, des sociétés fromagères ou fruitières[3] : dans les pays reculés et montagneux où le lait n'a pas de
débouchés, les fromageries lui en ouvrent de très-importants ;
c'est une mise en valeur de ce produit par association (le
litre ne se vendrait pas plus de 6 cent. ; par l'association on en
obtient 15 cent.)[4].

[1] V. sur les associations agricoles, Tripard, thèse, Paris, 1890.

[2] Des entrepreneurs mettent à la disposition des cultivateurs certaines
machines, notamment les batteuses mécaniques à vapeur.

[3] Dans le Doubs, les sociétés fromagères produisent annuellement une valeur de 8,000,000 fr.; dans l'Ain (valeur annuelle 7,600,000 fr.); dans la
Haute-Savoie (8,700,000 fr.); dans le Jura (2,800,000 fr.); dans le Cantal
4 millions). Il existe une fromagerie modèle à Mamirolle. Les laiteries et
fromageries des États-Unis sont constituées sous la forme de sociétés coopératives. V. sur la constitution des sociétés fromagères en France, Tripard,
op. cit., p. 57 et suiv.

[4] Seules les associations fruitières de la Suisse ont rendu possible la

Seule encore l'association peut procurer à la petite culture un credit qui serait refusé au paysan isolé; au surplus la grande culture ne pourrait revendiquer, au point de vue du crédit, qu'une supériorité contestable, car l'agriculture toute entière souffre de l'insuffisance des capitaux (n°s 689 et suiv.).

Enfin, sans distinguer suivant l'étendue des cultures, l'association est la voie ouverte pour l'accomplissement de travaux qui impliquent l'unité d'exécution : ainsi l'irrigation, le drainage, le desséchement des marais, etc. A cause de la division de la propriété et de la nécessité d'opérer d'après des vues d'ensemble, ces travaux d'amélioration foncière supposent la formation d'associations dites syndicales, dont il sera question au paragraphe suivant.

307. Statistique de la grande et de la petite culture. — On a coutume d'opposer l'Angleterre à la France pour l'étendue des exploitations; la grande culture ne règne cependant plus sans partage en Angleterre. Dans l'un des plus riches districts agricoles, le Lancashire, c'est la moyenne et même la petite propriété qui dominent.

En 1886, sur 556,000 fermes (*Holdings*)[1], pour l'Angleterre et l'Ecosse, plus de la moitié, 54 p. 100 ne dépassaient pas 20 hect.; 26 p. 100 correspondaient à peu près à notre moyenne propriété (de 16 à 40 hect.); 13 p. 100 formés d'exploitations variant entre 33 et 100 hect. représentaient la transition entre la moyenne et la grande propriété; 17 p. 100 seulement constituaient de grandes cultures. L'Irlande est encore plus divisée, on y compte 565,000 exploitations (un peu plus que dans l'Angleterre et l'Ecosse réunies) sur lesquelles 32,000 seulement dépassent 100 acres (40 1/2 hect.). Comparativement aux autres pays, la proportion des petites et moyennes cultures en France ne paraîtra pas excessive. On comptait, en 1882, 2,167,000 exploitations de très-petite culture (de moins d'un hect.) repré-

---

fabrication en grand du lait concentré, notamment à Cham où l'on transforme le lait de plus de 8,000 vaches, soit 60,000 litres par jour, au moyen d'un outillage mécanique très-remarquable. Grâce aussi à ces associations, la Suisse a pu développer ses exportations des produits du lait fromages, lait concentré, etc.) : elles représentent une valeur de plus de 50 millions. V. Grandeau, *Études agron.*, 2° série, p. 258 et suiv., 3° série, p. 325 et suiv.

[1] Il s'agit de la division des cultures, et non de la division des propriétés. V. de Foville, *La France économique*, p. 96.

sentant 38 p. 100 du nombre total et couvrant une superficie de
1 million d'hect.; pour la petite culture (1 à 10 hect.), le nombre
des exploitations était de 2,635,000 (46,5 p. 100) avec une
superficie de 11,3 millions d'hect.; pour la moyenne culture (10
à 40 hect.) nombre d'exploitations 727,000 (soit 12,8 p. 100),
superficie 14,8 millions d'hectares; enfin, pour la grande culture
(au-dessus de 40 hect.), 142,000 (2,5 p. 100) occupant 22,2
millions hectares.

La statistique de 1882 évalue à 8 hect. 7 la moyenne générale
des exploitations rurales en France [1]. En Allemagne, cette moyenne
générale est de 6 hect. sauf en Bavière où elle s'élève à 8 hect. [2];
celle des fermes belges atteint à peine 3 hect. Mais ce sont
surtout les superficies occupées qui montrent combien il est
erroné de croire que la petite culture règne sans partage en
France : la grande culture couvre presque la moitié du sol cultivable (45 p. 100) et la petite culture (avec 25 p. 100) ne vient
qu'après la moyenne culture (30 p. 100).

**308. Faire-valoir et Amodiation. — Tenures féodales; Em-
phytéoses.** — Après la question de l'étendue des cultures se
présente celle de la constitution du personnel des entreprises
agricoles : la terre est cultivée, soit par les propriétaires, soit
par d'autres personnes auxquelles, à des titres divers, le droit
d'exploiter a été concédé. Il y a alors *amodiation* en vertu de
contrats ou de tenures agricoles.

Le *faire-valoir*, c'est-à-dire l'exploitation conduite par le propriétaire à ses risques et périls, se combine aussi facilement
avec le travail esclave qu'avec le travail libre; par conséquent,
c'est un mode d'exploitation qui a toujours tenu une grande
place : dans l'antiquité, avec les cultures serviles; au Moyen-
âge, avec les corvées des serfs sur les terres seigneuriales; de
nos jours, avec le concours d'auxiliaires libres salariés.

L'amodiation précède l'établissement de la propriété libre,

---

[1] Les départements où l'étendue moyenne des exploitations est la plus
forte sont : les Landes (19 hect.), le Cher (17,8 hect.), l'Aisne, l'Indre, la
Somme (16 hect.), etc. Ceux où la culture a le moins d'étendue, sont les
départements savoisiens, l'Ardèche, le Gard, Vaucluse, etc... La moyenne
générale du département du Nord est assez faible, 6 hect. — Cf. M. Block,
Statist. de la France, t. II, p. 29. Cet auteur porte la moyenne générale pour
la France à 10 hect. et demi.

[2] De Foville, *La France économique*, p. 97.

mais subsiste après sa constitution définitive à côté du faire-
valoir. Toutefois, l'amodiation suppose à peu près nécessairement le travail libre. On comprendrait malaisément l'importation
sur les possessions d'autrui d'un personnel nomade d'auxiliaires
esclaves ou serfs. A l'âge féodal de la propriété, les formes
d'amodiation résultent de coutumes ou de contrats qui imposent
au possesseur du sol des redevances foncières irrachetables : le
tenancier obtient la disposition de la terre moyennant l'acquitte-
ment de charges réelles établies à perpétuité. Aux degrés inférieurs il supporte des assujettissements multiples : corvées,
droits de seigneurie; mais sa situation va en s'améliorant. Les
charges d'abord arbitraires deviennent régulières et fixes. Le
propriétaire concédant perd tout espoir d'accroître son revenu ;
en outre le droit du tenancier sur le sol s'affermit; le tenancier
est maître du sol si bien que, en s'éloignant de l'époque de la
concession, la possession éclipse le droit que le concédant a
retenu. En fait, les paysans sont parvenus à la propriété du sol,
grâce au bail à cens ou à rente et aux autres tenures agricoles
se rattachant au régime féodal. Le sol leur appartenait en réalité
avant que l'expropriation des seigneurs l'eût affranchi entre
leurs mains[1].

L'emphytéose et les baux à long terme forment le trait d'union
entre les tenures moyennant des redevances foncières perpétuelles et les systèmes modernes d'amodiation. Il n'est plus aujourd'hui question d'emphytéoses perpétuelles pouvant produire
un dédoublement du droit de propriété. Désormais temporaires
(99 ans au maximum), elles ne doivent plus différer des baux à
longue durée; le projet de Code rural, faisant d'ailleurs cesser
les doutes qui existent en doctrine sur l'existence de l'emphytéose, la soumet à la réglementation nouvelle édictée pour les
baux de plus de 30 ans. Rares dans nos pays, les contrats emphytéotiques conservent une réelle utilité au point de vue de la

---

[1] Aussi bien, l'affranchissement du sol par l'expropriation des seigneurs
n'est pas un fait particulier à la France : il s'est opéré en Allemagne, en
Autriche et jusqu'à un certain point en Angleterre. Les procédés ont seuls
été différents. Si l'abolition des droits féodaux a eu lieu sans indemnité par
suite de la tourmente révolutionnaire, dans les autres pays on a procédé
au rachat. V., pour l'Allemagne, Roscher, *Traité d'écon. pratique rurale*,
tr. Vogel, p. 481 et suiv.

mise en valeur des terres en friche qui exigent des avances considérables dont une longue possession peut seule indemniser. Y recourir pourrait être le moyen de donner un emploi plus lucratif aux landes et pâquis communaux. Il en a été fait un très-heureux emploi en quelques pays de l'Allemagne, notamment dans le Mecklembourg, pays de très-grande culture.

Les concessions emphytéotiques facilitent les défrichements; elles sont propices à l'entreprise des grandes améliorations agricoles. Les terres ainsi possédées ont cependant la réputation d'être mal cultivées; mais si ce jugement convient aux emphytéoses du passé, lorsqu'elles étaient dirigées avec des capitaux insuffisants pour mettre en valeur les terres, il ne conviendrait pas à celles des temps modernes. Ajoutons qu'au point de vue du crédit du preneur, ce mode de tenure offre de précieux avantages et que, s'il s'agit de biens de cités ou d'établissements publics, il peut offrir plus de garanties que tout autre, pârce qu'il intéresse davantage le concessionnaire à exécuter les améliorations convenues et qu'il dispense d'un contrôle incessant. Néanmoins, les emphytéoses sont peu entrées dans les mœurs agricoles[1], et l'on s'explique facilement pourquoi : elles ont, relativement au propriétaire, quoique à un moindre degré, les mêmes inconvénients que les concessions à charge de redevances foncières, elles le dépouillent, pour une très-longue durée, des principales prérogatives de la propriété et elles n'en investissent l'emphytéote que d'une façon incomplète[2].

---

[1] De Laveleye signale certaines applications de baux à longue durée, les *livelli* de la Toscane, le *beklemregt* hollandais. Dans ces combinaisons, comme dans le bail à rente, les propriétaires se désintéressent tout à fait du sol et prélèvent sur la culture de lourdes contributions. En Allemagne, on retrouve dans plusieurs contrées (Oldenbourg, Mecklembourg, Brunswick, Saxe, etc.) des baux héréditaires (*Erbpächter*) en faveur desquels, pourvu qu'ils soient dégagés des anciennes règles venant du droit féodal, les économistes allemands se prononcent généralement. Il est question d'en généraliser l'emploi comme moyen de colonisation à l'intérieur afin de prévenir l'émigration. Ces emphytéoses, *Rentengüter*, dont le prototype se trouve dans la loi du 26 avril 1886, relative à la prussification du duché de Posen seraient destinées à mettre en valeur les terres incultes dans les autres parties du royaume. Un projet relatif à ce mode de tenure a été voté par le *landtag*, septembre 1890. — Cf. von der Goltz, dans Schönberg, *op. cit.*, t. II, p. 89 et suiv. Dans les pays neufs peu peuplés encore, ainsi au Brésil, il est fait un large usage des emphytéoses.

[2] Les baux emphytéotiques ne facilitent pas uniquement les entreprises

309. Régime moderne des exploitations agricoles. — Si l'on fait abstraction des quelques applications données aux baux emphytéotiques, le régime actuel des entreprises agricoles se compose de trois éléments principaux : 1° le faire-valoir ; 2° le fermage ; 3° le métayage[1]. En France, les classes agricoles sont généralement parvenues à la propriété libre du sol, aussi le faire-valoir occupe-t-il une très-large place parmi les exploitations rurales. Il en est de même dans les autres pays de l'Europe occidentale où une classe très-nombreuse de paysans propriétaires forme la majeure partie du personnel agricole, c'est-à-dire dans les pays de moyenne ou de petite propriété. Lorsque, au contraire, la possession de la terre est concentrée entre les mains d'un petit nombre de privilégiés, les grandes exploitations en faire-valoir sont l'exception, la terre est le plus souvent amodiée : l'aristocratie foncière se décharge du souci de l'exploitation au profit de riches fermiers, du moment où elle ne dispose plus des facilités que lui donnaient la servitude et le régime des corvées.

Dans les pays de très-petite propriété, les contrats agricoles jouent cependant un rôle fort utile à côté du faire-valoir : lorsque le sol est trop morcelé, le bail à ferme et le métayage servent à opérer la concentration des parcelles dont l'exploitation isolée serait improductive ou dispendieuse ; c'est alors un moyen d'échapper aux inconvénients de la culture naine.

310. Comparaison économique du fermage et du métayage. — Le trait distinctif du fermage est la nature et la fixité de la redevance : le fermier doit au propriétaire un loyer en argent fixé à forfait, à la différence du métayer qui abandonne une partie des fruits. De cette différence, quant aux obligations, résulte que le fermier est plutôt un chef d'entreprise, et le métayer un associé. Le fermier, comme tout chef d'entreprise,

---

agricoles. On sait que la plupart des maisons de Londres ont été construites en vertu de baux de ce genre. Une partie de la rue de Rivoli a été également construite en exécution de concessions emphytéotiques.

[1] C'est un contrat en vertu duquel celui qui cultive, au lieu de payer au propriétaire, comme le fermier une redevance en argent, lui abandonne une partie déterminée de la récolte en nature, déduction faite de ce qui est nécessaire à l'entretien du fonds. Le mot métayage (*medietaticum*) indique que la proportion habituelle du partage est la moitié. V. sur le métayage ou colonage partiaire la loi du 18 juillet 1889.

assume les risques et garde les bénéfices. C'est lui qui profite
de la hausse des denrées, c'est lui aussi qui subit, en principe,
les chances des mauvaises récoltes ou celles de l'avilissement
du prix des produits. Ses intérêts sont profondément distincts
de ceux du propriétaire. La force du bail à ferme est dans le
sentiment de la responsabilité qu'il excite chez le fermier; l'é-
cueil en est dans l'antagonisme au moins apparent des intérêts
de l'exploitant et du propriétaire.

Une espèce de société existe entre le métayer et le propriétaire; bien que le métayer cultive seul, le propriétaire a plus
d'occasions d'intervenir pour le contrôle et la garantie de ses
droits. La loi du 18 juillet 1889 donne même au bailleur, à défaut de conventions spéciales, la direction de l'exploitation, soit
pour le mode de culture, soit pour l'achat ou la vente du bétail (art. 5). Si le propriétaire est éclairé, le métayage est un
régime propre à faire l'éducation agricole progressive des classes rurales. Il établit entre le propriétaire et le cultivateur une
étroite communauté d'intérêts. La redevance consistant en une
partie des fruits, ordinairement la moitié, les risques et les bénéfices se répartissent entre le métayer et le bailleur. Celui-ci
conserve la charge de faire vendre les denrées pour la part à
laquelle il a droit et, de ce chef aussi, le revenu du sol est sujet
à des fluctuations sensibles. Si la bonne foi préside à ce contrat,
on conçoit qu'il établisse une union intime entre les deux parties; mais, en revanche, il développe moins chez l'exploitant
le sentiment de la responsabilité et l'esprit d'initiative, lorsque
surtout celui-ci est subordonné au propriétaire; mais la tendance
progressive du métayage est de faire du métayer l'associé du
propriétaire, de l'affranchir de la tutelle étroite où la loi de 1889
le présume encore placé.

Une autre différence essentielle doit encore être signalée
entre les deux contrats : les fermages sont débattus librement
et la hausse ou la baisse résulte de la manière dont se produit
la concurrence pour la possession de la terre. Le fermier est
exposé, par suite, à assumer des obligations excessives. Dans
le métayage, au contraire, bien qu'il n'y ait aucune exception
formelle à la liberté des conventions, les conditions du contrat
dépendent le plus souvent de la coutume du pays quant au partage des fruits. En général, à cause de l'influence modératrice

de la coutume, les métayers obtiennent la jouissance du sol à des conditions équitables. Il suit encore de là que les propriétaires n'ont pas intérêt à changer de métayer pour augmenter leur revenu foncier ; aussi, lorsque de bons rapports existent entre les parties, le bail à métairie, quoique souvent annuel, est-il indéfiniment renouvelé, et l'on voit s'établir des possessions à longue durée ordinairement très-favorables à la bonne exploitation. Il n'est pas rare de rencontrer des métairies qui, en fait, sont héréditaires[1]. On constate une remarquable stabilité chez les populations qui pratiquent le métayage et un heureux esprit de concorde entre les différentes classes de la société. Avec le bail à ferme, lorsque le temps en est expiré, le propriétaire court la chance de pouvoir élever le taux du fermage ; aussi est-il porté à ne passer bail que pour une courte période d'années ; mais, s'il a la perspective d'une augmentation de revenu, il est exposé aux risques contraires surtout en temps de crise agricole et en tout moment à ceux des abus de jouissance. Au surplus, la compétition qui s'établit entre les paysans pour la possession de la terre s'oppose à l'amélioration du sort des populations rurales ; parfois même, elle les soulève contre les propriétaires et est la cause de graves discordes ; il est à peine besoin de citer à l'appui l'exemple de la malheureuse Irlande.

311. La pratique des baux à courte durée est l'un des plus fâcheux effets du bail à ferme. Elle provient à la fois de l'opposition d'intérêt des parties contractantes, et de plusieurs dispositions légales qu'il faudrait reviser.

Se trouve-t-on dans une période de prospérité, les propriétaires répugnent alors aux baux à longue durée pour plusieurs motifs : 1° d'abord le fermage étant fixe, ils ne veulent abandonner que pour le moins de temps possible l'avantage pouvant résulter de la hausse progressive des fermages qui suit la plus-value de la propriété[2] ; 2° à cause de la dépréciation du signe

---

[1] Pour le Limousin, M. du Maroussem cite des familles qui cultivent depuis 300 ans le même domaine. En Bourbonnais, malgré la crise agricole, les contrats entre propriétaires et métayers ont été renouvelés sans changements M. le Garidel). V. la *Réforme sociale*, congrès du centenaire 1889, 2° semestre.

[2] La crise agricole que traverse l'Angleterre y a causé la baisse des ferma-

monétaire, les fermages à la fin d'un long bail, représenteraient une valeur réellement moindre qu'au début; 3° enfin, il se peut que le propriétaire songe par la suite à faire valoir pour tirer de son bien un plus fort revenu et ne veuille pas abdiquer cette faculté pendant une longue série d'années. Est-on au contraire en temps de crise agricole? Les propriétaires qui trouvent difficilement à affermer la terre et même les fermiers menacés de pertes résultant de la dépréciation des produits agricoles ne sont pas portés à engager beaucoup l'avenir.

Aucune intervention législative ne peut faire passer dans les mœurs agricoles la coutume des baux à longue durée, mais la loi devrait ne pas être complice du faux calcul des propriétaires; or, l'article 1774 du Code civil dispose que « le bail sans écrit d'un fonds rural est censé fait pour le temps qui est nécessaire, afin que le preneur recueille tous les fruits de l'héritage affermé. » En l'absence d'une convention formelle, cette présomption de durée semble rationnelle; cependant, il serait préférable de supposer que le propriétaire a entendu passer bail et le fermier prendre à ferme pour le minimum de durée qui permet une bonne exploitation; or, s'il est un principe certain en économie agricole, c'est qu'un fermier ne peut exploiter avec profit, à moins qu'il ne commette des abus de jouissance, s'il ne peut compter sur trois ou quatre rotations de récoltes. Lorsqu'un domaine comprend plusieurs genres de cultures, la durée de six ou même de neuf ans qui est le plus ordinairement adoptée en France est donc bien faible. Les baux anglais sont au contraire de longue durée; ordinairement de dix-neuf ans, il n'est pas rare d'en trouver de vingt-sept ans [1]. C'est l'une des causes de la prospérité de l'agriculture en Angleterre, et, par suite, de l'opinion des agronomes de ce pays en faveur du fermage. — Qu'arrive-t-il lorsque le bail est trop court? c'est que le fermier qui trouve la terre en bon état l'entretient dans la première

ges. En France, les souffrances de l'industrie agricole, de 1879 à 1884 ont produit une baisse moyenne de 15 à 20 p. 0/0 dans plusieurs de nos départements du Nord, du Midi et de l'Est. La classe des fermiers non propriétaires ne se recrute plus facilement, surtout en ce qui concerne la moyenne et la grande culture.

[1] Les Anglais connaissent cependant aussi des baux d'année en année (*at will*), mais le plus souvent ces baux sont renouvelés par tacite reconduction un grand nombre de fois.

période, afin d'obtenir un fort rendement brut; puis, à l'approche de la fin du bail il, cesse de faire des avances, parce qu'il n'en tirerait pas lui-même tout le profit; ainsi la terre s'épuise, produit moins sans doute dans les derniers temps, mais, eu égard au peu de dépenses faites, donne un revenu net plus fort. En un mot, le fermier pratique l'agriculture *vampire* et, par ce calcul peu loyal, nuit à la propriété.

Est-il possible de déjouer ces fraudes? La convention s'y est montrée le plus souvent impuissante : fixer un ordre de culture que devrait suivre le fermier, ce serait enlever à l'exploitant sa liberté sans procurer une garantie bien efficace au bailleur[1]. Comment remédier aux abus de jouissance et même encourager le preneur, malgré l'insuffisante durée de son bail, à faire des améliorations foncières? — Quant au premier point, on concevrait très-bien que la convention imposât au fermier l'obligation de payer une indemnité lorsque, d'après des constatations déterminées avec soin, le fonds ne serait pas restitué par lui en l'état où il l'a reçu. En sens inverse, il serait désirable qu'une indemnité lui fût assurée lorsqu'il a réalisé des améliorations foncières[2]. Si la pratique des baux ne résout pas toutes ces questions d'une façon satisfaisante par la liberté, convient-il que la loi réglemente d'autorité les rapports entre les propriétaires et les fermiers ? C'est ce que fait la législation anglaise, (lois du 15 août 1875 et du 25 août 1883), laquelle établit un système d'indemnités proportionnées à l'importance des sacrifices et au temps du bail restant à courir depuis l'époque où ils ont été faits. Une réforme analogue serait le meilleur correctif à l'insuffisante durée des baux en France, malheureusement, elle soulève de grandes difficultés d'application et l'exemple de l'Angleterre n'est pas très-encourageant[3].

---

[1] On a songé aussi à interdire au preneur dans le bail les cultures épuisantes pendant le cours des dernières années; cette mesure préventive contre les abus de jouissance est insuffisante.

[2] Le bail peut contenir le règlement de primes à raison de chaque nature d'améliorations. Il peut aussi régler le renouvellement du bail, fixer une plus-value de fermage normale dont le propriétaire devrait dix fois la valeur au cas de résiliation (clause dite de Lord Kames). Contre l'insuffisante durée des baux, Mathieu de Dombasle avait proposé le droit de prorogation accordé au fermier au cours du bail sous forme du rachat des années de jouissance déjà écoulées.

[3] La loi de 1875 était restée lettre morte parce qu'elle avait laissé aux parties la liberté d'insérer dans les contrats des clauses dérogatoires au droit

Quoi qu'il en soit, la question est chez nous à l'étude depuis plusieurs années[1].

312. Dans la comparaison générale entre le fermage et le métayage, on peut faire abstraction de la trop grande brièveté des baux, car elle n'est pas une conséquence nécessaire de l'usage du bail à ferme. Même en supposant des baux de durée suffisante, il n'y a pas de préférence absolue à énoncer en faveur du fermage : les économistes anglais vont trop loin en condamnant absolument le métayage. Les économistes italiens ont eu raison d'en prendre la défense, car il a donné d'excellents résultats dans leur pays, surtout en Toscane.

Un revirement d'opinion très-notable s'est opéré chez nous en faveur du métayage[2], trop défavorablement jugé d'abord par les économistes qui avaient accueilli un peu à la légère la doctrine anglaise. Constatons d'abord, avec de Gasparin[3], que le métayage est le mode d'exploitation le plus rationnel dans les

d'indemnité; ces clauses étaient de style. La loi de 1883 ne permet pas de renoncer par avance au droit d'indemnité, mais dans la pratique elle soulève de graves objections : 1° celle de l'inefficacité partielle, parce que, pour un assez grand nombre d'améliorations foncières, le consentement du propriétaire est exigé; on ne peut admettre en effet que. par la volonté de l'exploitant, il soit arbitrairement grevé de dettes qui pourraient rendre l'expropriation nécessaire; 2° celle des difficultés de l'expertise à laquelle il faut recourir pour évaluer la plus-value, apprécier si, et dans quelle mesure, elle est due à l'exploitation. Les difficultés et les frais de cette expertise constituent l'objection la plus grave contre toutes les combinaisons relatives à une indemnité, même contre celle d'une annuité à payer par le fermier entrant au fermier sortant, en faveur de laquelle a conclu M. Aulnis de Bourrouill dans son rapport au congrès international de la Haye en 1891 (V. *Revue d'Écon. polit.*, 1891, p. 715 et suiv.). Le Code civil prussien et le projet de Code civil allemand rejettent le droit à une indemnité que l'ancienne jurisprudence prussienne avait consacré.

[1] Elle a été soumise plusieurs fois depuis 1887 à la Chambre des députés. — V. proposition Lecomte, 23 nov. 1889 (Session 1889), Annexes, Chambres, *J. off.*, p. 205. *Session* 1890, p. 384 et 510). — Pour le métayage, la loi de 1889 admet le principe d'une indemnité quand le contrat est résilié par la mort du colon ou en cas de vente (moyennant une convention spéciale). L'indemnité est proportionnelle aux profits que le métayer eût pu réaliser pendant la durée normale de sa possession (art. 7).

[2] V. Baudrillart, *Revue des Deux-Mondes,* 10 oct. 1885. Le Play et Garidel, dans la *Réforme sociale,* et le *Centenaire* de 1789 ; Baudrillart et Cheysson, *Disc. de la soc. des économistes,* avril 1891.

[3] De Gasparin, *Cours d'agriculture,* t. V, et *Fermage et métayage,* 2 vol. in-12, dans la *Bibliothèque agricole.* Parmi les agronomes, MM. Rieffel, Barral ont aussi constaté les heureux résultats du métayage.

circonstances suivantes : 1° lorsque, à cause de la nature des cultures ou du climat, les récoltes sont très-inégales d'une année à l'autre ; en effet, le bail à ferme soumettant le preneur à une obligation invariable l'exposerait à un *alea* excessif ; c'est l'une des raisons de la pratique du métayage dans le Midi, où les récoltes en vins ou en olives sont exposées à de fréquents sinistres[1] ; 2° lorsque dans une région éloignée d'un centre de population, l'agriculture ne produit que pour la consommation locale. Faute de débouchés suffisamment étendus, les cultivateurs ne peuvent alors convertir en argent une assez notable portion des récoltes, et mieux vaut pour eux ne devoir qu'une part en nature ; 3° lorsque le paysan ne possède qu'un maigre cheptel et un fonds de roulement modique, il agirait témérairement en promettant de payer des fermages, et, de son côté, le propriétaire n'aurait pas dans la promesse de paiement d'une somme d'argent une garantie sérieuse. C'est seulement dans les pays où la classe agricole est aisée que le fermage peut donner de bons fruits : le fermage exige la disposition de capitaux qui, trop souvent, manquent aux paysans ; aussi, en bien des pays, le métayage est préférable à cause des combinaisons moyennant lesquelles le cultivateur obtient la disposition du capital d'exploitation. Voilà pourquoi ce genre d'amodiation subsiste dans les pays relativement pauvres, et pourquoi aussi il a été abandonné dans certains pays où les capitaux sont abondants, ainsi en Angleterre, dans les Flandres, dans le Milanais. Ne pas conclure cependant que le métayage ne convienne qu'aux pays pauvres : une large place lui est faite dans quelques-uns de nos départements où l'agriculture est très-avancée, ainsi dans la Gironde, l'Allier, la Mayenne, etc.[2]. En Toscane, en Lombardie, le métayage a amené la culture à un haut degré de prospérité. 4° Enfin, une dernière cause de persistance du métayage est l'ignorance des classes rurales : une ferme, conduite dans le système de la culture continue, est une entreprise compliquée

---

[1] V. Valserres, *op. cit.*, p. 644. En Écosse existe, paraît-il, un système particulier d'après lequel le fermage est proportionnel à la récolte et au cours des denrées. C'est une ingénieuse combinaison qui se rapproche beaucoup du métayage, et, en bien des cas, peut lui être préférable.

[2] Dans l'Allier les métairies Bignon ont depuis 1849 donné de considérables bénéfices et réalisé d'importantes améliorations foncières. — V. sur ce point Lecouteux, *op. cit.*, t. II, p. 58 et suiv.

qui exige encore plus d'intelligence que de capitaux. Indépendamment du savoir professionnel et des connaissances agronomiques, elle suppose une comptabilité complexe[1]. Il est de la plus haute importance que l'exploitant se rende un compte précis de toutes ses opérations ; qu'il puisse déterminer si le capital d'exploitation est employé d'une manière productive dans chacun de ses éléments, s'il est en rapport avec la superficie, le système de culture et la valeur des terres.

Lorsque l'application rationnelle en est possible, le bail à ferme a de grands avantages et l'on conçoit que les théoriciens aient été portés à lui donner la préférence ; chacun y est à sa place, propriétaire et fermier ; l'entreprise agricole y est libre et indépendante[2] ; les droits du propriétaire sont assurés[3], affranchis de toute nécessité d'intervention assujettissante, soit pour le partage, soit pour la vente des produits. Aussi, en se plaçant à ce point de vue, de Gasparin croit-il pouvoir dire qu'il n'est pas de propriétaire qui, pouvant choisir, ne préfère un fermier à un métayer, et qu'il n'est pas de métayer qui n'aimerait mieux être fermier. Le fermier agit exclusivement pour lui ; aussi, pourvu que le bail ait une durée assez longue, fera-t-il volontiers des sacrifices à la terre. Le métayer hésiterait davantage, ne devant garder que la moitié de la plus-value, et la même raison pourrait détourner le bailleur de réaliser des améliorations foncières. Toutefois, l'opinion ancienne selon laquelle le métayage était peu compatible avec la culture intensive, est aujourd'hui fortement ébranlée.

En France, sur 1,100,000 propriétés amodiées, en 1882, on comptait 350,000 métairies sur 4,540,000 hect.[4], contre 750,000 fermes sur 9 millions hect. Depuis la crise agricole, le

[1] On accorde généralement une attention plus grande que chez nous à la comptabilité agricole en Angleterre, en Belgique et en Allemagne.

[2] Au contraire, dans le métayage, le bailleur se réserve souvent la direction de l'exploitation, soit pour le mode de culture, soit pour l'achat et la vente des bestiaux. C'est même, à défaut de conventions formelles, au bailleur que la nouvelle loi a donné la direction générale.

[3] Sauf le cas où, pendant la durée totale du bail, le fermier ne serait pas indemnisé par les bonnes récoltes de celles qui ont été enlevées par cas fortuit, car alors (art. 1769, C. civ.), la loi permet au juge d'accorder remise ou modération des fermages.

[4] En 1886, on a relevé l'existence de 405,000 métairies (*Réforme sociale*, 1886, t. I, p. 398).

métayage a regagné une partie, mais faible encore, du terrain qu'il avait perdu depuis 1860, où, tant par suite du progrès de la richesse générale que de l'absentéisme des propriétaires, le métayage était en déclin. Les départements du Centre, du Sud-Ouest, du Sud-Est et de l'Ouest (Mayenne, Loire-Inférieure, Vendée, etc.), fournissent la plus forte part de l'effectif du métayage. Au surplus, le métayage dans le Midi n'a pas entravé le progrès de l'agriculture. Sa présence y est justifiée par des raisons tirées de la nature des exploitations[1]. Quant à l'étendue des exploitations il n'apparaît pas qu'il y ait grande différence entre le métayage et le fermage : l'étendue moyenne des fermes est de 12 hect., celle des métairies de 13 hectares (1882).

313. Autres contrats agricoles; cheptel; tenure cottagère. — « Le bail à cheptel est un contrat par lequel l'une des parties donne à l'autre un fonds de bétail pour le garder, le nourrir et le soigner sous les conditions convenues entre elles (art. 1800, C. civ.). » Ce contrat est ou principal ou accessoire par rapport au bail à ferme ou au métayage. Il n'y a rien à dire du cheptel en tant que contrat accessoire : c'est une variété de métayage s'il en est l'accompagnement ; à côté du bail à ferme, c'est une convention qui n'établit aucune société entre le bailleur et le preneur : celui-ci est comptable d'une valeur egale à l'estimation du bétail qui lui a été livré, et, en conséquence, il assume tous les risques et a droit à tous les profits.

Le règlement du contrat principal de cheptel, connu sous le nom de cheptel simple, donne au contraire lieu à des difficultés. Le fonds de bétail reste la propriété du bailleur, mais le contrat établit une association pour les profits. Comment dès lors régler la perte? On a vivement reproché aux auteurs du Code civil d'avoir fait une distinction entre la perte totale et la perte partielle. Celle-ci est supportée en commun, tandis que si le fonds de bétail périt en entier, la perte est pour le propriétaire seul (art. 1810, C. civ.). Les économistes se sont récriés : le preneur va être intéressé à faire périr le fonds de bétail en entier et on prétend que, en effet, lors des inondations de la Loire et en temps d'épizootie, on a vu certains chepteliers jeter à l'eau ou tuer les bêtes qui survivaient, afin de se décharger de toute res-

---

[1] De Lavergne, *Écon. rurale de la France*, p. 212.

ponsabilité. Mais il faut tout d'abord dire que la preuve du cas fortuit incombe au preneur, et qu'il est responsable de sa négligence, à plus forte raison de son dol. Le Code a été guidé par cette considération que, le bailleur étant propriétaire, il est naturel de lui faire supporter la perte totale; mais, par contre, à cause de l'association résultant du cheptel, une autre règle devait être équitablement suivie pour la perte partielle. D'ailleurs les chepteliers n'ont en général d'autres ressources que l'exercice de leur industrie, et il serait non seulement rigoureux mais assez illusoire de vouloir, au cas de perte totale, leur faire payer la valeur du fonds de bétail d'où ils tiraient leurs moyens d'existence [1]. — Une autre règle du cheptel fortement critiquée, est celle d'après laquelle, dans le cheptel à moitié, le croît seulement se divise également, tandis que les laitages restent en entier au cheptelier (art. 1819, C. civ.) : de fait, cette disposition donne avantage au cheptelier à n'élever que des vaches laitières et à se défaire des mâles ; le prix d'un veau étant en général calculé sur le prix du lait qui est nécessaire à l'élevage, le cheptelier a intérêt à faire périr le croît puisqu'il n'aurait que moitié du prix du veau et que le lait lui est attribué en totalité. Ce règlement est en contradiction avec les intérêts véritables de l'élevage.

314. La tenure cottagère de l'Irlande peut être citée comme l'une des combinaisons les plus défavorables à l'agriculture et aux populations rurales. L'Irlande est un pays de grands domaines et de très-petite culture. Les grands propriétaires seigneuriaux (*landlords*) de ce pays, vivant au loin, en Angleterre ou sur le continent, afferment leurs immenses possessions à des intermédiaires (*middlemen*), fermiers des rentes du seigneur, chargés de les recevoir pour son compte et responsables envers lui [2]. Un cinquième de l'Irlande appartient ainsi à 2,800 propriétaires non résidents. Les paysans traitent avec ces middle-

---

[1] On s'est élevé plus justement contre l'article 1811 du C. civ., qui prohibe toutes conventions contraires : peut-être, en effet, eût-il mieux valu laisser pleine liberté aux parties contractantes. Le projet de Code rural maintient purement et simplement les dispositions du Code civil sur le cheptel. Le Sénat a repoussé en 1880 une proposition de réforme qui était inspirée par les critiques des économistes.

[2] Garsonnet, *op. cit.*, p. 465 ; Fournier, *La question agraire en Irlande*, 1882.

men qui n'ont aucun intérêt à la bonne exploitation et dont la seule préoccupation est de profiter de la concurrence que se font les cultivateurs. La nécessité d'obtenir la jouissance d'une parcelle de terre pour vivre, élève la redevance foncière et abaisse les salaires : au lieu d'un paiement en argent, les tenanciers (*cottiers*) acquéraient la faculté de cultiver, pour la saison seulement, une petite parcelle de terre, appelée *conacre*. Le secrétaire de la commission d'enquête sur les pauvres d'Irlande, Revans, a très-clairement exposé les déplorables effets de la tenure cottagère qui a été réformée par les actes de 1870 et 1876 : « On peut comprendre que les paysans fassent tous leurs efforts pour obtenir un petit champ et ne soient déterminés ni par la fertilité de la terre, ni par leurs moyens de payer la redevance, mais seulement par le désir d'entrer en possession. Ils sont presque toujours hors d'état de payer ce qu'ils ont promis, aussi deviennent-ils débiteurs de ceux qui leur concèdent la terre dès le jour de leur entrée : ainsi ils paient, comme équivalent de la redevance, le produit entier de la terre à l'exception d'une quantité de pommes de terre strictement nécessaire pour leur nourriture. Mais comme ce qu'ils paient est encore au-dessous de ce qu'ils ont promis, leur dette s'accroît incessamment. » Les actes de 1870 et de 1876 ont donné au tenancier une possession moins précaire[1] ; ils restent en possession d'année en année, tant que le contrat n'a pas été dénoncé suivant les cas un an ou six mois à l'avance, mais ces mesures ont été impuissantes à relever les paysans de l'état de misère où ils étaient plongés, et n'ont pas calmé le conflit aigu qui existe entre les tenanciers et les propriétaires. A partir de 1881, le législateur est entré dans une voie nouvelle, celle de la réforme agraire : les tenanciers dont les droits sont reconnus par une commission parlementaire, mis à l'abri des expulsions abusives et de l'élévation arbitraire du fermage, obtiennent en réalité l'accès de la propriété (V. ci-dessous, n° 1056).

315. Appréciation économique du faire-valoir. — Que doit-on penser du faire-valoir, c'est-à-dire de l'exploitation directe? Cette question tient de très-près à celle de la grande et de la

---

[1] Dès 1860, le droit à une indemnité pour les travaux d'amélioration fut, sous certaines conditions, reconnu au profit du tenancier lorsqu'il était expulsé par le landlord.

petite culture, puisque l'on sait que la pratique générale du
faire-valoir implique la petite propriété, tandis que le fermage
et le métayage opèrent la concentration des domaines agricoles.
Aussi bien, ce sont les agronomes anglais, partisans des grandes exploitations agricoles, qui vantent l'excellence du fermage.
Le faire-valoir a pour défenseurs les avocats de la petite culture.
Le débat ne porte pas tout entier sur l'intérêt agricole : au-
dessus, pour ainsi dire, s'agite une question sociale, celle de
savoir si une classe de paysans propriétaires n'est pas pour
l'ordre public une précieuse garantie.

Au double point de vue de l'exploitation agricole et de la stabilité sociale, le faire-valoir l'emporte même sur le fermage. A
l'appui, les autorités les plus considérables peuvent être invo-
quées. St. Mill a essayé de réagir contre l'opinion trop absolue
de ses compatriotes et, dans une des meilleures parties de ses
Principes, il a réuni de nombreux témoignages en faveur du
faire-valoir. Avant lui, de Sismondi avait décrit le bien-être
des paysans propriétaires de la Suisse, les admirables cultures
du canton de Zurich, de la Thurgovie, de l'Engadine. St. Mill
y ajoute le tableau de l'agriculture en Hollande, en Flandre,
dans le Holstein, le Danemark, la Saxe, tous pays où la terre
est cultivée par petites portions appartenant en propre au cultivateur. De Thaer exprime aussi sa pleine conviction que le
produit net de la terre est plus considérable quand elle est exploitée par le propriétaire que lorsqu'elle l'est par de grands
fermiers. L'économiste Kay, qui a fait une étude approfondie
des cultures de la Saxe, constate que, depuis que les paysans
sont devenus propriétaires du sol, « il s'est opéré un progrès
rapide et continu dans la tenue des maisons, dans la manière
de vivre, dans les vêtements des paysans et surtout dans la
culture de la terre. » Les adversaires du faire-valoir ont cité
quelques passages d'Arthur Young dirigés contre les exploitations des paysans de la Lorraine et de la Champagne; c'est
cependant Arthur Young qui a rendu hommage aux petites
cultures des rives de la Garonne, à celles de l'Artois, du Béarn
et de la Flandre; c'est lui qui a dit ceci : « L'influence magique de la propriété convertit le sable en or; » et ailleurs :
« Donnez à un individu la possession assurée d'un rocher battu
par les vents et il le transformera en jardin; donnez-lui un

jardin avec un bail de neuf ans, et il le transformera en désert. » Le paysan propriétaire est de tous les cultivateurs celui qui tire le meilleur parti du sol, parce que c'est celui qui songe le plus à l'avenir : il s'agit de son bien, aussi n'est-il aucun travail dont il ne doive recueillir le fruit. De Sismondi compare très-heureusement la terre qui appartient au cultivateur à une caisse d'épargne toujours prête à recevoir les petits profits; il y utilise les moindres moments de loisir. Une industrie infatigable peut seule expliquer la supériorité du faire-valoir. On sait au contraire quelles oppositions difficiles à faire disparaître existent dans le fermage entre l'intérêt de l'exploitant et celui du propriétaire, combien il est malaisé d'opérer un règlement équitable et d'empêcher que l'un ne s'enrichisse injustement au détriment de l'autre.

Les économistes anglais objectent l'infériorité des ressources et même l'infériorité des méthodes de culture des paysans propriétaires ; ils louent très-justement l'expérience et le savoir des fermiers anglais. D'après eux le fermier saurait mieux son métier que le propriétaire qui ordinairement agit par routine. L'objection est spécieuse. Comprenons bien d'abord que la question ne peut être discutée que d'une manière générale. En fait, nul doute que beaucoup de fermiers n'exploitent mieux que ne le feraient les propriétaires eux-mêmes ; un grand nombre d'entre eux, d'ailleurs, n'ont ni la volonté ni la possibilité de faire valoir. La nécessité du fermage et ses avantages relatifs ne sont donc aucunement en cause. Ce que nous prétendons seulement, c'est que le paysan propriétaire n'est pas, en règle ordinaire, un moins bon cultivateur que le fermier. La puissance magique de la propriété, comme disait A. Young, est telle qu'elle pourrait réussir à contre-balancer l'influence de l'esprit de routine et de la modicité des ressources ; mais il vaut mieux dire avec de Lavergne qu'on a contesté bien indûment l'habileté agricole des paysans propriétaires : « Dans les grasses plaines de la Flandre, sur les bords du Rhin, de la Garonne, de la Charente, du Rhône, toutes les pratiques qui peuvent féconder la terre et multiplier les effets du travail sont connues des plus petits cultivateurs et employées par eux, quelles que soient les avances qu'elles supposent ; sous leurs mains, des engrais abondants, recueillis à grands frais, renouvellent et accroissent incessamment la fertilité du sol malgré l'activité de la production ; les races de bestiaux sont supérieures, les récoltes magnifiques[1]. » Jeans ne conteste pas que le paysan ne tire plus du sol que le grand fermier, ni qu'il y ait un grand avantage social à ce que la terre appartienne à celui qui la fait valoir. Selon lui, la supériorité du fermage tiendrait à ce que le paysan cultive à la bêche, avec un outillage et des procédés arriérés. On sait ce qu'il faut penser de cette objection[2].

316. La France est un pays de faire-valoir : sur 5,420,000 exploitations rurales (1882), 4,320,000 (près de 80 p. 0/0) sont aux mains des propriétaires[3]. Il est vrai que, en considérant l'étendue des exploitations, la prépondérance du faire-valoir est moindre : 19,400,000 hect. contre 8,950,000 affermés et 4,540,000 en métairie. L'effet de concentration du fermage ou du métayage se trouve ainsi vérifié ; nous voyons en outre que l'étendue moyenne des cultures en faire-valoir direct est de 4 hect. 5, tandis qu'elle est, comme on l'a vu, de 12 hect. environ dans le fermage et de 13 hect. dans le métayage.

§ IV.

Améliorations foncières. Régime des eaux utiles ou nuisibles.

317. Améliorations foncières en général. Associations syndicales. — La mise en valeur des terres incultes appartenant à des particuliers[4], en tant qu'elle doit résulter d'amendements, est essentiellement facultative ; le propriétaire est juge sou-

---

[1] De Lavergne, *Écon. rurale de l'Angleterre*, ch. VIII, p. 155.

[2] V. Jeans, *La suprématie de l'Angleterre*, trad. Baille, 1887, p. 89 et suiv. L'objection la plus spécieuse contre le faire-valoir est l'insuffisance du capital ; le fermier donne tout ce qu'il possède au capital d'exploitation ; le paysan propriétaire divise ses ressources entre l'acquisition de la terre et l'exploitation. Mais il ne faut pas se figurer le paysan toujours sur le point d'acheter de nouvelles parcelles, quoiqu'il cède trop souvent il est vrai à la passion de s'arrondir. Il faut comparer au fermier le paysan ayant une propriété constituée et la faisant valoir. L'objection alors disparaît entièrement.

[3] Aux États-Unis le faire-valoir représente 74 p. 0 0 ; le fermage 8,5 p. 0/0 ; le métayage 17,5 p. 0/0 du nombre total des exploitations, soit 4 millions.

[4] V. en ce qui concerne la mise en valeur des communaux, ci-dessus, n° 287.

verain de l'opportunité de ces opérations qui, d'ailleurs presque toujours, peuvent s'accomplir en dehors d'une entente générale des propriétaires. Il est loisible, pour l'exécution de « chemins d'exploitation et de toute autre amélioration agricole, ayant un caractère d'intérêt collectif, » de constituer une association syndicale libre, pouvant agir en justice par des administrateurs investis d'un mandat étendu (art. 3 et 5 de la loi du 21 juin 1865; art. 1, n° 10 de la loi du 22 déc. 1888). Faudrait-il donner plus de facilités encore en ce qui concerne les améliorations foncières? A côté des associations syndicales libres[1], la loi en reconnaît d'autres dites autorisées qui sont armées du droit de poursuivre l'expropriation pour cause d'utilité publique contre la minorité des propriétaires récalcitrants. Mais, sous l'empire de la loi de 1865, il n'en était ainsi qu'autant que les travaux d'intérêt collectif avaient pour but d'éviter un dommage et non pas de réaliser une simple amélioration[2], par exemple, quand il s'agit de travaux de défense contre l'envahissement des eaux, du curage ou redressement des cours d'eau, du dessèchement des marais, des ouvrages nécessaires à l'exploitation des marais salants, ou de l'assainissement des terres humides et insalubres. Ces travaux peuvent, il est vrai, améliorer les terres ou les rendre disponibles pour la culture, mais ils sont principalement entrepris dans un but de sécurité ou d'assainissement (loi du 22 déc. 1888, art. 1, nᵒˢ 1 à 5). — A notre avis, on ne devait abandonner cette judicieuse distinction qu'avec beaucoup de prudence, et ne pas facilement permettre, (sous prétexte d'amélioration générale des terres), de vaincre la résistance de propriétaires ayant peut-être des intérêts opposés à ceux de la majorité des membres de l'association syndicale. La solution contraire, maintes fois réclamée dans l'enquête agricole, a été soutenue lors de la discussion de la loi de 1888. On conçoit cependant une solution moins restrictive à l'égard des améliorations foncières qui nécessitent un plan général et

---

[1] L'origine de ces associations est ancienne V. ce que Beaumanoir dit des *Villes bateices*, ch. XXI, n° 27); elles étaient nombreuses avant la loi de 1865, mais, n'ayant pas la personnalité morale, elles ne pouvaient agir en justice par leurs administrateurs.

[2] V. Aucoc, *Conférences sur le droit administratif*, t. II, p. 563. Une loi prussienne d'avril 1879 et une loi suédoise juin 1879) ont consacré un principe analogue.

les efforts combinés des propriétaires, comme les irrigations, les colmatages, la création d'un réseau de voies d'exploitation, les délimitations de propriété et redressements de bornage. Le morcellement du sol opposerait à l'accomplissement de ces travaux d'utilité collective des obstacles en quelque sorte insurmontables, si le mauvais vouloir de quelques propriétaires pouvait tenir en échec l'action commune, c'est pour ce motif que la loi du 22 décembre 1888 permet la constitution d'une association syndicale autorisée lorsque les travaux d'intérêt collectif (irrigations, colmatages, drainages, chemins d'exploitation) ont été reconnus d'utilité publique par décret rendu en Conseil d'État et si l'adhésion d'une forte majorité des intéressés a été obtenue[1].

318. Régime des eaux utiles à l'agriculture; Irrigations et cultures fourragères. — Les eaux favorisent la culture à cause de l'humidité qu'elles conservent au sol et aussi à cause des principes fertilisants qu'elles contiennent en suspension. Le problème de l'aménagement agricole des eaux est double : il comprend la dérivation des cours d'eau et celle des eaux-vannes[2].

Les travaux de Hervé Mangon sur les limons entraînés par les eaux des rivières ont démontré scientifiquement l'importance agricole des irrigations. Les limons de la Durance contiennent de 7 à 12 dix millièmes d'azote; ceux du Var de 9 à 47; de la Loire de 21 à 61; de la Seine de 42 à 95. Les limons de la Seine et de la Marne sont aussi riches en azote que le fumier de ferme. Dans l'espace d'une année, la Durance charrie 17,723,000 tonnes de limons non moins fertiles que ceux du Nil, équivalant à 100,000 tonnes de guano et à autant de carbone que pourrait en fournir une forêt de 49,000 hect. A peine 1/10e de cette richesse agricole est employée pour les irrigations. La Durance est cependant celle de toutes nos rivières dont les eaux sont le mieux utilisées[3].

[1] Cette majorité doit être plus forte que celle qui suffit pour les travaux de sécurité ou d'assainissement. V. art. 12 de la loi de 1888.

[2] Le projet sur le régime des eaux voté en 1883 par le Sénat, mais qui jusqu'ici n'a pas abouti, se divise en six titres : eaux pluviales et sources; cours d'eau non navigables ni flottables; rivières à brèches perdues; fleuves et rivières navigables et flottables; eaux utiles; eaux nuisibles. — En ce qui concerne les irrigations il modifie le texte des art. 644 et 645 C. civ.

[3] V. Charpentier de Cossigny, *Hydraulique agricole*, 2e éd., 1889, p. 18 et suiv.; 27 et suiv.

Dans le Midi, les irrigations sont appliquées avec avantage à toutes les cultures. Dans le Nord, la pratique des irrigations est généralement restreinte aux prairies.

Les irrigations ont surtout une fort grande influence sur le rendement des prairies, et l'on sait que le développement de ce genre de cultures est une condition de la prospérité agricole sous un double rapport : 1° l'extension de l'élevage du bétail et par conséquent de la production de la viande ; 2° l'augmentation de la masse des engrais et l'amélioratiou du sol.

Malgré la richesse de la France en cours d'eau (nombre 60,500, et étendue approximative 260,000 kil.), les prairies n'occupent qu'une superficie relativement faible 14 p. 0/0 du territoire total (1890) alors qu'elles forment 44 p. 0/0 de celui de l'Angleterre, 48 p. 0/0 de celui de la Hollande. Cependant le progrès est sensible : les cultures fourragères et pacages couvrent 7,4 millions d'hect. (1890), au lieu de 5,7 en 1840. Sur ce total les prairies artificielles forment près de 2,500,000 hect. au lieu de 1,8 seulement en 1840. La plus-value résultant des irrigations est déjà considérable : sur les prairies naturelles non irriguées de la Sologne, le rendement à l'hectare est de 1,600 à 2,000 kilog., et sur les prairies irriguées de 4,500 à 8,000 kilog. Grâce aux irrigations, dans le département des Bouches-du-Rhône et dans certaines landes de la Bretagne, la valeur de l'hectare a décuplé : le canal de Marseille a transformé des coteaux dénudés en riches prairies. A raison de 6 quintaux de plus-value par hectare, et de 5 francs le quintal, on peut estimer le profit annuel des irrigations de 70 à 80 millions. Si l'on ajoute que les pâquis ne donnent que 2 quintaux et demi à l'hectare et laissent perdre l'engrais des animaux, on comprendra avec quelle persévérance il y a lieu de poursuivre l'établissement d'un bon système d'irrigations. Malheureusement, il s'en faut de beaucoup que ce système soit général, il s'étend sur 2,360,000 hect.; 1,755,000 hect. de prairies permanentes, 1,710,000 hect. d'herbages ne reçoivent aucune irrigation.

Plusieurs peuples ont compris le profit qu'ils pouvaient tirer de grands travaux d'irrigations : les réservoirs que les Égyptiens ont construits pour irriguer la vallée du Nil coûtèrent, paraît-il, autant d'efforts que les Pyramides ; le grand canal du Gange, qui a 300 kilom. de longueur, arrose environ 4 millions d'hect. La Chine a un complet système d'irrigations. Parmi les nations modernes, la Hollande, l'Italie et les États-Unis sont celles qui ont le mieux entendu la pratique de l'irrigation : les agriculteurs Lombards dérivaient du Pô un volume d'eau égal au débit de la Seine avant même l'ouverture du canal Cavour qui a augmenté très-notablement l'importance des irrigations. En France, quelques grands réservoirs d'irrigation en montagnes ont été construits, notamment ceux de Caromb et de Ternay[1].

319. Si les irrigations ne sont pas assez largement pratiquées en France, il n'en faut accuser ni la loi ni le gouvernement. Plusieurs lois postérieures au Code civil ont eu pour but de les développer. D'après l'article 644, les fonds riverains pouvaient seuls bénéficier du droit d'usage des eaux; c'était circonscrire d'une manière bien fâcheuse les bienfaits de l'irrigation; mais une loi du 29 avril 1845 établit une servitude d'aqueduc au profit des propriétés non riveraines, pourvu qu'elles appartiennent à un propriétaire riverain qui ait acquis le droit d'irrigation; de plus, elle permet de faire passer des rigoles sur les fonds intermédiaires, à l'exception des habitations ou enclos et jardins y attenant. Les propriétaires des fonds intermédiaires sont admis à réclamer contre la servitude d'aqueduc, et, dans ce cas, les tribunaux apprécient si le dommage qui en résulterait pour ces propriétés ne l'emporte pas sur les avantages qu'aurait l'établissement de la servitude[2]. Il faudrait sans doute ne pas faire dépendre absolument l'accès au droit d'irrigation de la condition que les fonds séparés du cours d'eau appartiennent à un propriétaire riverain. Sauf à régler, d'après le volume d'eau disponible, la limite jusqu'à laquelle il pourrait s'étendre, le droit d'irrigation devrait être accordé même aux exploitations non riveraines. C'est d'ailleurs ce que fait le nouveau projet[3].

La faculté d'irrigation a été élargie d'une autre manière par

---

[1] Ce dernier contient 3 millions de mètres cubes. V. sur les irrigations en France et à l'étranger, Ronna, 3 in-8° (dans la Bibliothèque agricole de Müntz) et Charpentier de Cossigny, *op. cit.*

[2] Au cas où la servitude est admise par le juge, les propriétaires lésés ont droit à une indemnité.

[3] Ce projet voté par le Sénat en 1883 n'a pas encore été discuté devant la Chambre des députés. — V. rapport Chambre députés, 1888, Annexes, *J. off.*, p 456.

la loi du 11 juillet 1847 : d'après le Code civil, le propriétaire du fonds bordant l'eau courante ne pouvait, sur la rive opposée qui appartient à un autre propriétaire, appuyer aucun barrage, ce qui cependant peut être indispensable pour élever l'eau destinée aux irrigations. Mais, aux termes de la loi de 1847, toute personne ayant un droit de prise d'eau peut appuyer les ouvrages nécessaires à cette prise d'eau sur les propriétés de la rive opposée. D'ailleurs, l'écoulement des eaux provenant de ces servitudes d'appui ou d'aqueduc est aussi, moyennant indemnité, imposé au propriétaire des fonds inférieurs. La loi de décembre 1888 a, sous les conditions qui ont été expliquées (n° 317), facilité la constitution d'associations syndicales, même autorisées, pour les travaux d'irrigations.

Enfin le projet de 1883 sur le régime des eaux, complète cet ensemble de dispositions par des règles générales sur les canaux d'irrigation entrepris par l'État, ou par voie de concession. C'est qu'en effet, les grands travaux de dérivation, par voies canalisées, seraient presque toujours au-dessus des forces de l'initiative privée. Des subventions peuvent être accordées pour dépenses de premier établissement. A diverses reprises, des récompenses pour travaux d'irrigations ont été décernées aux agriculteurs par le gouvernement.

320. **Utilisation des eaux-vannes.** — En ce qui concerne l'aménagement des eaux-vannes (eaux d'égout, vidanges, eaux industrielles des féculeries, distilleries, etc.), le premier intérêt est celui de la salubrité. L'écoulement direct dans les cours d'eau a de grands inconvénients. On sait que l'infection de la Tamise a été le point de départ des efforts faits en vue de donner, à la question de l'épuration des détritus organiques des villes et des fabriques, une solution rationnelle. Une importante loi anglaise de 1876 (*rivers pollution act*)[1], contient des mesures contre la projection directe dans les cours d'eau. Un règlement général ayant le même objet est contenu dans le projet de loi sur le régime des eaux. Deux systèmes sont autorisés. 1° Le premier se présente sous deux modes distincts : celui de la décantation et celui de l'épuration directe par des moyens chimiques. L'avantage de ce système est de n'exiger qu'une superficie très-

[1] V. *Ann. de législ. étrang*, 1877, p. 32.

restreinte, mais les inconvénients de la décantation, au point de vue de la salubrité publique, ne sauraient être exagérés ; on trouve qu'elle a de plus l'inconvénient de laisser perdre une partie des principes fertilisants. L'épuration directe par moyens chimiques ne peut être qu'incomplète et coûteuse. 2° Le second système consiste dans l'arrosage des terres cultivées ou des irrigations agricoles. On l'appelle système du *tout à l'égout* ou de la derivation, par aqueduc fermé, des eaux-vannes. On obtient ainsi une épuration complète ; le sol et les racines des plantes forment une sorte de crible qui retient les principes fertilisants ; les eaux qui s'écoulent ont ensuite au témoignage de beaucoup de savants une inocuité absolue. Les expériences d'abord faites en Angleterre (Norwood) ont été pleinement satisfaisantes. Malheureusement, la pratique de ces irrigations exige une surface fort étendue, rarement disponible, à proximité des grandes agglomérations d'habitants ; cette surface est évaluée à 6,000 hect. environ pour les eaux d'égout de Paris[1]. On a objecté aussi que de semblables irrigations seraient dangereuses pour la salubrité des campagnes irriguées. Il ne semble pas que jusqu'ici rien soit venu confirmer ces craintes fondées sur la présence dans le sol de germes pathogènes[2] : dans les exemples cités à l'appui de l'objection, notamment celui d'Edimbourg, l'insalubrité n'est-elle pas due, non au mode d'emploi des eaux dérivées, mais à cette circonstance que les aqueducs sont établis à ciel ouvert ? Néanmoins, à cause des doutes qui subsistent sur l'inocuité de l'irrigation directe, un troisième système a été proposé par M. Aimé Girard (système du *tout à l'usine*) consistant à transformer chimiquement les eaux-vannes en sels ammoniacaux et à n'envoyer aux irrigations que des eaux dépouillées de toutes matières organiques ; c'est celui qui a réuni les plus nombreux suffrages[3].

---

[1] Un projet pour l'utilisation agricole des eaux d'égout à Paris et l'assainissement de la Seine au moyen du refoulement des eaux d'égout dans un aqueduc fermé jusqu'à Argenteuil et Achères a été voté successivement par les deux Chambres, mais après modification par le Sénat (15 et 17 janv. 1889, il attend un nouveau vote de la Chambre des députés. V. le texte de ce projet Chambre, annexes, *J. off.*, 1889, p. 101 et 417.

[2] V. J. Bertillon, *Revue scientifique*, 1888, t. I, p. 268.

[3] Dans ce système une canalisation fermée porte à l'usine les eaux et matières déversées par les tuyaux de chûte de chaque maison. L'usine les transforme immédiatement. V. Dehérain, *op. cit.*, p. 647 et suiv.

L'intérêt agricole de l'utilisation des eaux-vannes est considérable : l'ensemble des principes fertilisants qu'elles contiennent est évalué pour la France de 200 à 250 millions. Les affecter à la culture ce serait créer des richesses beaucoup plus grandes encore. Quant à la mise en valeur des terres, les expériences faites par le *Metropolis sewage* à Londres et près de Paris dans la presqu'île de Gennevilliers sont des plus concluantes. A Gennevilliers, le prix de location des terres non irriguées varie de 90 à 120 francs l'hectare; dans les parties irriguées il s'élève de 400 à 500 fr. [1].

321. Régime des eaux nuisibles; drainages; assainissement; dessèchement de marais. — Les travaux de dérivation des eaux nuisibles ont un caractère mixte : ce sont des travaux d'intérêt agricole et d'assainissement. Ils consistent en drainages et dessèchement d'étangs et de marais. Enlever à la terre l'excès d'humidité est le but du drainage. C'est, avant tout, une opération agricole et accessoirement une opération de salubrité. Au point de vue agricole le bénéfice peut être double : 1° corriger l'excès d'humidité de certaines terres; 2° écouler sur d'autres terres ayant besoin d'être irriguées les eaux de drainage très-riches en nitrates. D'ingénieuses combinaisons de drainages et d'irrigations alternés sont appliquées en Allemagne [2]. En Angleterre surtout, le drainage a pris, à cause de la nature du sol, un grand développement; d'importantes subventions, 75 millions

---

[1] V. Rapport de Durand Claye, et *Assainissement de la Seine*, 3 vol. in-8°, 1876; V. aussi rapport de M. Cornil à la suite de son enquête à Berlin, Bourneville, *Assainissement des villes par l'utilisation agricole des eaux d'égout*, 1888. — Les municipalités se sont fait des illusions sur le côté financier des irrigations agricoles. A cause des grands travaux d'art d'installation dont elles ont la charge, l'opération ne peut être productive, au moins pendant longtemps; mais l'intérêt agricole n'est plus discutable. L'engrais dit *flamand* est pour beaucoup dans le succès de l'agriculture belge. Il est aussi employé avec profit dans plusieurs parties de la France, notamment dans le Dauphiné, le Lyonnais et le Nord-Est. M. Bobierre, dans sa *Chimie agricole,* estime qu'à raison d'une moyenne individuelle annuelle de 18 k 1/2, on aurait l'équivalent en blé de la nourriture de 37 jours; or, la production du blé en France présente un déficit moyen de 10 jours environ, et, en ne comptant qu'un boni de 20 p. 0/0 sur les engrais, la France pourrait exporter 900 millions de kilogr. de blé! — MM. Girardin et du Breuil (*op. cit.*) donnent des évaluations plus fortes encore.

[2] V. Ronna, *op. cit.*, p. 106 et suiv., et surtout Charpentier de Cossigny, *op. cit.*, p. 359, 368 et suiv.

de francs, y ont été consacrées ; des prêts considérables ont été faits aux fermiers.

En France, non seulement les propriétaires peuvent former des associations syndicales libres et même autorisées pour le drainage (loi de décembre 1888) mais une loi du 10 juin 1854 leur permet de conduire sous terre ou à ciel ouvert, à travers les propriétés voisines jusqu'au lieu d'écoulement, les eaux provenant des fonds drainés. En 1856, le Gouvernement crut devoir faire plus et une loi l'autorisa à affecter une somme de 100 millions, sous forme de prêts remboursables par annuités, aux entreprises de drainage. Cette mesure financière n'a reçu qu'une insignifiante exécution (avances pour moins de 2 millions, 1890 , et elle n'est entrée presque pour rien dans l'ensemble des travaux opérés.

Si des fonds sont submergés par des eaux stagnantes, le drainage ne suffirait pas à en opérer la dérivation. C'est pourquoi une loi du 29 avril 1845, a autorisé les propriétaires de terrains submergés à obtenir une servitude d'aqueduc sur les fonds qui séparent ces terrains d'un cours d'eau ou de toute autre sorte de dérivation ; c'est une servitude d'aqueduc inverse de la servitude de même genre à raison de l'irrigation. Plus de 100,000 hectares ont été assainis grâce à ces dispositions légales.

322. Le dessèchement des marais ou des étangs insalubres intéresse l'agriculture par ses résultats, puisqu'il livre à la culture des terrains ayant une grande puissance agricole , mais le but principal est l'assainissement. Aussi voit-on le législateur multiplier les moyens de favoriser ces entreprises d'intérêt général. Non seulement les propriétaires riverains peuvent former des associations syndicales autorisées, mais la loi du 16 septembre 1807 décide que les dessèchements jugés utiles ou nécessaires seront effectués, à défaut des intéressés, par l'État ou par des compagnies concessionnaires dont certaines obtiennent la garantie d'intérêt. Les propriétaires des terrains compris dans le périmètre des travaux doivent une indemnité de plus-value qu'ils ont l'option d'acquitter, soit en délaissant une partie de leurs biens, soit en constituant une rente sur le pied de 4 p. 0/0. On a critiqué l'insuffisance de cette indemnité au profit des concessionnaires. Évidemment, un placement à 4 p. 0/0 n'était pas suffisant jusqu'en ces derniers temps pour attirer les capitaux et pour compenser les chances de procès auxquelles les concessionnaires sont exposés. Le nouveau projet améliore la situation des concessionnaires, en admettant que la plus-value en argent ne pourra être fractionnée qu'en cinq annuités. Si cette disposition est adoptée, il faut espérer qu'elle activera l'œuvre du dessèchement des marais, et que l'on verra, comme en Angleterre, de puissantes sociétés se fonder pour les travaux d'assainissement et d'amélioration agricoles. En 1866, 140,000 hect. de marais ou étangs avaient été desséchés et livrés à la culture, et, à la même date, des projets pour 240,000 autres étaient à l'étude. Depuis, les travaux ont été poursuivis, notamment dans les Bouches-du-Rhône (marais de Fos), dans les Landes, la Gironde, la Loire-Inférieure. Des crédits figurent annuellement dans nos lois de finances pour les travaux de dessèchement[1], néanmoins la statistique agricole de 1882 relève encore l'existence de 328,000 hect. de terrains marécageux.

§ V.

Intervention de l'État. — Tutelle et police de l'agriculture.

323. Institutions tutélaires. Enseignement. Juridictions. Inspections. — L'intervention tutélaire de l'État se manifeste d'abord sans difficulté, sous forme de services administratifs[2], on a même parlé à diverses reprises de faire sortir ces conseils

---

[1] V. sur l'ensemble des entreprises d'hydraulique agricole subventionnées par l'État, notamment sur le dessèchement des marais, Chambre, session 1889, annexes, *J. off.*, p. 173 et suiv., et session extraordinaire de 1890, *J. off.*, p. 54 et suiv.

[2] Il serait hors de propos de décrire ici l'organisation ou les attributions des autorités administratives chargées de la direction des services de l'agriculture, du conseil général, du conseil supérieur, des chambres consultatives, etc... Il convient cependant de faire quelques remarques : les intérêts agricoles ne dépendent pas uniquement du ministère spécial, créé en 1881 ; pour les chemins vicinaux et la police rurale, ils ressortissent au ministère de l'intérieur ; pour un certain nombre de travaux d'intérêt général (dessèchement des marais, fixation des dunes, etc.), au ministère des travaux publics. Jusqu'en 1881, l'agriculture était réunie au commerce. Sous l'ancien régime elle dépendait du contrôle général des finances (V. Pigeonneau et de Foville, *l'Administration de l'agriculture au Contrôle des finances*, 1882). — Un ministère de l'agriculture a été créé en Angleterre et aux États-Unis en 1889.

de l'élection, de créer une véritable représentation légale de l'agriculture à plusieurs degrés [1], de conseils consultatifs destinés à mettre l'autorité en contact avec l'industrie agricole, et à lui faire connaître ses besoins généraux. Le patronage donné aux associations agricoles (comices et sociétés départementales d'agriculture) [2], l'institution des stations agronomiques [3], sont des modes d'intervention destinés à propager les meilleurs systèmes de culture, sur lesquels il ne semble pas non plus exister de dissentiment. L'État doit encore contribuer plus directement à former une élite de cultivateurs et à lutter contre l'ignorance, en prenant la direction de l'enseignement agricole à ses différents degrés.

En France, on a d'abord songé à un enseignement primaire supérieur donné dans les fermes-écoles (loi du 5 octobre 1848) [4]. Les écoles pratiques créées en 1875 n'étaient encore que des fermes-écoles mais d'un degré supérieur. Jusqu'en 1876, l'enseignement le plus élevé était donné dans les écoles nationales de Grignon, de Grand-Jouan et de Montpellier [5]. Il n'existait véritablement pas pour l'agriculture d'enseignement supérieur; grave lacune au sujet de laquelle Boussingault avait raison de dire que le progrès scientifique se propage de haut en bas. La création d'un institut agronomique a eu lieu par la loi du 9 août 1876. Les laboratoires des stations agronomiques complètent et

---

[1] V. Proposition de M. Méline et autres, session extraordinaire, 1889, Chambre, annexes, *J. off.*, p. 61 et session 1890, *id.*, p. 220, 372 et 488 et suiv.

[2] Indépendamment du patronage de l'État, ces associations sont reliées à la *Société nationale d'agriculture*, puissante association dont l'origine remonte à un arrêt du Conseil de 1761. Une autre grande association, la Société des agriculteurs de France, seconde, quoique d'une façon plus indépendante, l'action gouvernementale. Elle intervient très-activement dans les questions de science et de législation économique intéressant l'agriculture.

[3] Les stations agronomiques se livrent non seulement a des recherches scientifiques, mais transmettent aux cultivateurs les procédés d'application des cultures savantes, et font l'analyse des terres et des engrais.

[4] Le vice de ce système est l'instabilité : les fermes-écoles sont des exploitations privées subventionnées. Si le directeur fait de mauvaises affaires, la ferme-école disparaît. En 1872, il y en avait un moins grand nombre qu'en 1849.

[5] Grignon est le premier établissement de culture intensive qui, sur des terres médiocres, soit parvenu à réaliser des profits. Un certain nombre d'écoles pratiques dont plusieurs ont un objet tout spécial, par exemple la viticulture, la laiterie, les travaux d'irrigation ou de drainage, ont aussi été instituées.

décentralisent l'enseignement agricole supérieur. Restait à généraliser l'enseignement secondaire et à fonder un véritable enseignement primaire agricole. Pour l'enseignement primaire, la loi du 16 juin 1879 a fondé une chaire d'agriculture dans chaque département en vue de préparer, par l'instruction reçue à l'école normale primaire, les instituteurs communaux à donner plus tard à leurs élèves des notions élémentaires d'agriculture[1]. Quant à l'enseignement secondaire, aucune mesure générale n'a été prise jusqu'ici : on devrait l'organiser dans les collèges communaux[2].

L'un des premiers devoirs de l'État envers l'agriculture est l'administration de la justice, au sujet des différends auxquels donne lieu la pratique de l'industrie agricole. Non seulement on a demandé pour l'agriculture, comme pour le commerce, le bénéfice d'une législation spéciale, mais encore l'institution d'un ordre distinct de tribunaux. Ce vœu fut formulé dans l'enquête de 1866, et, depuis, diverses propositions de loi ayant pour objet la création de prud'hommes agriculteurs ont été soumises au Parlement; aucune n'a abouti. Assurément les intérêts agricoles ne sont pas moindres ni de nature moins délicate que ceux de l'industrie. Il n'est cependant pas probable qu'on en arrive à cette réforme. Si elle est réclamée en vue d'obtenir une procédure moins lente et moins coûteuse que la procédure ordinaire devant les tribunaux d'arrondissement, ne peut-on pas atteindre le même but par d'autres moyens, comme de généraliser la procédure sommaire ou d'étendre la compétence des juges de paix? Quant à instituer des juges ayant, comme les juges consulaires ou les prud'hommes, une compétence professionnelle que n'ont pas en général les juges civils, ce serait très-bien, sans doute, si les questions de propriété rurale n'étaient pas le plus souvent connexes aux questions purement agricoles. Par l'expertise, par l'intervention d'arbitres conciliateurs, à l'instar de ce qu'autorise l'article 429 du Code de procédure civile, on peut remédier au défaut de connaissances spéciales chez le juge.

[1] L'utile institution de bibliothèques agricoles dans les casernes contribue encore à la diffusion des connaissances agronomiques.
[2] C'est l'objet d'une proposition soumise par M. Rey à la Chambre des députés. V. Sess. extr. de 1889, p. 100 et 389.

324. Etablissements modèles. Encouragements, subventions et primes. — En principe l'État, dans l'agriculture comme dans les autres industries, n'est pas producteur ; il se borne à donner des encouragements en faveur de l'industrie privée. Pourtant, afin d'entretenir des animaux de choix destinés à fournir des types pour la propagation des bonnes races, l'État a institué des bergeries ou vacheries modèles et des haras (n° 319), où est donné d'ailleurs un enseignement pratique. Les concours agricoles et les récompenses décernées aux agriculteurs entretiennent entre eux une féconde émulation [1].

L'intervention tutélaire de l'État se manifeste encore de bien des manières, notamment : 1° par des subventions, des prêts ou des dégrèvements destinés à faciliter l'exécution de travaux d'assainissement et d'amélioration foncière, ou par l'exécution directe de certains de ces travaux (n°ˢ 310 et suiv.) ; 2° par des primes accordées à des branches de la production qui ne pourraient soutenir la concurrence étrangère, ainsi à la sériciculture, aux cultures du lin et du chanvre, loi du 13 janvier 1892 (n° 290) ; 3° par des exemptions d'impôt, notamment aux propriétaires de vignobles phylloxérés en vue d'en favoriser la reconstitution ; 4° par la vente à prix réduit de sels dénaturés, ou bien, comme en Belgique, de chaux et d'autres matières minérales propres aux améliorations foncières ; 5° par l'organisation du service météorologique dans les campagnes et la publication de documents statistiques, etc... Enfin, l'État aide au développement de la production par les sacrifices financiers qu'il fait en vue de l'amélioration des voies de communication ou de l'extension du réseau vicinal ; en procurant, en un mot, à l'agriculture, de quelque manière que ce soit, des débouchés faciles et des moyens de transport économiques [2].

325. Police préventive et répressive de l'agriculture. Police sanitaire. Animaux utiles ou nuisibles. Chasse. — La police rurale administrative ou judiciaire comporte un ensemble de mesures relatives à la salubrité publique, à la police des ani-

---

[1] V. sur l'institution de prix de spécialités agricoles et de prix culturaux, le décret du 28 décembre 1880.

[2] On a réclamé encore l'intervention de l'État pour l'organisation du crédit agricole et du service des assurances. L'examen de ces questions doit être renvoyé à la matière du crédit et à celle des assurances. (V. n°ˢ 692 et 1078 et suiv.)

maux domestiques, à la destruction des animaux nuisibles, aux fraudes et sophistications, etc... En France ces règles si importantes ne sont pas encore codifiées. Beaucoup sont imparfaites ou confuses. La police rurale doit former l'une des principales parties du Code rural en préparation[1]. Le pouvoir de police de l'État comporte en première ligne des mesures préventives contre les épizooties et les autres fléaux agricoles. Les lois de la police sanitaire agricole ont pour but de prévenir la propagation des maladies contagieuses des animaux, d'en interdire le transport et la mise en vente, de soumettre l'importation à des précautions spéciales ou même de la prohiber, enfin d'imposer, aux propriétaires d'animaux atteints, l'obligation de faire une déclaration et d'investir l'autorité du droit d'ordonner l'abattage sans indemnité. Au cas de typhus, il importe de prendre des mesures énergiques, non seulement contre les bêtes contaminées, mais aussi contre celles qui ont été exposées à la contagion. Suivant les cas, il peut être alors utile ou juste d'accorder aux propriétaires une indemnité[2].

Appartiennent aussi à la police sanitaire agricole, les dispositions prises en plusieurs pays contre le phylloxéra et contre le doryphora. En France, des mesures préventives (lois du 15 juillet 1878 et du 3 août 1879) se bornaient aux investigations sur les propriétés qui peuvent être exposées au fléau, au traitement d'office des vignes des régions phylloxérées, au concours financier donné aux syndicats formés par les propriétaires pour la submersion des vignes malades ou l'acquisition de cépages américains[3]. La loi du 16 décembre 1888 faisant un pas de

---

[1] V. le texte actuel du projet de la police rurale, dont plusieurs parties ont été discutées par le Sénat et même par la Chambre des députés depuis 1879. dans les annexes, Sénat, 1889 (*J. off.*, p. 242 et suiv.). Du projet primitif d'ensemble ont été détachés : 1° le règlement des vices rédhibitoires (loi du 4 août 1884); 2° la police des animaux employés à l'exploitation agricole (loi du 4 avril 1889 ; 3° la destruction des insectes ou végétaux nuisibles (loi du 24 déc. 1888).

[2] Au premier cas, l'indemnité (elle est en principe de la moitié de la valeur avant la maladie d'après le nouveau projet) a pour but d'intéresser les propriétaires à hâter leur déclaration ; au second cas, l'indemnité (fixée aux 3 4 de la valeur) est le prix d'une expropriation pour cause d'utilité publique.

[3] Malheureusement les mesures prises au début n'ont pas été assez énergiques. La superficie des vignobles détruits est actuellement de 780,000 hect.

plus décide que des syndicats autorisés pourront se former dès que l'invasion du fléau est menaçante. A l'étranger des mesures plus radicales ont été prises. En Italie, en Espagne et en Allemagne contre le phylloxéra, en Belgique contre le doryphora, la loi a autorisé l'arrachage d'autorité. Enfin l'importation des plants, arbustes et produits des pépinières a été, soit prohibée (comme en Italie), soit soumise à des mesures très-restrictives en vertu d'une convention internationale tenue à Berne en 1878. Les parties du territoire déjà envahies sont relevées de cette interdiction d'importation qui, relativement aux cépages américains, aurait pour effet de mettre obstacle à la reconstitution des vignobles [1].

La destruction des animaux nuisibles, la conservation des espèces utiles, notamment celle des oiseaux insectivores, est pour l'agriculture un intérêt de premier ordre. On évalue à environ 50 millions les pertes annuelles en animaux domestiques causées par la dent des loups : aussi, en ces dernières années, s'est-on préoccupé justement des moyens de faciliter les battues soumises à une législation restrictive et de rendre plus efficace le système des primes allouées à la destruction des loups et des sangliers [2].

Mais ce sont les insectes qui causent les plus grands ravages. Déjà, en 1861, Bonjean signalait dans un savant rapport l'étendue du mal [3]; le charançon, le hanneton, la chenille dévastent d'autant plus les récoltes que la population des oiseaux insectivores diminue. M. de la Sicotière, auteur de l'importante proposition de loi (1878) qui a enfin abouti en 1888, conclut ainsi : « En admettant que la production en France, année moyenne, dans son ensemble, représente une valeur de 3 milliards, il faut reconnaître, avec un savant entomologiste, Guérin-Menneville, que les dommages annuels atteignent le dixième, le cinquième, parfois même le quart des récoltes, soit au minimum 300 millions. » Cette évaluation n'est pas excessive, car, selon M. Grandeau, les pertes imputables aux larves de hannetons tous les trois ans s'élèvent presque à cette valeur de 300 mil-

---

[1] V. au sujet des conditions de cette mainlevée d'interdiction, disc., *Sénat*, 29 juin 1891.

[2] V. sur la destruction des loups la loi du 3 août 1882.

[3] V. *Moniteur*, 24 et 25 juin 1861.

lions. Contre un mal si grand, la loi est-elle impuissante ? En France, le législateur ne s'était soucié que de la destruction des chenilles, en imposant aux propriétaires, mais d'une façon incomplète encore, l'obligation de l'échenillage (loi du 24 ventôse an IV). A l'étranger, en Angleterre, en Belgique, en Suisse, etc., des mesures plus générales et mieux entendues avaient été prises depuis une quinzaine d'années. La loi de 1888 autorise les préfets à prendre des arrêtés pour prévenir ou empêcher l'extension des dommages causés par les insectes[1] ou les végétaux nuisibles. Peut-être, les moyens directs de destruction ne sont-ils pas toujours d'une application bien aisée ; au contraire, rien n'est plus simple que de pourvoir à la conservation des oiseaux utiles, de leurs nids et couvées[2].

326. Législation des engrais. — Jusqu'en 1867, dans la plupart des cas, aucune disposition dans nos lois pénales ne permettait d'obtenir la répression des fraudes audacieuses qui se commettaient dans le commerce des engrais industriels. En 1867 (loi du 27 juillet) les fraudes sur le dosage et la tentative de tromperie jusque-là impunies tombèrent sous le coup de la loi, mais la simple mise en vente d'engrais falsifiés ou mélangés à des substances inertes n'était pas punie. Faute d'obligations spéciales imposées aux vendeurs, il était très-difficile de démasquer les fraudes, et, dans la plupart des cas, le recours aux tribunaux eût été illusoire. D'ailleurs, les marchands d'engrais spéculant sur le besoin de crédit des agriculteurs et sur le renouvellement des billets à terme, les cultivateurs se trouvaient sous leur dépendance. Pour remédier à ce fâcheux état de choses, il se forma des associations syndicales ayant pour objet l'achat ou le contrôle des engrais : l'association délivrait un bon au cultivateur pour l'achat d'une certaine quantité d'engrais ayant une composition déterminée, et le vendeur devait faire sa facture de livraison conforme aux déclarations contenues sur le bon d'achat. Aujourd'hui ces précautions ne sont plus nécessaires et l'entremise du syndicat ou de la station agronomique n'a plus d'autre raison d'être que les instructions données sur les proprié-

---

[1] La police des autres animaux destructeurs est réglée partie par la loi du 3 août 1882, partie par le projet général de police rurale.

[2] La conservation des animaux insectivores fait l'objet d'une série d'articles du projet général de la police rurale.

tés et l'emploi utile des engrais. En effet une loi nouvelle du 4 février 1888, imitant plusieurs lois étrangères, impose au vendeur l'obligation de faire connaître à l'acheteur la provenance naturelle ou industrielle de l'engrais ou de l'amendement vendu et sa teneur en principes fertilisants (exprimée en poids d'azote, d'acide phosphorique ou de potasse [1]).

§ VI.

Économie forestière. Reboisements et gazonnements.

327. Propriété forestière privée ou domaniale. Conservation. — Les superficies boisées sont soumises à deux systèmes de propriété, la propriété privée et la propriété domaniale. Cette distinction domine l'ensemble de l'économie forestière. — Des raisons d'intérêt public ont fait établir un régime spécial pour la propriété forestière : on sait en effet quelle influence exerce la végétation ligneuse sur la distribution des eaux de pluie et combien les pentes boisées retiennent les terres et s'opposent à l'ensablement des vallées, aux inondations désastreuses, à la stérilité causée par la sécheresse. Ces raisons générales motivent des restrictions au droit de propriété privée. En règle ordinaire, l'exploitation et l'aménagement sont libres, mais, dans un certain nombre de cas énumérés par l'article 220 C. for., l'intérêt général exige la conservation de l'état boisé, et le défrichement ne peut avoir lieu que si l'administration ne s'y oppose pas [2]. C'est qu'en effet, si dans les pays neufs, tels que les États-Unis, le Canada, le Brésil, le défrichement des superficies boisées est une œuvre de civilisation, dans les pays de l'Europe occidentale où la conservation des richesses forestières est l'un des intérêts essentiels des

---

[1] Cons. sur l'application de ces prescriptions le décret du 10 mai 1889. V. Grandeau, *Études agron.*, 5ᵉ série, p. 265 et suiv.; Dehérain, *op. cit.*, p. 824 et suiv.

[2] Le droit de défricher reconnu en principe dès 1791, et suspendu en 1803, a été consacré de nouveau par la loi du 18 juin 1859. Le défrichement peut avoir lieu, même sans déclaration préalable, dans les hypothèses énoncées par l'art. 224 C. for. — De 1828 à 1883, l'autorisation de défrichement a été accordée pour 470,600 hect. de bois de particuliers. On a reboisé 220,000 hect. seulement avant 1875. Depuis, les reboisements ont repris plus de faveur.

sociétés, le défrichement est le plus souvent une œuvre de vandalisme motivé par l'appât de la réalisation d'une part notable du capital immobilier et de la plus-value des terres mises en culture. L'interêt général a fait aussi proscrire (art. 78 à 120 C. for.) les conventions par lesquelles les proprietaires de forêts consentiraient des droits de pacage pour les moutons ; quant au grand bétail, les agents forestiers interviennent encore pour déclarer quelles sont les parties de bois défensables, c'est-à-dire dont l'ecorce est assez résistante pour subir sans dommage les atteintes des bestiaux.

Au point de vue de la conservation, le régime domanial donne certainement de plus grandes garanties[1]. En France, la conservation des richesses forestières domaniales de l'État et des communes soumises au régime forestier est confiée à des agents recrutés parmi les élèves de l'école de Nancy et de plusieurs écoles forestières secondaires. Par ses méthodes de sylviculture, son action pour la répression des delits forestiers, l'administration des forêts a rendu en France les plus grands services[2]. Grâce aux opérations du cantonnement, facilitées par un décret du 19 mai 1857, elle est parvenue à dégrever plus de 200,000 hect. de forêts domaniales des usages au pâturage[3].

---

[1] Notamment à cause de l'obligation de mettre en réserve un quart de leurs forêts qu'il impose aux communes. C. for., art. 93. — Il est vrai que le quart de réserve, à la différence de notre ancien droit, peut être traité en taillis aussi bien qu'en futaies.

[2] Les forêts ressortissaient au ministère des finances. Plusieurs fois, la translation du service des forêts au ministère de l'agriculture avait été réclamée. On prétendait qu'une administration fiscale n'est pas conservatrice de sa nature ; qu'à la tête de ce service, il faut des hommes pénétrés de la nécessité sociale de la conservation des forêts pour qui elles soient autre chose qu'une source de revenus domaniaux. Cette opinion s'est produite avec une remarquable insistance dans l'enquête agricole de 1866. Elle a triomphé avec le décret du 15 décembre 1877. — Quoi qu'on puisse penser de cette réforme, il ne paraît pas que l'adjonction des forêts aux finances ait compromis en France les intérêts de la propriété forestière. — Ce n'est pas en France seulement que l'État a le souci de la conservation forestière. Dans la constitution suisse révisée, un droit de haute surveillance sur les forêts est reconnu à la confédération ; loi du 24 décembre 1874. Cf. sur les mesures de conservation adoptées par les législations étrangères spécialement par l'Allemagne, Helferich dans le *Handbuch* de Schönberg, t. II, p. 285 et suiv.

[3] V. sur le cantonnement, art. 64 et suiv. C. for. Cf. Puton, *Législation forestière*.

328. Propriété forestière. — Exploitation. — Les forêts domaniales de l'État et beaucoup de forêts communales sont pour l'aménagement aussi bien que pour la conservation soumises au régime forestier, et dès lors le principe de l'exploitation est la constitution de futaies, lesquelles sont beaucoup plus productives que les taillis. C'est dans cette différence même que gît la supériorité de la propriété forestière domaniale sur la propriété privée. En effet, un particulier ne pourrait pas généralement s'accommoder d'un aménagement séculaire : l'État et les communes sont ordinairement les seuls propriétaires assez riches pour ne pas céder à la tentation de réaliser le matériel bois. Laisser croître une futaie, c'est travailler pour les générations futures, sacrifier le présent à l'avenir. Il est cependant bien reconnu que, lorsque la futaie est constituée, elle donne un rendement beaucoup plus élevé que le taillis. Le produit en matière par arbre augmente plus que proportionnellement avec l'âge : le volume des chênes est à 30 ans de $0^{mc},110$, à 90 ans de $0^{mc},660$ à 120 ans de $1^{mc},430$, à 150 ans de $2^{mc}380$ [1]. Il est donc avantageux, quant à la richesse générale, qu'il y ait d'importantes forêts domaniales, puisque l'État et les communes peuvent mieux que les particuliers laisser croître les hautes futaies ou tout au moins exploiter en taillis sous futaie. C'est pour la sylviculture ce qu'est la culture intensive pour l'agriculture. L'exploitation des taillis correspond au contraire à la culture extensive. L'augmentation de revenu vient non de ce que la forêt donne plus de bois par unité de superficie mais de ce que la qualité du bois augmente avec l'âge. Le bois de 20 ans (charbonnette) vaut 4 francs le mètre cube, à 25 ans (rondin) il vaut 8 francs ; la même unité de volume pour le bois d'œuvre atteint jusqu'à 100 francs. Sur 30 hectares de pineraie aménagée à 30 ans chaque hectare de coupe vaut 900 francs et le capital bois 9,000 francs l'hectare ; le même domaine aménagé à 60 ans donne pour un demi-hectare de coupe par an 1,800 francs et le matériel bois vaut 36,000 francs [2].

[1] V. Puton, *Traité d'économie forestière*, 1888, p. 182 et suiv.

[2] Avant 1876 le revenu moyen par hectare de bois domaniaux était de 40 fr. Depuis 1876 le rendement est descendu par hectare à 27 fr. 35 ; notamment à cause des travaux de sylviculture pour le reboisement qui ont coûté plus de 25 millions sur les forêts domaniales, ce revenu réduit est encore bien

Un particulier, fût-il assez riche pour se priver de ses revenus et laisser se constituer une forêt séculaire, préférerait encore l'exploitation en taillis simple, parce qu'elle donne, relativement au capital, un taux de revenu superieur : sur 1 hectare de 500 francs en sapins et hêtres le produit est de 400 francs à 20 ans, soit le taux de 2,04 p. 0/0; à 150 ans le produit serait de 8,000 francs d'où un taux de placement réduit à 1 fr. 90 et qui serait encore décroissant pour un âge de bois plus avancé. Sur un sol de même valeur, l'exploitation en taillis procure un revenu annuel d'abord progressif avec l'âge du bois mais qui décroît après avoir atteint un maximum en sorte que l'abaissement du taux est caractéristique des exploitations intensives[1]; or, ce qui importe au propriétaire exploitant, ce n'est pas le maximum de produit brut, mais le rapport entre le revenu et la valeur du capital forestier. Ce qui importe au pays, c'est au contraire d'élever des arbres de futaies « de faire des arbres[2]. »

329. Statistique forestière. France et autres pays. — La moyenne de la superficie boisée en Europe est de 29 p. 0/0; en France, la proportion s'abaisse à 17 p. 0/0; l'Ouest et le Midi du territoire français sont surtout très-pauvres en forêts. Sur environ 295 millions d'hectares de bois et forêts que possède l'Europe, la France n'en a pour sa part que 9,455,000 depuis la perte de l'Alsace et de la Lorraine). 1 million d'hectares appartiennent à l'État et 1,900,000 aux communes, tout le reste 6,500,000, soit près des 2/3 est aux particuliers[3]. A elle seule, la Russie renferme les 7/10° de la superficie boisée de l'Europe, soit 205 millions d'hectares (38 p. 0/0 du territoire russe) dont 127 millions en forêts

---

supérieur au revenu moyen de l'hectare des bois particuliers qui ne dépasserait pas 12 fr. Il est vrai que, sur les 5,4 millions d'hectares de bois particuliers, il en est une notable partie constituée par des fourrasses à peu près improductives. Sur l'insuffisance du produit des forêts V. discussion à la Chambre des députés, 3 février 1887. V. Puton, *Traité d'écon. forestière,* passim.

[1] V. Puton, *Traité d'aménagement des forêts*, 1891, 2 in-8°. — Cf. les tables de Fichte et Kiener reproduites par Helferich dans Schönberg, *op. cit.*, t. II, p. 251 à 285.

[2] C'est la conclusion de M. Puton, t. II, p. 248 et suiv., *Traité de l'aménagement des forêts.* D'autres raisons, des raisons financières peuvent militer aussi en faveur du régime domanial (V. ci-dessous, n°° 1212, 1213).

[3] Les forêts domaniales avaient, en 1795, une superficie de 2,592,000 hect.! Chaque année, des défrichements de forêts communales sont autorisés : 800 à 900 hect. en moyenne.

domaniales; les forêts de la Suède et de la Norwège couvrent presqu'un autre dixième (25 millions d'hectares); aussi ce sont en Europe les grands pays producteurs. L'Allemagne (13,9 millions dont 4,5 de forêts domaniales de l'État) et l'Autriche-Hongrie (18 millions) qui viennent ensuite, fournissent cependant encore un contingent assez considérable à l'exportation. Dans un avenir peu éloigné les exportations excessives des pays du Nord de l'Europe devront se restreindre et c'est aux ressources forestières des autres continents qu'on sera contraint de faire appel. Les principales réserves forestières du monde se trouvent dans l'Amérique du Sud, au Canada, aux Indes, sans parler de celles que recèle le continent Africain et qui, d'après Stanley, sont immenses. — En France, la production forestière est de moins en moins suffisante pour la consommation, malgré l'emploi de la houille dans la métallurgie et l'usage aujourd'hui si fréquent du fer dans les constructions. Nous consommons 31,5 millions de mètres cubes et n'en produisons que 25 millions; de là un excédent des importations sur les exportations qui a doublé depuis 1860 (200 millions de fr. 1877-85; 140 millions dans la dernière période quinquennale 1886-90). Conserver les forêts, c'est réserver au travail national l'un de ses aliments les plus importants [1], mais il faut tenir compte de ce que cette conservation est imposée au propriétaire lors même que le revenu forestier deviendrait insuffisant; or les importations croissantes de bois étrangers ont produit une moins-value d'environ un tiers (n° 755).

330. Reboisements et gazonnements. — L'influence de superficies boisées sur le climat ou sur le régime des eaux et l'effet désastreux des déboisements dans les contrées montagneuses ont déjà été signalés (n° 139). Cependant les habitants des pays de montagnes, ne pouvant en bien des cas exploiter les forêts à cause de l'insuffisance des débouchés ou des voies de communication, paraissent avoir intérêt au déboisement pour livrer le sol au pâturage. C'est ainsi qu'en France le déboisement fit d'effrayants progrès jusqu'au moment où les inondations de 1856 forcèrent à prendre des mesures protectrices pour les ha-

---

[1] La forêt fournit du travail directement à 200,000 bûcherons, charbonniers et alimente les industries des ouvrages en bois, lesquelles emploient 240,000 patrons et ouvriers.

bitants des vallées. Aussi bien, la dénudation des montagnes déboisées devenait de jour en jour plus complète et par conséquent plus dangereuse par l'effet du pâturage des moutons qui arrachent l'herbe et piétinent le sol ; l'action des moutons sur le sol est l'une des causes de l'aridité des sierras de l'Espagne et du régime torrentiel de ses cours d'eau. En 1860, on évaluait à 1,100,000 hectares les superficies à reboiser ou tout au moins à regazonner en France. Le regazonnement n'a pas la même efficacité que le reboisement ; en bien des cas cependant il peut suffire[1]. Les périmètres sur lesquels les travaux ont été considérés comme ayant un caractère de nécessité absolue s'étendent sur 254,000 hectares à restaurer et 213,000 dont au préalable il sera nécessaire de faire l'acquisition.

Des mesures énergiques pour faciliter les reboisements ont été prises par la plupart des législations étrangères[2]. En France, l'œuvre de reconstitution a commencé en 1860 (lois du 28 juillet 1860, 8 juin 1864). Elle a été accentuée en 1882. Les lois de 1860 et de 1864 ont posé la distinction des travaux facultatifs et des travaux obligatoires. Lorsque le reboisement ou le gazonnement est utile sans être indispensable, l'État l'encourage en délivrant aux propriétaires des graines et des plants forestiers. Si, par suite de l'état du sol et des dangers qui en résultent pour les terrains inférieurs, le reboisement est reconnu nécessaire, l'utilité publique en est déclarée, et les particuliers, dont les propriétés sont situées dans le périmètre déterminé par

---

[1] Voici en quels termes M. Alicot expliquait les effets des travaux de reboisement dans un rapport à la Chambre des députés en 1877 : « Vers les cimes, sur les plateaux que la nature réserve au gazon, la neige opérera sa fusion avec beaucoup plus de lenteur qu'au contact de la terre et de la roche nue ; le tapis végétal feutré et spongieux retiendra dans son lacis une portion considérable de l'eau provenant de la fonte des neiges..... Ce qui ne sera bu ni par le sol ni par le gazon s'écoulera avec une vitesse très-amoindrie. Parvenue à la zone forestière située au-dessous de la zone des pâturages, cette eau rencontrera des obstacles plus nombreux encore à son écoulement. » — Comme conséquence de cette action sur le débit des eaux, les forêts concourent à la fixation des sols en pente. Cf. sur le reboisement, Clavé (*Revue des Deux-Mondes*), 1er février 1881), et surtout de Venel, *Nouveau dictionnaire d'Économie politique*, t. I, p. 1046 et suiv.

[2] Suisse, loi du 24 mars 1876 ; Allemagne, loi du 6 juillet 1875 ; Italie, loi du 20 juin 1877 ; Suisse loi du 22 juillet 1877 ; Hongrie, loi de 1879 ; Russie, loi du 4 avril 1889. (V. *Ann. de législ. étrang.*, 1876, p. 467 ; 1877, p. 540 et suiv. ; 1878, p. 388 ; 1880, p. 317 ; 1889, p. 570).

le décret, doivent effectuer eux-mêmes le reboisement dans les conditions et les délais fixés, sinon subir l'expropriation[1]. Des dispositions analogues permettaient à l'État d'entreprendre le reboisement sur les terrains des communes ou des établissements publics, seulement, d'après les lois de 1860 et de 1864, on ne procédait pas, pour ces propriétés par voie d'expropriation; l'administration forestière les occupait ou en interdisait la jouissance; l'État agissait dans le périmètre des travaux comme s'il en avait acquis la propriété. Les travaux terminés, la commune pouvait reprendre les terrains, à charge de rembourser à l'État ses avances, ou bien lui abandonner la moitié de la propriété dans le cas où, après dix ans, elle n'était plus admise à faire le remboursement.

Cette législation était critiquable sous plusieurs rapports. D'un côté, elle imposait aux communes, à moins d'abandon de la moitié de leur propriété, le paiement de travaux qui n'étaient pas faits exclusivement dans leur intérêt, mais plutôt en vue de l'intérêt public. Mieux eût valu le droit commun, c'est-à-dire l'expropriation. Par suite de la prise de possession par l'administration forestière, les populations qui n'ont d'autres ressources que l'élevage des troupeaux et les dépaissances communales étaient sacrifiées. En sens inverse, la loi de 1860 ne donnait pas à l'administration forestière une action assez libre. Les ensemencements et plantations ne pouvaient être faits annuellement que sur 1/20e des terrains, à moins d'une délibération permissive du conseil municipal; or, comme le disait le directeur Faré à la Chambre des députés, « les torrents n'attendent pas, les inondations n'attendent pas! » De 1861 à 1876, les travaux facultatifs n'ont porté que sur 47,600 hectares et les travaux obligatoires sur 29,500. L'œuvre si nécessaire du reboisement était donc beaucoup trop lente. La dépense totale n'atteignait pas 13 millions, somme bien faible assurément si on la compare aux pertes matérielles d'une seule grande inondation[2]. A la suite des

---

[1] Toutefois la loi laissait aux propriétaires expropriés après le reboisement, la faculté de se faire réintégrer dans leurs droits en remboursant, outre l'indemnité d'expropriation, le prix des travaux en principal et intérêt; s'il remboursait l'indemnité d'expropriation seule, l'exproprié rentrait dans la moitié de son bien.

[2] Encore cette dépense comprenait-elle, outre le reboisement ou gazonne-

inondations de 1875, la Chambre des députés fut saisie de projets qui furent successivement amendés par l'une et l'autre des deux Chambres et qui n'aboutirent pas avant 1882.

La loi du 4 avril 1882 (complétée par le décret du 11 juillet 1882), supprime la distinction entre le mode d'action sur les propriétés privées et sur les propriétés communales. Lorsqu'il s'agit de travaux de restauration déclarés nécessaires par une loi, l'État les exécute après expropriation dans toute l'étendue des périmètres délimités après enquête, si les propriétaires ou les communes ne sont pas disposés à les exécuter eux-mêmes. L'État a ainsi acquis 70,000 hectares (1889) sur plus de 210,000 dont l'acquisition est reconnue urgente. Il n'y a donc plus trace dans la loi nouvelle des limitations ou atermoiements qui pouvaient résulter de l'opposition des communes. En revanche, l'expropriation une fois faite et les travaux opérés par l'État, la reprise de la propriété n'est plus permise. A côté de l'exécution par l'État ou par les particuliers la loi consacre une solution mixte à savoir : l'exécution des travaux par associations syndicales entre les propriétaires ; et, bien que la loi de 1884 ne vise que les associations libres, il n'est guère douteux que depuis 1888 il ne puisse, pour les opérations de restauration en montagne, se constituer des syndicats autorisés en vertu de la loi de 1888. En dehors des périmètres des terrains à restaurer pour les travaux utiles, mais non absolument nécessaires, le principe des subventions en nature, en argent ou en travaux est maintenu. Grâce à ces subventions qui ont absorbé plus de 50 millions, 85,000 hectares de forêts particulières ou communales ont été reconstituées. Enfin, une lacune est comblée en ce qui concerne la réglementation des pâturages en pays de montagnes. Pour éviter que le pâturage, par ses abus, ne dégénère en défrichement, la mise en défens peut être ordonnée pendant dix ans. La privation temporaire du pâturage donne d'ailleurs droit à une indemnité. Après les dix ans l'État ne peut maintenir la mise en défens qu'en poursuivant l'expropriation. Dans tous les cas, les pâturages sur le territoire des communes désignées par arrêté

---

ment proprement dit, les travaux préparatoires de restauration du sol, clayonnages, fascinages et barrages. V. sur ces opérations les documents publiés par l'administration des forêts, cités n° 139.

préfectoral sont soumis à des mesures limitatives soit quant à la nature, soit quant à la durée des pâturages [1].

D'autres travaux d'intérêt public consistant en plantations sont ceux qui sont entrepris pour fixer les dunes mobiles que l'Océan menace et qui menacent, par contre, d'envahir l'intérieur du pays.

§ VII.

Industries de la chasse et de la pêche.

331. Les industries de la chasse et de la pêche, seules industries des peuples primitifs (n°ˢ 43 et 44) ont été classées parmi les industries extractives, dans la constitution économique des sociétés civilisées; mais, parmi les industries extractives, elles se placent plutôt immédiatement à côté de l'agriculture : 1° Ce sont pour la plupart des industries alimentaires qui fournissent une portion importante de la nourriture animale. La pêche maritime (grandes pêches et pêche côtière réunies) a encore une réelle importance malgré une décadence sensible; elle occupe en France 85,000 hommes (1887) montés sur 24,200 bateaux [2]. La seule pêche de hareng donne de 30 à 45,000 tonnes métriques, celle de la morue 40,000. La valeur des produits de la pêche atteint pour la France une moyenne de 90 millions de francs. L'Angleterre, le Canada, les États-Unis ont des pêcheries beaucoup plus considérables que les nôtres [3]. 2° Ce sont de plus des industries qui, comme l'agriculture, agissent sur la nature animée et, rationnellement, doivent être réglées de façon à ne pas être déprédatrices; les lois sur la police de la pêche maritime et de la pêche fluviale ou côtière ont pour objet principal la conservation des existences en poisson [4] ou le règlement des

[1] Cf. Guichet, *Législation de la restauration des terrains en montagne*, Nancy, 1887.

[2] Les pêches à pied occupent 61,000 pêcheurs. Il existe sur nos côtes de nombreuses pêcheries sédentaires. La pêche des moules, crustacés, etc., a une assez grande importance.

[3] En Angleterre les pêcheries maritimes occupent 120,000 marins et 80,000 autres personnes vivent des pêcheries à pied. Le produit total est évalué à près de 240 millions de fr. V. Buchenberger dans Schönberg, t. II, p. 323.

[4] Malheureusement, pour la pêche côtière surtout, l'inobservation des

conflits qui pourraient survenir entre pêcheurs. Tel est notamment l'objet de la Convention internationale de 1882 sur la police des pêcheries dans la mer du Nord. On ne se contente pas de veiller à la conservation du poisson, on applique aujourd'hui d'ingénieux procédés de peuplement. La pisciculture et l'ostréiculture sont devenues en quelque sorte l'agriculture des eaux douces et de l'Océan [1]. La multiplication et l'acclimatation des salmonides (saumons de Californie) dans les eaux fluviales est le plus notable exemple des progrès de cette branche spéciale de la production alimentaire.

Quant à la chasse, bien que le principe de la liberté ait fait place au privilège régalien et seigneurial, les lois de police s'interposent pour prévenir la destruction du gibier; la conservation forestière a aussi indirectement cet effet. Toutefois ici pour les animaux nuisibles à l'agriculture, l'intérêt de la production agricole l'emporte de beaucoup sur celui des ressources alimentaires que la chasse peut procurer [2].

règlements a causé un dépeuplement des eaux dont les pouvoirs publics ont fini par s'inquiéter. — V. sur la législation étrangère, Buchenberger, *op. cit.*, p. 331 et suiv.

[1] V. sur la pisciculture et le repeuplement des eaux, les travaux de Coste et de Millet. V. aussi l'enquête senatoriale de 1881 et 1882, Rapport Bonnet, *J. off.*, Annexes, Sénat, 1883, p. 1013. — L'ostréiculture, pratiquée dans plusieurs milliers d'établissements, emploie environ 30,000 personnes. Les parcs à huîtres couvrent 13,000 hect. — Les salaisons donnent aussi aux populations côtières des sources importantes de revenus et de salaires. V. sur cette industrie les rapports officiels au ministre de la marine et *J. off.*, 8 déc. 1889. Cf. Clavé, *Rev. des Deux-Mondes*, 1er déc. 1883.

[2] V. sur tout ceci, Lorey dans Schönberg, t. II, p. 306 et suiv.

CHAPITRE II.

INDUSTRIES MINIÈRES.

———

332. L'industrie des mines fournit aux autres industries de production les matières que celles-ci transforment. La houille, le minerai de fer, les matériaux de construction, sont pour ainsi dire les aliments quotidiens de l'industrie. Sur la production minière se mesure l'activité des industries manufacturières et celle des industries de transport.

Les industries minières sont extractives : elles enlèvent au sol sans rien lui rendre. Par là, elles diffèrent essentiellement de l'agriculture qui entretient la vie des êtres organiques en reconstituant sans cesse la force productive du sol.

L'homme ne peut suppléer à l'absence des richesses minerales, encore moins recomposer celles dont il fait usage. Produites par des causes géologiques, pendant des milliers de siècles, on ne saurait affirmer que l'action des forces naturelles actuelles en reformera jamais de semblables. Aussi, plusieurs des substances minérales étant au nombre des éléments les plus précieux de la richesse publique, importe-t-il beaucoup que le législateur prenne des mesures propres tant à en assurer l'exploitation régulière qu'à en prévenir le gaspillage.

Un pays qui est dépourvu des richesses minérales indispensables à l'industrie doit les importer d'autres pays s'il ne veut point se condamner à n'avoir pas de manufactures. Mais c'est là une infériorité très-grande pour la production nationale[1]. Par suite, on ne saurait se faire une idée exacte de la situation des industries d'un État, si l'on n'avait égard qu'aux quantités consommées, et pourtant il est intéressant de savoir si la consomma-

---

[1] Bien que l'action de l'homme, relativement à l'inégale répartition des richesses minérales, soit en général impuissante, notons cependant que cette impuissance est atténuée par suite des découvertes de la science, qui permettent l'exploitation lucrative de minerais trop pauvres pour être utilisés dans les procédés de traitement direct autrefois seuls connus.

tion est alimentée par la production minière intérieure, ou par celle des pays étrangers. Voilà pourquoi, dans l'étude des principales industries minières, les questions de consommation intérieure et de production sont pour ainsi dire inséparables.

On peut grouper en trois catégories les matières minérales qui sont extraites par les industries minières : 1° les combustibles minéraux [1]; 2° les métaux et les minerais métalliques; 3° les matériaux destinés à l'industrie du bâtiment ou aux amendements agricoles.

333. Extraction et consommation des combustibles minéraux (houille, lignite et anthracite). — Il serait inutile d'insister sur la multiplicité des usages de la houille [2] : aux manufactures et industries diverses elle donne le combustible et indirectement la force motrice. Le chauffage domestique n'absorbe que 1/10ᵉ environ de la consommation totale; l'industrie des transports n'en emploie guère plus de 11 p. 0/0 [3]; les 4/5ᵉˢ sont dirigés vers les manufactures, fabriques, usines à gaz, etc., Une seule industrie, la métallurgie prend 16 p. 0 0 de la consommation totale. L'usine Krupp à Essen consomme de 800 à 900,000 tonnes. L'emploi du combustible minéral dans la métallurgie étant l'effet d'une révolution industrielle toute récente, on doit s'attendre à ce que, depuis qu'elle s'est opérée, la production houillère se soit accrue dans une proportion considérable. C'est bien, en effet, ce qui a eu lieu.

[1] A côté des combustibles minéraux, signalons pour mémoire l'extraction et la raffinerie du pétrole. C'est l'une des grandes industries de la Pensylvanie, de l'Ohio aux États-Unis et du district de Bakou en Russie. La production totale est de 60 à 65 millions d'hectol. Aux États-Unis on compte plus de 4 000 puits dont plusieurs livrent 2,400 hectol. par jour. Le pétrole est conduit par canalisation souterraine jusqu'aux principaux centres de consommation ou de raffinage. De même en Russie le naphte est amené par tuyaux jusqu'aux grandes raffineries de Bakou. Les raffineries de pétrole installées en France sont de très-importants établissements destinés peut-être à disparaître par suite des progrès de la raffinerie sur les lieux de production, mais, actuellement, on importe en France (1890) près de 200 millions de kilg. de pétrole brut et seulement une vingtaine de millions de pétrole raffiné.

[2] Nous ne faisons que mentionner d'autres industries qui dérivent directement de la houille : celles des huiles de goudron, des couleurs d'aniline, des essences artificielles (pour la parfumerie), de la saccharine, des engrais ammoniacaux, etc...

[3] Les chemins de fer en France, en 1889, ont consommé 3,5 millions de tonnes sur 33,5 millions. — V. sur la consommation de la houille, *Statistique de l'industrie minérale* (min. des travaux publics), in-4°, 1891, p. 18.

Au commencement du siècle, la production de la houille, dans le monde entier, était de 12 millions et demi de tonnes, dont l'Angleterre à elle seule fournissait 10 millions. Depuis, l'Angleterre a gardé le premier rang, mais les États-Unis ne tarderont pas à le lui disputer. Sa production en 1890 a été de 181 millions et demi de tonnes [1], représentant une valeur de 1875 millions de fr.; c'est environ les 3/8 de la production du globe évaluée à 485 millions de tonnes (1889). En 1878 avec 132 millions de tonnes l'Angleterre fournissait encore plus de la moitié de la production totale. De 1880 à 1889 la production des États-Unis s'est accrue de plus de 100 p. 0/0 (140 millions de tonnes au lieu de 66) [2]. L'Allemagne qui, avant 1857, ne donnait que des quantités insignifiantes, figure maintenant pour près de 85 millions de tonnes [3]. Les gisements américains sont encore vierges, et on les suppose pour ainsi dire inépuisables ; ils s'étendent sur une superficie presque égale à celle du territoire français (49 millions et demi d'hect.). Certainement, avant la fin du siècle, la production américaine aura dépassé de beaucoup la production anglaise [4]. Par contre, le développement même de la production a éveillé en Angleterre des craintes très-vives : des enquêtes furent faites par le parlement, de 1866 à 1871. Le résultat en parut rassurant : on ne parlait pas alors de l'épuisement des richesses carbonifères de l'Angleterre avant quatre siècles. Depuis, des études spéciales ont abouti à des conclusions moins optimistes : dans un siècle selon les uns (Jevons, Price Williams), dans deux siècles selon d'autres (Hall, sir Amstrong) les mines de charbon de l'Angleterre seraient complètement épui-

[1] V. *Statistical abstrat* de 1891, p. 182. Le seul district du centre qui alimente Leeds, Manchester, Birmingham, Sheffield produit près de 80 millions de tonnes. On compte en Angleterre 3,800 charbonnages; plus de 600,000 personnes sont occupées dans les mines.

[2] V. *Statistique de l'industrie minérale* de 1891, *op. cit.*, p. XVI et 221.

[3] L'Allemagne possède le bassin houiller le plus considérable de l'Europe continentale, celui de la Rhur.

[4] Dans les mines de Pittsbourg, il y a des couches de 20 mètres d'épaisseur. Le bassin de Mercen a 875 milles en longueur sur 185 en largeur, environ 1 3 de la superficie de la France. V. sur les richesses souterraines des États-Unis, Simonin, *Revue des Deux-Mondes*, 1er octobre 1875 ; sur la question de la houille en général, le rapport de Ruoltz, 3 vol. in-4°, et M. de Lapparent, *la Question du charbon de terre* et *le Siècle de fer;* de Foville, *Écon. français*, 24 mai, 7 juin et 12 juillet 1890.

sées[1]! Sans contredit, ce sont là, au point de vue de l'économie nationale anglaise et de celle des pays qui se trouvent dans une situation analogue, de fort sombres prévisions ; heureusement les réserves, encore disponibles dans d'autres parties du monde, empêcheront l'Amérique de s'emparer d'un monopole des plus redoutables pour l'industrie des autres pays. L'Orient est probablement plus abondamment pourvu de combustibles minéraux que les pays occidentaux de l'ancien continent[2].

La France ne peut rivaliser avec les principaux pays producteurs : notre sol est assez pauvre en gisements houillers. Les périmètres d'exploitation comprennent 1,120,000 hectares, mais le vrai terrain houiller ne couvre guère plus de 3,500 kilom. carrés. Notre industrie minière a tiré assez bon parti de ces ressources restreintes à en juger par la progression des quantités extraites qui n'est pas proportionnellement moindre que celle de la production anglaise : de 840,000 tonnes en 1802 et de 2,500,000 en 1835, on s'élève à 7,450,000 ; vingt ans après, à 13,330,000 en 1869, à 19,412,000 en 1880 et enfin à 26,200,000 en 1891 soit un accroissement de près de 26 p. 0/0 depuis 1880. La valeur des houilles extraites en France représente de 250 à 300 millions. Les exploitations de combustibles minéraux fournissent du travail à 121,500 ouvriers (1890). L'exploitation belge présente un mouvement ascensionnel moindre depuis trente ans : 8 millions de tonnes en 1857 ; 16,1 millions en 1880 et 19,9 en 1889 soit un accroissement proportionnel de 17,8 p. 0/0 seulement. Si l'on compare la production anglaise et la production française, on voit que, bien que la progression proportionnelle n'ait été que de 20 p. 0/0 au lieu de 25 1 2 depuis 1880, l'Angleterre a mis en réalité à la disposition de l'industrie des quantités absolues incomparablement plus fortes : la produc-

---

[1] Journal de la société de statistique de Londres (mars 1889, p. 39), cité par M. de Foville, *France économique*, p. 211 note. — Cf. Jeans, la *Suprématie de l'Angleterre*, p. 399 et suiv.

[2] D'après M. de Richthofen, le seul bassin houiller de Sé-Tchuan en Chine a 250,000 kilom. carrés. Le nord de la Chine et le Turkestan Russe renferment des gisements houillers d'une incroyable richesse, facilement exploitables. Comme terme de comparaison, disons que tous les pays d'Europe réunis ne possèdent que 62,000 kilom. carrés de terrain houiller. L'Australie en a à peu près autant (V. Radau, *Revue des Deux-Mondes*, 15 juillet 1876).

tion de la France n'est plus qu'environ le vingtième de la production du monde entier[1]. Il n'y a pas longtemps encore (1880) la France fournissait 1/15e de la production totale. Les gigantesques progrès des États-Unis et de l'Allemagne expliquent la diminution de la quote-part dans l'ensemble.

334. La production française pourrait-elle être notablement augmentée par un meilleur régime des exploitations? C'est une question complexe sur laquelle les avis peuvent différer; quoi qu'il en soit, on doit reconnaître les difficultés contre lesquelles notre industrie houillère est obligée de lutter : 1° les couches de houille en France sont fréquemment disloquées, couvertes par une grande épaisseur de *morts terrains;* en Angleterre elles sont horizontales, rarement plissées, à une moindre profondeur; 2° nos terrains houillers sont aquifères, il y faut faire des travaux d'épuisement coûteux; 3° la houille qu'on en extrait est beaucoup plus friable que la houille anglaise et fait, par suite, une grande quantité de menus. Il est vrai que ce dernier désavantage est diminué par l'effet du progrès de la fabrication française des *agglomérés*, dont il est fait un usage universel sur les chemins de fer et sur les navires. Pour les raisons qui viennent d'être déduites, la production de houille par homme et par an est chez nous (190 tonnes) bien inférieure à ce qu'elle est en Angleterre (310 tonnes) ou même en Prusse et en Westphalie (270 à 290 tonnes). Le prix moyen est plus élevé (10 fr. 40 par tonne valeur sur place) non seulement qu'en Angleterre et en Belgique, (9 fr. 50) mais surtout qu'en Allemagne où il s'abaisse parfois au dessous de 5 fr.

Il est d'autres causes d'inégalité d'une nature différente, mais plus graves encore au détriment de notre industrie : 1° les houillères anglaises sont situées près des centres de consommation industrielle; or, les combustibles minéraux étant lourds et encombrants, cette proximité équivaut à une notable économie des frais d'extraction. Le combustible est fourni à meilleur

---

[1] Les États-Unis, l'Autriche-Hongrie, l'Allemagne ont eu, depuis 1880, les progressions d'accroissement proportionnel plus rapides qu'en France : 54 p. 0 0, Autriche-Hongrie; 43,8 p. 0 0 Allemagne. — La production de l'Autriche-Hongrie est sensiblement égale à la nôtre, fort au-dessous, par conséquent, de l'Angleterre, des États-Unis, de l'Allemagne (V. *Statistique de l'industrie minérale* de 1891, *op. cit.*, p. XVI et XVII.

marché aux usines et aux manufactures. En France, le premier centre de consommation industrielle, Paris, est éloigné des bassins houillers. 2° Les principales houillères anglaises se trouvent situées près de la mer ou des voies navigables : dans le bassin du Sunderland les vaisseaux viennent charger la houille au sortir des galeries. Les voies navigables étant les plus économiques des moyens de transport, cette circonstance favorise les exportations[1].

335. L'immense atelier industriel de la Grande-Bretagne retient les 5/6ᵉˢ de sa production houillère; le sixième environ (29 1/2 millions de tonnes) qui est exporté suffit à lester les navires marchands, à leur donner un fret de sortie lucratif. La production française, insuffisante aux besoins de la consommation intérieure, 33,5 millions de tonnes (1889) ne donne à l'exportation qu'un très-faible contingent, moins d'un million de tonnes (943,000, 1889), aussi la marine marchande n'y jouit pas du même avantage[2]. Malgré l'infériorité de la France au point de vue de la production, la consommation de la houille a suivi une progression continue, même de 1872 à 1880, où elle n'a pas été ralentie par l'énorme hausse des prix[3] (18,8 millions de tonnes, 1870; 28,8, 1880). Depuis 1888, le mouvement ascensionnel arrêté par la crise, a repris rapidement malgré un nouveau mouvement de hausse (1890) de 25 p. 0/0.

C'est vers 1835 que la grande transformation de l'industrie

---

[1] La houille, qui vaut au sortir des galeries des mines du Nord (Sunderland, Newcastle) 6 fr., et à bord 6 fr. 87, peut être exportée jusqu'en Australie; or, ce bassin à lui seul donne 34 1 2 millions de tonnes. Le district du Sud-Ouest (Cardiff) fournit à la navigation et à l'exportation 30 millions de tonnes. Les houilles du bassin d'Alais valent sur place 11 fr. 80; mais au port d'embarquement, à cause des transbordements et des frais de transport, leur prix est plus que doublé. C'est du reste le fait général, le prix moyen de consommation en France est le double du prix sur les lieux de production (20 fr. 38 au lieu de 10 fr. 42, 1889). Aussi les houilles anglaises, grâce au bon marché du fret, desservent le littoral de la Manche et de l'Océan, les Pyrénées et même les côtes de la Méditerranée.

[2] La France importe 5 millions de tonnes de charbons belges qui alimentent la consommation des départements du Nord et s'écoulent jusqu'à Paris; en outre, 1,1 million de tonnes de charbons allemands consommés par le Nord-Est et 3,8 millions de tonnes de charbons anglais. A Paris, les charbons français du Nord et du Pas-de-Calais rencontrent les charbons anglais, belges et allemands.

[3] V. sur le prix de la houille l'*Enquête parlementaire* de 1873 sur l'industrie houillère, le rapport de M. Ducarre. Cf. *Écon. franç.*, août et sept. 1874,

manufacturière et de l'industrie des·transports a commencé : la consommation de la France était alors de 3,278,000 tonnes ; dix ans après, elle avait presque doublé, 6,343,000 tonnes ; en 1855, à la fin d'une seconde période décennale, second doublement, 12,220,000 tonnes ; vingt ans ensuite, c'est-à-dire en 1875, un troisième doublement s'était encore produit. Enfin en 1890 la consommation a été de 34 millions de tonnes, soit plus de dix fois ce qu'elle était en 1835 ! Toutefois la France ne consomme pas aujourd'hui une plus forte quote-part de la production du globe qu'au commencement du siècle : c'était alors 1/13°, c'est aujourd'hui 1/14° de la quantité totale [1].

336. Extraction et consommation des minerais métalliques. — Au point de vue de l'industrie générale, le minerai métallique le plus essentiel est le minerai de fer. Au sujet des autres minerais, quelques mots suffisent : 1° en ce qui concerne l'or et l'argent, c'est à propos de la monnaie que nous aurons à parler de leur production ; 2° pour les *métaux industriels,* cuivre, étain, plomb, antimoine, manganèse, etc., dont la production est insuffisante, l'industrie minière de la France est bien peu développée encore : la pénurie de notre sol en gisements minéraux, quoique réelle, a été exagérée ; les anciennes exploitations étaient florissantes ; et les dernières années ont été marquées par de sensibles progrès [2].

Au surplus l'importance des exploitations minières ne doit pas

et surtout de Lapparent, *op. cit.* Cette hausse a été déterminée par l'énorme demande de produits métallurgiques aux États-Unis, résultant de la fièvre de la construction des lignes ferrées, et a été beaucoup plus intense en Angleterre encore que sur le continent : la hausse fut de 150 p. 0/0 à Newcastle, de 120 p. 0/0 à Charleroi, de 40 à 50 p. 0[0 seulement dans les bassins du Centre de la France. La crise industrielle de 1882 à 1888 a déterminé une baisse considérable des houilles. Depuis, le relèvement des prix s'est opéré d'une façon très-rapide, et, aux causes d'enchérissement dues à la reprise des affaires industrielles, s'est ajoutée la diminution de la main-d'œuvre par l'effet des grèves de 1890 et 1891 en Angleterre et en Belgique. En moins de 20 ans les prix ont varié du simple au triple : maximum 42 sh , minimum 14 sh. 6 d., la tonne en Angleterre.

[1] Les États-Unis retiennent pour leur consommation la presque totalité de leur production. L'Allemagne consomme environ 55 millions de tonnes de combustibles minéraux. La part relative de notre pays dans la consommation générale est plutôt décroissante à raison de l'énorme expansion de la consommation américaine et allemande.

[2] Les principaux pays producteurs pour le cuivre sont : les États-Unis (103,000 tonnes), l'Espagne et le Portugal (60,000), puis le Chili, l'Allema-

s'estimer d'après le nombre des tonnes extraites, mais à raison de la valeur de la production fort inégale selon les minerais métalliques; ainsi la tonne de minerai de plomb dépasse **200** francs tandis que la tonne de pyrite de fer n'atteint pas 15 francs. C'est également au point de vue de la valeur qu'il faut se placer pour juger la qualité des minerais relativement à l'exploitation; il ne faut d'ailleurs pas s'en tenir au dosage absolu, mais prendre en considération la valeur du métal; ainsi le fer ne valant que de 0,20 à 0,30 centimes le kilogramme, on ne peut traiter les minerais qui donneraient moins de 30 p. 100 de fonte; au contraire, pour le cuivre 1/100°, et pour le plomb et le zinc 20/100°° sont un minimum suffisant.

L'exploitation économique des minerais de fer suppose en général qu'ils peuvent être traités sur place : car, à cause de sa faible valeur et de son poids considérable, le minerai, supporterait comparativement des frais de transport excessifs. Le combustible nécessaire au traitement du minerai, est également, quoique à un degré moindre, un produit qu'on ne peut faire venir de très-loin vers le lieu d'extraction. Aussi une grande supériorité paraît acquise aux pays où les districts métallifères possèdent en même temps le combustible nécessaire au traitement métallurgique. La présence simultanée du minerai et du combustible végétal a fait pendant longtemps la prospérité des forges de la Haute-Marne et des Ardennes. L'Angleterre est privilégiée sous le même rapport : les houilles et le minerai sont souvent réunis dans les mêmes localités. En France malheureusement, comme d'ailleurs en d'autres pays, les gîtes houillers sont éloignés des lieux d'extraction du minerai : ainsi Meurthe-et-Moselle, qui est le grand foyer de la production du mi-

gne, etc... La production de la France est de quelques tonnes seulement. Le nombre restreint des pays producteurs a permis une manœuvre d'accaparement dont il sera question plus loin, n° 571. En Europe, l'Angleterre, les Pays-Bas, la Prusse sont les seuls pays producteurs pour l'étain. Quant au zinc, les mines françaises donnent 37,000 tonnes de minerai; la consommation de ce métal est de 40,200 tonnes, alimentée pour près de moitié par la production française. Enfin, notre production de plomb, 21,000 tonnes de minerai, est encore relativement bien faible par rapport à la consommation du métal qui atteint 56,000 tonnes sur lesquelles la production française ne fournit que 10 p. 0 0. Les plus importantes exploitations de plomb sont celles des États-Unis (150,000 tonnes), de l'Espagne, de l'Allemagne chacune plus de 100,000 tonnes), de l'Angleterre (55,000 tonnes).

nerai de fer, brûle la houille qu'elle fait venir du Luxembourg et de l'Allemagne. Néanmoins les transformations qui se sont produites dans la métallurgie, ont singulièrement modifié les conditions respectives des différents pays producteurs. La production de l'acier, grâce à l'emploi de procédés économiques (n°ˢ 348) a pris une extension inouïe; or, la fabrication de l'acier a nécessité l'emploi des minerais non phosphorés. Les minerais de l'Angleterre n'étant pas en général propres à cette fabrication, il a fallu en importer d'Espagne ou employer des procédés de déphosphoration parfois insuffisants[1], etc. Grâce au contraire à la qualité du minerai, la production de Meurthe-et-Moselle en acier a pu prendre une considérable extension. Sans doute le bon marché des frets dû aux progrès de la navigation maritime a permis le déplacement du minerai, mais en même temps la décentralisation industrielle contribue à déplacer les foyers de production[2].

Les merveilleuses découvertes de la métallurgie ont imprimé à l'extraction des minerais de fer une vigoureuse impulsion, gênée pendant quelque temps (1855 à 1875) par l'augmentation de prix du minerai (qui fut des 2/5ᵉˢ jusque vers 1875), mais que rien n'entrave plus maintenant que les moyens d'extraction; le nombre des exploitations, les progrès quant aux moyens de transport ont ramené les prix à un niveau qui ne dépasse pas sensiblement le niveau antérieur à 1850 (1889). La production de la France (1889) est de 3 millions de tonnes (dont 2,6 millions de minerai oolithique). A la production indigène s'ajoute 1 million et demi de tonnes; l'exportation est peu importante (260,000 tonnes). La consommation dépasse donc 4,2 millions[3], chiffre cependant encore inférieur à celui qu'atteignit la production (4,6 millions; 1856) avant la perte de l'Alsace-Lorraine. Comme pays producteur, la France vient après l'Angleterre 14,7 millions de tonnes (1889); les États-Unis 13 millions, l'Allemagne 6,4, l'Espagne

---

[1] L'Angleterre importe 4 millions de tonnes dont 2,6 d'Espagne, le surplus de l'île d'Elbe, de Sardaigne et d'Algérie. Les minières de l'Algérie ont produit 600,000 tonnes. La production actuelle (1889) n'est plus que de 440,000 tonnes.

[2] C'est ainsi qu'en France, sur le littoral où arrive le minerai algérien et espagnol, des aciéries se sont fondées à Saint-Nazaire, à Bayonne, etc.

[3] *Statistique de l'industrie minérale*, 1891, op. cit., p. 22 et suiv.

4,2[1] ; mais sa consommation la place bien avant cette dernière puissance.

337. Législation économique des industries minières. — Faut-il appliquer aux mines et à leur exploitation le droit commun de la propriété foncière? Répondre affirmativement, ce serait admettre les deux conséquences suivantes : 1° attribution de la mine aux propriétaires du sol dans la mesure de l'étendue de leur propriété, c'est-à-dire par droit d'accession; 2° liberté pour eux d'exploiter ou de ne pas exploiter.

Nul doute qu'on ne doive pas admettre ces conclusions pour les substances minérales sans distinction. Toutes n'ont pas la même importance économique : il en est qui, relativement aux besoins, sont peu répandues et dont l'aménagement présente un véritable intérêt public; d'autres, au contraire, formant de très-abondantes ressources, ne motivent pas, malgré leur grande utilité industrielle, l'intervention d'une législation spéciale. Il serait peu raisonnable de traiter les carrières d'argile, de plâtre ou de chaux, de la même manière que les mines de houille, d'autant plus que ces dernières, à la différence de la plupart des autres exploitations minières, exigent la disposition d'une vaste superficie. Aussi, d'un commun accord, on n'étend pas les dérogations au droit de la propriété et à la liberté d'exploitation, si tant est qu'il doive en exister, à toutes les substances minérales : le droit commun s'applique aux carrières; le régime exceptionnel, au sujet duquel il y a discussion, est limité aux mines. On peut, il est vrai, différer d'avis sur le sens et les conséquences pratiques de cette distinction, mais le principe même en est indiscutable. En France, d'après la loi organique en cette matière (loi du 21 avril 1810), la distinction est faite (art. 2 à 4), d'après la nature même des substances minérales et non, comme on le croit généralement, d'après le mode d'exploitation : on dit souvent que les mines sont les exploitations de gîtes souterrains au moyen de puits et de galeries[2]. Il n'en est rien, les mines comprennent les

---

[1] La Suède n'a pas une très-forte production 900,000 tonnes), mais ses minerais ont des qualités spéciales qui donnent aux fers et aux aciers qu'elle produit une réputation universelle.

[2] L'erreur commune vient sans doute de ce que, pour exploiter le minerai de fer d'alluvion, les pyrites de fer et les terres alumineuses en galeries souterraines, la loi de 1810 exige une concession comme pour les mines. V.

gisements de substances à base métallique[1] même exploitées à la surface; par contre, il y a des carrières exploitées par galeries et à une grande profondeur. A raison des observations qui précèdent, il est en effet plus rationnel d'avoir égard à la nature et à l'importance des substances minérales qu'au mode d'extraction employé.

338. Mines. — Question de propriété. — Différents systèmes. — Le problème législatif général qui se pose au sujet des mines est double. C'est d'abord une question de propriété, puis une question de régime d'exploitation. Quant à la propriété, plusieurs solutions se présentent : l'accession, l'invention, la propriété domaniale ou régalienne. Les premières solutions ont pour fondement commun l'idée que, malgré l'intérêt économique exceptionnel qui est en jeu, l'appropriation des mines est matière de droit privé. Le principe est l'absence de propriété; la mine non concédée est *res nullius*. On peut combiner ce principe avec le droit de l'occupant ou de l'inventeur ou avec le droit d'un concessionnaire choisi par l'État. La propriété domaniale ou régalienne rattache au contraire les mines à la souveraineté; ses partisans ne s'accordent pas d'ailleurs sur les conséquences du principe : Sera-ce l'exploitation directe en régie? sera-ce la concession limitée ou indéfinie? Dans la plupart des pays (Allemagne, Angleterre, France), l'ancien droit des mines au sortir de l'âge féodal a été la propriété domaniale ou régalienne[2]. Si la domanialité pure a été aujourd'hui abandonnée à peu près partout (il en reste d'importants vestiges en Prusse), le droit régalien de l'État n'a fait que se transformer, sauf en Angleterre, où l'État s'effaçant à peu près complètement (depuis 1839), le système appliqué est celui de l'*accession*. On peut dire qu'en Angleterre il n'y a pas de législation spéciale des mines : c'est le droit commun de la propriété qu'on applique.

---

sur la législation économique des mines, le traité de M. Dupont et les traités plus récents de M. Féraud-Giraud; Aguillon, 3 vol. in-12, 1887; 3 vol. in-8°, 1886.

[1] Et en outre le soufre, la houille, les bitumes, etc. Les mines de sel gemme et les puits salés sont aussi traités comme les mines de minerais métalliques (loi du 17 juin 1840). V. sur l'extension des régions des concessions à d'autres substances, ci-dessous, n° 340 *in fine*.

[2] V. sur l'histoire des mines Lamé-Fleury, *Revue des Deux-Mondes*, 1857, t. V.

Le système de l'accession a des inconvénients qui expliquent qu'il n'ait pas été plus suivi quoiqu'il constitue la solution la plus simple du problème de la propriété minière. Il ne donne aucune garantie contre la non-exploitation des matières minérales qui sont cependant les aliments indispensables de l'industrie ; il appelle à l'exploitation des propriétaires qui, pour la plupart, ne possèdent pas les connaissances techniques nécessaires aux directeurs de mines. L'exploitation des mines exige de grandes mises de fonds, et il s'écoule souvent un temps assez long avant qu'elle donne des bénéfices, aussi est-il à craindre que les propriétaires négligent l'exploitation ou ne l'entreprennent que dans des conditions imparfaites et onéreuses [1]. Si, en Angleterre, ces inconvénients n'ont pas été autant remarqués qu'ailleurs jusqu'en ces derniers temps [2], cela est dû à la richesse et à la régularité des gisements ; les propriétaires ont pu les exploiter avec des capitaux relativement peu considérables. Aspirant aux bénéfices immédiats ou ne disposant que de faibles ressources et placés dans des conditions moins exceptionnellement favorables, les propriétaires n'exploiteront que les affleurements ; or, pour être conforme aux règles de l'art, l'exploitation doit, en principe, être pratiquée de *bas en haut ;* sinon, les premiers travaux étant inondés par les eaux des couches supérieures, les gisements profonds seraient à jamais perdus. D'ailleurs, dans une exploitation rationnelle, les gîtes réguliers ou peu profonds étant productifs permettent d'attaquer simultanément ceux dont le rendement est coûteux ou incertain. Enfin, il faut aux capitalistes qui entreprennent l'exploitation d'une mine un champ d'exploitation assez vaste ; sinon ils ne consentiraient pas à faire des travaux d'aménagement toujours fort coûteux.

---

[1] La production par homme et par an varie en raison directe de la puissance des mines. Ceci a été établi de la façon la plus décisive : dans les principales mines de la Westphalie, en 1885, la production annuelle par ouvrier était de 320 tonnes, tandis qu'elle n'était que de 173 dans les petites exploitations (Gruner, les *Associations et syndicats miniers en Allemagne,* 1887, p. 41).

[2] On s'est vivement plaint depuis quelques années d'un autre vice du système de l'accession à savoir des exigences excessives des propriétaires qui ne font pas valoir relativement à la location du droit d'exploiter (*leases*). D'autre part les locataires, grevés de lourdes redevances et n'ayant la jouissance que pour un temps limité s'inquiètent peu du bon aménagement de l'exploitation et compromettent ainsi l'intérêt général.

Plus le gisement est profond ou irrégulier, plus aussi le périmètre de la mine doit être étendu. Supposons une couche régulière à 30 mètres de profondeur : dans ces conditions, une exploitation pourra être lucrative sur 50 hectares seulement ; si la couche est irrégulière et à 200 mètres, il faudra pour le moins 1,000 hectares.

Le morcellement du sol à la surface, et l'unité d'entreprise pour le tréfonds sur une vaste superficie, voilà l'obstacle à l'application du système de l'accession, obstacle insurmontable surtout dans un pays de propriété très-divisée comme la France. « La surface, a-t-on dit excellemment [1], ne se cultive qu'en se morcelant ; sa fécondité augmente avec son fractionnement et le travail qui la met en valeur l'enrichit au lieu de l'épuiser. Pour exploiter les mines, il faut suivre au sein de la terre le filon qui dérobe ses richesses dans de continuels détours et parcourir à sa suite de grands espaces souterrains, etc. » Il est vrai qu'on a parlé d'associations syndicales des propriétaires de la surface s'entendant pour l'exploitation en commun. Ce serait, sans doute, un correctif ; mais quelles difficultés inextricables pour constituer l'association et surtout pour la répartition des produits [2] ! Sur quelle base l'opérer : de deux choses l'une, ou l'on attribuerait à chacun une part de produits proportionnelle à la superficie de son terrain, ou bien, au contraire, les filons métalliques ou les gîtes minéraux n'ayant pas partout la même puissance, on répartirait les produits d'après l'importance des richesses minérales du tréfonds. Au premier cas, il y aurait une injustice évidente au détriment du propriétaire dont le tréfonds renfermerait les matériaux les plus abondants ; et, au second, il est clair que les propriétaires qui n'auraient que peu de chose à attendre de l'exploitation de la mine refuseraient de faire des avances souvent considérables, ou même de laisser occuper, pour le percement des puits ou des galeries, une partie du sol qui pourrait être plus fructueusement exploitée en cultures. Le propriétaire de

[1] M. Piou, Rapport, Chambre, session 1889, Annexes, p. 380.
[2] En Westphalie, où l'on a reconnu la nécessité de former de grandes compagnies houillères par groupement des petites concessions, il est probable qu'on n'arrivera à rien autre qu'à former une compagnie générale pour la vente des houilles, ce qui ne remédiera pas aux vices de l'exploitation elle-même. V. Gruner, op. cit., p. 44 et suiv.

la surface ne peut d'ailleurs être considéré comme propriétaire du tréfonds minéral dont il ignore l'existence, qui n'a « ni identité de nature, ni conformité de configuration, ni communauté d'usages, ni corrélation d'aucune sorte avec sa propriété. » Le système de l'accession est plein d'inconvénients pratiques; il est sans base juridique ou rationnelle [1].

339. On conçoit donc la nécessité d'une législation spéciale de la propriété minière. Que l'exception à la règle d'après laquelle la propriété du dessus emporte la propriété du dessous ne paraisse pas constituer une atteinte aux principes du droit! S'il est vrai que la propriété a pour source légitime le travail, on ne peut dire que celui qui a cultivé la surface ait acquis le moindre droit privatif sur les richesses souterraines dont l'existence intéresse un pays tout entier. Généralement, les richesses minérales ne sont soupçonnées que longtemps après la prise de possession du sol. Les mines non exploitées encore sont des *res nullius.* De là est venue l'idée de les attribuer à ceux qui en ont fait la découverte; c'est ce que proposait Turgot. Ce système de l'invention ou de l'occupation a été pratiqué par l'Espagne et dans les colonies hispano-américaines; à une époque où la recherche des mines était tout à fait empirique, cette législation avait l'avantage d'exciter les investigations. On conçoit que dans le même but elle soit adoptée pour les pays neufs. Aujourd'hui, sans doute, il n'est plus besoin de venir en aide au hasard, puisque les travaux de sondage se font en tenant compte de la nature géologique du sol et des inductions générales fournies par la science, mais, des capitaux considérables sont absorbés par ces travaux et par des opérations préliminaires de toute sorte. Il est utile pour stimuler la production minière d'accorder une prime à l'inventeur. Ce sont là de nouvelles considérations à l'appui du système de l'occupation. Toutefois, aucune n'est décisive. On voit bien que l'explorateur qui a rendu service à la société doit être indemnisé, récompensé même, mais rien n'indique qu'il doive l'être par l'attribution de la mine. Chez nous,

---

[1] Le système de l'accession ou de la mine à la surface a trouvé récemment un défenseur habile en M. de Récy, *Revue des Deux-Mondes,* 1889, t. VI, p. 569 et suiv., et 867 et suiv. Pour remédier aux difficultés dues au morcellement, il propose la constitution d'associations syndicales autorisées (p. 886 et 887).

où la mine n'est pas donnée à l'inventeur, il s'est cependant formé des sociétés pour la recherche des mines. L'attribution de la propriété n'est donc pas un stimulant nécessaire. L'inventeur a par ses sondages atteint un filon. En est-il propriétaire? Non certes, même si l'on part de l'idée si élastique et si insuffisante de l'occupation pour établir son droit. La mine n'est vraiment découverte que par l'exploitation. Si on la donne à l'inventeur sur quel périmètre s'étendra son droit? Fera-t-il obstacle à d'autres recherches? Comment le défendre contre ceux à qui il aura donné l'éveil et que l'appât de la propriété de la mine mettra en mouvement, contre ceux qu'on a ingénieusement nommé les braconniers de la mine? Autant de difficultés presque insolubles. Le système de l'invention n'est pas plus conforme à l'intérêt économique que celui de l'accession. Soit comme capitaliste, soit comme directeur d'exploitation, l'inventeur peut ne présenter aucune garantie à la société. C'est cependant un droit de propriété qu'on lui attribue et non un privilège d'exploitation ; qu'il n'exploite pas ou qu'il exploite mal il n'encourt aucune déchéance.

Admettant que la mine non découverte est une *res nullius* certains auteurs ont conclu non au droit du premier occupant ou de l'inventeur mais au système des concessions : l'État crée la propriété dans des limites de gisement qu'il apprécie discrétionnairement, en faveur des exploitants qui offrent le plus de garanties[1]. Ce système très-voisin de celui de la domanialité par ses conséquences sinon par son principe, n'est pas rationnel : entre le moment où la mine est encore ignorée, est une hypothèse plutôt qu'une réalité, et celui où elle est découverte, il n'y a pas de place pour le droit de l'État.

Si on admet ici les règles de la propriété privée, il convient d'attribuer la mine nouvellement découverte au propriétaire de la surface par droit d'accession ou à l'inventeur. En réalité, ni l'un ni l'autre n'y ont droit. La mine est domaniale : elle relève de la souveraineté en vertu de ce principe que les biens immobiliers sans maître appartiennent à l'État. Or, ce principe appliqué aux mines se justifie par d'excellentes raisons : les mines tirent leur valeur effective du milieu social dans lequel elles se

---

[1] Aguillon, *op. cit.*, t. I, p. 8 et 11.

trouvent ; or, ce milieu est dû à la société entière et spécialement aux travaux d'intérêt général accomplis par l'État. La domanialité ne blesse aucun principe de justice et elle est favorable à l'intérêt général car elle permet de choisir pour l'exploitation la combinaison qui paraît offrir à la société le plus d'avantages ou de garanties. La domanialité n'explique pas nécessairement l'exploitation par l'État, ni même la réglementation du droit d'exploitation concédé par l'État, ou autrement dit le système des concessions régaliennes qui a été en vigueur pendant plusieurs siècles en Allemagne et en Espagne (avant 1868).

340. Si les mines dépendent de la souveraineté, l'exploitation peut avoir lieu soit par l'État : c'est le régime domanial pur ou la régie ; soit par des particuliers, des compagnies ou des syndicats qui obtiennent, avec l'attribution de la propriété de la mine, le droit d'exploiter : c'est le système de la concession. On concevrait une solution intermédiaire : la propriété domaniale avec la concession de l'exploitation seule, mais cette solution ne paraîtrait pas asseoir la jouissance des concessionnaires sur un fondement assez solide pour les déterminer à faire toutes les dépenses de capitaux qu'exige un bon aménagement. Au surplus, la concession de la mine elle-même n'emporte pas abdication complète des droits de la souveraineté, lesquels s'exercent dans la mesure propre à corriger l'abus de la propriété privée appliquée à des richesses d'utilité collective.

Le système de la domanialité pure se fonde sur ce que l'État est mieux placé que n'importe quel particulier, soit pour faire les travaux de recherche, soit pour accomplir les opérations qui doivent faciliter l'exploitation, notamment créer les canaux, routes de terres, ou voies ferrées qui ouvrent aux produits de la mine des débouchés étendus. Sous le régime de l'industrie privée il arrive que trop souvent des mines sont inexploitées parce qu'elles ne sont pas reliées aux centres de consommation. On peut dire aussi que la direction désintéressée des ingénieurs de l'État serait plus prévoyante des intérêts de l'avenir. C'est le système qui est pratiqué avec succès en Prusse, pour une partie des richesses minières ; l'État y retire des mines domaniales un revenu brut de près de 140 millions.

Il ne suffirait pas, à notre avis, pour repousser cette solution, d'objecter que l'exploitation des mines par l'État, comme les

autres entreprises domaniales en général, produit à moins bon
marché que l'industrie privée. On a pu voir déjà que cette infériorité relativement à la production économique est toute hypo-
thetique (n° 111). Peut-être bien, seulement, l'esprit d'initiative commerciale serait-il moins actif dans les mines de l'État.
L'extraction est une entreprise industrielle qui ne diffère pas des
autres quant à sa nature. Ce n'est pas un service d'ordre, c'est
une affaire ; or l'intervention de l'État sous cette forme n'est jus-
tifiable que s'il n'y a pas d'autres moyens de bonne exploitation.
Mais ce qu'il faut dire surtout, c'est que la possession des mines
serait pour un gouvernement une tentation dangereuse. Il pourrait en effet songer à en tirer un profit fiscal, ce qui amènerait la
hausse des matières premières au préjudice de l'industrie nationale. Il ne serait pas bon non plus que la responsabilité de crises
industrielles qui ralentissent le travail d'exploitation pût être im-
putée à l'État.

Ces raisons et d'autres encore ont fait admettre en France, par
la loi de 1810 , le principe de l'exploitation privée quant aux
mines, mais moyennant une concession, c'est-à-dire l'attribution, à titre gratuit, du droit exclusif d'exploitation accordé in-
différemment soit au propriétaire du sol, soit à toute autre personne offrant les meilleures garanties de bonne exploitation.

Quelques publicistes, par crainte de l'arbitraire administratif,
préféreraient aux concessions la mise aux enchères publiques.
Cette idée avait même trouvé place dans un projet de loi de 1848.
Mais imposer aux adjudicataires le paiement d'une indemnité en
capital au profit soit du Trésor, soit des propriétaires de la surface, ce serait grever les exploitations de mines à leurs débuts
d'une lourde charge. Le système des redevances périodiques est
un tempérament à la gratuité de la concession qui est plus conforme à l'intérêt public ; des redevances établies d'après les surfaces concédées empêcheraient les concessionnaires de laisser
inexploitées une partie de ces surfaces si les redevances étaient
fixées à un taux assez élevé. On a aussi émis l'idée de remplacer
les concessions perpétuelles par des concessions emphytéotiques[1]. Contre cette solution s'élèvent les objections qui ont été
formulées à propos des emphytéoses agricoles (n° 308).

---

[1] V. Gide, *op. cit.*, p. 497, note.

La loi du 21 avril 1810 n'a consacré le principe de la concession que pour les mines. Quant aux carrières, elles sont exploitées au gré des propriétaires sous la seule surveillance de l'autorité.

Entre les mines et les carrières, la loi de 1810 distingue une troisième classe d'exploitation sous le nom de minières. Les minières ne pouvaient en général être concédées (art. 3, 69, 70), et les propriétaires du sol étaient libres d'exploiter ou de cultiver leurs fonds. Toutefois, l'exploitation souterraine par travaux réguliers des minerais de fer pouvait donner lieu à des concessions. Ce régime était défectueux : l'importance de l'exploitation des minerais de fer ne permettait pas cet abandon complet de l'intérêt général pour les minières exploitées sans travaux souterrains réguliers[1]. D'ailleurs, faute de concessions, les chefs d'exploitation étaient désarmés en présence des difficultés que leur opposaient les propriétaires du sol. Une loi du 27 juillet 1880, modifiant en cela la loi de 1810 (art. 70), supprime les distinctions trop peu définies qui existaient entre les mines de fer concessibles et les minières, et autorise les concessionnaires de mines de fer à obtenir, moyennant indemnité, l'adjonction des minières du voisinage. Malheureusement cette loi est restée lettre morte et l'on ne voit guère d'autre solution que celle de supprimer les minières en appliquant aux minerais de fer le système des concessions, ou, si l'on admet pour les propriétaires d'affleurements un droit de préférence, qu'on soumette du moins leur exploitation à des conditions de nature à satisfaire l'intérêt général[2].

Sous ce rapport, le régime des concessions tel que l'avait conçu la loi de 1810 pourrait être élargi[3]. Serait-il possible,

---

[1] Jusqu'en 1866, les propriétaires des minières étaient du moins soumis à l'obligation d'exploiter en vue d'approvisionner les forges voisines. Cette obligation fut abolie par la loi du 9 mai 1866.

[2] V. à ce sujet rapport de M. Piou, Chambre, Annexes, 1889, p. 379, 405 et suiv.

[3] N'y a-t-il pas encore d'autres substances minérales dont l'exploitation n'est pas soumise au régime de la concession et qui devraient y être assujetties à cause de leur importance économique? Le classement n'a pas été fait par la loi de 1810 d'une façon limitative. D'autres substances peuvent par analogie être assimilées aux substances concessibles. On a demandé notamment dans l'enquête de 1866 que, à cause de leur importance agricole,

en sens inverse, ainsi que le vœu en a été exprimé, de restreindre davantage le régime de la concession, par exemple de ne plus l'appliquer qu'aux mines de houille et de fer? Les gisements de métaux autres que le fer et les mines de sel gemme sont, dit-on, des exploitations, dont il conviendrait d'encourager la formation; la nécessité d'une concession n'est-elle pas d'ailleurs une entrave inutile? Ces critiques ne sont pas très-faciles à saisir : en 1889, le nombre des concessions accordées était considérable (737); la production était il est vrai nulle ou médiocre dans les trois quarts d'entre elles, mais la loi de 1810, par l'exigence de la concession, restreint plutôt le nombre des entreprises minières que le résultat des exploitations autorisées.

341. Malgré les modifications qui y ont été apportées, la loi de 1810 reste la grande loi organique de l'industrie minérale. Le système des concessions sous lequel elle s'est développée est aujourd'hui menacé. La faveur appartient moins encore à l'exploitation domaniale[1], qui, en dehors des collectivistes compte peu de partisans, qu'au système de l'invention. C'est celui de l'Allemagne moderne[2], de l'Espagne, des États-Unis, des colonies anglaises; du moins ces différentes législations reconnaissent avec quelques différences secondaires un droit de propriété perpétuelle au premier occupant[3]. Les partisans de l'occupation relèvent les contradictions doctrinales de la loi de 1810. De fait, c'est une loi de transaction. De l'accession, elle prend le droit du propriétaire de la surface au tréfonds (art. 552, C. civ.) et cependant ce droit ne comporte pas la faculté d'exploiter, ni même un droit de préférence pour l'exploitation; après concession à un tiers, il se liquide en une redevance fixée par l'État. De la domanialité résultent le droit de dispenser

quelques substances précieuses pour l'agriculture, comme le phosphate de chaux, qui sont soumises au régime des carrières, fussent considérées comme concessibles.

[1] V. sur l'expropriation des mines par l'État et la solution « la mine aux mineurs, » nos 944 et suiv., 969 et suiv. Malon, *Le socialisme intégral*, t. II, chap. 6.

[2] Pour les mines non domaniales le principe est la liberté de recherche pour tous; droit d'exploitation pour l'inventeur avec liberté d'exploitation (*Bergbaufreiheit*).

[3] Un décret du 16 octobre 1888 a appliqué un système analogue aux mines de l'Annam et du Tonkin.

discrétionnairement la propriété minérale, la tutelle des exploitations, la fixation des redevances tant à l'Etat qu'aux propriétaires du sol. Par ailleurs, on s'en est pris aux compagnies concessionnaires; on les a accusées d'inactivité, de laisser les concessions à l'abandon. Sur un périmètre total de 1,120 mille hectares de périmètres concédés, les exploitations de combustibles minéraux se restreignent à moins de la moitié, 550 mille hectares. Sur 638 concessions 289 seulement sont exploitées, on les a rendues [1] responsables des conflits qui se sont élevés entre elles et les mineurs. Au lendemain de la grève d'Anzin il fut question de déposséder en masse les concessionnaires. De 1882 à 1886 les propositions de réforme se succédèrent. A la suite des événements de Decazeville le Ministre des travaux publics M. Baïhaut prit l'engagement d'élaborer une nouvelle loi minière. De là le projet du 25 mai 1886. La commission saisie de ce projet et de trois autres propositions a adopté le principe du projet du gouvernement : plus de droits pour les propriétaires de la surface; plus de concessions à la discrétion de l'administration; l'inventeur autorisé à faire les recherches obtient la propriété de la mine qu'il a découverte, l'exploite librement bien ou mal sans encourir aucune déchéance; seulement, en cas d'abandon de l'exploitation, la mine est vendue par justice et le prix de vente est remis au propriétaire.

L'administration ne crée plus à proprement parler la propriété de la mine; elle ne fait que constater et vérifier le droit de l'inventeur. Les propriétaires de la surface doivent subir les travaux de recherche autorisés ; le permis de recherche équivaut à un arrêt d'occupation temporaire; les propriétaires ont seulement droit à une indemnité. Le permis de recherche fixe l'étendue du périmètre d'exploration. Après la concession l'exploitant peut occuper à la surface les terrains nécessaires à ses travaux. Affranchi de toute redevance envers les propriétaires du sol, les exploitants restent soumis à deux taxes spéciales envers l'État : l'une fixée d'après l'étendue de la concession, l'autre proportionnelle au revenu net [2]. — L'introduction dans

---

[1] V. sur l'attribution des mines non exploitées à des syndicats de mineurs (n°° 944 et suiv.; 969 et suiv.).

[2] V. sur ces projets de réforme *Rapport* de M Piou, *loc. cit.;* Gruner, *La*

notre législation de la liberté des recherches et du droit des inventeurs [1], ne devrait pas avoir lieu sans un mûr examen. Elle soulève de graves objections de principe et de grandes difficultés pratiques. Celles-ci ont été avec une parfaite clarté révélées à la commission par plusieurs des membres du comité central des houillères, et l'on peut conclure avec son président M. Darcy : « la loi de 1810 a créé la propriété minière et elle a procuré à notre industrie dans la mesure que comportait la situation économique tous les développements réclamés par le bien public [2]. »

342. Le régime des concessions d'après les lois françaises. — Bien que la concession ait pour origine la faveur, elle donne naissance à une véritable propriété, distincte de celle de la surface. C'est un droit perpétuel qui peut être cédé, qui permet de réclamer une indemnité lorsque l'exploitation est suspendue ou arrêtée par le fait de l'administration (ainsi par des travaux publics ou par l'établissement d'un chemin de fer dans le trajet des galeries), enfin ce droit ne peut être taxé arbitrairement, mais est soumis à des redevances les unes au profit des propriétaires du sol, les autres au profit de l'État (art. 35, loi de 1810, décrets 27 juin 1866 et 11 février 1874). Toutefois, à cause de l'intérêt public, cette propriété est altérée dans ses principaux éléments : droit de disposer, liberté d'exploitation. Ce sont ces restrictions au droit commun qu'il faut étudier maintenant.

α) La concession a notamment pour but d'assurer aux exploitations une superficie suffisante, aussi le partage des mines est-il interdit (art. 7 de la loi de 1810). Par contre, il eût été à craindre que la réunion de plusieurs concessions, au profit d'une puissante compagnie, n'établît un monopole de fait, pesant sur les consommateurs et ne produisît un accaparement à l'usage exclusif d'une seule industrie. Il est arrivé en effet que de grandes sociétés métallurgiques, afin de s'approvisionner de

---

réforme de la législation des mines, 1887 ; E. Dupont, Observations au sujet du projet de loi de M. Baïhaut. 1886 (contre le projet ; Nibaut, Observations relatives au projet de loi Baïhaut (pour le projet), 1886.

[1] V. Proposition Laur, sur la mine aux inventeurs, Session 1890, Chambre, Annexes, *J. off.,* p. 1467 et suiv.

[2] V. Chambre, Annexes, 1889, *J. off.,* p. 411, 412. V. relativement aux rapports des concessionnaires et des ouvriers mineurs, ci-dessous, n°⁵ 821 et suiv.

houille dans la région même, achetaient toutes les houillères de cette région. On rapporte que, dans le centre de la France, le battage des grains à la vapeur a été entravé parce que les bassins houillers avaient été ainsi fusionnés. Voilà pourquoi un décret du 23 octobre 1852 exige, pour opérer la concentration de plusieurs concessions, l'autorisation du gouvernement. Au surplus cette autorisation devra être accordée dans tous les cas où le monopole n'est pas à craindre, puisque l'on sait que les grandes compagnies minières produisent proportionnellement plus et à moindres frais.

A ces deux exceptions près, les mines sont transmissibles comme les autres propriétés. Peut-être y a-t-il lieu à cet égard de regretter l'absence de garanties dans l'intérêt général. Un arrêté de nivôse an VI prescrivait aux acquéreurs de mines de demander l'autorisation du gouvernement, lequel s'assurait si les légataires, donataires, acheteurs possédaient des ressources suffisantes pour continuer l'exploitation. L'enquête parlementaire de 1873 concluait dans le sens du retour au système de l'arrêté de nivôse.

β) L'intérêt des consommateurs doit-il faire imposer aux concessionnaires un minimum d'extraction ou d'autres obligations analogues? C'était l'ancien système de réglementation régalienne, en Allemagne, en Espagne etc. En principe, l'industrie privée pourvoit aux besoins sans que l'État soit obligé d'intervenir. Notre législation minière contient cependant une première trace de l'intervention réglementaire, à l'occasion des concessions de mines de sel gemme ou de puits salés : la loi du 17 juin 1840 dispose que les concessionnaires devront extraire et fabriquer un minimum de 500,000 kilogs par an[1]. Une seconde obligation beaucoup plus importante résultait de l'article 70 de la loi de 1810, abrogée par l'article 2 de la loi du 9 mai 1866[2]. Les concessionnaires de mines de fer devaient fournir aux usines qui s'approvisionnaient de minerai, sur les terrains compris dans le voisinage de la concession, la quantité nécessaire à leur exploitation au prix fixé par l'administration

---

[1] Cette disposition peut aussi s'expliquer jusqu'à un certain point par l'intérêt fiscal.

[2] L'abrogation effective n'a eu lieu que le 1er janvier 1876, conformément à l'article 2.

ou porté dans le cahier des charges[1]. Le but était de donner le
fer à bon marché en alimentant les établissements métallurgiques qui étaient considérés comme établissements d'utilité générale. Aujourd'hui, ils ont à se pourvoir de minerai par la voie
de l'échange libre. L'article 70 nuisait à l'extraction du minerai
de fer : les exploitations étaient peu recherchées à cause du
prix maximum fixé par l'administration au profit des forges
usagères. Sans doute les maîtres de forge avaient le droit d'exploiter eux-mêmes à la place des propriétaires, mais peu usaient
de cette faculté onéreuse en fait et nécessairement précaire.
Aussi était-on loin du résultat désiré, c'est-à-dire de la production à bon marché du minerai et du fer.

γ) A cause de l'intérêt public, plusieurs limitations graves au
droit des concessionnaires ont été établies par la loi de 1810 :
1° Non seulement une autorisation administrative est exigée
pour cesser d'exploiter un quartier de la mine ou pour y suspendre les travaux, — disposition dont la nécessité est unanimement reconnue, — mais la même condition est encore prescrite
pour restreindre l'exploitation (art. 49). Poussant plus loin les
exigences, l'administration fait insérer dans les concessions
des clauses qui augmentent son pouvoir d'en prononcer le re-
trait[2]. Plusieurs fois aussi une mise en demeure collective a été
adressée aux concessionnaires d'avoir à mettre l'exploitation en
pleine activité. Il est vrai que le nombre des exploitations en
souffrance est fort considérable : en 1888, sur plus de 1,360 concessions 900 (dont 345 de combustibles minéraux) n'étaient pas
exploitées. Mais est-il bien utile de menacer? la non-exploitation
provient parfois de l'insuffisance des débouchés, de l'état imparfait des voies de communication ou de la pauvreté des gisements, parfois encore de l'étendue excessive des périmètres de
concession (1,100,000 hectares). Enfin, le mouvement de la
production doit se régler sur les demandes de la consommation,
et l'intérêt personnel des exploitants est, sous ce rapport, la
meilleure de toutes les garanties. — 2° L'acte de concession dé-

---

[1] D'après l'article 60 de la loi de 1810, les maîtres de forge avaient le droit
d'exploiter, à la place des propriétaires du sol, les terrains de minerai de
fer d'alluvion.

[2] V. au sujet de l'une de ces clauses, connue sous le nom d'article K,
l'*Écon. français*, 28 avril, 5 et 12 mai 1877.

termine le mode d'exploitation que devra suivre le concessionnaire. S'il ne s'agissait que des travaux d'épuisement ou d'aé-
rage dans l'intérêt de la sécurité des travailleurs, il n'y aurait
qu'un avis sur cette intervention de l'État; mais elle s'étend
aussi aux travaux d'extraction qu'il convient d'executer *pour
l'exploitation la plus économique* (Instr. min., 3 août 1810 ·
Si l'État était à cet égard le meilleur juge (ce qui peut être soutenu), la conséquence logique serait la domanialité. Mais rien
n'est plus arbitraire n ne pourrait être plus fâcheux que ce me-
lange bâtard d'industrie privée et de direction administrative.

343. Notre industrie minière a moins besoin de la tutelle administrative que d'encouragements donnés aux chefs d'entreprise pour les travaux techniques et de bonnes traditions chez
les maîtres ouvriers. A ces deux points de vue, l'État pourrait
lui venir efficacement en aide. Il est regrettable d'abord que
l'abandon du système des Crédits spéciaux, en 1814, ait entraîné l'abrogation de l'article 39 de la loi de 1810, lequel prescrivait que le produit des redevances minières servît à former
un fonds spécial pour les dépenses de recherche, ouverture,
mise en activité de mines nouvelles. Quant au second point,
il faudrait qu'il y eût comme en Allemagne, en Saxe notamment,
des maîtres mineurs qui sont d'excellents praticiens; de même
les *captains of mines* anglais ont une instruction pratique beaucoup plus complète que celle de nos ingenieurs. Ne faut-il pas,
dès lors, regretter la disparition des écoles pratiques des
mines de la Sarre et de Pesey qui existaient sous le premier Empire[1]? Saint-Étienne forme des directeurs d'usine, et Alais des
maîtres ouvriers mineurs ; mais cette dernière école n'a pas une
importance à beaucoup près suffisante.

344. Les rapports entre la propriété tréfoncière et la propriete
de la surface sont importants à examiner à trois points de vue
différents : α) la charge de la redevance au profit du propriétaire du sol; β) le mode de jouissance des propriétaires de la
surface; γ) les combinaisons pour l'établissement des chemins
extérieurs nécessaires à l'exploitation.

α) La redevance dont la propriété souterraine est grevée en
faveur de la propriété de la surface n'est pas une compensation

---

[1] V. rapport de Petitgand, *Commission de l'expos. de* 1867, t. V, p. 687.

de la valeur de la mine ; c'est ou plutôt ce devrait être, selon le système adopté par la loi de 1810, le prix de l'expropriation du tréfonds. Mais dans l'intérêt général de l'industrie [1], qui serait affectée par le haut prix des matières premières extraites, c'est en réalité une indemnité très-faible, à peine représentative des dommages éventuels que pourra causer l'extraction. Cette redevance peut être fixe ou proportionnelle suivant l'acte de concession (art. 6 et 42 de la loi de 1810). La redevance proportionnelle a le grand avantage de donner aux propriétaires du dessus le même intérêt qu'aux exploitants. C'est le système qui a été adopté pour les propriétaires du bassin de la Loire au siècle dernier et depuis, en 1824 [2].

β) Les propriétaires de la surface peuvent désirer construire ou modifier d'autre manière l'affectation de leurs propriétés. Le droit de jouir à leur gré subsiste comme s'il n'existait pas de propriété souterraine ; autrement, disait le procureur général Dupin, le périmètre de la concession eût été un désert. Mais cette latitude absolue a donné lieu à de vives protestations : d'après l'article 11 de la loi de 1810, aucune exploitation ne pouvait être faite ni même aucune machine ou magasins établis à moins de 100 mètres des clôtures murées, ce qui était une zone de protection d'ailleurs excessive. Or, l'exploitation des mines a pour effet d'attirer les populations et les industries nouvelles. Dans le bassin de Saint-Étienne, 200,000 habitants sont groupés sur 300 kilom. carrés de terrain houiller. L'article 11 s'appliquant aux constructions ou clôtures établies postérieurement à la concession, l'exploitation devenait de plus en plus gênée dans les districts dont la population augmentait; en effet, les propriétaires du sol établissaient des clôtures ou construisaient sur les terrains situés dans le périmètre de la mine, quelquefois au-dessus même des ouvrages projetés les plus indispensables, puis, invoquant l'article 11, ils obligeaient les concessionnaires à acheter à prix d'argent leur renonciation au bénéfice de cet ar-

---

[1] V. sur le caractère réel immobilier des redevances, Féraud-Giraud, *op. cit.*, t. I, p. 437 et suiv. et 444.

[2] L'exagération de certaines redevances tréfoncières ainsi établies a nui à ce système : dans les houillères de Saint-Étienne, c'était 9,5 p. 0/0 du produit brut, ailleurs 50 francs par hectare. Assez généralement les redevances tréfoncières fixes sont calculées sur le taux assez dérisoire de 10 à 25 centimes par hectare. V. Féraud-Giraud, *op. cit.*, t. I, p. 426 et suiv.

ticle. Était-il possible de déjouer ces spéculations? Non, car les propriétaires de la surface ne faisaient qu'user de leur droit ; une zone de protection, convenablement limitée, est une garantie motivée par la sécurité de la propriété, s'il s'agit de forer des puits ou des galeries. On concevrait, au contraire, que les concessionnaires pussent établir des magasins et des dépôts de matériaux, installer des machines ou faire des travaux de secours à une distance moindre ; c'est en ce sens que, en faveur de l'industrie minière, l'article 11 a été amendé par la loi du 27 juillet 1800[1].

γ) Les mines sont des propriétés doublement enclavées : 1° à l'intérieur du périmètre de la concession, les puits ou les galeries peuvent être séparés des chemins publics : enclave horizontale ; 2° les galeries souterraines d'exploitation ont besoin d'une issue à la surface : enclave verticale. D'après le droit commun (art. 682, C. civ.), le propriétaire du fonds enclavé a un droit de passage sur les fonds voisins. Il fallait quelque chose de plus au profit des concessionnaires. Le concessionnaire n'aurait rien pu réclamer, selon le droit commun, au cas où un chemin quelconque aboutit à la voie publique, n'y eût-il donné qu'un accès difficile, et n'eût-il rendu possible qu'un transport à dos de mulet ; la jurisprudence, interprétant les articles 43 et 44 de la loi de 1810, lui a donné la faculté d'occuper les terrains sur lesquels peuvent être établis les chemins extérieurs les plus avantageux à l'exploitation ; seulement, le passage des chariots de minerai causant plus de dommage qu'un simple chemin de culture, l'indemnité est portée au double de la valeur du terrain. Le même

---

[1] Voici le texte du nouvel article 11 : « Nulle permission de recherches ni concession de mines ne pourra, sans le consentement du propriétaire de la surface, donner le droit de faire des sondages, d'ouvrir des puits ou galeries, ni d'établir des machines, ateliers ou magasins dans les enclos murés, cours et jardins. — Les *puits et galeries* ne peuvent être ouverts dans un rayon de 50 *mètres* des habitations et des terrains compris dans les clôtures murées y *attenant*, sans le consentement des propriétaires de ces habitations. » — En ce qui concerne les travaux de recherches, on devrait non seulement modifier la loi, mais peut-être y aurait-il encore lieu d'y faire intervenir l'État d'une manière plus active pour les travaux scientifiques d'ensemble : une partie de la géologie souterraine de la Normandie, de la Bourgogne, de la Franche-Comté, est encore très-imparfaitement connue. Cela vaudrait mieux que de bouleverser notre législation minière en attribuant la propriété des mines à l'inventeur.

moyen est employé pour faire cesser l'enclave verticale, c'est-à-dire afin d'ouvrir un débouché aux puits et aux galeries.

Les privilèges accordés à l'industrie minière n'étaient pas assez larges encore. Les articles 43 et 44 ne donnaient le droit d'occupation que relativement aux terrains compris dans l'intérieur du périmètre[1]. Or, pour gagner la voie publique, il peut être nécessaire d'avoir une issue au delà. La loi française abandonnait les concessionnaires aux exigences des propriétaires de la surface qui avaient le droit absolu de se refuser à laisser traverser leurs fonds. Une loi belge de 1837 autorise l'expropriation pour cause d'utilité publique en vue de créer, en dehors du périmètre de concession, des chemins de raccordement. Plusieurs lois étrangères facilitent de même l'accomplissement des travaux de secours (écoulement des eaux, puits d'aération, etc.). La loi de 1880, modifiant l'article 44, a consacré des dispositions analogues depuis longtemps réclamées.

Une seconde lacune de la loi de 1810 concernait les voies ferrées : les concessionnaires avaient la faculté d'ouvrir (dans l'intérieur du périmètre, sous les conditions déjà énoncées), des chemins de charroi, mais, à moins que l'État ne recourût à la déclaration d'utilité publique, il ne leur était pas loisible d'occuper des terrains pour y établir des chemins de fer d'exploitation. En Prusse (loi de 1865), en Autriche (loi de 1854) et en Belgique, on a pourvu à ces nécessités nouvelles de l'industrie minière dans le but de procurer à la métallurgie les minéraux à bon marché. Un intérêt économique très-considérable exigeait l'adoption en France de dispositions moins restrictives[2] : le minerai, dans les galeries de mines, circule sur des rails; si l'on peut les prolonger sur des plans inclinés automoteurs, on évite le transbordement et par conséquent des frais. On a calculé que le transport par voies ferrées

---

[1] Nous ne parlons au texte du droit d'occupation que relativement aux chemins d'exploitation, mais pareil droit est consacré aussi par l'article 43 (modifié par la loi du 27 juillet 1880, en ce qui touche la préparation mécanique des minerais, le lavage des combustibles, etc... Le propriétaire peut réclamer l'acquisition du sol lorsque l'occupation se prolonge au delà d'une année, ou que les travaux accomplis rendent le sol impropre à la culture.

[2] En l'absence de dispositions spéciales, l'administration française avait recours jusqu'ici à un subterfuge : concession de chemin de fer pour le transport du minerai et déclaration d'utilité publique fondée sur la promesse de la création ultérieure d'un service de voyageurs et de marchandises.

au haut-fourneau n'était que de 0,10 centimes par tonne, tandis que, sur une route carrossable, il revient au moins à 2 fr.. sans parler de la dégradation rapide des routes. La loi de 1880 facilite l'établissement des voies ferrées : dans l'intérieur du périmètre de concession et lorsqu'elles ne modifient pas le relief du sol, elles peuvent être établies comme les autres chemins d'exploitation (art. 43); en dehors du périmètre, ou lorsque le relief du sol doit être modifié, les voies ferrées peuvent être déclarées d'utilité publique en vertu d'un décret (art. 44).

345. Régime des carrières. — Le nombre très-considérable des carrières exploitées en France, 30,000 environ, justifie à lui seul le principe de liberté de l'exploitation, sous la surveillance administrative, qui a été admis par la loi de 1810[1]. Le système des concessions n'a de raison d'être que par l'intérêt public; or, il n'est pas à craindre que, par l'inertie des propriétaires, la consommation soit laissée en souffrance : de fait, l'argile commune et la pierre à chaux sont exploitées dans plus de 50 départements; les marbres et brèches dans 40 environ; la pierre à plâtre dans autant de départements, au premier rang desquels se placent ceux du bassin de la Seine. Il suffit de jeter un coup d'œil sur la carte géologique de la France pour y constater la prédominance des terrains tertiaires qui fournissent les plus impor ants des matériaux de construction. Ces matériaux étant très-abondants, il n'y avait aucune raison pour revendiquer au profit de l'intérêt général ceux d'entre eux qui sont renfermés dans les entrailles du sol, ni d'en soumettre l'exploitation à d'autres règles qu'à des mesures propres à assurer la sécurité des ouvriers.

Le pouvoir tutélaire que l'État exerce sur le personnel employé dans les industries minières et dans les carrières n'est malheureusement que trop justifié par la statistique des accidents; 19,000 ouvriers travaillent dans les carrières souterraines; 91,700 dans les carrières à ciel ouvert; 122,000 (dont 86,200 à l'intérieur) dans les mines. Les risques de mort dans les carrières souterraines sont plus grands que dans les mines, même dans les mines de houille, où cependant le grisou cause de si terribles accidents.

[1] La législation des tourbières est assimilable à celle des carrières, sauf la faculté pour l'administration de déterminer la direction générale des travaux (art. 83, loi de 1810).

De 1880 à 1889 les moyennes sur 10,000 ouvriers ont été de 19,7 dans les carrières souterraines ; de 17,4 dans les mines de houille, de 15,1 dans les autres mines ; de 9,5 dans les carrières à ciel ouvert[1]. A cause de ces risques professionnels des délégués élus par les mineurs sont appelés concurremment avec les agents de l'État à vérifier les travaux intérieurs, à constater les accidents (loi du 8 juillet 1890)[2]. On conçoit aussi que l'on impose aux concessionnaires qui tirent leurs droits d'un acte gracieux l'obligation de créer des caisses de secours et de prévoyance. Toutefois l'initiative des chefs d'entreprise a le plus souvent rendu peu nécessaire une obligation légale[3].

[1] Très-élevés d'une façon absolue, ces chiffres sont relativement faibles, soit par rapport à ceux des statistiques antérieures, soit par rapport aux accidents dans les autres pays. On compte 1 tué sur 295 mineurs en Saxe ; sur 346 en Prusse ; sur 419 en Belgique ; sur 458 en Angleterre ; sur 476 dans la France entière ; sur 628 dans le Nord de la France. V. *Rev. d'Écon. polit.*, 1890, p. 201.

[2] Quant aux conflits entre les compagnies et les ouvriers mineurs et les moyens de les apaiser, V. ci-dessous, n⁰ˢ 847 et suiv.

[3] V. sur cette question, ci-dessous, n⁰ 1062. A la suite de la catastrophe de Saint-Étienne, la Chambre des députés a voté un ordre du jour (21 janvier 1891) invitant le gouvernement à organiser une plus active surveillance des mines.

CHAPITRE III.

INDUSTRIES MÉTALLURGIQUES.

———

346. Les industries métallurgiques se placent naturellement après les industries minières dont elles reçoivent les matières premières. Ce sont des industries de transformation, par conséquent elles se rattachent au groupe général des industries manufacturières; néanmoins, ce n'est pas sans motif que nous leur consacrons un chapitre spécial : en effet, comme l'agriculture et les exploitations minières, les industries métallurgiques sont, à bien des points de vue, des industries préparatoires ou indirectement utiles à la production : les principaux de leurs produits forment l'outillage des manufactures proprement dites.

Parmi les industries métallurgiques, la première place appartient à la sidérurgie : le fer est le métal industriel par excellence, et, sans exagération aucune, il est permis de dire que la production à bon marché de ce métal restera l'un des événements économiques les plus considérables du xixᵉ siècle. La métallurgie des métaux précieux a une importance bien moindre que celles des métaux industriels; le principal usage de ces métaux est le service monétaire. Aussi, la production de l'or et de l'argent trouvera-t-elle mieux sa place à propos de l'étude de la monnaie[1].

347. Industrie sidérurgique ; ses transformations. — L'industrie sidérurgique produit la fonte, le fer, la tôle, l'acier[2]; les pro-

---

[1] Disons cependant que l'orfévrerie, la bijouterie et les grandes fabrications de luxe qui emploient les métaux précieux à des usages industriels, font une consommation très-considérable d'or et d'argent.

[2] La fonte se distingue, au point de vue de la composition chimique, du fer à l'état pur par le carbone qu'elle contient dans la proportion de plus de 20 millièmes. L'acier est également un fer carburé, mais moins fortement, dans la proportion de 1 à 20 millièmes. Le fer est ductile, malléable, se laisse forger, se soude, mais ne se trempe pas, n'est fusible qu'à une très-haute température. La fonte n'est ni malléable ni ductile, mais est fusible à une

cédés de préparation donnent ces métaux sous divers états :
pour la fonte, fonte brute, fonte moulée de 1re, 2e et 3e fusion ;
pour l'acier, aciers de forge. aciers puddlés, aciers de cémentation, aciers fondus. Les principales installations métallurgiques
sont les hauts-fourneaux, les forges et les aciéries. Depuis
moins d'un demi-siècle, une transformation complète s'est opérée dans les procédés et dans les produits de l'industrie sidérurgique. Deux causes principales l'ont amenée : 1° la substitution
du combustible minéral au combustible végétal ; 2° les perfectionnements des procédés métallurgiques qui ont permis l'économie du combustible et la production par grandes masses.

1° La substitution du combustible minéral au combustible
végétal a suivi une marche progressive très-remarquable. En
1820, la presque totalité de la fonte était obtenue au bois
(110,000 tonnes sur 112,000 ou près de 98 p. 100) ; en 1830,
la fonte au coke ne formait encore que 10 p. 100 de la production totale, mais à partir de ce moment les progrès furent
plus accentués : en 1847, les deux combustibles rivaux étaient
presque sur la même ligne (252,000 tonnes au coke sur
591,000 tonnes). L'année 1853 est la première où la fonte au
coke dépasse la fonte au bois (360,000 tonnes contre 300,000) ;
en 1860 (année du traité de commerce avec l'Angleterre), l'écart
est déjà considérable (580,000 tonnes contre 316,000). Depuis,
le déclin de la fonte au bois est très-marqué : en 1890, elle ne
figure plus que pour 8,200 tonnes sur 1,970,000, soit environ
quatre millièmes [1].

La fonte au bois étant préférable pour certains usages,
parce qu'elle est moins cassante, ne disparaîtra pas complètement, mais elle est destinée à ne conserver qu'une place tout
à fait insignifiante dans l'ensemble de la production. La fonte
au coke dépense une valeur beaucoup moindre en combustible
que la fonte au bois [2] ; aussi, bien que l'outillage des hauts-four-

---

température relativement basse, elle se trempe, ne se soude pas. L'acier
intermédiaire entre les deux a quelque malléabilité et quelque ductilité, il se
trempe, est fusible plus facilement que le fer, peut se souder (V. Radau,
Rev. des Deux-Mondes, 1882, t. III, p. 687 et suiv.).

[1] La fonte aux deux combustibles ou mixte n'entre elle-même dans le total
ci-dessus que pour 6,500 tonnes. V. *Statist. de l'industrie minérale* de
1891, *op. cit.*, p. 65 et suiv.

[2] Pour 1,000 kilogr. de fonte, on compte 96 fr. 50 de bois, 47 fr. 50 de

neaux au coke exige des avances de capitaux très-fortes, en 1847 déjà la tonne de fonte au bois valant 185 fr., la fonte au coke pouvait être livrée à 142 fr. Avant la guerre (1869), la tonne de fonte au coke était descendue à 80 fr. et la fonte au bois à 131 fr.; depuis, les prix s'étaient relevés à cause de la cherté du combustible, en 1872, les fontes françaises ont atteint le taux moyen de 110 à 120 fr. En 1874, la tonne de fonte de Claveland s'est vendue 155 fr.; mais ces hauts prix ne se sont pas soutenus, malgré les prévisions opposées, et, dès 1875, ils étaient réduits à plus de moitié. L'avilissement s'est même encore accentué ensuite : en 1886, la tonne de Claveland a été cotée 42 fr. 50. En France (1886) le prix moyen de la tonne de fonte brute d'affinage descendit à 57 fr.[1]. Depuis (1889) le prix s'est relevé à 62 fr. Les fluctuations de prix ont donc été fort considérables mais avec une tendance prédominante à la réduction des prix.

La même évolution s'est produite dans l'industrie du fer : en 1889, sur 809,000 tonnes, 670,000 sont produites à la houille et seulement 12,000[2] au bois. La valeur du fer a subi les mêmes vicissitudes que celle de la fonte : de 340 fr. par tonne en 1840, elle s'est abaissée progressivement jusqu'à 200 fr. en 1869, pour se relever jusqu'à 285 fr. en 1873, et tomber ensuite à 140 fr. (1888). Malgré le relèvement du prix à 153 fr. (1889) on peut regarder comme acquise une réduction de moitié environ, mais ce n'est pas assez pour soutenir la consommation du fer : les perfectionnements de l'industrie métallurgique ont surtout profité à l'acier qui, pour la plupart des usages, est le métal industriel de l'avenir.

2° Les réductions de prix dans l'industrie sidérurgique sont dues en grande partie aux perfectionnements des procédés métallurgiques, à la puissance des hauts-fourneaux et des fours à acier. Plusieurs de ces hauts-fourneaux s'élèvent à plus de

---

coke et 66 francs de combustible mixte. Dans la fonte aux deux combustibles, la main-d'œuvre est trois fois plus chère que dans les autres procédés ; ce qui explique aussi qu'elle soit peu en usage.

[1] Les fontes moulées en première fusion au coke ont une valeur plus grande soit 130 francs prix moyen. *Statist. de l'industrie minérale, op. et loc. cit.*

[2] Le surplus 125,000 est obtenu par réchauffage de vieux fers et riblons. *Statist. de l'industrie minérale, op. cit.*, p. 71.

30 mètres et livrent 60,000 kil. de fonte en 24 heures; on a pu
couler au Creusot un bloc d'acier de 125,000 kilogr. Grâce à
d'immenses foyers où l'on évite la déperdition du calorique au
moyen du surchauffage de l'air à 700 degrés dans les tuyères
des hauts-fourneaux (procédé Whitwell), on réalise une économie considérable de combustible. En 1830 on consommait 4 à 5
tonnes de combustible pour une tonne de fonte. Aujourd'hui on
ne consomme plus que 1,200 kilogr. par tonne et souvent
même poids seulement de combustible que de métal[1]. De
1850 à 1880 la production française de la fonte a presque quin-
tuplé (405,000 en 1850), mais elle est restée à peu près stationnaire de 1880 à 1888 : la reprise qui a eu lieu depuis 1888
l'a seulement fait remonter au niveau antérieur (1,962,000 1890 ;
l'apogée a été 2,069,000 tonnes (1882). Dans la même période,
au contraire, les progrès de plusieurs États ont continué d'être
très-rapides : les États-Unis ont plus que doublé leur production (9,350,000 au lieu de 3,890,000 ; l'Allemagne a augmenté
la sienne d'un million de tonnes (3,900,000 au lieu de 2,900,000 .
L'Angleterre avec une plus-value de 500,000 tonnes et une production de 8,360,000 est passée au second rang.

348. Histoire du fer et de l'acier. — Les progrès principaux
ont été d'abord obtenus dans la métallurgie du fer. Pendant des
siècles, le fer ne s'obtenait que par le procédé des forges corse
et catalane, c'est-à-dire par la fusion directe du minerai; en
procédant ainsi, on sacrifie une notable partie de l'oxyde de
fer et l'on ne peut traiter que des minerais très-riches. A cause
des qualités spéciales du fer ainsi obtenu, la méthode catalane
n'est pas complètement abandonnée; mais, dans l'ensemble de
la production, elle ne tient plus qu'une place insignifiante. La
forge catalane consomme 600 kilog. de charbon pour 100 kilog.
de fer; aujourd'hui, pour la même quantité produite, la dépense
de combustible est réduite à moitié. C'est de la fonte, par l'élimination du carbone ou affinage, qu'on retire le fer et nous
allons retrouver dans la métallurgie de l'acier une modification
analogue. Le fer dû à l'affinage de la fonte, fer *puddlé* ou fer

---

[1] D'autres progrès sont dûs à la chimie notamment dans la production des
fontes manganesées ou fontes blanches, d'autres enfin sont dûs, comme
cela a été déjà indiqué, aux modes perfectionnés de transport des minerais.
V. n° 336.

anglais, a joué un grand rôle dans la suprématie industrielle de l'Angleterre.

L'histoire de l'acier est des plus curieuses. On a commencé par faire de l'acier avec du fer en carbonisant le fer forgé en vases clos (aciers de forge et de cémentation). Plus tard, on eut l'idée d'obtenir l'acier par l'affinage de la fonte, mais par un affinage incomplet. Ceci a d'abord été fait par le puddlage à bras. On appelle aciers puddlés ou de forge les aciers affinés au four à reverbère. Les procédés ont été perfectionnés. Les Américains ont inventé le puddlage mécanique (procédé Danks); désormais au lieu de blocs de 40 à 50 kilog. on peut en obtenir de 500 kilog. Enfin est venue la grande découverte de Bessemer qui a produit une véritable révolution dans l'industrie de l'acier. Les aciers fondus, les plus chers de tous (ils coûtaient encore 1,250 fr. les 1,000 kilog. en 1855), ne pouvaient être obtenus que difficilement et en petites masses. La méthode Bessemer permit d'obtenir l'acier fondu en grandes masses. Elle consiste à faire passer, au moyen d'une puissante soufflerie, un actif courant d'air sur la fonte liquide afin d'en éliminer le carbone; grâce à la surélévation de chaleur produite par la combustion du carbone et du silicium de la fonte, la masse métallique en fusion est portée à une haute température sans qu'il soit nécessaire de dépenser plus de combustible. Les *convertisseurs,* grandes cornues de tôle employées à ces opérations, contenant 10,000 kilog. de fontes donnent l'acier fondu en 20 minutes. MM. Siemens et Martin ont inventé un autre procédé pour obtenir l'acier : dans des fours régénérateurs à gaz, le fer est dissous dans un bain de fonte; dans ce bain on verse de la fonte manganifère selon le degré de carburation qu'on veut donner à l'acier. C'est, comme on l'a dit fort ingénieusement, une véritable cuisine métallurgique. Ce procédé est plus lent mais donne à la fabrication le moyen d'obtenir toutes les variétés d'acier. L'acier Bessemer, Siemens ou Martin exige l'emploi de fontes non phosphorées et non sulfurées. On est parvenu, mais d'une façon jusqu'ici imparfaite, à brûler le phosphore (Procédé Thomas et Gilschrist). Si l'on y parvient complètement, comme tout le fait supposer, une nouvelle évolution se produira dans la métallurgie de l'acier en donnant les moyens d'utiliser les minerais ordinaires. — Chose qu'on ne saurait trop admirer, ces immenses progrès ont été réalisés en moins de vingt ans, et chacun d'eux a coïncidé avec l'une des grandes expositions universelles. En 1855, l'acier puddlé faisait son apparition ; en 1862, c'était l'acier Bessemer ; en 1867 le four Siemens, le procédé Martin. Les progrès de la métallurgie ont transformé la production. Si l'on veut se faire une idée de la puissance des grands établissements métallurgiques modernes, il faut se transporter au Creusot, où travaille une armée de 15,000 ouvriers, voir les fours d'affinage, à puddler, les forges, les laminages, les aciéries, les multiples ateliers de construction où fonctionnent plus de 1,000 machines-outils, d'où sortent deux locomotives par semaine, des canons, des plaques de blindage, des machines de toutes sortes, où a été fondu le marteau-pilon de 80,000 kilog. figuré à l'exposition de 1878 et le bloc d'acier de 125,000 kilog.

349. Des transformations aussi considérables ne se sont pas opérées sans causer de graves perturbations, de grandes souffrances et la ruine de beaucoup d'anciens établissements métallurgiques. La première de ces crises économiques de transition est résultée de l'emploi de la houille. L'industrie métallurgique s'est déplacée, abandonnant le voisinage des forêts pour se rapprocher des exploitations de minerai ou de houille. En 1835, la Haute-Marne, couverte de forêts avec 52 hauts-fourneaux au bois et 164 forges, tenait le premier rang dans l'industrie du fer ; elle produisait deux fois plus que le département qui venait en seconde ligne. En 1873, elle n'avait plus que 70 fourneaux dont 10 au coke, mais alors que la production générale de la France avait doublé, celle de ce département n'avait augmenté que de 1/7e environ (75,500 tonnes au lieu de 67,000 en 1835). La décadence de la production au bois est aujourd'hui complète. Il n'existe plus qu'un seul haut-fourneau au bois (1889) mais la métallurgie de la Haute-Marne, si elle n'a pas ressaisi le premier rang, s'est cependant développée, en se transformant. La production du fer y reste encore inférieure à 60,000 tonnes, mais celle de la fonte y a pris une importance égale.

Que sont d'ailleurs quelques crises locales comparées au magnifique développement de la production du fer et de l'acier ? Voici les étapes successives pour l'Angleterre : 22,000 tonnes en 1750; 400,000 en 1820; 1 million en 1835; 3 millions en 1855; 5,3 millions (1890). Les États-Unis ont une production qui dépasse maintenant celle de l'Angleterre : leur production dans la dernière période décennale a plus que doublé. L'Allemagne a donné en 1889, 3,8 millions de fer et d'acier. L'accroissement de la production sans être comparable à celui des États-Unis, a dans la dernière période décennale dépassé 60 p. 0/0. En France la marche progressive a été moins rapide surtout depuis vingt ans : 70,000 tonnes en 1789; 112,000 en 1810; 347,000 en 1840; 850,000 en 1855; 1,380,000 en 1869. Après 1870 notre production est réduite à cause de la perte du riche bassin de la Moselle à 1,150,000 (1873); c'est ensuite 1,355,000 en 1880; 1,530,000 en 1882 (maximum) puis après la crise de 1883-1887 relèvement progressif à 1,415,000 (811,000 fer et 604,000 acier) (1891).

Si l'on envisage l'ensemble de la production sidérurgique (fers, fontes, aciers), les États-Unis et l'Angleterre se placent en tête avec une production de 13 à 14 millions de tonnes[1]. L'Allemagne vient après (7,9 millions). Nous prenons le quatrième rang mais à une grande distance (3,370,000). En 1883 à l'apogée de la production sidérurgique, elle avait été de 3,570,000 tonnes. La Belgique, l'Autriche et la Russie qui se placent après la France ont une production très-inférieure.

A cause de sa plus grande dureté, de la trempe qu'il peut recevoir, de sa fusibilité qui permet d'obtenir des pièces d'énormes dimensions, l'acier obtient de plus en plus la préférence sur le fer. Grâce au procédé Bessemer, la tonne d'acier fondu se vend au-dessous de 200 fr. (le prix moyen en 1889 a été de 182 fr.)[2], c'est-à-dire à un prix qui n'est pas sensiblement supérieur à celui du fer (prix moyen du fer puddlé 153 fr. 1889). Aussi, la production du fer a-t-elle décliné tandis que celle de

---

[1] Avec les fers et les aciers on ne devrait totaliser, pour avoir la production sidérurgique nette, que les fontes de moulage et de 1ʳᵉ ou 2ᵉ fusion, puisque les autres ne servant qu'à la fabrication du fer et de l'acier, font avec elles double emploi, mais ces distinctions ne nous sont pas données par les statistiques de plusieurs États étrangers notamment par les *Statistical abstrats* de l'Angleterre et des États-Unis.

[2] L'acier marchand Siemens Martin vaut 280 francs, les aciers cémentés et les aciers fondus au creuset ont une plus haute valeur encore, 430 fr. la tonne, mais les rails en acier ne valent que 127 fr. (1889).

l'acier faisait des progrès rapides. Depuis 1872, la production du fer en France est à peu près stationnaire : 883,000 tonnes (1872), 966 (1880), 1073 (1882) maximum ; elle s'est affaissée à 767,000 (1886) mais s'est relevée à 823,000 (1890). Au contraire, chaque année amène un accroissement notable sur la production des aciers. L'Angleterre est arrivée au chiffre de 3,1 millions ; les États-Unis se placent aujourd'hui au premier rang 3,5 (1888) ; l'Allemagne fournit près de 2 millions ; nous venons ensuite avec 626,000 tonnes. Partout la rapidité du développement de cette fabrication est surprenante : ainsi les États-Unis, en 1870, n'obtenaient encore que 40,000 tonnes d'acier. La production allemande était insignifiante avant 1848. En 1825, la France ne produisait que 5,000 tonnes d'acier, et que 22,000 en 1855. On voit quel rapide chemin a été fait partout. Et ce qui doit frapper, en effet, dans l'avènement de l'acier, c'est que l'Angleterre est loin d'avoir, pour ce nouveau métal industriel, la suprématie qu'elle avait acquise dans la production du fer. La cause de cette différence est que pour l'acier la qualité des minerais a été et est encore une considération importante ; or, de ce chef, l'Angleterre n'a pas une supériorité marquée sur les autres pays, tandis qu'auparavant elle n'avait pas de rivale, en Europe du moins, pour la fabrication du fer.

350. Produits des industries sidérurgiques. Personnel de ces industries. — Les produits fabriqués dont la fonte, le fer et ses dérivés (tôle, acier) fournissent la matière première, sont, indépendamment des machines, de la mécanique générale, (notamment les 56,860 machines, les 68,750 chaudières, les 25,000 récipients à vapeur de la France en 1889), les outils et appareils spéciaux des diverses industries manufacturières (ce que l'on peut appeler l'outillage et le matériel professionnel), enfin un grand nombre de menus objets usuels : coutellerie, clouterie, serrurerie, articles de ménage, instruments de chirurgie et de médecine opératoire, toiles métalliques, plumes, aiguilles, etc. On peut dire de la métallurgie qu'elle arme les industries manufacturières. Le bon marché de ses produits, outils et machines, est une condition préalable du bon marché des autres fabrications. L'absence d'ateliers de construction est une cause d'infériorité de certaines industries et l'outillage de nos industries textiles, métiers à filer et à tisser, leur est entièrement fourni par Manchester et Chemnitz.

De récents débouchés, par suite de la réduction des prix, ont été ouverts aux produits de l'industrie sidérurgique : il suffit d'indiquer les principaux : les navires blindés et les navires construits entièrement en fer, les ponts métalliques[1], etc. Signalons encore l'emploi du fer, de la fonte et de la tôle dans les constructions de halles, de chemins de fer, galeries, navires cuirassés et blindés, ponts, viaducs[2], etc., son emploi journalier pour colonnes, planchers, toitures, serres, etc. Enfin l'industrie des rails mérite une mention spéciale, parce qu'elle atteste le progrès de l'acier sur le fer : il y a vingt ans à peine, les rails étaient tous en fer, mais depuis la diminution des prix, la fabrication des rails en acier s'est considérablement développée : en 1880, les usines françaises avaient fourni près de 280,000 tonnes de rails en acier contre 42,000 seulement de rails en fer[3]. Aujourd'hui les rails de fer ont presque disparu (1,029 tonnes seulement, 1889); par contre, le tonnage des rails d'acier qui, au moment de la fièvre de construction des chemins de fer avait presque atteint 400,000 tonnes (1883) représente encore plus de 194,000 tonnes (1891)[4].

---

[1] Des ponts ou viaducs métalliques d'une singulière hardiesse ont été construits dans ces dern ers temps : le viaduc du Douro en Portugal, le grand pont du Forth, le colosse des ponts métalliques, ceux du Niagara, de Sakkur (Inde); en France les viaducs de Garabit, de la Cruize, le pont de Rouen, de Lyon, de Marmande, de Viaur, etc. V. de Lapparent, *Le siècle du fer*, 1890.

[2] En 1889, la métallurgie française a prouvé son habileté et sa puissance par la construction de la gigantesque galerie des machines et de la tour de 300 mètres; l'une a nécessité l'emploi de plus de 7,400 tonnes, l'autre de 7,000 tonnes. — V. Picard, *Rapport général sur l'Exposition de 1889*, t. I et III, et de Lapparent, *op. cit.*

[3] En 1873, on fabriquait encore plus de rails de fer que de rails d'acier.

[4] Avant de quitter l'industrie sidérurgique, on ne lira pas sans intérêt une brève analyse de la répartition géographique de nos industries métallurgiques, car cette répartition n'est pas accidentelle, mais s'explique par des causes économiques. Pour les fontes brutes et de première fusion, Meurthe-et-Moselle, dont le sol est riche en oxyde de fer, vient en premier avec 940,000 tonnes (1889), soit plus de la moitié de la production totale de la France; puis le Nord 230,000, Saône-et-Loire à une grande distance, 84,000 tonnes environ. Pour la fonte moulée de deuxième ou troisième fusion, le Nord et les Ardennes occupent le premier rang ; la Haute-Marne vient ensuite. Dans 24 départements, on fabrique de la fonte brute ou de

L'industrie de la production des métaux industriels occupe dans les hauts-fourneaux, forges ou aciéries ou autres établissements de production 112,500 (ouvriers et patrons) en France et 240,000 en Angleterre. Mais ces chiffres n'indiquent que le nombre de ceux qui produisent le métal ; pour avoir une idée de l'importance du contingent des industries métallurgiques, il faut ajouter tous ceux qui, dans les ateliers de construction ou de fabrication de l'outillage spécial des industries manufacturières, travaillent le fer ou l'acier sous toutes ses formes. Et si l'on y joint encore le contingent des autres industries métallurgiques, on arrive alors à une population ouvrière quatre fois plus considérable, soit 375,000 ouvriers pour la France et plus de 700,000 pour l'Angleterre[1]. La production annuelle de l'industrie sidérurgique française est estimée à 365 millions pour 1889. Si l'on se reporte à 1883 la valeur créée a alors dépassé 500 millions. Cependant nos exportations sont en progrès, spécialement celle de machines et d'outils et ouvrages en métaux : elles excèdent nos importations de plus de 60 millions.

première fusion ; dans 52, la production de la fonte moulée de deuxième ou troisième fusion est supérieure à 1,000 tonnes. Pour la fabrication du fer et de la tôle (dans 45 départements), le Nord se place en tête avec 320,000 tonnes, puis à grande distance, les Ardennes (68,000), Saône-et-Loire (63,000) et la Haute-Marne (58,000 . Enfin la fabrication de l'acier en lingot, d'abord localisée dans le centre de la France, s'est déplacée et propagée dans 20 départements. Le foyer principal de la production, Meurthe-et-Moselle, donne 151,000 tonnes (1889) ; le Nord vient au second rang (125,000) ; puis Saône-et-Loire, Pas-de-Calais et Loire, avec plus de 50,000 tonnes. Le Gard et les Landes ont une production relativement considérable (40,000 et 37,000), grâce à l'importation des minerais d'Algérie. Les aciers ouvrés ont une fabrication de quelque importance dans 25 départements : le Nord (92,000 tonnes) vient en tête puis la Loire (63,000), Saône et-Loire, Pas-de-Calais, Meurthe-et-Moselle, le Gard et les Landes. — (V. *Statistique de l'industrie minérale* de 1891, *op. cit.*, p. 68 à 78 et 117 à 142).

[1] La métallurgie du cuivre, plomb, zinc, nickel, aluminium, antimoine, etc., etc... se ressent en France du peu de richesse des gisements métallifères et surtout du peu d'activité des exploitations. Elle n'occupe que 2,000 ouvriers environ, employés à la production du métal. On a remarqué, surtout à partir de 1860, le déclin des fonderies de cuivre ; les principaux établissements sont des laminages, parce qu'on n'importe plus qu'en faible quantité des minerais, tandis que l'importation du métal brut atteint la valeur de 140 millions. La grosse chaudronnerie compte en France quelques établissements considérables, ceux de Saint-Vaast, de Rugles et les usines Laveissière. V. sur la production des métaux industriels autres que le fer, n° 336 note.

351. Législation économique des industries métallurgiques.
— Au point de développement où ces industries sont parvenues
dans les principaux pays industriels, le régime de la liberté de
la production, sauf le droit de police de l'administration, est
celui qui leur convient le mieux. La tutelle des industries sidérurgiques avait peut-être quelque utilité au temps où ces industries étaient naissantes et où le gouvernement, à cause de l'importance qu'elles ont, au point de vue de la sécurité et de la défense du pays, cherchait à protéger les capitaux qui s'y étaient
engagés contre des concurrences intempestives de la part même
de la production nationale.

L'intérêt de la défense du pays motive encore l'existence déjà
signalée de manufactures d'État pour les armes de guerre ou
les constructions navales. On trouve même en Prusse des hauts-
fourneaux d'État. Quoi qu'il en soit, l'industrie privée se montre
de plus en plus en mesure de fournir les approvisionnements
publics et justifie la liberté qui lui a été reconnue. En France,
jusqu'en 1866, le principe de la liberté de l'industrie subissait
une exception relativement aux forges et hauts-fourneaux qui
ne pouvaient être fondés qu'en vertu d'une autorisation administrative (art. 73 à 78 de la loi du 21 avril 1810). La loi du 9
mai 1866 a fait disparaître cette entrave en même temps qu'elle
levait le privilège des maîtres de forges pour l'approvisionnement de minerai dans les concessions du voisinage (n° 342 β).

CHAPITRE IV.

INDUSTRIES MANUFACTURIÈRES.

─────────

§ I.

Notions économiques et statistiques sur les principales industries manufacturières.

352. L'industrie manufacturière est alimentée par l'agriculture, par les industries extractives et par les industries métallurgiques ; elle en reçoit les substances qu'elle transforme ou l'outillage qu'elle emploie, et avec des matières brutes elle fait des produits achevés.

Des lois économiques générales, des principes législatifs communs établissent une certaine cohésion entre les industries très-diverses qui sont groupées sous le nom générique d'industries manufacturières. Il existe d'ailleurs, pour une même nature de produits, une filière d'opérations dont chacune peut être l'objet d'une profession distincte, mais qui sont cependant reliées entre elles par d'étroites affinités.

Selon la destination des produits, on peut répartir de la manière suivante les principales industries manufacturières : 1° industries alimentaires (sucres, liquides alcooliques et autres industries accessoires, pâtes alimentaires, boulangerie, etc...) ; 2° industries des tissus et de l'habillement ; 3° industries du bâtiment, du mobilier et des arts décoratifs ; 4° industries dont les produits sont susceptibles de destinations multiples (matières grasses et produits chimiques, cuirs, papiers, etc.) ; 5° enfin, iudustries relatives aux besoins intellectuels (typographie, gravure, etc...). .

353. I. Industries alimentaires. — A. — Sucres· — Les sucres livrés à la consommation ont trois provenances : 1° les sucres coloniaux ou de canne ; 2° les sucres étrangers (sucres de canne pour la presque totalité) ; 3° les sucres indigènes ou de betterave. La lutte entre les sucres coloniaux ou étrangers et le sucre de betterave se rattache au régime de la liberté commerciale. Ce ne serait pas le moment de l'esquisser. Toutefois, pour montrer combien elle a été acharnée, disons qu'en France un projet de loi (10 janvier 1843) interdisait la fabrication du sucre de betterave alors qu'il alimentait déjà la moitié de la consommation! Le début de l'industrie du sucre de betterave n'est pas dû à l'initiative privée; c'est un fait à citer en exemple de l'impulsion féconde que peut donner en certains cas le gouvernement à l'industrie : par décret impérial (25 mars 1811), 32,000 hect. de terre furent consacrés à la culture et 1 million de fr. mis aux mains du ministre de l'intérieur pour encourager la fabrication. Les résultats furent heureux : dès 1828, 100 fabriques produisaient 6,665 tonnes. A partir de ce moment, la progression a été surprenante : en 1850, 76,000 tonnes; en 1860, plus de 100,000; en 1869-70, 289,000; en 1875-1876, 460,000 tonnes en sucres bruts (près de 400,000 tonnes en sucres raffinés).

L'industrie française du sucre de betterave était alors de beaucoup la plus considérable : l'Allemagne qui ne donnait encore (1875), que 300,000 tonnes, nous devança : en 1880, elle livra 500,000 tonnes, alors que notre production, atteinte par l'effet de mauvaises récoltes et l'action d'un mauvais régime fiscal tombait à 280,000 tonnes. Les progrès furent aussi extraordinairement rapides dans les autres pays. L'Allemagne ne fournit aujourd'hui guère moins d'un million de tonnes; l'Autriche-Hongrie avec 575,000 et la Russie avec 525,000, ont une production supérieure à la nôtre [1]. Cependant, celle-ci, sous l'influence d'un meilleur régime fiscal et de diverses mesures protectrices s'est relevée surtout depuis 1884 : l'apogée a été en 1886-1887 où elle a donné 506,000 tonnes. L'industrie sucrière occupe en France environ 60,000 ouvriers, met en action une force motrice de près de 50,000 chevaux-vapeur. Un grand intérêt agricole est en outre lié à cette industrie : la culture de la betterave, si précieuse aussi pour la nourriture du bétail, couvre en France une superficie de plus de 550,000 hectares, dont 250,000

---

[1] V. sur les conséquences économiques et sociales de la création de grandes cultures de betteraves et de sucreries sur les terres noires de la petite Russie, M. de Vogüé, *Rev. des Deux-Mondes*, 1er déc. 1884.

destinés à la production à des betteraves sucrières ou industrielles (300,000 à celles des betteraves fourragères) : depuis la loi de 1884 sur le régime des sucres la richesse saccharine de celles-ci s'est considérablement accrue [1]. La production agricole moyenne a une valeur de 130 millions ; celle des sucres s'élève à 400 millions. Enfin le sucre indigène est une fort importante ressource alimentaire qu'on peut évaluer pour l'Europe à 2,800,000 tonnes. C'est un chiffre supérieur à celui de la production du sucre de cannes (2,600,000 tonnes). Résultat merveilleux si l'on songe que la source de ces immenses richesses n'était même pas soupçonnée au commencement du siècle !

Les progrès de l'industrie du sucre n'ont pu être obtenus que moyennant une forte concentration de capitaux et le perfectionnement des procédés : la puissance des raffineries a augmenté ; quoique le nombre en soit diminué, la prospérité de cette industrie n'est pas contestable : on en comptait en France 89 en 1852, et 27 seulement en 1888. Quant aux sucreries de betteraves au nombre de 375 elles sont naturellement, à cause de la lourdeur de la matière première, établies dans le voisinage des cultures ; toutefois, une certaine concentration s'est aussi opérée, depuis qu'on a imaginé de dériver les jus vers de grandes fabriques au moyen de conduits qui ont souvent une longueur de plusieurs kilomètres [2].

354. B. Boissons alcooliques. — Les boissons alcooliques fabriquées sont, avec les textiles et le sucre indigène, les principales productions industrielles d'origine agricole. Les ressources en alcool autrefois fournies par le brûlage des vins ou des marcs de raisin, sont demandées aujourd'hui presque exclusivement à la distillation des jus de betteraves, des mélasses ou de substances farineuses (pommes de terre, maïs, riz, grains, etc.), dans le Nord, les alcools industriels sont fabriqués avec la betterave ; dans le Midi avec le maïs. De là un antagonisme entre les deux industries qui s'est manifesté à diverses reprises et récemment lors de l'établissement d'un droit sur l'importation

---

[1] Grâce à cette loi, on tire de la betterave 10 kilg. de sucre par 100 kilg., tandis qu'en 1883, le rendement n'était que de 5 kilg. 83.

[2] Les principales sucreries sont situées dans le Nord, l'Aisne, la Somme, le Pas-de-Calais et l'Oise. Les grandes raffineries ont leur siège dans le Nord, la Loire-Inférieure, la Seine, la Gironde et les Bouches-du-Rhône.

des maïs et riz étrangers (loi du 7 juillet 1890) (v. ci-dessous, n° 734) [1]. En tenant compte de la production des bouilleurs de crû, les ressources en alcool de la France sont en moyenne de 2,100,000 hectolitres (1886-1890). L'Allemagne a une production sensiblement égale à la nôtre, l'Angleterre moins d'un million (v. ci-dessous, n° 735). La production du cidre est environ de 13 millions d'hectolitres (1880-1889 ; mais on estime que la moitié au moins, consommée par les producteurs eux-mêmes, échappe aux statistiques officielles et à l'action fiscale. Quant à la fabrication de la bière, l'Allemagne et l'Angleterre, l'une avec 47,6 millions d'hectolitres, l'autre avec près de 47 millions, occupent les premiers rangs [2]. La France produit 10 millions d'hectolitres [3] et vient au 5° rang après les États-Unis, l'Autriche-Hongrie. La production de la Belgique est également de 10 millions d'hectolitres.

355. C. Autres industries alimentaires. — La meunerie ou minoterie est une industrie très-développée en France, mais elle a à subir la redoutable concurrence des États-Unis, d'où nous avons importé, en 1890, 317,000 quintaux et en 1891 plus de 600,000 quintaux de farines. Partout de grandes usines, opérant sur des céréales achetées, remplacent les moulins où les cultivateurs faisaient moudre leur blé. Le perfectionnement des procédés mécaniques, surtout en ce qui concerne le blutage, permet d'obtenir, avec une même quantité de grains, 1/3 environ de farine en plus qu'autrefois, ce qui équivaut en réalité à un rendement supérieur : de 1878 à 1889 de très-considérables progrès ont été réalisés dans cette branche d'industrie [4]. Les féculeries, amidonneries, et les fabriques de pâtes alimentaires sont d'importantes industries manufacturières se rattachant à la

---

[1] A la suite de cette loi, un certain nombre de distilleries de maïs durent liquider, et la production des alcools de grains descendit, de 700,000 hectol. (1889) à 600,000 (1890). La hausse imprévue des maïs américains, coïncidant avec l'avilissement du prix des alcools et la transformation des distilleries de grains en distilleries de mélasse, ont été les principales causes de ce résultat.

[2] La fabrication est plus concentrée en Angleterre qu'en Allemagne, on n'y compte que 12,000 brasseries contre 25,400.

[3] Les houblonnières couvrent en France une superficie de 3 à 4,000 hectares.

[4] V. rapport de groupes, Exposition universelle de 1889, matériel et procédés mécaniques des industries alimentaires.

production agricole des céréales et farineux. Une autre branche d'industries alimentaires a pris un très-rapide développement, c'est celle des conserves de viandes, poissons et légumes, au moyen du procédé Appert qui, en bien des cas, remplaçant le salage et le fumage, a transformé le régime alimentaire des expéditions lointaines et ouvert aux produits des élevages américains d'immenses débouchés dans l'Ancien-Monde[1].

356. II. Industries des tissus et de l'habillement. — Les industries textiles sont les industries maîtresses des États civilisés. La valeur de la production annuelle, pour le monde entier, est d'environ 17 milliards ; la part de la France est estimée de 3 milliards à 3,500 millions. L'Angleterre a devancé les autres pays dans les industries de la filature et du tissage ; pour le coton, les toiles, et certaines branches de l'industrie lainière, elle conserve encore la primauté. Cette supériorité est due à plusieurs causes : 1° à l'initiative qu'elle a prise de l'emploi des engins mécaniques et à l'habileté de ses constructeurs ; 2° à cette circonstance que l'industrie des machines est établie dans les districts manufacturiers à côté des industries textiles ; d'où de continuels rapports entre les constructeurs et les fabricants ; or rien n'est plus propice aux perfectionnements du travail mécanique ; 3° à l'abondance et à la proximité du combustible, ce qui compense largement la cherté de la main-d'œuvre ; 4° enfin aux aptitudes de sa population ouvrière. Toutefois, la suprématie industrielle de l'Angleterre est moins éclatante que par le passé ; les autres nations ont renouvelé leur outillage, partout les filatures et les tissages mécaniques se développent. Depuis vingt ans une remarquable décentralisation industrielle s'est opérée.

Les principales industries de l'habillement (lingerie, confections, chapellerie, bonneterie, broderie, tulles et dentelles, modes)

---

[1] Il n'a été ici question que des grandes industries alimentaires, mais il faudrait y joindre les métiers relatifs à l'approvisionnement des villes (boucherie, épicerie, boulangerie, etc.); ils constituent une des formes les plus importantes du travail; malheureusement c'est l'une de celles où le progrès a le moins pénétré : la multiplicité extrême des commerces de détail particulièrement pour les commerces relatifs à l'alimentation est l'une des causes de la cherté de la vie. — L'ensemble des industries alimentaires occupe, en France, pour la fabrication un contingent (patrons et ouvriers) de 235,000 individus et les commerces d'alimentation 366,500, non compris les cabaretiers, logeurs, cafetiers. Cette dernière classe de commerçants avec leur personnel forme un contingent de près de 500,000 individus.

sont les industries complémentaires des industries textiles[1]. Elles représentent, en France, un mouvement d'affaires d'environ 1,500 millions, et emploient plus d'un million de personnes, si l'on réunit aux industries de confection ou de fabrication le commerce d'habillement qui y est si souvent annexé. Plusieurs de ces industries ont été transformées par les machines et spécialement par la machine à coudre. A la différence des industries textiles, où le bon marché des produits est en général une cause de préférence décisive, dans les industries de l'habillement, le goût et le fini de la façon ont une influence qui est toute à l'avantage des ateliers français; aussi le chiffre moyen des exportations pour les articles d'habillement, de confections et de modes est-il, d'après les tableaux de douanes, de 240 millions et en réalité d'environ 300 millions si l'on tient compte de l'exportation occulte. La bonneterie, les tulles et dentelles, les broderies ajoutent à nos échanges extérieurs plus de 115 millions. Au total en tissus, vêtements accessoires, contre 250 millions d'importations, nous exportons pour plus de 1,200 millions, sur lesquels les produits manufacturés entrent pour plus de 1 milliard.

Les principales industries textiles sont celles du coton, de la laine, du lin et du chanvre, enfin de la soie. L'agriculture fournit à ces industries les fibres textiles qu'elles transforment. Une distinction, quant à l'étude économique, doit être faite suivant que la matière première est fournie par l'agriculture nationale ou, au contraire, est de provenance exotique. Au premier cas, coexistent des intérêts agricoles et industriels; au second, l'intérêt industriel est isolé de l'intérêt agricole. En ce qui concerne la France, il n'en est ainsi que pour le coton. Les autres productions textiles font partie des cultures industrielles indigènes, et il y a lieu d'examiner pour quelle part elles contribuent à alimenter notre fabrication.

357. A. **Industrie cotonnière.** — Les États-Unis sont le principal pays de production de la matière première; aussi n'a-t-on pas perdu le souvenir de la crise industrielle qui pesa sur l'Europe pendant la guerre de sécession. Les États-Unis qui exportaient 3,350,000 balles en 1860, n'en envoyèrent plus en Europe

---

[1] Quelques industries complémentaires de l'habillement sont en dehors des industries textiles, la ganterie de peau, les chaussures, etc. (V. ci-dessous, nᵒ 362).

que 1,500,000 en 1869. A la première de ces dates, tous les autres pays réunis n'expédiaient que 700,000 balles environ, dont 77,500 venaient des Indes. La crise américaine stimula la production aux Indes, dans l'Amérique du Sud et en Égypte; aussi dès 1869, les Indes exportaient à destination d'Europe autant de balles que les États-Unis (1,500,000); 1 million de balles venaient en outre d'autres pays. En 1878 les États-Unis retenaient déjà pour leur fabrication environ 2 millions de balles plus du tiers de la récolte totale, tandis qu'en 1860, ils n'en consommaient que 400,000. En 1889 leur consommation est montée à 2,700,000 balles sur une production nationale de 7 millions. Les rapides progrès de l'industrie cotonnière aux États-Unis pourront dans l'avenir rendre infiniment précieuses les nouvelles sources d'approvisionnement qui se sont ouvertes depuis la guerre de sécession : les Indes fournissent 2 millions et demi de balles, l'Égypte, l'Amérique du Sud, l'Asie-Mineure donnent ensemble près de 2 autres millions.

Le centre principal de l'industrie cotonnière est Manchester autour duquel sont groupées les grandes cités industrielles de Bolton, Oldham, Preston... Dans la filature, l'Angleterre fait mouvoir 45,5 millions de broches c'est plus de la moitié du nombre total des broches en activité dans le monde. Ses métiers à tisser se chiffrent par 615,000. Les tissages mécaniques du Lancashire et de Nottingham tiennent le premier rang. L'industrie cotonnière anglaise occupe 530,000 ouvriers. La valeur produite par l'industrie cotonnière anglaise est, malgré la grande réduction du prix, estimée à 2 1/2 milliards, dont elle exporte pour près d'un milliard. Malgré cela un remarquable mouvement de décentralisation s'est opéré depuis vingt ans en Europe, en Amérique, aux Indes. Les manufactures de Barcelone, de Moscou obtinrent à l'exposition de 1878 et de 1889, des diplômes d'honneur comme celles de Paisley et de Lille. L'Angleterre n'a plus seulement à compter avec les vieilles rivalités de la Suisse, de l'Allemagne et de la Belgique. Les progrès des autres États européens, ceux des États-Unis et des Indes menacent de lui faire perdre plusieurs de ses débouchés. Les États-Unis possèdent 15 millions de broches et 250,000 métiers. Les Indes possèdent 3 millions de broches et consomment près de 900,000 balles.

Jusqu'à ces derniers temps, l'Angleterre à elle seule employait plus de coton que les autres pays d'Europe réunis : en 1879, malgré la crise que traversait l'industrie anglaise, elle consommait 2,930,000 balles sur les 5,426,000 importées en Europe. Dix ans après (1889) sa consommation est de 3,770,000 balles soit un accroissement de plus de 25 p. 0/0. Pendant ce temps, la consommation des États-Unis s'est accrue de 140 p. 0/0 ; celle des Indes de plus de 1,000 p. 0/0. Ces deux pays consomment chacun plus de coton qu'aucun des États de l'Europe continentale. Toutefois la consommation de l'Europe continentale a dépassé 4 millions de balles, soit un accroissement de 110 p. 0/0. L'Allemagne emploie 850,000 balles, la France vient ensuite avec 700,000, puis la Russie 600,000 ; l'Espagne, l'Italie, l'Autriche-Hongrie, la Suisse ont chacune une consommation de 400,000.

La France n'a jamais possédé plus de 6,500,000 broches et, en 1875, nos filatures n'en comptaient plus que 4,600,000. Depuis le nombre des broches se serait relevé à 5,090,000 dont 4,830,000 en activité, si l'on avait égard à la *Statistique annuelle*. Dans la discussion de la loi de douanes, des données beaucoup plus faibles ont été produites au nom du gouvernement : 3,913,000 broches dont 102,200 inactives[1]. Il en résulterait une diminution de 600,000 broches sur les chiffres de 1875 mais il est vrai que grâce aux progrès réalisés les broches font beaucoup plus de travail qu'il y a trente ans ; la plus-value de puissance productive atteint jusqu'à 150 p. 0/0[2]. Le nombre des métiers mécaniques (72,800) est aujourd'hui beaucoup plus considérable que celui des métiers à bras (28,200) encore en majorité il y a quinze ans. L'industrie de la filature et du tissage est non seulement beaucoup moins développée, mais aussi moins fortement constituée qu'en Angleterre et dans d'autres pays (États-Unis, Russie), où ordinairement filatures, tissages et impressions sont réunis. Aussi la France ne peut-elle rivaliser

---

[1] La perte de l'Alsace a enlevé à la France 1,650,000 broches et 30,000 métiers mécaniques. L'Alsace était le siège d'une industrie sans rivale en Europe, celle des indienneries.

[2] La différence entre ces statistiques ne peut qu'en partie s'expliquer à raison de ce que dans le nombre de broches de 3,913,000 ne sont pas comprises les broches de retordage et les broches de bancs à broches.

dans la filature, avec l'Angleterre, l'Allemagne et la Suisse[1], que pour les numéros inférieurs dont la fabrication est proportionnellement moins coûteuse. Malgré cela, l'industrie cotonnière est l'une de nos grandes industries : elle occupe 121,000 ouvriers dans 900 établissements, met en mouvement 63,000 chevaux-vapeur. La valeur de la production intérieure du coton (filés et tissus) est de 600 millions, c'est une valeur qui est presque le double de celle des fers, fontes et aciers.

358. B. Industrie lainière. — La production indigène a été longtemps la source unique à laquelle puisait la fabrication européenne, mais les développements de cette fabrication n'ont été rendus possibles que grâce aux élevages de la Plata, du Cap et de l'Australie.

L'agriculture française produit, malgré la diminution de la population ovine, la même quantité de laine qu'en 1852, soit de 56 à 58 millions de kilogs. La production générale a quadruplé depuis le commencement du siècle. Celle de l'Europe s'est peu sensiblement accrue, elle est d'environ 265 millions de kilogs sur 920 millions. L'Australie en produit 230 millions, la Plata 125 millions, les États-Unis 150 millions, le Cap 40 millions, les Indes et les autres pays 180 millions de kilogs.

En 1805, la Plata ne possédait que 30 millions de moutons. Aujourd'hui, elle en a 80 millions dont la valeur a presque triplé[2]; l'Uruguay en a 20 millions; les États-Unis 45 millions. L'Australie, qui n'avait encore que 23 millions de moutons en 1861, en comptait 63 millions en 1876, et aujourd'hui plus de 100 millions (1889). L'Angleterre à elle seule importe 1,260,000 balles d'Australie et la presque totalité des laines du Cap. Pour une partie de ces immenses importations, elle n'est, il est vrai,

---

[1] La cherté relative de la production en France tient à plusieurs causes, non seulement au poids des impôts, mais au prix du combustible, de la main-d'œuvre. V. sur le prix de revient le rapport de M. Legrand Chambre, Session 1891, Annexes, *J. off.*, p. 750 et suiv.). La supériorité de la Suisse s'explique par l'emploi de moteurs plus économiques : elle fait un grand usage de la force hydraulique; or, d'après M. Aug. Dollfus, le prix d'un cheval-vapeur serait de 1,200 fr., celui d'un cheval hydraulique de 500 seulement. La main-d'œuvre y est aussi moins chère qu'en France ,Enquête parlementaire sur le régime économique de la France, 1872. Industries textiles, 2 vol. in-4°).

[2] V. M. Daireaux, sur les Saladeros de l'Amérique du Sud (*Rev. des Deux-Mondes*, t. I, 1876).

qu'entrepositaire : elle réexporte en France seulement 40 millions de kilogs. Cependant nous importons aujourd'hui directement de la Plata 80 millions de kilogs et de quelques autres pays 65 millions. Malgré cela, le principal marché des laines est encore à Londres, mais ce n'est plus le seul.

Les laines indigènes ont été, par suite de l'énorme afflux des laines exotiques en Europe, reléguées au second plan : celles de la France n'entrent que pour un cinquième dans notre fabrication [1] ; de là tout d'abord un coup très-sensible porté aux intérêts agricoles à cause de l'avilissement de la valeur de la laine ; mais, depuis, les prix se sont relevés et la cherté de la viande a d'ailleurs été une compensation pour les cultivateurs (n° 320).

La France se place au premier rang pour l'industrie lainière. Elle consomme (1889) 220 millions de kilogs [2] représentant une valeur de 400 millions de francs. L'Angleterre qui l'emportait naguère sur nous consomme 210 millions de kilogs, l'Allemagne 150 millions. D'après le recensement de 1866, cette industrie (filature, tissage, teinture, impression, etc.), qui ne consommait alors que 100 millions de kilogs, occupait en France 175,000 individus, encore fallait-il ajouter à ce chiffre un très-grand nombre d'ouvriers des campagnes ; ainsi dans les Ardennes, aux environs de Reims, dans le Nord, les tissages à la main étaient et sont encore nombreux. Cependant une remarquable transformation s'est faite depuis ; le recensement des manufactures proprement dites a donné (1887) près de 2,000 établissements, faisant mouvoir 40,500 chevaux-vapeur, et occupant 110,000 ouvriers. Le nombre total des ouvriers des industries de la laine dépasse 200,000. Roubaix, Tourcoing, Elbeuf, Fourmies, Reims, sont nos principaux centres de production.

L'Angleterre avait encore en 1878 une supériorité marquée dans la filature (3,450,000 broches contre 2,650,000 en France), maintenant nous l'emportons sur elle par le nombre des broches 3,150,000 contre 2,330,000. La Grande-Bretagne nous a précédé dans l'emploi des tissages mécaniques. En 1866, sur 82,000

---

[1] Elles ne se prêtent pas aussi bien que les laines australiennes à la fabrication des filés fins.

[2] Dans ce chiffre n'est pas compris un poids considérable de chiffons effilochés employés pour la fabrication de l'article appelé *renaissance*.

métiers nous n'en possédions encore que 28,000 mécaniques. Aujourd'hui l'outillage s'est renouvelé : nos fabriques font mouvoir 44,500 métiers mécaniques contre 25,000 à bras. Néanmoins l'industrie lainière anglaise est encore plus concentrée que la nôtre. Dans le West-Riding du Yorkshire (Leeds, Bradford), on compte 192,000 ouvriers de la laine.

Grâce à l'outillage mécanique, et au bon marché des matières premières, les prix de la consommation ont pu être successivement abaissés : les filés de laine (cardage, peignage, filature, etc.), avant 1840, revenaient à 70 et 80 francs par kilogr.; dans la période 1861-1865, ils ne coûtaient déjà plus que de 5 fr. 78 à 12 fr. 43. D'après les valeurs actuelles de douanes, le prix moyen est maintenant de 4 fr. 50 le kilog.

Les fils et les tissus de laines se divisent en deux catégories : les fils ou tissus obtenus au moyen de laines longues et peignées, et les fils ou tissus fabriqués avec des laines courtes et cardées. L'industrie de la laine peignée est florissante en France; les fabriques de Roubaix, de Tourcoing, de Reims, de Fourmies, d'Elbeuf, etc., ont, pour les mérinos, les flanelles, les étoffes de fantaisie les plus variées depuis les tissus matelassés jusqu'aux barèges et grenadines, une supériorité éclatante sur les tissus analogues de l'Angleterre, de la Belgique et de la Suisse. Seule en ces derniers temps, la Saxe, par le bon marché de ses produits, est entrée en rivalité avec nos peignages; or, depuis vingt ans, la laine peignée s'est substituée dans une large mesure à la laine cardée. Dans l'industrie de la laine cardée, la fabrication française est moins forte : Verviers l'emporte sur nous pour la filature, et les draps demi-laine de l'Angleterre luttent avec avantage contre les produits de Louviers, de Sedan et de Mazamet.

On estime à 800, 900 millions et certains même à 1 milliard ou 1,200 millions la production annuelle de l'industrie lainière en France; ni la métallurgie, ni aucune autre industrie textile ne peut présenter un pareil chiffre. L'industrie lainière est donc la première industrie française; aussi bien, par rang d'importance, les articles de laine tiennent le premier rang parmi nos articles d'exportation, avec une valeur d'environ 400 millions de francs. Les exportations anglaises en articles de laine ouvrée flottent entre 550 et 600 millions. Si l'on s'en rapportait aux chiffres des exportations, l'industrie lainière aurait encore en

France une importance moins considérable qu'en Angleterre, quoique son accroissement depuis 1870 ait été plus rapide (400 millions au lieu de 200 contre 360 à 575 pour l'Angleterre), mais il faut tenir compte de ce que beaucoup de nos tissus de laine ne sont pas exportés en pièces et fournissent aux exportations de vêtements et autres articles d'habillement une contribution considérable. La concurrence de la Belgique, de l'Autriche et de la Russie sur les marchés neutres est active sans être encore redoutable.

359. Industries du lin et du chanvre. — Bien que les cultures de chanvre et de lin aient été réduites de plus des 2/3 comparativement à ce qu'elles étaient il y a cinquante ans, le rendement ne s'est abaissé que dans une plus faible mesure, de 35 à 40 p. 0/0 : la production du lin (1889) est de 24 millions de kilogr., celle du chanvre de près de 40 millions. Cette production est absolument insuffisante. La fabrication est obligée de s'approvisionner au dehors : les importations de lin, surtout de Russie, montent à 75 millions de kilogs, celles du chanvre à 15 ou 20 millions de kilogs. Enfin, des textiles exotiques de moindre valeur ont pris une place considérable à côté du chanvre et du lin : nous importons plus de 60 millions de kilogs de ces textiles. La culture des plantes industrielles, n'étant plus rémunératrice à raison de la réduction des prix de 50 p. 0/0 depuis 20 ans, a diminué partout, sauf en Russie, à peu près dans les mêmes proportions qu'en France. Les causes de l'abaissement de prix sont pour le lin la concurrence victorieuse du coton et pour le chanvre celle des textiles exotiques. La concurrence de ces textiles beaucoup plus économiques a aussi entravé le développement des industries lainières. Elles doivent, pour se maintenir, avoir la franchise des matières premières que l'agriculture nationale ne leur fournit ni en quantités suffisantes, ni à assez bas prix. On sait quelles mesures ont été prises en vue d'encourager les cultures industrielles (n° 290).

La filature mécanique du lin est une invention française, due à Philippe de Girard[1]. Elle fut exploitée d'abord par l'Angleterre et ne reparut en France qu'après 1830. Depuis, les fabricants

---

[1] Un décret impérial de 1810, avait promis une récompense de 1 million à l'inventeur dans des conditions à peu près irréalisables, alors. Ph. de Girard, après quelques essais en France, s'expatria en 1815.

français parvinrent à regagner une partie de l'avance qu'avaient prise leurs rivaux. En 1867, la production stimulée par la crise cotonnière s'était partout développée : sur 2,500,000 broches en activité dans les principaux pays liniers, nos manufactures en faisaient mouvoir 575,000, nous venions aussitôt après l'Angleterre qui en possédait 1,275,000; mais alors, en France, une notable partie de la production était encore filée dans les campagnes. Le déclin de l'industrie linière à partir de cette époque est indéniable : la filature du lin, sur les 560,000 broches en activité que nos statistiques attribuent en bloc aux industries du lin, du chanvre et des textiles exotiques n'en compte plus que 400,000. Le nombre de broches à l'étranger, également donné pour l'ensemble des industries (lin, chanvre et autres textiles exotiques) 1,200,000 Angleterre, 300,000 Belgique, atteste aussi la décroissance ou l'état stationnaire, dans les pays anciennement producteurs, mais il y a progrès en Autriche (375,000 broches), en Allemagne (275,000), en Russie où l'industrie linière est appelée à un grand avenir.

Quant au tissage, l'Angleterre tient la tête : plus de 60,000 métiers fonctionnent en Écosse (toiles fortes) et en Irlande (toiles fines, batistes). L'industrie y est en progrès; elle y emploie plus de 60,000 métiers mécaniques. En France, le nombre des métiers à bras est en décroissance marquée, 21,000 (1887) au lieu de 35,000 (1878); celui des métiers mécaniques (18,000) est resté stationnaire, mais sur ce nombre 3,000 sont inactifs. Les métiers à la main ne se maintiennent que pour les toiles fines et légères relativement auxquelles, d'ailleurs, nous avons peine à nous défendre contre la concurrence de l'Irlande[1]. Dans le tissage du chanvre, la France a gardé jusqu'ici une supériorité réelle.

L'industrie linière, même en Angleterre, n'a pas pris les mêmes développements que les autres industries textiles; l'explication n'est pas seulement dans la cherté relative de la matière première, mais aussi dans les difficultés de la filature qui élèvent les frais de fabrication.

---

[1] La fabrication française n'a pas de rivale pour le linge de table, le linge damassé, et les tissus de fil décoratifs. Après l'Angleterre, la Belgique est le principal pays producteur. Belfast, Gand et Lille sont les trois grands centres manufacturiers de l'industrie des toiles en Europe.

Des textiles de provenance exotique (jute, phormium, tenax, ramie, etc.) se substituent de plus en plus au lin et au chanvre pour certaines fabrications (toiles d'emballage, sacs, bâches, etc.). L'industrie du jute consomme annuellement 425 millions de kilog. sur lesquels notre industrie en travaille 55 millions. L'Angleterre, les Indes sont les principaux pays de fabrication ; l'Allemagne elle aussi nous a devancés.

Pour l'ensemble des industries linières (lin, chanvre et jute), la grande industrie en France occupe 50,000 ouvriers et met en œuvre 21,000 chevaux-vapeur. La production totale est évaluée à 350 millions de francs[1].

360. Industrie de la soie. — La production de la matière première de cette industrie a été et est encore, en Italie et en France, vers la partie méridionale de la vallée du Rhône, une richesse agricole considérable. L'Italie est en Europe le principal pays producteur (35 à 40 millions de kilog. de cocons et de 3 à 3,5 millions de kilog. de soie grège). La France vient au second rang. Encouragée par Louis XI et Henri IV, la sériciculture française s'était développée assez grandement pour alimenter la plus large part de la fabrication nationale ; la récolte de cocons qui, en 1820, n'était encore que de 5,200,000 kilog., atteignait 24 millions de kilog. en 1853 ; c'était une valeur de plus de 120 millions de francs. Mais, à partir de ce moment, un fléau terrible a ravagé les magnaneries, et, bien qu'un savant de génie, Pasteur, ait découvert un remède efficace (le grainage

---

[1] Nous ajoutons pour la France quelques indications sur la distribution géographique des trois industries textiles (coton, laine, lin dont il vient d'être question, ainsi que sur l'importance des établissements employant les procédés mécaniques. Les filatures de coton se rencontrent dans 33 départements. Le Nord et la Seine-Inférieure sont les deux centres principaux 1,620,000 et 1,250,000 broches , les Vosges et l'Eure viennent au second rang (550,000 et 320,000). Il existe des filatures de laine dans 74 départements : le Nord occupe le premier rang avec 1,620,000 broches, les Ardennes viennent ensuite 265,000 , puis la Marne et l'Aisne avec chacun plus de 200,000. Le Nord a une grande supériorité également pour les filatures de chanvre et de lin (525,000 broches), 20 autres départements ont un nombre de broches presque insignifiant, à part la Somme qui en a 50,000, puis le Calvados, la Seine-Inférieure et le Pas-de-Calais de 15 à 16,000 chacun. Quant au tissage, les centres principaux sont, pour le coton, les Vosges et la Seine-Inférieure; pour la laine, le Nord, la Marne, l'Aisne, les Ardennes, la Seine-Inférieure; enfin pour le chanvre et le lin, le Nord et la Somme, puis l'Orne et la Sarthe.

cellulaire), la production, d'abord réduite à 4 millions de kilog.
(1865) s'est relevée depuis mais n'a pas regagné, à beaucoup
près, le niveau antérieur. Toutefois, la récolte de 1877 s'eleva à
11,5 milions de kilog., donnant plus de 870,000 kilog. de soie
grège. La moyenne de la production de 1881 à 1890 a été de
8 millions de kilog. de cocons et de 620,000 kilog de soies. Il a
fallu combler le déficit au moyen des soies asiatiques (Chine,
Japon et Inde) qui ont fourni les quantités que les progrès de la
fabrication réclamaient dans les principaux pays industriels de
l'Europe, c'est-à-dire 12 ou 13 millions de kilog. de soies grèges :
la production de l'Europe ne dépasse guère, même avec les soies
du Levant, 4,500,000 kilog.; l'Asie (Chine, Japon, Indes) en exporte plus de 8,000,000 kilog. et en retient environ autant pour
sa fabrication.

La sériciculture française a eu à lutter non seulement contre
les maladies du ver à soie et du mûrier mais aussi contre le
bon marché des graines exotiques. Nos soies sont supérieures,
mais la fabrication des soieries légères les délaisse pour des
soies de qualité moindre. Cependant la sériciculture est encore
une importante industrie agricole : elle occupe 140,000 producteurs. On ne pouvait pour leur venir en aide imposer les grèges
qui sont les matières premières de la fabrication des tissus[1], mais
la loi du 13 janvier 1892 accorde pour 6 ans une prime de 0,50
cent. par kilog. de cocons. Le gouvernement seconde les efforts
de nos sériciculteurs, par la diffusion des méthodes de grainage
et la création de pépinières de mûriers. Depuis vingt ans dejà,
grâce à la sélection des graines et à l'importation de cartons de
graines du Japon, le rendement par once de graines a environ
doublé. Il est permis d'espérer que les nouveaux encouragements
donnés à la sériciculture lui permettront de reconstituer ses ressources anciennes. Actuellement la fabrique française employant
4,1 millions de kilog. de soies, nos soies indigènes n'y contribuent que pour 1/7e environ.

L'industrie française de la soie est de beaucoup la plus importante en Europe; aussi le principal marché des soies, de Londres,

---

[1] Les soies grèges sont, comme il est dit au texte, les matières premières
de la fabrication de la soie, mais elles sont le produit d'un travail. On sait
le sens tout relatif de ce mot matières premières dans la série des industries de production (n° 239 et ci-dessous, n° 756).

où il est resté longtemps, est-il fixé à Lyon, principal centre de la fabrication : la quantité de soies présentées sur notre marché atteint 6,4 millions, soit plus de la moitié des soies produites ou importées en Occident. Depuis quelques années cependant le marché de Milan a pris un si rapide développement par ses affaires avec la Suisse et l'Allemagne qu'il est sur le point de disputer à Lyon la première place.

Les industries de la soie se divisent en trois branches, la filature, le moulinage et le tissage. La première de ces industries, solidaire de la sériciculture, est en opposition d'intérêts avec le tissage. Au contraire le moulinage[1] comme le tissage est alimenté en grande partie par les soies grèges asiatiques. La filature a été atteinte en même temps que l'élevage des vers à soie. En 1875, on comptait 500 filatures renfermant plus de 27,000 bassines. En 1888, leur nombre était réduit à 300 et à 10,300 dans le Gard, l'Ardèche, la Drôme et quelques autres départements. On comptait à la même date près de 900 moulineries faisant travailler 1,600,000 tavelles ou fuseaux[2]. La loi du 13 janvier 1892 a institué pour une durée de 6 années des primes en faveur de la filature : ce sont des primes établies d'après le travail annuel de chaque bassine[3].

La fabrication de la soie est celle où l'industrie française obtient la supériorité la plus éclatante. La production lyonnaise n'a pas de rivale en Europe pour les riches étoffes brochées ou façonnées, trop délaissées aujourd'hui par la mode pour les étoffes unies de qualité inférieure.

Obligée de se transformer, à cause des changements de la mode, la fabrication lyonnaise a fait preuve de grandes ressources, et sur le terrain du bon marché (notamment dans les mélanges, soie et coton ou soie et laine) moins favorable pour elle,

---

[1] Il y a cependant un certain nombre d'établissements mixtes, fileries et moulineries à la fois.

[2] Le nombre des tavelles 376,000 (1875) est réduit à 264,000, mais, à raison de l'accélération de vitesse des moulins, le rendement de chaque tavelle a doublé.

[3] Prime de 100 francs par bassine à deux bouts; de 400 francs par bassine à plus de deux bouts et pour filatures de cocons doubles, 200 francs par bassine même à un bout. Les bassines accessoires servant à la préparation du travail des bassines fileuses obtiennent une prime à raison de trois bassines. V. décret du 4 avril 1892.

l'avantage lui est resté dans l'ensemble de la fabrication, malgré les progrès accomplis pour quelques spécialités par la Suisse (Zurich) pour les soieries, légères par l'Angleterre (étoffes unies), la Russie (étoffes d'or et d'argent) et par l'Allemagne qui ne l'emporte sur nous que par ses velours et ses peluches de Crefeld et d'Elberfeld. En 1848, la fabrique lyonnaise faisait battre 50,000 métiers; aujourd'hui leur nombre est de 92,000 dont 20,000 mécaniques, 12,000 à main à Lyon même et 60,000 dans la région lyonnaise[1]. En dehors du centre lyonnais, le tissage mécanique, employé surtout pour les rubans, les tissus mélangés, les tulles et dentelles, les tissus d'ameublement est concentré, en quelques localités à Saint-Etienne (20,000 métiers à Saint-Chamond dans la Loire), à Caudry, à Calais, à Roubaix dans le Nord, dans l'Isère, Indre et Loire, etc. Avec sa consommation de 4,1 millions de kilog. de soie, la France devance les autres nations même la Chine. L'Allemagne, l'Angleterre, puis la Suisse, l'Autriche, l'Italie n'ont qu'une production très-inférieure à la nôtre.

A cause de cette suprématie industrielle et commerciale du marché de Lyon, les soies occupent une place importante dans le mouvement de notre commerce extérieur, c'était, avant 1860, à peu près le quart du total des importations et des exportations. De 1860 à 1880, les importations ont été de près de 400 millions et les exportations de 475 à 500 millions. A partir de 1876, l'industrie de la soie a traversé une crise très-aiguë due en partie à l'insuffisance de la matière première. En 1875, l'industrie lyonnaise à elle seule produisait encore une valeur de 460 millions. Les importations de soieries insignifiantes avant 1860 se sont élevées à près de 60 millions (1890). Les exportations de soieries sont descendues de 417 millions (moyenne de 1861 à 1870) à 220 millions (1884-1888). Depuis 1888 elles se sont relevées à 260 millions (1889) et 274 millions (1890). La production lyonnaise est évaluée à 400 millions. Celle de Saint-Étienne à plus de 100 millions. Les autres centres de production font un chiffre d'affaires d'environ 150 millions dont plus de 90 millions pour les tulles et dentelles de Calais et Caudry.

---

[1] En 1873, l'industrie lyonnaise faisait battre 130,000 métiers presque tous à bras.

A raison de la large part que les métiers à bras occupent encore dans l'industrie de la soie, la force motrice à vapeur ou hydraulique qu'elle emploie est relativement faible (23,000 chev.-vap.); au contraire, le contingent des ouvriers de la soie est très-considérable, tandis que la statistique annuelle n'indique que 40,000 ouvriers pour la filature et le moulinage, l'ensemble des ouvriers de la soie y compris les dessinateurs, teinturiers, etc., s'élèverait à 440,000 personnes [1].

361. III. Industries du bâtiment, du mobilier et industries de luxe. — Ces industries comprennent la construction et la décoration générale, puis des industries spéciales concernant le mobilier, la céramique, la verrerie. Les industries de la construction ou du bâtiment et de la décoration générale sont spécialement intéressantes à un double point de vue : 1° entre les différents corps de métiers qui les constituent on constate une plus étroite corrélation peut-être que dans les autres branches d'industrie, par la raison qu'ils concourent presque simultanément à une œuvre commune. Quiconque a vu exécuter des travaux de construction ou de décoration sait à quel point ils sont enchevêtrés. Pour les mener promptement à bonne fin, l'entente générale est indispensable; 2° les travaux de construction et les arts décoratifs répondent à des besoins de première nécessité, mais comportent un développement presque indéfini. En considérant la part qui leur est faite, comme la direction qui leur est donnée, on a une idée assez exacte de la richesse générale et du goût public. En temps de crise, ces travaux subissent un temps d'arrêt et, à l'inverse, il est coutume de dire : *quand l'industrie du bâtiment va, tout va*. Le personnel des industries du bâtiment est des plus considérable : 169,000 entrepreneurs et 470,000 ouvriers et employés. A Paris seulement on compte 9,000 établissements et plus de 90,000 ouvriers.

Les industries du mobilier et de l'ameublement (tapisseries, papiers peints, marbrerie, teintures décoratives, bronzes, etc.) méritent une mention, non seulement à cause de leur importance absolue, mais aussi parce que ces industries, essentiellement ar-

---

[1] C'est le chiffre qui a été donné par le Ministre du commerce à la Chambre des députés en 1891, Chambre, *J. off.*, Débats, p. 1185, mais il y a lieu de croire que les sériciculteurs y sont compris et qu'il s'agit du nombre total de ceux qui vivent du travail de la soie.

tistiques sont très-développées en France : nos bronzes, notre
orfévrerie, nos meubles de luxe, etc., éclipsent la plupart des
produits analogues des autres pays et donnent à l'exportation,
si l'on y joint le commerce de diverses autres industries de luxe,
bijouterie, horlogerie, une valeur d'environ 200 millions. Paris
est le siège principal de ces industries : elles forment un contingent de plus de 60,000 ouvriers groupés dans environ 25,000
établissements.

Les arts céramiques, l'industrie de la verrerie et des cristaux,
sont aussi des industries poussées en France à un haut degré de
perfection ; il suffit de citer Sèvres, Baccarat, Saint-Gobain,
Chauny et Cirey[1]. Il y a lieu de signaler spécialement l'application plus développée et si bien entendue de la céramique à la décoration monumentale.

A cet égard, l'exposition de 1889 a été une révélation. A la
classe des industries de luxe se rattachent diverses industries : la
bimbeloterie, la tabletterie, les éventails et les produits si variés
désignés sous le nom d'articles de Paris. A elle seule la bimbeloterie fournit en moyenne plus de 100 millions à l'exportation.
Par cette seule indication on peut se faire une idée de l'importance de la production, car pour ces industries le marché
interieur constitue le débouché de beaucoup le plus large.

[1] La porcelaine ordinaire se fabrique surtout dans la Haute-Vienne, à
proximité du kaolin. La porcelaine opaque a des matières premières plus
variées. Quant à la faïence à base d'argile, l'Ain et Meurthe-et-Moselle
sont les deux principaux départements producteurs. L'industrie de la porcelaine et de la faïence s'exerce dans 375 établissements occupant 25,000 ouvriers. La valeur produite est de près de 60 millions. L'Angleterre, l'Allemagne pour les faïences et les grès; le Japon et la Chine pour les porce-
laines ont une production beaucoup plus considérable que la nôtre.
En France, la production du verre est d'une valeur d'environ 90 millions
(les verres de bouteilles et verres à vitres en forment la plus forte partie).
La Belgique vient avant nous pour l'importance de sa fabrication de verres
à vitres. Pour la verrerie artistique nos seuls rivaux sont en Bohême et à
Venise. La fabrication des glaces est une de nos industries qui n'a pas
de rivale à l'étranger, pour la perfection des produits. Les plus grandes
glaces fabriquées jusqu'ici (34 m. q., 19 et 33 m. q., 53 exposées en 1889)
sortent de la fabrique de Saint-Gobain ; sept établissements : Saint-Gobain,
Chauny, Cirey, Montluçon, Jeumont, Recquignies et Aniche, emploient
à eux seuls 2,815 chevaux-vapeur et produisent pour 28 millions. La production des glaces ordinaires est très-considérable en Angleterre. La
France ne vient qu'au 4e rang après les États-Unis et la Belgique. Malgré
la prospérité des cristalleries anglaises, belges et autrichiennes, nous
exportons beaucoup plus de verres et cristaux, que nous n'en importons.

362. IV. Industries dont les produits sont susceptibles de destinations multiples. — Les principales de ces industries sont celles des matières grasses et produits chimiques, des cuirs et des papiers.

A. L'industrie des produits chimiques comporte la fabrication d'un grand nombre de substances, comme les acides industriels, les soudes et potasses, chlorures de chaux. Pour cette fabrication elle demande à nos salines plus de 600,000 tonnes et à nos gisements calcaires plus de 1 million de tonnes. On a pu dire que l'activité industrielle d'un pays pouvait être mesurée d'après sa consommation d'acides industriels non moins que par sa consommation de fer [1]; l'acide sulfurique, notamment, est nécessaire par grandes masses aux distilleries et sucreries, à la fabrication des engrais minéraux, à la teinture, à l'impression, à la métallurgie, etc. Nous consommons 80,000 tonnes de sels de soude. La soude et ses dérivés sont les matières premières d'importantes industries (verreries, savonneries, etc.) et en même temps une richesse agricole de premier ordre [2]. L'industrie des matières grasses est intimement associée aux produits chimiques parce que les usines qui en font la manipulation emploient les acides ou les sels industriels : par exemple, l'industrie des savons qui utilise les résidus des huiles est inséparable de la production de la soude et de la potasse. Il en est de même de la fabrication des bougies stéariques qui ont remplacé presque entièrement les bougies de cire. Aussi n'est-il pas étonnant que Paris et Marseille soient en France les sièges principaux de ces diverses industries [3]. Le gaz d'éclairage a de grandes affinités aussi avec l'industrie des produits chimiques à cause de

---

[1] La production d'acide sulfurique de la Grande-Bretagne est beaucoup plus considérable que celle de la France.

[2] Notre consommation de nitrate de soude augmente rapidement. Nous en importons plus de 200,000 tonnes au lieu de 60,000, moyenne de la période 1877 à 1886. La consommation du sulfate de cuivre, nécessaire au traitement des vignes malades, est également en progrès, mais il est produit à l'étranger à meilleur marché qu'en France.

[3] La production des bougies stéariques s'élève à 75 millions et celle des savons (pour laquelle l'Angleterre seule peut rivaliser avec la France) à 105 millions. Les huiles ont une importance commerciale plus grande encore, puisque nous importons de grandes quantités d'arachides et autres graines oléagineuses ou fruits oléagineux nécessaires à la savonnerie et à la stéarinerie.

l'emploi des résidus de la fabrication. Le département de la Seine fournit à lui seul à peu près la moitié de la production totale évaluée à près de 650 millions de mètres cubes, correspondant avec le coke, le goudron, etc., à une valeur de 160 millions.

B. L'industrie des cuirs figure aussi au nombre des grandes industries françaises, bien que nous ne venions pour les peaux brutes qu'après la Russie, l'Allemagne, l'Angleterre et les États-Unis, qui peuvent produire à prix très-réduits. Les matières premières sont fournies à peine pour moitié par les abats faits en France, lesquels ne pourraient suffire à alimenter nos industries : l'excédent de nos importations dépasse 100 millions de francs en peaux brutes de diverses provenances, mais surtout de provenance américaine. Les industries de la préparation (tannage, corroyage, mégisserie, maroquinerie, chamoiserie) et celles de la fabrication des produits ouvrés (gants, chaussures, sellerie, maroquinerie, etc.) occupent un personnel évalué à 400,000 personnes, sans compter celles des industries où le cuir n'entre que comme un des éléments (carrosserie, layeterie, etc.), elles alimentent nos exportations jusqu'à concurrence de 250 millions. La ganterie et la cordonnerie entrent chacune dans ce total pour plus de 60 millions. L'ensemble de la production peut être estimée de 600 à 700 millions. L'une des branches les plus importantes de l'industrie du cuir, la fabrication des chaussures, a été transformée en grande partie pour les articles de large consommation par le travail mécanique. Cette industrie a pris un énorme développement en Angleterre et aux États-Unis où, en ce dernier pays, lors de l'exposition de Philadelphie, elle occupait déjà 171,000 ouvriers.

C. L'industrie du papier présente un caractère mixte en ce que ses produits sont destinés, soit à des besoins industriels, soit à des besoins intellectuels qui, selon certaines présomptions assez vagues d'ailleurs, se partageraient à peu près par moitié la production. Il est vrai de dire que l'importance de l'industrie du papier donne assez exactement le degré de la prospérité matérielle et de la civilisation. La France avec une production de 360 millions de kilog. vient sur la même ligne que les États-Unis ; elle n'est précédée que par l'Allemagne dont la production serait de plus de 600 millions de kilog.(?) Elle est suivie par l'An-

gleterre qui en fabrique 340 et nous fait une concurrence redoutable pour les papiers de luxe[1]. En France, la fabrication mécanique forme à peu près la moitié de la fabrication totale. C'est
une industrie très importante occupant dans la grande industrie
30,000 ouvriers produisant une valeur de 115 millions. Elle dispose de 260,000 chevaux-vapeur et fait un large emploi des
moteurs hydrauliques dans plusieurs des centres de fabrication[2].

363. V. Industries relatives aux besoins intellectuels. —
La fabrication des plumes métalliques, des crayons, du matériel des arts libéraux, la gravure, la lithographie, les cartes et
plans, les beaux-arts plastiques, les instruments de musique, les
instruments de précision figurent sous cette rubrique à côté de
la typographie, de la reliure, de l'outillage scientifique (chirurgie, chimie, etc.). On peut juger du développement de la librairie
par les indications suivantes : le nombre annuel des livres, brochures et imprimés qui n'était en France que de 7,000 en 1850
s'est élevé en 1889 à près de 15,000. On compte plus de 2,000
journaux ; en outre, le colportage répand chaque année environ
1,500,000 exemplaires de livres et brochures et 4 millions d'al-
manachs. Les industries relatives aux sciences, lettres et arts
occupent plus de 100,000 patrons et ouvriers.

§ II.

Législation économique des industries manufacturières.

364. L'industrie a grandi au Moyen-âge, à l'abri de la corporation, sous le régime de la réglementation et des privilèges.
Il se pouvait alors que l'initiative privée ne fût pas assez forte

---

[1] Le développement de la fabrication a nécessité l'emploi de nouvelles
matières premières : les drilles ou chiffons ne sont plus employés que pour
les papiers de luxe. C'est cependant encore un important commerce qui fait
vivre en France de 100 à 120,000 personnes et qui figure pour des sommes
importantes dans les tableaux du commerce extérieur. Mais pour les papiers
communs, on fait presque exclusivement usage des pâtes de paille et surtout des pâtes de bois et d'alfa préparés mécaniquement ou chimiquement
(cellulose au bisulfite). Nous nous en approvisionnons en Algérie et surtout
en Norwège.

[2] L'Isère, le Doubs, la Charente, Seine-et-Oise, le Pas-de-Calais sont les
principaux centres de fabrication.

pour susciter de nouvelles fabrications et alimenter la consommation (nᵒˢ 62 et suiv., 112 et suiv.). Mais la liberté de l'industrie est le seul système qui convienne à l'état économique des
grandes nations modernes. Les fabriques et les manufactures
s'y constituent en principe librement et fonctionnent en dehors
de l'intervention de l'autorité gouvernementale. A la différence
de ce qui est admis pour l'industrie des mines, l'État ne se
charge pas de contrôler la capacité professionnelle, les moyens
d'action des particuliers ou à plus forte raison les procédés de
fabrication employés. S'il est prouvé par l'histoire des diverses
industries que, pour plusieurs d'entre elles, la première impulsion est venue de l'État que, pour la plupart, le système re-
glementaire ait eu une raison d'être transitoire (nᵒˢ 113, 114),
on ne saurait douter que de nos jours l'intérêt personnel ne
suffise, presque en toute circonstance, à faire naître les entreprises utiles et que la production ne tende à se mettre au niveau
des exigences de la consommation si grandes qu'elles soient.
Au lendemain même de la réforme de 1791, malgré la tourmente révolutionnaire, l'industrie française, mûre depuis longtemps pour la liberté, prit un rapide essor. Les autres nations
continentales ont suivi notre exemple et consacré comme un
principe fondamental la liberté de l'industrie[1].

Partout cependant l'intervention de l'État se produit sous
deux formes principales : 1° par des lois de tutelle ; 2° par les
lois de police.

Le pouvoir de tutelle de l'État, se manifeste dans l'industrie
manufacturière, comme dans l'industrie agricole, non seulement par l'institution de services publics, de conseils consultatifs, mais par l'organisation de juridictions compétentes, par
des services d'informations, par des encouragements, par la direction ou le patronage d'expositions de produits, par les services
du commerce extérieur, par l'impulsion donnée à l'enseignement
industriel professionnel, ou technique.

Aux lois de police appartiennent divers ordres de dispositions :
ce sont d'abord des restrictions à la liberté industrielle, des monopoles, des réglementations ou des surveillances spéciales de
certaines industries. Ces restrictions sont d'ailleurs motivées par

---

[1] Plusieurs lois constitutionnelles en ont reproduit la formule (Autriche-
Hongrie 1867, Suisse 1874, Turquie 1876).

des intérêts multiples : intérêts de fiscalité, de sécurité, de bonne foi dans les transactions ; d'autres sont des vestiges du système ancien sous lequel l'autorité se chargeait de pourvoir aux besoins des consommateurs. La police de l'industrie comprend encore les mesures législatives destinées à protéger les fabricants contre les concurrences déloyales et les consommateurs contre les fraudes commerciales. Enfin, la loi étend sa protection sur les ouvriers de maintes façons par l'institution de conseils ou d'organes ayant pour objet les intérêts des ouvriers, par l'inspection du travail, la réglementation des établissements industriels au point de vue de l'hygiène et de la sécurité des travailleurs ; elle protège les personnes en s'opposant à ce que les ouvriers soient astreints à un travail excessif et spécialement à ce qu'il soit fait abus des forces des êtres faibles, des femmes et des enfants (v. ci-dessous, nᵒˢ 839 et suiv.).

365. Tutelle générale de l'État sur l'industrie et le commerce. — Les mêmes institutions de tutelle, les mêmes modes d'intervention de l'État s'appliquent en général au commerce et aux industries manufacturières. C'est qu'en effet si quelques branches de commerce sont indépendantes de la production proprement dite, ainsi le commerce de commission, le commerce des ports maritimes, la plupart des autres branches au contraire sont alimentées presque exclusivement par les industries productives. Une même administration centralise les services publics de l'industrie et du commerce, à l'étranger comme chez nous : la Prusse, l'Italie, l'Autriche ont, comme la France, un ministère du commerce et de l'industrie ; en Belgique, la direction de l'industrie remplit le même office. L'administration est aidée dans son œuvre par des comités administratifs et des corps électifs. Les uns et les autres l'éclairent sur les vœux et les intérêts dont elle a la tutelle et facilitent ainsi la préparation des lois et des règlements d'ordre économique. Plusieurs des conseils administratifs (conseil supérieur du commerce, comité consultatif des arts et manufactures) sont des institutions anciennes transformées ; d'autres sont sortis de besoins nouveaux (commission supérieure du travail, de l'industrie, conseil supérieur de statistique)[1]. Les organes électifs de l'industrie et

---

[1] V. sur ces conseils et leur origine, rapport Renard, Chambre, Annexes, sess. 1890, p. 1190 et suiv.

du commerce sont les chambres de commerce et les chambres consultatives des arts et manufactures. Elles sont loin les unes et les autres d'avoir la même importance. Les premières seules sont des personnes morales; seules elles peuvent réaliser des fondations, par exemple créer des écoles commerciales et contribuer à des œuvres d'intérêt général; en prendre l'initiative[1]. L'action des chambres de commerce s'étend le plus souvent sur un département entier; au moins sur un arrondissement. On en compte une centaine en France, quoique plusieurs départements en soient encore dépourvus[2]. Au contraire les chambres consultatives sont de simples interprètes des vœux de l'industrie d'une localité; elles représentent habituellement une industrie spéciale très-développée dans une ville. Ce sont des institutions assez nombreuses (environ 80) mais sans grande vitalité jusqu'ici; elles rendent cependant quelques services. Quant aux chambres de commerce elles-mêmes l'idée qu'elles ne devraient pas conserver de caractère officiel depuis que le droit d'association et le droit de pétition sont reconnus, est une idée plus spécieuse que vraie; en Belgique, elle a entraîné, en 1875, la suppression des chambres de commerce. Des institutions libres n'offriraient pas aux pouvoirs publics la même garantie pour la représentation fidèle des industries et du commerce; elles n'auraient ni le même prestige, ni la même autorité morale. Aussi, loin de songer à supprimer ces utiles institutions, le législateur poursuit le but de renforcer la représentation industrielle et commerciale en donnant aux chambres de commerce et d'industries des attributions plus étendues, en augmentant leur indépendance[3]. Recueillant par les comités permanents et les organes électifs les vœux de l'industrie et du commerce, le gouvernement doit en retour centraliser et mettre à la disposition des intéressés, les informations, les statistiques administratives concernant le commerce, l'industrie, la navigation en

---

[1] A propos des travaux publics on verra ci-dessous, nᵒˢ 1142 et suiv., 1202 et suiv., de quelle manière s'est produite l'intervention des chambres de commerce et le rôle considérable qu'elles sont appelées à jouer.

[2] V. sur les chambres de commerce à l'étranger, ci-dessous, n. 567.

[3] En ce sens, projets de loi de 1884 et 1886, puis diverses propositions de lois (Félix Faure, Lockroy), sur lesquelles est intervenu le rapport cité ci-dessus, note 1). V. Chambre, Annexes, session extraordinaire 1889, p. 13 et suiv.; 72 et suiv.; et session 1890, p. 655 et suiv., 1190 et suiv.

France et à l'étranger. C'est surtout au commerce extérieur que ce service d'informations est appelé à apporter un concours précieux en lui faisant connaître l'état des divers marchés, en mettant à sa disposition les documents de la législation commerciale, maritime et douanière, en publiant les rapports des agents consulaires[1]. Un autre service essentiel de l'Etat c'est de doter le commerce et l'industrie de juridictions appropriées à leur nature spéciale et d'institutions propres à garantir les droits dits de propriété industrielle. Faut-il à l'industrie et au commerce des juridictions d'exception? Jusqu'ici en France c'est l'affirmative qui a prévalu : l'industrie a les prud'hommes ; le commerce a la juridiction consulaire. On verra à propos de l'examen des conflits entre patrons et ouvriers quels doutes existent aujourd'hui sur les avantages d'une juridiction industrielle spéciale (n° 861). En ce qui concerne les tribunaux consulaires, les opinions sont aussi très-diverses : les uns concluent à leur suppression à cause des insuffisantes connaissances juridiques des commerçants ; d'autres, au contraire, proposent d'affranchir la juridiction consulaire en créant des cours d'appel commerciales[2]. Peut-être bien la solution la meilleure serait-elle d'organiser une juridiction mixte, formée de commerçants, présidée par un magistrat. En Italie, la plupart des juridictions commerciales sont ainsi constituées ; il en est de même à Zurich. Quant aux moyens propres à assurer la conservation et le respect de la propriété industrielle il en sera parlé plus loin (n° 370).

La tutelle de l'État doit-elle aller jusqu'à des mesures de protection proprement dites ? C'est une intervention beaucoup plus discutée. La protection se manifeste d'ailleurs sous diverses formes : 1° la protection douanière. Ce n'est pas le lieu d'en examiner la légitimité ou les avantages (v. ci-dessous, n°ˢ 706 et suiv.). Si dans une mesure quelconque, la protection douanière est jugée utile ou nécessaire, la préparation des tarifs et leur ap-

---

[1] Pour répondre à ce besoin d'informations, le ministère du commerce publie plusieurs periodiques : le *Bulletin consulaire français*, les *Annales du commerce extérieur*, le *Moniteur officiel du commerce*. Il n'est pas ici question des grandes publications du service de statistique qui ne répondent pas au même besoin d'informations courantes et promptes mais qui ont autant d'intérêt pour l'homme d'État économiste que pour l'homme d'affaires.

[2] V. Proposition Faure, Chambre des deputes, 29 déc. 1885. Cf. MM. Lyon-Caen et Renault, *Traité de droit commercial*, t. I, p. 311.

plication constitue une branche très-importante de l'administration commerciale ; 2° la protection peut prendre la forme de sacrifices financiers, d'exemptions d'impôts, de subventions ; mais c'est seulement en des circonstances exceptionnelles, par exemple en temps de crise industrielle spéciale ou locale, qu'il peut être parlé d'une intervention de ce genre. Ajoutons au surplus que les prêts au commerce ou à l'industrie après 1830 et 1860[1] n'ont pas répondu à l'attente du législateur. Quant aux subventions en vue de venir en aide à l'introduction d'industries nouvelles, elles ont pu avoir leur utilité dans le passé, mais, de nos jours, l'initiative privée ne fait pas défaut en général lorsqu'il s'agit des œuvres de production[2]. 3° Enfin, la protection peut consister en encouragements, distinctions honorifiques, récompenses décernées spécialement à la suite de concours et d'expositions. Un autre mode d'intervention de l'État, qu'il ne faudrait pas passer sous silence, est enfin la réserve à la production nationale des fournitures pour les diverses administrations publiques, notamment pour celles de la guerre et la marine ; ceci présente un grand intérêt, pour les blés et avoines, les houilles, les produits métallurgiques, etc.[3].

366. Expositions. — Les expositions exercent une double influence ; elles sont une cause d'émulation, un moyen de propagation, parmi les producteurs de tout ordre, des meilleurs procédés de travail et des résultats obtenus. C'est aussi en quelque sorte un enseignement industriel populaire et pratique. Les expositions universelles ont élargi l'horizon de l'industrie et certainement hâté les progrès dans plusieurs branches de la production. On ne saurait nier, par exemple, que les remarquables progrès de l'Angleterre, dans les arts industriels, ne

---

[1] Prêt de 40 millions à l'industrie pour aider au renouvellement de l'outillage après le traité de commerce avec l'Angleterre (loi 1er août 1860).

[2] Un dernier mode d'intervention serait l'institution par l'État d'établissements modèles ; à cet égard, il a été dit déjà que si de nouvelles fondations de ce genre sont condamnables en principe, il peut y avoir de bonnes raisons pour le maintien de celles qui existent (n° 111.

[3] Les Chambres ont, à diverses reprises, voté des résolutions tendantes à réserver les fournitures de la guerre et de la marine aux industries nationales. V. notamment Chambre des députés, *Débats*, séance du 26 novembre 1885.

soient le résultat d'efforts reconnus nécessaires par la comparaison directe des produits français et anglais au point de vue
du goût[1]. Qu'on se rappelle aussi ce qui a été dit au sujet des
transformations de la métallurgie. Les conséquences économiques des expositions universelles, leurs effets sur le développement industriel ne sont d'ailleurs pas les seules raisons de
tenir ces grandes assises internationales : elles sont pour l'État
qui en prend l'initiative, une manifestation de politique pacifique et de puissance industrielle et artistique[2]. Telle a été la
signification morale des expositions universelles, spécialement
de celles de 1867 à 1878 et de 1889[3].

Diverses objections ont cependant été produites : pour se
signaler, les producteurs font souvent des sacrifices considérables, moins avec le but de réaliser un progrès industriel que
par vanité; de sorte que le succès récompense des tours de
force accomplis et non pas des services véritables rendus à la
consommation. — Ces inconvénients sont en partie réels, mais
rien ne prouve qu'ils soient inhérents à l'institution. Peut-être
sont-ils aggravés par la solennité des expositions ou le mode

---

[1] La création de l'*art département*, en Angleterre, après 1851, a été le
signal d'une active propagande en faveur des arts du dessin dans les écoles
primaires. L'Allemagne, la Belgique, la Suisse, l'Italie ont suivi le mouvement.

[2] La première exposition industrielle en France eut lieu en l'an VI; la première exposition internationale à Londres en 1851. En dehors des expositions
universelles internationales de Londres (1851 et 1862, de Vienne, 1873, de
Philadelphie, 1876 et de celles de Paris, il y a eu un certain nombre d'expositions universelles générales moins importantes depuis 1878 (Sidney,
1878; Melbourne, 1880; Amsterdam, Anvers, Barcelone, Bruxelles, etc.),
et d'autres expositions universelles spéciales (Londres, hygiène, 1884;
Cologne, horticulture, 1888; Buenos-Ayres, élevage, etc.). V. sur l'histoire
et la classification des expositions, Picard, *Rapport général* sur l'Exposition de 1889, t. I.

[3] Sur les huit principales expositions universelles qui ont eu lieu depuis
1851, quatre ont eu Paris pour siège en 1855, 1867, 1878, 1889. Cette dernière a eu un succès sans précédent : 28 millions d'entrées (non compris
4 millions 1/2 de jetons de service), au lieu de 16 millions en 1878. Le
nombre des exposants s'est élevé à environ 62,000, dont près de 34,000 pour
la France. La plus importante des expositions tenues à l'étranger, celle de
Vienne, de 1873, n'a groupé que 42,000 exposants; à Paris, en 1867, il y
en avait eu plus de 52,000. En 1889, les recettes (entrées, redevances, etc.,
ont excédé de 8 millions les dépenses, tandis que les expositions antérieures
avaient laissé un déficit.

de recrutement des jurys de concours. Des expositions permanentes n'auraient pas le même inconvénient : elles donneraient à l'émulation une direction meilleure, malheureusement, elles imposeraient des charges considérables aux producteurs et seraient probablement accueillies avec une regrettable indifférence par l'opinion que les grandes expositions attirent et captivent[1].

367. Enseignement industriel, commercial et professionnel. — L'enseignement technique industriel motive enfin une autre intervention tutélaire de l'État. Quant à l'enseignement professionnel on a soutenu qu'en dehors des connaissances comprises dans l'instruction primaire générale, l'État n'avait pas à se soucier de cet enseignement parce qu'il se subdivise en un certain nombre de spécialités, et que chacune ne peut intéresser qu'une minorité infime d'ouvriers. Sans doute a-t-on ainsi confondu l'enseignement avec l'apprentissage. Il est un degré d'habileté manuelle et un talent d'imitation qui ne peuvent s'acquérir que dans les ateliers spéciaux; mais il existe une initiation générale à l'industrie qui pourrait être très-favorable à l'éclosion des aptitudes chez les travailleurs et serait de nature à déterminer les vocations industrielles.

Si l'utilité absolue de l'enseignement industriel ne peut être mise en doute, cet enseignement doit figurer au nombre des services publics, à tous les degrés et sous des formes variées. L'organisation est encore chez nous assez rudimentaire et assez confuse. Dans l'enseignement élémentaire, ce sont des écoles d'apprentissage où l'on étudie les applications industrielles principales, les procédés les plus simples du travail manuel. Malheureusement, il est assez malaisé de distinguer les différentes écoles d'apprentissage : les unes, *écoles manuelles d'apprentissage* (loi du 11 décembre 1880) sont des établissements d'enseignement primaire publics; d'autres sont des écoles primaires supérieures avec cours professionnels[2]; d'autres enfin

---

[1] L'essai en a été fait à Londres de 1871 à 1874. L'exposition était permanente pour certains éléments, annuelle pour d'autres : un roulement par année entre les diverses industries devait avoir lieu. Le succès ne répondit pas à l'attente des organisateurs.

[2] A Paris, école Diderot, pour le travail du fer et du bois; école Boulle, pour l'ameublement; l'école de physique et de chimie industrielles pour les

614   II° PARTIE (LIV. I). ÉCONOMIE INDUSTRIELLE ET SOCIALE.

tion de 1889 a prouvé qu'ils s'étaient à la fois multipliés et grandement perfectionnés.

368. Police de l'industrie ayant pour conséquence des restrictions à la liberté du travail. — Les premières restrictions à signaler sont celles qui résultent de l'existence des monopoles. Le rôle historique des monopoles a été signalé (n° 112). Il y a peu de chose à ajouter aux indications qui ont été données sur les quelques monopoles existants. En ce qui concerne ceux d'entre eux qui sont fondés sur des raisons fiscales, l'exploitation directe paraît préférable à l'adjudication au profit de concessionnaires. C'est ainsi que la régie des tabacs est reconnue comme étant le mode de beaucoup le plus profitable; les pays qui l'ont la conservent, et ceux qui ne l'ont pas aspirent à l'établir. Le public tolère moins difficilement l'exploitation par l'État que par les adjudicataires. C'est ce qui a été reconnu notamment à l'occasion du monopole des allumettes[1].

Des raisons de sûreté publique ou de défense nationale sont alléguées à l'appui de certains monopoles de fabrication de l'État. Pour les poudres et salpêtres, le motif de sûreté publique paraîtrait peu concluant, s'il était vrai que l'État ait pu permettre sans danger à l'industrie privée, sous des conditions déterminées, la fabrication bien autrement dangereuse de la dynamite et de la nitro-glycérine. On a voulu sans doute développer la production de ces explosifs, dont les applications industrielles sont devenues très-frequentes; mais, à raison de la réglementation imposée, le nombre des établissements privés devant être très-restreint, il n'est pas bien certain qu'on évite la cherté du monopole au moyen d'une concurrence si peu effective. Quant à la sûreté publique, de récents attentats en France et à l'étranger (1892) n'ont que trop établi l'insuffisance des mesures réglementaires en vigueur.

Enfin, ce sont des motifs d'ordre supérieur qui avaient fait prohiber la fabrication des armes du calibre de guerre en de-

---

[1] La loi du 2 août 1872, ayant donné à l'État l'option entre l'exploitation en régie et l'adjudication au profit d'une compagnie concessionnaire, les intérêts des consommateurs, pas plus que les intérêts financiers, ne se sont bien trouvés de ce que l'option ait été faite, d'abord jusqu'en 1890, dans le

sont des écoles nationales d'apprentissage, les unes dépendant du ministère du commerce, les autres de l'instruction publique[1]. A une classification mal définie s'ajoute l'inconvénient d'une direction administrative sans unité[2]. A un degré moyen, existe un enseignement destiné à former l'élite du personnel des contre-maîtres et chefs d'atelier dans les arts mécaniques. C'est à ce dernier besoin que répond l'institution des écoles d'arts et métiers (Châlons, Angers, Aix) et, à un degré un peu inférieur, de la nouvelle école de Cluny, des écoles spéciales de dessin[3], de tissage (Lyon et Nîmes), d'horlogerie (Cluses).

La diffusion de l'enseignement industriel ne pourra être obtenue que grâce à une énergique impulsion de l'État : les fondations dues à l'initiative privée ou aux municipalités ont été jusqu'ici très-peu nombreuses et très-inégalement réparties sur le territoire. C'est cependant l'initiative privée qui a créé en France l'enseignement supérieur des arts et manufactures ; mais on sait que l'*École centrale* est devenue ensuite établissement public. L'enseignement supérieur est encore représenté pour les adultes par le Conservatoire des arts et métiers.

Chez nous l'enseignement commercial proprement dit est encore moins organisé que l'enseignement industriel. Il est uniquement représenté par des écoles supérieures et écoles spéciales de commerce subventionnées. L'enseignement supérieur n'existe que depuis quelques années. Il est donné par l'École des hautes

---

garçons ; les écoles Fondary, Bossuet et plusieurs autres encore avec des ateliers de lingerie, confections, fleurs artificielles, peinture sur porcelaine, etc., pour les filles.

[1] Écoles nationales de Vierzon pour la céramique, de Voiron et d'Armentières pour le tissage. Signalons aussi d'importantes écoles municipales professionnelles à Besançon pour l'horlogerie, à Paris, Limoges, Nice, pour les arts décoratifs.

[2] Le décret du 17 mars 1888, sur les écoles d'apprentissage, a cherché à mettre quelque ordre dans cette matière, mais il a accentué l'inconvénient du dualisme, en plaçant ces écoles sous l'autorité des deux ministres de l'instruction publique et du commerce et de l'industrie pour les écoles des différents degrés, depuis les écoles manuelles jusqu'aux écoles nationales d'apprentissage. La nomenclature des écoles d'enseignement technique et professionnel vient d'être remaniée par le décret du 18 juin 1892 dont nous ne pouvons, au cours de l'impression, que signaler l'existence.

[3] Ainsi, à Paris, écoles Germain Pilon et école d'application Bernard Palissy avec ses ateliers de céramique, de peinture décorative, sculpture, dessins pour étoffes et ameublement.

études commerciales fondée par la Chambre de commerce de Paris[1]. Plusieurs pays étrangers, l'Allemagne, la Suisse, l'Italie, etc., ont fait plus et mieux; ils ont réussi à stimuler davantage l'initiative privée[2]. En Italie on distingue nettement trois degrés d'enseignement technique. Au premier degré, des écoles très-nombreuses mais qui ne sont pas assimilées aux écoles primaires supérieures; au deuxième degré, des instituts techniques au nombre de 76 dont 35 sont des institutions privées. Au troisième degré, l'enseignement commercial supérieur représenté par des Écoles royales ou internationales de commerce. En Allemagne l'on distingue des écoles et cours de commerce destinés aux apprentis de commerce, des écoles de commerce fréquentées par des élèves avant l'apprentissage (les diplômes délivrés par ces écoles ne donnent pas droit au volontariat d'un an). Au-dessus sont des gymnases et écoles réales avec divisions spéciales pour le commerce et des académies de commerce dont les diplômes donnent droit au volontariat d'un an.

Les musées industriels et scolaires sont un puissant moyen de vulgarisation des connaissances industrielles et le complément nécessaire de l'enseignement technique. Outre le musée technologique du Conservatoire des arts et métiers il a été question, il y a quelques années, de fonder un grand musée industriel pouvant servir plus efficacement à l'instruction populaire. A l'étranger de nombreux musées technologiques ont été fondés[3]. Il conviendrait de créer dans les grands centres des musées industriels et commerciaux[4]. Quant aux musées scolaires, l'exposi-

---

[1] Depuis longtemps, par l'enseignement spécial, aujourd'hui enseignement secondaire moderne, on a essayé, mais avec assez peu de succès, d'acheminer vers les carrières commerciales et industrielles une partie de la jeunesse. Mais si l'enseignement secondaire peut être une préparation aux études commerciales, il ne doit avoir à aucun degré, le caractère professionnel.

[2] Il n'y a, en France, que 37 écoles industrielles privées comptant en moyenne une centaine d'élèves. Plusieurs sont subventionnées.

[3] V. sur ces fondations dans les principaux pays de l'Europe, Chambre, Annexes, 1891, J. off., p. 2067 et suiv., et Plauchut, Rev. des Deux-Mondes, 1er juin 1891.

[4] Lors de la loi autorisant la vente des diamants de la couronne, il avait été question d'en affecter le produit à la création de musées industriels et d'écoles d'apprentissage. V. discussion Sénat, 25 mars 1884. L'union centrale des arts décoratifs a aussi pris l'initiative de la fondation d'un musée d'art. V. Chambre, Annexes, session 1891, p. 1367 et suiv.

tion de 1889 a prouvé qu'ils s'étaient à la fois multipliés et grandement perfectionnés.

368. Police de l'industrie ayant pour conséquence des restrictions à la liberté du travail. — Les premières restrictions à signaler sont celles qui résultent de l'existence des monopoles. Le rôle historique des monopoles a été signalé (nº 112). Il y a peu de chose à ajouter aux indications qui ont été données sur les quelques monopoles existants. En ce qui concerne ceux d'entre eux qui sont fondés sur des raisons fiscales, l'exploitation directe paraît préférable à l'adjudication au profit de concessionnaires. C'est ainsi que la régie des tabacs est reconnue comme étant le mode de beaucoup le plus profitable; les pays qui l'ont la conservent, et ceux qui ne l'ont pas aspirent à l'établir. Le public tolère moins difficilement l'exploitation par l'État que par les adjudicataires. C'est ce qui a été reconnu notamment à l'occasion du monopole des allumettes[1].

Des raisons de sûreté publique ou de défense nationale sont alléguées à l'appui de certains monopoles de fabrication de l'État. Pour les poudres et salpêtres, le motif de sûreté publique paraîtrait peu concluant, s'il était vrai que l'État ait pu permettre sans danger à l'industrie privée, sous des conditions déterminées, la fabrication bien autrement dangereuse de la dynamite et de la nitro-glycérine. On a voulu sans doute développer la production de ces explosifs, dont les applications industrielles sont devenues très-fréquentes; mais, à raison de la réglementation imposée, le nombre des établissements privés devant être très-restreint, il n'est pas bien certain qu'on évite la cherté du monopole au moyen d'une concurrence si peu effective. Quant à la sûreté publique, de récents attentats en France et à l'étranger (1892) n'ont que trop établi l'insuffisance des mesures réglementaires en vigueur.

Enfin, ce sont des motifs d'ordre supérieur qui avaient fait prohiber la fabrication des armes du calibre de guerre en de-

---

[1] La loi du 2 août 1872, ayant donné à l'État l'option entre l'exploitation en régie et l'adjudication au profit d'une compagnie concessionnaire, les intérêts des consommateurs, pas plus que les intérêts financiers, ne se sont bien trouvés de ce que l'option ait été faite, d'abord jusqu'en 1890, dans le sens de l'adjudication. Il y a peut-être dans ce fait matière à réflexion pour les adversaires systématiques de l'exploitation par l'État.

hors des manufactures nationales. L'utilité de ce monopole fut mise en doute après les événements de 1870. Pendant la durée de la guerre, l'Etat avait fait appel avec succès au concours de l'industrie libre. Une loi du 14 août 1885 a supprimé le monopole et rendu libre la fabrication et le commerce des armes et des munitions de guerre. Les considérations économiques sont ici primées par l'intérêt de la défense. Reste à savoir si les inventions, les initiatives dues à l'industrie libre compenseront les risques résultant soit du défaut de secret de l'armement, soit des fournitures faites par certaines maisons françaises aux nations avec lesquelles nous pouvons un jour être en guerre[1].

369. Après les industries monopolisées, viennent les industries réglementees. Elles se répartissent de la manière suivante, selon les motifs qui ont fait établir le pouvoir de police de l'Etat.

α) *Industries réglementées à cause de l'intérêt fiscal.* — Non seulement l'intérêt fiscal a fait établir certains monopoles, mais il a, quant à quelques industries, déterminé l'adoption d'une réglementation et d'une surveillance minutieuse ; ceci a lieu notamment pour la fabrication du sel, pour les fabriques de soude, les entrepôts de sucres, les fabriques de cartes à jouer, les raffineries, les brasseries et les distilleries, vinaigreries, débits de boissons, etc. Les agents du fisc ont chaque jour à contrôler les opérations, à suivre les entrées de matières premières, à constater les sorties de produits fabriqués lorsque les établissements sont soumis à ce qu'on appelle l'*exercice*. Un semblable régime impose une gêne considérable aux chefs d'entreprise : il n'y faut recourir qu'autant qu'il n'existe pas un autre mode de perception donnant des garanties suffisantes au Trésor (v. ci-dessous, n° 1250).

β) *Industries réglementées à cause de la sécurité et de la salubrité publiques.* — De là la réglementation des lieux publics de toute nature, théâtres, marchés, etc. De là aussi la législation des établissements dangereux, incommodes ou insalubres. — Dans la plupart des pays où l'industrie a une certaine importance, il est défendu d'établir au milieu des agglomérations

---

[1] Un incident parlementaire (affaire Ménard-Dorian), a révélé ce danger. V. Chambre des députés, session 1888, *Débats*, J. off., p. 609 et suiv.

d'habitants, avant d'avoir obtenu l'autorisation de l'autorité compétente, des usines qui pourraient être une menace pour la santé ou la sûreté publique. Des conditions sont posées afin, soit d'isoler ces établissements, soit d'y faire pratiquer des procédés ayant pour effet d'en atténuer les incommodités ou les dangers. On sait que l'économiste Dunoyer (n° 106) a critiqué ces mesures préventives qui, d'après lui, seraient excessives, injustes et insuffisantes; mieux vaudrait, à l'en croire, moins de gêne tout d'abord et plus de surveillance ou d'action répressive ensuite. Mais il est difficile d'apercevoir en quoi des mesures de surveillance, qui sont aussi des mesures préventives, seraient préférables aux conditions d'enquête préalable de *commodo* et *incommodo* et à la garantie d'une autorisation. Quant aux mesures répressives, c'est bien certainement le cas de dire que mieux vaut prévenir le mal que d'avoir à le réparer. Un des pays où l'intervention administrative est le plus rigoureusement circonscrite, l'Angleterre, a reconnu, depuis 1848, la nécessité d'une législation spéciale sur les établissements dangereux ou insalubres.

La distinction faite par le décret du 15 octobre 1810, en trois classes, est très-rationnelle; certains ateliers doivent être absolument éloignés des habitations, parce que l'insalubrité ou l'incommodité en est inévitable; d'autres peuvent être rapprochés des habitations moyennant des précautions qui atténuent le danger ou les inconvénients; enfin, d'autres encore peuvent être établis dans l'intérieur des villes, même sans mesures spéciales, pourvu qu'ils soient soumis à la surveillance de l'autorité. Les progrès de l'industrie obligent à remanier de temps en temps la nomenclature légale des établissements classés dans ces trois catégories.

Quant à la fabrication et à l'emploi des chaudières à vapeur, on y a d'abord appliqué la législation des établissements dangereux de la deuxième classe : pour les placer dans une usine, il fallait obtenir une autorisation précédée d'une enquête de *commodo* et *incommodo* (ordonnance du 22 mai 1843). Les décrets du 25 janvier 1865 et du 11 mai 1880 laissent subsister de nombreuses garanties, notamment celles de l'épreuve préalable et d'épreuves successives, mais font disparaître des complications qui étaient devenues incompatibles avec les besoins de l'industrie[1]. Entre autres précautions, il est interdit de placer une chaudière à une distance moindre de 3 ou 10 mètres, suivant les cas, du mur de clôture d'une habitation voisine (art. 14). Une statistique annuelle des explosions des appareils à vapeur doit être publiée au *Journal officiel*.

Notre législation sur les établissements dangereux ou insalubres protège le voisinage contre les inconvénients que ces établissements pourraient avoir au point de vue de la santé et de la sécurité publiques. Rationnellement, l'intervention de l'État serait plus nécessaire encore pour garantir les ouvriers employés à l'intérieur de ces établissements contre les dangers auxquels leur vie ou leur santé peuvent être exposés. Il va de soi qu'un atelier dangereux ou insalubre pour le voisinage est à plus forte raison dangereux ou insalubre pour le personnel qui y travaille, et que, par suite, l'industrie doit sinon être interdite du moins soumise à des prescriptions de nature à en amoindrir les risques. Mais des établissements non classés comme dangereux pour le public peuvent comporter des procédés de travail, des manipulations nuisibles aux ouvriers. La réglementation en faveur de ceux-ci devra donc s'étendre plus loin que celle qui est établie en faveur du public. On verra en examinant les rapports entre patrons et ouvriers que, jusqu'ici, l'État a manqué en France à ce devoir de protection (n° 837).

γ) *Industries réglementées en vue d'assurer les subsistances.* — Le désir de pourvoir à l'alimentation publique fit longtemps adopter un ensemble de mesures spéciales destinées à assurer les approvisionnements. La boulangerie et la boucherie, constituant des corporations fermées, furent soumises à une réglementation rigoureuse. Il sera question, à l'occasion de la police du commerce, d'autres restrictions analogues au principe de la liberté de l'industrie (v. ci-dessous, n° 571).

δ) *Industries réglementées comme conséquence d'une responsabilité morale.* — Il n'est pas douteux que les imprimeurs, dans une mesure qu'il ne s'agit pas ici de déterminer, assument la

---

[1] En dehors des épreuves administratives dont le nombre annuel est de près de 18,000, une surveillance exercée par des associations de propriétaires d'appareils à vapeur porte sur près de 10,000 appareils (V. *Statistique de l'industrie minérale et des appareils à vapeur* (Min. travaux publics), 1891, p. 105 et suiv.).

responsabilité des écrits sortant de leurs presses. Que, pour ce motif, on subordonne l'exercice de la profession d'imprimeur à l'obtention d'une autorisation, ou, comme on disait naguère, d'un brevet, c'est ce qu'il est permis d'appeler une exigence excessive et arbitraire; mais on n'aura pas les mêmes scrupules, la profession étant libre (elle l'est en France depuis le décret du 10 septembre 1870), si l'on impose à l'imprimeur la simple obligation de mettre son nom sur tous les écrits dont il a accepté l'impression. C'est là une mesure de police très-légitime et d'ailleurs peu gênante.

370. Police de l'Industrie ayant pour objet la garantie des droits des producteurs ou des intérêts des consommateurs. — La liberté de la production excite entre les industriels d'ardentes compétitions. Si la fin ne justifie pas les moyens, la liberté de la concurrence ne doit pas autoriser tous les faits à l'aide desquels les producteurs chercheraient à se nuire. De même, si la concurrence pousse à réduire les frais de production, ne convient-il pas que les consommateurs soient protégés contre la mauvaise fabrication et spécialement contre les fraudes dont ils peuvent être victimes? La garantie des droits des producteurs se trouve dans les lois sur la propriété industrielle; les intérêts des consommateurs doivent aussi être sanctionnés dans une certaine mesure. Il convient enfin que par des mesures d'ordre, l'État assure la conservation des droits et leur publicité : c'est l'objet du service public de la propriété industrielle, service de statistique et de publicité[1].

371. Concurrences déloyales. — **Marques de fabrique et de commerce.** — **Modèles et dessins industriels.** — La renommée obtenue dans la fabrication par une habileté spéciale ou une bonne foi particulièrement scrupuleuse, est un avantage dont le producteur cherche à s'assurer la possession par divers moyens : nom commercial, enseignes, marques, etc.[2]. De même, le commerçant vend sous sa responsabilité et sa garantie les produits qu'il achète pour les revendre : il y a donc pour lui comme pour

---

[1] Le ministère du commerce publie, depuis 1884, le *Bulletin officiel de la propriété industrielle et commerciale*, contenant des informations de législation et de jurisprudence, la description des marques de fabrique, dessins, modèles, et le catalogue des brevets.

[2] V. Nicolas et Pelletier, *Manuel de la propriété industrielle*, 1888.

le fabricant des signes distinctifs, des possessions légitimes.
L'action des lois doit les garantir, à l'instar de la propriété proprement dite, et empêcher que ceux qui les ont acquises en soient
injustement frustrés : il ne faut pas que, par des manœuvres
coupables, d'autres fabricants, d'autres commerçants, puissent
s'emparer des droits acquis à leurs concurrents, et, par exemple,
donner mensongèrement à leurs produits une provenance ou une
attribution qu'ils savent recherchée par le public. Les concurrences déloyales *lato sensu* consistent dans des usurpations de
noms, d'enseignes, d'achalandage, ou bien encore dans la contrefaçon des marques, modèles et dessins[1]. Malheureusement,
ce n'est que d'une manière bien imparfaite encore que la législation protège les droits des fabricants et réprime les fraudes. L'u-
surpation du nom est en France (loi du 28 juillet 1824), punie
de peines correctionnelles, mais seulement lorsqu'elle s'est produite par l'apposition frauduleuse du nom d'autrui ou du nom
d'un lieu autre que celui de la fabrication sur les produits fabriqués. Il est à regretter qu'elle ne s'applique pas à l'apposition
du nom d'autrui sur factures, étiquettes, etc...[2]. L'usurpation
d'enseignes, l'imitation frauduleuse de l'empaquetage, bouchage
ou étiquetage, forme extérieure des produits, le dénigrement
des fabrications rivales, etc., ne donnent lieu qu'à des responsabilités civiles qu'il est permis de trouver insuffisantes[3]. Il est
regrettable aussi que la protection légale ne soit donnée qu'aux
produits fabriqués en l'absence d'une marque distinctive proprement dite.

372. Une legislation qui édifierait un système complet, au
sujet des espèces de concurrences déloyales dont il vient d'être

---

[1] La contrefaçon (*proprio sensu*) désigne la sanction pénale des violations
de droit des inventeurs au brevet ou des fabricants sur les marques, modèles
ou dessins (Cf. art. 425, C. pén.).

[2] Une proposition de loi présentée au Sénat par M. Bozérian (V. *J. off.*, 4
juin et 4 août 1879), avait pour but de combler ces lacunes et d'consacrer
la propriété du nom commercial ou de la raison de commerce. Cf. *Congrès
de la prop. indust.* de 1878, p. 106, 595 et suiv.

[3] Une loi du 26 avril 1886 édicte des peines correctionnelles contre les
usurpateurs de médailles ou récompenses accordées par les jurys des expositions publiques. Toutefois, cette usurpation est plutôt une usurpation de
distinctions honorifiques qu'une concurrence déloyale, mais la même loi
réglemente l'usage des récompenses régulièrement obtenues. Cf. *Congres
intern. de la prop. indust.*, 1889, p. 21.

question, serait cependant bien imparfaite encore si elle négligeait d'organiser la constatation officielle des marques emblématiques qui servent à reconnaître la provenance des produits et d'établir des peines contre les contrefacteurs.

Une loi spéciale sur les marques est nécessaire, indépendamment des dispositions pénales relatives à l'usurpation des noms, parce que l'inscription du nom sur les produits aurait souvent des inconvénients (ne serait-ce qu'au point de vue de l'élégance et du goût), et parfois d'ailleurs serait impossible, à cause de l'exiguïté ou de la nature des produits. Il convenait donc de garantir l'usage exclusif des signes ou emblèmes au fabricant ou au commerçant qui les a adoptés pour la désignation de ses produits. Depuis 1880, le nombre des marques a plus que doublé (6,550 au lieu de 3,130)[1].

La même décision doit être appliquée aux dessins et modèles de fabrique. Au surplus, on n'éprouvera, en principe, aucune difficulté à distinguer les marques proprement dites des modèles et dessins, celles-là ne sont qu'un accessoire des produits; ce ne sont pas des formes nouvelles, ce sont des signes vulgaires apposés non pour les embellir, mais pour les distinguer; tandis que les modèles et dessins constituent la forme, la valeur esthétique des objets et en font partie intégrante.

373. Cette distinction rationnelle se retrouve dans les législations positives : les marques de fabrique sont régies chez nous par la loi du 23 juin 1857; une seconde loi du 28 novembre 1873 autorise les propriétaires de marques de fabrique à faire apposer le timbre ou le poinçon de l'Etat à leurs marques en signe d'authenticité. Celui qui contrefait la marque est dans la nécessité de contrefaire aussi le sceau de l'État, d'où des pénalités plus fortes et aussi la faculté pour les tribunaux français de réprimer les usurpations de marques commises même par des étrangers en pays étranger[2]. En ce qui concerne les dessins et

---

[1] En Autriche, en Espagne, dans les États scandinaves la loi ne reconnaît pas les marques de commerce mais seulement les marques de fabrique. Tout en admettant avec la loi française que les marques peuvent être employées soit comme marques de fabrique, soit comme marques de commerce, on pense généralement que la distinction devrait être rendue possible par la mention M. de F. pour les unes, et M. de C. pour les autres (*Congrès intern. de la prop. indust.*, 1889, p. 24).

[2] V. Lyon-Caen et Renault, *Précis de droit commercial*, t. II, p. 1037.

modèles, notre législation est très-imparfaite : une loi remontant à 1806 contient seulement quelques dispositions sur les dessins étendus par la jurisprudence aux modèles de fabrique[1]. Le nombre des dépôts de modèles et dessins est cependant très-considérable, plus de 30,000 (1889).

Sur ces matières, la législation allemande a présenté l'une des premières un système complet : 1° une loi du 30 novembre 1874, sur les marques, détermine les conditions d'inscription officielle, les juridictions compétentes et les sanctions pénales; 2° deux autres lois (9 et 11 janvier 1876) réglementent les droits d'auteur sur les dessins et modèles industriels. La loi anglaise de 1883 constituant un office général de la propriété industrielle (*Patent office*) est un véritable Code sur les marques, les dessins et les brevets[2]. Enfin, la législation fédérale suisse (lois de 1879 sur les marques, de 1888 sur les dessins, les modèles et les brevets) mérite aussi d'être signalée[3]. La constitution d'une union internationale « pour la protection de la propriété industrielle » en 1883 et la fondation du bureau international de Berne ont non seulement universalisé la propriété industrielle en assurant aux sujets de chacun des États contractants, sur le territoire des autres États de l'Union[4], les mêmes avantages que ceux-ci donnent à leurs nationaux relativement aux marques, dessins, modèles, brevets, mais ont créé entre les différents pays une

---

[1] Le dessin de fabrique consiste dans une disposition de lignes ou de couleurs destinées à l'ornementation des produits, spécialement des étoffes. Le modèle de fabrique est l'exécution en relief de certaines créations industrielles, c'est en quelque sorte le spécimen des produits. Une proposition de M. Bozérian, appuyée par un savant rapport, fut votée par le Sénat (11 et 29 mars 1879), et par la Chambre des députés (*add.* Chambre, Annexes. 1885, p. 2003, *J. off.*, 1er décembre 1880; 9 et 31 mars 1881). D'après cette proposition qui n'aboutit pas parce qu'on ne réussit pas à distinguer nettement les modèles et dessins industriels des œuvres d'art (V. ci-dessous, n° 379), l'auteur d'un dessin ou d'un modèle aurait eu le droit exclusif d'exploitation pendant une durée de 17 années. On verra (n° 379) que les modèles et dessins devraient être régis par la même loi que la propriété artistique; c'est ce qui a lieu en Allemagne.

[2] V. *Ann. de législ. étrang.*, 1884, p. 87.

[3] V. *Ann. de législ. étrang.*, 1880, p. 609; 1889, p. 619, 638, 670.

[4] V. *Ann. de législ. franç.*, 1886, p. 21 et suiv. et Bozérian, *la Conv. intern. de 1883*, in-8°, 1885. Font partie de l'union au 1er janvier 1891, la France, les colonies et pays de protectorat, l'Angleterre, l'Espagne, les Pays-Bas avec leurs colonies, le Portugal (Açores et Madère), la Belgique, les États-Unis, l'Italie, la Suisse, la Suède et la Norvège, la Serbie.

émulation féconde pour la réforme des lois de propriété industrielle [1].

374. Règlements de fabrication. — Système des marques obligatoires. — Fraudes dans la fabrication des produits. — Les intérêts des consommateurs sont indirectement garantis par la répression des concurrences déloyales, mais d'une manière imparfaite, car, sans qu'il y ait de fraude bien caractérisée, on parvient à donner aux produits des dehors séduisants, ou bien on emploie des matières premières de mauvaise qualité, ou bien encore la main-d'œuvre a été négligée, ou l'on s'est servi d'ouvriers mal préparés et mal payés. De là, une mauvaise fabrication dont on a accusé l'industrie moderne d'avoir aggravé les conséquences déplorables par la liberté du travail et par la concurrence qui force les producteurs à réduire de plus en plus le coût de production. On sait comment l'ancienne législation avait essayé de protéger les consommateurs : les règlements de fabrication imposaient aux producteurs le choix des matières premières et le mode de travail jugé propre à assurer la bonne fabrication. Il est inutile de revenir sur les inconvénients de ce système de réglementation, étouffant tout progrès par l'abus des mesures préventives (n°⁸ 62 et 63). Les lettres patentes du 5 mai 1779 permirent désormais aux manufacturiers de la grande industrie de travailler à leur gré ou d'après les règlements, mais seuls les produits fabriqués selon les règlements pouvaient porter la marque officielle. Les artisans des métiers de la petite industrie, organisés en corporations, restaient par ces lettres patentes soumis à toutes les rigueurs du système réglementaire. Personne ne demande la reconstitution des corporations dans l'intérêt direct des consommateurs [2], mais ne conviendrait-il pas d'obliger

---

[1] V. ci-dessous, n° 376, note; n° 377, note. Cf. en ce qui concerne les conditions du dépôt des marques la loi française du 3 mai 1890 et les lois belge, anglaise. Une convention signée à Madrid (avril 1891) réprime les fausses indications de provenance; les produits qui les portent, peuvent être saisis à l'importation dans chacun des États signataires; enfin elle facilite la protection internationale des marques par le dépôt au bureau de Berne. D'autres arrangements contenus dans un protocole distinct ont été disjoints du projet de loi d'approbation.

[2] Il est bien certain, cependant, que la formation de liens corporatifs libres, qui est l'une des aspirations les plus légitimes des patrons et des ouvriers, pourrait avoir pour conséquences principales la soumission volontaire à des règles de police pour la confection des produits ou l'exercice de

les fabricants à apposer une marque sur leurs produits afin de dispenser les acheteurs du soin de vérifier à leurs risques et périls la provenance et la qualité intrinsèque des marchandises? C'est le système des marques obligatoires. Wolowski s'est déclaré partisan de marques *significatives,* c'est-à-dire indiquant la qualité ou la composition des objets. Une telle protection, si elle était générale, risquerait d'être plus nuisible au consommateur que les erreurs de jugement auxquelles il est exposé, car elle nécessiterait la résurrection des anciens offices de contrôle sans même qu'il soit bien certain que la vérification officielle puisse prévenir les malfaçons ou les fabrications de mauvais aloi. Les marques obligatoires sur tous les produits seraient inconciliables avec le régime de la production libre : on ne pourrait les apposer sur les produits sans distinction, soit à cause de leur nature, soit à cause de leur exiguïté. Certains d'ailleurs seraient déparés par l'apposition d'une marque. En principe, les marques doivent rester facultatives. L'intérêt des producteurs est suffisant pour les déterminer à fournir aux consommateurs ce certificat de provenance. Ajoutons que l'industrie libre n'a pas, pour conséquence nécessaire, la mauvaise fabrication. Il faut en outre tenir compte de ce que, si la grande industrie produit des articles communs, ce sont des articles de large consommation livrés à bas prix. Prenons l'exemple de la fabrication des tissus : beaucoup ne peuvent rivaliser avec les anciennes étoffes au point de vue de la solidité et de la durée. Qui pourrait s'en plaindre? Est-ce la foule des consommateurs qui peut, grâce à l'abaissement des prix, se procurer des produits autrefois accessibles seulement à un petit nombre de privilégiés? Que si l'on parle des produits de grand luxe, la comparaison sera certainement en faveur de l'industrie libre. Il n'est pas question de la valeur esthétique : celle-ci dépend moins encore du goût et de l'habileté de l'artisan que de l'éducation des classes aisées. Est-ce à dire qu'il ne puisse exister aucune garantie pour le consommateur? Non, sans doute, car la loi pénale punit la tromperie sur la nature de la chose vendue, et les fraudes de fabrication pourraient tomber sous le coup de la loi pénale.

la profession, notamment la réforme de l'apprentissage. Bien souvent la mauvaise fabrication n'a pas d'autre cause que l'insulfisante préparation industrielle de l'ouvrier (ci-dessous, n°s 864 et suiv.).

On conçoit que, dans certains cas exceptionnels, les marques soient rendues obligatoires; ce doit être, par exemple, pour les produits dont le consommateur ne pourrait que très-difficilement vérifier la composition. C'est la raison qui milite en faveur de l'étiquetage obligatoire des engrais chimiques. C'est un motif identique qui a fait établir ce qu'on appelle la *garantie* des matières d'or et d'argent. Cette garantie consiste dans un signe qui atteste l'emploi de l'un des titres admis par la loi[1], elle résulte du poinçonnage opéré par les bureaux du contrôle, sur les objets fabriqués, à côté du poinçon du fabricant préalablement insculpé par l'autorité administrative. On a plusieurs fois, dans le Parlement et ailleurs, proposé la suppression de cette marque obligatoire, mais son maintien est nécessaire. On en peut dire autant du poinçonnage, de la surveillance ou du contrôle de tous les instruments de pesage ou de mesurage. Un système analogue pourrait être étendu à d'autres produits, lorsque le consommateur est impuissant à en connaître la véritable qualité et qu'il n'en doit résulter qu'une faible gêne pour les producteurs (cf. loi du 23 juin 1857, art. 1). C'est surtout, quant aux denrées alimentaires dont la sophistication serait de nature à compromettre la santé publique, que non seulement l'autorité doit exercer une vigilante surveillance mais que la loi pénale doit sévir avec rigueur (n° 571).

On a aussi émis l'avis que les marques obligatoires devaient être pratiquées relativement aux produits d'exportation sous le prétexte que les acheteurs étrangers sont obligés de s'en remettre à la bonne foi des fabricants. Ce fut l'opinion de Chaptal, consacrée par plusieurs décrets rendus de 1807 à 1810, et adoptée depuis par Wolowski, sous certaines réserves. Nous ne croirions à l'utilité de mesures coërcitives dans l'intérêt de la production française que si le bon renom en était compromis par les fraudes de quelques producteurs, autrement il suffira que les fabricants emploient les marques facultatives s'ils ont à lutter contre des manœuvres déloyales de concurrents ou d'intermédiaires peu scrupuleux, puisqu'aujourd'hui la protection inter-

---

[1] Pour les ouvrages d'or, les titres admis par la loi étaient au nombre de trois (920 millièmes de fin, 840,750); un 4ᵉ 583 millièmes pour l'exportation seulement a été créé en 1884 (loi 25 janvier). Pour l'argent, il n'y a que deux titres 950 et 800 millièmes.

nationale des marques est assurée par l'Union de 1883. Pourquoi prendre en main la cause des consommateurs étrangers? Il n'y aurait donc de raison d'intervenir que si la clientèle extérieure était compromise, mais l'usage de marques facultatives empêchera le plus souvent qu'il en soit ainsi, surtout si l'on adopte l'usage inauguré par Lyon et quelques autres grands centres manufacturiers d'une marque collective de la municipalité ou de la chambre de commerce qui permet au dehors de contrôler facilement l'authenticité de la provenance [1].

375. Rémunération des inventeurs. — Système des récompenses nationales et du domaine public payant. — Système du privilège d'exploitation ou des brevets. — Il est de toute justice et il est en outre d'intérêt public que celui qui dote la société d'un nouveau procédé de travail, d'une nouvelle application industrielle, soit rémunéré pour le service qu'il rend. Or, la rémunération de ce service ne saurait être soumise à la loi de l'échange : d'une part, il est loisible à l'inventeur de garder son secret, l'idée lui appartient; la loi protège même la mise en œuvre industrielle de tout mode spécial de fabrication en punissant la révélation des *secrets de fabrique* (art. 418, C. pén.); mais, d'autre part, dès lors que l'invention est connue, nul ne paiera volontairement celui qui en est l'auteur pour s'en servir : elle entre dans le domaine public et il permis à chacun de l'exploiter. Si donc la loi positive n'intervenait pas au profit des inventeurs, ceux-ci seraient placés dans l'alternative également fâcheuse, ou de tenir secrète l'invention ou d'en abandonner gratuitement le bénéfice à la société.

Un droit est donc reconnu aux inventeurs; mais quelle est la nature de ce droit? Selon une opinion considérable, c'est un droit de propriété que la loi ne fait que consacrer : l'inventeur aurait une propriété industrielle au même titre que les fabricants sur leurs marques[2]. A notre avis, cette opinion est contraire

---

[1] C'est peut-être aussi la meilleure façon de déjouer la fraude consistant faire passer pour français des produits fabriqués à l'étranger. Une proposition de M. Bozérian, tendant à la répression de cette fraude, n'a pas abouti (Sénat, Annexes, 1884, p. 166 et rapport Dietz-Monnin, session extra., 1890, Annexes, *J. off.*, p. 14. Cf. *Congrès intern. de la prop. indust.* de 1889, p. 20 et suiv.

[2] C'est le système connu sous le nom de *Monautopole* qui a été surtout

tout d'abord à l'essence du droit de propriété qui suppose un
objet appropriable, susceptible d'une jouissance privative; la
combinaison intellectuelle que suppose l'invention ne comporte
rien de pareil. Le défaut d'ubiquité de la matière seul rend nécessaire et légitime la propriété sur les choses matérielles. Sur
l'idée, l'inventeur n'a qu'un pouvoir négatif, celui de la renfermer en soi; aussitôt exprimée ou divulguée, elle entre dans
le grand courant intellectuel où chacun peut puiser sans nuire
à personne. L'homme ne crée pas, il combine : une invention
n'est qu'un composé de notions acquises au sujet duquel l'inventeur n'a rien de plus à revendiquer que la priorité; or, la
propriété serait la confiscation, au préjudice de tous, du droit
d'opérer la même combinaison d'éléments simples fournis par la
science, c'est-à-dire par le patrimoine commun. Chose curieuse,
sous prétexte des droits sacrés du travail, il y aurait une propriété sur l'invention, laquelle n'est en dépit du mot qu'une
application de notions préexistantes, et de l'aveu de tous, il
n'en existe pas pour le génie créateur d'un Newton, d'un Papin
ou d'un Ampère : la loi scientifique n'étant pas la propriété du
savant qui l'a découverte et formulée! Cette inconséquence doit
faire réfléchir sur le point de départ. On dit encore que, sans
doute, il n'existe pas de propriété sur l'idée; que l'inventeur
ne peut empêcher autrui de la comprendre et d'en profiter intellectuellement, mais que seul il peut la matérialiser, la fixer,
la reproduire par des moyens qui la mettent a la portée de tous.
Évidemment cette propriété spéciale ne peut consister en autre
chose ; mais, sous pretexte de respecter un droit acquis chez
l'inventeur, n'enlève-t-on pas au public la faculté de faire application du procedé nouveau, c'est-à-dire de fabriquer en l'uti-
lisant? En allant au fond des choses, les prétendus droits de
proprieté industrielle de l'inventeur apparaissent comme de
véritables restrictions au travail de la production matérielle.
En quoi ces restrictions sont-elles une conséquence légitime et
naturelle de l'antériorité de la conception, seule chose que
puisse revendiquer l'inventeur[1]? Toute la question est là.

---

soutenu en Belgique par MM. Jobard et de Molinari; M. Pouillet l'a fait
voter par le *Congres de la proprieté industrielle* en 1878 (*Congres*, p. 127).

[1] D'après les travaux préparatoires de la loi de 1844, le brevet est le
résultat d'un contrat bilatéral entre la société et l'inventeur. « L'inventeur

L'opinion que nous combattons est non seulement critiquable en théorie juridique, mais anti-économique au premier chef. Si l'inventeur avait un véritable droit de propriété, la conséquence naturelle, sinon nécessaire, serait la perpétuité du droit; or s'il en était ainsi, l'inventeur étant investi d'un droit exclusif et perpétuel de fabrication, l'industrie verrait se reformer les entraves dans lesquelles elle était emprisonnée sous le régime des privilèges et des monopoles de fabrication : l'inventeur propriétaire aurait un monopole de fabrication d'autant plus redoutable qu'il l'exploiterait seul; au moins, en dehors des manufactures privilégiées, la concurrence existait-elle autrefois au sein de l'ancienne corporation. La propriété perpétuelle de l'inventeur serait l'immobilisme industriel.

376. Au surplus, il existe sur le caractère temporaire du droit de l'inventeur un accord à peu près unanime; et dès lors, au point de vue pratique, peu importe que ce soit un droit de propriété ou un privilège. Presque toutes les legislations positives ont admis, au profit de l'inventeur, un privilège temporaire d'exploitation ou *brevet,* en vue de lui permettre de tirer une rémunération directe de la priorité de sa découverte [1]. La durée du privilège est variable selon les pays : 20 ans en Belgique et en Espagne, 17 ans aux États-Unis, 14 ans en Angleterre, 15 ans en Allemagne, en Autriche, en Italie et en France, où les brevets peuvent être demandés pour une durée moindre, de 5 ans ou de 10 ans. L'opinion générale est que les brevets devraient avoir une durée uniforme, laquelle devrait être portée à 20 ans [2].

ne peut exploiter sa découverte sans la société; la société ne peut en jouir sans la volonté de l'inventeur. — La loi intervient. — Elle garantit à l'un la jouissance exclusive, temporaire; — à l'autre une jouissance différée, mais perpétuelle. » Selon nous, il n'y a pas matière à contrat bilatéral, puisque l'inventeur ne peut prendre aucun engagement; dès que la découverte est connue, il est dessaisi; mais le droit de brevet, comme le droit de jouissance de l'auteur dont il va être bientôt question (n° 379), s'explique et se justifie par l'intérêt qu'a la société d'exciter la production intellectuelle et de stimuler l'esprit d'invention.

[1] Disons cependant que, en 1869, la Hollande a supprimé les brevets. Par contre, la Suisse qui n'avait pas de lois sur les brevets s'en est donnée une en 1888. Surtout depuis l'union internationale de 1883, une impulsion très-vive a été donnée à la réforme des lois sur les brevets : Angleterre loi 1883; Suède-Norvège 1884; Japon 1885; Canada 1888. L'Allemagne en 1891 a même réformé sa législation sur les brevets qui ne datait que de 1877.

[2] V. en ce sens *Congrès intern.* de 1889, p. 35, et proposition de loi

Même ainsi limité, le privilège des inventeurs a été l'objet de vives attaques, surtout de la part des économistes théoriciens de l'École anglaise [1]. Aux privilèges d'exploitation ou brevets, ils ont proposé de substituer, soit un système de récompenses nationales, soit un système de rétribution directe par les fabricants, c'est-à-dire le *domaine public payant*. Ces solutions ayant été produites au nom des principes économiques, il est impossible de les passer sous silence, malgré le peu de crédit qu'elles ont obtenu. On parle de récompenses nationales ou de primes délivrées par des associations syndicales de fabricants: mais comment apprécier le mérite des inventions, leur avenir? Méconnaît-on que les profits éventuels échappent à toute prévision! Il serait injuste, dans bien des cas, de n'attribuer à l'inventeur que la valeur actuelle de sa découverte, et dans beaucoup d'autres cas, au contraire, la société risquerait d'acheter ce qui doit rester sans valeur aucune. Toutes ces objections, sauf la dernière, s'appliquent au système d'après lequel tout fabricant qui voudrait employer l'invention serait tenu de payer une redevance déterminée à l'inventeur. Pour échapper aux difficultés inextricables de l'évaluation de la récompense ou de la redevance, on a parlé d'une rémunération uniforme. Mais ce serait une injustice aussi révoltante que celle de l'égalité des salaires! Enfin, ne voit-on pas qu'aucun encouragement ne peut valoir le droit d'exploitation directe? Il est des inventions qui ne triomphent que grâce à la foi de l'inventeur, à sa persévérante

---

Chambre, Annexes, 1883, p. 1157. Une autre observation importante quant à la durée est que la suspension du droit d'exploiter un brevet résultant d'une saisie opérée en vertu d'une prétendue contrefaçon, peut, malgré les précautions prises et le cautionnement exigé, porter une grave atteinte au droit du véritable inventeur. Ne conviendrait-il pas, en cas de procès, de ne pas imputer sur le temps du brevet le temps pendant lequel la faculté d'exploitation a été ainsi paralysée.

[1] La campagne contre les brevets a commencé, à partir de 1850, par l'Angleterre et la France. Plusieurs enquêtes eurent lieu (1864 et 1872 en Angleterre et sur le continent. L'agitation contre les brevets a été, surtout depuis, très-forte en Allemagne *Antipatent Bewegung*); un congrès d'économistes allemands (1863) s'était prononcé contre leur maintien. Depuis, un revirement d'opinion s'est produit. A Vienne 1873, un important congrès international en reconnut la nécessité. La suppression des brevets n'a même pas été l'objet d'un véritable débat en 1878 et n'a pas été mise en question en 1889.

énergie, aux efforts qu'il fait pour amender l'idée première et la rendre féconde dans l'application.

377. Que disent les adversaires des brevets, que dit le plus déterminé d'entre eux, Michel Chevalier, dans une lettre demeurée célèbre (16 nov. 1863 [1]? Le brevet est un monopole, un outrage à la liberté de l'industrie, et il affirme qu'en France spécialement son influence a été funeste. La protection qui en résulte pour l'inventeur est-elle donc nuisible au développement de l'industrie et de la prospérité publique? Sans hésiter, nous répondons que, au contraire, le système des brevets concilie de la manière la plus heureuse l'intérêt de l'inventeur et l'intérêt social. C'est bien entendu le principe seul qui est en cause; l'application peut être défectueuse et, assurément, de mauvaises lois sur les brevets peuvent faire beaucoup de mal. Mais l'esprit d'invention est excité par la perspective du droit d'exploitation exclusive : cela n'est pas douteux. Qui, en outre, mieux que l'inventeur, saurait propager l'usage de sa découverte, l'améliorer, persister dans les essais? — On se récrie à cause du monopole temporaire : pourtant, si on n'en faisait pas la promesse, beaucoup d'inventions ne parviendraient pas à la connaissance du public; or, le brevet vaut mieux encore que le *secret de fabrique* [2]. L'intérêt général est si bien que l'inventeur n'hésite pas à produire son invention, qu'il serait souhaitable de le protéger contre les tentatives d'usurpation dont il pourrait avoir à souffrir pendant la première période d'exploitation souvent si difficile à franchir [3]. — On donne à l'inventeur un privilège d'exploitation, soit; mais c'est un privilège démocratique; car, sans le brevet, l'inventeur serait à la discrétion du capitaliste. Si l'on craint que l'industrie ne se trouve privée pendant la durée du privilège d'un avantage essentiel, rien n'empêche, pour les

[1] Cf. MM. Picard et Olin, *Tr. des brevets.*

[2] V. en ce sens un article de Chauncey Smith (analysé dans la *Revue d'Écon polit.*, 1891. 1. 395). L'auteur qui est américain attribue aux brevets une bonne part des remarquables progrès de ses compatriotes en matière d'invention.

[3] La description des inventions pourrait être, sur la demande du déposant, tenue secrète pendant un certain délai; le breveté devrait avoir pendant quelque temps, un an par exemple, un droit de priorité pour les perfectionnements relatifs à son invention Cf. article 4 de l'*Union intern.* de 1883 et *Congrès de 1889*, p. 41 et suiv.

cas très-rares où il y aurait vraiment utilité publique, d'admettre le principe de l'expropriation[1]. C'est ce qu'a fait la loi allemande du 25 mai 1877; l'expropriation, moyennant indemnité, s'applique aux inventions utiles à la défense nationale ou aux intérêts économiques généraux du pays, lorsqu'ils pourraient se trouver en souffrance à cause de l'existence du monopole.

378. Il s'en faut de beaucoup d'ailleurs que le privilège de l'invention soit absolu : on peut le limiter de deux manières, soit par le système dit des *licences obligatoires Licenz-zwang)*, adopté par les lois allemande, belge et anglaise, soit par un système de *déchéances* pour défaut d'exploitation. Par *licences,* on entend la faculté d'exploiter cédée sans le brevet. D'après la loi française, les licences sont purement facultatives : consenties de gré à gré. Si les licences sont rendues obligatoires, en réalité le brevet n'empêche plus l'invention de tomber dans le domaine public, et on en revient, par une voie déguisée, à la chimère du domaine public payant. Il est vrai que la loi allemande n'a consacré les licences obligatoires que lorsque l'intérêt public l'exige ; la rémunération payée à l'inventeur est alors assez semblable à une indemnité d'expropriation pour cause d'utilité publique, et le système se borne à donner, en quelques cas très-exceptionnels, une pleine satisfaction aux besoins de la production industrielle, de la consommation ou de la défense nationale. Le système des déchéances a été admis par la loi française pour défaut d'exploitation dans les deux premières années, et par la loi allemande même pour insuffisante exploitation. C'est encore un moyen d'éviter l'abus des brevets; mais, ni en Angleterre, ni en Amérique, on n'a cru nécessaire d'y avoir recours ; ce qui montre bien qu'au fond le monopole accordé aux brevetés n'est pas nuisible au développement de la production, car il n'est pas de pays où il y ait plus d'activité industrielle.

S'il est utile de récompenser les inventeurs, il est désirable aussi de ne pas constituer trop légèrement des privilèges d'exploitation qui donneraient lieu à une multitude de procès, soit en nullité de brevets, soit en contrefaçon. La loi française ne

---

[1] V. en ce sens Pouillet, introduction au *Traité des brevets.* Cf. *Congrès de la propriété industr.* de 1878, p. 248, 287, 312 et 408, et de 1889, p. 34. Au dernier congrès de 1889, l'application de l'expropriation pour cause d'utilité publique n'a soulevé aucune discussion.

soumet la délivrance des brevets à aucun examen préalable
(art. 11). L'autorité administrative n'a pas à rechercher si l'invention est vraiment nouvelle et sérieuse; si la description en
est exacte et fidèle. Plusieurs legislations étrangères, notamment
celles des États-Unis, de l'Allemagne, de la Suède, soumettent,
au contraire, l'invention à un examen préalable avec publicité.
Sans doute, c'est un moyen préventif assez efficace contre la
multiplicité abusive des brevets, mais il y a quelque danger
pour les inventeurs à être mis dans la nécessité de livrer le
secret de leur invention : la priorité peut en être frauduleuse-
ment contestée. Si l'on supprime la publicité, on augmente la
responsabilité et le pouvoir exorbitant de l'autorité à qui l'on
remet le droit de statuer discrétionnairement. L'intervention
d'une autorité judiciaire spéciale n'est pas justifiée, et personne
ne propose d'accorder à ses décisions l'autorité de la chose jugée. Enfin, il est à craindre que le charlatanisme n'exploite
l'estampille de l'autorité publique et que l'on voie surgir, comme
on l'a très-bien dit, le *brevet réclame*[1]. C'est là un danger qui
compense et au delà pour les brevetés sérieux l'avantage legi-
time qu'ils pourraient trouver dans l'examen préalable de tirer
un meilleur prix des *licences*[2].

Enfin, une dernière raison est déterminante : grâce aux taxes
annuelles auxquelles les brevetés sont soumis en France, les
inventions illusoires et sans valeur commerciale disparaissent
d'elles-mêmes : dès la première année, le nombre en est réduit
de 50 p. 0/0[3]. Avec l'examen préalable, y a-t-il plus de demandes écartées? Aux États-Unis, on décline les deux tiers des
brevets demandés; en Allemagne, on rejette plus de la moitié
des demandes, mais de nombreuses plaintes s'élèvent contre le
fonctionnement de l'examen préalable[4]. Sans faire de l'examen

---

[1] Pouillet, *Congrès* de 1878, etc., p. 191. Cf. Léon Lyon-Caen, *Législ.
des brevets d'invention*, p. 195.

[2] Il paraît qu'aux Etats-Unis, la valeur annuelle des redevances payées à
titre de licences aux inventeurs par les fabricants est de 450 millions de dollars.

[3] V. tableau statistique (*Congrès* de 1878, p. 658). D'après ces données,
en 1874, 4,571 brevets avaient été délivrés; en 1875 il n'en subsistait que
2,771 et, en 1877, 1,239 seulement. L'élimination est rapide, trop rapide
même si, ce qui est probable, la lourdeur de la taxe, la nécessité de la
payer par annuités entières contribue à ce résultat.

[4] Le congrès international de 1889 s'est prononcé contre le système de
l'examen préalable, p. 27 et suiv.

préalable une condition de l'obtention du brevet, il pourrait être utile que le demandeur reçût de l'administration un avis officieux et secret, afin qu'il pût à son gré maintenir, modifier ou abandonner sa demande[1]. C'est le système qui a été adopté par la Suisse en 1888. En Angleterre, le *Patent office* créé par la loi de 1883, examine les demandes au point de vue des bonnes mœurs, de la régularité et de la précision des indications ou descriptions requises.

La taxe est, comme l'examen préalable, une mesure préventive contre la multiplication abusive des brevets; nul doute qu'en la fixant à un taux élevé, comme notre loi de 1844, on n'écarte des demandes relatives à des inventions peu sérieuses; mais, par contre, n'y a-t-il pas aussi à craindre qu'on n'éloigne les inventeurs pauvres? Au surplus, c'est pendant les premières années que l'exploitation d'un brevet est souvent peu productive, et c'est au contraire pendant la dernière période que le privilège devient largement rémunérateur; c'est ce qui a inspiré au législateur belge et allemand l'idée d'une taxe progressive; le principe en est excellent; notre législation devrait se l'approprier.

379. Privilège de reproduction au profit des auteurs et des artistes. — Droits qualifiés propriété littéraire et artistique. — Il peut paraître singulier de s'occuper des droits des auteurs et artistes à l'occasion de l'industrie manufacturière; cependant, un double motif nous y conduit : en fait, selon presque toutes les législations, la protection légale accordée aux auteurs et artistes consiste, comme celle des inventeurs, dans un privilège temporaire ayant pour objet la publication ou la reproduction exclusive de l'œuvre, et la conséquence indirecte de ce privilège est une restriction à la liberté du travail; en fait encore, il n'est pas toujours aisé de distinguer certains droits de propriété industrielle, notamment les droits sur les dessins ou modèles, de la propriété artistique, et en certains pays, ainsi en Allemagne, les mêmes lois (lois des 9 et 11 janvier 1876 , régissent les dessins industriels et le droit de reproduction pour les œuvres des arts figuratifs. En droit aussi, il n'y a pas matière à une véritable propriété au profit de l'artiste ou de l'auteur sur autre chose que

---

[1] V. *Congrès* de 1878, p. 218 et suiv. Cf. *Congrès* de 1889, p. 32.

le tableau, la statue, le manuscrit ou les exemplaires du livre ;
l'auteur en est propriétaire, peut les supprimer, les retirer de la
circulation ; mais la faculté exclusive de publication ou de reproduction, bien qu'elle soit qualifiée droit de propriété littéraire ou
artistique, n'est pas une propriété, c'est un privilège de création civile destiné à rémunérer le travail de l'auteur ou de l'artiste, en empêchant l'œuvre intellectuelle et artistique de tomber
immédiatement dans le domaine public. Toutefois, un grand
nombre de publicistes soutiennent la thèse contraire ; la propriété
littéraire serait une propriété identique aux autres propriétés[1] ;
elle a triomphé aux congrès de 1878[2], c'est d'elle que se sont
inspirés en France (1879, 1886, 1888), en Belgique (1878), en
Suisse (1880), les projets de loi sur la propriété artistique[3].

Les arguments de doctrine produits contre le droit de propriété des inventeurs (n° 375) peuvent être dirigés contre la propriété dont il est maintenant question. On dit bien qu'il y a une
part de création plus grande dans l'œuvre de l'esprit que dans
l'invention : l'auteur peut ne pas simplement revendiquer la
priorité d'une idée ingénieuse, il met un cachet de personnalité
sur son œuvre. Soit, il n'en est pas moins vrai qu'il a puisé ses

[1] V. notamment les publications de l'Association pour la défense de la
propriété littéraire, les brochures de Laboulaye, Jules Simon, Fréd. Passy,
etc. Ad. dans le même sens Pataille, *Ann. de la prop. industr. de 1886;*
Acollas, la *Propriété littéraire artistique,* 1886 ; Billard, du *Droit de perpétuité de la propriété littéraire,* 1883. Cf. Darras, du *Droit des auteurs et des
artistes dans les rapports internationaux,* in-8°, 1887, p. 1 à 140.

[2] *Congrès de la propriété littéraire* et *Congrès de la propriété artistique*
1878 (2 vol. in-8°). C'est à la suite du Congrès de 1878 que fut constituée l'*Association internationale* qui devait, après quelques années, donner
l'idée d'une convention diplomatique, d'une *Union internationale.*

[3] V. Lyon-Caen, la *Propriété artistique d'après les nouveaux projets
de lois,* br. 1881. Dans les travaux préparatoires de la loi belge de 1886
sur les droits d'auteur, le nom et l'idée de propriété littéraire ont été
écartés. On a considéré le droit d'auteur comme un *droit intellectuel*
non créé par la loi positive mais reconnu par elle. Cette idée d'un droit
de propriété intellectuelle, émise en France et en Belgique par deux
jurisconsultes (Gastambide et Picard), ne se distingue pas nettement de
celle de la propriété littéraire telle qu'elle est communément comprise, car
selon le rapporteur de la loi belge, M. Borchgrave, le droit exclusif reconnu
à l'auteur porterait « sur la pensée elle-même et non pas sur la réalisation
matérielle de la pensée. » C'est donc la conception même de l'esprit qui est
l'objet du droit. C'est ce qu'ont toujours soutenu les partisans de la propriété littéraire — V. note 1 de la page suivante.

inspirations dans la société où il vit : l'auteur dramatique , le romancier et le styliste ne font que refléter les sentiments, les opinions et le langage de leur temps ; quant au tableau et à la statue, sur quoi se fonderait la prétention de l'artiste de les soustraire à perpétuité à toute imitation ou reproduction? Est-il un seul peintre ou sculpteur dont l'éducation ne se soit faite grâce aux œuvres d'art qui sont tombées dans le domaine public? Aussi bien, plusieurs de ceux qui partent de l'idée d'une propriété littéraire ou artistique reconnaissent, ce qui est difficilement conciliable avec le principe, que la durée en doit être limitée [1].

En France, d'après la loi du 19 juillet 1793, les auteurs et artistes ont un droit viager, que la loi qualifia t inexactement de propriété; et, après leur décès, la protection legale n'était accordée que pendant 10 ans seulement à leurs héritiers [2]. Ce délai est aujourd'hui porté à 50 ans à partir du décès de l'auteur en France par la loi du 14 juillet 1866, et en Belgique par celle du 22 mars 1886 [3]. Une durée beaucoup plus longue que pour les brevets peut être admise sans les mêmes inconvénients, car la société ne souffre pas autant dans ses intérêts économiques du privilège des auteurs ou artistes que de celui des inventeurs. Il ne faut cependant pas que l'œuvre artistique ou littéraire reste indéfiniment en dehors du domaine public, car elle pourrait être confisquée par l'indifférence, l'étroitesse d'esprit ou les passions politiques et religieuses des héritiers. La société a un droit sur les chefs-d'œuvre; il ne faut pas qu'elle en soit privée par des calculs égoïstes. Le soin de la gloire des auteurs est d'accord avec son intérêt.

---

[1] A l'inverse, on a été parfois jusqu'à contester à l'auteur tout droit exclusif de publication ou de reproduction. C'était la thèse de Carey ; selon lui l'auteur ne crée ni les idées ni la forme. N'y a-t-il donc aucun travail d'adaptation ou même d'invention? L'esprit si ingénieux et si profond de Carey plaidait contre lui. — Dans les *Majorats littéraires*, Proudhon attaque aussi le principe de la vénalité des œuvres littéraires par le droit exclusif de reproduction, mais accorde que la société doit aux auteurs des subventions proportionnées à leurs besoins.

[2] V. l'*Histoire de la législation de la propriété littéraire et artistique* dans Darras, *op. cit.*, p. 167 à 302.

[3] V. sur la publication des œuvres posthumes et le décret du 1er germinal an XIII qui y est relatif, F. Worms, *Etude sur la propriété littéraire*, t. I, 1878.

Mais, plus évidemment encore que lorsqu'il s'agit d'inventions industrielles, le droit d'exploitation exclusif (publication, reproduction, représentation) [1], est le seul mode efficace de rémunération pour les auteurs et artistes. C'est cependant, en ce qui les concerne, qu'a été tout d'abord imaginée la combinaison du *domaine public payant* dont il a été question précédemment (n° 376); or, cette combinaison est encore bien plus inadmissible qu'en matière industrielle : n'y a-t-il pas une véritable impossibilité à trouver une commune mesure pour le mérite des œuvres littéraires et artistiques? Parmi les productions littéraires et scientifiques, combien ne donnent lieu qu'à des publications ingrates ou aventureuses que la librairie du domaine public payant déserterait toujours, ou qu'elle n'aborderait qu'au moment où l'auteur commencerait à en recueillir les fruits [2]. Depuis 1879, l'élaboration de lois [3], tant sur la propriété artistique que sur les modèles et les dessins industriels d'autre part (n° 373, note), s'est poursuivie sans succès aucun jusqu'en 1886. Alors eut lieu un fait considérable, la formation de l'union internationale de Berne pour la protection des œuvres littéraires et artistiques (9 septembre 1886). En approuvant cette convention, loi du 28 mars 1887 [4], le Parlement souscrivait l'obligation morale de reprendre dans son ensemble la question de la propriété littéraire et artistique. Le mouvement scientifique et le courant d'opinion d'où est sortie l'union de Berne avait en Belgique contribué à faire aboutir le projet de loi 1878 (loi de 1886, 22 mars). En France, le problème législatif fut abordé dans son ensemble : propriété littéraire, artistique, modèles et dessins. On reconnut l'impossibilité de distinguer les dessins ou modèles industriels des œuvres d'art soit d'après la destination, le mode de repro-

---

[1] V. la loi du 13-19 janv. 1791 pour les œuvres dramatiques et musicales.

[2] V. cependant à l'appui de ce système rapport du Comte Walewski au nom de la commission de 1860 et Hetzel (*J. des Débats,* 29 mars, 1er avril 1862).

[3] Projet de loi Bardoux sur la propriété artistique (1879); ce projet a dû être retiré à la suite du vote par le Sénat d'amendements qui en bouleversaient l'économie (Sénat, Annexes, rapports, 1883, p. 729 et 1884, p. 232. — Débats, 1884, *J. off.,* 28 juin; 2 juillet).

[4] V. sur la convention de Berne et le décret du 12 sept. 1887 la promulguant, la notice de M. Renault, *Ann. de Législation française,* 1888, p. 113 et suiv.

duction ou encore la valeur artistique. L'art existe dans l'industrie, à un degré qu'on ne peut doser. Comme en Allemagne (lois
de 1876), une même loi doit régir les œuvres d'art figuratifs
les modèles et dessins, les œuvres artistiques et les œuvres
littéraires. Tel est le but de propositions actuellement soumises
à la chambre des députés[1]. En voici les dispositions principales.
Le droit de l'auteur ou de l'artiste qualifié *propriété* consiste
dans le privilège de reproduction par quelque procédé, sous
quelque forme et pour quelque destination que ce soit ; en outre
pour les œuvres dramatiques et musicales, l'auteur a le droit
exclusif d'exécution ou de représentation ; pour les œuvres littéraires, le droit de traduction ; pour les œuvres musicales, celui
de transcription, d'adaptation, d'arrangement sur les motifs. La
durée de ce droit mobilier[2], cessible et transmissible[3], est fixé
comme par la loi de 1866 à 50 ans après la mort de l'auteur.
Pour les ouvrages anonymes, pour les ouvrages posthumes,
les 50 ans courent à dater de la première publication. Les
œuvres littéraires comprennent outre les écrits, les discours,
conférences, plaidoyers et cours, en général toutes les manifestations de la pensée. Les œuvres des arts du dessin comprennent les œuvres d'architecture, de sculpture, de peinture,
de cartes et figures de géographie, tous dessins et modèles,
industriels ou autres, quelle que soit la destination ou le mérite
de l'œuvre ; c'est, on le voit, une véritable codification de la
propriété littéraire et artistique. Il serait à souhaiter que la
législature ne s'achevât pas sans qu'elle fût convertie en loi.

---

[1] V. Chambre, session 1886, Annexes, p. 140 et 1795 et session 1888, Annexes, rapport de M. Philippon, p. 317 à 355.

[2] Constituant cependant un propre, sous quelque régime que les époux
soient mariés.

[3] La cession du droit de reproduction n'emporte pas par elle seule celle
du droit d'exécution ou de représentation.

CHAPITRE V.

INDUSTRIES DES TRANSPORTS.

———

380. Les industries des transports ont un caractère mixte : véritables industries de production quant aux marchandises (n° 248), elles constituent par rapport à la circulation des personnes des services facilitant les rapports sociaux, diminuant l'obstacle des distances pour les œuvres collectives intellectuelles ou économiques. Cela est surtout évident en ce siècle, où la locomotion à vapeur a produit une véritable révolution économique et sociale.

Rationnellement, l'industrie des transports ne devrait pas être tout d'abord étudiée dans ses résultats, car les résultats dépendent des moyens employés et du système suivi pour les voies de communication. Mais les travaux d'établissement et les questions relatives au mode d'exploitation sont des difficultés d'économie publique et financière qu'il serait prématuré de vouloir aborder ici, malgré l'influence que les solutions qui y sont données exercent sur l'économie générale de la société. La théorie des transports se trouve ainsi nécessairement scindée[1]. Seule, la partie la plus générale de cette théorie rentre dans le cadre de la production et de la consommation. De prime abord, il paraît y avoir plus d'affinités entre les transports et les échanges, car les déplacements de produits ne sont, le plus souvent, que la préparation ou la conséquence d'un échange. Au fond, cependant, la question des transports appartient à la production, parce que le déplacement des marchandises, du lieu où elles sont produites au lieu où elles doivent être employées, leur donne plus d'utilité ou plus de valeur, et que le coût du transport s'ajoute au prix de revient. La réduction de ces frais agit sur la production qu'elle stimule en diminuant les prix et

---

[1] V. sur les voies de communication et leur exploitation, ci-dessous, n°s 1137 et suiv.

sur la consommation qu'elle développe, grâce à l'abaissement de
la valeur normale. Par ces diverses raisons, l'étude des industries de transport ne peut être détachée de la théorie générale
de la production et de la consommation, et il sera d'ailleurs plus
simple, dans la matière des échanges, de considérer les transactions commerciales en elles-mêmes dégagées de la complication
des transports dont elles sont précédées ou suivies.

Les questions qu'il s'agit de résoudre sont les suivantes :
Quels sont les éléments des frais de transport? Quelles sont les
qualités à considérer dans les différents modes de locomotion et
les conclusions à en tirer par rapport à la circulation locale et à
la circulation générale? Enfin, quelles sont les conséquences
économiques et sociales des progrès accomplis dans les modes
de locomotion?

381. Éléments des frais de transport. — On doit distinguer
les frais et les prix de transport. Par rapport à ceux-ci, les
frais de transport constituent un minimum nécessaire, sinon les
transports auraient lieu à perte. Les prix peuvent au contraire
s'élever beaucoup au-dessus de ce que coûte le transport : ils
ont pour limite supérieure la plus-value donnée aux choses par
le déplacement; cette limite idéale ne saurait même être tout à
fait atteinte, sans quoi l'intérêt qu'il y aurait à effectuer un transport disparaîtrait. Les prix dépendent de la constitution des entreprises, de la concurrence qui peut exister entre elles, des
règles auxquelles l'autorité publique les soumet. Ce n'est pas le
lieu d'entrer dans l'analyse de ces questions fort complexes (V.
ci-dessous, nᵒˢ 1127 et suiv.; 1157 et suiv.). Il ne sera question
pour le moment que des frais de transport en tant qu'ils résultent
des conditions intrinsèques des différents modes de locomotion
ou des différentes voies de communication. Il est un élément
constant des frais de transport, à savoir la *traction,* c'est-à-dire
le prix de la dépense de force nécessitée pour le déplacement. La
traction est l'unique élément des frais de transport sur les voies
fournies gratuitement par la nature et spécialement sur l'Océan.
Il n'en est pas de même sur les voies de terre et même sur la
plupart des voies navigables intérieures, parce que les travaux
d'établissement de ces moyens de communication absorbent des
capitaux considérables. Si l'État assume les dépenses et ne
cherche pas à en faire payer l'intérêt par ceux qui font usage de

la voie, les frais de transport sont encore uniquement des frais de traction. Mais si, au contraire, l'usage n'en est pas gratuit, un second élément apparaît, à savoir le *péage*. On appelle ainsi une redevance calculée de manière à produire en totalité ou en partie l'intérêt des capitaux immobilisés pour l'établissement ou l'entretien de la voie.

Pour les transports maritimes, il n'y a guère d'autres dépenses que celles des travaux d'aménagement des ports. Quant à la navigation fluviale, elle a certainement besoin d'être facilitée par d'importants travaux de navigabilité, mais là encore l'homme n'est que l'auxiliaire de la nature. Au contraire, pour les voies canalisées et les voies de terre, des capitaux sont dépensés par milliards. Théoriquement, il existe donc sur toutes ces voies de communication indistinctement des droits de traction et des droits de péage. Mais l'État peut trouver expédient d'accorder la libre circulation.

On verra que c'est le droit commun pour les routes ordinaires[1]; qu'il existe des pratiques très-différentes, selon les pays pour les voies navigables intérieures, mais, qu'en ce qui concerne les chemins de fer, nul État n'a jugé, soit possible (à cause de l'étendue de la dépense), soit utile d'affranchir les transports d'un certain péage. La perception d'un péage ne se conçoit guère sans l'établissement d'un monopole public ou privé. L'entreprise de transport, même lorsqu'un péage existe, peut être indépendante du péage et rester dans le domaine de la libre concurrence. C'est un intérêt pratique considérable que présente la distinction du péage et de la traction.

382. L'étude des frais de traction est, à la différence de celle du péage, tout à fait indépendante du mode suivi pour la construction des voies de communication. Dans l'industrie des transports comme dans toutes les autres, on constate des rapports extrêmement variables entre la dépense de force et le résultat obtenu d'après les moyens employés. Transport à dos d'homme,

---

[1] Bien que, pour les entreprises de transport ou pour les particuliers, il n'y ait pas de péage à acquitter, l'opération accomplie par l'État reste évidemment soumise aux principes économiques, en ce sens qu'elle ne sera productive que si le mouvement commercial, résultant des travaux de viabilité, engendre une certaine plus-value. V. sur la productivité des travaux publics, ci-dessous n° 1127.

à dos de mulet, par chariot, par roulage[1], par voie ferrée : voilà la gradation quant à la puissance de l'effort sur les routes de terre. Batellerie avec halage par l'homme, puis par les chevaux, remorquage à la vapeur sur les fleuves et canaux, navigation à voile, puis à vapeur : telle est la gradation relativement aux voies navigables. Les moyens de transport ou de traction sont en rapport avec l'art de la viabilité. Le chariot suppose la construction de routes régulières ; le transport à dos d'homme et à dos de mulet a encore lieu dans les montagnes où les chemins sont à peine frayés, où il n'existe même que des sentiers. Un chariot à six chevaux transporte la charge de 20 bêtes de somme ou celle de 100 porteurs. Combien d'inégalités aussi dans la pratique des voies de terre suivant l'art de l'ingénieur et l'état de la voie où se fait la traction[2].

Ce que nous venons de dire s'applique principalement aux transports par voie de terre : là les efforts de traction sont en raison inverse du frottement et en raison directe du poids de la charge à transporter. Le volume de la charge dans les transports par terre n'influe qu'indirectement sur la résistance à vaincre ; il pourra cependant augmenter les frais de transport : on conçoit, en effet, qu'à poids égal, un prix supérieur soit demandé pour les marchandises encombrantes, surtout si la force motrice employée n'ayant qu'une faible puissance, la charge de *poids mort,* c'est-à-dire du matériel de transport, ne peut être beaucoup accrue. Aussi, même sur les chemins de fer, où cependant la puissance de la force motrice permet d'augmenter considérablement cette charge, perçoit-on une fois et demie le tarif des mar-

---

[1] Le transport par roulage accéléré revient au tiers à peine du transport par mulet et au vingtième environ du transport à dos d'homme (Proudhon, *Des réformes à opérer dans l'exploitation des chemins de fer*); Coste, *Nouvel exp. d'économie sociale*, 1889, p. 214.

[2] Sur un terrain non battu, le rapport du tirage à la charge totale est de 0,250 s'il est argileux et sec, de 0,165 s'il est siliceux et crayeux, de 0,040 si le terrain est battu et nivelé. Sur une chaussée empierrée et bien entretenue il n'est plus que 0,033 ; sur un chemin à ornières plates en fonte ou dalles très-dures 0,010, enfin sur les chemins de fer à ornières saillantes (essieux graissés) 0,005. En résumé, d'après l'état de préparation de la voie, il est possible de multiplier l'effet utile dans le rapport de 0,250 à 0,005, c'est-à dire de le rendre cinquante fois plus grand. Cf. Delaunay, *Mécanique*, cité par Courcelle-Seneuil, t. I, p. 88. Cf. Colson *Transports et tarifs*, 1890, p. 200.

chandises ordinaires sur celles qui, pesant moins de 200 kil. par mètre cube, sont considérées comme encombrantes.

Le volume de la charge qui n'est que secondaire dans les transports par voie de terre devient l'élément principal dans les transports par eau. Le volume est en effet la cause déterminante des efforts de traction, car la résistance est proportionnelle au déplacement du volume d'eau résultant de la largeur de la coque du navire[1].

383. Estimés ainsi qu'il vient d'être dit, d'après le poids de la charge ou le volume, les frais de transport varient en raison directe de la distance[2]. Cette règle n'est cependant pas absolue : 1° le fret maritime dépend de milles circonstances autres que de la distance; par exemple, les pays qui exportent en grande quantité des marchandises lourdes, comme la houillè, le coton ou le fer prennent un fret moindre que ceux qui n'ont d'autre chargement de sortie que de menus produits manufacturés, parce que ce chargement n'est le plus souvent qu'incomplet. C'est aussi bien en grande partie à cause du fret de sortie avantageux dont elle dispose, que la marine anglaise l'emporte sur celle des autres pays au point de vue de l'économie des

---

[1] Il résulte de ce qui vient d'être dit au texte que le poids du tonneau d'affrétement, selon l'usage ou la législation des différents pays, n'est pas uniforme pour toutes les marchandises. On tient compte du volume pour les marchandises légères ou encombrantes; le poids du tonneau d'affrétement est fixé à un poids moindre que celui qui correspond au volume d'eau déplacé : or, le poids d'un mètre cube d'eau est de 1,000 kilog.; pour ces marchandises beaucoup moins denses que l'eau, le fret sera réglé au cubage ou à un poids statutaire de 250, 400, 600, 800 kilog. — Logiquement, les marchandises plus denses que l'eau devraient payer à raison de leur volume seul; mais la charge d'un navire a un maximum qui ne saurait être dépassé sans danger; aussi, pour les marchandises lourdes, le tonneau d'affrétement est-il fixé à un maximum de 1,000 kilog. (en France, d'après le décret du 25 août 1861 qui, malgré son objet spécial ne fait que consacrer l'usage général) ou dans d'autres pays à un poids ordinairement très-peu différent. Ainsi en Angleterre 1,015 kil. 75, au Mexique 1,031, à Hambourg 988, au Brésil 793. Avec le tonneau d'affrétement, il faut se garder de confondre le tonneau de jauge qui est une mesure de capacité 1^m,44. Pour les ma chandises dont le fret, ainsi qu'il va être dit au texte, se détermine au cubage, on se sert dans quelques ports de la tonne de jauge au lieu de la tonne métrique.

[2] Aussi bien, l'unité est-elle une unité de poids et de distance à la fois sur les voies de terre, c'est la tonne kilométrique de 1,000 kilog. V. aussi pour l'emploi d'une autre unité le *Collier* ci-dessous, n° 1140.

transports ; 2° dans la locomotion à la vapeur, il est prouvé que la dépense de traction nécessitée par un trajet de 10 kilom. est proportionnellement plus forte que pour un trajet de 100 ou 200 kilom. Cela tient à la dépense de combustible préalable à la mise en marche du train ou du navire. Fît-on abstraction de ces inégalités dans l'établissement des tarifs, on ne saurait mettre en doute l'influence qu'elles exercent sur l'économie de l'exploitation ; 3° enfin, en supposant même que les frais de transport soient rigoureusement proportionnels à la distance, il se peut faire que les tarifs aient une base kilométrique décroissante à mesure que la distance augmente. C'est ce qu'on appelle *tarifs différentiels.* Une entreprise de transport y trouve l'avantage d'augmenter la circulation des produits en leur ouvrant des débouchés plus étendus; mais elle n'est pas seule intéressée à cette combinaison, et il y aura lieu, à l'occasion des tarifs des chemins de fer où elle est encore d'un très-fréquent usage, d'en déterminer les conséquences économiques générales (n°s 1176 et suiv.).

384. Qualités à considérer dans les modes de transport. — L'appréciation générale des qualités que présentent les divers modes de transport est utile d'abord pour se rendre compte des services qu'on peut attendre de chacun d'eux à un point de vue absolu, puis, en supposant possible l'option entre deux ou plusieurs modes différents, afin de déterminer rationnellement l'emploi de chacun. Ce second intérêt n'existe d'ailleurs pas toujours car il est bien évident que, notamment en ce qui concerne les transports maritimes, le choix n'étant pas possible la plupart du temps par suite de l'isolement des continents, l'importance de la navigation est l'expression de la nécessité plutôt que celle des qualités mêmes du transport. Au contraire, on conçoit l'existence d'une concurrence ou la possibilité d'une option, soit entre les voies de terre d'une part et la navigation par fleuves ou canaux d'autre part, soit encore entre les voies ferrées et les routes ordinaires. Les qualités générales à considérer dans les transports sont : 1° la célérité; 2° la régularité et la continuité du service; 3° la sécurité ; 4° le bon marché relatif.

385. Pour mesurer les avantages de la célérité, il convient de distinguer le service des voyageurs et celui des marchandises. Quant au premier surtout, il est vrai de dire que le temps est de l'argent; aussi les voies lentes, spécialement les canaux, sont à peu près inusitées pour les transports des personnes. La rapidité est aussi ce qui fait donner la préférence sur mer aux navires à vapeur qui mettent en moyenne trois fois moins de temps que les voiliers à faire une traversée. L'avantage n'est pas seulement une économie précieuse de temps, elle est aussi la suppression presque totale des dépenses de nourriture et d'hébergement qui augmentaient autrefois très-lourdement le coût des voyages. Voici, en effet, l'énorme progrès réalisé depuis deux siècles : madame de Sévigné mettait un mois environ pour traverser la France. Au temps où Turgot institua les messageries royales, le trajet de Paris à Marseille prenait encore treize jours; par la malle-poste il ne fallut plus que cinq jours. Aujourd'hui, le rapide franchit la même distance en quinze heures[1]!

La célérité est également une qualité importante quoiqu'elle ne soit pas aussi généralement décisive dans le transport des marchandises. La rapidité de la circulation favorise un mouvement de transactions plus actif. D'ailleurs, une marchandise qui voyage est un capital momentanément improductif; réduire la durée du transport, c'est rapprocher le moment où le producteur peut renouveler ses capitaux circulants en vue d'une nouvelle fabrication; c'est aussi rapprocher le moment de la consommation.

Bien que ces considérations s'appliquent à toutes les marchandises sans distinction, il est facile de comprendre qu'elles puissent être d'un poids inégal selon leur nature : s'agit-il de marchandises de haute valeur, l'avantage de diminuer la durée du chômage des capitaux a sans contredit plus d'importance. On conçoit qu'elle puisse compenser une certaine infériorité de tarifs qu'aurait un mode de transport moins rapide. S'agit-il de denrées que la longue durée du trajet risquerait d'altérer ou de réduire, la célérité est alors une condition plus nécessaire encore. C'est la locomotion à vapeur qui a rendu possible, à grande distance du lieu d'expédition, la consommation du poisson, du laitage, de la glace, des fruits et des fleurs... On sait aussi que

---

[1] La vitesse de marche du rapide de Marseille ne dépasse pas 60 kilom. à l'heure, sur la ligne de Calais elle est de plus de 76 kilom. Les trains de quelques lignes anglaises parcourent 86 kilom. à l'heure. Cf. de Foville, *La transformation des moyens de transport*, 1 in-8°, ch. I.

le transport par eau, lorsqu'il est prolongé, fait perdre de leur qualité à quelques produits agricoles, ce qui détermine encore l'option en faveur de la locomotion rapide par voie de terre.

Enfin, parmi les consommations, les unes ont une certaine régularité, sont prévues à l'avance ; d'autres, au contraire, donnent lieu à des transactions irrégulières. Il est certain que l'avantage de la célérité sera moindre pour les premières que pour celles-ci. Un chef d'usine saura, par exemple à l'avance, si ses hauts-fourneaux sont en pleine activité, à quelle époque il devra renouveler ses approvisionnements de houille ; il peut déterminer par approximation, les quantités dont il aura besoin ; aussi la voie lente des canaux convient-elle à des transports de ce genre[1]. L'expédition par voie rapide satisfait les demandes dont l'exécution doit être presque immédiate et que le producteur n'a pu ou su prévoir.

A la question de célérité se rattache évidemment celle de l'itinéraire ; puisque la durée du transport est proportionnelle à la distance, la voie la plus rapide, toutes choses égales d'ailleurs, doit être la plus directe. De là une nouvelle cause de préférence pour les voies de terre sur les canaux : presque toujours l'itinéraire des canaux oblige à un excès de parcours, parce qu'évidemment on a moins de latitude pour le tracé qu'en ce qui concerne les chemins de fer. On évalue en moyenne de 20 à 25 p. 100 l'allongement de parcours[2].

386. La continuité et la régularité du service donnent lieu aux mêmes observations que la célérité. Déterminantes relativement au transport des personnes, elles ont une importance variable dans les transports de produits. Sous ce nouveau rapport, les voies de terre l'emportent sur la navigation. Sur les rivières et sur les canaux, le service est interrompu de nuit, par les gelées, par les chômages administratifs dûs aux travaux d'amélioration ou d'entretien des voies navigables : le chômage d'hiver du canal Erié est de quatre à cinq mois ; et celui de nos canaux de la région du Nord, de huit à vingt-cinq jours. La durée des chô-

---

[1] Nous ne faisons pas entrer en ligne de compte les oscillations des cours ; si on les suppose considérables, la prévision d'une baisse pourrait faire ajourner l'approvisionnement, mais alors l'expédition serait peut-être urgente.

[2] V. Picard, *Traité des chemins de fer*, t. I, p. 245.

mages administratifs, fort inégale d'ailleurs, est actuellement en moyenne de 3 à 4 semaines[1]. C'est une cause d'entrave pour les transactions dont l'exécution est suspendue, et une immobilisation du matériel de transport très-préjudiciable aux bateliers. La navigation maritime, jusqu'à l'invention de la vapeur, avait à compter avec les vents contraires et les calmes plats; aujourd'hui, elle est affranchie de ses causes d'interruption.

387. La sécurité est une qualité essentielle en ce qui concerne la circulation des personnes et des marchandises précieuses. Elle n'est pas, comme on pourrait le penser, en raison inverse de la célérité et de la puissance des moyens de locomotion; aussi, le nombre des accidents sur les chemins de fer est proportionnellement beaucoup moindre que celui des accidents de voiture sur les routes ordinaires. En 10 ans, de 1846 à 1855, dans le service des messageries nationales et générales, on a compté 1 voyageur tué sur 355,000, et 1 blessé sur 30,000. La statistique de l'exploitation des chemins de fer pour 1888 donne 36 tués et blessés sur un mouvement de 228,6 millions de voyageurs à distance entière, soit 1 tué sur 6,350,000 et 1 blessé sur 1,524,000[2]. Les chances de mort pour les voyageurs sont donc aujourd'hui par chemin de fer près de 18 fois moindres et les chances de blessures 58 fois moindres que sur les anciennes diligences. Sur les statistiques antérieures des chemins de fer le progrès est très-marqué[3].

388. La dernière cause qui influe sur le choix des modes de transport, le bon marché relatif, exige quelques développe-

---

[1] Sur le canal de Briare et une portion du canal du Centre elle s'élève à 2 mois. V. *Album de Statistique graphique* (Min. des travaux publics), cart. XIII.

[2] *Bullet. du minist. des trav. publ.*, 1890, t. II, p. 626 et *Album de Statist. graphique*, 1889, cartogr. 2 et 3.

[3] De 1835 à 1875 on comptait 1 voyageur tué sur 5,178,000 voyageurs et 1 blessé sur 580,500. Ces statistiques comprennent non seulement les accidents dont l'exploitation avoue la responsabilité mais ceux qui sont causés par l'imprudence des voyageurs. Il faut dire qu'outre les voyageurs deux autres catégories de personnes sont victimes d'accidents : les agents des Cies, et les personnes qui traversent les voies ferrées. En 1888, 191 agents ont été tués et 474 blessés, dont du fait de l'exploitation 6 tués et 52 blessés. En outre, des accidents nombreux ont lieu à la traversée de la voie (passages à niveau) ou dans les gares : de ce chef il y a eu, en 1888, 152 tués et 85 blessés presque tous par imprudence ou par suite de causes accidentelles.

ments. Rappelons tout d'abord qu'en principe, les frais de transport n'étant pas établis *ad valorem,* mais d'après le poids de la charge ou le volume, les marchandises lourdes et encombrantes supportent relativement à la valeur plus de frais que les autres : aussi le mode le plus économique par tonne kilométrique doit-il être alors préféré ; c'est celui qui permet à ces marchandises le rayonnement le moins restreint. Quel est donc, par unité de poids ou de volume, le plus économique des moyens de transport? C'est assurément la navigation maritime. D'ailleurs le fret a pu être réduit souvent de moitié et même plus à cause des progrès de la navigation : progrès quant aux itinéraires, signalés précédemment (n° 143 , progrès aussi dûs à l'emploi de moteurs plus puissants (notamment de la machine Compound à triple expansion) et à la transformation de l'art de la construction navale.

Les vapeurs (malgré la dépense du combustible minéral et la perte de place que nécessite son installation)[1], transportent à meilleur compte que les voiliers, à cause de la rapidité continue de la marche (16 à 20 nœuds[2] à l'heure au lieu de 8 à 10 nœuds ou 12 et 14 avec[3] les *Clippers*). La construction navale a réalisé une autre économie, grâce à la substitution du fer au bois ; autrefois la longueur des navires ne dépassait pas 4 fois la largeur de la coque ; or, le port utile d'un navire est proportionnel à la longueur, puisque la force d'impulsion nécessaire dépend uniquement de la résistance de déplacement en largeur. Avec le bois on ne peut même aujourd'hui, sans compromettre la solidité, dépasser le rapport de 1 à 6 ; les vapeurs construits entièrement en fer ont en longueur jusqu'à 11 fois la largeur. On peut donner aux steamers un tonnage qui dépasse parfois 9,000 et 10,000 tonneaux[4]. Toutes ces causes ont contribué à réduire le prix des transports maritimes. Pour les marchandises, il y a de grandes inégalités, de singulières anomalies, mais Cézanne, évaluait il y

---

[1] Environ un tiers.

[2] L'un des grands paquebots construits pour le transport du bétail, le *Teutonic,* a une vitesse de 20 nœuds 18 cent.

[3] Un nœud équivaut à 1 mille marin de 1852 mètres.

[4] Le plus grand navire à voiles *la France* ne jauge que 6,100 tonnes. Dans certaines constructions navales, il entre 7,000 tonnes de fer, presque autant que dans la tour Eiffel. V. de Lapparent, le *Siècle de fer,* p. 110.

a vingt ans à 1 centime la tonne kilom.[1]. Entre New-York et le
Hàvre 5,800 kilom., les blés payent de 25 à 30 francs, soit 4
millimes par tonne kilom.[2] : le blé chargé à San-Francisco
arrive, à Liverpool, à raison de 3 millimes par tonne kilom.[3].
Pour les longs parcours, les transports maritimes sont incomparablement plus économiques que les autres modes de transport.

Au point de vue du bon marché, les voies navigables intérieures, quoiqu'elles ne viennent qu'après la navigation maritime, rachètent, au moins en certains cas, l'infériorité qu'elles
présentent à d'autres égards. La navigation fluviale, en supposant qu'elle soit dégrevée de tout droit de péage, donne lieu à
des frais de traction très-inégaux : assez faibles pour la descente
à la vapeur, beaucoup plus élevés à la remonte surtout sur les
cours d'eau qui, comme le Rhône, ont un courant très-rapide.
Entre Paris et Rouen le tarif est à la remonte de 18 millimes et
seulement du quart à la descente[4]. On peut dire aussi, si l'on
fait abstraction de la vitesse, que les canaux sont un mode de
transport plus économique que les routes de terre, car la traction
n'y est en moyenne que de 1 cent. et demi par tonne kilom.
(pour les longs parcours et à plein chargement), et pourrait des-
cendre au-dessous de ce niveau avec un matériel perfectionné.
La comparaison entre le rôle économique des chemins de fer et

---

[1] V. *J. off.*, 1875, p. 3610. Cf. *J. off.*, 3 mars 1881, Annexes, Sénat, p.
197; le tarif des frets de New-York à Liverpool; il est pour les *provisions*
de 31,25 par tonne.

[2] Entre San-Francisco et Liverpool la distance est de 25,000 kilom. et
le fret est de 75 francs par tonne. On voit, par cet exemple, combien les
transports maritimes sont de tous les plus économiques. On a calculé, en
effet, que le transport de la même quantité de blé, à la même distance,
coûterait sur une route ordinaire 6,250 fr., 1,250 fr. par chemins de fer
et 375 fr. par canaux! Cf. de Foville, *op. cit.*, p. 162.

[3] Cf. Jeans, *Suprématie de l'Angleterre*, p. 102.

[4] Le mode le plus simple de transport par eau est le flottage. Il est surtout usité pour le transport des bois. Le flottage à bûches perdues se fait
sur les cours d'eau qui, en amont, n'ont pas un tirant d'eau suffisant
pour le flottage en trains. Il a lieu par association entre propriétaires de
bois de la contrée qui marquent les bûches et les reconnaissent au point
d'arrivée; au moyen d'étangs ou de réservoirs établis à frais communs,
on retient le plus d'eau possible, puis on retire les retenues afin de créer
un courant artificiel qui entraîne le bois jusqu'au point où la navigation
sur radeaux devient possible. Ce procédé est surtout employé dans le
Morvan, sur la Haute-Yonne et le Rhin.

des canaux viendra plus tard (ci-dessous, n° 1142)[1], mais le bon marché relatif indique que le transport par les canaux est le mode le plus convenable pour les marchandises lourdes et encombrantes.

Enfin, quant aux prix des transports, la comparaison s'établit entre les routes de terre ordinaires et les voies ferrées. Bien qu'en ce qui concerne ces dernières, les tarifs renferment un péage, néanmoins, la tonne kilom. par chemin de fer coûte en moyenne 5,81 cent.[2], tandis que le prix moyen du roulage était d'au moins 25 cent. par tonne kilom. C'est une économie de près de 80 p. 0/0. Sur les voyages, en comparant les seuls frais de transport par les messageries (14 cent. par kilom. à la moyenne) de la taxe kilométrique (4,5 cent., impôt déduit et en tenant compte des billets à prix réduit[3], l'économie est de près de 75 p. 0/0.

389. Circulation locale et circulation générale. — Il semblerait, à s'en tenir à l'analyse doctrinale des qualités que présentent les divers modes de transport, que la circulation sur les routes ordinaires, qui est à la fois moins économique et plus lente que la locomotion à vapeur, est un mode arriéré, destiné à disparaître.

Dans un pays peuplé qui a besoin d'un réseau complet de voies de communication, les chemins de fer et les canaux ne peuvent remplacer la viabilité ordinaire. Ce sont en quelque sorte les grosses artères où circule le flot principal, mais la circulation locale se produit sur les routes et chemins qu'on pourrait comparer aux vaisseaux capillaires de l'organisme humain dont le réseau est si ténu et si serré. Dans l'ordre économique, la vie doit se propager de chaque lieu de production vers les débouchés d'abord rapprochés, puis plus étendus; aussi faut-il, du moins en général, créer des routes ordinaires avant d'ambitionner un système de canaux et de chemins de fer. Les seuls cas où il est nécessaire de construire des lignes de chemins de fer avant la constitution d'un système de routes de terre sont ceux où le chemin de fer est employé, soit comme moyen de

---

[1] Cf. de Foville, *op.*, *cit.*, p. 130 et Colson, *Transports et tarifs*, 1890, p. 209 et suiv.

[2] Non compris les frais dits accessoires et l'impôt.

[3] Il s'agit ici de la taxe moyenne avant la réforme des tarifs de 1892.

relier à travers une région stérile ou peu civilisée deux régions fertiles et peuplées (ainsi le Transsaharien projeté et plusieurs sections des transcontinentaux américains), soit comme moyen de pénétration politique et de consolidation d'annexions récentes (ainsi le Transcaspien reliant la Russie d'Europe à Samarkand). Mais dans un pays de vieille civilisation, peu étendu et très-peuplé, comme le Japon, où à défaut de routes beaucoup de transports se font encore à dos d'hommes, la création d'un réseau de chemins de fer n'eût pas été aussi promptement décidée sans l'ardeur d'imitation qu'a montré ce curieux pays pour toutes les œuvres de la civilisation européenne[1].

Si l'on veut avoir une idée de l'importance de la viabilité proprement dite en France, ce ne sont pas encore tant les routes départementales ou nationales qu'il convient de se représenter que les chemins ruraux qui relient les exploitations entre elles et les chemins vicinaux qui forment le trait d'union entre les cultures et les agglomérations d'habitants. Les lacunes de ce premier réseau ont pour conséquence le ralentissement de la circulation générale. Tout ce qui rapproche le consommateur et le producteur est un bien. Les progrès de la locomotion ont fait souvent appliquer, d'une manière trop exclusive, cette vérité aux grandes voies de transport. Les voies de circulation locale ont le même effet, et l'utilité en est d'autant plus appréciable qu'elles comportent des distances et par suite des frais moindres.

390. Les grandes voies de communication et la navigation sont faites pour écouler le trop plein de richesses qui ne peut trouver un emploi utile ou productif dans la consommation locale, pour stimuler la production et augmenter la masse des jouissances en atténuant l'obstacle des distances, enfin pour faire avoir les richesses que la production locale ne peut procurer.

Loin d'être étouffée par la locomotion à vapeur, la circulation sur les routes ordinaires semble avoir grandi avec elle : le mouvement commercial est sans doute moindre qu'autrefois sur les routes parallèles au tracé des chemins de fer, mais le transport des voyageurs ou des marchandises est devenu incomparablement plus actif sur les routes qui s'en éloignent ou dans les

---

[1] V. sur le Japon économique et financier, Bousquet, *Revue des Deux-Mondes*, mars 1876.

interstices du réseau des voies ferrées, parce qu'il s'opère entre
ces deux branches de la viabilité un continuel mouvement de
va-et-vient. Aussi, malgré sa cherté relative, le trafic sur les
routes a une importance considérable qui ne le cède, au point
de vue du tonnage, qu'aux transports par voie ferrée.

Par l'effet de la locomotion à vapeur, le mouvement commercial sur les routes prend une direction plus rationnelle et plus
profitable; dans les pays montagneux, où les communications
sont difficiles, on est frappé, aux jours de marché, même dans
les petites villes, de l'affluence des cultivateurs et du nombre de
voitures et de chevaux employés au service d'approvisionnement. Tout le matériel agricole des transports semble concentré
sur le lieu du marché : c'est que la petite ville est le seul débouché ouvert aux produits agricoles. Si un chemin de fer traverse
le pays, les choses changent d'aspect : le trop plein de la production agricole trouve plus au loin un débouché avantageux.
Les transports se font avec entente; le matériel roulant et les
chevaux sont employés d'une manière judicieuse; les pertes de
temps sont moins grandes.

De nation à nation ou de continent à continent, la navigation
maritime et les voies ferrées établissent une vaste circulation
qui est à la circulation intérieure ce que les canaux et les chemins de fer nationaux sont eux-mêmes aux routes et aux chemins, c'est-à-dire qu'ils présentent une utilité économique de
même ordre, moindre sous un rapport, infiniment supérieure
sous un autre. En principe, les distances à franchir augmentant
les frais dans une très-forte proportion, l'avantage du transport
disparaît relativement aux marchandises similaires au delà
d'une certaine zone, à moins que l'écart dans les frais de production ne soit assez considérable. En revanche, peuvent faire
l'objet de cette circulation internationale ou trans-océanienne
des produits qui ne sauraient être cultivés ou fabriqués au lieu de
destination, et, en ce cas, l'utilité du transport est indiscutable.

Au surplus, ce qu'il faut considérer, si l'on veut savoir à quoi
reconnaître les grandes voies du commerce du monde, c'est
plutôt la nature du trajet que les distinctions de nationalité; ainsi
le chemin de fer transcontinental de New-York à San-Francisco
appartient aux grandes voies du commerce bien qu'il ne traverse
pas les territoires de plusieurs souverainetés distinctes.

391. Conséquences économiques et sociales des progrès accomplis dans les industries de transport. — La rapidité des communications rapprochant les distances et le bon marché de la locomotion diminuant les prix de revient ne sont pas les seules grandes conséquences économiques des progrès accomplis dans les industries des transports. Il en faut signaler d'autres fort considérables aussi : — 1° les facilités des transports permettent de s'approvisionner au loin sur divers marchés producteurs, et réciproquement élargissent les débouchés de ces marchés. Il suit de là que la consommation est beaucoup moins exposée à manquer, surtout en ce qui concerne les produits agricoles ; aussi bien, depuis la transformation opérée dans l'industrie des transports, la crainte des famines est-elle devenue en temps normal absolument chimérique. Le déficit de la production nationale, par l'effet de mauvaises récoltes, est aisément comblé au moyen de larges importations dont l'arrivage est pour ainsi dire infaillible si l'on suppose maintenues entre les nations des relations pacifiques. Il suit de là aussi, quant au prix, que les mouvements de hausse et de baisse qui sont déréglés lorsque l'approvisionnement est irrégulier, sont contenus dans des limites étroites et qu'il y a tendance à ce que s'opère entre les prix des principaux marchés producteurs, un nivellement général (sous la différence bien entendu des prix de transport). Il suit de là, enfin, que la consommation pouvant être alimentée, non seulement par une production régionale, mais par une production lointaine, la grande industrie trouve un terrain favorable pour se développer. Au surplus, les conséquences qui viennent d'être indiquées supposent la circulation répandue dans de grandes artères, soit à l'intérieur d'un même territoire, soit entre plusieurs nations. L'influence des communications internationales, d'abord restreinte aux pays limitrophes, se propage de plus en plus au loin par delà l'Océan ; — 2° affranchies des distances, les diverses industries peuvent choisir l'emplacement qui leur convient le mieux naturellement ; ainsi, pour l'agriculture, on a pu constater déjà cette influence si heureuse du progrès de l'industrie des transports (n° 268). Le progrès agricole est favorisé par la facilité du transport des engrais et des amendements. Il en est de même pour les autres branches de la production qui se développent en se localisant, selon les aptitudes industrielles des populations et les ressources du sol, ou qui peuvent se procurer au loin les matières premières qu'elles transforment ; — 3° la multiplication des facilités de transport a sur la production et sur la consommation l'effet d'un stimulant, puisque producteurs et consommateurs ne sont plus séparés que par des obstacles moindres. D'une manière absolue, il serait impossible de dire lesquels des producteurs ou des consommateurs profitent davantage : cela dépend de la question fondamentale de savoir si la production suit du même pas la consommation, ou, si au contraire, elle reste en deçà ou la devance. Tantôt l'expansion de la consommation a été plus rapide que la production elle-même, auquel cas, malgré la réduction des prix de transport, une hausse s'est produite sur des marchandises de consommation usuelle. C'est bien ce qui a eu lieu relativement à certaines denrées alimentaires[1]. Tantôt, au contraire, l'accroissement de la consommation a été la conséquence de la baisse des prix devenue possible par le bon marché des transports. C'est le phénomène qu'on a observé pour la plupart des produits des industries métallurgiques et manufacturières[2].

392. Les conséquences sociales résultant de l'amélioration des moyens de consommation sont évidentes à tous les yeux ; mais, pour les envisager d'une manière complète, il ne suffirait pas de parler de la circulation des personnes et des marchandises, il y aurait lieu encore d'apprécier les jouissances et les services dont on est redevable aux communications postales et télégraphiques. La puissance de l'homme se trouve accrue d'une manière incalculable par la locomotion rapide et la transmission presque instantanée de la pensée. Les œuvres d'intérêt collectif, les grandes entreprises internationales, la coopération industrielle de tous les pays, tout cela est rendu possible grâce à la fréquence des relations, à la comparaison et à la pénétration respective des aptitudes et des idées. Les mœurs et les institutions elles-mêmes n'échappent pas à cette influence civilisatrice.

---

[1] Toutefois, en ce qui concerne ces denrées, le rayon d'approvisionnement des villes s'étant élargi, la tendance à la hausse, résultant des progrès de la consommation a été tempérée dans les villes, tandis que les prix s'élevaient dans toute l'étendue de la région agricole comprise dans le rayon d'approvisionnement. Par conséquent, il s'est opéré, comme il a été dit déjà, un nivellement plutôt qu'une hausse absolue des prix.

[2] Cf. de Foville, *op. cit.*, p. 125 et suiv.

SECTION V.

CHAPITRE I.

DISTINCTION DES DIVERSES ESPÈCES DE CONSOMMATIONS.

---

393. Les consommations sont la fin de toute activité économique, mais elles diffèrent entre elles, selon leurs effets, par leur nature et leurs conséquences. De toutes, on peut dire qu'elles affectent l'utilité des choses et leur valeur, mais, en outre, certaines supposent que les richesses passent à un état nouveau ou cessent d'exister comme richesses. Le nom de consommations objectives est donné aux consommations qui produisent des modifications matérielles (n⁰ˢ 208 et suiv.). Aux autres, qui ne se manifestent que par des attributions ou des suppressions d'utilité et de valeur, les qualités intrinsèques des choses restant les mêmes, on donne le nom de consommations subjectives.

394. Consommations subjectives. — Comment concevoir qu'un produit gagne ou perde en utilité sociale ou en valeur, ses qualités intrinsèques ne variant pas? Ce peut être l'effet du progrès industriel, ou l'effet d'un changement d'opinion soit raisonné soit capricieux. Ainsi un progrès de l'art industriel diminue ou supprime l'utilité sociale de l'outillage ancien : la filature mécanique a détrôné la quenouille et le rouet. Nos arsenaux sont remplis d'armes dont la puissance a été dépassée. En ce cas, les consommations subjectives sont un mal ou un bien, selon l'emploi que l'on fait de la nouvelle puissance acquise, mais il est certain qu'elles sont définitives : l'utilité ou la valeur supprimée ne doit pas normalement renaître, puisqu'il faudrait supposer pour cela un amoindrissement de puissance productive. Tantôt, au contraire, les consommations subjectives sont l'effet d'un état

déterminé de l'opinion ; et telle est, par exemple, l'influence de
la mode quant aux vêtements, aux parures. Rien alors de plus
fréquent qu'un revirement à la suite duquel l'utilité sociale et la
valeur attribuée aux produits se trouve relevée au niveau ancien
ou plus haut encore. Pour les produits artistiques (mobilier, tentures, objets d'art, faïences), on sait combien le courant de l'opinion est puissant. C'est lui qui fait la valeur ou la défait (V. ci-
dessous, nᵒˢ 199, 213, 214).

**395. Consommations objectives. Distinction des consomma-
tions industrielles (reproductives), personnelles (non reproductives) et destructives.** — Toutes les richesses qu'épargnent
les consommations subjectives sont vouées à des consommations
objectives. Leur utilité est employée au moyen d'un usage définitif qui, soit par un acte instantané, soit par l'action de la
durée, en modifie l'état matériel. On sait que la consommation
n'est jamais une destruction de la matière : les substances qui
composent les produits consommés passent à un état nouveau
mais ne sont pas anéanties (nᵒ 209). Seulement, on sait aussi
que les produits, par suite de la consommation, tantôt se transforment en d'autres produits, c'est-à-dire deviennent propres à
une utilité nouvelle, tantôt, au contraire, cessent d'exister comme
richesses, en sorte qu'il a été fait de l'utilité un emploi absolu.
Les consommations qui ont le premier résultat sont les consommations industrielles (nᵒ 211), qu'on appelle aussi reproductives, parce qu'elles ont pour effet d'engendrer une nouvelle
utilité. Les autres sont les consommations personnelles ou de
jouissance. Celles-là s'appliquent aux produits imparfaits ; celles-
ci aux produits achevés, lesquels, sous leur forme actuelle, sont
propres à la satisfaction directe des besoins de l'homme.

396. Le but définitif direct ou indirect de toute production est
la consommation personnelle, et cette consommation de jouissance ne peut être obtenue par la nature même des choses que
moyennant un emploi exclusif de l'utilité des richesses. Très-
fréquemment on nomme *improductives* les consommations personnelles : peut-être vaut-il mieux éviter cette expression qui
semble indiquer un blâme ; et de fait, le blâme est bien dans la
pensée des économistes de l'École rigoriste ; selon leur idéal, les
consommations personnelles doivent être restreintes au strict
nécessaire. Par opposition aux consommations industrielles, il

est bien vrai que les consommations personnelles ne sont pas directement reproductives : si avec mon revenu j'achète des denrées alimentaires ou un habillement, rien ne remplace la valeur ainsi dépensée. Mais cela veut-il dire qu'il y ait vraiment consommation improductive? Non, assurément, car il faut apprendre à voir à côté du résultat immédiat — une richesse consommée — le résultat indirect ou médiat, à savoir : l'entretien des forces productives humaines. Les dépenses relatives à l'instruction, à l'éducation des enfants sont aussi non directement reproductives, pourquoi donc ont-elles un cachet d'incontestable utilité? C'est qu'elles engendrent la puissance productive, la valeur de l'homme. Si, de même, au lieu de perdre une partie de son temps à des soins matériels, un savant se fait servir par un domestique, n'y aura-t-il pas là une application fort louable de la division du travail?

Enfin, il ne faut même pas considérer uniquement la puissance productive : les richesses qui en sont le fruit ne sont qu'un moyen : le but est la satisfaction des besoins humains, le bien-être et le développement des facultés, de l'intelligence, des jouissances artistiques ou littéraires. Ces consommations improductives que l'on méprise sont la fin de toute production. Veut-on savoir si l'usage qui est fait des richesses répond à leur destination normale, on ne doit pas s'en rapporter à la balance des comptes de la production et de la consommation de jouissance; ce qu'il faut mettre en regard, c'est la force productive employée et la puissance productive ou la satisfaction légitime acquises par l'intermédiaire des richesses. Ont-elles servi à des consommations de jouissance ou à des consommations industrielles, peu importe, si le compte se règle par une plus-value de puissance ou de bien-être au profit de l'homme! L'économiste risque de se tromper s'il voit un signe certain de force dans l'accumulation des richesses : c'est seulement un moyen de puissance. Une société qui ne viserait qu'à s'enrichir par la production, sans faire une large part aux besoins de l'homme, pourrait transmettre aux générations futures un capital considérable, mais elle aurait travaillé et épargné, à l'instar de la fourmi, sans aspiration vers un état meilleur; on peut même prédire qu'elle s'enrichirait moins vite que les sociétés qui font les sacrifices nécessaires pour augmenter la valeur des individus et aussi par conséquent, la puissance matérielle et intellectuelle de la société.

397. Parmi les consommations non industrielles, il y a des distinctions à faire : certaines supposent une jouissance, mais une jouissance qui, par exception à la règle générale, n'est pas nécessairement destructive d'utilité ; d'autres au contraire n'ont pas pour objet la satisfaction des besoins de l'homme, mais cependant suppriment les richesses, sont destructives d'utilité. Pour avoir la notion des premières, il convient de remarquer que même pour les jouissances qui impliquent un usage privatif d'utilité, il y a de grandes inégalités de durée entre les richesses ; les unes donnent lieu à des consommations instantanées ; d'autres comme les vêtements, les meubles permettent une jouissance prolongée. Il se peut qu'après la jouissance une chose vaille plus qu'avant ; tel est le cas de la plus-value de certains immeubles ; mais les causes de cette plus-value peuvent être très-diverses et l'analyse de cette question nous entraînerait trop loin. D'ailleurs, si en ce cas, il y a plus-value, il y a aussi entretien de la valeur au moyen de charges, de réparations qui sont comme la contrepartie de la jouissance.

Pour certaines richesses, les tableaux, les bijoux, les objets d'art, la conservation d'utilité et même la plus-value malgré la jouissance indéfinie se présentent d'une façon moins équivoque. La détérioration par l'usage pour certaines de ces choses est nulle, ainsi pour un diamant ; l'entretien n'impose aucune dépense. Comment comprendre le curieux phénomène de la perpétuité de la valeur des objets d'art, spécialement la plus-value ordinaire des tableaux de maître ? En ce cas, la jouissance du collectionneur n'est pas seule en cause, il y a le risque auquel s'expose le connaisseur dont le jugement devance celui du public sans savoir si son jugement sera jamais ratifié ; il y a aussi la rémunération pour les soins qui ont assuré la conservation de l'œuvre d'art. Si l'importance de ces services l'emporte sur la valeur de la jouissance privative pour le temps qu'elle a duré, il y aura une plus-value rationnelle.

Quant aux consommations non industrielles qui, par contre, ne procurent la satisfaction d'aucun besoin, mais opèrent un emploi exclusif d'utilité, on peut bien les nommer consommations improductives ou mieux encore *consommations destructives*. Elles proviennent d'actions destructives dues aux causes naturelles (influences atmosphériques, tremblements de terre, inondations, incendies), à raison desquelles les produits de l'industrie humaine n'ont qu'une duree limitée. Malheureusement, la nature n'est pas le seul agent destructeur : les dégradations sont souvent le fait de la maladresse ou des mauvaises passions ; trop souvent même la destruction est organisée, systematique, et elle ne s'arrête pas aux choses, telle est la guerre. A l'ensemble de ces consommations, véritablement improductives, on pourrait donner le nom de consommations destructives.

398. La consommation des richesses est à la fois une doctrine economique et une doctrine morale. C'est une doctrine économique, car, entre les consommations industrielles et les consommations personnelles, il existe des relations qui sont susceptibles d'une détermination scientifique. C'est une doctrine morale, parce que chacun pouvant faire de ses revenus un usage bon ou mauvais, les préceptes formulés en vue de diriger cet usage ont une valeur éthique. Les consommations personnelles relèvent du jugement de la conscience. La détermination du mode d'usage des richesses, au point de vue moral, est la question du luxe dans l'économie privée et dans l'économie publique.

sance productive et l'absence de profit à épargner assignent un temps d'arrêt aux consommations reproductives. A un nouvel essor de l'art industriel peut correspondre une augmentation dans la masse des capitaux de production, l'épargne étant encouragée par la recherche des capitaux et par la hausse de l'intérêt qui en est la conséquence. La décadence de l'art industriel amène un résultat contraire.

402. Relation entre les consommations industrielles et les consommations personnelles. — Sur l'ensemble des revenus libres, la quote-part des consommations industrielles est en raison directe de la puissance de la production, ajoutons de la confiance qu'inspirent aux capitaux les placements qui s'offrent à eux; celle des consommations personnelles décroît donc au fur et à mesure des progrès de la société : ainsi, dans une civilisation peu avancée, les consommations industrielles seraient peut-être de 10 p. 0/0 et les consommations de jouissance de 90 p. 0/0. La proportion pourrait être différente chez une nation qui aurait une très-grande puissance productive. A première vue, cela semble un paradoxe. Rien, en effet, ne serait plus inexact si l'on entendait ce qui précède en ce sens que les progrès de la civilisation ont pour conséquence de diminuer les satisfactions. Aussi bien ne parlons-nous que de quote-part, de proportion, ce qui ne préjuge rien relativement aux quantités ; — or, la somme de bien-être dépend exclusivement des quantités. Prenons un exemple : 1° la production totale est de 40 millions : donnons 90 p. 0/0 aux consommations de jouissance, soit 36 millions; 2° la production totale est de 500 millions, les consommations de jouissance sont de 50 p. 0/0 seulement, soit 250 millions. Si la population est la même dans les deux hypothèses, il est bien évident qu'il y aura plus de bien-être dans le second état économique que dans le premier. En fait, dans les pays les plus avancés en civilisation, la quote-part des consommations de jouissance est encore de beaucoup la plus forte : la part affectée à l'accroissement du capital ne dépasse guère 1/10ᵉ des revenus libres annuels. En France, on évalue l'épargne annuelle à 2 milliards environ.

403. Antérieurement on a étudié l'influence respective des consommations sur la valeur et de la valeur sur les consomma-

CHAPITRE II.

DOCTRINE ÉCONOMIQUE DE LA CONSOMMATION. RAPPORTS
ENTRE LES CONSOMMATIONS INDUSTRIELLES ET LES CONSOMMATIONS
PERSONNELLES. CONSOMMATIONS ET REVENUS.

---

399. Mesure normale des consommations personnelles. —
Pour qu'une société se maintienne à un certain degré de richesse, la mesure normale des consommations de jouissance ou
non reproductives ne doit pas être dépassée. Si la satisfaction
immédiate des besoins était la seule préoccupation, le fonds
d'approvisionnement et la masse des produits achevés s'accroîtraient sans doute pour un moment, mais la puissance productive
serait sacrifiée. En effet, les revenus libres[1] recherchant les consommations de jouissance, le renouvellement des capitaux de
production ne se ferait pas. Au lieu d'augmenter les capitaux
fixes, d'améliorer l'outillage, on poursuivrait le travail industriel
à l'aide de moyens limités, aussi serait-il moins productif. Par
suite, la part des capitaux circulants consacrée aux salaires étant
amoindrie, le cercle des consommateurs se rétrécirait : on aurait
une production de jouissance au profit d'un petit nombre de
privilégiés; la masse des travailleurs vivrait misérablement.

Les consommations de jouissance ont donc, dans un état de
richesse déterminé, une limite normale. Il est aisé de la définir
ainsi : les consommations de jouissance ne doivent pas absorber
la partie des revenus libres nécessaire au renouvellement des
capitaux fixes et à l'entretien des capitaux circulants. A cette
condition, une société peut demeurer à l'état stationnaire. On
voit qu'il s'agit d'une fixation essentiellement relative, variable
selon la masse des capitaux accumulés et le degré de puissance
industrielle.

---

[1] On entend ici par cette expression la partie des revenus qui n'est pas
absorbée par les dépenses irréductibles de l'existence.

400. Limite normale des consommations industrielles. —
En sens inverse, il existe non moins certainement un maximum
pour les consommations reproductives. Une société ne trouve
pas nécessairement avantage à l'accroissement indéfini des capitaux de production. Cet accroissement est d'ailleurs naturellement
circonscrit par l'état de l'art industriel. En supposant qu'il soit
peu développé, il n'est pas possible de trouver à volonté un emploi à tous les capitaux de production : par exemple, si la culture
extensive est seule pratiquée, à quel résultat pourrait aboutir la
multiplication des capitaux agricoles? Imagine-t-on que, par
exagération de l'esprit d'épargne, les possesseurs de revenus
libres en convertissent une trop forte part (eu égard au peu d'a-
vancement de l'industrie), en capitaux de production, l'élan qui
serait donné aux entreprises ne pourrait avoir qu'une courte
durée. Ce qui soutient la production, ce sont les besoins; du
moment où les besoins seraient impitoyablement refoulés, un
surplus de production n'aurait plus de raison d'être : on travaillerait et, par suite, on produirait moins (n° 186).

401. L'hypothèse de la formation indéfinie de capitaux sans
proportion avec les besoins de l'industrie est d'ailleurs toute
fictive : au delà d'une mesure déterminée, l'esprit d'épargne
doit infailliblement s'affaiblir. Le possesseur de revenus libres
épargne au lieu de satisfaire ses désirs, mais à la condition qu'il
y trouve un profit, c'est-à-dire pourvu que la rémunération du
capital — l'intérêt — soit à un taux suffisamment élevé. Or,
quand l'offre des capitaux augmente, l'intérêt s'abaisse. Dans
notre hypothèse, il y a une formation de capitaux par le fait
d'une épargne que le développement de l'industrie ne motive
pas; aussi l'intérêt aurait-il tendance à tomber à zéro. Cela
dit, lorsqu'il sera devenu trop faible (ce qui ne saurait être deter-
miné *à priori,* mais d'après la force variable des habitudes d'é-
pargne), les capitalistes préféreront les consommations de jouissance aux emplois industriels[1]. Ainsi, l'imperfection de la puis-

---

[1] En deçà de cette limite on a pu dire que la baisse de l'intérêt était
un stimulant à l'épargne : en effet, si le but poursuivi par celui qui épargne est de se constituer un revenu suffisant pour lui permettre de vivre,
il est évident que lorsque l'intérêt est réduit de moitié, par exemple de 5 à
2 1 2 p. 0 0, le capital épargné nécessaire pour fournir ce revenu devra
être deux fois plus considérable (V. Gide, *Principes,* 2e éd., p. 432).

sance productive et l'absence de profit à épargner assignent un temps d'arrêt aux consommations reproductives. A un nouvel essor de l'art industriel peut correspondre une augmentation dans la masse des capitaux de production, l'épargne étant encouragée par la recherche des capitaux et par la hausse de l'intérêt qui en est la conséquence. La décadence de l'art industriel amène un résultat contraire.

402. Relation entre les consommations industrielles et les consommations personnelles. — Sur l'ensemble des revenus libres, la quote-part des consommations industrielles est en raison directe de la puissance de la production, ajoutons de la confiance qu'inspirent aux capitaux les placements qui s'offrent à eux ; celle des consommations personnelles décroît donc au fur et à mesure des progrès de la société : ainsi, dans une civilisation peu avancée, les consommations industrielles seraient peut-être de 10 p. 0/0 et les consommations de jouissance de 90 p. 0 0. La proportion pourrait être différente chez une nation qui aurait une très-grande puissance productive. A première vue, cela semble un paradoxe. Rien, en effet, ne serait plus inexact si l'on entendait ce qui précède en ce sens que les progrès de la civilisation ont pour conséquence de diminuer les satisfactions. Aussi bien ne parlons-nous que de quote-part, de proportion, ce qui ne préjuge rien relativement aux quantités ; — or, la somme de bien-être dépend exclusivement des quantités. Prenons un exemple : 1° la production totale est de 40 millions : donnons 90 p. 0/0 aux consommations de jouissance, soit 36 millions ; 2° la production totale est de 500 millions, les consommations de jouissance sont de 50 p. 0/0 seulement, soit 250 millions. Si la population est la même dans les deux hypothèses, il est bien évident qu'il y aura plus de bien-être dans le second état économique que dans le premier. En fait, dans les pays les plus avancés en civilisation, la quote-part des consommations de jouissance est encore de beaucoup la plus forte : la part affectée à l'accroissement du capital ne dépasse guère 1/10° des revenus libres annuels. En France, on évalue l'épargne annuelle à 2 milliards environ.

403. Antérieurement on a étudié l'influence respective des consommations sur la valeur et de la valeur sur les consommations (n° 213 et 214). On sait aussi que la direction donnée à la production par les consommations (n° 212 dépend de la distribution des revenus (n° 216). Il convient de revenir sur ces diverses propositions qui ont été établies d'une manière abstraite pour les préciser au moyen des notions acquises par l'étude de la production.

404. Action variable de la consommation sur la valeur des différents produits. — La consommation déplace la valeur suivant les courants qu'elle suit, mais l'action qu'elle exerce, en attribuant ou en retirant de la valeur aux choses, est variable dans son intensité et dans sa durée suivant les produits. S'il s'agit de choses dont la production peut être efficacement stimulée de façon à suivre de près l'expansion de la consommation, celle-ci ne détermine qu'une hausse passagère des produits; il en est ainsi de la plupart des produits manufacturés avec les facilités d'approvisionnement en matières premières dont dispose l'industrie moderne. Mais s'il s'agit de choses par rapport auxquelles la puissance productive est, en l'état, moins développée, comme par exemple, ce qui a eu lieu relativement à certains produits agricoles, une subite expansion de la consommation sera suivie d'une hausse assez prolongée dans les prix; c'est ce qu'on a pu observer, sinon pour les céréales, du moins pour d'autres produits alimentaires, ainsi pour la viande, les produits des cultures spéciales et les boissons alcooliques. On verra plus tard si le relèvement des prix a, par réaction, déterminé une contraction de la consommation (n°ˢ 447 et 448).

405. Action variable de la valeur sur la consommation des différents produits. — Influence de la distribution des revenus sur les consommations personnelles. — D'une manière abstraite on peut dire que l'obstacle de la valeur ne refrène pas la consommation de tous les produits de la même manière. Une augmentation de valeur sur un produit de grande nécessité n'a pas, en règle ordinaire, la même influence restrictive que sur un produit que l'on peut considérer comme superflu. A cet égard, il faut s'en tenir à l'énoncé général de la proposition qui est incontestable; car d'une part il existe, quant au degré d'utilité respective des produits, des gradations en nombre presque infini, puis, d'autre part, l'obstacle à la consommation résultant de la valeur en échange ne peut être déterminé approximativement qu'autant qu'on envisage l'état relatif des revenus.

L'influence de la répartition des fortunes sur les consommations a été incidemment indiquée (n° 216, mais ce sujet est généralement trop négligé, et il importe d'y porter son attention. Les possesseurs de petits revenus sont demandeurs d'objets de consommation usuelle, de produits communs dans une mesure d'autant plus large, que le prix de ces objets ou produits s'abaisse par l'effet du progrès industriel. On peut dire que s'il n'existait que de petits revenus, ou, ce qui revient au même, si les conditions étaient nivelées, les besoins de la consommation se limiteraient aux choses les plus indispensables. L'épargne ne serait possible qu'à la condition que le revenu moyen vînt à dépasser le niveau des consommations nécessaires à la vie.

Dans un tel état, l'industrie concentrerait toutes ses forces sur la production des denrées alimentaires et des produits communs. Au contraire, les possesseurs de gros revenus apportent dans leurs demandes une plus grande diversité : ils n'ont, en ce qui concerne les produits alimentaires ou manufacturés usuels, quel que soit leur train de vie, que des besoins limités. Celui qui a un million de revenus, si nombreuse soit sa domesticité, si grand soit son luxe de table, ne fait pas évidemment une consommation de céréales ou de farineux égale à celle de mille individus dont le revenu serait de 1,000 francs chacun. Et si l'on suppose toute une aristocratie de fortune et à côté d'elle une population pauvre, il ne sera pas douteux que les consommations personnelles de la classe aristocratique susciteront les productions de luxe, tandis que l'insuffisance des revenus de la masse de la population constituera un obstacle au développement de la consommation des produits communs de l'industrie, si bien que, malgré les progrès de la production et l'avilissement des prix, les moyens d'acquisition feront en grande partie défaut au plus grand nombre.

CHAPITRE III.

DOCTRINE MORALE DE LA CONSOMMATION. LUXE AU POINT DE VUE DE
L'ÉCONOMIE PRIVÉE ET DE L'ÉCONOMIE NATIONALE. LIBERTÉ
DES CONSOMMATIONS. ABSENTEISME. CONSOMMATIONS DESTRUCTIVES.

§ I.

Du luxe dans l'économie privée.

406. Théorie du luxe. — L'usage de la richesse appartient
à la morale pratique. Entre les deux extrêmes, l'avarice et la
prodigalité ou la dissipation, on peut observer une gradation
insensible qui va de l'économie au luxe. La langue n'a pas de
termes pour les notes intermédiaires dans cette sorte de gamme.
Il y a une économie qui confine à l'avarice, une économie sagement prévoyante qui se concilie avec le bien-être. Le luxe suppose une certaine largesse dans l'usage des richesses; c'est plus
que le bien-être : il n'y a pas de luxe sans quelque raffinement
dans les désirs, sans que l'idée de superfluité soit éveillée, mais
le luxe se présente sous maints aspects, les uns légitimes, les
autres condamnables ; de sorte que pour préciser on est obligé
de parler de bon ou de mauvais luxe, de haut luxe, de luxe
aristocratique ou de luxe vulgaire, démocratique[1]. Les dissenti-
ments des moralistes et des économistes sur l'usage des richesses tiennent-ils en partie à cette elasticité des mots? Cela peut
être et cela est; mais c'est aussi l'effet de tendances opposées
sur l'idéal moral et l'idéal économique. Les stoïciens et les représentants modernes de la doctrine rigoriste accusent la civilisation de développer les goûts de sensualité et de jouissance
personnelle : d'après eux, les abus du luxe feraient obstacle au
développement moral. D'autre part, au nom de l'utile, des écono-

[1] Les progrès des industries d'art ont démocratisé le luxe, l'ont fait
pénétrer jusque dans les articles communs de large consommation.

mistes imbus de la même doctrine du renoncement proscrivent les consommations non reproductives qui, selon le milieu social où elles sont faites, peuvent être regardées comme consommations de luxe. Toute la partie des revenus libres qui ne serait pas nécessaire à la satisfaction de l'un des besoins absolus de l'existence devrait être épargnée ; c'est en épargnant et non en consommant que les membres de la société contribueraient à l'accroissement de la richesse sociale!

407. D'autres moralistes estiment que la modération dans les jouissances doit être le fruit de l'éducation morale et intellectuelle, de la conscience du devoir envers soi-même et envers ses semblables, ce qui diffère essentiellement de la vertu négative du renoncement, laquelle supprime le principal mobile vivace de l'industrie, l'intérêt personnel. Éclairé par la conscience et par la raison, l'intérêt personnel fait vouloir à l'individu ce qui lui est bon et ce qui est utile à la société. L'économie politique doit s'inspirer de cette doctrine moins austère, mais plus véritablement humaine ; elle ne doit donc pas rejeter ces consommations de jouissance si nombreuses dans nos sociétés civilisées et desquelles résulte, au point de vue matériel, le bien-être et même ce degré de plus que le mot anglais *comfort* exprime si parfaitement, ni enfin, au point de vue intellectuel et artistique, les jouissances que procurent le goût des lettres et des sciences et la contemplation des belles œuvres.

408. Dira-t-on que les valeurs dépensées à se procurer ces satisfactions plus amples auraient pu être employées à augmenter le fonds des subsistances et à accroître l'ensemble des choses nécessaires à la masse de la population? C'est à ce point de vue que se placent les economistes qui appellent improductives les dépenses personnelles. De Laveleye porte contre le luxe une condamnation rigoureuse, parce que, d'après lui, une consommation de luxe est celle qui absorbe le produit de beaucoup de travail sans apporter à celui qui la fait une jouissance rationnelle [1]. Laissons pour un moment la jouissance rationnelle. Absorber le produit de beaucoup de travail, est-ce un grief? Sans doute on ne peut nier que le travail, dans l'industrie de luxe, ne soit rémunéré aussi bien qne dans toute industrie ; donc si l'on

---

[1] De Laveleye, *Rev. des Deux-Mondes*, 1er nov. 1880, p. 97.

consomme le produit de beaucoup de travail le prix payé est en proportion. Aussi bien J.-B. Say a-t-il défini le luxe l'usage des choses chères[1]. Mais, dit-on, une épargne intelligente eût mis à la disposition de l'industrie la valeur dépensée, et, avec cette valeur, des produits de large consommation eussent été obtenus. Cela est vrai, mais les produits usuels, aussi bien que les produits de luxe, sont destinés aux consommations personnelles, et le mal ne peut consister dans l'acte même de la consommation; s'il y en a un, il serait dans le choix que fait celui qui commande le travail. Que la consommation encourage la production de luxe ou la consommation usuelle, il y aura réversion des valeurs dépensées vers les producteurs dans un cas comme dans l'autre : le choix du possesseur des revenus influe d'une manière principale sur la direction de la production, et d'une manière indirecte seulement sur son développement. En principe, il y a déplacement des richesses, et non diminution dans un cas et accroissement dans l'autre. Nous ne parlons pas, bien entendu, des consommations inintelligentes, destructives; elles ne se rapportent pas au luxe. Nous parlons des consommations de jouissance qui répondent au superflu et procurent la possession d'un objet d'une certaine durée. Si j'achète un bronze pour orner ma cheminée, je fais vivre les ouvriers de l'industrie du bronze; si, avec la même valeur, j'achète une action dans un tissage de drap, je fais l'avance du capital au moyen duquel les dépenses de la fabrication, et en particulier celles de la main-d'œuvre des ouvriers de la manufacture, seront payées et remboursées définitivement par les acheteurs des tissus de drap. Ceux-ci font une consommation personnelle aussi bien que l'acheteur du bronze. S'il y a une différence, elle est en ceci : la perspective des satisfactions de luxe agit comme un stimulant sur ceux qui produisent : ils cherchent à accroître leurs revenus pour accroître leurs jouissances; et, en agissant ainsi, ils fournissent plus de travail[2]. Qui ne voit donc que le luxe en stimulant les besoins des possesseurs de revenus, en les multipliant, n'augmente l'appel

[1] Cette notion a un fond de vérité, toutefois c'est parce qu'elle nous semble trop étroite que nous ne l'avons pas produite d'abord. V. la note précédente sur la démocratisation du luxe.

[2] Cournot, *Rev. des Doctrines écon.*, p. 219.

fait au travail et par conséquent n'est la source de salaires plus abondants?

409. La question revient donc à savoir s'il est plus utile à la société qu'il n'existe qu'une production exclusive d'articles communs, ou si, au contraire, une production de qualité supérieure ou d'objets de goût, n'est pas à côté de la fabrication usuelle une condition nécessaire au progrès de l'industrie. Qu'on écoute Thiers sur ce point : « Si l'on veut, dit-il, le progrès, il faut trois termes : le produit inférieur, le produit moyen et le produit supérieur. Veut-on du bon marché? Il est indispensable que les trois termes se combinent pour que le bon marché résulte de la réversion des frais du premier sur le second, et du second sur le troisième. » « Généralement, on commence à produire mal, ensuite médiocrement pour finir par produire bien, très-bien, puis encore mieux. » L'illustre auteur fait application de cette loi à l'agriculture, puis, passant à l'industrie manufacturière, il poursuit ainsi : « Il y a cinquante ans, lorsqu'on introduisit la filature de coton en France, on fabriqua d'abord mal et chèrement, puis un peu moins mal et moins chèrement, enfin très-bien et à bon marché. On continua en filant plus finement le fin, le moyen et le gros, et en les donnant chaque jour à meilleur marché, grâce à la réversion de frais qui s'opère les uns sur les autres... » Grâce surtout, hâtons-nous de le dire, à l'éducation industrielle qui se perfectionne en ne se restreignant pas aux articles communs. L'uniformité, ce serait l'état stationnaire dans la production, car « l'industrie en progrès, conclut Thiers, est comme une colonne en marche, elle a toujours une tête, un centre, une queue [1]. »

Vouloir limiter les consommations personnelles au strict nécessaire, c'est vouloir la médiocrité industrielle, le découronnement de la civilisation, le sacrifice des plus légitimes ou des plus nobles jouissances.

410. A. Histoire du luxe; son éducation progressive. — N'y a-t-il pas lieu de craindre que le désir des jouissances dégénère en sensualité, en corruption? Les abus du luxe doivent-ils aller en s'accentuant sans cesse davantage? On parle des excès de la civilisation, des vices et des scandales des grandes villes.

---

[1] Thiers, *De la Propriété*, p. 75 à 78.

Il faut savoir gré à Roscher, et surtout à Baudrillart, dans ses remarquables études morales et historiques sur le luxe[1], d'avoir prouvé qu'au lieu de se pervertir, l'instinct du luxe se redresse et s'épure par l'effet de la civilisation. Pour bien juger, on doit se garder d'imputer à notre état social les vices ou les travers de certaines classes de personnes. Les sociétés barbares ont-elles donc sagement usé des richesses? Tacite nous montre les Germains adonnés à l'ivrognerie et au jeu. Au Moyen-âge, il n'est question que de festins, occasions de grossières débauches, du faste des seigneurs entretenant une domesticité inutile, de la recherche dans la parure et dans le vêtement; alors des armes richement ciselées, des coupes d'or et d'argent contrastent avec l'absence des choses qui nous semblent aujourd'hui les plus indispensables au bien-être. Le luxe des époques primitives, celui qui coudoie la misère et consiste dans les jouissances les plus basses, est le pire de tous. On dit que les raffinements de la civilisation amollissent les peuples. « Pourquoi donc, dit fort justement Baudrillart, les nations les plus véritablement civilisées sont-elles aussi en somme aujourd'hui les plus énergiques, les plus capables de suite et de constance dans la volonté?... » Au contraire, la rapide corruption des peuples barbares après la conquête de l'Occident s'explique par la facilité avec laquelle ils succombèrent aux tentations du mauvais luxe. Avec la civilisation, le luxe se rapproche de l'utile : le superflu répond parfois à des instincts plus élevés. Le luxe des époques primitives est limité à la classe privilégiée; le luxe moderne se transforme en s'étendant à un grand nombre de consommateurs.

Le goût de l'art décoratif dans les constructions, dans l'habillement, l'ameublement; les jouissances artistiques ou littéraires sous les formes les plus diverses ; la passion de s'instruire, de voyager, voilà ce qu'aujourd'hui, au bon sens du mot, nous appelons le luxe. La photographie, la lithographie, la gravure, les reproductions obtenues par la galvanoplastie donnent un enseignement artistique qui pénètre dans les plus modestes demeures. Les publications à bon marché peuvent répandre les chefs-d'œuvre de la littérature et les connaissances scientifiques. Toutes ces choses sont le luxe, non plus d'un petit nombre de

1 Baudrillart, *Histoire du luxe privé et public,* 4 vol. in-8°, 1880.

privilégiés, mais de millions d'individus. C'est surtout dans le luxe public que les inégalités sociales s'aplanissent; les monuments, les musées, les expositions, les jardins publics eux-mêmes communiquent aux plus déshérités, soit la curiosité scientifique, soit le sentiment du beau. Tels sont les effets du luxe; son rôle est essentiellement civilisateur.

411. Les détracteurs du luxe portent des jugements absolus sur les consommations de jouissance; certaines qui leur paraissent un raffinement condamnable seront regardées, par la génération suivante, comme nécessaires au bien-être. « Il n'est pas un seul objet, observe Mac-Culloch, parmi ceux qui sont tenus aujourd'hui pour indispensables à l'existence ou une seule amélioration d'une nature quelconque, qui n'ait été à son apparition dénoncée comme une superfluité ou comme étant nuisible. » Les chemises étaient au quatorzième siècle, même pour les femmes, un luxe royal; l'usage des mouchoirs s'introduisait chez les grands vers la fin du quinzième siècle. Un chroniqueur anglais de la fin du seizième siècle déplore qu'on ait poussé la recherche jusqu'à remplacer la vaisselle de bois par la vaisselle d'étain; l'emploi du chêne au lieu du saule dans les charpentes, le nombre des cheminées, tout ce qu'il y a de plus judicieux à nos yeux dans les dépenses a été à l'origine taxé de prodigalité inutile. Le scandale est surtout grand au seizième siècle, lorsque le luxe, tel qu'il est alors compris, se propage de la noblesse aux bourgeois enrichis. Un vieil auteur italien, Jean Musso, s'indigne quand, à l'éclairage des torches, on commence à substituer des chandelles de suif ou de cire placées sur des chandeliers! A la fin du dix-huitième siècle, nos paysans ne portaient guère que des sabots quand ils n'allaient pas pieds nus. Le plus rigoriste n'oserait de nos jours proposer le retranchement de la plupart des objets de consommation qui, en remontant à trois siècles en arrière, étaient encore ou ignorés ou considérés comme des nouveautés dangereuses.

412. Ayons soin de nous garder de l'étroitesse d'esprit des vieux chroniqueurs et de prêter à rire à nos descendants en traitant de superfluités des choses d'utilité ou d'agrément. Pensons aussi que c'est par la recherche du luxe que les fabrications élégantes et artistiques peuvent progresser. La France est un pays dont les produits se recommandent par le goût, par le fini, le souci de la forme ; l'heureuse influence du luxe sur le développement des arts industriels y devrait être incontestée. Le luxe, avons-nous dit, est quelque chose de plus que le bien-être, c'est un usage libéral, presque indéfinissable, de la richesse ; ce n'est pas à proprement parler le superflu, encore moins le faste ; on pourrait plutôt dire que c'est l'effet de la libre expansion des besoins chez un être dont les facultés sont développées et sagement équilibrées. Il ne saurait y avoir trop de richesses, ni trop de jouissances ; le mal n'est pas dans l'abondance du bien, mais dans l'usage qui en est fait. On doit critiquer non pas le luxe, mais la perversion de ce sentiment légitime.

413. B. Causes de perversion du luxe. — Les principales causes qui vicient le luxe, sont la vanité, la sensualité, l'égoïsme : 1° la vanité est la cause la plus ordinaire du mauvais luxe : la fortune donne une supériorité sociale dont on s'empresse de faire montre au lieu de chercher à s'en rendre digne. Le *désir de paraître,* de mettre sa richesse en dehors produit de grands abus ; c'est d'abord une émulation envieuse ou vaine : on veut surpasser son voisin ; on affecte les manières d'être et les goûts des personnes d'une condition supérieure ; en un mot, on depense par *vanité,* et non par *besoin,* bien au delà de ce qui serait raisonnable.

Ce n'est pas seulement la mesure des dépenses qui est dépassée : la direction qui leur est donnée est faussée ; la production, pour répondre aux travers de l'opinion, vise à l'effet. On dépense davantage au total tout en voulant payer moins cher chaque objet : or, à côté du bon marché véritable, résultant des progrès de l'industrie, il y a un faux bon marché obtenu moyennant une fabrication où la qualité est sacrifiée aux apparences. Les consommations qui sont déterminées par l'ostentation, la tyrannie de l'*opinion* et non par un besoin réel, amènent une altération du goût : on attache du prix à l'éclat, aux effets inattendus ou bizarres, à la surcharge d'ornementation ; on dédaigne les choses d'élégante simplicité. La rareté est plus estimée que l'utilité. Les consommations inspirées par la vanité sont enfin capricieuses : elles imposent le renouvellement autant que l'extravagance. De là toutes ces consommations subjectives dues à la mobilité de la mode ; dans plusieurs industries on est obligé de tenir compte de cette inconsistance : certaines étoffes dites de fan-

taisie, ne présentant aucune garantie de durée, obtiennent la
préférence sur les tissus de qualité supérieure. Le désir du changement est suivi d'un accroissement de dépenses, et c'est la plus
sotte manière de s'appauvrir[1]; elle est malheureusement très en
faveur. La mobilité de la mode est, ce qui est plus grave, une
cause de perturbation industrielle et même de souffrances pour
les classes ouvrières[2]. Mais on se tromperait fort si on attribuait
à la vie civilisée les instincts du luxe de vanité; le goût de la
parure était au moins aussi développé au Moyen-âge; les
moyens de le satisfaire étaient plus coûteux, c'est la seule différence appréciable. Sur ce point comme sur les autres, le redressement des mœurs ne peut être espéré que d'une éducation
morale mieux dirigée. — 2° Nous en disons autant de la seconde
déviation du luxe : de la sensualité; les jouissances qu'on lui
demande altèrent la santé et détournent l'homme d'aspirations
plus élevées. La sensualité dans l'alimentation se traduit par des
demandes de produits en plus grande quantité, ce qui tend à
élever les prix des denrées nécessaires aux classes laborieuses.
Il ne s'agit pas tant des consommations individuelles des personnes appartenant aux classes aisées, que de celles du nombreux domestique dont sont obligées de s'entourer les personnes
adonnées à ce genre de luxe. La sensualité qui se manifeste par
l'intempérance est un fléau; c'est une cause de dégénérescence
de la race, et l'un des agents les plus redoutables de la crimina-
lité. Combien de familles l'alcoolisme n'a-t-il pas plongées dans
la misère! Par ses effets directs ou indirects le luxe de sensualité est nécessairement mélangé d'égoïsme. Doit-on conclure de
tout ceci à la condamnation du bien-être matériel? Non certes;

---

[1] Pourrait-on mieux dire sur ce point que J.-B. Say? « La mode a le
privilège d'user les choses avant qu'elles aient perdu leur utilité, souvent
même avant qu'elles aient perdu leur fraîcheur; elle multiplie les consommations et condamne ce qui est encore excellent, commode et joli à n'être
plus bon à rien. Ainsi la rapide succession des modes appauvrit un État
de ce qu'elle consomme et de ce qu'elle ne consomme pas » (*Tr. d'Écon.
polit.*, liv. III, ch. IV.

[2] Quand les changements de la mode se produisent brusquement, ce
qui a lieu souvent, ils déterminent de graves contractions de salaires dans
les industries fournissant les objets dont la mode se détourne : c'est ainsi
qu'à la suite du remplacement des rubans de soie sur les chapeaux de
dames par les fleurs et les peluches, les salaires de la rubannerie en France
ont fléchi de 20 p. 0 0 1890.

la vérité n'est ni du côté de l'ascétisme, ni du côté de l'épicurisme. L'égal développement des facultés morales et intellectuelles doit réussir à contenir dans une mesure raisonnable le goût du bien-être matériel. — 3° Enfin, le dernier mobile condamnable dans le mauvais luxe est l'*égoïsme*. On ne saurait trop proclamer que les consommations de jouissance ne peuvent être jugées, sous le rapport moral, d'une façon abstraite : elles doivent dependre du milieu social. La loi de fraternité est méconnue lorsque l'étalage de la richesse fait contraste avec la pauvreté générale. Une somptuosité arrogante suscite des passions haineuses dans les classes pauvres; elle est par elle-même un manque de charité; il faut même dire plus, la mesure des satisfactions legitimes de luxe ne saurait être indiquée d'une manière abstraite : si quelqu'un, ayant conscience des devoirs de la richesse, éprouvait les besoins du luxe au sein d'une population misérable, il ne saurait, fût-ce sans ostentation, les satisfaire tous; l'absorption des revenus libres par les jouissances personnelles est légitime dans une société florissante; si le personnel des industries de luxe est détourné de la production des choses plus indispensables à la vie, il existe une compensation véritable dans l'impulsion qui est donnée à l'industrie. Mais les moyens de subsistance doivent avant tout être assurés : celui donc qui, au sein d'une société où le fonds d'approvisionnement est insuffisant, au lieu d'employer ses revenus à faire produire les choses nécessaires à l'existence, ne songerait qu'à son bien-être, eût-il le sentiment le plus pur de l'art et de l'élegance, ne serait qu'un méprisable égoïste.

414. C. Causes sociales qui influent sur le caractère et le développement du luxe. — Pour décider si le luxe fait courir un danger sérieux à une société, il n'est pas indifférent de savoir comment son état de richesse s'est formé. Si la civilisation y est déjà ancienne, les traditions de luxe sont établies et, en conséquence, les industries qu'il alimente jouissent d'une certaine stabilité. Au contraire, dans un pays où ces industries sont récentes, la moindre crise peut les emporter. Il est évident, en effet, qu'elles sont, bien plus que les industries qui répondent aux besoins essentiels de la vie, affectées par les événements politiques et sociaux. De même la prospérité des contrées pittoresques due à l'affluence de riches consommateurs étrangers est loin d'être aussi solide que celle qui est fondée sur une production économique convenablement équilibrée; on conçoit que maintes éventualités peuvent y mettre fin.

Un autre point à examiner c'est la manière dont les fortunes particulières se constituent : celles qui ont été lentement et laborieusement acquises ne sont pas d'habitude gaspillées par leur fondateur qui en connaît le prix; celles, au contraire, qui ont pour origine le jeu, la spéculation ou le hasard sont éphémères; l'imprévoyance en abrège souvent la durée : les parvenus se montrent pressés de jouir et de jouir avec ostentation. En outre, les fortunes d'héritage sont souvent plutôt dissipées que les fortunes amassées par le travail personnel. Dans les associations conjugales, un esprit de conservation plus marqué préside à l'administration des biens qui ont été économisés et gagnés en commun[1]. Un pays où, parmi les classes aisées, les mariages seraient décidés, d'une manière générale, d'après des raisons d'intérêt ou de convenance sociale[2], et où existerait l'usage de constituer des dots formant la plus forte part des fortunes patrimoniales, aurait très-probablement plus qu'un autre à redouter les ravages du mauvais luxe (V. ci-dessous, nᵒ 1031)[3].

415. D. Mesure des consommations d'après les revenus. — Prodigalité. — Les consommations personnelles sont, d'une manière normale, circonscrites par le revenu et par la portion du revenu qu'on appelle le revenu libre. Il y a dérogation à ce principe économique au cas de prodigalité et de consommations à crédit.

---

[1] Il est donc bon à cet égard que le régime matrimonial de droit commun soit la communauté de biens plutôt que la séparation de biens qu'a choisie le projet de Code civil allemand (V. sur ce point la critique de M. Antoine Menger, *das Burgerliche Recht und die besitzlosen Classen*, 1890, p. 31 et suiv. .

[2] V. dans Bebel, *op. cit.*, p. 74, la verte critique de ce qu'il appelle les bourses du mariage de la haute société et dans Nordau, *Les mensonges conventionnels de notre civilisation* (trad. Dietrich, 1888), le chapitre sur le mariage.

[3] Il y a cependant une contre-partie à cette tendance : si les enfants dotés sont portés à dépenser largement et mal, la nécessité de les établir par mariage pousse les parents à une économie sévère. Aux États-Unis où l'usage de la dot n'existe pas d'une manière générale on dépense sans compter. C'est aussi l'effet de la facilité relative avec laquelle dans les pays neufs se constituent les fortunes (V. de Varigny, *Rev. politique et littéraire*, 1886, t. II, p. 466 et suiv.).

La prodigalité est un vice directement nuisible à celui qui s'y laisse entraîner et à sa famille. Les dépenses de luxe sont d'abord condamnables quand, au lieu d'être faites sur le revenu libre, elles entament le capital ; car alors elles compromettent l'avenir. On doit en outre se montrer aussi sévère pour les dépenses excessives, même si elles sont prises sur les revenus viagers, parce qu'elles empêchent la formation par l'épargne d'un fonds de prévoyance. Enfin, la prodigalité est autre chose que le faste et le mauvais luxe qui se reconnaissent a la nature même des désirs et des penchants. Le prodigue peut être un homme d'un goût sûr et délicat ; ce qu'on est en droit de lui reprocher, ce n'est pas la nature mais la mesure de ses dépenses, la disproportion qu'il y a entre elles et ses ressources. Si la prodigalité, au lieu d'être le vice de quelques-uns, était un penchant général, nous serions en présence d'une situation déjà prévue, à savoir l'exagération des consommations de jouissance relativement à l'ensemble des revenus ; on sait qu'alors l'impulsion devrait forcément décroître, puisqu'elle viendrait d'un fonds qui s'épuiserait. Il n'est donc pas douteux que la prodigalité ne soit un défaut fatal pour un peuple. Mais quelle est l'influence des prodigalités individuelles sur l'économie générale ? Lorsqu'un prodigue fait de folles dépenses, on peut bien dire qu'il n'y a au fond qu'un déplacement de richesses, et même que les biens consommés par le prodigue passent souvent entre des mains plus dignes. Il peut, il est vrai, avoir contribué à donner à la production une direction fausse si les objets qu'il a achetés ne répondent à aucun besoin réel, ce qui cause un trouble industriel regrettable[1]. Toutefois, il n'en est pas nécessairement ainsi : il est possible que les industries dont le prodigue a encourage l'essor soient du nombre de celles dont le développement est désirable au point de vue de la richesse nationale. On dira que le capital du prodigue est perdu sans retour. Cela n'est pas exact car ce capital devient, entre les mains des fabricants, capi-

---

[1] Dans le pamphlet « Ce qu'on voit et ce qu'on ne voit pas, » ce que Bastiat dit de la prodigalité s'applique mieux au mauvais luxe. De même nous ne parlons pas ici, à propos de la prodigalité, de consommations destructives. Pour prouver que la prodigalité appauvrit la société, on raisonne, depuis J.-B. Say, sur l'hypothèse d'un fou qui brise sa vaisselle et ses meubles. La prodigalité peut conduire à des actes de ce genre, mais ils en sont bien distincts.

tal circulant ; il sert à payer les ouvriers des industries de luxe et à renouveler les moyens de production[1]. Souvent, d'ailleurs, à cause du haut prix que le prodigue met aux choses qu'il désire, ses consommations véritablement improductives sont bien inférieures au montant de sa dépense. La prodigalité ne serait donc, d'une manière absolue, nuisible à la société que si les revenus libres devaient tous avoir pour destination les emplois industriels et la conservation par l'épargne, ce qui au surplus, on le sait, est impossible (n°° 186 et 400). La prodigalité n'est répréhensible que d'une façon relative, si elle suppose la recherche de satisfactions égoïstes dans un milieu social pauvre, où les capitaux n'alimentent pas assez les industries productrices des choses les plus nécessaires à l'existence (n° 413, 3°).

416. Généralement, l'économie politique a montré plus d'indulgence pour l'avarice que pour la prodigalité ; c'est un signe de l'exagération avec laquelle l'École chrématistique poursuit l'accumulation des capitaux. L'avarice est nuisible à l'individu qui se refuse les moyens de jouissance nécessaires au développement de ses facultés ; il est difficile de concevoir que ce vice n'ait pas pour effet l'étroitesse d'esprit, le défaut d'initiative en même temps que la sécheresse de cœur. En supposant l'avarice générale, on atteindrait la limite après laquelle les capitaux épargnés n'auraient plus d'emploi profitable ; d'ailleurs, le peu de goût pour les consommations découragerait l'industrie (n° 186). Toutefois, il faut dire que, si le prodigue peut rendre quelque service en soutenant les industries de luxe, l'avare semble en rendre également puisqu'il concourt à la formation du capital. S'il thésaurise, les capitaux morts qu'il amasse pourront rentrer après son décès dans la circulation[2] ; s'il économise

---

[1] Il n'y aurait véritablement une perte de richesses que si les consommations du prodigue étaient des consommations destructives ou consistaient en choses peu durables, puisque rien ne remplacerait alors dans son patrimoine la valeur qui en est sortie. Mais il n'en est pas ainsi d'une notable partie des consommations de luxe, achat d'objets d'art, de riches tentures, etc...

[2] On fait remarquer que l'avare n'a perdu que les intérêts du capital, tandis que le prodigue a dissipé le capital lui-même. — Soit, mais il faut penser que les revenus du prodigue ont pu être fructueusement employés par ceux à qui ils ont été transmis, et que, pendant sa vie, la valeur a pu en être reconstituée plusieurs fois ; le thésauriseur les stérilise en les immobilisant.

avec excès en vue de placer ses revenus, il seconde le mouvement industriel. C'est à cause de cela que l'avare a trouve quelque grâce auprès des économistes. Mais est-il bien exact de regarder comme un gain la formation de capital due à la déviation d'une intelligence[1]? Qui oserait d'ailleurs affirmer que le paysan thésauriseur n'aurait pas amassé davantage en donnant une partie de ses revenus à sa terre et l'autre à ses propres besoins, à la bonne éducation de ses enfants? Ceci n'est que la confirmation de ce qui a été déjà indiqué au sujet de la valeur morale de l'épargne; elle dépend de la direction qui lui est donnée (n° 187).

417. Consommations à crédit. Approvisionnements. — Les consommations à crédit doivent être déconseillées. Ce n'est pas seulement parce que les conditions en sont onéreuses, à raison des avances de capitaux que le marchand est obligé de faire et des risques d'insolvabilité auxquels il s'expose, mais parce qu'elles ont l'inconvénient d'encourager l'imprévoyance du consommateur : il se fait illusion sur l'étendue de ses ressources et finit par vivre dans cette situation irrégulière de consommer sans revenu; emprunter pour les dépenses ordinaires de l'existence est une extrémité dont la seule excuse doit être l'absolue nécessité.

Un autre écueil auquel sont exposées les consommations individuelles, résulte de la pratique des gros approvisionnements, lors même qu'ils seraient faits dans la mesure des revenus. Ce qui a été dit au sujet des intermédiaires du commerce, des services qu'ils rendent aux consommateurs suffit à faire comprendre quelle erreur de jugement commettent en général les personnes qui, en vue des consommations de la famille, réalisent de gros approvisionnements. Il faut ajouter qu'ils ne sont pas favorables à l'économie directe : on consomme une plus grande quantité des choses dont on se trouve pourvu et que l'on n'a pas à acheter au fur et à mesure des besoins. Ceci s'applique surtout au cas où les approvisionnements sont confiés aux soins de domestiques au lieu d'être conservés par le maître lui-même[2].

---

[1] V. dans le même sens, de Molinari, t. II, p. 472.

[2] Le principe énoncé au texte comporte de nombreux tempéraments : 1° l'approvisionnement serait nécessaire dans les petites villes où le commerce local n'offre pas au consommateur les variétés qu'il peut désirer;

418. Prodigalité dans les consommations industrielles. —
La prodigalité ne vient pas seulement de la disproportion entre
les dépenses et les revenus, mais aussi de la disproportion entre
la dépense et l'effet utile. Cette remarque s'applique spécialement à l'emploi des capitaux de production, et ce que nous
avons à ajouter montrera comment la prodigalité pénètre dans
la conduite des entreprises. Il y a une consommation inutile
toutes les fois qu'à raison des matières employées, on donne aux
produits ou aux constructions une durée qui excède celle pendant laquelle ils pourront servir. Qu'il s'agisse, par exemple, de
la construction d'une usine, on commettra une véritable erreur
de jugement si l'on double la dépense pour donner aux bâtiments des proportions ou un luxe excessifs. C'est qu'en effet,
l'industrie se transforme assez rapidement pour qu'il soit permis d'affirmer qu'avant 100 ans cette usine deviendra impropre à la fabrication dans des conditions nouvelles. On aurait
pu ne dépenser que 100,000 francs : en dépensant une somme
double on a immobilisé un capital qui, mis de côté, placé à 5
p. 0/0 pendant 60 ans seulement, eût suffi pour édifier trois autres
usines de 100,000 francs chacune. Ceci peut être dit également
des maisons dont on se propose simplement de rendre l'habitation commode on agréable ; bien souvent la mesure des dépenses
véritablement utiles se trouve dépassée. Beaucoup mieux que
d'autres peuples, les Anglais et les Américains savent proportionner les dépenses à l'effet voulu.

§ II.

Liberté des consommations. Police du luxe.

419. Liberté des consommations. — Dépenser dans la mesure
qu'il lui plaît et où il lui plaît est loisible à chacun sous le régime
de la liberté et de l'égalité civile. Cette liberté des consomma-

---

2° il est avantageux relativement aux denrées dont, à raison de leur nature, on ne peut guère faire un emploi abusif ; 3° il est pleinement justifié
toutes les fois que les fraudes commerciales peuvent faire craindre au consommateur l'altération des produits, etc. ; 4° il se peut que l'impôt de consommation grève plus lourdement les achats faits au détail que les approvisionnements en gros, etc.

tions contestée par les systèmes d'autorité, a été soumise à de nombreuses prescriptions de police sous le régime réglementaire et elle est encore tempérée par les règles de protection à l'égard de certaines personnes. La liberté des consommations suppose que, d'une manière générale, l'individu est présumé pouvoir discerner le meilleur emploi de ses revenus et la valeur morale de ses dépenses, présomption qui n'est fondée que dans la mesure où les doctrines morales conservent leur empire.

420. A. Systèmes d'autorité : les consommations en commun. — Les communistes autoritaires[1] ont invoqué l'économie des consommations en commun ; ils ont cité l'exemple des armées, des couvents ou des collèges, etc... Combien, disent-ils, de soins de domesticité ne seraient pas réduits si les consommations se faisaient dans des groupes plus nombreux que la famille! Les achats à meilleur marché, l'emploi de tous les produits achetés, la variété dans l'alimentation, voilà les avantages apparents de cette organisation. On pourrait se contenter de répondre que l'économie n'est pas la souveraine loi, que l'amour du *home* est l'un des éléments de la dignité et de la force de la famille. Il y a plus, tous les besoins qui s'écartent de la règle seraient sacrifiés sous un régime d'autorité et, incontestablement, il y a une satisfaction plus entière à attendre d'un régime d'indépendance. La répugnance instinctive qui s'est toujours produite contre tout projet de vie commune pourrait dispenser d'insister davantage sur ce point. Les républiques de la Grèce et de l'Italie n'ont d'ailleurs connu rien de pareil à ce que les Fouriéristes et d'autres communistes ont imaginé de nos jours : les repas en commun à Sparte, à Athènes étaient des actes périodiques ayant un caractère religieux, mais n'excluant pas la vie privée[2].

421. On s'exagère beaucoup l'économie des consomma-

---

[1] Il est à noter que les collectivistes prétendent maintenir la liberté des consommations. Dans le système de Schaeffle par exemple chacun serait libre d'employer à sa guise en objets de consommation les bons de travail que la production collective lui aurait attribués comme rémunération de ses efforts. N'y a-t-il pas là une illusion? Sous le régime de l'industrie libre la consommation dirige la production mais, sous celui de la production centralisée et systématique, il est à présumer que les rôles seraient renversés : l'État collectiviste ne se ferait-il pas un devoir de proscrire le luxe? V. Leroy-Beaulieu, le *Collectivisme*, p. 33 et suiv.

[2] V. Fustel de Coulanges, *la Cité antique*, p. 182 et suiv.

tions en commun par voie d'autorité, et d'ailleurs la contrainte n'est pas nécessaire : la concentration de quelques
industries relatives aux besoins journaliers de la vie est déjà
opérée spontanément dans nos sociétés ; beaucoup de travaux qui
se faisaient autrefois au foyer, blanchissage, panification, etc.,
font aujourd'hui l'objet d'industries spéciales. Une concentration
plus complète, au moyen du casernement, de la vie en *phalanstère,* serait-elle avantageuse au point de vue économique?
Sans doute, il faudrait proportionnellement moins de services
de domesticité et les achats en grand se feraient à des conditions
meilleures ; beaucoup d'intermédiaires du commerce seraient
supprimés et avec eux le tribut que leur paye les consommateurs
isolés ; mais, malgré ces avantages, ce qui n'est pas prouvé
c'est l'économie finale. Où y a-t-il le plus à redouter le gaspillage? n'est-ce pas lorsqu'il s'agit des approvisionnements en
masse, spécialement de ceux d'une armée? L'économie des frais
généraux pourrait être plus que compensée par l'impossibilité
d'établir l'unité de direction et par les pertes du coulage. On
invoque l'exemple de l'armée, mais les causes du bon marché
de la vie du soldat sont la simplicité de l'alimentation et l'achat
en gros des aliments. La communauté de vie avec toutes ses
servitudes n'est pas une condition essentielle pour obtenir l'économie de la dépense : l'association libre avec l'indépendance du
foyer peut bien mieux la réaliser. Des sociétés d'approvisionnement ou de consommation se sont fondées entre ouvriers libres
dans l'espoir d'obtenir les denrées alimentaires à meilleur
marché qu'aux prix du détail, et cela sans sacrifier la vie de famille, la liberté du *home.* Jusqu'à quel point ces sociétés de
consommations peuvent-elles l'emporter sur le système des
achats individuels par l'entremise des commerçants? C'est une
question qui trouverait naturellement sa place ici, n'était la circonstance accidentelle que la formation de ces sociétés de consommation se trouve faire partie d'un ensemble d'associations
destinées à améliorer le sort des classes laborieuses et que l'on
désigne sous le nom générique de *sociétés coopératives.* Il vaut
mieux ne pas les isoler du milieu où elles ont pris naissance [1].

---

[1] V. sur les sociétés coopératives, ci-dessous, nᵒˢ 926 et suiv. A la question des consommations en commun on peut aussi rapporter un ingénieux
mode d'assistance, l'institution des fourneaux économiques.

422. Réglementation ou police du luxe. Lois somptuaires.
— Tout a été dit sur l'inutilité des mesures prises depuis l'antiquité contre les progrès du luxe : *Quid leges sine moribus vanæ
proficiunt?* Le moindre inconvénient des lois somptuaires est
de ne pouvoir obtenir qu'une exécution fort incomplète; l'État
ayant échoué dans la surveillance de la production, laquelle
cependant se fait au grand jour, pourrait-il prévenir ou réprimer les consommations interdites qui, pour la plupart (luxe de
table, de l'ameublement, etc.), s'abritent à l'ombre du foyer?
L'exécution partielle des lois somptuaires est cependant déjà
intolérable à cause des mesures inquisitoriales qu'elle nécessite. On a enfin remarqué que défendre le luxe, c'était le plus
souvent lui donner l'attrait du fruit défendu. Quant à la répression du luxe extérieur (celui des costumes ou des funérailles),
elle irrite peut-être encore plus, parce que les prescriptions de
ce genre ont presque toujours pour but de maintenir des distinctions sociales que le sentiment populaire ne respecte pas de
lui-même; au cas contraire, elles sont inutiles. Au surplus, rien
ne montre mieux l'insuccès des lois somptuaires que la nécessité où les gouvernements se sont trouvés de les renouveler à
différentes époques; chaque fois avec des aggravations de pénalités et de mesures vexatoires.

Sous deux régimes politiques on trouve, d'une manière plus
constante, des règlements destinés à combattre le luxe, c'est
sous l'aristocratie féodale et la royauté absolue. Les républiques
de l'antiquité ont également, depuis Solon, Lycurgue et la loi
des Douze-Tables, cherché à réfréner le luxe, mais c'était plutôt
afin de conserver la pureté et la rudesse des mœurs anciennes
que dans un but politique. Du XIIIe au XVIe siècle, les établissements et édits de nos rois contre le luxe ont eu pour but de faire
respecter, par une bourgeoisie enrichie, la différence des rangs
et de rehausser l'éclat de l'aristocratie féodale sur son déclin.
Ce n'est que sous Louis XV que les prescriptions de la législation somptuaire tombèrent en désuétude. Depuis le XVIe siècle,
elles avaient pris un nouveau caractère, c'étaient principalement
des mesures inspirées par des idées économiques contre l'importation des objets de luxe fabriqués à l'étranger. En Allemagne, des
lois somptuaires ont été édictées jusqu'à la fin du XVIIIe siècle[1].

---

[1] V. au sujet de l'influence des régimes politiques sur le luxe et la

423. La législation somptuaire appartient au passé, ce n'est pas dire que la guerre au luxe, par le moyen de mesures législatives, ait pris fin; dans les siècles antérieurs, et de nos jours surtout, on a établi ou proposé d'établir des impôts sur les consommations de luxe. Nous en parlerons à l'occasion des finances publiques. Aux époques de grande civilisation, la corruption des mœurs ne peut être enrayée par des mesures législatives; mais de puissants moyens d'action ont été inspirés par la charité contre la dissipation grossière, spécialement contre l'ivrognerie : telles sont les sociétés de tempérance qui, malgré l'exagération dont elles n'ont pas toujours su se préserver, ont rendu d'immenses services. D'ailleurs, en ce qui concerne l'ivrognerie, la loi n'est pas désarmée, car elle a prise au moins sur le scandale public [1].

424. Mesures de protection à l'égard de certaines personnes. — Les individualistes regardent comme une atteinte à la liberté les mesures prises par le législateur à l'égard de certaines personnes qui prouvent, par l'usage immodéré qu'elles font de la richesse, qu'elles ont besoin d'être protégées contre elles-mêmes; ils blâment l'institution du conseil judiciaire donné au prodigue (art. 513, C. civ.), ou l'annulation de ses engagements par une Cour d'équité comme en Angleterre; logiquement, ils devraient aussi repousser l'action en réduction, à raison d'engagements excessifs, ouverte au mineur émancipé (art. 484, C. civ.). Il est curieux de constater que l'économie politique, si rigoriste à l'encontre du luxe, soit hostile à des mesures qui ont pour but d'arrêter une dissipation déréglée [2]. Nous qui ne regardons pas le luxe en lui-même comme un mal, et qui ne voyons dans l'effet de la prodigalité proprement dite qu'un déplacement de richesses, il ne nous semble cependant pas que les individus dont la raison est trop faible et sans défense contre les entraînements doivent être abandonnés à eux-mêmes, de

police du luxe, Montesquieu dont les idées à cet égard sont analysées soigneusement par Oczapowski, *Rev. d'Écon. polit.*, 1891, p. 1042 et suiv.

[1] En Suisse, en Allemagne de nouvelles lois contre l'alcoolisme ont été édictées.

[2] En Angleterre, on a admis une grave restriction à la liberté individuelle, relativement aux ivrognes d'habitude qui se font interner dans des asiles spéciaux (loi du 3 juillet 1879).

façon à se ruiner eux et leurs familles[1]. Le *laissez-faire* impose l'abstention à la loi, mais il est inconséquent; car il ne peut vouloir que l'individu dispose souverainement, soit de sa personne, en abdiquant sa liberté, soit de ses biens, en les mettant hors du commerce. L'individu libre est entouré de garanties nécessaires qui, à le bien prendre, confirment la liberté civile au lieu d'y porter atteinte[2].

§ III.

Absentéisme.

425. On appelle *absentéisme,* relativement au pays producteur, l'émigration des revenus libres. Ces revenus sont consommés au loin au lieu d'être consommés sur place. Que le foyer de la consommation soit autre que celui de la production, c'est une circonstance qui est loin d'être indifférente : si l'on veut se faire une opinion nette à ce sujet, on trouvera avantage à distinguer les capitaux de production et les revenus affectés à des consommations de jouissance.

426. Personne n'a jamais pu soutenir que l'absentéisme des capitaux de production ne fût pas un grand malheur. Ces capitaux sont enlevés aux emplois agricoles, aux améliorations foncières, au paiement des salaires, à l'entretien des manufactures. L'industrie locale ne peut se développer : si la population augmente, elle est condamnée à une alimentation restreinte, péniblement gagnée. Les causes de cet absentéisme des capitaux de production sont les facilités de placement qu'ils trouvent soit dans les grandes villes du pays soit à l'étranger. L'absentéisme par émigration des capitaux libres à l'étranger a pris de nos jours de redoutables proportions. L'épargne nationale attirée par un taux d'intérêt élevé, de séduisantes perspectives d'accroisse-

---

[1] V. en ce sens Duverger, *Études de législation*, p. 68 et suiv., 152 et suiv. Cf. en sens contraire, Batbie, *Revue critique*, t. XXVIII, p. 132.

[2] Par la suite, nous aurons occasion d'établir que l'individu, même majeur, doit être protégé par la loi contre les engagements qui sont l'effet d'une violence morale (V. notamment sur la question de la liberté du taux de l'intérêt, ci-dessous, nos 894 et suiv.).

ment de capital s'est plus d'une fois engouffrée par milliards, dupe d'entreprises téméraires et mal conçues ou des abus des emprunts d'État; c'est l'absentéisme à l'*extérieur*. Y a-t-il moyen de protéger l'épargne contre ce péril? C'est ce qu'il conviendra d'examiner plus tard; il n'est pas douteux qu'il y ait des mesures préventives à prendre (V. n. 1304). Mais en supposant que, malgré les précautions prises, l'épargne continue de se porter imprudemment au dehors, y aurait-il lieu, dans un intérêt national, de s'y opposer? Ce serait exposer notre crédit public et nos grandes entreprises industrielles à de fâcheuses représailles[1].

Chez les nations où la vie locale est étouffée par la centralisation, la capitale est le théâtre sur lequel les ambitions se donnent rendez-vous; c'est là que se montent les grandes entreprises. La transformation moderne de l'industrie et les emprunts publics ont détourné des masses énormes de capitaux au préjudice de l'industrie régionale. C'est, sans contredit, l'une des causes de l'insuffisance des capitaux agricoles. L'absentéisme à l'*intérieur* considéré sous cet aspect, consiste donc dans une espèce d'hypertrophie des moyens de production : la sève qui devait se répartir dans l'ensemble de l'organisme est attirée exclusivement sur un point.

427. Au sujet de l'absentéisme des revenus affectés à des consommations de jouissance, un dissentiment s'est produit. Presque tous les économistes le considèrent comme nuisible à un double point de vue. Les familles riches qui vont s'établir dans les grandes villes du pays ou à l'étranger y dissipent bien souvent leurs ressources dans des consommations de mauvais luxe. C'est ainsi qu'une partie de la noblesse russe a été ruinée; le rachat des terres par les serfs n'a pas même pu la dégager de ses embarras financiers. Le mal de l'absentéisme est encore plus grand pour la population délaissée : en effet, privée en même temps des capitaux et de la direction industrielle qu'aurait dû lui donner la classe des riches capitalistes, elle est abandonnée à la rapacité d'intermédiaires qui amodient la terre, font rentrer les fermages. Il est facile de voir, en outre, que l'agriculture et

---

[1] On peut conjurer autrement les dangers de l'absentéisme, en perfectionnant les institutions destinées à opérer le drainage des épargnes vers les emplois industriels dans le pays lui-même (Cf. sur ces questions, M. Milet, *Rev. d'Écon. polit.*, 1890, p. 511 et suiv.).

l'industrie locales perdent, en partie, par l'éloignement de la classe aisée, le stimulant qu'elles peuvent recevoir de la demande des consommateurs. Les variétés de la fabrication, possibles avec la concentration des capitaux et des débouchés, doivent se restreindre : l'industrie a un horizon plus borné. En France, les anciens nobles s'étaient montrés trop indifférents à leurs devoirs de propriétaires fonciers; abdiquant entre des mains étrangères l'administration de leurs domaines, ils perdirent justement leur influence : au XVIIIᵉ siècle, la désertion des campagnes par la noblesse était très-générale[1]. Les grands propriétaires irlandais, italiens, roumains ont également de nos jours méconnu le rôle de protecteurs qui leur incombait envers la masse des habitants.

Mac-Culloch a pourtant prétendu que les dépenses faites à l'étranger par ceux qui s'absentent de leur pays sont tout aussi profitables à la richesse nationale que celles qui ont lieu dans le pays même. Cet auteur part de cette supposition, qu'un Anglais vivant en Angleterre, et ne consommant dans sa demeure que des articles étrangers, encourage l'industrie au même degré que s'il ne consommait que des articles anglais. Cela posé, il conclut qu'il en est de même de cet Anglais en voyage : « Quelque produit qu'il achète à l'étranger, lorsqu'il se trouve à Paris ou à Bruxelles, il faut qu'il le paye, directement ou indirectement, en articles anglais, tout comme s'il résidait à Londres, et il est difficile de trouver des motifs quelconques pour affirmer que, dans ce dernier cas, ses dépenses sont moins profitables à son pays que dans le premier[2]. » Mac-Culloch a été vertement repris à cause de cette opinion. Nous ne la croyons pas juste non plus, quoiqu'elle découle logiquement des prémisses posées par le savant économiste. Aussi, en se plaçant sur le même terrain que lui, n'a-t-on pas réussi à le réfuter[3]. Ce qui est contestable dans

[1] V. de Tocqueville, *Anc. régime*, p. 184 et Taine, *Anc. régime*, 1ᵉʳ chap.

[2] Mac-Culloch, *Principes*, t. I, p. 169.

[3] V. notamment Jʰ Garnier, *Traité*, p. 616. Cet auteur suppose arbitrairement que les consommations de jouissance de l'absent à l'étranger ont été plus fortes qu'en son propre pays. Mais il ne s'agit pas de l'étendue des dépenses de consommation, il n'y a de question qu'au sujet de l'influence du lieu où elles se produisent, toutes autres choses égales d'ailleurs.

l'espèce de syllogisme de Mac-Culloch, c'est la majeure : non, il n'est pas absolument vrai de dire qu'un Anglais, vivant en Angleterre et ne consommant que des articles étrangers, encourage l'industrie de la même manière que s'il ne consommait que des articles anglais. Mais discuter ce point ce serait aborder la question de l'effet des échanges internationaux. Notons cependant au passage ce qui nous semble être une contradiction : les économistes libres-échangistes, à l'exception de Mac-Culloch, reconnaissent que les consommations de jouissance à l'étranger sont nuisibles à l'industrie nationale ; mais l'importation de produits manufacturés, tissus, meubles, objets d'art, etc..., moyennant une valeur en échange, n'équivaut-elle pas absolument à une consommation de jouissance faite à l'étranger ? Disons, avec Mac-Culloch, qu'il serait difficile de trouver l'ombre d'une différence entre les deux cas.

428. Centralisation des capitaux dans les villes et dépopulation des campagnes. — L'un des aspects de l'absentéisme est le mouvement qui porte les capitaux vers les grandes agglomérations de population, où les attirent les facilités de la spéculation, la convergence des voies de communication, les séductions du luxe, etc.

On ne saurait nier que cette concentration, lorsqu'elle n'est pas excessive, ne soit favorable à un large développement économique. Malheureusement, si le courant devient trop fort, les campagnes sont dépeuplées : bien qu'en France la petite culture y retienne relativement plus d'habitants que dans d'autres pays, on constate un accroissement rapide des grandes villes au détriment des campagnes. L'exemple se propage des riches capitalistes aux classes moyennes ; les ouvriers sont eux-mêmes attirés par l'espoir de salaires plus élevés, d'une indépendance plus grande et des jouissances du séjour des villes.

En France, Paris même excepté[1], la population des villes de plus de 100,000 hab. a plus que doublé de 1851 à 1886 et la rapidité des progrès a été en raison directe de l'importance des agglomérations : sur les villes de plus de 30,000 et de moins de 100,000 hab.. l'augmentation encore très-forte, n'est cependant

---

[1] Population en 1831, 786,000 ; en 1851, 1 million ; en 1876, 1,988,000 ; en 1886, 2,344,000 ; en 1891, 2,422,969 hab.

que de 35 à 40 p. 0/0[1]. De 1886 à 1891, la population des villes ayant plus de 30,000 âmes (Paris non compris) s'est augmentée de plus de 340,000 hab., soit un accroissement supérieur à l'accroissement total de la population française pendant la même période. Par contre, en considérant comme population rurale toute population agglomérée de moins de 2,000 hab., on voit que cette population, qui formait les 75 p. 0/0 de la population totale en 1851, est descendue à 64 p. 0/0 en 1886[2]. Ce n'est assurément pas une diminution aussi inquiétante qu'en d'autres pays, et, s'il ne faut pas nier le mal, on ne doit pas non plus en exagérer la gravité.

429. Le courant d'émigration vers les villes ne pourrait être efficacement arrêté que par une réforme dans les goûts et dans les mœurs, corrigeant les excès de luxe, faisant apprécier les avantages de la vie rurale, rendant les classes aisées au devoir d'initiative intelligente et de bienveillante protection qui leur incombe[3].

§ IV.

Des consommations publiques. Du luxe dans l'économie nationale. Consommations productives; consommations destructives.

430. Consommations au point de vue de l'économie nationale. — Les dépenses publiques se subdivisent en plusieurs catégories : 1° les dépenses afférentes aux services publics (jus-

---

[1] Les centres secondaires se sont multipliés : au lieu de 69 villes de plus de 20,000 hab. que comptait la France en 1872, il en existe 104 en 1891 (Rapport sur le recensement, *J. off.*, 12 janv. 1892).

[2] M. Lavasseur établit que de 1876 à 1886 les populations rurales ont perdu 1,276,000 habitants, tandis que la population urbaine s'est accrue de 1,707,000 habitants. Cf. Turquan, *J. off.*, 11 juin 1892, p. 2860.

[3] Le régime ancien des corporations, en multipliant les difficultés des carrières exercées dans les villes, avait pour effet indirect de retenir dans les campagnes les populations rurales; mais, on sait au prix de quels inconvénients cet effet salutaire était acquis ! La diffusion de l'enseignement agricole, les encouragements donnés aux cultivateurs, la constitution du crédit agricole, de l'assistance médicale dans les campagnes, etc., sont les principaux moyens auxquels l'autorité publique peut avoir recours avec quelque succès pour retenir les paysans dans les campagnes.

tice, administration, etc...); 2° celles qui ont rapport aux travaux publics, lesquelles, pourvu qu'elles soient rationnellement faites, sont productives; 3° les dépenses de luxe et 4° les dépenses destructives...

431. A. Consommations publiques productives. — Dans son célèbre pamphlet : « Ce qu'on voit et ce qu'on ne voit pas, » Bastiat reconnaît bien qu'une dépense publique est en réalité un échange; si la fonction créée est inutile, la société perd la valeur que représente le service dont elle pouvait se passer; si elle est utile la dépense est rationnelle. Malgré cela, au sujet des travaux publics, notre auteur raisonne comme si le travail donné aux ouvriers par l'État était enlevé à d'autres ouvriers; voici en effet ce qu'il dit : « Une entreprise publique est une médaille à deux revers : sur l'une figure un ouvrier occupé avec cette devise : Ce qu'on voit; sur l'autre, un ouvrier inoccupé avec cette devise : Ce qu'on ne voit pas. » Ce raisonnement procède de l'idée déjà réfutée et d'après laquelle le capital et le travail disponibles seraient absolument dépourvus d'élasticité. Il serait tout à fait insensé, comme le suppose Bastiat, de faire remuer des terres, sans aucun but déterminé, sous prétexte de procurer de l'ouvrage aux ouvriers : une telle manière d'agir ne se concevrait qu'à titre d'assistance, si, par impossible, l'on ne trouvait aucun meilleur emploi des bras inoccupés. Mais, il n'en est pas ainsi des travaux ayant une utilité réelle : *Ce qu'on voit,* pourrions-nous dire par antiphrase, c'est la dérivation d'une certaine quantité de capitaux vers les consommations publiques; ils eussent *peut-être* été employés par l'industrie privée; mais, *ce qu'on ne voit pas,* c'est la productivité des consommations publiques, les voies de communication ouvertes au commerce, la sécurité assurée, et le développement économique qui en est la conséquence indirecte. Certains esprits déplorent l'accroissement des dépenses publiques; ils voient trop ce que Bastiat prétend qu'on ne voit pas et ne voient pas ce qu'il prétend qu'on voit trop.

L'accroissement des dépenses dans un État peut d'abord être une conséquence naturelle du bon fonctionnement des services publics; il n'implique forcément ni une extension abusive d'attributions, ni une mauvaise gestion. Une commune qui pave ses rues, les éclaire au gaz, construit des écoles, augmente par là même ses dépenses; pourvu que ce ne soit pas en levant des taxes oppressives, qui s'aviserait de le regretter? S'il existe un préjugé populaire en faveur des consommations publiques, si c'est un sophisme de croire que les services confiés à l'État sont rendus gratuitement, n'y a-t-il pas d'autre part un peu de préjugé et un sophisme contraire dans la doctrine de Bastiat[1]?

432. Luxe public. — Ce qui a été dit du luxe dans l'économie privée, s'applique en principe au luxe public. L'histoire du luxe montre que les progrès de la civilisation ont transformé en jouissances communes ce qui a été d'abord la prodigalité fastueuse des grands; l'ancienne résidence royale de Versailles, ou le Musée du Louvre, sont deux types opposés de ce que la puissance publique peut faire des revenus qu'elle affecte aux dépenses de luxe. En principe, on ne saurait encourager la prodigalité dans la gestion de la fortune publique. Supprimer ou réduire les taxes au lieu de les dépenser sans utilité vraie est le devoir des gouvernants. S'ils y manquent, ils retirent de la circulation industrielle des valeurs qui y eussent été fructueusement employées ou des revenus qui constituaient des moyens de bien-être pour les particuliers. On a cependant bien des fois, dans les temps de crise, excité les pouvoirs publics à donner l'impulsion à des travaux d'embellissement dans les grandes villes, à organiser des fêtes populaires... La croyance vulgaire est que c'est le moyen de ranimer les affaires. Les économistes disent que c'est plutôt créer une agitation factice, aggraver les charges du contribuable, prélever des valeurs au détriment des capitaux de production. On fait des dépenses superflues pour donner du travail aux ouvriers; mais ce peut n'être qu'un déplacement de capitaux opéré à contre-sens. Un homme de bon sens ne choisit pas le moment où les ressources lui font défaut pour donner des fêtes ruineuses. Les travaux d'embellissement des villes, décrétés systématiquement, ont des inconvénients plus grands encore. Rien assurément n'est plus à l'avantage des classes laborieuses : elles sont les premières à en profiter quand les besoins de changement sont réels, quand ils ont pour objet l'assainissement ou l'amélioration des voies de circulation; mais

---

[1] La théorie de la productivité des travaux publics sera l'objet d'un examen spécial. V. ci-dessous , n° 1129.

si le remaniement des villes est entrepris sans nécessité, poursuivi témérairement, au moyen de ressources provenant d'impositions nouvelles dont la charge est excessive, il cause un préjudice immense; des capitaux considérables sont absorbés par l'industrie du bâtiment au détriment des capitaux circulants des diverses industries. On déplace les établissements et les maisons de commerce qui s'étaient groupés naturellement; on supprime les habitations ouvrières rapprochées du lieu de travail, et, par suite, on crée de nouvelles causes d'isolement entre les patrons et les ouvriers.

433. Peut-être a-t-on été trop loin dans la critique en refusant tout effet utile aux fêtes et aux réjouissances publiques; plusieurs fois nous avons eu occasion de dire que les industries de luxe sont celles qui sont le plus rudement atteintes par la stagnation des affaires et les crises industrielles. Dans une ville comme Paris, par exemple, où elles font vivre des milliers d'ouvriers, n'est-ce pas faire œuvre de bonne politique que de leur susciter du travail? On dit que les capitaux ainsi dépensés eussent été mieux employés dans les industries plus utiles. Rien n'est moins certain : les temps de crise ne sont pas favorables aux déplacements de capitaux. On dit encore qu'ils auraient pris spontanément une direction plus judicieuse. C'est raisonner comme si, à l'appel de l'offre et de la demande, les industries devaient paraître et disparaître ainsi que dans un changement à vue. Il est vrai qu'une industrie ne peut se soutenir contre le gré des consommateurs, et que la demande a finalement la vertu d'attirer les capitaux. Nous avons longuement insisté sur ces principes; aussi n'entendons-nous pas en contester l'influence. On conviendra cependant que les capitaux engagés dans une industrie ne sont pas faciles à convertir, à réaliser, et qu'au jeu de l'offre et de la demande une certaine résistance des intérêts froissés doit s'opposer. Qu'il s'agisse donc d'une crise passagère, n'est-ce pas bien comprendre l'intérêt général que de venir en aide aux industries menacées? Il est plus aisé de soutenir leur existence qu'il ne le serait de les faire revivre.

434. Consommations destructives volontaires. Guerre. — Parmi les consommations destructives volontaires, les unes sont imputables aux individus, les autres aux gouvernements ou aux nations. Le crime, l'intempérance, les discordes détruisent les fortunes particulières; nous les retrouverons parmi les causes ou les effets de la misère[1]. Mais la responsabilité des États, dans les consommations destructives, est peut-être encore la plus grande. Des millions d'existences et des milliards sont parfois sacrifiés par le fait d'hommes d'Etat aveugles, ambitieux et sans conscience. Des guerres ruineuses sont déclarées sous de futiles prétextes; des mesures d'intolérance chassent d'un pays une population industrieuse et tarissent l'une des sources de la richesse nationale! Toutefois, nous n'avons garde de mettre au nombre des consommations destructives les dépenses des Etats ayant pour objet l'organisation de l'armée et l'intérêt de la défense nationale.

Assurement, les sentiments de défiance ou d'hostilité dans les relations internationales imposent aux États européens de lourdes charges. Avant 1870, d'après le calcul de M. Block, le système de paix armée en Europe exigeait l'entretien de 2,700,000 hommes. En 1891, les effectifs des nations européennes dépassent sur le pied de paix 4 millions d'hommes[2], enlevés pour un temps plus ou moins considérable à la production. Les dépenses budgétaires ordinaires pour la défense nationale sur terre et sur mer atteignent 5 milliards[3]; de considérables crédits extraordinaires, nécessités surtout par le renouvellement de l'armement, viennent encore les grossir. Pour savoir ce que coûte la paix armée, il conviendrait d'ajouter aux dépenses, l'intérêt de la valeur des propriétés de toutes sortes qui sont affectées au service de la guerre (matériel de guerre, de transports, casernes, hôpitaux, etc.). A côté des dépenses et de l'intérêt du capital, devrait figurer en outre la perte annuelle de la valeur du travail

---

[1] En principe, le propriétaire est laissé libre de faire un mauvais usage de ce qui est à lui et même de le détruire. Pourtant la loi prohibe et réprime certains actes de destruction, tel l'incendie par le propriétaire de sa maison ou de ses récoltes (art. 434 et suiv., C. pénal .

[2] D'après les effectifs de paix des armées de terre et de mer relevés dans l'*Almanach de Gotha*, 1892.

[3] C'était seulement 2 milliards en 1850, 3,100 millions en 1870. Quant aux dépenses budgétaires pour les armées de mer, si, aux 350 millions de l'Angleterre, aux 200 de la France, aux 110 de l'Italie, on ajoutait les dépenses de l'Allemagne, de l'Espagne, de l'Autriche, de la Russie, etc., il est certain que le total de 5 milliards serait dépassé. Aujourd'hui, l'évaluation de 5 milliards est plutôt faible, car pour les armées de terre seules, les dépenses budgétaires s'élèvent à 4,200 millions.

des 4 millions d'hommes présents sous les drapeaux. Ce n'est pas tout encore : les obligations militaires s'étendent en une ou plusieurs fois, avec ou sans périodicité à environ 10 millions d'hommes, réserves, milices territoriales[1] dont, pendant les périodes d'instruction, le travail est enlevé aux œuvres économiques. Si l'on fait état des divers éléments de dépenses et de diminution de force productive, on sera fondé à conclure qu'il faut au moins doubler les dépenses budgétaires ordinaires de la défense nationale et porter à 10 ou 12 milliards ce que coûte à l'Europe l'organisation de ses forces militaires, considérée exclusivement dans son but préventif. N'est-il pas évident que cette dépense pourrait être réduite des 9/10ᵉˢ au moins si la force pouvait cesser d'être l'*ultima ratio* dans la décision des conflits internationaux. Rien malheureusement n'autorise un tel espoir, et, sauf une question de mesure qui n'est pas du ressort de l'économie politique, il faut se résigner à cette immense déperdition de capitaux et de travail humain. Moins que jamais notre pays n'a devant lui la perspective d'un allégement; c'est aux forces industrielles à redoubler d'énergie afin de compenser les sacrifices nécessités par l'intérêt suprême de l'indépendance nationale.

435. Mais autre chose est la paix armée, autre chose est la guerre; aussi est-il éminemment utile de faire connaître les consommations destructives de toute espèce qu'amènent à leur suite les grandes luttes entre nations[2]. L'économie politique a

---

[1] Les effectifs sur le pied de guerre des états européens dépassent en effet (armées de terre et de mer) 14 millions d'hommes, non compris les gardes civiques, les réserves d'armées territoriales et les autres contingents ne pouvant fournir des combattants pour quelque raison que ce soit : défaut d'instruction militaire ou restrictions résultant des lois de recrutement.

[2] M. de Foville a fait le compte de ce qu'ont coûté les deux plus grandes guerres depuis 1850, la guerre de sécession américaine et la guerre franco-allemande. La première de ces deux guerres a absorbé directement plus de 4 milliards. En ajoutant le service des emprunts de guerre, les augmentations d'impôts, les chômages industriels, les destructions de villes, etc., on arrive à une perte totale de *cinquante milliards.* — Les dépenses directes de la guerre de 1870-1871, les contributions de guerre, le compte de liquidation et les autres frais occasionnés par la guerre s'élèvent, d'apres le relevé fait par le ministère des Affaires étrangères, à 14 milliards et demi, auxquels il faut ajouter, comme équivalent des existences humaines sacrifiées, au point de vue purement industriel, une valeur d'environ 4 milliards. En estimant la réduction des revenus, la perte des populations et des territoires retran-

le droit d'examiner si les dettes publiques dont la plus forte partie a pour origine la guerre, si les existences détruites par millions depuis le commencement du siècle, ont été des sacrifices nécessaires. Elle n'a pas, il est vrai, à faire la réponse toutes les fois que l'honneur national, la défense du territoire ou des intérêts d'humanité se trouvent réellement en cause; mais l'ambition commerciale et la prépondérance économique ont été ou sont encore au fond de très-graves rivalités internationales, et c'est alors qu'il convient de voir si l'intérêt en jeu n'est pas moindre que le risque couru ou la perte subie : on n'a pas oublié les articles dans lesquels, pendant la guerre de Crimée, le *Times,* avec plus de froide raison que de patriotisme, répétait que chaque coup de canon tiré contre les Russes pouvait tuer un débiteur ou un chaland de l'Angleterre. Autre exemple : il en coûterait, d'après certains calculs, un milliard et demi environ pour relier l'Europe aux Indes par une voie ferrée et ouvrir une ère industrielle nouvelle. De combien cette somme ne serait-elle pas dépassée par une guerre européenne à propos de la question d'Orient?

436. Nous parlons seulement des capitaux gaspillés : la question d'humanité n'appartient à l'économie politique qu'en tant qu'elle se confond avec les intérêts de la production. Or, les pertes d'existences humaines sont des diminutions de force industrielles. Un soldat qui tombe représente pour le moins vingt ans de soins et de capitaux d'éducation, c'est un homme fait qui disparaît; il est bien évident que le vide ne peut être immédiatement comblé par une naissance. Sans doute, l'énergie de la nation se retrempe parfois dans les épreuves de la guerre, mais si la perte de force industrielle peut être compensée jusqu'à un certain point, les effets de la disparition d'une partie de la population valide continuent de se manifester pendant toute une génération par un nombre moindre de mariages et de naissances.

chés par l'annexion, M. de Foville arrive à un total de 30 milliards. S'il fallait estimer les charges résultant de l'aggravation des impôts, ce serait encore 10 milliards environ à ajouter à cet énorme chiffre (V. sous ce titre *Ce que coûte la guerre, Écon. franç.,* 2ᵉ vol., 1880, p. 311, 502, 595, 662).

FIN DU TOME PREMIER.

TABLE ANALYTIQUE

DES MATIÈRES DU TOME PREMIER [1].

———•◦›✕‹◦•———

PREMIÈRE PARTIE.

ÉCONOMIE POLITIQUE GÉNÉRALE.

LIVRE PREMIER.

LA SOCIÉTÉ ÉCONOMIQUE.

---

[1] Les chiffres placés devant les titres et imprimés en caractères gras renvoient aux numéros ; ceux qui suivent les titres et qui sont imprimés en caractères ordinaires renvoient aux
pages.

DEUXIÈME PARTIE.

ÉCONOMIE INDUSTRIELLE ET SOCIALE.

LIVRE PREMIER.

PRODUCTION ET CONSOMMATION.

SECTION I. Notions générales.

FIN DE LA TABLE DES MATIÈRES

DU TOME PREMIER.

BAR LE DUC, IMPRIMERIE CONTANT-LAGUERRE.